GEO BOOK

110 PAYS 6 000 IDÉES

GEO ÉDITIONS

GEOBOOK n'est pas un guide traditionnel. Celui-là impose en effet que vous sachiez déjà où aller. Le GEOBOOK, lui, vous prend au saut de l'envie, lorsque votre désir de partir commence à se manifester sans que vous sachiez encore quel sens lui donner. Et que se posent mille et une questions, au gré de votre doigt sur le planisphère.

Avec le GEOBOOK, vous en êtes au moment béni, où tout est imaginable. Fleuves, continents extrêmes, contrées exotiques ou familières, les possibilités sont infinies. Vous voilà en un regard dans la peau d'un Conrad, d'un Chatwin, d'un Michaux. Jusqu'à ce que la voix de la petite dernière se fasse entendre : « Moi, j'irai pas où y'a des araignées… »

À partir de là, on reprend tout. Mais dans l'ordre. Et on rouvre son GEOBOOK. Autant dire commencer par le commencement. 110 pays recensés. Avec, pour chacun, les réponses aux questions incontournables : Quand partir ? Que voir ? Que faire ? Car la véritable question n'est pas toujours « où puis-je aller ? », mais « quel voyage ai-je vraiment envie de faire ? » De même êtes-vous nombreux à penser : « je partirais bien à cette période-là pour prendre le soleil, plutôt avec des enfants, et j'aimerais bien voir de la faune marine… »

Mais savez-vous qu'à cette période-là, justement, vous pouvez rayer de la carte une partie des destinations auxquelles vous rêviez ? Pour cause de mousson, de mauvaise saison ou de risque de cyclone. Cet ouvrage a été conçu pour vous permettre d'éviter ces mauvaises surprises.

Le GEOBOOK, ou l'indispensable annuaire du monde pour vous aider à choisir votre voyage. ■

Sommaire

Comment utiliser

Une première partie pratique pour bien choisir son voyage

À chacun ses raisons

Choisir en fonction de ses **centres d'intérêt** : mer, montagne, désert, vieilles pierres, musées…

■ À chacun son envie

Choisir en fonction des **thèmes à la mode** : le tourisme alternatif, le voyage collaboratif ou avec un photographe, les week-ends shopping, les voyages de noces exotiques, les sommets mythiques, la découverte des pôles…

À chacun sa destination

Choisir en fonction de ses **contraintes** : un tableau pour comparer le coût et la durée du voyage, les risques sanitaires, les papiers nécessaires, d'un pays à l'autre.

À chacun son climat

Choisir en fonction du **temps qu'il fait** : un tableau des températures maximales et minimales mois par mois à travers le monde.

Les périodes à préférer

Choisir en fonction des **risques climatiques** : un tableau des meilleures périodes et des plus mauvaises.

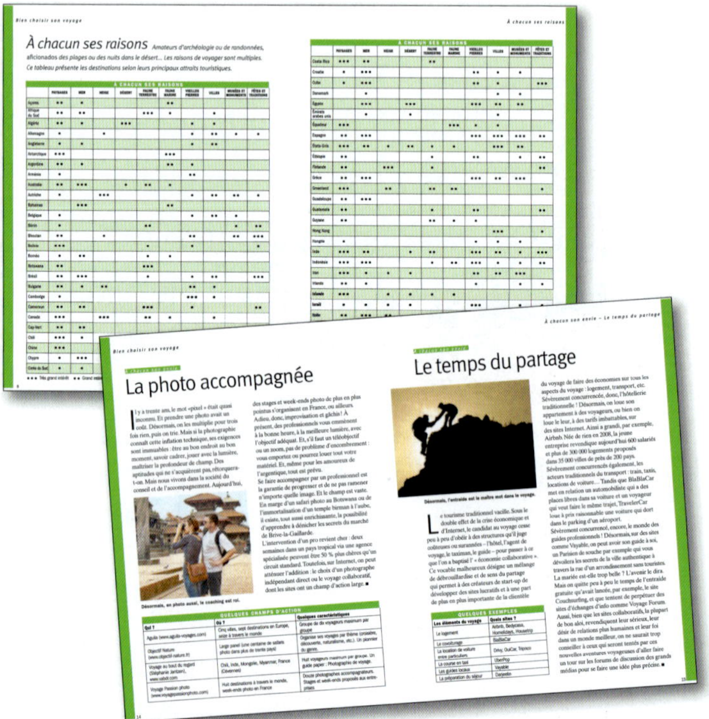

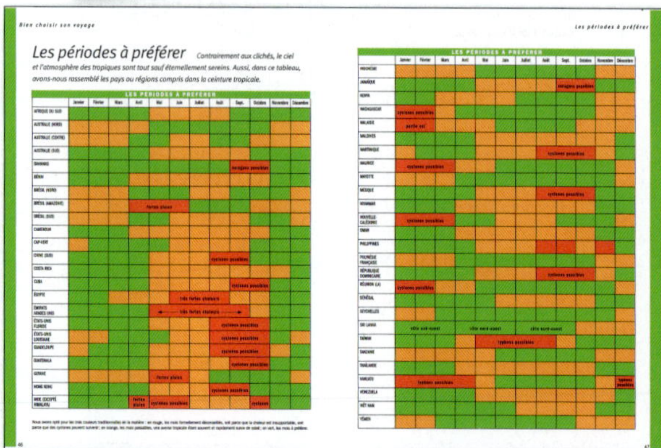

le GEOBOOK ?

Les pays de A à Z de l'Afrique du Sud au Zimbabwe

LA CARTE DÉTAILLÉE

- Capitale
- Ville
- Monument, site archéologique
- Panorama, paysage remarquable, site de randonnée
- Plage, côte remarquable, fond marin, zone de plongée
- Faune remarquable, parc animalier
- Arts et traditions populaires

QUE VOIR, QUE FAIRE ?
- Les attraits touristiques du pays : les paysages, la faune, la flore, les monuments, les villes…
- Les activités sportives : randonnées, plongée, pêche, ski…

DES PHOTOS…
…emblématiques qui donnent un avant-goût du voyage.

Le skyline de Central District est certes en figure de proue, mais les autres îles et les Nouveaux Territoires valent le détour.

QUE VOIR, QUE FAIRE À HONG KONG ?
Les sites
- Pic Victoria, Nouveaux Territoires (Kowloon), îles

Le shopping
- Bijoux, photo, hi-fi

Les côtes
- Plages (Lantau), ports

Depuis la rétrocession à la Chine en 1997, tout change et rien ne change à Hong Kong. L'animation des rues illuminées en constitue toujours l'attrait, renforcé par l'opposition entre traditions séculaires et modernité revendiquée et affichée.

Hong Kong

LE CARNET DE VOYAGE

Les premiers contacts Hong Kong Tourism Board, 37, rue de Caumartin, 75009 Paris, 01.42.65.66.64, www.discoverhongkong.com
Les formalités Ressortissants de l'UE, canadiens et suisses : passeport suffisant (valable encore 6 mois après le retour), mais un visa est nécessaire pour les autres parties de la Chine. Billet de retour ou de continuation exigible.
La santé Aucun problème.
Le voyage, le décalage Durée moyenne du vol direct Paris-Hong Kong (9982 km) : 11 heures. Lorsqu'il est midi en France, à Hong Kong il est 18 heures en été et 19 heures en hiver.
Le coût moyen d'un séjour Environ 1000 € en haute saison pour 4 jours/3 nuits comprenant le vol et l'hébergement.
Les langues, la monnaie Langues officielles : le chinois et l'anglais. Le cantonais (surtout) et le mandarin sont les dialectes les plus utilisés. **Monnaie** : le dollar de Hong Kong reste en vigueur. 1 USD = 7,80 dollars de Hong Kong. 1 euro = 10,80 dollars de Hong Kong. Les grandes cartes de crédit et les chèques de voyage sont bienvenus.
La population Le surpeuplement est manifeste (7055000 habitants). Presque toute la population est chinoise.
Les religions Les bouddhistes et les taoïstes sont nettement majoritaires. Minorités de chrétiens (10 %), de musulmans, d'hindous, de juifs et de sikhs.
Les fêtes **Février** : fête de la Lanterne (dernier jour des fêtes du Nouvel An chinois) ; carnaval ; **mars** : fête de Chung-Ming (culte des ancêtres) ; juin : fête du Bateau-Dragon ; **octobre** : fête du Gâteau de la Lune.
Les achats L'informatique, la photo et la hi-fi constituent un trio de choc. Ne pas se précipiter, ne pas oublier les petits marchés et bien comparer les prix.

198

Hong Kong

Les sites
La ligne des gratte-ciel de **Central District**, dans la partie nord de l'île de Hong Kong, est dominée par le **pic Victoria**, que l'on atteint par le vieux funiculaire Peak Tram, et qui permet d'avoir accès à « la » vue sur l'île de Hong Kong et la presqu'île. Elle est devenue la carte postale de l'endroit et reste le garant de sa réputation touristique.
Mais l'île a bien d'autres atouts à dévoiler : le quartier d'Aberdeen, connu pour ses villages flottants et son image rétro de jonques et de sampans ; le parc d'attractions de Middle Kingdom et sa réplique du bouddha de Da Tong ; les musées (musée d'Histoire, musée des Arts du thé à Flagstaff House, Musée océanographique d'Ocean Park, Tsui Museum of Art) ; les fastes de l'hôtel Peninsula.
Les **Nouveaux Territoires** (New Territories) révèlent, par opposition à l'urbanisation effrénée de Hong Kong, une campagne imprégnée de traditions chinoises. Propices aux randonnées, ils renferment trois sites touristiques importants : le monastère des Dix-Mille-Bouddhas, les jardins botaniques de Kadoorie et la **forêt de Tai Po Kau**, où se côtoient oiseaux et plantes rares.
Les îles sont parsemées de parcs naturels (dont le Wetland Park pour l'observation des oiseaux) qui permettent de nombreuses balades, particulièrement Lantau, Cheung Chau (important lieu de villégiature sans voitures), Lamma, Grass et la péninsule de Sai Kung (Hong Kong National Geopark). Le bouddhisme les a marquées de son empreinte : Lantau, par exemple, où le monastère de Po Lin abrite un imposant bouddha assis. Un site de plus en plus prisé : le delta de la Rivière des Perles, qui rassemble l'image des « Trois Chines », soit Hong Kong, Macao et Canton.

Le shopping
Comme à Singapour, le commerce est une activité majeure, tant sur l'île de Hong Kong, dans les centres commerciaux souvent luxueux, qu'en face, à Kowloon (Nouveaux Territoires), nettement plus populaire.
La détaxe appliquée à certains articles tels que bijoux, matériel informatique, photo, hi-fi permet d'envisager de bonnes affaires, surtout en hiver, période de soldes importants. Le site commercial le plus réputé dans ce domaine est le « Golden Mile », sur Nathan Road (Central Hong Kong), dans le quartier de Tsim Sha Tsui. Mais on aura intérêt à délaisser de temps en temps les grands centres commerciaux pour leur préférer les marchés chinois (Hollywood Street, Cat Street, marché nocturne de Temple Street, marché de nuit du quartier de Mongkok).
Il faut impérativement se renseigner auprès de l'office du tourisme, qui édite un *Official Shopping Guide*, afin de connaître la qualité (l'estampille de l'office du tourisme est un gage d'authenticité), la nature (normes européennes ou non) et la quantité de ce que l'on est en droit de ramener. Il faut aussi être conscient que les prix du matériel photo et de l'électronique ne sont plus ce qu'ils étaient.

LES CONSEILS GEO
Les plus
Une configuration, une atmosphère et une extravagance qui, hormis Singapour, n'ont pas leur pareil en Asie du Sud-Est.
Une ouverture récente et plutôt réussie au tourisme vert.
Les moins
Un budget relativement élevé à prévoir à cause du coût de l'hébergement.
De bonnes affaires qui se raréfient.
Un climat défavorable entre juin et septembre.
Les précautions
Pas de vrai problème de sécurité. Il suffit de prendre les précautions d'usage dans la foule et sur les lieux touristiques.

Les côtes
Les plages apparaissent comme la plus grande surprise de l'endroit : sur les premières îles qui font face à Hong Kong, elles sont relativement nombreuses et agréables, par exemple sur l'île de **Lantau**. Villages traditionnels et petits ports constituent des havres de paix pour le moins inattendus, même si le vrai isolement est un luxe que l'on a peu de chances de s'offrir dans cette partie du monde où le surpeuplement est manifeste.

QUAND PARTIR ?

	Climat	Shopping
Janvier	☼	Fin des soldes : le 2 €
Février	☼	
Mars	☼	
Avril	☼	
Mai		
Juin		
Juillet		
Août		
Septembre		
Octobre	☼	
Novembre	☼	Début des soldes : le 28 €
Décembre		€

199

LE CARNET DE VOYAGE
Toutes les informations pratiques sur le pays : formalités, santé, voyage et décalage horaire, coût moyen d'un séjour, langues, monnaie, population, religions, fêtes, achats.

QUAND PARTIR ?
Le calendrier optimal avec des pictogrammes pour choisir la meilleure saison pour le climat, la photo, la plongée, le ski, les visites culturelles…

LES CONSEILS GEO
Les plus, les moins de chaque pays, les précautions, les tendances, les recommandations.

À chacun ses raisons

Amateurs d'archéologie ou de randonnées, aficionados *des plages ou des nuits dans le désert... Les raisons de voyager sont multiples. Ce tableau présente les destinations selon leurs principaux attraits touristiques.*

À CHACUN SES RAISONS										
	PAYSAGES	MER	NEIGE	DÉSERT	FAUNE TERRESTRE	FAUNE MARINE	VIEILLES PIERRES	VILLES	MUSÉES ET MONUMENTS	FÊTES ET TRADITIONS
Açores	●●	●				●●				
Afrique du Sud	●●	●●			●●●	●		●		
Algérie	●●	●		●●●			●	●		
Allemagne	●		●				●	●●	●	●
Angleterre	●	●					●	●●		
Antarctique	●●●					●●●				
Argentine	●●	●				●●	●			
Arménie	●						●●			
Australie	●●	●●●		●	●●	●				
Autriche	●		●●●				●	●●	●●	●
Bahamas		●●●				●●				
Belgique	●						●	●●	●	
Bénin	●				●●				●	●●
Bhoutan	●●		●				●●		●●	●●●
Bolivie	●●●				●		●			●
Bornéo	●	●●			●	●				
Botswana	●●				●●●					
Brésil	●●	●●●			●		●	●●		●●●
Bulgarie	●●	●	●●				●●	●		
Cambodge	●						●●●	●		
Cameroun	●●	●●			●●●		●			●●
Canada	●●●		●●●		●●	●		●		
Cap-Vert	●●	●●								●●
Chili	●●●	●		●●	●●●	●●●	●●			
Chine	●●●			●			●●●	●		
Chypre	●	●●●					●		●	
Corée du Sud	●	●					●	●		

●●● Très grand intérêt ●● Grand intérêt ● Intérêt moindre

À CHACUN SES RAISONS										
	PAYSAGES	**MER**	**NEIGE**	**DÉSERT**	**FAUNE TERRESTRE**	**FAUNE MARINE**	**VIEILLES PIERRES**	**VILLES**	**MUSÉES ET MONUMENTS**	**FÊTES ET TRADITIONS**
Costa Rica	•••	••			••					
Croatie	•	•••					••	•	•	
Cuba	•	•••					••	•		•••
Danemark		•						•	•	
Égypte		•••		•••			•••	••	••	
Émirats arabes unis		•		•				•		
Équateur	•••					•••	•	•		
Espagne	••	•••					•••	•••	•••	••
États-Unis	•••	••	•	••	•	•		•••	••	
Éthiopie	••				•		••		•	••
Finlande	••		•••		•					••
Grèce	••	•••					•••	••	•••	
Groenland	•••		••		••	••				•
Guadeloupe	••	•••								
Guatemala	••				•		••			••
Guyane	••				••	•	•			
Hong Kong								•••		•
Hongrie	•						•	•	•	
Inde	•••	••		•	••		•••	••	•	•••
Indonésie	•••	•••			•	••	•••	•	•	••
Iran	•••	•	•	•			••	••	•••	
Irlande	••	•					•		•	•
Islande	•••		•	•	•	•				
Israël	•	•	•	•			•••		•	•
Italie	••	•••	••				•••	•••	•••	•
Jamaïque	••	•••				••	•		•	••
Japon	••						••	••		•
Jordanie	•	•		•••			•••		•	
Kenya	••	•••			•••					
Laos	••					•	••	•	•	•

À CHACUN SES RAISONS

	PAYSAGES	MER	NEIGE	DÉSERT	FAUNE TERRESTRE	FAUNE MARINE	VIEILLES PIERRES	VILLES	MUSÉES ET MONUMENTS	FÊTES ET TRADITIONS
Liban	●●	●					●●	●		
Libye	●●			●●●			●●			
Madagascar	●●●	●●			●●●	●				
Malaisie	●●●	●●			●	●				
Maldives		●●●				●				
Mali	●●			●●				●		●●●
Malte		●●					●	●		●
Maroc	●●	●●		●●			●●	●●●	●	●
Martinique	●	●●●				●				
Maurice	●	●●●				●●				●
Mauritanie	●●	●		●●●		●	●	●		
Mayotte		●●			●	●●				
Mexique	●●●	●●●				●	●●●	●●	●	
Mongolie	●●			●●						●●
Monténégro	●●	●●								
Myanmar	●●●	●					●●●	●●		●
Namibie	●●●			●●●	●●●	●●				
Népal	●●●				●●		●●	●●	●	
Niger	●			●●●	●●					●●
Norvège	●●●		●●●					●	●	
Nouvelle-Calédonie	●●	●●●			●	●				●
Nouvelle-Zélande	●●	●●			●	●				●
Oman	●●	●		●●	●	●	●			
Ouzbékistan	●●						●●●	●●	●●	
Pays Baltes	●●							●●		
Pays-Bas	●●	●						●●●	●●●	
Pérou	●●●				●	●	●●●	●●		●
Philippines	●●	●●			●			●		●
Pologne	●	●			●			●●	●	
Polynésie	●	●●●				●	●		●	

●●● Très grand intérêt ●● Grand intérêt ● Intérêt moindre

À CHACUN SES RAISONS

	PAYSAGES	MER	NEIGE	DÉSERT	FAUNE TERRESTRE	FAUNE MARINE	VIEILLES PIERRES	VILLES	MUSÉES ET MONUMENTS	FÊTES ET TRADITIONS
Portugal	●●	●●				●	●●	●●	●	●
République dominicaine	●	●●●				●	●			
République tchèque	●●●						●●	●●●	●	
Réunion (La)	●●	●●								
Roumanie	●	●			●		●		●	
Royaume-Uni	●●	●			●		●	●●●	●●●	
Russie	●●	●					●●	●●	●●	
Sardaigne		●●					●		●	
Sénégal	●●	●●●			●●			●	●	
Seychelles		●●●			●●	●●				
Singapour		●						●●●		●
Slovaquie	●						●	●		
Slovénie	●●	●	●				●			
Sri Lanka	●	●●●			●		●●●			●●
Suède	●●		●●●					●		●
Suisse	●●●		●●●					●		
Syrie		●					●●●	●	●●	
Taïwan	●●	●●					●●	●	●●	●
Tanzanie	●●●	●●			●●●		●			
Thaïlande	●●	●●●					●●●	●●		●
Tibet	●●				●		●●			●
Tunisie	●●	●●●		●●●		●	●●	●	●	
Turquie	●●	●●					●●	●●●	●●	
Ukraine	●●	●						●●	●●	
Vanuatu	●●	●●●				●				●
Venezuela	●●●	●●●			●	●	●			
Viêt Nam	●●	●●						●●●		
Yémen	●●	●					●●●	●●		●●●
Zanzibar		●●●					●●			
Zimbabwe	●●				●●		●			

À chacun son envie

Le tourisme alternatif

Le tourisme équitable, ou la rencontre de l'éthique et de l'ethnique, comme ici au Mali.

Le voyageur du début du LLC^{e} siècle étant désormais soucieux de dégradation de l'environnement par un tourisme massifié, de déplacement imposé de populations pour privilégier l'implantation de grands hôtels côtiers, de répartition inégalitaire des dividendes entre les modestes acteurs du tourisme local et les promoteurs, il se tourne vers des expériences nouvelles. Le tourisme alternatif, certes embryonnaire mais en progression constante, en est le reflet. Cette notion se voit décliner en une kyrielle de dérivés : tourisme durable, responsable, équitable, solidaire… De sous-dérivés également, témoin le tourisme rural équitable. Le voyageur se retrouve dans un village ou au sein d'une communauté de villages que des organisations non gouvernementales ont su convaincre d'accroître leurs revenus en accueillant des « écotouristes ». Les villageois assurent l'hébergement, invitent leurs hôtes à participer à leur vie quotidienne, parfois leur font découvrir leur région via des routes thématiques.

Amener des villageois à bouleverser ainsi leur quotidien n'est pas chose aisée : outre la nécessité de les faire s'adapter à une clientèle et à une idée de tourisme qu'ils ne connaissaient en rien, ensuite de gérer eux-mêmes le projet, il faut convaincre certains de rompre leurs habitudes. Ainsi, l'écotourisme communautaire ne peut se concevoir sans,

De bonnes adresses

▶ **ATES** (Association pour un tourisme équitable et solidaire), www.tourismesolidaire.org, est un des réseaux du tourisme solidaire en France.
Il dispense entre autres les coordonnées et références d'une vingtaine de voyagistes du tourisme solidaire regroupés sous sa bannière.

▶ **EchoWay** (www.echoway.org) se veut un « lieu d'information et d'échange » en vue d'une sensibilisation au tourisme responsable.

▶ **Tourisme autrement** est une association belge www.tourisme-autrement.be qui va dans le même sens et a organisé à trois reprises, à Bruxelles, un Salon du tourisme éthique et équitable.

La rencontre avec les populations locales est primordiale dans le tourisme équitable. Ici une femme Aymora, sur le lac Titicaca.

par exemple, un renoncement à de vieilles traditions de coupe d'arbres ou de chasse d'espèces fragiles.

Une constante dans le principe du tourisme alternatif : la préservation de la culture et de l'environnement locaux, assurée tant par le visiteur que le visité. Pour que chacun soit sûr que la volonté et la fidélité au principe d'un tourisme durable et responsable demeurent intactes, les organismes et les acteurs du voyage ont, les premiers, accepté de se rallier à un Code mondial d'éthique du tourisme, élaboré il y a une quinzaine d'années par l'Organisation mondiale du tourisme. Ce code a ensuite essaimé partout dans le monde, sous diverses formes. En France, par exemple, on retrouve une Charte éthique du voyageur à laquelle ont adhéré les grands acteurs du tourisme de randonnée. « Passez par nous pour acheter votre voyage, et vous pouvez être certain que votre argent restera en priorité dans le pays visité, de surcroît sans le détériorer » : c'est la phrase que pourraient prononcer en chœur les acteurs de ce nouveau tourisme. ■

Un écolodge, mais qu'est-ce donc ?

Il s'agit d'un établissement qui s'attache à respecter deux exigences fondamentales : d'abord être construit dans un matériau simple et recyclable (tentes de toile, bois, murs en pisé) ; ensuite, trouver une clientèle qui adhérera à l'idée de protection de l'environnement (par exemple en bannissant le véhicule quatre roues motrices pour le dos du mulet). Autres aspects : le partage des activités locales (cueillette des olives, par exemple) ; l'achat d'un artisanat local et authentique, ce qui permet aux populations locales de mieux gagner leur vie, tout en retrouvant parfois des pratiques oubliées, entre autres dans le textile.
Les écolodges sont actuellement l'apanage d'une clientèle aisée. C'est dû en partie au phénomène de mode qui, à leur corps défendant, les accompagne, mais surtout au fait que les structures répondent à des normes de qualité élevées, donc coûteuses et répercutées sur le prix séjour.

À chacun son envie

La photo accompagnée

Il y a trente ans, le mot «pixel» était quasi inconnu. Et prendre une photo avait un coût. Désormais, on les multiplie pour trois fois rien, puis on trie. Mais si la photographie connaît cette inflation technique, ses exigences sont immuables : être au bon endroit au bon moment, savoir cadrer, jouer avec la lumière, maîtriser la profondeur de champ. Des aptitudes qui ne s'acquièrent pas, rétorquera-t-on. Mais nous vivons dans la société du conseil et de l'accompagnement. Aujourd'hui, des stages et week-ends photo de plus en plus pointus s'organisent en France, ou ailleurs. Adieu, donc, improvisation et gâchis ! À présent, des professionnels vous emmènent à la bonne heure, à la meilleure lumière, avec l'objectif adéquat. Et, s'il faut un téléobjectif ou un zoom, pas de problème d'encombrement : vous emportez ou pourrez louer tout votre matériel. Et, même pour les amoureux de l'argentique, tout est prévu.

Désormais, en photo aussi, le coaching est roi.

Se faire accompagner par un professionnel est la garantie de progresser et de ne pas ramener n'importe quelle image. Et le champ est vaste. En marge d'un safari photo au Botswana ou de l'immortalisation d'un temple birman à l'aube, il existe, tout aussi enrichissante, la possibilité d'apprendre à dénicher les secrets du marché de Brive-la-Gaillarde.

L'intervention d'un pro revient cher : deux semaines dans un pays tropical via une agence spécialisée peuvent être 50 % plus chères qu'un circuit standard. Toutefois, sur Internet, on peut atténuer l'addition : le choix d'un photographe indépendant direct ou le voyage collaboratif, dont les sites ont un champ d'action large. ■

QUELQUES CHAMPS D'ACTION

Qui ?	Où ?	Quelques caractéristiques
Aguila (www.aguila-voyages.com)	Cinq villes, sept destinations en Europe, seize à travers le monde	Groupe de dix voyageurs maximum par groupe
Objectif Nature (www.objectif-nature.fr)	Large panel (une centaine de safaris photo dans plus de trente pays)	Organise ses voyages par thème (croisière, découverte, naturalisme, etc.). Un pionnier du genre.
Voyage au bout du regard (Stéphanie Jantzen), www.vabdr.com	Chili, Inde, Mongolie, Myanmar, France (Cévennes)	Huit voyageurs maximum par groupe. Un guide papier : Photographie de voyage.
Voyage Passion photo (www.voyagepassionphoto.com)	Huit destinations à travers le monde, week-ends photo en France	Douze photographes accompagnateurs. Stages et week-ends proposés aux entre-prises

À chacun son envie

Le temps du partage

Désormais, l'entraide est le maître mot dans le voyage.

Le tourisme traditionnel vacille. Sous le double effet de la crise économique et d'Internet, le candidat au voyage cesse peu à peu d'obéir à des structures qu'il juge coûteuses ou surannées – l'hôtel, l'agent de voyage, le taximan, le guide – pour passer à ce que l'on a baptisé l' « économie collaborative ». Ce vocable malheureux désigne un mélange de débrouillardise et de sens du partage qui permet à des créateurs de start-up de développer des sites lucratifs et à une part de plus en plus importante de la clientèle du voyage de faire des économies sur tous les aspects du voyage : logement, transport, etc. Sévèrement concurrencée, donc, l'hôtellerie traditionnelle ! Désormais, on loue son appartement à des voyageurs, ou bien on loue le leur, à des tarifs imbattables, sur des sites Internet. Ainsi a grandi, par exemple, Airbnb. Née de rien en 2008, la jeune entreprise revendique aujourd'hui 600 salariés et plus de 300 000 logements proposés dans 35 000 villes de près de 200 pays. Sévèrement concurrencés également, les acteurs traditionnels du transport : train, taxis, locations de voiture… Tandis que BlaBlaCar met en relation un automobiliste qui a des places libres dans sa voiture et un voyageur qui veut faire le même trajet, TravelerCar loue à prix raisonnable une voiture qui dort dans le parking d'un aéroport.

Sévèrement concurrencé, encore, le monde des guides professionnels ! Désormais, sur des sites comme Vayable, on peut avoir son guide à soi, un Parisien de souche par exemple qui vous dévoilera les secrets de la ville authentique à travers la rue d'un arrondissement sans touristes. La mariée est-elle trop belle ? L'avenir le dira. Mais on quitte peu à peu le temps de l'entraide gratuite qu'avait lancée, par exemple, le site Couchsurfing, et que tentent de perpétuer des sites d'échanges d'info comme Voyage Forum. Aussi, bien que les sites collaboratifs, la plupart de bon aloi, revendiquent leur sérieux, leur désir de relations plus humaines et leur foi dans un monde meilleur, on ne saurait trop conseiller à ceux qui seront tentés par ces nouvelles aventures voyageuses d'aller faire un tour sur les forums de discussion des grands médias pour se faire une idée plus précise. ■

QUELQUES EXEMPLES

Les éléments du voyage	Quels sites ?
Le logement	Airbnb, Bedycasa, Homelidays, Housetrip
Le covoiturage	BlaBlaCar
La location de voiture entre particuliers	Drivy, OuiCar, Tripnco
La course en taxi	UberPop
Les guides locaux	Vayable
La préparation du séjour	Darjeelin

À chacun son envie

À la cime des arbres

Tout y est : le grand air, l'effort, le respect de la nature.

Grimper à la cime d'un arbre, surplomber la canopée – le sommet de la forêt tropicale, là où vivent les oiseaux et beaucoup d'autres espèces –, passer d'un arbre à l'autre sur un pont de lianes ou grâce à une tyrolienne : y a-t-il, pour les enfants, mais aussi les adultes, tendance touristique plus enthousiasmante ? Ce phénomène du « *Tree Climbing* », la « grimpe d'arbre », nous vient des Anglo-Saxons qui ont transformé le travail des élagueurs en un loisir à la fois écologique et sportif. Les enfants en raffolent dès l'âge de sept ans. Mais les adultes s'y mettent aussi. Le vecteur, c'est la corde ! On y grimpe, on la descend, on s'y accroche. Quand on la dédouble en disposant deux cordes en parallèle entre deux arbres, on obtient le fameux « pont de singe », une voie de communication traditionnelle dans les forêts les plus touffues. Activité jeune, avec la forêt comme sanctuaire, la grimpe d'arbre incite toutes les générations à l'écologie mais aussi au respect de l'environnement.

Un rêve de primate, le confort en plus

Mais désormais il y a plus… Le tourisme d'aujourd'hui ne peut se passer d'idées nouvelles, insolites, révolutionnaires. Aussi, voilà que, au creux de l'arbre, l'enfant partage son rêve avec l'adulte. La petite famille mais aussi le couple de tourtereaux, voire l'heureux bénéficiaire d'un cadeau, ont droit à leur cabane dans l'arbre, une vraie : rectangulaire ou ronde, d'une trentaine de mètres carrés en moyenne, avec une petite terrasse et le confort attenant, chauffage compris, et même le petit déjeuner au lit par ascension magique du panier repas…
Pour exaucer son rêve de primate, le candidat à ce mode d'hébergement bien dans l'air du temps aura intérêt à choisir des régions accidentées ou montagneuses pour agrémenter le panorama. Mais pas toujours. Ainsi, qui dit mieux, par exemple, qu'un réveil sur son arbre perché avec vue imprenable sur le Mont-Saint-Michel ? ■

Où et comment?

▶ La grimpe d'arbres

Les colonies sont friandes d'accrobranches. Sous nos contrées (www.dans-les-branches.com), elle s'effectue en groupes réduits et encadrés. Du grand sérieux, avec principe de précaution maximum. Les lieux d'observation sont souvent les forêts des départements français d'outre-mer ou du Costa Rica. Voyagistes spécialistes de la randonnée et organismes d'écotourisme incluent une descente en tyrolienne.

▶ Une cabane dans les arbres

Inutile de partir au bout du monde pour goûter aux charmes d'une cabane dans les arbres ! La France en est abondamment pourvue, comme l'atteste la synthèse offerte par l'organisme Cabanes de France (www.cabanes-de-france.com). Mais ne pas s'attendre à des tarifs pour trappeurs désargentés – la nuit en cabane double excède aisément 100 euros. On peut décider de joindre l'agrément du logement dans les arbres à l'observation des stars animalières – éléphants, lions et autres –, comme le propose l'organisme Nomade (www.nomade-aventure.com) en Afrique du Sud.

À chacun son envie

Les week-ends shopping

C'est le dernier voyage à la mode… et vers la mode. Certains touristes programment ainsi des voyages d'un week-end vers les grandes métropoles du shopping que sont Londres, Milan ou – plus secrètes – Barcelone, Berlin ou Amsterdam. S'ils sont plus aventuriers, et prêts à dépenser plus, ils peuvent – sans souci du décalage horaire – s'offrir un séjour de 4 jours/3 nuits à Dubaï ou à New York.

Toutes ces destinations leur permettront de satisfaire leur passion : les grandes marques, les marques dégriffées, le vintage… ■

LES MEILLEURS ENDROITS		
Amsterdam	Même si elle n'est pas la plus tendance pour le shopping, elle offre tout pour tous : autour de la place du Dam, au cœur de la ville, et rue P. C. Hoofstraat pour le haut de gamme ; à Waterlooplein pour le vintage. Incontournables : le magasin De Bijenkorf et le marché Albert Cuyp.	Le Thalys relie Paris-Gare du Nord à Amsterdam Centraal en un peu moins de trois heures et demie.
Barcelone	De la plaça de Catalunya à l'avenue Diagonal via le passeig de Gracia, l'amateur de shopping butine sur plusieurs kilomètres. Tous les grands noms sont là, au côté de l'emblématique El Corte Ingles.	Abondance de vols à bas prix, une heure et demie au départ de Paris. Le « train-hôtel » Joan Miró est plus poétique.
Berlin	Berlin ne figure pas dans le peloton de tête des grandes destinations du shopping européen. Impossible, toutefois, de rater l'imposant KaDeWe ou l'ensemble Kaufhaus des Westen.	Les compagnies low cost Air Berlin, easyJet ou Germanwings se font une rude concurrence.
Londres	Regent Street, Oxford Street pour les grands classiques (dont les incontournables Selfridges et TopShop), Carnaby Street pour la frime, Covent Garden pour les *second hands* branchés, New Bond Street pour le haut de gamme, Camden Market pour les fripes tendance, Portobello pour le marché aux puces, Harrod's pour les soldes d'après-Noël *(Post-Christmas Sales)*.	Formules diverses : Eurostar et deux nuits d'hôtel ; vols à bas prix et deux nuits d'hôtel ; voiture ; ferry Calais-Douvres pour qui a du temps.
Milan	Haut lieu de la haute couture, avec des noms mythiques (Giorgio Armani, Dolce & Gabanna, Versace), surtout sur la via Montenapoleone. Le haut de gamme se trouve via Sant'Andrea ou via Manzoni.	Vols low cost (easyJet, Ryanair, Vueling) ou classiques (Air France, Alitalia). Les moins pressés prendront le TGV Paris-Milan (un peu plus de 7 heures).
… ET AU-DELÀ		
Dubaï	Hormis son festival du Shopping (en janvier avec force affaires pour l'or et les tapis), l'émirat s'appuie sur ses valeurs sûres comme le Mall of the Emirates et les souks.	Compter aux alentours de 400 € pour un Paris-Dubaï A/R. La haute saison court de novembre à avril.
New York	Un week-end éclair et branché à New York pour le shopping : la tendance perdure ! À côté des noms (Bloomingdales, Macy's) et des lieux (5e Avenue, Madison, Soho) légendaires, le bas de la ville brade tee-shirts, jeans et baskets.	Un Paris-New York classique A/R se trouve aux alentours de 500 € dans les périodes creuses, mais les prix sont en surchauffe en été (qui est loin d'être la meilleure saison) et lors des fêtes de fin d'année.

À chacun son envie

Les départs au pied levé

Les amateurs de voyages de dernière minute ne sont pas regardants sur les destinations proposées.

Le paradis des réactifs, de ceux qui sont libres comme l'air, et peuvent envisager du jour au lendemain d'acheter un vol sec ou une formule.

Le plus souvent, les habitués savent à quels site ou agence faire appel. Pour les profanes, c'est plus compliqué. Il ne faut pas s'y tromper, le principe de ces offres est de solder des invendus. Aussi, pour honnêtes qu'elles soient la plupart du temps, les « last minutes » ne sont jamais qu'une forme de braderie, avec les limites propres au genre.

S'agissant des prestations, les formules sont rarement les plus grisantes. Plutôt qu'à une ascension du Kilimandjaro, il faut s'attendre à une semaine méditerranéenne classique, « all inclusive » dans un établissement standard. Mais l'offre est spectaculaire : mi-novembre, saison creuse par excellence, un site de ventes de dernière minute ira jusqu'à proposer un départ sous huit jours avec une réduction de plus de 50 %.

Il existe aussi des départs de dernière minute qui n'en sont pas vraiment et laissent une certaine latitude : une recherche sur Google mi-septembre conduira à une proposition de départ mi-novembre par des voyagistes le plus souvent balnéaires et qui peinent à remplir les hôtels à un moment aussi creux. Plus le voyagiste est haut de gamme, plus la réduction sera mince. Mais tout de même : pour un séjour balnéaire de 700 euros en Tunisie, par exemple, il consentira une ristourne de 150 euros en moyenne.

Sur Internet, attention aux sites généralistes, qui s'apparentent à de véritables grossistes. Leurs fournisseurs étant des voyagistes d'origines très diverses, il faut se faire préciser qui assure le transport, l'hébergement, si une date si proche laisse le temps d'accomplir les démarches (visa, vaccins), si les horaires sont corrects…

Enfin, si l'on fait souvent une excellente affaire, partir au dernier moment ne fait pas bon ménage avec les délices de la préparation qui accompagnent le voyage. ■

Quelques pistes

▶ **Sur Internet,** outre les sites généralistes, les offres sont l'affaire de comparateurs de vols et prestations, type Easyvoyage, Edreams, Liligo, Opodo, ou d'organismes spécialistes (Last Minute).

▶ **Hors Internet,** plus la courbe du soleil s'abaisse sur nos horizons, plus celle des propositions de dernière minute ou à court terme fleurissent dans les vitrines des agences de voyages.

À chacun son envie

Voyages originaux en famille

Tributaires de la tribu, certes, mais plus on est de fous, moins on paie...

Activités

L'image traditionnelle de l'hôtel-club en bord de mer, où les parents se prélassent pendant que les enfants sont pris en charge dans un kid's club, existe toujours. Mais ses caractéristiques ont changé.

On trouve ainsi de plus en plus les enfants occupés à faire des roulés-boulés dans les dunes, ou bien à conduire un traîneau à chiens sur les grandes étendues blanches de Laponie. L'hôtel-club et ses conventions appartiennent au passé…

Voyages en tribu

« Familles, je vous hais… », écrivait André Gide dans le contexte bien particulier de son œuvre *Les Nourritures terrestres*, stigmatisant le manque d'ouverture potentiel que peut représenter le repli sur soi d'une famille jalouse de ses prérogatives.

« Familles, je vous adore ! », rétorquent aujourd'hui les voyagistes, surtout quand ils se trouvent en présence d'une famille nombreuse ou recomposée. Au moment d'établir le budget vacances, cette assemblée vite importante a de fortes chances d'entendre les sirènes des fins limiers de la promo.

La « cible » famille est à ce point prometteuse qu'ils n'hésitent pas à utiliser le terme de « tribu », connotation joyeuse pour qualifier les parents, enfants et alliés. Nous voici donc inondés de « tarifs tribu » et autres expressions du genre, voire en présence de sites Internet dont ce même terme de tribu est le fondement.

Il est vrai que les « séjours à forfait » appliqués sont attrayants, le prestataire voyant dans l'importance du groupe l'assurance d'amener l'hôtelier à baisser ses tarifs. À partir de six ou huit personnes, par exemple, lors d'un séjour balnéaire en Méditerranée ou sur la mer Noire, la note peut descendre à 50 euros la journée par personne pour l'hébergement, la restauration et l'animation. Le genre ne s'arrête pas à la famille stricte. Il s'étend désormais à la famille élargie ou à la cousinade. Voilà comment, une fois les deniers mis au pot, une grande maison de maître, un cottage ou un hôtel haut de gamme deviennent relativement abordables pour les membres de la tribu. Mêmes effets heureux pour un groupe d'amis randonneurs, y compris dans le cas de destinations lointaines. Plus le cercle s'élargit – ou, plus prosaïquement, plus on est de fous –, moins on paie. Reste alors à chacun à trouver sa part d'indépendance dans la communauté tribale ou à ne pas se muer en gamin dissipé d'une colonie de vacances. Mais c'est une autre histoire, d'autant que la formation à l'intégration dans le groupe n'est pas comprise dans le tarif… ■

LOISIRS POUR ENFANTS ET ADOLESCENTS

COMMENT ?	DANS QUELS PAYS ?	PLUS PRÉCISÉMENT
À pied	Canaries, Islande, Madère, Sicile, Madagascar, Népal	Les mystères de la Gomera aux Canaries, le long des canaux de Madère ou des volcans des Éoliennes, d'Islande et de Sicile, rencontre de lémuriens à Madagascar, mini-treks au Népal au pied des massifs
Bateau, canoë, pirogue	Afrique du Sud, Égypte, Québec, Turquie, Venezuela	À la rencontre des éléphants et des dauphins en Afrique du Sud, sur une felouque des fellahs du Nil, en canot au Québec, sur une goélette de la côte sud de la Turquie, sur l'Amazone au Venezuela
À cheval	Équateur	Randonnées à la découverte de la faune et de la flore
En mer	Égypte, Turquie	Les coraux et les dauphins de la mer Rouge, le masque et le tuba sur la côte sud de la Turquie
Faune	Kenya, Sri Lanka, Tanzanie	Mini-treks et mini-safaris photo
Grimpe d'arbres	Costa Rica, France (Martinique, La Réunion)	
Mini-randonnées	Cap-Vert, France (La Réunion), Islande, Norvège	
Multi-activités	Finlande	Apprentissage de la conduite d'attelage

À chacun son envie

Voyages de noces exotiques

La mer et le soleil sont les ingrédients banals, mais indispensables, d'un voyage de noces exotique.

Naguère, les jeunes mariés se satisfaisaient du romantisme de Londres ou de Venise pour fêter leur union. Les tourtereaux d'aujourd'hui troquent cet académisme pour l'exotisme. Et pas n'importe lequel : Seychelles, Maldives, Maurice, Polynésie…

En sommes-nous arrivés pour autant à la démocratisation totale du voyage de noces sous les palmiers ? Pas vraiment ! Cette tendance résulterait plutôt d'une trouvaille marketing assez récente : le relookage de la bonne vieille liste de mariage. Longtemps, celle-ci s'est appuyée sur le service en argent que l'on rangeait dans le buffet pour l'éternité. Cette priorité est à présent révolue.

Vous êtes invité au mariage et vous avez la liste sous les yeux. Vous ne savez trop que choisir ? Suivez la tendance : participer au financement du « voyage de noces lointain et exotique ». Vous contribuerez ainsi à ce qui restera comme l'un des plus beaux

LES GRANDS CLASSIQUES DU MARIAGE EXOTIQUE		
	LE BONHEUR	**LE PETIT BÉMOL**
Bahamas	Soleil permanent et jamais écrasant, sable blanc ou rosé des rivages, fonds marins très riches	Hors de l'océan, point de salut : pas ou peu de sites historiques et des archipels en mal de spécificité
Bali (Indonésie)	La qualité parfaite du cadre, les traditions religieuses marquées, les plages faites aussi bien pour le farniente que pour le surf	Une image banalisée par la surcharge touristique et l'occidentalisation de la majorité des structures balnéaires
Maldives	Des fonds sous-marins exceptionnels, des spas et programmes de remise en forme récents et haut de gamme	Même constat que pour les Bahamas
Maurice	Des côtes très bien équipées, un intérieur des terres riche en espèces et propice aux randonnées, un habitat original	Une image haut de gamme qui manque de nuances et fait peur aux budgets moyens
Polynésie	L'image d'Épinal entre toutes, le classique des classiques, mais avec sa part d'histoire et d'originalité, particulièrement aux Marquises	Un coût du billet d'avion conséquent, une image qui intimide également les budgets moyens
Seychelles	Sable immaculé, eau turquoise, image marketing réussie du paradis balnéaire	Même constat que pour l'île Maurice ou la Polynésie, et des alizés capricieux entre juin et septembre

souvenirs du jeune couple : le séjour paradisiaque qu'il effectuera sur l'île Maurice ou sur un atoll de Polynésie. Le reste est l'affaire du voyagiste. Celui-ci mettra les petits plats du mariage dans les grands, les enrobera de petits effets de galanterie, comme une réduction de 25 % sur le prix du billet de la mariée ainsi que la bouteille de champagne, la corbeille de fruits et le bouquet de fleurs dans la chambre d'hôtel. C'est bien le moins pour un voyage dont le coût descendra rarement en dessous du seuil des trois à quatre milliers d'euros pour chacun des heureux élus… ■

Les délicates attentions du voyagiste transformeront le voyage en fête de tous les instants.

À chacun son envie

Les sommets mythiques

Dans les bagages du voyageur épris d'altitude, il y a des mythes éternels, des noms de sommets qui entretiennent les rêves…

Les Annapurnas

Au sein du massif des Annapurnas, au cœur du Népal, une dizaine de sommets s'étagent entre 6441 et 8091 m. Pour de nombreux randonneurs d'altitude, les panoramas qu'offre le trek du tour des Annapurnas – à effectuer de préférence en octobre-novembre ou en mars-avril – comptent parmi les plus beaux du monde. La vue à partir du camp de base sud, alias le « sanctuaire des Annapurnas », en est la cerise sur le gâteau.

Ci-dessus : le Machapuchare (Annapurna). À droite : des drapeaux de prière au camp de base de l'Everest.

Certains n'hésitent pas à partir seuls – assurance vivement conseillée –, comptant tout au long du parcours sur l'assistance des villageois tibétains et l'accueil des *guest houses.* Il reste toutefois préférable d'avoir recours à une agence locale ou – plus cher – à un voyagiste occidental.

Le camp de base de l'Everest

Plus difficile que le tour des Annapurnas, la montée vers le camp de base de l'Everest, qui peut se faire tant côté népalais que côté tibétain, a l'inconvénient supplémentaire de ne pas offrir autant d'occasions de rencontrer des autochtones. En revanche, la vue sur l'Everest, le Lothse et le Nuptse est splendide, et le mythe demeure sans égal.

La masse du Kilimandjaro, point culminant de l'Afrique, domine la savane.

Le Kilimandjaro

Situé en Tanzanie, le « Kili » est un massif et non un sommet unique. Les «neiges du Kilimandjaro» fondent irrémédiablement, semble-t-il. Certains pessimistes prédisent leur disparition à l'horizon 2020. Mais les amoureux de cette montagne, qui choisissent les périodes de janvier-mars ou bien de juillet-octobre pour la gravir, ne veulent pas le croire.

Deux voies permettent d'atteindre en cinq à dix jours les 5 892 m du Kilimandjaro : Marangu et Machame – cette dernière est plus longue et plus fatigante, mais plus belle. Il y a aussi deux façons de mener son trek : soit de sa propre initiative avec une agence locale (telle Congema Safaris, souvent plébiscitée) ; soit avec un voyagiste occidental (plus cher, mais qui prend en charge les problèmes administratifs).

Le mont Kailash

Le plus haut sommet du Tibet (6714 m) est considéré comme sacré, à la fois par les bouddhistes, les böns (adeptes d'une ancienne religion locale), les hindous et les jaïns. Le pèlerinage qui consiste à en faire le tour (« Khora », 52 km) rencontre de plus en plus d'adeptes en Occident.

La Khora, qui s'entreprend à l'aide de sherpas et de yacks, demande trois jours en moyenne, de préférence entre mai et octobre. Une préparation rigoureuse s'impose et le recours à un voyagiste est recommandé, l'organisation solitaire du trek étant plus malaisée que pour les sommets précédemment évoqués. ■

À chacun son envie

Objectif pôles

Dans le Nord, l'heure est aux contradictions, voire au cynisme : alors que les Inuits et les ours blancs ne savent plus à quelle banquise se vouer, certains opportunistes imaginent déjà le jour où la fonte des glaces entre l'Arctique et le Grand Nord canadien laissera le passage aux pétroliers et aux bateaux de croisière. En attendant, les immenses terres glacées du Nunavut, où 25 000 Inuits vivent sur 2 millions de km^2, offrent aux amoureux des pôles des possibilités de pratique de motoneige, de conduite de traîneau à chiens, de ski de fond…

Un bateau de croisière progresse au milieu des blocs de glace de la mer d'Amundsen, dans l'Antarctique.

AU NORD...		
QUEL VOYAGE ?	**LES POINTS CHAUDS**	**QUAND ET À QUEL PRIX ?**
Les randonnées, la motoneige, le kayak des mers et les raids à skis sur la banquise du Nunavut	La rencontre des Inuits, le franchissement du cercle polaire arctique, l'observation des ours blancs, des baleines et des narvals	La plupart des voyages débutent en mars. Compter environ 4 500 € pour un raid à skis dans le cadre d'un séjour de trois semaines.

Pendant ce temps, à l'autre extrémité de la Terre, dans des conditions heureusement très strictes, les bateaux de croisière continuent de voguer vers la péninsule de Palmer, escortés par les pétrels et les albatros. Sans port d'attache en vue, néanmoins : inutile d'espérer planter sa tente igloo quelque part. Il ne faut pas non plus imaginer que la terre Adélie de nos cours de géographie est accessible : elle reste mythique et inabordable pour le commun des mortels. En revanche, quelques îles et stations scientifiques font l'objet d'escales, entre deux exposés de conférenciers. Pour l'heureux élu du grand voyage blanc, l'Arctique et plus encore l'Antarctique exigent un investissement financier hors norme pour avoir le privilège de pouvoir longer des icebergs parfois hauts de plusieurs dizaines de mètres et admirer des colonies de manchots dont la star, le manchot empereur, le seul à ne pas quitter la banquise en hiver, est également celui qui est le plus difficile à apercevoir. ■

Un couple de manchots empereurs et leur petit.

OU AU SUD...		
QUEL VOYAGE ?	**LES POINTS CHAUDS**	**QUAND ET À QUEL PRIX ?**
Navigation le long de la terre de Graham après avoir traversé le canal de Drake. Accostage dans quelques îles et baies.	L'observation des colonies de manchots, des rorquals, des baleines à bosse, des orques. Les icebergs et le fracas des blocs de glace qui plongent dans l'océan.	La grande majorité des départs ont lieu entre janvier et mars. Pour un voyage d'une dizaine de jours, les premiers prix avoisinent 5 500 €. Quelques voyagistes : Grand Nord Grand Large, Hurtigruten, 66° Nord.

À chacun son envie

Le logement de charme

Un cottage dans un jardin anglais n'est-il pas aussi dépaysant qu'une paillote sur une plage de sable blanc ?

Le logement dit « de charme » est de plus en plus en vogue. Charme ne signifie pas luxe. Ainsi, le cottage anglais ou irlandais est, à l'origine, une maison de campagne très simple, qui n'a pas été systématiquement retapée et qui continue de se louer à des prix très raisonnables. Certes, non loin de là, un manoir typiquement britannique, avec tapisseries à fleurs et fauteuils Chesterfield, sera plus onéreux, mais il sera toutefois qualifié d'hébergement de charme plutôt que de logement de luxe. La vérité est parfois plus complexe : ainsi la plupart des vieux murs retapés du Pelourinho, cœur historique de Salvador de Bahia, au Brésil, abritent des hôtels de charme qui peuvent présenter de fortes différences de prix.

La notion de charme se marie très bien avec celle de passé, d'histoire, de mobilier ancien. La décoration s'avère même une condition du charme dès que l'on s'élève dans la gamme

des hébergements. Du coup, dans la course au tourisme raffiné, chaque pays s'arme du terme qui fait mouche, de l'appellation qui évoque le patrimoine national ou colonial : la pousada pour le Portugal et le Brésil, le parador pour l'Espagne, le riad pour le Maroc, le yali pour Istanbul. Un tel label n'est toutefois pas indispensable pour la promotion : ainsi, les logements de charme de Provence ou de Toscane ne s'identifient pas tous au mas ou à la villa.
Le logement de charme idéal ? Celui qui parvient à conjuguer le refus du grand luxe et une ambiance cosy. ■

Les riads marocains connaissent un indéniable succès.

LES HÉBERGEMENTS

QUEL STYLE ?	OÙ ?	À QUEL PRIX (BASE DEUX PERSONNES) ?
Cottage : maison de campagne aussi simple qu'élégante	Angleterre, Australie, Écosse, Galles, Irlande (liste non exhaustive)	Logement seul aux alentours de 300 € la semaine en intersaisons, de 400 € en été
Manoir : petit château de campagne ; à l'origine, résidence d'un noble entourée de terres cultivées	Surtout dans la partie nord de l'Europe, France incluse	Difficile d'échapper à une moyenne de 100 € la nuit, prix plus doux si location à la semaine
Parador : le haut de gamme dans un château, un couvent, un monastère ou un bâtiment de caractère	Espagne	Compter aux alentours de 100 € pour une nuit dans un parador de gamme moyenne avec petit déjeuner
Pousada : l'équivalent du parador au Portugal et dans certaines de ses anciennes colonies	Portugal, Brésil	Prix équivalents à ceux d'un parador
Quinta : grand domaine vinicole traditionnel qui propose aujourd'hui l'hébergement	Portugal, vallée du Douro en particulier; également à Madère	Le trio nuit, menu gastronomique et petit déjeuner s'impose souvent : dans ce cas, la demi-pension tourne autour de 150 € minimum.
Riad : demeure traditionnelle au Maroc avec patio et fontaine	Maroc, surtout à Marrakech	Un riad perdu au fin fond de la médina de Marrakech et habilement retapé se négocie aux alentours de 100 € la nuit
Yali : ancienne maison de bois autrefois habitée en été par les dignitaires musulmans	Turquie (Istanbul)	Du très haut de gamme : 300 ou 400 € la nuit sont la règle

À chacun sa destination

Coût et durée du voyage, qualité des infrastructures, conditions sanitaires : un certain nombre de critères entrent en jeu

À CHACUN SA DESTINATION

	COÛT MOYEN DU BILLET ALLER/RETOUR	COÛT MOYEN DU SÉJOUR	PRÉCAUTIONS DE SANTÉ	PAPIERS	>
Afrique du Sud	Vol Paris-Johannesburg A/R : 700 €	2800 € pour 15 jours	PAP octobre à mai	UE, Canada, Suisse : P	
Algérie	Vol Paris-Alger A/R : 300 € ; Vol Paris-Tamanrasset A/R : 450 €	1000 € pour une semaine dans le Hoggar		UE, Canada, Suisse : P, visa	
Allemagne	Vol Paris-Berlin A/R : 100 € ; train Paris-Berlin : 180 €	500 € pour une semaine de croisière sur le Rhin		UE, Suisse : CNI, Canada : P	
Angleterre	Vol Paris-Londres A/R : 100 € ; bateau : 2 pers./1 voit. A/R : 150 €	Environ 250 € pour un week-end 3 jours/2 nuits à Londres en Eurostar		UE, Suisse : CNI, Canada : P	
Antarctique	Vol Paris-Ushuaia A/R : 1300 €	Au moins 5500 € pour 12 jours de croisière		UE, Canada, Suisse : P	
Argentine	Vol Paris-Buenos Aires A/R : 900 €	2900 € pour 15 jours de randonnée ou circuit	PAP pour les confins de la Bolivie et du Paraguay	UE, Canada, Suisse : P	
Arménie	Vol Paris-Erevan A/R : 450 €	1500 € pour 12 jours (culture et randonnée)		UE, Suisse : P, Canada : P, visa	
Australie	Vol Paris-Sydney A/R : 1000 €	Au minimum 3000 € pour 15 jours en circuit tout compris		UE, Suisse : P, e-visitor, Canada : P, ETA	
Autriche	Vol Paris-Vienne A/R : 150 €	600 € pour une semaine de randonnée ; 600 € pour une semaine de ski (vol + héb.)		UE : CNI ou P, Canada : P	
Bahamas	Vol Paris-Nassau A/R : 750 €	1500 € la semaine balnéaire moyenne gamme TC		UE, Canada, Suisse : P	
Belgique	Thalys Paris-Bruxelles A/R : 60 €	Entre 150 et 200 € pour 3 jours et 2 nuits à Bruxelles		UE : CNI ou P, Canada : P	
Bénin	Vol Paris-Cotonou A/R : 600 €	1300 € pour un circuit d'une semaine tout compris	FJ obligatoire, PAP, méningite pour le Nord	UE, Canada, Suisse : P et visa	
Bhoutan	Vol Paris-Paro A/R : 800 €	Au minimum 3500 € pour un circuit de 15 jours	PAP (uniquement pour le Sud)	UE, Canada, Suisse : P et visa	
Bolivie	Vol Paris-La Paz A/R : 1050 €	Entre 3000 et 3500 € pour 3 semaines de randonnée (en combiné avec le Pérou)	Hors l'Altiplano, FJ recommandé, PAP au-dessous de 2500 m	UE, Canada, Suisse : P	
Botswana	Vol Paris-Gaborone A/R : 1000 €	Au moins 3000 € pour 12 jours de safari-photo	PAP dans certaines régions	UE, Canada, Suisse : P	
Brésil	Vol Paris-Rio de Janeiro A/R : 750 €	Environ 2500 € pour 12 jours en circuit classique	FJ recommandé pour l'Ouest, PAP recommandé en Amazonie	UE, Suisse : P, Canada : P et visa	
Bulgarie	Vol Paris-Sofia A/R : 150 € ; vol Paris-Varna A/R : 150 €	Environ 1100 € pour une semaine de randonnée, 800 € TC en bord de mer		UE : CNI ou P, Canada : P	
Cambodge	Vol Paris-Phnom Penh A/R : 700 €	2500 € pour 15 jours (en combiné avec le Viêt Nam)	PAP pour la plupart des régions, Angkor compris	UE, Canada, Suisse : P, visa (possible à l'arrivée)	

Précision : les tarifs qui apparaissent dans ce tableau ne sont que des estimations. Ils sont une moyenne des divers tarifs que nous avons relevés çà et là et n'ont donc aucun caractère officiel.

dès lors qu'il s'agit de faire le choix d'une destination. Le tableau ci-dessous permet d'avoir une vision globale et de comparer facilement les caractéristiques de chaque pays.

À CHACUN SA DESTINATION

TRANSPORT AU DÉPART DE PARIS	DÉCALAGE HORAIRE	INFRASTRUCTURES	RISQUES*	MEILLEURE PÉRIODE	AFFLUENCE
Paris-Johannesburg : 10 heures de vol	Midi à Paris : même heure en été, 13 h en hiver à Johannesburg	Lodges dans les parcs, routes de bonne qualité	Vigilance requise	Novembre-février ; mai-octobre pour les réserves animalières	Forte entre novembre et février
Paris-Alger : 2 heures 30 de vol	Midi à Paris : même heure en hiver, 11 h en été à Alger	Réseau routier de bonne qualité	Vigilance requise dans le Nord, parties est et sud à éviter	Mai-octobre au Nord ; octobre-avril dans le désert	Modeste mais forte dans le désert pour Noël et le Nouvel An
Paris-Berlin : 1 heure 40 de vol. Train : 8 heures 15	Midi à Paris : même heure à Berlin	Infrastructures de bonne qualité		Mai-septembre	Moyenne
Eurostar Paris-Londres : 2 heures 17	Midi à Paris : 11 h à Londres	Infrastructures de bonne qualité		Mai-septembre	Très forte à Londres au printemps et en été
Paris-Ushuaia : 19 heures de vol	Midi à Paris : 7 h en été, 8 h en hiver à la péninsule de Palmer			Décembre-mars	Modeste
Paris-Buenos Aires : 17 heures de vol (escale)	Midi à Paris : 7 h en été, 8 h en hiver à Buenos Aires	Hébergement de bonne qualité	Vigilance requise dans les villes	Mai-juillet (Nord-Est, Buenos Aires) ; octobre-mars (Sud)	Moyenne, mais forte pendant notre hiver
Paris-Erevan : 6 heures 50 de vol (escale)	Midi à Paris : 14 h à Erevan	Hébergement limité et routes difficiles	Éviter les zones frontalières	Mai-octobre	Modeste
Paris-Sydney : 28 heures de vol (une ou deux escales)	Midi à Paris : 20 h d'avr. à oct., 22 h de nov. à mars à Sydney	Infrastructures de bonne qualité		Sept.-avr. (Sydney) ; mai-octobre (Nord)	Forte en fin d'année à Sydney
Paris-Vienne : 2 heures de vol	Midi à Paris : même heure à Vienne	Infrastructures de bonne qualité		Mai-septembre	Forte à Vienne au Nouvel An et en été
Paris-Nassau : 11 heures de vol (escale)	Midi à Paris : 5 h en été, 6 h en hiver à Nassau	Infrastructures de bonne qualité		Novembre-avril	Forte à très forte
Thalys Paris-Bruxelles : 1 heure 22	Midi à Paris : même heure à Bruxelles	Infrastructures de bonne qualité		Mai-septembre	Moyenne
Paris-Cotonou : 8 heures de vol (escale)	Midi à Paris : même heure en hiver, 11 h en été à Cotonou	Hébergement simple, bus et taxis-brousse	Océan parfois dangereux	Octobre-avril	Modeste
Paris-Paro (escale) : 13 heures de vol	Midi à Paris : 16 h en été, 17 h en hiver à Thimphu	Hébergement (cher) en hôtels et maisons d'hôte		Novembre-avril	Modeste car soumise à des quotas
Paris-La Paz : 16 heures de vol	Midi à Paris : 6 h en été, 7 h en hiver à La Paz	Peu de routes asphaltées, location de voiture avec chauffeur préférable	Vigilance soutenue lors d'un voyage individuel	Avril-octobre	Moyenne
Paris-Gaborone : 11 heures 30 de vol. Souvent via Johannesburg	Midi à Paris : même heure en été, 13 h en hiver à Gaborone	Réseau routier de bonne qualité, logement cher		Mai-octobre	Moyenne
Paris-Rio de Janeiro : 11 heures de vol ; Salvador de Bahia : 10 heures 30 de vol	Midi à Paris : 7 h en été, 8 h en hiver à Rio de Janeiro	Logement chez l'habitant, *pousadas* et *quartos* répandus	Insécurité latente dans les grandes villes et les favelas	Octobre-mars (Rio) ; juin-octobre (Amazonie)	Forte de mi-janvier à mi-février
Paris-Sofia : 2 heures 45 de vol ; Paris-Varna : 3 heures 30	Midi à Paris : 13 h à Sofia	Pensions et logement chez l'habitant répandus		Mai-octobre	Tourisme de masse en été sur la mer Noire
Paris-Phnom Penh : 12 heures de vol	Midi à Paris : 17 h en été, 18 h en hiver à Phnom Penh	Routes difficiles, location de voiture avec chauffeur préférable		Novembre-avril	Le tourisme de masse a gagné Angkor. Partir hors saison

CNI : carte nationale d'identité. DP : demi-pension. FJ : fièvre jaune. P : passeport. PAP : plan antipaludisme. PC : pension complète. TC : tout compris.
*Précautions : avant de partir, vérifier systématiquement l'actualité du pays (conflits, terrorisme, enlèvements, épidémies) sur la page Conseils aux voyageurs du site du ministère des Affaires étrangères : www.diplomatie.gouv.fr/fr/conseils-aux-voyageurs

À CHACUN SA DESTINATION

	COÛT MOYEN DU BILLET	COÛT MOYEN DU SÉJOUR	PRÉCAUTIONS DE SANTÉ	PAPIERS	>
Cameroun	Vol Paris-Douala A/R : 500 €	Environ 2 500 € pour 12 jours en randonnée	FJ obligatoire, PAP, prévention méningite	UE, Canada, Suisse : P, visa	
Canada	Vol Paris-Montréal A/R : 500 € ; vol Paris-Vancouver A/R : 800 €	2 000 € pour une semaine neige « multiactivités » au Québec		UE, Suisse : P	
Canaries	Vol Paris-Tenerife A/R : 250 €	650 € pour une semaine en hôtel-club, vol et demi-pension		UE : CNI ou P, Canada : P	
Cap-Vert	Vol Paris-Sal A/R : 500 €	1 500 € pour une semaine de randonnée	FJ conseillée, PAP pour São Tiago	UE, Canada, Suisse : P, visa	
Chili	Vol Paris-Santiago A/R : 800 €	Au moins 3000 € pour 15 jours		UE, Canada, Suisse : P	
Chine	Vol Paris-Pékin ou Shanghai A/R : 600 € ; vol Paris-Lhassa A/R : 900 €	1 500 € pour 10 jours en circuit classique ; au moins 2500 € pour 15 jours au Tibet	PAP pour Hainan et Yunnan	UE, Canada, Suisse : P, visa	
Chypre	Vol Paris-Larnaca A/R : 250 €	800 € TC pour une semaine en hôtel-club		UE, Suisse : CNI ou P, Canada : P	
Corée du Sud	Vol Paris-Séoul A/R : 700 €	Au moins 2 800 € pour 12 jours		UE, Canada, Suisse : P	
Costa Rica	Vol Paris-San José A/R : 800 €	Environ 1 800 € pour 10 jours, vol, hébergement, location de voiture inclus	PAP dans certains cantons (risque modéré)	UE, Canada, Suisse : P	
Croatie	Vol Paris-Dubrovnik A/R : 230 €	1 000 € pour une semaine de croisière en goélette (DP)		UE : CNI ou P, Canada : P	
Cuba	Vol Paris-La Havane A/R : 750 €	Environ 1 200 € TC pour une semaine balnéaire ; 1 500 € pour 12 jours en autotour		UE, Canada, Suisse : P, carte de tourisme	
Danemark	Vol Paris-Copenhague A/R : 120 €	400 € pour un week-end 3 jours/2 nuits à Copenhague, vol et hébergement inclus		UE : CNI ou P, Canada : P	
Égypte	Vol Paris-Le Caire A/R : 300 €	1 000 € TC pour une semaine de croisière sur le Nil		UE, Canada, Suisse : P, visa	
Émirats arabes unis	Vol Paris-Dubaï A/R : 350 €	900 € pour un week-end à Dubaï (vol et hébergement)		UE, Canada, Suisse : P	
Équateur	Vol Paris-Quito A/R : 800 €	2 500 € pour un séjour classique de 15 jours ; plus de 3 000 € pour un séjour incluant les Galápagos	FJ recommandé, PAP recommandé en zones rurales	UE, Canada, Suisse : P	
Espagne	Vol Paris-Barcelone ou Madrid A/R : 100 €	600 € TC pour une semaine en séjour balnéaire en été ; 1 000 € pour une semaine de randonnée dans les Pyrénées		UE, Suisse : CNI ou P, Canada : P	
États-Unis	Vol Paris-New York A/R : 500 € ; vol Paris-Los Angeles A/R : 650 €	700 € pour un week-end à New York en basse saison ; 800 € pour une semaine en autotour en Floride		UE, Suisse : P (lecture biométrique, formulaire ESTA) ; Canada : carte de citoyenneté	
Éthiopie	Vol Paris-Addis-Abeba A/R : 550 €	2 700 € pour 15 jours de randonnée dans le Nord	FJ recommandé, PAP au-dessous de 2 000 m	UE, Canada, Suisse : P, visa (aussi à l'arrivée)	
Finlande	Vol Paris-Helsinki A/R : 150 € Vol Paris-Ivalo (Laponie) A/R : 400 €	2 000 € pour une semaine neige « multiactivités » en Laponie		UE, Suisse : CNI ou P, Canada : P	

Précision : les tarifs qui apparaissent dans ce tableau ne sont que des estimations. Ils sont une moyenne des divers tarifs que nous avons relevés çà et là et n'ont donc aucun caractère officiel.

À CHACUN SA DESTINATION					
TRANSPORT AU DÉPART DE PARIS	**DÉCALAGE HORAIRE**	**INFRASTRUCTURES**	**RISQUES***	**MEILLEURE PÉRIODE**	**AFFLUENCE**
Paris-Douala : 6 heures 30 de vol	Midi à Paris : même heure en hiver, 11 h en été à Douala	Hébergement simple, bus et taxis-brousse	Éviter le Nord et les régions frontalières	Novembre-avril	Moyenne
Paris-Montréal : 7 heures 30 de vol ; Paris-Vancouver (escale) : 11 heures 30 de vol	Midi à Paris : 3 h à Vancouver, 6 h à Montréal	Infrastructures de bonne qualité		Juin-octobre	Forte été comme hiver
Paris-Las Palmas : 4 heures de vol	Midi à Paris : 11 h à Tenerife	Infrastructures de bonne qualité		Juin-octobre	Tourisme de masse, sauf randos en montagne
Paris-Sal : 6 heures de vol	Midi à Paris : 9 h en été, 10 h en hiver à Sal	Routes étroites, hébergement de bonne qualité		Octobre-mai	Moyenne, pic en décembre
Paris-Santiago : 15 heures de vol	Midi à Paris : 7 h en été, 8 h en hiver à Santiago	Très bonnes. Réseau de bus de bonne qualité		Sept.-avr. (Centre et Sud) ; nov.-mars (Nord)	Moyenne
Paris-Pékin : 11 heures de vol	Midi à Paris : 18 h en été, 19 h en hiver à Pékin	Hébergement inégal et cher, réseau ferroviaire lent		Avril-juin et sept.-oct. ; mars-sept. pour le Tibet	Plus forte aux intersaisons
Paris-Larnaca : 4 heures de vol	Midi à Paris : 13 h à Larnaca	Infrastructures de bonne qualité		Avril-septembre	Très forte en été sur les côtes
Paris-Séoul : 11 heures de vol	Midi à Paris : 19 h en été, 20 h en hiver à Séoul	Infrastructures de bonne qualité		Septembre-novembre	Moyenne
Paris-San José : 13 heures de vol	Midi à Paris : 4 h en été, 5 h en hiver à San José	Routes difficiles, bons lodges, camping		Décembre-avril	De plus en plus forte de décembre à avril
Paris-Dubrovnik : 3 heures de vol	Midi à Paris : même heure à Dubrovnik	Hébergement et réseau routier de bonne qualité	Ne pas s'éloigner des itinéraires balisés	Mai-octobre	Forte en été à Dubrovnik, et dans les îles
Paris-La Havane : 10 heures de vol	Midi à Paris : 6 h à La Havane	Hébergement varié et de bonne qualité, routes correctes… et désertes		Décembre-avril	Foule sur les côtes mais pas dans l'intérieur
Paris-Copenhague : 1 heure 45 de vol	Midi à Paris : même heure à Copenhague	Excellentes, mais coût de séjour élevé		Mai-septembre	Moyenne
Paris-Le Caire : 4 heures 30 de vol	Midi à Paris : même heure en été, 13 h en hiver au Caire	Bons équipements sur le Nil, hébergement de bonne qualité	Le voyage dans l'intérieur du Sinaï est à éviter	Octobre-mars ; sept.-nov. et avr.-juin pour la mer Rouge	Forte sur le Nil d'oct. à mai, sur la mer Rouge mars-juin et sept.-déc.
Paris-Dubaï : 6 heures 30 de vol	Midi à Paris : 14 h à Dubaï	Excellentes structures, souvent luxueuses		Novembre-avril	De plus en plus forte de novembre à avril
Paris-Quito : 13 heures de vol	Midi à Paris : 5 h en été, 6 h en hiver à Quito	Routes difficiles	Insécurité sur les frontières nord, vigilance dans les villes	Juin-novembre	Moyenne
Paris-Barcelone : 1 heure 35 de vol ; Paris-Málaga : 2 heures 30 de vol	Midi à Paris : même heure à Madrid	Infrastructures de bonne qualité		Mai-octobre	Très ancien tourisme balnéaire de masse, choisir les intersaisons
Paris-New York : 8 heures de vol ; Paris-Los Angeles : 11 heures 30 de vol	Midi à Paris : 3 h à Los Angeles, 6 h à New York	Infrastructures de bonne qualité		Mars-octobre ; novembre-avril pour la Floride	Foule en été dans les villes et le Grand Canyon, préférer le printemps et l'automne
Paris-Addis-Abeba : 7 heures de vol	Midi à Paris : 13 h en été, 14 h en hiver à Addis-Abeba	Routes et pistes difficiles	Éviter de voyager seul en dehors des sites touristiques	Octobre-mai	Moyenne
Paris-Helsinki : 3 heures de vol ; Paris-Rovaniemi : 4 heures 15 de vol	Midi à Paris : 13 h à Helsinki	Infrastructures de bonne qualité		Mai-août ; octobre-avril (tourisme d'hiver)	Affluence en été et au moment des fêtes

CNI : carte nationale d'identité. DP : demi-pension. FJ : fièvre jaune. P : passeport. PAP : plan antipaludisme. PC : pension complète. TC : tout compris.
*Précautions : avant de partir, vérifier systématiquement l'actualité du pays (conflits, terrorisme, enlèvements, épidémies) sur la page Conseils aux voyageurs du site du ministère des Affaires étrangères : www.diplomatie.gouv.fr/fr/conseils-aux-voyageurs

À CHACUN SA DESTINATION					
	COÛT MOYEN DU BILLET	**COÛT MOYEN DU SÉJOUR**	**PRÉCAUTIONS DE SANTÉ**	**PAPIERS**	**>**
Grèce	Vol Paris-Athènes A/R : 150 € ; vol Paris-Héraklion A/R : 250 €	900 € pour une semaine en hôtel-club ; 1200 € TC pour une semaine de randonnée en Crète		UE, Suisse : CNI ou P, Canada : P	
Groenland	Vol Paris-Kangerlussuaq (Ouest) A/R : 850 €	Environ 3200 € pour 12 jours (trekking, kayak)		UE : carte d'identité ou (mieux) P	
Guadeloupe	Vol Paris-Pointe-à-Pitre A/R : 500 €	1600 € pour une semaine de croisière ; 900 € pour une semaine balnéaire		UE, Canada : CNI ou P, Suisse : P	
Guatemala	Vol Paris-Guatemala A/R : 750 €	2500 € pour 15 jours de voyage classique ou de randonnée	PAP au-dessous de 1 500 mètres	UE, Canada, Suisse : P	
Guyane	Vol Paris-Cayenne A/R : 700 €	2500 € TC pour 15 jours d'aventure en forêt	FJ obligatoire, PAP pour l'intérieur	Belgique, Canada : P, Suisse : CNI ou P	
Hong Kong	Vol Paris-Hong Kong A/R : 600 €	1000 € pour un séjour de 4 jours et 3 nuits (vol et hébergement)		UE, Canada, Suisse : P, mais visa ailleurs en Chine	
Hongrie	Vol Paris-Budapest A/R : 170 €	350 € pour un week-end 3 jours/2 nuits à Budapest (vol et hébergement)		UE, Suisse : CNI ou P, Canada : P	
Inde	Vol Paris-Mumbai ou Paris-New Delhi A/R : 600 €	2500 € TC pour 15 jours en circuit	PAP au-dessous de 2 000 mètres	UE, Canada, Suisse : P, visa	
Indonésie	Vol Paris-Denpasar (Bali) A/R : 750 €	2600 € TC pour 15 jours (circuit Java-Bali)	PAP hors Jakarta, Bali, Java	UE, Canada, Suisse : P, visa (parfois à l'arrivée)	
Iran	Vol Paris-Téhéran A/R : 350 €	Environ 1800 € pour 12 jours d'un circuit culturel	PAP (pour certaines provinces du Sud de mars à novembre)	UE, Canada, Suisse : P, visa	
Irlande	Vol Paris-Dublin A/R : 100 €	1300 € pour 10 jours (voyage à thème) ; 350 € pour un week-end à Dublin		UE, Suisse : CNI ou P, Canada : P	
Islande	Vol Paris-Reykjavík A/R : 300 €	1500 € TC pour une semaine en randonnée		UE, Suisse : CNI ou P, Canada : P	
Israël	Vol Paris-Tel-Aviv-Jaffa A/R : 260 €	1500 € pour une semaine de circuit dans les sites historiques, tout compris		UE, Canada, Suisse : P	
Italie	Vol Paris-Rome A/R : 120 € Vol Paris-Venise A/R : 120 €	400 € pour un week-end 4 jours/3 nuits à Florence, Rome ou Venise, tout compris		UE, Suisse : CNI ou P, Canada : P	
Jamaïque	Vol Paris-Kingston A/R : 800 €	Aux alentours de 1700 € la semaine balnéaire (vol et hébergement)		UE, Suisse : P	
Japon	Vol Paris-Tokyo A/R : 750 €	3000 € pour 12 jours (circuit dans les sites historiques), tout compris		UE, Canada, Suisse : P	
Jordanie	Vol Paris-Amman A/R : 400 €	1700 € pour 9 jours (Pétra et randonnée dans le Wadi Rum), tout compris		UE, Canada, Suisse : P, visa	
Kenya	Vol Paris-Mombasa ou Nairobi A/R : 750 €	2500 € TC pour une semaine en safari-photo et une autre au bord de l'océan Indien	FJ recommandé, PAP au-dessous de 2 500 mètres	UE, Canada, Suisse : P, visa	
Laos	Vol Paris-Vientiane A/R : 850 €	2500 € pour 15 jours de randonnée (en combiné avec le Cambodge)	PAP, excepté Vientiane	UE, Canada, Suisse : P, visa	

Précision : les tarifs qui apparaissent dans ce tableau ne sont que des estimations. Ils sont une moyenne des divers tarifs que nous avons relevés çà et là et n'ont donc aucun caractère officiel.

À CHACUN SA DESTINATION

TRANSPORT AU DÉPART DE PARIS	DÉCALAGE HORAIRE	INFRASTRUCTURES	RISQUES*	MEILLEURE PÉRIODE	AFFLUENCE
Paris-Athènes : 3 heures de vol ; Paris-Héraklion : 3 heures 20 de vol	Midi à Paris : 13 h à Athènes	Infrastructures de bonne qualité	Prudence en voiture. Vigilance accrue nécessaire sur la route.	Mai-octobre	Plages bondées en juillet-août sur les îles les plus connues
Paris-Kangerlussuaq (escale): 6 heures de vol	Midi à Paris : 8 h au Groenland	Bonnes		Juin-septembre	Modeste
Vol Paris-Pointe-à-Pitre : 8 heures 30 de vol	Midi à Paris : 6 h en été, 7 h en hiver à Pointe-à-Pitre	Infrastructures de bonne qualité		Décembre-mai	Forte pour les fêtes et en février
Paris-Guatemala : 13 heures de vol	Midi à Paris : 4 h en été, 5 h en hiver à Guatemala	Petits hôtels familiaux, chambres chez l'habitant répandues		Novembre-avril	Forte de décembre à avril
Paris-Cayenne : 9 heures de vol	Midi à Paris : 7 h en été, 8 h en hiver à Cayenne	Bons équipements routiers et fluviaux	Non-connaisseurs : ne pas s'aventurer seuls	Août-novembre	Moyenne
Paris-Hong Kong : 11 heures 30 de vol	Midi à Paris : 18 h en été, 19 h en hiver à Hong Kong	Infrastructures de bonne qualité		Octobre-avril	Forte au printemps et à l'automne
Paris-Budapest : 2 heures de vol	Midi à Paris, même heure à Budapest	Infrastructures de bonne qualité		Avril-septembre	Moyenne à forte à Budapest au printemps et en été
Paris-Mumbai : 9 heures de vol ; Paris-Calcutta : 11 heures 30 de vol	Midi à Paris : 15 h 30 en été, 16 h 30 en hiver à Calcutta	Routes difficiles, trains bondés, hébergement inégal	La voyage dans la vallée du Cachemire est déconseillé.	Novembre-mars ; mai-octobre pour l'Himalaya	Forte entre novembre et avril
Paris-Jakarta : 16 heures de vol	Midi à Paris : 17 h en été, 18 h en hiver selon les régions	Bus et trains corrects, hébergement varié	Attentats et conflits locaux latents	Mai-septembre	Forte à Bali entre avril et septembre
Paris-Téhéran : 5 heures 30 de vol	Midi à Paris : 13 h 30 en été, 14 h 30 en hiver à Téhéran	Bonnes qualités d'hébergement, bon réseau routier	Régions frontalières de l'Irak et du Sud-Est vivement déconseillées	Avril-juin et octobre-novembre	Moyenne
Paris-Dublin : 1 heure 30 de vol	Midi à Paris : 11 h à Dublin	Infrastructures de bonne qualité		Mai-septembre	Moyenne à forte en été et lors de la Saint-Patrick
Paris-Reykjavík : 3 heures de vol	Midi à Paris : 10 h en été, 11 h en hiver à Reykjavík	Infrastructures de bonne qualité		Juin-septembre	Assez forte en été mais grands espaces…
Paris-Tel-Aviv-Jaffa : 4 heures 30 de vol	Midi à Paris : 13 h à Jérusalem	Infrastructures de bonne qualité	Tension politique persistante, vigilance	Avril-novembre	Moyenne
Paris-Rome : 2 heures de vol	Midi à Paris : même heure à Rome	Infrastructures de bonne qualité		Mai-sept. (nord) ; Avril-oct. (sud)	Très forte durant la Semaine sainte et l'été
Paris-Kingston (escale) : 10 heures de vol	Midi à Paris : 6 h en hiver, 5 h en été à Kingston	Hôtels et lodges d'excellente facture sur les côtes	Vigilance dans les villes	Décembre-avril	Moyenne à forte
Paris-Tokyo : 12 heures de vol	Midi à Paris : 19 h en été, 20 h en hiver à Tokyo	Infrastructures de bonne qualité		Mars-mai et octobre-novembre	Moyenne
Paris-Amman : 5 heures de vol	Midi à Paris : 13 h à Amman	Infrastructures de bonne qualité		Septembre-mai	Forte à Pétra au printemps et en automne
Paris-Nairobi : 9 heures de vol	Midi à Paris : 13 h en été, 14 h en hiver à Nairobi	Pistes correctes, mais location de voiture individuelle déconseillée	Frontières nord et est à éviter, vigilance requise en général	Juin-octobre	Forte en juillet-août, réserver tôt son voyage
Paris-Bangkok-Vientiane : 14 heures de vol	Midi à Paris : 17 h en été, 18 h en hiver à Vientiane	Peu de routes asphaltées, pas de trains		Octobre-mars	Moyenne à forte entre nov. et février

CNI : carte nationale d'identité. DP : demi-pension. FJ : fièvre jaune. P : passeport. PAP : plan antipaludisme. PC : pension complète. TC : tout compris.
*Précautions : avant de partir, vérifier systématiquement l'actualité du pays (conflits, terrorisme, enlèvements, épidémies) sur la page Conseils aux voyageurs du site du ministère des Affaires étrangères : www.diplomatie.gouv.fr/fr/conseils-aux-voyageurs

À CHACUN SA DESTINATION				
	COÛT MOYEN DU BILLET	**COÛT MOYEN DU SÉJOUR**	**PRÉCAUTIONS DE SANTÉ**	**PAPIERS** >
Liban	Vol Paris-Beyrouth A/R : 400 €	1500 € pour une semaine en randonnée, tout compris		UE, Canada, Suisse : P, visa
Libye	Vol Paris-Tripoli A/R : 400 €	1100 € TC pour une semaine de randonnée chamelière		UE, Canada, Suisse : P, visa
Madagascar	Vol Paris-Antananarivo A/R : 850 €	Environ 2500 € pour 15 jours en circuit	PAP, surtout régions côtières	UE, Canada, Suisse : P, visa
Malaisie	Vol Paris-Kuala Lumpur A/R : 600 €	3000 € TC pour 15 jours (en combiné Malaisie de l'Ouest-Malaisie de l'Est)	Risque limité de paludisme dans l'intérieur	UE, Canada, Suisse : P
Maldives	Vol Paris-Malé A/R : 700 €	1700 € pour une semaine (vol et demi-pension)		UE, Canada, Suisse : P
Mali	Vol Paris-Bamako A/R : 500 €	1800 € pour 15 jours dans le pays dogon et sur le fleuve Niger	FJ obligatoire, PAP indispensable	UE, Canada, Suisse : P, visa
Malte	Vol Paris-La Valette A/R : 200 €	600 € pour une semaine balnéaire, vol et hébergement		UE, Suisse : CNI ou P, Canada : P
Maroc	Vol Paris-Marrakech A/R : 150 €	900 € pour une semaine balnéaire ; 400 € pour 4 jours/3 nuits à Marrakech (vol et hébergement)		UE, Canada, Suisse : P, CNI parfois suffisante en cas de voyage en groupe
Martinique	Vol Paris-Fort-de-France A/R : 530 €	900 € pour une semaine balnéaire, vol et hébergement inclus ; 1300 € pour une semaine de randonnée sur la montagne Pelée		UE, Canada : CNI ou P, Suisse : P
Maurice	Vol Paris-Port-Louis A/R : 850 €	1600 € pour une semaine balnéaire, vol et hébergement		UE, Canada, Suisse : P
Mauritanie	Vol Paris-Nouakchott A/R : 500 €	1200 € pour une semaine de méharée (Chinguetti-Ouadane)	FJ recommandé pour le Sud, PAP surtout dans le Sud	UE, Canada, Suisse : P
Mayotte	Vol Paris-Dzaoudzi A/R : 800 €	1800 € pour une semaine plage et randonnée, vol et demi-pension inclus	PAP	Métropolitains : CNI ou P, UE, Canada, Suisse : P
Mexique	Vol Paris-Mexico A/R : 650 € ; vol Paris-Cancún A/R : 750 €	1400 € pour une semaine balnéaire sur la Riviera maya, vol et demi-pension inclus ; 2200 € pour 15 jours de circuit, vol et demi-pension inclus	PAP (États d'Oaxaca, du Chiapas)	UE, Canada, Suisse : P
Mongolie	Vol Paris-Oulan-Bator A/R : 750 €	2700 € pour 15 jours en circuit, tout compris		UE, Suisse : P, Canada : visa
Monténégro	Vol Paris-Podgorica A/R : 250 €	900 € pour une semaine balnéaire à Budva, vol et demi-pension inclus		UE, Canada, Suisse : P
Myanmar	Vol Paris-Rangoon A/R : 700 €	2800 € pour 15 jours en circuit avec chauffeur-guide, tout compris	PAP au-dessous de 1000 m	UE, Canada, Suisse : P, visa
Namibie	Vol Paris-Windhoek A/R : 800 €	2700 € pour 12 jours	PAP dans le Nord	UE, Canada, Suisse : P
Népal	Vol Paris-Katmandoul A/R : 600 €	2300 € pour 15 jours de trekking	PAP dans le Sud	UE, Canada, Suisse : P, visa

Précision : les tarifs qui apparaissent dans ce tableau ne sont que des estimations. Ils sont une moyenne des divers tarifs que nous avons relevés çà et là et n'ont donc aucun caractère officiel.

À CHACUN SA DESTINATION

TRANSPORT AU DÉPART DE PARIS	DÉCALAGE HORAIRE	INFRASTRUCTURES	RISQUES*	MEILLEURE PÉRIODE	AFFLUENCE
Paris-Beyrouth : 4 heures de vol	Midi à Paris : 13 h à Beyrouth	Bus et taxis, pas de trains	Situation instable, voyage pas toujours possible	Avril-octobre	Moyenne à forte en temps normal
Paris-Tripoli : 4 heures de vol	Midi à Paris : 13 h à Tripoli	Infrastructures de bonne qualité	Le voyage doit être évité actuellement	Avr.-juin et sept.-oct. (nord), déc.-avr. (départ)	De plus en plus forte dans le désert
Paris-Antananarivo : 10 heures 30 de vol	Midi à Paris : 13 h en été, 14 h en hiver à Antananarivo	Circulation difficile, tout-terrain avec guide de préférence		Avril-octobre	Moyenne
Paris-Kuala Lumpur : 12 heures 30 de vol	Midi à Paris : 18 h en été, 19 h en hiver à Kuala Lumpur	Moins de confort à Sarawak et Sabah		Juin-sept. (côte est); fév.-mars et juin-juil. (côte ouest); mai-sept (Sabah, Sarawak)	Moyenne
Paris-Malé : 10 heures de vol	Midi à Paris : 15 h en été, 16 h en hiver à Malé	Hydravions et dhonis (bateaux de pêche), «îles-hôtels»		Janvier-avril	Moyenne, mais forte lors des fêtes de fin d'année
Paris-Bamako : 5 heures 30 de vol	Midi à Paris : 10 h en été, 11 h en hiver à Bamako	Confort limité, pistes difficiles	Pas de voyage dans le Nord. Ailleurs, vigilance.	Octobre-février	Moyenne
Paris-La Valette : 2 heures 40 de vol	Midi à Paris, même heure à La Valette	Infrastructures de bonne qualité		Avril-septembre	Forte de juillet à septembre inclus
Paris-Marrakech : 3 heures 20 de vol	Midi à Paris : 11 h à Marrakech	Hébergement divers (riads), bon réseau de bus, taxis collectifs		Mai-juin et septembre-octobre	Forte au printemps et en été à Marrakech et Agadir
Paris-Fort-de-France : 8 heures 30 de vol	Midi à Paris : 6 h en été, 7 h en hiver à Fort-de-France	Infrastructures de bonne qualité		Décembre-mai	Forte pour les fêtes et en février
Paris-Port-Louis : 11 heures de vol	Midi à Paris : 14 h en été, 15 h en hiver à Port-Louis	Infrastructures de bonne qualité		Juin-novembre	Forte pour les fêtes et d'octobre à mars
Paris-Nouakchott : 5 heures de vol; Paris-Atar : 4 heures de vol	Midi à Paris : 10 h en été, 11 h en hiver à Nouakchott	Structures parfois minimales, pistes difficiles	Vigilance aux frontières, éviter de voyager dans la partie est	Novembre-avril	Forte sur l'Adrar en fin d'année et en février
Paris-Dzaoudzi : 14 heures de vol	Midi à Paris : 13 h en été, 14 h en hiver à Dzaoudzi	Peu de bus, nombreux taxis, bonnes structures		Avril-octobre	Moyenne
Paris-Mexico : 12 heures de vol	Midi à Paris : 4 h en été, 5 h en hiver à Mexico	Infrastructures de bonne qualité		Octobre-avril	Forte d'octobre à avril à Mexico, Cancun et sur la Riviera maya
Paris-Oulan-Bator : 12 heures 30 de vol	Midi à Paris : 18 h en été, 19 h en hiver à Oulan-Bator	Conditions difficiles, mais habitat original (yourtes)		Juin-septembre	Moyenne mais en hausse
Paris-Podgorica : 4 heures de vol	Midi à Paris, même heure à Podgorica	Infrastructures de bonne qualité		Mai-septembre	Moyenne mais en nette hausse en été
Paris-Rangoon : 12 heures 30 de vol	Midi à Paris : 16 h 30 en été, 17 h 30 en hiver à Rangoon	Trains lents, déplacements difficiles	Éviter Arakan, rester sur les grands axes routiers aux frontières	Octobre-février	Moyenne à forte entre novembre et mars
Paris-Windhoek : 12 heures 30 de vol	Midi à Paris : même heure en été, 13 h en hiver à Windhoek	Pistes excellentes, hébergement varié mais cher		Novembre-mars	Moyenne
Paris-Katmandou : 11 heures de vol	Midi à Paris : 15 h 45 en été 16 h 45 en hiver à Katmandou	Bonne conditions pour les trekkings, lodges		Novembre-mars	Moyenne

CNI : carte nationale d'identité. DP : demi-pension. FJ : fièvre jaune. P : passeport. PAP : plan antipaludisme. PC : pension complète. TC : tout compris.
*Précautions : avant de partir, vérifier systématiquement l'actualité du pays (conflits, terrorisme, enlèvements, épidémies) sur la page Conseils aux voyageurs du site du ministère des Affaires étrangères : www.diplomatie.gouv.fr/fr/conseils-aux-voyageurs

À CHACUN SA DESTINATION					
	COÛT MOYEN DU BILLET	COÛT MOYEN DU SÉJOUR	PRÉCAUTIONS DE SANTÉ	PAPIERS	>
Niger	Vol Paris-Niamey A/R : 650 €	1400 € TC pour 10 jours sur le fleuve Niger et dans le parc du W	FJ obligatoire, PAP indispensable	UE, Canada, Suisse : P, visa	
Norvège	Vol Paris-Oslo A/R : 150 €	2300 € pour 13 jours de croisière		UE, Suisse : CNI ou P, Canada : P	
Nouvelle-Calédonie	Vol Paris-Nouméa A/R : 1400 €	3500 € pour 15 jours de croisière ou en circuit		UE : P, Canada : visa	
Nouvelle-Zélande	Vol Paris-Auckland A/R : 1200 €	3500 € pour 15 jours (vol et hébergement)		UE, Canada, Suisse : P	
Oman	Vol Paris-Mascate A/R : 450 €	2200 € TC pour 10 jours en circuit tout-terrain		UE, Canada, Suisse : P, visa	
Ouzbékistan	Vol Paris-Tachkent A/R : 700 €	1800 € pour une semaine en circuit culturel, tout compris		UE, Canada, Suisse : P, visa	
Pays Baltes	Vol Paris-Riga A/R : 160 €	Environ 450 € pour un week-end (vol et hébergement) de 4 jours (Riga et Tallinn)		UE, Suisse : CNI ou P, Canada : P	
Pays-Bas	Train Paris-Amsterdam A/R : autour de 100 € selon dates	Environ 300 € pour un week-end de 3 jours à Amsterdam, transport et hébergement inclus		UE, Suisse : CNI ou P, Canada : P	
Pérou	Vol Paris-Lima A/R : 800 €	2700 € TC pour 15 jours de randonnée sur le chemin de l'Inca	PAP au-dessous de 1500 m	UE, Canada, Suisse : P	
Philippines	Vol Paris-Manille A/R : 700 €	2700 € TC pour 15 jours de randonnée ou en circuit	PAP au-dessous de 600 m sauf zones urbaines	UE, Canada, Suisse : P	
Pologne	Vol Paris-Varsovie A/R : 150 €	Environ 450 € pour 3 jours à Cracovie et Varsovie, vol et hébergement inclus		UE, Suisse : CNI ou P, Canada : P	
Polynésie française	Vol Paris-Papeete A/R : 1500 €	3500 € pour 15 jours (vol et hébergement)		UE, Canada, Suisse : P	
Portugal	Vol Paris-Lisbonne A/R : entre 100 et 150 €	900 € pour une semaine balnéaire en Algarve, tout compris		UE, Suisse : CNI ou P, Canada : P	
République dominicaine	Paris-Saint-Domingue A/R : 650 €	Entre 1100 et 1500 € pour une semaine balnéaire tout compris	PAP dans l'Ouest (risque faible)	UE, Canada, Suisse : P	
République tchèque	Vol Paris-Prague A/R : 150 €	400 € pour un week-end de 3 jours et 2 nuits à Prague		UE, Suisse : CNI ou P, Canada : P	
Réunion (La)	Vol Paris-Saint-Denis A/R : 750 €	1500 € pour 10 jours, demi-pension et excursions incluses		UE : CNI ou P, Canada, Suisse : P	
Roumanie	Vol Paris-Bucarest A/R : 190 €	750 € pour une semaine balnéaire sur la mer Noire en demi-pension		UE : CNI ou P, Canada : P	
Russie	Vol Paris-Moscou A/R : 200 € ; Paris-Saint-Pétersbourg A/R : 250 €	1500 € pour une croisière de 12 jours sur la Volga, de Moscou à Saint-Pétersbourg		UE, Canada, Suisse : P, visa	
Sénégal	Vol Paris-Dakar A/R : 450 €	1100 € pour une semaine balnéaire en demi-pension	FJ recommandé, PAP indispensable	UE, Canada, Suisse : P, visa biométrique	

Précision : les tarifs qui apparaissent dans ce tableau ne sont que des estimations. Ils sont une moyenne des divers tarifs que nous avons relevés çà et là et n'ont donc aucun caractère officiel.

À CHACUN SA DESTINATION

TRANSPORT AU DÉPART DE PARIS	DÉCALAGE HORAIRE	INFRASTRUCTURES	RISQUES*	MEILLEURE PÉRIODE	AFFLUENCE
Paris-Niamey : 5 heures de vol	Midi à Paris : même heure en hiver, 11 h en été à Niamey	Bonnes conditions pour le désert	Éviter de voyager dans la moitié nord	Octobre-mars	Moyenne à forte en fin d'année et en février
Paris-Oslo : 2 heures 20 de vol	Midi à Paris, même heure à Oslo	Infrastructures de bonne qualité		Mai-août	Forte dans les fjords et en croisière en été
Paris-Nouméa : 23 heures de vol	Midi à Paris : 21 h en été, 22 h en hiver à Nouméa	Infrastructures de bonne qualité		Avril-mai et sept.-novembre	Moyenne
Paris-Auckland : 24 heures de vol	Midi à Paris : 23 h en été, minuit en hiver à Auckland	Bed & Breakfast, campings, fermes		Septembre-mars	Moyenne
Paris-Mascate : 8 heures de vol	Midi à Paris : 14 h en été, 15 h en hiver à Mascate	Infrastructures de bonne qualité		Novembre-mars	Moyenne
Paris-Tachkent : 6 heures 30 de vol	Midi à Paris : 15 h en été, 16 h en hiver à Tachkent	Réseau routier de bonne qualité, chambres d'hôtes	Ne pas voyager vers les frontières sud-est	Avril-juin et septembre-octobre	Moyenne
Paris-Riga : 3 heures de vol	Midi à Paris : 13 h à Riga	Infrastructures de bonne qualité		Juin-août	Moyenne
Train Paris-Amsterdam : 3 heures 17	Midi à Paris, même heure à Amsterdam	Infrastructures de bonne qualité		Mai-septembre ; avril-mai pour les tulipes	Forte pour les tulipes, et à Amsterdam de mai à septembre
Paris-Lima : 13 heures de vol	Midi à Paris : 5 h en été, 6 h en hiver à Lima	Infrastructures de bonne qualité	Ne pas voyager dans certaines régions centrales	Janvier-avril (côte) ; mai-septembre (Altiplano)	Forte en été
Paris-Manille : 16 heures de vol	Midi à Paris : 18 h en été, 19 h en hiver à Manille	Infrastructures de bonne qualité	Éviter de voyager dans l'extrême sud-ouest	Novembre-mai	Moyenne
Paris-Varsovie : 2 heures de vol	Midi à Paris, même heure à Varsovie	Infrastructures de bonne qualité		Mai-septembre	Moyenne
Paris-Papeete : 22 heures de vol	Midi à Paris : minuit du jour précédent en été, 1 h en hiver à Papeete	Infrastructures de bonne qualité		Avril-octobre	Moyenne à forte en été et en fin d'année
Paris-Lisbonne : 2 heures 15 de vol	Midi à Paris : 11 h à Lisbonne	Logement original en *quinta* ou *pousada*		Mai-octobre ; avril-septembre aux Açores et à Madère	Forte en juillet et août à Lisbonne et en Algarve
Paris-Saint-Domingue : 9 heures de vol	Midi à Paris : 6 h en été, 7 h en hiver à Saint-Domingue	Réseau routier acceptable		Novembre-avril (Centre et Sud) ; juin-sept. (Nord)	Foule sur les côtes est en fin d'année et en fév.
Paris-Prague : 1 heure 40 de vol	Midi à Paris : même heure à Prague	Infrastructures de bonne qualité		Mai-septembre	Très forte à Prague de mai à août
Paris-Saint-Denis : 11 heures de vol	Midi à Paris : 14 h en été, 15 h en hiver à Saint-Denis	Gîtes ruraux, chambres d'hôtes, réseau routier de bonne qualité		Mai-novembre	Moyenne à forte en été
Paris-Bucarest : 2 heures 50 de vol	Midi à Paris : 13 h à Bucarest	Auberges, logement chez l'habitant, camping		Juin-septembre	Forte en juillet-août sur la mer Noire
Paris- Moscou : 3 heures 40 de vol ; Paris-Saint-Pétersbourg : 3 heures 15 de vol	Midi à Paris : 14 h à Moscou, 21 h à Vladivostok	Infrastructures de bonne qualité, hôtellerie plutôt chère	Voyage à éviter dans les républiques autonomes en bordure du Grand Caucase	Mai-septembre à l'ouest ; juin-septembre à l'Est	Forte à Saint-Pétersbourg en juin
Paris-Dakar : 6 heures de vol	Midi à Paris : 10 h en été, 11 h en hiver à Dakar	Bon réseau routier, séjour en campement et chez l'habitant de bonne qualité	Éviter la Casamance et les frontières est	Octobre-mai	Forte sur les plages entre novembre et mai

CNI : carte nationale d'identité. DP : demi-pension. FJ : fièvre jaune. P : passeport. PAP : plan antipaludisme. PC : pension complète. TC : tout compris.
*Précautions : avant de partir, vérifier systématiquement l'actualité du pays (conflits, terrorisme, enlèvements, épidémies) sur la page Conseils aux voyageurs du site du ministère des Affaires étrangères : www.diplomatie.gouv.fr/fr/conseils-aux-voyageurs

À CHACUN SA DESTINATION

	COÛT MOYEN DU BILLET	COÛT MOYEN DU SÉJOUR	PRÉCAUTIONS DE SANTÉ	PAPIERS	>
Seychelles	Vol Paris-Mahé A/R : 700 €	2500 € pour une semaine balnéaire et plongée en demi-pension		UE, Canada, Suisse : P	
Singapour	Vol Paris-Singapour A/R : 550 €	1000 € pour une escapade de 5 jours et 3 nuits (vol et hébergement)		UE, Canada, Suisse : P	
Slovaquie	Vol Paris-Bratislava A/R : 130 €	1100 € pour une semaine combinant randonnées et visites culturelles		UE, Suisse : CNI ou P, Canada : P	
Slovénie	Vol Paris-Ljubljana A/R : 170 €	1100 € pour une semaine de randonnée ou en circuit		UE, Suisse : CNI ou P, Canada : P	
Sri Lanka	Vol Paris-Colombo A/R : 600 €	1800 € TC pour 10 jours en circuit culturel	PAP sauf pour Colombo, Kalutara, Nuwara Eliya	UE, Canada, Suisse : P, Autorisation électronique (ETA) obligatoire	
Suède	Vol Paris-Stockholm A/R : 150 €	1400 € pour une semaine neige «multiactivités» en Laponie, tout compris		UE, Suisse : CNI ou P, Canada : P	
Suisse	Vol Paris-Genève A/R : 100 €; vol Paris-Zurich A/R : 120 €	700 € pour une semaine de randonnée dans les Alpes, tout compris		UE : CNI ou P, Canada : P	
Syrie	Vol Paris-Damas A/R : 500 €	2200 € pour 15 jours (combiné culturel avec la Jordanie), tout compris		UE, Canada, Suisse : P, visa (possible à l'arrivée)	
Taiwan	Vol Paris-Taipei A/R : 600 €	Environ 1900 € pour un circuit de 10 jours TC	PAP (mousson d'été uniquement)	UE, Canada, Suisse : P	
Tanzanie	Vol Paris-Zanzibar A/R : 740 €	2300 € la semaine (safari photo et Zanzibar) tout compris	FJ recommandé, PAP au-dessous de 1800 m	UE, Canada, Suisse : P, visa	
Thaïlande	Vol Paris-Bangkok A/R : 530 €	Environ 1200 € pour une semaine à Phuket en demi-pension	PAP dans les zones rurales	UE, Canada, Suisse : P	
Tibet	Vol Paris-Lhassa A/R : 900 €	2500 € pour 15 jours de randonnée, tout compris		UE, Canada, Suisse : P, visa	
Tunisie	Vol Paris-Djerba A/R : 250 €; vol Paris-Tunis A/R : 200 €	800 € pour une semaine balnéaire, tout compris; 800 € pour une semaine dans le désert, tout compris		UE : CNI en groupe, sinon P, Canada : P	
Turquie	Vol Paris-Antalya A/R : 270 €; Paris-Istanbul A/R : 180 €	700 € pour une semaine balnéaire, tout compris; 850 € pour une semaine en Cappadoce, tout compris	PAP pour le Sud-Est (Çukurova, Amikova)	France, Suisse : CNI ou P, Belgique, Canada : P, visa	
Ukraine	Vol Paris-Kiev A/R : 200 €	1200 € pour une semaine en randonnée, 500 € pour un week-end à Kiev		UE, Canada, Suisse : P	
Vanuatu	Vol Paris-Port Vila A/R : 1600 €	Au minimum 3000 € pour un circuit de 15 jours	PAP	UE, Canada, Suisse : P	
Venezuela	Vol Paris-Caracas A/R : 700 €	2500 € pour 15 jours de randonnée, tout compris	FJ recommandé, PAP zones rurales et Amazonie	UE, Canada, Suisse : P	
Viêt Nam	Vol Paris-Hô Chi Minh-Ville A/R : 550 €	2500 € pour 15 jours en circuit, tout compris	PAP, surtout dans le Sud et au-dessous de 1500 m	UE, Canada, Suisse : P, visa	
Yémen	Vol Paris-Sana'a A/R : 600 €	Aux alentours de 2000 € TC pour 10 jours sur l'île de Socotra	PAP au-dessous de 2000 m	UE, Canada, Suisse : P, visa	
Zimbabwe	Vol Paris-Harare A/R : 750 €	3000 € pour 15 jours (chutes Victoria, Botswana et réserves)	PAP au-dessous de 1200 m	UE, Canada, Suisse : P, visa	

Précision : les tarifs qui apparaissent dans ce tableau ne sont que des estimations. Ils sont une moyenne des divers tarifs que nous avons relevés çà et là et n'ont donc aucun caractère officiel.

À CHACUN SA DESTINATION

TRANSPORT AU DÉPART DE PARIS	DÉCALAGE HORAIRE	INFRASTRUCTURES	RISQUES*	MEILLEURE PÉRIODE	AFFLUENCE
Paris-Mahé : 9 heures 30 de vol	Midi à Paris : 14 h en été, 15 h en hiver à Mahé	Infrastructures de bonne qualité		Avril-juin et sept.-novembre	Forte en juillet-août
Paris-Singapour : 12 heures 40 de vol	Midi à Paris : 18 h en été, 19 h en hiver à Singapour	Infrastructures de bonne qualité		Janv.-fév. ; juil.-sept., nov.-déc.	Forte toute l'année
Paris-Bratislava : 2 heures 10 de vol	Midi à Paris, même heure à Bratislava	Infrastructures de bonne qualité		Mai-septembre	Modeste
Paris-Ljubljana : 1 heure 45 de vol	Midi à Paris, même heure à Ljubljana	Infrastructures de bonne qualité		Juin-septembre	Moyenne
Paris-Colombo : 11 heures de vol	Midi à Paris : 15 h 30 en été, 16 h 30 en hiver à Colombo	Bon réseau de trains, routes et hébergement de bonne qualité		Mars-sept. (côte est), janv.-mars (côte ouest); fév.-avr. (intérieur)	Moyenne à forte en janvier et février
Paris-Stockholm : 2 heures 30 de vol	Midi à Paris : même heure à Stockholm	Infrastructures de bonne qualité		Juin-août	Moyenne
Paris-Genève : 1 heure de vol	Midi à Paris, même heure à Genève	Infrastructures de bonne qualité		Mai-septembre	Moyenne
Paris-Damas : 3 heures 30 de vol	Midi à Paris : 13 h en été, 14 h en hiver à Damas	Bon réseau de bus et train	Éviter tout voyage	Mai-octobre	Moyenne
Paris-Taipei : 13 heures de vol	Midi à Paris : 18 h en été, 19 h en hiver à Taipei	Hôtellerie excellente et chère, TGV nord-sud		Octobre-mars	Moyenne à forte
Paris-Zanzibar : 10 heures de vol	Midi à Paris : 13 h en été, 14 h en hiver à Dar es-Salaam	Hébergement varié dans les réserves mais coût élevé	Ne pas s'aventurer vers les frontières du Rwanda et du Burundi	Juin-oct. ; janv.-mars aussi favorable pour le Kilimandjaro	Forte lors des mois d'été
Paris-Bangkok : 11 heures de vol	Midi à Paris : 17 h en été, 18 h en hiver à Bangkok	Bons réseaux routiers et ferroviaires	Éviter l'extrême sud du pays	Novembre-mars	Forte sur les plages en fin d'année
Paris-Lhassa : 16 heures de vol	Midi à Paris : 18 h en été, 19 h en hiver à Lhassa	Déplacements difficiles, hébergement parfois spartiate		Mai-septembre	Moyenne
Paris-Djerba : 2 heures 50 de vol ; Paris-Tunis : 2 heures 25 de vol	Midi à Paris : même heure en hiver, 11 h en été à Tunis	Infrastructures de bonne qualité	Éviter de voyager dans le Grand Sud et le long des frontières	Mai-octobre ; novembre-avril pour le désert	Très forte sur les côtes de juin à septembre
Paris-Antalya : 4 heures 30 de vol ; Paris-Istanbul : 3 heures 30 de vol	Midi à Paris : 13 h à Istanbul	Infrastructures de bonne qualité	Éviter de voyager dans le Sud-Est	Mai-octobre	Très forte sur les côtes méditerranéennes de juin à septembre
Paris-Kiev : 3 heures de vol	Midi à Paris : 13 h à Kiev	Hébergement correct, possible chez l'habitant	Éviter les parties est et sud-est	Mai-octobre	Modeste à moyenne
Paris-Port Vila (escales) : 25 heures	Midi à Paris : 21 h en hiver, 22 h en été à Port-Vila	Hébergement correct, réseau routier difficile		Mai-octobre	Modeste à moyenne
Paris-Caracas : 9 heures 15 de vol	Midi à Paris : 5 h 30 en été, 6 h 30 en hiver à Caracas	*Posadas*, lodges, ranches, campements	Faire preuve de vigilance dans les villes	Décembre-avril	Moyenne
Paris-Hô Chi Minh-Ville : 12 heures de vol	Midi à Paris : 17 h en été, 18 h en hiver à Hô Chi Minh-Ville	Logement chez l'habitant de bonne qualité, trains intéressants		Avril-mai et nov.-déc (Nord) ; déc-avril (Sud)	Moyenne à forte
Paris-Sana'a : 7 heures 30 de vol	Midi à Paris : 13 h en été, 14 h en hiver à Sana'a	Hébergement original (fondouk)	Voyage à éviter actuellement	Mars-mai et septembre-novembre	Modeste en temps normal
Paris-Harare : 12 heures de vol	Midi à Paris : même heure en été, 13 h en hiver à Harare	Excellents lodges mais chers	Éviter les régions frontalières avec le Mozambique	Avril-octobre	Moyenne

CNI : carte nationale d'identité. DP : demi-pension. FJ : fièvre jaune. P : passeport. PAP : plan antipaludisme. PC : pension complète. TC : tout compris.
*Précautions : avant de partir, vérifier systématiquement l'actualité du pays (conflits, terrorisme, enlèvements, épidémies) sur la page Conseils aux voyageurs du site du ministère des Affaires étrangères : www.diplomatie.gouv.fr/fr/conseils-aux-voyageurs

À chacun son climat

Vous rêvez de partir au soleil alors qu'en France l'hiver s'installe, vous aimeriez visiter la Norvège mais vous craignez les rigueurs du climat... Ce tableau donne pour chaque pays les températures maximales et minimales.

LES TEMPÉRATURES DANS LE MONDE

		Janvier	Février	Mars	Avril	Mai	Juin	Juillet	Août	Sept.	Oct.	Nov.	Déc.
AÇORES	Ponta Delgada	17/11	17/11	17/11	18/12	20/13	22/15	25/17	26/18	25/17	22/16	20/14	18/12
AFRIQUE DU SUD	Johannesburg	26/15	25/14	24/13	21/10	19/7	16/4	17/4	19/6	23/9	24/11	24/13	25/14
	Le Cap	26/16	27/16	25/14	23/12	20/9	18/8	18/7	18/8	19/9	21/11	24/13	25/15
ALASKA	Anchorage	-6/-13	-3/-11	1/-8	6/-2	12/4	16/8	18/11	17/10	13/5	5/-2	-3/-10	-5/-12
ALGÉRIE	Alger	17/6	17/6	19/7	21/9	24/12	28/16	31/19	32/20	30/18	26/14	21/10	18/7
ALLEMAGNE	Berlin	3/-2	4/-2	9/1	13/4	19/9	22/12	24/14	24/14	19/11	13/6	7/2	4/0
	Munich	3/-4	4/-3	9/0	13/3	18/7	21/10	23/13	23/12	19/9	13/5	7/0	4/-2
ANGLETERRE	Londres	7/2	8/3	10/4	13/6	17/9	20/12	22/14	22/13	20/11	15/9	10/5	8/3
ANTARCTIQUE	Péninsule de Palmer	3/-1	3/-1	2/-2	0 /-5	-2/-8	-5/-12	-5/-14	-5/-13	-2/-9	0/-6	2/-3	3/-1
ARGENTINE	Buenos Aires	30/20	29/19	26/17	23/14	19/10	16/8	15/7	17/9	19/10	23/13	25/16	28/18
	Ushuaia	15/6	14/5	12/4	10/2	6/0	5/-1	5/-1	6/-1	9/1	11/2	13/4	13/5
ARMÉNIE	Erevan	1/-8	4/-6	11/0	19/6	24/10	29/14	33/17	32/17	28/12	21/7	12/1	4/-4
AUSTRALIE	Alice Springs	36/21	35/21	33/17	28/13	23/8	20/5	20/4	23/6	27/10	31/15	34/18	35/20
	Darwin	32/25	31/25	32/25	33/24	32/22	31/20	30/21	31/21	33/23	33/25	33/25	33/25
	Perth	32/17	32/17	30/16	25/13	22/10	19/9	18/8	18/8	20/9	22/10	26/13	29/15
	Sydney	26/19	26/19	25/18	22/15	19/11	17/9	16/8	18/9	20/11	22/14	24/16	25/18
AUTRICHE	Vienne	3/-2	5/0	10/2	15/6	21/11	23/16	26/15	25/15	20/12	14/7	8/2	4/1
BAHAMAS	Nassau	24/17	25/17	26/18	27/20	29/21	30/23	31/24	31/24	31/23	29/22	27/20	25/18
BALÉARES	Ibiza	15/8	16/8	17/9	18/11	22/14	26/18	29/20	30/21	27/19	24/16	19/12	16/9
BELGIQUE	Bruxelles	6/1	6/1	10/3	13/5	18/9	20/12	22/14	23/13	19/11	14/8	9/4	7/2
BÉNIN	Cotonou	29/24	30/25	30/26	30/25	29/24	27/23	27/23	27/23	27/23	28/24	29/24	29/24
BHOUTAN	Paro	12/2	14/3	17/6	20/10	23/13	24/15	25/17	25/17	24/15	20/11	16/6	13/3
BOLIVIE	La Paz	18/7	18/7	18/7	18/6	18/4	17/3	16/2	17/3	18/4	19/5	19/6	19/6
BORNÉO		31/23	32/24	32/24	32/24	32/24	32/24	32/23	32/23	32/24	32/24	32/24	32/24
BOTSWANA	Gaborone	31/17	30/17	28/14	28/10	23/5	21/1	21/1	24/4	27/9	30/10	31/15	31/16
BRÉSIL	Manaus	31/23	30/23	31/23	31/23	31/23	31/23	31/23	33/23	33/24	33/24	32/24	31/24
	Rio de Janeiro	30/23	30/24	29/23	28/22	26/20	25/19	25/18	26/19	25/19	26/20	27/21	29/22
BULGARIE	Sofia	2/-5	5/-3	10/0	16/5	20/9	24/12	26/14	26/13	23/10	17/6	10/1	4/-3
	Varna (Côte)	6/-1	7/0	10/2	15/7	20/12	25/16	27/18	27/18	24/14	18/10	13/6	8/2
CAMBODGE	Phnom Penh	32/22	33/23	35/24	35/25	34/25	34/25	33/25	33/25	32/24	31/24	30/23	30/22
CAMEROUN	Yaoundé	31/17	31/20	30/14	30/20	29/20	28/19	26/19	26/19	27/19	28/19	28/19	28/19
CANADA	Montréal	-7/-17	-5/-15	2/-8	11/0	19/6	23/11	26/14	24/12	19/7	12/2	5/-4	-4/-13
	Vancouver	6/1	8/2	10/3	13/5	17/8	19/11	22/13	22/13	19/11	14/7	9/3	6/1
CANARIES	Las Palmas	21/15	21/15	22/15	22/16	23/17	25/19	27/20	27/21	27/21	26/20	24/18	22/16

Sources : World Meteorological Organization (WMO), Genève. Précision : les températures nous ont été fournies avec leurs décimales. Par souci de commodité, nous les avons adaptées à leur valeur inférieure (par exemple 15,3 devient 15) ou supérieure (15,7 devient 16).

LES TEMPÉRATURES DANS LE MONDE													
		Janvier	Février	Mars	Avril	Mai	Juin	Juillet	Août	Sept.	Oct.	Nov.	Déc.
CAP-VERT	Praia	25/20	25/19	26/20	26/21	27/21	28/22	28/24	29/24	29/25	29/24	28/23	26/22
CHILI	Santiago	30/13	30/12	27/11	23/8	19/6	15/4	15/4	17/5	19/6	22/8	25/10	28/12
CHINE	Canton	18/9	18/10	21/14	25/18	29/22	31/24	32/24	32/24	31/23	29/21	25/15	21/11
	Pékin	1/-11	4/-8	11/-1	21/7	27/13	31/19	31/21	30/20	26/14	20/6	10/-2	2/-8
CHYPRE	Limassol	16/7	17/8	19/8	23/11	28/15	32/19	34/22	34/22	32/20	28/16	23/13	19/9
COMORES	Moroni	30/23	30/23	31/23	30/23	29/21	28/20	28/19	28/18	28/19	29/20	30/22	31/23
CORÉE DU SUD	Séoul	2/-6	4/-4	10/1	18/7	23/13	27/18	29/22	30/22	26/17	20/10	12/3	4/-3
COSTA RICA	San José	23/15	24/15	25/16	26/16	26/17	26/17	25/16	25/17	26/17	25/16	24/16	23/16
CROATIE	Dubrovnik	12/7	12/6	14/9	17/11	21/15	25/19	28/22	29/22	25/19	21/15	17/10	13/8
CUBA	La Havane	26/19	26/19	28/20	29/21	30/22	30/23	31/24	32/24	31/24	29/23	28/21	27/20
DANEMARK	Copenhague	2/-2	2/-2	5/-1	10/2	15/7	19/11	20/13	20/13	17/10	12/7	7/3	4/-1
ÉCOSSE	Edimbourg	6/1	7/1	9/2	11/3	14/6	17/9	18/11	18/11	16/9	13/6	9/3	7/1
ÉGYPTE	Le Caire	19/9	20/10	24/12	28/15	32/18	34/20	35/22	34/22	33/20	29/17	25/14	20/10
	Louxor	23/6	25/7	29/11	35/16	39/20	41/23	41/24	41/24	39/22	35/18	30/12	24/8
ÉMIRATS ARABES UNIS	Dubaï	24/14	25/15	28/17	32/20	37/24	39/26	41/29	40/29	39/26	35/23	31/18	26/15
ÉQUATEUR	Guayaquil	31/23	30/23	31/23	31/23	30/22	29/21	28/20	28/20	29/20	29/21	29/21	29/22
	Quito	22/8	21/8	21/8	21/9	22/8	21/8	22/7	23/7	23/7	22/8	21/8	21/8
ESPAGNE	Barcelone	13/4	15/5	16/7	18/9	21/12	24/16	28/19	28/19	26/17	22/13	17/8	14/6
	Madrid	10/3	12/4	16/6	18/7	21/11	27/15	31/18	31/18	26/15	19/10	13/6	10/4
	Málaga	17/7	18/8	19/9	21/10	24/13	27/17	30/20	30/21	28/18	24/14	20/11	17/8
ÉTATS-UNIS	Denver	6/-9	8/-7	11/-3	17//1	22/6	27/11	31/15	30/14	25/9	19/2	11/-4	7/-8
	La Nouvelle-Orléans	16/5	18/7	22/11	26/15	29/18	32/22	33/23	32/23	30/21	26/15	22/11	18/7
	Los Angeles	19/9	19/10	19/11	21/14	21/14	22/15	24/17	25/18	25/18	24/15	21/12	19/9
	New York	3/-4	4/-3	9/1	15/6	20/11	25/17	28/20	28/20	24/16	18/10	12/5	6/-1
ÉTHIOPIE	Addis-Abeba	24/15	24/16	25/17	24/17	25/18	23/17	21/16	21/16	22/16	23/15	23/14/	23/14
FINLANDE	Helsinki	-3/-9	-3/-9	1/-6	8/1	16/4	20/9	22/12	20/11	14/6	8/2	3/-2	-1/-7
GALLES (PAYS DE)	Cardiff	7/2	7/2	10/3	13/5	16/8	19/11	21/13	21/12	18/11	14/8	10/5	8/3
GRÈCE	Athènes	13/5	14/5	16/7	20/10	26/14	31/18	34/21	33/21	29/17	23/13	18/10	14/7_
GROENLAND	Nuuk	-5/-10	-5/-11	-5/-11	-1/-6	3/-2	7/1	10/4	9/4	6/1	1/-3	-1/-6	-4/-9
GUADELOUPE	Pointe-à-Pitre	28/19	28/19	29/19	29/21	30/22	30/23	30/23	31/23	31/23	30/22	30/21	29/20
GUATEMALA		24/12	25/13	27/14	28/15	27/16	25/16	25/16	25/16	24/16	24/15	23/14	23/13
GUYANE	Cayenne	29/23	29/23	29/23	29/23	29/23	30/22	30/22	31/22	32/21	32/21	31/22	30/22
HONG KONG		19/14	19/14	21/17	25/20	29/24	30/26	32/27	31/26	30/26	28/23	24/19	21/15
HONGRIE	Budapest	1/-4	5/-2	10/2	16/6	21/11	24/14	27/15	26/15	22/12	16/7	8/2	3/-2
INDE	Calcutta	27/14	30/17	34/22	36/25	36/27	34/27	32/26	32/26	32/26	32/24	30/19	27/14
	Madras	28/21	30/21	32/23	34/26	36/28	37/27	35/26	34/25	34/25	31/24	29/23	28/22
	Mumbai	31/17	31/17	33/21	33/24	33/26	32/26	30/25	30/25	30/24	33/23	33/21	32/18
	New Delhi	21/7	24/10	30/15	36/22	40/26	39/28	35/27	33/26	34/24	33/20	28/13	23/8
INDONÉSIE	Denpasar	33/24	33/24	34/24	34/25	33/24	31/24	30/23	30/23	31/23	34/24	33/26	33/24
	Jakarta	30/24	30/24	32/25	33/25	33/25	31/25	32/25	32/25	33/26	33/26	31/25	32/25
IRAN	Téhéran	7/-1	10/1	15/5	22/11	28/16	34/21	37/24	35/23	32/19	24/13	17/7	10/1

LES TEMPÉRATURES DANS LE MONDE													
		Janvier	Février	Mars	Avril	Mai	Juin	Juillet	Août	Sept.	Oct.	Nov.	Déc.
IRLANDE	Dublin	8/3	8/3	10/3	11/4	14/7	17/10	19/11	19/11	17/10	14/8	10/4	8/3
ISLANDE	Reykjavík	2/-3	3/-2	3/-2	6/0	9/4	12/7	13/8	13/8	10/5	7/2	3/-1	2/-3
ISRAËL	Jérusalem	12/6	13/6	15/8	22/13	25/16	28/18	29/19	29/20	28/19	25/17	19/12	14/8
ITALIE	Milan	5/-2	8/0	13/3	18/7	22/11	26/15	29/17	28/17	24/14	19/8	10/4	5/1
	Rome	13/4	14/4	15/6	18/8	22/12	26/16	29/18	29/18	26/16	22/12	17/8	14/5
JAMAÏQUE	Montego Bay	28/21	28/20	29/21	30/22	30/23	31/23	31/24	31/24	31/23	30/23	30/23	28/22
JAPON	Tokyo	10/2	10/2	13/5	18/11	23/15	25/19	29/26	31/24	27/21	22/15	17/10	12/5
JORDANIE	Amman	12/4	14/4	17/6	23/10	28/14	31/17	32/19	32/19	31/17	27/14	20/9	14/5
KENYA	Mombasa	32/23	32/24	33/24	31/24	29/23	28/21	28/20	28/20	29/21	30/22	31/23	32/23
	Nairobi	25/12	26/12	26/13	24/14	23/13	22/11	21/10	21/10	24/11	25/13	23/13	23/13
LAOS	Vientiane	28/16	30/19	33/22	34/24	33/25	32/25	31/25	31/25	31/24	31/23	30/19	28/17
LIBAN	Beyrouth	17/9	18/9	20/11	22/13	25/16	28/19	29/21	30/22	29/21	26/18	23/14	19/11
LIBYE	Tripoli	18/9	19/10	21/11	22/14	27/17	30/20	32/22	33/23	31/21	28/18	23/13	19/10
MADAGASCAR	Antananarivo	28/17	26/17	25/16	25/15	23/13	21/11	20/10	21/10	23/11	25/13	26/15	26/16
MADÈRE	Funchal	19/13	18/13	19/13	19/14	19/16	22/17	24/19	26/19	24/19	23/18	22/16	19/14
MALAISIE	Kuala Lumpur	32/23	33/23	33/23	33/24	33/24	33/24	32/23	32/23	32/23	32/23	32/23	32/23
MALDIVES	Malé	30/26	31/26	31/26	32/27	31/26	31/26	31/26	30/26	30/25	30/25	30/25	30/25
MALI	Bamako	33/17	36/20	39/23	40/25	39/25	35/24	32/22	31/22	32/22	35/21	35/18	33/17
	Tombouctou	30/13	33/15	37/19	40/26	42/26	42/27	39/26	37/25	38/25	39/23	35/18	30/14
MALTE	La Valette	14/10	15/10	16/11	18/13	22/16	26/19	29/22	29/23	27/22	24/19	20/16	16/12
MAROC	Agadir	20/9	22/9	22/11	22/12	24/15	24/16	26/18	27/18	27/17	26/15	23/12	20/8
	Marrakech	18/7	20/8	22/10	24/12	28/15	31/17	36/20	36/20	32/18	27/15	21/10	18/7
MARTINIQUE	Fort-de-France	27/21	27/21	28/22	29/22	29/23	29/23	29/23	29/24	30/24	29/23	29/23	28/22
MAURICE	Port-Louis	32/24	32/24	32/24	31/23	29/22	28/20	27/19	27/19	28/19	29/20	30/22	31/23
MAURITANIE	Nouakchott	29/14	31/15	33/16	33/17	34/19	34/22	32/23	33/24	35/25	36/23	34/19	29/14
MAYOTTE		31/24	30/24	30/24	30/24	30/23	28/22	27/21	27/21	28/22	29/23	31/23	31/24
MEXIQUE	Cancún	28/21	29/21	30/22	32/23	33/24	33/25	33/25	34/25	33/25	31/24	30/23	28/21
	Mexico	21/6	23/7	26/9	27/11	27/12	25/12	23/12	23/12	22/12	22/10	22/8	21/7
MONGOLIE	Oulan-Bator	-7/-33	-1/-30	10/-24	20/-14	28/-6	30/1	31/5	29/3	25/-5	18/-15	6/-25	-5/-32
MONTÉNÉGRO	Podgorica	10/1	11/3	15/6	19/9	24/14	28/17	32/20	32/20	27/17	22/12	15/7	11/3
MYANMAR	Rangoon	32/18	35/19	36/21	37/24	33/25	30/25	30/24	30/24	30/24	32/24	32/22	32/19
NAMIBIE	Windhoek	30/17	28/16	27/15	26/13	23/9	20/7	20/6	23/9	29/11	29/15	30/15	30/16
NÉPAL	Katmandou	18/2	20/4	24/8	27/11	28/16	28/19	28/20	28/20	27/18	26/13	23/7	19/3
NIGER	Niamey	33/16	36/19	39/23	41/27	40/28	37/26	34/24	33/23	34/24	38/24	36/20	33/17
NORVÈGE	Oslo	-2/-7	-1/-7	4/-3	9/1	16/7	20/11	22/12	20/11	15/8	9/4	3/-2	-1/-6
	Karasjok Grand Nord	-9/-21	-10/-22	-3/-17	1/-9	7/-1	14/5	18/8	16/6	9/2	2/-5	-4/-12	-9/-18
NOUVELLE-CALÉDONIE	Nouméa	29/23	29/23	28/23	26/21	24/20	24/19	23/17	23/17	24/18	25/19	27/21	28/22
NOUVELLE-ZÉLANDE	Auckland	23/16	23/16	22/15	19/13	17/11	14/9	13/8	14/8	16/9	17/11	19/12	21/14
OMAN	Mascate	26/17	26/18	30/20	35/24	40/29	40/30	39/30	36/28	36/27	35//25	30/21	27/18
OUZBÉKISTAN	Tachkent	3/-6	7/-3	12/3	18/8	26/13	31/17	33/18	32/16	27/11	18/6	12/2	7/-2
PAYS BALTES	Riga (Lettonie)	-4/-10	-3/-10	2/-7	10/1	16/6	21/9	22/11	21/11	17/8	11/4	4/-1	-2/-7

LES TEMPÉRATURES DANS LE MONDE													
		Janvier	Février	Mars	Avril	Mai	Juin	Juillet	Août	Sept.	Oct.	Nov.	Déc.
PAYS-BAS	Amsterdam	5/1	6/1	9/2	12/4	17/8	19/10	21/13	22/12	18/10	14/7	9/4	7/2
PÉROU	Cuzco	19/7	19/7	19/6	20/5	20/3	20/0	19/0	20/0	20/4	21/6	21/6	19/6
	Lima	26/19	27/19	26/19	24/18	22/16	20/15	19/15	18/15	19/15	20/15	22/16	24/18
PHILIPPINES	Manille	30/24	31/24	32/25	34/26	33/27	32/26	31/26	31/26	31/26	31/26	31/25	30/24
POLOGNE	Varsovie	0/-5	2/-4	7/-1	13/3	19/8	22/11	24/13	23/12	18/9	12/4	5/0	2/-3
POLYNÉSIE FRANÇAISE	Tahiti	30/23	31/24	31/24	31/23	31/23	30/23	29/21	28/21	28/21	29/22	30/23	30/23
PORTUGAL	Faro	16/8	17/8	18/9	20/10	22/13	25/16	29/18	29/18	27/17	23/14	19/11	17/9
	Lisbonne	15/8	16/9	18/10	19/11	22/13	25/16	27/17	28/18	26/17	22/15	18/11	15/9
RÉP. DOMINICAINE	Saint-Domingue	30/20	30/20	30/20	30/21	30/22	31/23	31/23	32/23	31/23	31/22	31/21	30/20
RÉP. TCHÈQUE	Prague	0/-5	3/-4	8/-1	13/3	18/7	21/11	23/12	23/12	19/9	13/4	6/0	2/-3
RÉUNION (LA)	Saint-Denis	29/23	30/23	29/23	28/22	27/20	26/18	25/18	24/17	25/18	26/19	27/20	28/22
ROUMANIE	Côte	3/-4	4/-2	8/1	13/6	19/11	24/16	27/18	26/17	23/14	17/9	11/4	6/-1
	Bucarest	2/-6	4/-3	11/0	18/6	23/11	27/14	29/16	29/15	25/11	18/6	10/2	4/-3
RUSSIE	Moscou	-6/-12	-4/-11	2/-6	10/2	18/8	22/12	23/14	22/12	15/7	8/2	1/-3	-4/-9
	Saint-Pétersbourg	-5/-11	-4/-10	1/-5	8/1	16/7	20/11	22/14	20/13	15/8	8/3	2/-2	-2/-7
SARDAIGNE	Cagliari	14/6	15/6	16/7	18/9	22/12	27/16	27/19	30/19	27/17	23/14	18/10	15/7
SÉNÉGAL	Dakar	26/18	25/18	25/18	25/19	26/20	29/23	27/25	30/25	31/25	31/25	30/23	28/21
SEYCHELLES	Victoria (Mahé)	30/24	30/25	31/25	32/25	31/25	29/25	28/24	28/24	29/24	30/24	30/24	30/24
SICILE	Palerme	15/10	15/10	16/11	18/13	22/16	25/20	28/23	29/24	27/22	23/18	19/14	16/12
SINGAPOUR		30/23	31/26	31/24	32/24	32/25	31/25	31/24	31/24	31/24	31/24	31/24	30/23
SLOVAQUIE	Bratislava	2/-4	5/-2	11/1	16/5	22/10	25/13	27/15	22/11	22/11	15/6	8/1	4/-2
SLOVÉNIE	Ljubljana	3/-3	6/-2	11/1	14/5	21/10	24/13	27/15	26/14	22/11	15/7	8/2	3/-2
SRI LANKA	Colombo	31/22	31/23	32/24	32/25	31/26	30/26	30/25	30/25	30/25	30/24	30/23	30/23
SUÈDE	Stockholm	-1/-5	-1/-5	3/-3	9/1	16/6	21/11	22/13	20/13	15/9	10/5	5/1	1/-3
SUISSE	Davos	-2/-11	0/-10	4/-6	8/-2	13/2	16/5	18/7	17/7	14/4	9/0	3/-5	-1/-9
	Genève	4/-2	6/-1	10/1	14/4	18/8	22/11	25/13	24/13	21/10	15/6	8/7	5/-1
SYRIE	Damas	12/3	14/3	18/5	23/9	29/13	34/16	36/17	36/18	32/15	27/12	20/8	14/4
TAÏWAN	Taipei	18/12	18/12	20/13	23/18	28/20	30/22	32/24	32/24	30/22	28/20	22/18	20/13
TANZANIE	Dar es-Salaam	30/25	31/25	31/24	30/23	30/22	29/20	29/19	29/19	29/19	29/20	30/22	30/24
THAÏLANDE	Bangkok	32/21	33/23	34/25	35/26	34/26	33/25	33/25	33/25	32/25	32/24	32/23	31/21
TIBET	Lhassa	7/-10	9/-7	12/-3	16/1	19/5	23/9	22/10	21/9	20/8	16/1	11/-5	8/-9
TUNISIE	Gabès (Sud)	16/6	17/7	20/10	22/13	25/17	28/20	32/22	32/23	30/21	26/17	22/12	17/8
	Tunis	16/7	17/7	18/8	21/10	25/14	29/17	33/20	33/21	30/19	25/16	21/11	17/8
TURQUIE	Istanbul	9/3	9/3	11/4	17/8	21/12	26/16	28/19	29/19	25/16	20/12	15/9	11/5
UKRAINE	Kiev	-3/-8	-1/-7	4/-2	14/5	21/11	24/14	25/15	24/14	19/10	12/5	5/0	0/-5
VANUATU	Port Vila	30/23	30/24	30/23	29/23	28/21	27/21	26/20	26/19	27/20	28/21	29/22	30/22
VENEZUELA	Caracas	29/13	31/15	32/15	32/16	32/18	30/18	31/17	29/17	30/17	30/16	30/16	28/14
VIÊT NAM	Hanoi	19/14	20/15	23/18	27/21	32/24	33/26	33/26	32/26	31/25	29/22	25/19	22/15
	Hô Chi Minh-Ville	32/21	33/23	34/24	35/26	34/25	32/25	32/24	32/24	31/24	31/24	31/23	31/21
YÉMEN	Sana'a	26/3	27/4	28/7	28/9	29/11	31/12	31/12	31/13	29/10	26/4	26/4	26/5
ZIMBABWE	Harare	26/16	26/16	26/15	26/13	24/9	22/7	22/7	24/9	28/12	28/15	28/16	26/16

Les périodes à préférer

Contrairement aux clichés, le ciel et l'atmosphère des tropiques sont tout sauf éternellement sereins. Aussi, dans ce tableau, avons-nous rassemblé les pays ou régions compris dans la ceinture tropicale.

LES PÉRIODES À PRÉFÉRER

	Janvier	Février	Mars	Avril	Mai	Juin	Juillet	Août	Sept.	Octobre	Novembre	Décembre
AFRIQUE DU SUD	vert	vert	vert	vert	orange	orange	orange	orange	vert	vert	vert	vert
AUSTRALIE (NORD)	orange	orange	orange	orange	vert	vert	vert	vert	vert	vert	orange	orange
AUSTRALIE (CENTRE)	orange	orange	orange	vert	vert	orange	orange	vert	vert	orange	orange	orange
AUSTRALIE (SUD)	vert	vert	vert	vert	orange	orange	orange	orange	orange	vert	vert	vert
BAHAMAS	vert	vert	vert	vert	vert	vert	vert	vert	ouragans possibles	rouge	vert	vert
BÉNIN	vert	vert	vert	orange	orange	orange	orange	orange	orange	orange	vert	vert
BRÉSIL (NORD)	orange	orange	orange	vert	vert	vert	orange	orange	vert	vert	vert	orange
BRÉSIL (AMAZONIE)	orange	orange	orange	fortes pluies	rouge	rouge	vert	vert	vert	orange	orange	orange
BRÉSIL (SUD)	orange	orange	orange	vert	vert	orange	orange	orange	orange	vert	vert	orange
CAMEROUN	vert	vert	vert	orange	orange	orange	orange	orange	orange	orange	vert	vert
CAP-VERT	orange	vert	vert	vert	vert	orange	orange	orange	orange	vert	vert	vert
CHINE (SUD)	vert	vert	vert	vert	orange	orange	orange	cyclones possibles	rouge	vert	vert	vert
COSTA RICA	vert	vert	vert	vert	orange	orange	orange	orange	orange	orange	orange	vert
CUBA	vert	vert	vert	vert	orange	orange	orange	orange	cyclones possibles	rouge	vert	vert
ÉGYPTE	vert	vert	orange	orange	orange	très fortes chaleurs	rouge	rouge	orange	orange	vert	vert
ÉMIRATS ARABES UNIS	vert	vert	vert	vert	← très fortes chaleurs →	rouge	rouge	rouge	rouge	orange	vert	vert
ÉTATS-UNIS FLORIDE	vert	vert	vert	vert	orange	orange	orange	cyclones possibles	rouge	rouge	vert	vert
ÉTATS-UNIS LOUISIANE	orange	orange	vert	vert	vert	orange	orange	cyclones possibles	rouge	rouge	vert	orange
GUADELOUPE	orange	vert	vert	vert	orange	orange	orange	cyclones possibles	rouge	rouge	orange	vert
GUATEMALA	vert	vert	vert	vert	orange	orange	orange	orange	cyclones possibles	rouge	vert	vert
GUYANE	orange	orange	orange	orange	fortes pluies	rouge	orange	vert	vert	vert	vert	orange
HONG KONG	vert	vert	vert	vert	orange	orange	orange	cyclones possibles	rouge	vert	vert	vert
INDE (EXCEPTÉ HIMALAYA)	vert	vert	vert	fortes pluies	cyclones possibles	rouge	orange	orange	orange	cyclones	vert	vert

Nous avons opté pour les trois couleurs traditionnelles en la matière : en rouge, les mois formellement déconseillés, soit parce que la chaleur est insupportable, soit parce que des cyclones peuvent survenir ; en orange, les mois passables, une averse tropicale étant souvent et rapidement suivie de soleil ; en vert, les mois à préférer.

LES PÉRIODES À PRÉFÉRER

	Janvier	Février	Mars	Avril	Mai	Juin	Juillet	Août	Sept.	Octobre	Novembre	Décembre
INDONÉSIE												
JAMAÏQUE									ouragans possibles			
KENYA												
MADAGASCAR	cyclones possibles											
MALAISIE	partie est											
MALDIVES												
MARTINIQUE								cyclones possibles				
MAURICE	cyclones possibles											
MAYOTTE												
MEXIQUE								cyclones possibles				
MYANMAR												
NOUVELLE-CALÉDONIE	cyclones possibles											
OMAN												
PHILIPPINES												
POLYNÉSIE FRANÇAISE												
RÉPUBLIQUE DOMINICAINE								cyclones possibles				
RÉUNION (LA)	cyclones possibles											
SÉNÉGAL												
SEYCHELLES												
SRI LANKA	côte sud-ouest			côte nord-ouest			côte nord-ouest					
TAÏWAN					typhons possibles							
TANZANIE												
THAÏLANDE												
VANUATU	typhons possibles											typhons possibles
VENEZUELA												
VIÊT NAM												
YÉMEN												

Groenland
(DANEMARK)
Méridien de Greenwich
Mer du Groenland
ISLANDE
CANADA
AMÉRIQUE DU NORD
ÉTATS-UNIS
NORV
Mer du Nord
ROYAUME-UNI
IRLANDE
PAYS-BAS
BELGIQUE
FRANCE
Océan
Açores
PORTUGAL
ESPAGNE
Atlantique
Mer Mé
TUN
Madère
MAROC
ALGÉRI
Tropique du Cancer
Golfe du Mexique
BAHAMAS
Îles Canaries
MEXIQUE
BELIZE
CUBA
RÉPUBLIQUE DOMINICAINE
JAMAÏQUE
HONDURAS
Mer des Antilles
Guadeloupe (FR.)
Martinique (FR.)
MAURITANIE
MALI
CAP-VERT
SÉNÉGAL
NIG
GUATEMALA
SALVADOR
NICARAGUA
GUINÉE-BISSAU
BURKINA
COSTA RICA
GUYANA
SURINAME
VENEZUELA
Guyane française
GUINÉE
SIERRA LEONE
NIG
PANAMA
LIBERIA
COLOMBIE
GHANA
CÔTE D'IVOIRE
TOGO
Équateur
Galápagos
ÉQUATEUR
BÉNIN
AMÉRIQUE DU SUD
Golfe de Guinée
Océan
PÉROU
BRÉSIL
BOLIVIE
Sainte-Hélène
Polynésie française
CHILI
PARAGUAY
Atlantique
Tropique du Capricorne
Île de Pâques
ARGENTINE
URUGUAY
Océan
Pacifique

1. Danemark
2. Allemagne
3. Suisse
4. République tchèque
5. Slovaquie
6. Autriche
7. Slovénie
8. Croatie
9. Hongrie
10. Bosnie-Herzégovine
11. Serbie
12. Monténégro
13. Albanie
14. Macédoine (ARYM)
15. Moldavie
16. Liban
17. Azerbaïdjan
18. Bhoutan
19. Bengladesh
20. Rwanda
21. Burundi
Spitzberg
FÉDÉRATION DE RUSSIE
FINLANDE
Pays Baltes
BIÉLORUSSIE
EUROPE
UKRAINE
ROUMANIE
BULGARIE
GÉORGIE
ARMÉNIE
Mer Noire
GRÈCE
TURQUIE
MALTE
CHYPRE
SYRIE
ISRAËL
JORDANIE
IRAK
IRAN
KOWEIT
KAZAKHSTAN
KIRGHIZSTAN
OUZBÉKISTAN
TURKMÉNISTAN
TADJIKISTAN
AFGHANISTAN
PAKISTAN
MONGOLIE
ASIE
CHINE
CORÉE DU NORD
CORÉE DU SUD
JAPON
Océan Pacifique
Mer de Chine orientale
TAÏWAN
Hong Kong (CH.)
Mer des Philippines
NÉPAL
INDE
MYANMAR
LAOS
THAÏLANDE
VIÊT NAM
CAMBODGE
PHILIPPINES
MALAISIE
SINGAPOUR
INDONÉSIE
TIMOR-ORIENTAL
PAPOUASIE-NOUVELLE-GUINÉE
ÉMIRATS ARABES UNIS
ARABIE SAOUDITE
OMAN
YÉMEN
Mer d'Oman
Golfe du Bengale
SRI LANKA
MALDIVES
LIBYE
ÉGYPTE
TCHAD
SOUDAN
ÉRYTHRÉE
AFRIQUE
ÉTHIOPIE
RÉP. CENTRAFRICAINE
CAMEROUN
OUGANDA
KENYA
SOMALIE
CONGO
RÉPUBLIQUE DÉMOCRATIQUE DU CONGO
TANZANIE
SEYCHELLES
COMORES
Mayotte (FR.)
ANGOLA
MALAWI
ZAMBIE
NAMIBIE
ZIMBABWE
BOTSWANA
MOZAMBIQUE
MADAGASCAR
MAURICE
Rodrigues
La Réunion (FR.)
SWAZILAND
AFRIQUE DU SUD
LESOTHO
Océan Indien
AUSTRALIE
OCÉANIE
VANUATU
Nouvelle-Calédonie (FR.)
Golfe du Tasman
NOUVELLE-ZÉLANDE
Île du Prince-Édouard
Île Crozet
Île Kerguelen
ANTARCTIQUE

Les destinations

La liste ci-dessous répertorie les pays présentés dans le guide, mais également certains lieux qui, bien que faisant partie d'un pays, sont des destinations à part entière.

Les pays de A à Z

Afrique du Sud

QUE VOIR, QUE FAIRE EN AFRIQUE DU SUD ?

La faune

- Parc national Kruger et réserve de Hluhluwe-Umfolozi avec le « Big Five » (buffles, éléphants, léopards, lions, rhinocéros)
- Marais de Santa Lucia (crocodiles, hippopotames)
- Parcs Karoo (springboks), Addo (éléphants), Pilanesberg (girafes, rhinocéros blancs, zèbres)
- Parc transfrontalier du Kgalagadi (springboks, guépards, gnous, suricates, aigles martiaux), Lambert's Bay et Langebaan Lagoon (oiseaux)
- Fermes d'autruches (Oudtshoorn)

Les paysages et les randonnées

- Drakensberg (canyon de la Blyde River), vallée de la Désolation
- Route des Vins, jardin de Kirstenbosch, cavernes de Cango
- KwaZulu-Natal (témoignages de l'art bochiman), chutes Augrabies, mines de diamant de Kimberley
- « Désert fleuri » du Namaqualand

Les côtes

- Durban, Wild Coast (« Côte sauvage »)
- Garden Route (« Route des Jardins »)
- Côte de la Péninsule

Les villes

- Le Cap, Johannesburg, Pretoria, Sun City

Malgré un coût du voyage assez élevé et des problèmes d'insécurité dans les villes, la belle Afrique du Sud connaît un essor touristique continu. La découverte des réserves d'animaux, aux excellentes structures d'accueil, reste l'argument principal du séjour, mais le pays présente de nombreux autres attraits.

La faune

En partant du nord-est vers le sud-ouest, l'amateur de faune trouve en Afrique du Sud l'une des plus grandes diversités d'animaux du continent :
– le « Big Five » (buffles, éléphants, léopards, lions, rhinocéros) est présent, ainsi que les girafes et les guépards, dans le plus grand (350 km de

L'Afrique du Sud comprend des parcs célèbres comme le parc national Kruger, mais aussi des réserves privées, comme ici Singita.

long, 55 km de large) et le plus réputé des 22 parcs nationaux sud-africains, le parc national **Kruger**. L'aspect particulier du bush (végétation parsemée d'arbustes), ses raretés (lycaon, rhinocéros noir) et le séjour dans des lodges luxueux sont autant d'atouts pour ce parc à l'organisation sans faille ;

– au sud du Swaziland, la **réserve de Hluhluwe-Umfolozi** tire son intérêt de la présence du Big Five mais aussi de rhinocéros blancs, espèce rare qui a échappé à l'extermination ;

– les marais de la région de **Santa Lucia**, dans le KwaZulu-Natal, abritent des hippopotames, des crocodiles et nombre d'espèces d'oiseaux ;

– dans la province du Nord-Ouest, le **parc national Pilanesberg** accueille des rhinocéros blancs, des zèbres, des buffles, des girafes ;

– non loin du Cap se trouvent les réserves d'oiseaux sauvages de **Langebaan Lagoon** et de **Lambert's Bay** ;

– à mi-distance du Cap et de Port Elizabeth, il est également possible de visiter des fermes d'autruches autour d'**Oudtshoorn** ;

– situé au nord de Port Elizabeth, **Addo** est un parc national réputé pour ses éléphants ;

– parmi les savanes du **parc Karoo** vivent et gambadent les antilopes les plus célèbres : les springboks ;

– on les retrouve dans le **parc transfrontalier du Kgalagadi**, aux confins de la Namibie et du Botswana, où ils voisinent avec les lions, les guépards, les zèbres, les gnous, les suricates (petites mangoustes « stars » de l'endroit) et de nombreuses espèces d'oiseaux, dont l'aigle martial. Les mois de juin et juillet sont les plus propices à une visite de ce parc.

Les paysages et les randonnées

Le clou des paysages sud-africains est une longue barrière montagneuse, le **Drakensberg**, qui court des confins du Mozambique jusqu'à la province du Cap. Les panoramas que le Drakensberg a engendrés dans le

Le Cap a sa riviera, dont Camps Bay fait partie, avec en toile de fond la montagne de la Table et la chaîne des Douze Apôtres.

LE CARNET DE VOYAGE

Les premiers contacts
Office du tourisme (Satour), fermé au public, 08.10.20.34.03. Internet : www.southafrica.net

Les formalités
UE : passeport suffisant, valable six mois après la date de retour, visa délivré à l'arrivée, billet de retour exigible.

La santé
Aucune vaccination n'est obligatoire. Prévention contre le paludisme recommandée, particulièrement d'octobre à mai, pour les zones de basse altitude des provinces du Nord, de la province de Mpumalanga (parc Kruger compris) et du nord-est du KwaZulu-Natal.
Le pays est l'un des plus touchés au monde par le virus du sida.

Le voyage, le décalage
Paris-Johannesburg (direct) : 10 heures 30. Paris-Le Cap (10 100 km) : 15 heures (escale). Même heure en été, une heure de plus en hiver.

Le coût moyen d'un séjour
1 800 € pour 10 jours comprenant le vol A/R, la voiture de location, l'hébergement. 3 000 € pour 15 jours en voyage accompagné.

Les langues, la monnaie
L'afrikaans, l'anglais et neuf autres langues (dont surtout le xhosa et le zoulou) sont officiels.
Monnaie : le rand. Euros, mais surtout dollars US à prévoir. 1 € = 14 rands.

La population
49 109 000 habitants, dont près des trois quarts sont des Noirs. Les Blancs sont à peine cinq millions et les métis trois millions. Pretoria (Tshwane) est le siège du gouvernement, Le Cap celui du parlement.

Les religions
Forte majorité de chrétiens, répartis en anglicans, méthodistes, catholiques romains, Églises indépendantes noires.

Les fêtes
2 janvier : grande parade carnavalesque du Cap ; **21 mars** : Jour des droits de l'homme ; **16 juin** : Jour de la jeunesse ; **24 septembre** : Heritage Day.

Les achats
Diamants, pierres précieuses, cuirs, sacs en croco... et excellents vins du terroir.

Transvaal, tout particulièrement ceux du **canyon de la Blyde River** (26 km), comptent parmi les plus beaux du pays. Ils attirent les randonneurs, dont les plus chevronnés se lancent, à l'est du KwaZulu-Natal et du pays zoulou, vers les 3 004 m de **Cathedral Peak**, après avoir admiré les **Tugela Falls**, les deuxièmes chutes du monde (947 m).
Au sud, les paysages gagnent en diversité : on peut aussi bien apprécier les reliefs tourmentés et déchiquetés de la région désertique du Karoo et de la **vallée de la Désolation** que la douceur de la **route des Vins**, à l'est du Cap. Les huguenots chassés de France se sont installés dans cette région : « le coin des Français » (Franschhoek) et ses vignobles en sont un fort symbole.
On peut également choisir des visites ponctuelles : tout près du Cap,

le **jardin botanique de Kirstenbosch**, le plus riche du pays grâce à ses 4 500 espèces, ou les **cavernes de Cango**, réputées notamment parce qu'elles renferment des fresques et des vestiges bochimans. D'autres peintures et gravures bochimans sont visibles dans le **KwaZulu-Natal**, le long de la frontière est du Lesotho (Royal Natal National Park, Giant's Castle), où il est aussi possible de se familiariser avec les coutumes du peuple zoulou.

Deux curiosités caractérisent la région du fleuve Orange : les spectaculaires **chutes Augrabies**, d'une hauteur de 146 m, et les **mines de diamant de Kimberley**.

De part et d'autre de ce même fleuve Orange, la partie sud-africaine du **Namaqualand**, le « désert fleuri », se pare en septembre et octobre d'une étonnante floraison.

Les côtes

Une kyrielle de stations balnéaires s'étendent autour du Cap, telles Clifton et Camps Bay, mais l'eau est ici plus fraîche qu'ailleurs. Outre les plages, l'île aux phoques (Hout Bay) et la découverte du cap de Bonne-Espérance sont des passages obligés. En partant vers l'est, on longe la **côte de la Péninsule**, point de rencontre des océans Atlantique et Indien. Vient ensuite, entre Mossel Bay (aux requins blancs « touristifiés ») et Storms River, la **Garden Route (la « Route des Jardins »)**, très courue (forêts, lacs, estuaires, plages).

On aborde alors la **Wild Coast (la « Côte sauvage »)**, la plus chaude : 300 km de collines ventées, propices à des randonnées, encore préservées du tourisme de masse et parsemées des huttes traditionnelles du peuple xhosa. Cette région est aussi le berceau de Nelson Mandela (musée à Umtata).

Durban, où vécut le Mahatma Gandhi, est une station populaire, très fréquentée toute l'année et idéale pour les surfeurs.

QUAND PARTIR ?

	Climat	Réserves	Budget
Janvier	☼		
Février	☼		
Mars	☼		
Avril			
Mai		🐾	
Juin		🐾	€
Juillet		🐾	€
Août		🐾	€
Septembre		🐾	€
Octobre		🐾	€
Novembre	☼		
Décembre	☼		

Les villes

Le Cap est surtout connu pour son site, surmonté de la curieuse montagne de la Table (qui peut être atteinte par téléphérique ou faire l'objet d'une minirandonnée). La ville vaut aussi par les traces du passé architectural néerlandais (maison Koopmans) ou traditionnel (anciens docks de Waterfront, l'artère la plus animée). Au large du Cap, l'île Robben, où fut incarcéré Mandela, est devenue un musée de la Tolérance et des Droits de l'homme.

Johannesburg doit son existence à la ruée vers l'or vers la fin du XIXe siècle, dont l'histoire est retracée sur le site de Gold Reef City.

Autres atouts de Johannesburg, qui essaie de quitter son habit de ville la plus violente du continent africain : le quartier de Newton, réhabilité depuis peu et creuset de culture ; l'African Museum, à vocation surtout ethnologique ; la Fuba Gallery, qui rassemble l'art des populations noires ; Constitution Hill ; le musée de l'Apartheid ; la richesse de ses traditions musicales (jazz) ; la possibilité de visiter Soweto en circuit guidé. Avec ces formes récentes de tourisme, de grandes villes sud-africaines envoient leurs visiteurs dans les townships, naguère ignorés, et invitent à la découverte de traditions de toutes sortes (art, danses, guérisseurs, etc.).

À quelques kilomètres au nord de Johannesburg, **Pretoria**, rebaptisée Tshwane, est bâtie autour de sa place centrale, Church Square, site de la première installation des Boers.

Une curiosité dans la province du Nord-Ouest : la ville neuve et un rien permissive de **Sun City**, qui se veut un petit Las Vegas et comprend également des parcours de golf réputés ainsi qu'un musée… du Crocodile. Sun City s'est vu adjoindre Lost City, sur les lieux d'une vieille cité reconstruite sous le signe de l'extravagance, avec jungle et plage artificielles. ■

LES CONSEILS GEO

▶ Les plus

La qualité des infrastructures touristiques et de leur gestion, dans les parcs animaliers, mais aussi dans l'ensemble du pays.

La plus forte diversité d'espèces animales en Afrique.

▶ Les moins

Un coût du voyage accompagné qui demeure élevé.

La réputation d'insécurité, même si les choses changent peu à peu.

▶ Les précautions

L'Afrique du Sud est l'un des pays pour lesquels les recommandations de prudence dans les grandes villes sont les plus pressantes. À chacun d'adapter son comportement tout en évitant la paranoïa.

▶ Les tendances

Lancées il y a une quinzaine d'années, les visites touristiques des townships, type Soweto, restent d'actualité. Bien menées, elles permettent de comprendre l'atmosphère qui a présidé à l'apartheid et comment il fut combattu.

Le tassili N'Ajjer et le Hoggar comptent parmi les plus beaux sites du Sahara.

QUE VOIR, QUE FAIRE EN ALGÉRIE ?

Le désert et les randonnées

- Massif du Hoggar, Assekrem (ermitage), tassili N'Ajjer (gravures rupestres), Tadrart
- Vallées (Tefedest, Amadror), oasis (Timimoun)

Les paysages du Nord

- M'Zab, Kabylie

Les monuments

- Tlemcen, Tipasa, Djemila, Cherchell, Timgad

Les villes

- Alger, Oran, Constantine, El Oued

Les côtes

- Méditerranée (Tipasa)

Algérie

Avant les tensions actuelles dans le Nord-Est et le Sahel, les voyagistes spécialistes de la randonnée avaient diversifié à souhait le voyage au Sahara, qui revêt ici, grâce à la beauté âpre des tassilis et aux sommets du Hoggar, ses plus beaux atours. Pour ceux qui n'aiment pas le désert, le nord du pays met en avant Alger, la Kabylie et les sites romains.

Le désert et les randonnées

Dunes, ergs, djebels (montagnes), oasis : autant de termes et de terres qui font du Sahara algérien l'un des déserts les plus variés du monde.

Le massif du **Hoggar,** point d'orgue du Grand Sud, fait l'objet de méharées et de circuits en 4x4. Sommets déchiquetés, culots de lave, longs éboulis, peintures rupestres, lieux de rencontre avec les Touaregs se succèdent. Le massif de l'Atakor (près de 3000 m d'altitude) renferme, sur l'**Assekrem**, le site de l'ermitage du Père de Foucauld.

Le tassili (plateau) du Hoggar et le **tassili N'Ajjer**, hérissé de cheminées de fées, creusé de gorges, d'oueds verdoyants et de vallées, ne sont pas moins captivants. Le tassili N'Ajjer est également réputé pour ses nombreuses gravures rupestres, qui, telles celles de Djabarren, datent de quatre mille ans.

Aux confins de l'Algérie, du Niger et de la Libye, la **Tadrart**, ses canyons,

LE CARNET DE VOYAGE

Les premiers contacts
Consulat, 11, rue d'Argentine, 75016 Paris, 01.53.72.07.07. Nombreux consulats dans les villes de province. Internet : www.ont.dz

Les formalités
UE : passeport, visa obligatoire.

La santé
Pas de problème de santé, précautions d'usage pour le désert.

Le voyage, le décalage
Paris-Alger (1339 km) : 2 heures. Paris-Tamanrasset : 4 heures. Même heure en hiver, une heure de moins en été.

Le coût moyen d'un séjour
Environ 400 € pour un week-end à Alger. Environ 1000 € la semaine tout compris pour une méharée dans le Hoggar.

Les langues, la monnaie
L'arabe est langue officielle mais la langue berbère (le tamazight) l'a rejoint. Le français est la langue de communication. **Monnaie :** le dinar algérien. 1 € = 107 dinars.

La population
38088000 habitants, dont un sur deux a moins de 20 ans. Le peuplement a été successivement enrichi de Berbères, d'Arabes (75 % de la population), de Turcs et de Français.

Capitale : Alger.

Les religions
L'islam est religion officielle. Minorités catholique et juive.

Les fêtes
Janvier : Festival du tourisme saharien à Tamanrasset ; **5 juillet :** fête de l'Indépendance ; **Aïd el-Fitr :** fin du ramadan.

Les achats
Bijoux de Kabylie, objets en cuir et en cuivre, poteries.

ses falaises et ses cordons de dunes promettent d'autres plaisirs. Une manière moins conventionnelle de parcourir le Sud algérien est de se rendre, au nord du Hoggar, dans les véritables canyons de la **Tefedest** et de l'**Amadror**. Autres nouveaux chemins de randonnée : ceux de l'Ahnet, aux confins du Tanezrouft.
À mi-chemin entre Alger et Tamanrasset, l'**« oasis rouge » de Timimoun** dort à la lisière du Grand Erg occidental. Ses environs (Tinerkouk, Gourara) offrent une large palette de randonnées à travers dunes et ksour. Autres oasis de renom : **El Oued**, où les palmeraies sont disposées en cuvettes ; El Kantara, où se mêlent le vert profond des palmiers et le rouge des pierres.
Plus au nord, autour de Gardhaia, la vallée de l'oued **M'Zab** troque de plus en plus son ancienne image de lieu désolé contre celle de région pétrie de traditions.

Les paysages du nord

En remontant vers la côte méditerranéenne, on découvre un horizon de montagnes et de forêts, et les villages de **Kabylie**. La chaîne de la Grande Kabylie est dominée par le Djurdjura, au cœur duquel se trouve une curiosité naturelle, le gouffre d'Anou Boussouil.

Au sud de Constantine, le massif des Aurès est creusé de gorges et de défilés plantés de cèdres. Le plus bel exemple en est le canyon creusé par l'oued El Abiod.

Les monuments

Tlemcen est une vitrine de l'art musulman algérien à travers sa pléiade de mosquées de différentes époques (Grande Mosquée, mosquée Sidi Bel Hasan).
Le site de **Tipasa** possède des vestiges puniques et romains, tandis que celui de **Djemila** offre les traces d'une colonie romaine fondée par Trajan, et son étonnant arc de triomphe dédié à Caracalla. Les monuments de **Cherchell** ont malheureusement subi l'épreuve du temps, mais le site est enrichi, dans ses environs, d'un mausolée royal, le « Tombeau de la chrétienne » (Ier siècle av. J.-C.). Dans les Aurès, **Timgad**, fondée par Trajan, est un exemple de ville romaine remarquablement conservée, à l'instar, non loin de là, du théâtre romain de **Guelma**.

Les villes

Alger, édifiée au fond d'une baie, est la ville la plus intéressante du pays. Mis à part ses mosquées (Grande Mosquée Djamaa el-Kébir, Djamaa Djedid), la plupart de ses édifices sont d'inspiration turque (palais Dar Khedaoudj et Dar Mustapha). Sa casbah labyrinthique est de plus en plus abîmée, mais reste pittoresque.
Le site d'**Oran** et surtout celui de **Constantine**, qui surplombe les vertigineuses gorges de l'oued Rhumel, méritent le détour.

Les côtes

Peu fréquentées par les touristes, moins nombreuses que celles de la Tunisie et du Maroc, les plages accueillent quelques sites de villégiature côtière, notamment dans les environs de Tipasa. ■

LES CONSEILS GEO

▶ Les plus

La diversité : qui n'aime pas le désert pourra profiter d'Alger, de la montagneuse Kabylie ou des sites romains du nord pour effectuer un voyage tout différent. La langue française, très largement pratiquée.

▶ Les moins

Un pays au tourisme fragilisé et incertain. Une côte méditerranéenne à revitaliser, très peu fréquentée par le tourisme international.

▶ Les précautions

Même si la situation est meilleure, le Nord de l'Algérie n'en a pas terminé avec l'époque des attentats terroristes. Pour le Sud, actuellement sous forte tension, le voyageur doit s'en remettre aux recommandations du ministère des Affaires étrangères. Pour tout voyage, se reporter à la page Conseils aux voyageurs.

▶ Les tendances

L'image d'un pays corseté et austère n'a plus cours dès que l'on franchit la porte d'un cabaret où se manifeste la vogue du raï, principalement à Oran. Si l'on souhaite avoir une idée de la jeunesse algérienne en mutation, à la fois rêveuse et contestataire, c'est là qu'il convient de se rendre.

QUAND PARTIR ?

	Randonnée dans le désert	Les côtes	Les Aurès, la Kabylie
Janvier	nuits froides 🚶		
Février	🚶		
Mars	🚶		
Avril	🚶		
Mai		☼	☼
Juin		☼	☼
Juillet		☼	
Août		☼	
Septembre		☼	☼
Octobre	🚶		
Novembre	🚶		
Décembre	nuits froides 🚶		

Allemagne

QUE VOIR EN ALLEMAGNE ?

Les villes et les monuments

- Hambourg, Berlin, Potsdam, Dresde, Weimar, Cologne, Rothenburg, Heidelberg, Munich, Brême, Lübeck, Francfort, Mayence, Würzburg, Nuremberg, Trèves, Aix-la-Chapelle, Bayreuth, Bamberg, Berchtesgaden
- Châteaux de Louis II de Bavière, des Hohenzollern, de la vallée du Rhin et de Thuringe

Les paysages

- Alpes bavaroises, Bavière, vallée du Rhin, Harz, Suisse saxonne, Loacher See, Forêt-Noire, forêt de Thuringe
- Vallées de l'Elbe et de la Moselle, vallée du Danube et de la Weser, Externsteine, îles de la Frise

Les fêtes

- Carnavals, marchés de Noël
- Oktoberfest de Munich (fête de la Bière)

Les vertus de la réunification offrent une vingtaine de villes qui méritent le détour, avec Berlin comme porte-drapeau. Le romantisme de la vallée du Rhin, l'extravagance des châteaux de Bavière et les Alpes recèlent aussi bien des charmes.

Les villes et les monuments

Le voyageur qui parcourt l'Allemagne du nord au sud n'en finit pas de faire des haltes urbaines.

– **Hambourg**, appelée la « Venise rouge du Nord » pour la couleur de ses briques, ses canaux et sa tradition de ville hanséatique.

– **Berlin**, en perpétuel chantier depuis la chute du Mur, offre désormais au visiteur son architecture ultramoderne dans « Mitte » et le quartier de la Potsdamer Platz, mais préserve ses lieux « alternatifs » (quartiers de Kreuzberg et de Prenzlauer Berg) et ses symboles, tels, à l'est, une avenue Unter den Linden version chic, l'Alexanderplatz, la Karl-Marx Allee, des morceaux du Mur sur 1,3 km, la résurrection des Trabant pour balader les touristes, les statues de Marx et Engels, la tour de télévision Fernsehturm et l'expression du sentiment de l'« Ostalgie ».
Les réalisations récentes comme le Reichstag, surmonté de sa coupole de verre, et le Jüdisches Museum entourent la symbolique porte de Brandebourg, dans une ville aérée par ses lacs, forêts ou parcs (Tiergarten), et où la vie festive est devenue l'une des plus intenses d'Europe.
Foyer culturel de toujours, Berlin offre, sur la Spree, son île aux Musées : l'Altes Museum (antiquités grecques et romaines), le Neues Museum (égyptologie, dont le buste de Nefertiti), l'Alte Nationalgalerie (sculptures et tableaux allemands du XIXe siècle, impressionnistes), le Bode Museum (sculptures anciennes, Moyen Âge, Renaissance) et le

L'Altes Museum (Vieux Musée) à Berlin, construit en 1830, jouxte la cathédrale, sur l'île aux Musées.

Pergamon Museum (antiquités d'Europe et du Proche-Orient). Autres musées importants ou insolites : le musée de Checkpoint Charlie, le musée Gay, le DDR Museum, l'ancien quartier général de la Stasi, le musée du Mur.
– **Potsdam**, au sud de Berlin, fut en son temps surnommée « le Versailles prussien ». Elle abrite le parc de Sans-Souci (château, Nouveau Palais).
– **Dresde**, qualifiée de « Florence sur l'Elbe » en raison de son architecture baroque et de ses couleurs ocre et rouge, était l'une des plus belles villes d'Allemagne depuis le XVIIe siècle, avant que les Alliés ne la bombardent en 1945 ; la reconstruction des monuments (palais Zwinger, opéra Semper et l'église protestante Frauenkirche, dont on a relevé les ruines) est plutôt convaincante.
– **Weimar** a eu son heure de gloire et conserve de nombreux témoignages de l'époque où Goethe y résidait.
– **Cologne**, située sur le Rhin, possède la plus belle cathédrale du pays.
– La petite ville de **Rothenburg** a conservé son allure médiévale.
– **Heidelberg** respire encore la grande époque du romantisme allemand (château, vieille ville, Pont Vieux).
– **Munich** se signale par sa vieille ville autour de la Marienplatz, sa résidence des Wittelsbach (palais Renaissance), ses églises baroques et ses réalisations futuristes (stade Allianz Arena, parc d'attraction du BMW-Welt).

Villes de moindre importance, mais largement dignes d'être visitées : les villes de la Hanse (**Brême**, **Lübeck**), **Francfort** (maison de Goethe, cathédrale, musées), **Mayence** (cathédrale romane du XIIIe siècle, château des Princes-Électeurs), **Würzburg** (citadelle de Marienberg, Résidence des princes-évêques décorée de fresques de Tiepolo), **Nuremberg** (château, églises Sankt Sebaldus et Sankt Lorenz, Belle Fontaine), **Trèves** (vestiges romains tels que la Porta Nigra et les thermes impériaux, cathédrale), **Aix-la-Chapelle** (cathédrale gothique et sa chapelle Palatine de Charlemagne), **Bayreuth** (pour son théâtre construit par Louis II et le festival dédié chaque année à Wagner), **Bamberg** (cathédrale du Moyen Âge,

De Mayence à Coblence, le Rhin réussit sa «Trouée héroïque» et offre au touriste les charmes de la Lorelei.

ancien hôtel de ville); **Berchtesgaden** (château des Wittelsbach, églises, anciennes salines).

Hormis les monuments déjà décrits, l'extravagance des incontournables **châteaux de Louis II de Bavière** (Hohenschwangau, Neuschwanstein) ou des **Hohenzollern** (Sigmaringen, dans le Bade-Wurtemberg), le romantisme des **châteaux de Thuringe** (la Wartburg et la guerre des troubadours, source du *Tannhäuser* de Wagner) et l'élégance des châteaux de la **vallée du Rhin** donnent à l'Allemagne des atouts supplémentaires, que vient compléter une architecture religieuse baroque triomphante, comme à Ottobeuren, en Bavière.

LE CARNET DE VOYAGE

Les premiers contacts
Office du tourisme (fermé au public), 01.40.20.01.88. Internet : www.germany.travel/fr

Les formalités
Carte nationale d'identité ou passeport (même périmé depuis moins de cinq ans) pour les ressortissants de l'Union européenne.

La santé
Aucun problème.

Le voyage, le décalage
Paris-Berlin (879 km) : 1 heure 40; Paris-Munich (840 km) : 1 heure 30. Vols à bas coût pour Berlin et Munich. Pas de décalage horaire.

Le coût moyen d'un séjour
300 € pour un week-end à Berlin ou à Munich (vol A/R, hébergement). Environ 500 € pour une semaine de croisière sur le Rhin.

Les langues, la monnaie
Pour qui ne parle pas l'allemand, l'anglais est là, mais moins souvent qu'on ne le croit. Le russe est connu à l'est, le français est peu pratiqué.
Monnaie : l'euro.

La population
Minorités importantes d'immigrés turcs et de l'ex-Yougoslavie. Avec ses 82 401 000 habitants, l'Allemagne est le pays le plus peuplé d'Europe.
Capitale : Berlin.

Les religions
La Réforme (Luther) est venue d'Allemagne, aussi les protestants sont-ils en bon nombre, surtout dans le nord (environ 40%). 45% de la population de l'ex-RFA est catholique romaine, proportion bien plus importante à l'est.

Les fêtes
Février : carnaval à Cologne; **septembre :** fête de la Bière à Munich; **décembre :** marchés de Noël.

Les achats
Le jouet (jouets en bois, poupées de porcelaine, peluches) : Nuremberg en est la capitale. Penser également au lin et au loden, parmi les spécialités locales de Bavière.

Chaque ville possède au moins un musée important : la Kunsthalle et le musée d'Histoire à Hambourg; le musée de Pergame, le musée Bode, le musée d'Art contemporain, le musée de Dahlem (Rembrandt, Van Eyck, Vermeer, Watteau) et le musée du Mur à Berlin; le musée Romain-Germanique et le musée Ludwig à Cologne; la Gemäldegalerie à Dresde (œuvres de Raphaël, Titien, Poussin, Rembrandt, Rubens, Vermeer); le musée Gutenberg à Mayence.

Munich possède trois pinacothèques : Ancienne Pinacothèque (Dürer, Grünewald, Bosch, Fragonard, le Tintoret, Rembrandt, Rubens), Nouvelle Pinacothèque (Cézanne, Degas, Delacroix, Gauguin, Géricault, Manet, Van Gogh) et Pinacothèque des Modernes (design). La Glyptothèque propose des œuvres hellénistiques célèbres qu'avait réunies Louis II de Bavière.

Les paysages

Deux ensembles géographiques ont engendré deux grandes destinations : les Alpes et le Rhin.

Les **Alpes bavaroises** multiplient les panoramas, avec le parc national de la Bayerischer Wald et sa faune (ours brun et lynx européen), ainsi que les îles et vignobles du lac de Constance, les lacs Königsee et Staffelsee, la station de ski de Garmisch-Partenkirchen et les 2963 m de la Zugspitze, point culminant du pays, dont l'accès par téléphérique réserve de jolies vues sur les Préalpes.

Plus au nord, la **Bavière** propose un mélange de châteaux et de paysages avec sa « Route romantique » qui longe la partie ouest du land (Augsbourg, massif du Spessart, Nordlingen, Rothenburg, Würzburg). On trouve de nombreux centres de remise en forme dans le massif du Haut Allgäu, qui abrite les villes anciennes de Kempten et de Murnau.

La **vallée du Rhin**, qui mérite une croisière, tire sa réputation de ses vignobles parfois dominés par des châteaux forts. Sa partie la plus belle se situe entre Mayence et Coblence (« Trouée héroïque », rocher de la Lorelei).

D'autres sites méritent le détour : les blocs granitiques et les forêts de sapins du **massif du Harz**, ainsi que les tours de grès de la **Suisse saxonne,** région de la Basse-Saxe, drainée par l'Elbe aux confins de la Pologne et de la République tchèque ; le **Loacher See**, lac du massif de l'Eifel, les **vallées de la Moselle et de l'Elbe**, les **vallées du Danube** (Ulm, Passau) et de la **Weser** avec la porte de Westphalie et les rochers des **Externsteine** ; les forêts (**Forêt-Noire, Thuringe**).

La côte de la Baltique n'est pas réputée, mais peut réserver d'heureuses surprises, comme l'archipel des **îles de la Frise** et son îlot d'Helgoland, face à l'embouchure de l'Elbe (falaises de grès rouge, possibilités de baignade et de pêche, nombreuses espèces d'oiseaux dans les parcs nationaux de la Wattenmeer).

■ Les fêtes

Le carnaval fait partie des traditions allemandes (**Cologne** – « Lundi des Roses » –, **Düsseldorf**, **Mayence**, **Aix-la-Chapelle**).

L'**Oktoberfest** de Munich, avec ses six millions de visiteurs, en septembre, est à peine moins célèbre que les marchés de Noël qui réchauffent le cœur de toutes les grandes villes, en décembre. Amandes grillées, vin chaud, figurines en massepain, échoppes remplies d'idées de cadeaux : le visiteur vit des moments qui n'appartiennent qu'à l'Europe du Nord. Nuremberg, Munich, Cologne, Lübeck, Augsbourg et Dresde proposent les plus beaux marchés de Noël.

L'Allemagne est aussi l'un des grands creusets de la musique classique, comme en témoignent les nombreux festivals qui lui sont consacrés : Bayreuth, mais aussi Dresde et sa Dresden Musikfestspiele (concerts et opéras, début juin). ■

LES CONSEILS GEO

▶ Les plus

La valeur artistique et culturelle des villes, et le nombre d'entre elles qui méritent la visite.
Une tradition de fêtes hautes en couleur.

▶ Les moins

Un coût du voyage plutôt élevé.

▶ Les idées reçues

Rien à voir en Allemagne et pas de soleil : il faut sortir de ce cliché. Car les paysages sont souvent agréables et le tourisme a ses originalités, par exemple les carnavals, les fêtes de la bière et les marchés de Noël, qui sont autant d'institutions.

▶ Les tendances

La remise en forme dans des établissements dernier cri entre deux visites des châteaux extravagants de Louis II de Bavière : cela se passe dans le sud, du côté du massif du Haut Allgäu.

Dans le parc du château de Sans-Souci, à Potsdam, une maison de thé

QUAND PARTIR ?

	Allemagne du Nord	Allemagne du Sud	Croisière sur le Danube ou le Rhin
Janvier		Ski ❄	
Février		Ski ❄	
Mars			
Avril			⛴
Mai		☼	⛴
Juin	☼	☼	⛴
Juillet	☼	☼	⛴
Août	☼	☼	⛴
Septembre	☼	☼	⛴
Octobre			⛴
Novembre			
Décembre		Ski ❄	

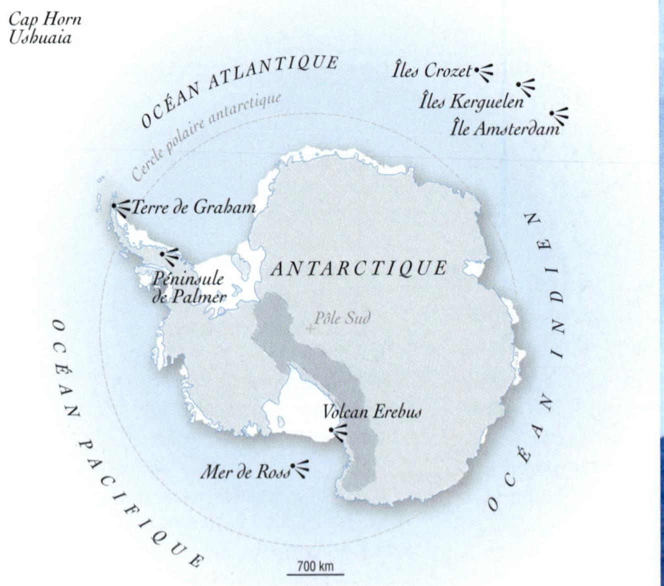

Le touriste va de plus en plus en Antarctique et dans les Terres australes et antarctiques françaises : un grand pas pour lui, mais un tout petit pour l'écologiste, qui craint une arrivée trop importante des bateaux de croisière... Cette restriction faite, extasions-nous sur l'idée de ce périple exceptionnel.

Antarctique

Les paysages

Le continent

Les croisières le long de la **péninsule de Palmer**, du canal Lemaire et de la Terre de Graham, agrémentées d'excursions sur les traces de l'océanographe français Charcot et de quelques escales permettant de visiter les stations scientifiques, sont le seul moyen d'admirer le paysage.
Les icebergs et leurs falaises hautes parfois d'une cinquantaine de mètres, ainsi que les montagnes, ne sont pas les moindres attraits de ce voyage hors norme. Les limites en sont de plus en plus repoussées pour

QUE VOIR, QUE FAIRE EN ANTARCTIQUE ?

Les paysages

- Croisières le long de la péninsule de Palmer : falaises de glace, sommets, icebergs
- Mer de Ross, volcan Erebus
- Archipel des Kerguelen, îles Crozet et Amsterdam

La faune

- Manchots, pingouins, pétrels, éléphants et léopards de mer, baleines, phoques, orques

LE CARNET DE VOYAGE

Les premiers contacts
Le « sixième continent » étant sans appartenance administrative, le visiteur doit s'en remettre à des spécialistes du voyage polaire, entre autres Grand Nord Grand Large, www.gngl.com, ou Hurtigruten, www.hurtigruten.fr

Les formalités
Passeport en cours de validité.

La santé
Protection absolue contre le froid et surtout le vent.

Le voyage, le décalage
Durée moyenne du vol Paris-Ushuaia via Buenos Aires (15 000 km environ) : 19 heures. Lorsqu'il est midi en France, au niveau de la péninsule de Palmer, il est 7 h en été et 8 h en hiver.

Le coût moyen d'un séjour
Le voyage, proposé sous forme de croisière de quinze jours à un mois entre décembre et mars, est l'un des plus onéreux qui soient : les premiers prix pour une dizaine de jours sont aux alentours de 5 500 €. En revanche, il ne manque pas de diversité : conférenciers, voile, sorties en Zodiac.

Les langues, la monnaie
L'anglais et l'espagnol dominent les conversations.
Monnaie : le peso argentin et le dollar US sont le plus couramment utilisés.

La population
Une population « mouvante » de professionnels se relaie sur les bases scientifiques.

À trois ou quatre jours de mer du cap Horn, le touriste effleure le Sixième Continent au niveau de la péninsule de Palmer.

le touriste qui peut aussi désormais – mais à prix d'or – embarquer sur un brise-glace et approcher la **mer de Ross** ainsi que le **volcan Erebus**.

Les archipels

Latitude très basse et absence d'infrastructures – hormis celles des bases scientifiques – caractérisent les Terres australes et antarctiques françaises, au tourisme encore largement confidentiel.

Le mythe des 300 îles et îlots de l'**archipel des Kerguelen** n'est pas excessif. Battues par les vents d'ouest, situées entre les fameux 40e rugissants et les 50e hurlants, ses côtes abritent de nombreuses espèces animales : albatros, manchots, pétrels, skuas, éléphants de mer. Et l'intérieur aurait été envahi de… choux si les tempêtes et surtout une importation coupable de lapins, il y a plus d'un siècle, n'avaient eu raison d'eux.

Les **îles Crozet**, le district des îles Saint-Paul et l'**île Amsterdam**, quoique de taille plus modeste, sont également promis à un tourisme de croisière qui s'apparente de plus en plus à un tourisme scientifique.

La faune

Les colonies de manchots sont impressionnantes par leur nombre et leur organisation. Le manchot empereur est plus difficile à voir. Cormorans impériaux, pingouins, pétrels et skuas complètent la faune avicole.

Les mammifères marins (éléphants et léopards de mer, baleines à bosse, phoques, orques, rorquals) constituent une attraction que l'on peut admirer à partir des bateaux de croisière. Autant que la rareté du spectacle, c'est la découverte de la faune antarctique dans son élément naturel qui fait la réputation de ce périple de plus en plus en vogue au cœur du « paradis blanc ». ■

QUAND PARTIR ?

	Croisières	Faune marine
Janvier	⚟	☼
Février	⚟	☼
Mars		☼
Avril		
Mai		
Juin		
Juillet		
Août		
Septembre		
Octobre		
Novembre		
Décembre	⚟	☼

LES CONSEILS GEO

▶ Les plus

Le caractère exceptionnel du voyage. Des croisières de plus en plus diversifiées et souvent personnalisées par la présence de conférenciers. Une faune impressionnante et rare.

▶ Les moins

Un prix très élevé, qui réserve le voyage à des élus d'autant plus rares que les dates possibles sont mal placées sur le calendrier.

▶ Les tendances

Le rêve en blanc : au départ de La Réunion, le *Marion-Dufresne II* assure tous les mois la relève du personnel des bases scientifiques françaises, et les spécialistes des voyages polaires invitent alors à découvrir, au prix fort, des mythes tels que celui des îles Kerguelen, avec parfois l'assistance d'un naturaliste des Terres australes.

QUE VOIR, QUE FAIRE EN ARGENTINE ?

Les paysages et les randonnées

- Chutes d'Iguaçu, vallées et hauts plateaux andins
- Aconcagua, Pampa, Patagonie, parc national des Glaciers, Terre de Feu, Fitz Roy

Les côtes et la faune marine

- Faune de la péninsule Valdés et de la région d'Ushuaia
- Mar del Plata

Les monuments et les villes

- Traces de l'époque coloniale, missions jésuites
- Buenos Aires, Ushuaia

Les chutes d'Iguaçu figurent parmi les plus belles du monde.

Argentine

L'Argentine est devenue un rendez-vous du tourisme mondial. Elle doit cet engouement à ses paysages, à la faune marine de la péninsule Valdès, mais aussi à son architecture coloniale, souvent ignorée.

Les paysages

La partie nord

Au bout de la corne nord-est du pays, les **chutes d'Iguaçu** – 275 chutes de plus de 70 m, sur 2,5 km de long – offrent un spectacle sans pareil où la vue et l'ouïe sont également émerveillées. La **cordillère des Andes** et sa « Puna », équivalent de l'Altiplano, font se succéder les panoramas du nord au sud. Dans le Nord-Ouest se dressent de hauts plateaux coupés de vallées, les *quebradas,* telle celle de **Humahuaca**. Puis sur 500 km, viennent les vallées **Calchaquies** dont les sites précolombiens et les vignobles (Cafayate) composent l'un des plus beaux sites du pays. Le parc national des **Cactus** et les sculptures de granit de **Quilmes**, restes d'une citadelle édifiée par les

LE CARNET DE VOYAGE

Les premiers contacts
Bureau du tourisme argentin, 6, rue Cimarosa, 75116 Paris, 01.44.05.27.00. www.turismo.gov.ar

Les formalités
Pour les ressortissants de l'UE, canadiens et suisses : passeport en cours de validité et billet de retour ou de continuation.

La santé
Aucune vaccination exigée. Prévention recommandée contre le paludisme dans certaines zones rurales des confins de la Bolivie et du Paraguay, mais le risque est faible.

Le voyage, le décalage
Durée du vol Paris-Buenos Aires direct (11 062 km) : 12 heures. Lorsqu'il est midi en France, il est 7 h en été et 8 h en hiver en Argentine.

Le coût moyen d'un séjour
2 000 € pour 10 jours dans le Nord-Ouest andin, 3 000 € pour un combiné Argentine-Chili (15 jours), 3 500 € pour une croisière d'une quinzaine de jours (péninsule Valdés, Terre de Feu).

Les langues, la monnaie
Langue officielle : espagnol. Également parlé : le guarani, langue indienne. Langues étrangères : anglais ou italien plutôt que français. **Monnaie :** le peso argentin. 1 € = 11 pesos, 1 $ = 8 pesos,

La population
42 611 000 habitants : 86 % sont d'origine européenne, principalement espagnole et italienne, 12 % créole et 2 % indienne. **Capitale :** Buenos Aires (agglomération : 13 millions d'habitants).

Les religions
90 % des Argentins sont catholiques. Petites minorités de protestants et de juifs.

Les fêtes
Avant le début du carême : fêtes de carnaval (corsos) au son des « murgas » ; **21-24 juin :** solstice d'hiver, fête de l'Inti Raymi ; **août :** mondial du Tango à Buenos Aires, festival de la Neige à San Carlos de Bariloche.

Les achats
Tissus andins, pulls en guanaco, ponchos, bijoux en argent, objets en cuir… et viande de bœuf.

Indiens éponymes, complètent le tableau. Les amateurs de paléontologie chercheront des traces de dinosaures dans le parc Ischigualasto – ou vallée de la Lune, ainsi nommée pour son paysage minéral. Même décor dans le parc national Talampaya, enrichi de pétroglyphes et de reliefs étonnants comme le canyon « sec » du rio Talampaya. À l'ouest de Cordoba, un mélange de salines, de volcans, et de roches polychromes offre un attrait que renforce la présence de villages indiens.

La partie centrale

L'ascension de l'**Aconcagua**, « Toit des Amériques » (6 959 m), soumis à des vents forts et baigné d'une lumière éblouissante, est un must pour les randonneurs chevronnés. Au pied de ce sommet, la région de Mendoza est réputée pour ses vins.

Non loin de là, le Puente del Inca est un pont naturel de 50 m de long qui franchit le río Las Cuevas. Autre site : **San Carlos de Bariloche**, sur le lac Nahuel Huapi, inclus dans un parc national aux paysages alpestres.

Dans la **Pampa**, les *estancias* (fermes) et les *gauchos* (gardiens de troupeaux) accueillent les touristes tout en conservant leur authenticité. Début novembre se déroulent des fêtes avec rodéos et courses de chevaux.

La partie sud

La **Patagonie** argentine offre successivement des « forêts pétrifiées », comme Sarmiento, les empreintes de de la cueva de **Las Manos** et le monument national des Bois pétrifiés. Les aiguilles du **Fitz Roy**, pour alpinistes chevronnés, annoncent le clou du spectacle : le **Perito Moreno**, glacier en mouvement long d'une trentaine de kilomètres. À la pointe sud, le parc national de la **Terre de Feu** et **Ushuaia.**

Les côtes et la faune marine

Les environs de Buenos Aires offrent une activité balnéaire, notamment **Mar del Plata**. Plus au sud, le climat interdit la baignade, mais la région attire les nostalgiques de l'Aéropostale. Le golfo Nuevo, dans la **péninsule Valdés**, abrite une importante faune marine : lions de mer, flamants roses, éléphants de mer, baleines franches australes. Plus au sud, dans la réserve de Punta Tombo, se situe la plus grande colonie au monde de manchots de Magellan. Seule la pointe sud (canal de Beagle et région d'Ushuaia) peut rivaliser avec cette péninsule.

QUAND PARTIR ?

	Nord-Est et Buenos Aires	Patagonie pointe sud	Iguaçu Valdés
Janvier		☼	
Février		☼	Iguaçu <
Mars		☼	<
Avril			<
Mai	Nord-Est ☼		<
Juin	☼		
Juillet	☼		baleines
Août			Valdés <
Septembre			<
Octobre	Buenos Aires ☼	☼	<
Novembre	☼	☼	
Décembre		☼	

LES CONSEILS GEO

▶ Les plus

Un spectacle de la nature captivant du nord au sud.
L'intérêt du patrimoine culturel.
La revitalisation durable du tango.

▶ Les moins

Le coût élevé du voyage accompagné.
L'inversion des saisons.

▶ Les précautions

Seuls les quartiers pauvres ou touristiques – comme La Boca à Buenos Aires – requièrent de la vigilance. Peu de problèmes ailleurs.

▶ Les tendances

Le tango ne s'apprend pas en deux jours. Mais on peut prendre des cours dans le quartier de San Telmo à Buenos Aires, ou tout simplement admirer la grâce des danseurs.
L'ascension de l'Aconcagua, pour les chevronnés du genre.

Les monuments et les villes

Le Nord-Ouest abrite des vestiges de l'époque coloniale : Humahuaca, San Salvador de Jujuy, Salta (cathédrale), ruines de Quilmes, près de Cachi, et missions jésuites des Guaranis (San Ignacio Mini, Loreto, Santa Ana), bâties aux XVIIe et XVIIIe siècles.

Cordoba, deuxième ville du pays, abrite l'église de la Compagnie de Jésus, au cœur de la « Manzana Jesuitica », et une cathédrale baroque (XVIIe siècle). Dans la ville proche d'Alta Gracia se trouvent réunis la Estancia (mission jésuite) et la maison natale de Che Guevara.

Buenos Aires renferme de nombreux musées et églises, la symbolique place de Mai, la « Casa de gobierno », le cimetière de la Recoleta avec la tombe d'Evita Peron, les quartiers branchés (Palermo, San Telmo, La Boca), le tout dans un style moderniste mêlé de beaux immeubles anciens.

À la pointe sud du pays, **Ushuaia** justifie son mythe de la ville la plus australe du monde par un musée « de la Fin du monde ». ■

QUE VOIR EN ARMÉNIE ?

Les monuments
- Églises (Etchmiadzine), monastères (Geghard, Noravank), cimetières anciens (Noratous)
- Temple gréco-romain (Garni)

La capitale
- Erevan

Les paysages
- Petit Caucase

L'Arménie dévoile aujourd'hui ses beaux paysages caucasiens et, surtout, son patrimoine religieux : les très vieilles églises des villages de montagne, les monastères et la capitale Erevan ont de quoi ravir le passionné d'histoire de l'art.

Arménie

LE CARNET DE VOYAGE

Les premiers contacts
Ambassade, 9, rue Viète, 75017 Paris, 01.42.12.98.00. Internet : www.armenia.info.am

Les formalités
Pour les ressortissants de l'UE et suisses : passeport en cours de validité, visa obligatoire, obtenu auprès de l'ambassade ou à l'aéroport d'Erevan. Visa valable 21 jours.

La santé
Rien de particulier.

Le voyage, le décalage
Vol Bruxelles ou Paris-Erevan via Prague ou Vienne : 6 heures. Lorsqu'il est midi en France, il est 15 h en Arménie.

Le coût moyen d'un séjour
1 400 € pour une semaine culturelle, 1 800 € pour 15 jours en alternant marche et visite.

Les langues, la monnaie
Langue officielle : l'arménien, parlé par 90 % de la population. Langues minoritaires : l'azerbaïdjani et le russe. L'anglais est peu parlé. Monnaie : le dram. 1 € = 550 drams.

La population
2 972 000 Arméniens, dont un tiers à Erevan, la capitale. Les années de guerre ont provoqué un important exil, alors que la diaspora est déjà nombreuse (États-Unis et France, notamment).

Les religions
L'Église arménienne (orthodoxe) conserve une très ancienne spécificité et a toujours été le ciment de l'unité et des revendications du peuple arménien.

Les fêtes
24 avril : Medz Yeghem (« commémoration du génocide ») ; **28 mai :** Hanrabedoutian don (« fête de la République ») ; **10 juillet :** Vardavar (rappel de l'ancienne fête des Roses) ; **septembre :** fête du Moussa Lèr sur une colline près d'Erevan ; **octobre :** Festival de musique traditionnelle en l'honneur de la fondation d'Erevan.

Les achats
Une exclusivité : le papier d'Arménie, que l'on brûle pour assainir l'intérieur.

Les monuments

Le pays a le privilège de compter des édifices religieux parmi les plus anciens de la chrétienté. Le plus réputé est la cathédrale d'**Etchmiadzine**, la « Rome arménienne » (IVe siècle, flanquée d'un musée riche en reliques).

À **Geghard**, on trouve un monastère du IVe siècle aux chapelles taillées dans le roc, alors que celui de **Noravank** et ses deux églises se situent dans un très beau site de montagnes. Quant au monastère de **Khor Virap** (« Fosse profonde »), il est l'un des lieux sacrés de l'Église apostolique arménienne et donne sur le mont Ararat. Autres monastères : **Hairavank** et sa vue sur le lac Sevan,

La majesté du mont Ararat en toile de fond du monastère Khor Virap : l'image d'une Arménie authentique qui s'ouvre au tourisme.

Sanahin (important centre religieux des Xe-XIIIe siècles).
Le cimetière de **Noratous** et son champ des mille *khatchkars* (pierres tombales), comme les petites églises, parfois flanquées d'une coupole à étages, du VIIe siècle et au-delà, ne sont pas en reste.
À **Garni** s'élève un temple gréco-romain du Ier siècle av. J.-C. (reconstitution du temple du roi Tiridate).

La capitale

Erevan, dans un site embelli par la proximité du mont Ararat, est l'une des plus anciennes villes du monde. Elle est surtout connue pour sa Bibliothèque nationale, le Maténadaran, qui renferme 10 000 manuscrits arméniens très anciens, dont l'Évangile d'Etchmiadzine, rehaussé de miniatures des VIe, VIIe et Xe siècles. La ville vaut également par sa forteresse (Erebouni), sa mosquée bleue, sa cathédrale et ses musées (musée Paradjanov, musée d'Histoire).

Les paysages

L'Arménie fait presque entièrement partie du **Petit Caucase**, qui offre par endroits des panoramas d'une sévère beauté en raison de la rudesse du relief. Au nord d'Erevan, l'ascension de l'Aragats est possible via le lac Kari. De plus en plus d'adeptes de la marche choisissent l'Arménie pour un cocktail randonnée-visites culturelles du plus bel effet.
Hauts plateaux, massifs volcaniques et cuvettes – telle celle du lac Sevan, que les Arméniens ont baptisé « Beauté aux yeux bleus » – se succèdent, alors qu'à l'ouest l'horizon est relevé par les pentes enneigées du mont Ararat. ■

LES CONSEILS GEO

▶ Les plus

Des promesses touristiques enfin concrétisées, autant sur le plan culturel que sur celui des paysages. Des propositions de voyage qui s'étendent et se diversifient.

▶ Les moins

Des infrastructures touristiques encore fragiles, reflet d'un pays en difficulté et encore trop méconnu. Une destination qui n'est pas encore vraiment propice au voyage individuel.

▶ Les précautions

Il est préférable d'éviter les zones frontalières avec l'Azerbaïdjan.

▶ Les recommandations

Le temps n'est pas encore venu où l'on voyagera en Arménie comme sous nos latitudes. Louer une voiture avec chauffeur ou partir en groupe reste donc largement préférable, ce qui n'exclut pas les initiatives individuelles, mais au prix de conseils très avisés.

▶ Les tendances

Partir huit ou quinze jours au printemps avec un spécialiste de la marche, alterner randonnées et visite des petits monastères et des vieilles églises de village : cette formule constitue le type même du « voyage émergent » à l'heure actuelle.

QUAND PARTIR ?

	Climat	Nature
Janvier		
Février		
Mars		
Avril		🐾
Mai	☼	🐾
Juin	☼	🐾
Juillet	☼	
Août	☼	
Septembre	☼	
Octobre	☼	
Novembre		
Décembre		

Australie

L'Australie, « the Lucky Country », ainsi appelée pour la richesse de ses matières premières, de son soleil et de ses paysages, est certes trop neuve pour offrir des trésors historiques, mis à part les sites des peintures rupestres aborigènes. Mais elle vit sur son mythe de pays encore à défricher. En outre, les larges horizons de l'intérieur sont concurrencés par la réputation des côtes, avec la Grande Barrière de corail en point d'orgue.

Le Nord

Territoire du Nord

QUE VOIR, QUE FAIRE DANS LE NORD ?

Territoire du Nord

Les paysages et la faune

- Top End : parc national de Kakadu (gravures rupestres aborigènes), gorges de la rivière Katherine. Désert de Tanami, Kings Canyon, « Centre rouge » : Alice Springs, Ayers Rock, monts Olga

Les côtes

- Îles de Melville et de Bathurst

Les paysages et la faune

Tout au nord, dans le « **Top End** », l'Arnhem Land est bordé par les **gorges de la rivière Katherine** et le **parc national de Kakadu**, où a été tourné le film *Crocodile Dundee* et où l'on découvre les sites aborigènes d'Obiri Rock et de Nourlangie Rock (gravures rupestres millénaires). Dans ce même parc, on peut rencontrer des kangourous, ou partir à la découverte des termitières et des crocodiles.

À Darwin débute la mythique Stuart Highway (« The Track ») qui, via Alice Springs, relie Adelaïde, tout au sud de la Grande Île. Le **désert de Tanami** (cratère du « Météore du loup ») et le **Kings Canyon** (site sacré, creusé par la rivière Kings Creek avec un « Jardin d'Eden » en point d'orgue) annoncent le grand rendez-vous que la nature fixe au visiteur : l'outback. Dans ces grands espaces du **« Centre rouge »**, ainsi baptisé à cause de la couleur de ses dunes, vivent des Aborigènes et des gardiens de bétail dans des fermes immenses, roulent des camions interminables (les « road trains »), gambadent des kangourous et paissent des dromadaires sauvages. **Alice Springs**, tout près du désert de Simpson, est « la » ville du centre de

l'île. Elle annonce, seul au-dessus de la plaine, **Uluru** (« Ayers Rock »), un monolithe de grès, à la fois le plus gros rocher du monde (9 km de circonférence) et la montagne sacrée des Aborigènes qui ont décoré ses grottes de gravures et de peintures. Ceux qui veulent respecter le caractère sacré du rocher éviteront d'escalader ses 348 m. On peut en faire le tour (3 heures de marche) ou l'admirer au coucher du soleil, lorsqu'il se pare de teintes rouge orangé, comme les monolithes des **monts Olga** (Kata Tjuta), à 20 km à l'ouest.

Les côtes

Bien moins connue que la Grande Barrière, la côte nord offre un tourisme plus typé grâce aux **îles de Melville** (à la rencontre du peuple aborigène Tiwi) et de **Bathurst**.

L'Ouest

Australie-Occidentale

Les paysages

Dans le Nord-Ouest, la région du **Kimberley** a abrité les premiers Aborigènes, il y a quarante mille ans. Les gorges, montagnes et rochers de la région du parc national de Purnululu, alias **Bungle Bungles**, qualifiés de « forêt de pierres », sont classés au patrimoine mondial de l'Unesco. En quittant Exmouth vers l'intérieur, on traverse le parc national de

Les falaises rocheuses situées au large de Port Campbell, le long de la Great Ocean Road, sont surnommées les Douze Apôtres.

QUE VOIR, QUE FAIRE DANS L'OUEST ?

Australie-Occidentale

Les paysages

- Kimberley, Bungle Bungles, parc national de Karijini, région de Margaret River (vins), région aurifère de Kalgoorlie

Les côtes

- Farniente et surf autour de Broome et Perth

Les koalas attendent le visiteur, notamment dans le Featherdale Wildlife Park.

Karijini, ses gorges teintées de rouge, ses chutes et ses piscines naturelles. À 200 km au nord de Perth, le mini-désert des Pinnacles est hérissé de monolithes aux formes étranges. À 300 km au sud de Perth, les vins rouges de la **région de Margaret River** remportent un succès croissant. Dans le Sud-Ouest, la ville de **Kalgoorlie**, entre Perth et Adelaïde, est au cœur d'une région qui a connu une ruée vers l'or à la fin du XIXe siècle. Le Museum of Goldfields et la mine de Hannans North en sont des vestiges. Depuis plusieurs années, la région connaît une nouvelle fièvre de l'or.

Les côtes

Des plages peu fréquentées par les touristes étrangers entourent **Broome** (avec son interminable Cable Beach) et **Perth**. Ville du splendide isolement, cette dernière vaut par sa marina, sa plage de Cottesloe, son Musée maritime et son port de Fremantle. Dans les alentours, les amateurs de surf s'en donnent à cœur joie. Rien d'étonnant : les côtes australiennes offrent, avec Hawaii et la Californie, les plus belles vagues du monde.

La faune aquatique de la côte de l'Australie-Occidentale ravit les amateurs de plongée : dauphins sauvages du parc de Shark Bay et, d'avril à juin, requins-marteaux aux abords de Ningaloo Reef, près d'Exmouth.

L'Est

Queensland

Les paysages et la faune

Au nord-est, la presqu'île de **Cape York**, au bout du Queensland, abrite une jungle impressionnante. Les **Wet Tropics** et la **forêt tropicale du parc de Lamington** complètent la richesse des sites naturels de cet État.

Si l'ensemble de l'Australie a l'exclusivité de trois marsupiaux célèbres – le kangourou, le wallaby et le

LE CARNET DE VOYAGE

Les premiers contacts
Tourism Australia, c/o Article Onze Tourisme, 01.55.60.94.46. www.tourism.australia.com, www.queensland-australia.eu, www.toptourist-parks.com.au

Les formalités
Pour les ressortissants de l'UE, canadiens et suisses : passeport valable encore six mois après le retour, visa «électronique» (Electronic Travel Authority) délivré systématiquement et gratuitement par la compagnie aérienne ou le voyagiste.

La santé
Aucun problème.

Le voyage, le décalage
Durée moyenne du vol Paris-Sydney (20346 km) : 22 heures. Lorsqu'il est midi en France, à Perth il est 18h entre avril et octobre, 19h de novembre à mars ; à Sydney, il est 20h d'avril à octobre et 22h de novembre à mars.

Le coût moyen d'un séjour
Le vol A/R, le camping et la location d'une voiture ou d'un tout-terrain : le tout revient à 3000 € pour trois semaines. Pour un circuit accompagné de 15 jours, compter au minimum 3000 €.

Les langues, la monnaie
Langue officielle : l'anglais, qui voisine avec des dialectes aborigènes ; le français est peu connu.
Monnaie : le dollar australien (subdivisé en 100 cents).
1 € = 1,40 $ australien,
1 $ = 1,10 $ australien.

La population
Un peuplement relativement récent fait que le chiffre de la population (22506000 habitants, dont six millions pour la seule agglomération de Sydney) est modeste par rapport à la superficie. La grande majorité des Australiens est originaire du Royaume-Uni (premières arrivées en 1788), mais aussi d'Europe centrale, d'Italie et de Grèce. On dénombre 140000 Aborigènes.
Capitale : Canberra.

Les religions
Les catholiques (25%) et les adeptes de l'Église anglicane d'Australie (17%) sont majoritaires. Les adeptes de l'Église unitarienne, les presbytériens, les orthodoxes et les baptistes sont autant de minorités religieuses.

Les fêtes
26 janvier : fête nationale ; **mars :** Festival de Melbourne (Moomba) ; Mardi gras gay et lesbien à Sydney ; **9 juin :** anniversaire de la reine ; **26 décembre :** Boxing Day.

Les achats
Si le boomerang et le *didgeridoo* (instrument de musique traditionnel) caractérisent, dans l'imaginaire collectif, l'artisanat aborigène, ne pas oublier le travail du bois (peintures, gravures). Penser aussi aux pierres précieuses (opales).

QUE VOIR, QUE FAIRE DANS L'EST ?
Queensland
Les paysages
■ Cape York, Wet Tropics, forêt tropicale du parc de Lamington, koalas
Les côtes
■ Grande Barrière de corail

koala –, ce dernier élit surtout domicile dans les forêts du Queensland.

Les côtes

Jugée huitième merveille du monde par les Australiens, classée par l'Unesco sur la liste du patrimoine mondial, la **Grande Barrière de corail** (près de 2500 km de long, 2500 récifs, 350 sortes de corail dur), qui implore l'industriel de ne plus le salir et le touriste de ne plus le cueillir, justifierait le voyage à elle seule.

Autour de ce « reef », fait d'îles de corail et de plages infinies, les visiteurs alternent farniente, sports nautiques et observation du corail à partir de bateaux à fond de verre, ou munis d'un masque et d'un tuba. Dans la partie nord de la Grande Barrière, au large de Cairns, les sites les plus connus sont Lizard Island, Green Island, Dunk Island. Plus au sud, les dizaines d'îles de l'archipel des **Whitsundays**, dont 17 sont habitées, valent le détour. Au large de Brisbane et de la très branchée agglomération de Gold Coast (et sa plage bien-nommée de Surfers Paradise), on peut observer la faune de Heron Island, le passage des baleines à bosse (août-octobre) au large de l'île de sable de Fraser et les dauphins de l'île Moreton.

Tout au long de la Grande Barrière, entre septembre et mars, les tortues de mer ainsi qu'une grande variété d'oiseaux viennent cohabiter avec les raies mantas et les poissons multicolores.

L'Australie est un terrain de découvertes infini, comme ici dans le massif des Bungle Bungles, dans le Nord.

Le Sud

Australie-Méridionale

Les paysages

Si l'on quitte le Centre rouge en train vers Adelaïde, on longe le **lac Eyre**, mélange de sel, de boue et d'eau saumâtre, avant de gagner les **monts Flinders** et les paysages de Wilpena Pound, propices aux randonnées. Non loin de là, on trouve **Coober Pedy**, où des habitations troglodytiques occupent d'anciennes mines d'opale.

À 60 km d'Adélaïde s'étend la **vallée Barossa**, réputée pour ses vins.

Les côtes

C'est bien sur l'île qui porte son nom, au large d'Adelaïde, que le kangourou

QUAND PARTIR ?

	Centre	Grande Barrière	Sydney	Nord	Sud	Ouest
Janvier			⦿		☼	☼
Février			⦿		☼	☼
Mars			⦿		☼	☼
Avril	☼		⦿		☼	☼
Mai	☼	☼		☼		
Juin		☼		☼		
Juillet		⩤		☼		
Août	☼	⩤		☼		
Septembre	☼	⩤	⦿	☼		
Octobre		⩤	⦿	☼		☼
Novembre			⦿		☼	☼
Décembre			⦿		☼	☼

QUE VOIR, QUE FAIRE DANS LE SUD ?

Les paysages

- Australie-Méridionale : lac Eyre, monts Flinders, Coober Pedy, vallée Barossa
- Nouvelle-Galles du Sud : Blue Mountains, Featherdale Wildlife Park, Hunter Valley (vins)
- Victoria : parcs nationaux de Port Campbell et d'Otway
- Tasmanie : randonnées sur l'Overland Track

Les côtes

- Australie méridionale : Kangaroo Island, région d'Adelaïde
- Nouvelle-Galles du Sud : Byron Bay, baie de Sydney
- Victoria : Great Ocean Road, rochers des Douze Apôtres, région de Melbourne, vallées viticoles de Yarra et de Morrington Peninsula
- Tasmanie : Wineglass Bay, Freycinet Park
- Île de Norfolk (Océanie)

Des milliers de récifs et des centaines de variétés de corail : la Grande Barrière est aussi fragile qu'imposante.

peut être observé dans son élément naturel. **Kangaroo Island** abrite aussi baleines, koalas et opossums.
Autres exclusivités à travers le pays : l'**ornithorynque** et ses pattes palmées, qui vit dans les rivières et les lacs, et l'émeu, qui voisine avec une soixantaine d'espèces de perroquets.
Adelaïde vaut le détour pour son site, au pied des monts Lofty, et pour les expositions d'art aborigène du Tandanya Institute.

Nouvelle-Galles du Sud

Les côtes

Au sud de Brisbane se dessine **Byron Bay**, où émerge une nouvelle clientèle fuyant les standards des 30 km de sites balnéaires qui sont éparpillés autour de Sydney. « La » plage de la ville est Bondi Beach, où l'on se montre et où – comme sur l'ensemble des côtes de Nouvelle-Galles du Sud –, on surfe tout en perpétuant le mythe de la Beach Culture et des *lifesavers* (« sauveteurs »).
Sydney a du cachet, et pas seulement pour l'architecture de son Opera House. En effet, depuis que sa baie (Harbour) a vu l'activité industrielle, les cargos et les docks en bois peu à peu remplacés par des structures de loisirs (voile, théâtres, restaurants, boutiques et aquarium de Darling Harbour), la ville est entrée dans une ère de forte popularité.
Ses espaces de verdure (Royal Botanic Gardens, Hyde Park), son « vieux » quartier (Rocks), son pont (Sydney Harbour Bridge), ses audaces (le Mardi Gras gay et lesbien est une institution) et son attrait culturel (témoignages aborigènes et orientaux de l'Art Gallery of New South Wales) complètent son label de ville la plus intéressante du pays.

Les paysages

Non loin de Sydney se dressent les « Montagnes bleues » (**Blue Mountains**), ainsi nommées à cause de la couleur des eucalyptus qui les couvrent. Le grès y a formé des murailles donnant naissance à des canyons (Grose, Gowett, Cox), des cascades (Katoomba, Govett's Leap) et des grottes (Jenolan). Près de là se trouvent des vestiges aborigènes et un parc (**Featherdale Wildlife Park**) où les koalas attendent le touriste.
Au nord de Sydney, la **Hunter Valley** ravira ceux qui souhaitent découvrir la fine fleur du vignoble australien.

Territoire de la capitale australienne

Enclavée dans la Nouvelle-Galles du Sud, au sein d'un territoire de la taille du Luxembourg, la capitale **Canberra** a été créée de toutes pièces. Ses parcs et ses plans d'eau ne suffisent pas à la hisser au rang de pôle touristique majeur.

Victoria

Les côtes

Les rivages de l'État de **Victoria** comptent parmi les plus prisés du pays. La **Great Ocean Road** (route côtière qui part de Torquay, la ville du surf, vers Adelaïde) multiplie le spectacle des falaises de grès, dont, à la hauteur de Port Campbell, les **rochers des « Douze Apôtres »** – qui ne sont plus que onze depuis 2005. Entre Warrnambool et le cap Otway, les baleines franches australes sont présentes de juin à septembre, comme les ornithorynques sur la plage de Lorne. Au large, Phillip Island invite à découvrir les koalas, les pingouins et les phoques.
Melbourne offre les contrastes de son urbanisme, entre ville moderne et bâtiments victoriens du XIXe siècle, la richesse de ses jardins botaniques et sa réputation de ville intellectuelle. À 30 km, la **vallée de Yarra** voit ressusciter d'excellents vins rouges, qui rivalisent avec ceux de la **Mornington Peninsula**.

Les paysages

Le Wilsons Promontory National Park, le **parc national de Port Campbell**, le parc national d'**Otway**, qui renferme l'une des dernières forêts pluviales tempérées au monde, les lacs salés de la Desert Wilderness complètent la diversité de l'État.

Tasmanie

Les paysages et la faune

La **Tasmanie**, île appendice de l'Australie, est riche de parcs nationaux, de forêts aux eucalyptus géants, de lacs et de cascades. Elle attire les randonneurs en quête de contrées insolites comme celles de la partie sud-ouest de l'île (Mount Field Park) et surtout de l'ouest, où les 80 km de l'**Overland Track**, à travers les forêts pluviales et les pandanus du parc national de Cradle Mountain, constituent le dernier trekking à la mode, agrémenté de fougères arborescentes et de bruyères, mais aussi de marsupiaux et de wallabies.
La Tasmanie abrite de nombreuses espèces animales ou végétales (forêts pluviales, eucalyptus, séquoias) qui ont mieux résisté que sur l'île principale.

Les côtes

Les côtes de la Tasmanie sont fraîches mais belles, par exemple **Wineglass Bay**, à l'est de l'île où l'agrément des côtes se double de l'intérêt des paysages du **Freycinet Park**.
À une centaine de kilomètres à l'est de Hobart, les amateurs de sensations fortes apprécieront la visite de l'ancien bagne de Port Arthur et la croisière qui mène à l'« île des Morts ».

Norfolk

À égale distance de la Nouvelle-Calédonie et de la Nouvelle-Zélande, l'**île de Norfolk** est un bout d'Australie insolite, habité par des descendants des révoltés du *Bounty*. ■

LES CONSEILS GEO

▶ Les plus

Des ingrédients de voyage multiples. La taille du pays fait que, hormis l'amateur de vieilles pierres, chacun y trouve son compte : le bronzeur-né, le plongeur téméraire, le surfeur, le croqueur de kilomètres, le passionné de faune aquatique ou terrestre.
Un billet d'avion et plus généralement un séjour accompagné à des prix de plus en plus raisonnables.

▶ Les moins

Un coût de la vie touristique généralement assez élevé. Un climat relativement défavorable dans la partie sud (juillet-septembre). La détérioration de la Barrière de corail (étoiles de mer, tempêtes, réchauffement climatique).

▶ Les précautions

Le voyage en Australie n'a rien de problématique. Il suffit de prendre les précautions d'usage si l'on décide de louer un véhicule pour les grandes étendues du Centre ou si l'on souhaite défier les super surfeurs du coin.

▶ Les tendances

Rechercher les racines de l'île en soutenant la cause des Aborigènes engendre un voyage insolite vers Arnhem Land, restituée aux Aborigènes en 1931. Les artistes locaux reproduisent les motifs naturalistes des peintures rupestres et connaissent un succès international.

Circular Quay à Sydney, symbole d'une ville en mutation, où il fait bon vivre.

QUE VOIR, QUE FAIRE EN AUTRICHE ?

Les paysages, les randonnées et le ski

- Tyrol, Vorarlberg, vallée de la Wildschönau, Carinthie, lac de Neusield
- Tourisme d'hiver (ski alpin, ski de fond)
- Tourisme d'été (randonnées)

Les villes

- Vienne, Salzbourg, Innsbruck, Graz, Linz, Bad Ischl, Mayerling, Melk, Bregenz

Le patrimoine culturel

- Festivals de musique, marchés de Noël

La ville de Mozart, Salzbourg, est aussi appréciée pour son architecture médiévale et baroque.

Autriche

Sports d'hiver, randonnées, musique, gastronomie et air pur : hormis la mer, la petite Autriche a tout à offrir. Elle déroule des paysages alpins parsemés de villages aux balcons fleuris. Enfin et surtout : Vienne, la plus romantique des capitales.

Les paysages, les randonnées et le ski

Le tourisme autrichien s'appuie sur sa meilleure matière première, la neige. Pour le ski alpin, à côté des grandes stations comme Kitzbühel, Saalbach, Zell am See ou Sankt Anton, un millier de communes font valoir la régularité de leur enneigement, avec Innsbruck en point d'orgue. De même, le ski de fond trouve aisément sa raison d'être dans ce pays aux trois quarts montagneux, dont les sommets les plus réputés s'appellent Dachstein et Gross Glockner. Dans le **Tyrol**, le canyoning, le VTT, la randonnée, sportive ou familiale, sont monnaie courante, par exemple

LE CARNET DE VOYAGE

Les premiers contacts
Office national autrichien du tourisme, 0800.941.921. Internet : www.austria.info/fr, pour Vienne : www.wien.info/fr

Les formalités
Pour les autres ressortissants de l'UE, carte nationale d'identité ou passeport périmé depuis moins de cinq ans.

La santé
Aucun problème.

Le départ, le décalage
Route : Paris-Salzbourg, environ 1 000 km. Train de nuit Paris Gare de l'Est-Vienne. Durée moyenne du vol Paris-Vienne (1 045 km) : 2 heures. Aucun décalage horaire.

Le coût moyen d'un séjour
Entre 350 et 400 € pour un week-end 3 jours/2 nuits à Vienne ou à Salzbourg. Environ 600 € pour une semaine aux sports d'hiver. 700 € pour une semaine de randonnée en été.

Les langues, la monnaie
Langue officielle : l'allemand. Langues étrangères : l'anglais est assez parlé, le français très peu. **Monnaie** : l'euro.

La population
8 210 000 habitants. L'immigration est l'une des plus faibles des pays occidentaux. **Capitale** : Vienne.

Les religions
Catholicisme dominant (85 %). Petite minorité de luthériens.

Les fêtes
Nuit du Nouvel An : bal de l'Empereur à Vienne, concert du Nouvel An de la philharmonie de Vienne ; **mi-janvier à mi-février** : saison des bals ; **juin** : « Schubertiades » de Feldkirch, « Styriarte » de Graz ; **juillet** : concerts aux abords du lac de Constance à Bregenz ; **août** : Festival de Salzbourg ; **septembre** : fêtes de la Transhumance dans le Tyrol (Schwarzenberg) ; **décembre** : marchés de Noël à Innsbruck, Linz, Salzbourg, Vienne.

Les achats
Difficile de faire plus cliché que le chapeau tyrolien ! Mais la qualité de son feutre est universellement réputée, comme celle du loden. Parmi les autres productions locales : tapis, broderies, cuirs et jouets en bois.

dans la **vallée de la Wildschönau**, à Fiss ou à Alpbach, villages traditionnels de chalets de bois aux balcons débordant de géraniums. Le **Vorarlberg** propose le même type de tourisme. À l'ouest de Vienne, une croisière sur le Danube entre Melk et Krems offre le spectacle des vignobles de la vallée de la **Wachau**.

Au sud, la **Carinthie** renferme plusieurs parcs nationaux, des sites propices à la randonnée, telle la vallée de la Lesachtal, et de nombreux lacs dans de jolis sites, tel le Millstätter See. Aux confins de la Hongrie, le **lac de Neusield** est entouré d'un parc national où abondent les marécages et la faune (oiseaux migrateurs).

Les villes

Vienne vaut le voyage à elle seule pour une foule de raisons : sa situation sur le Danube (minicroisières possibles), son charme rétro, ses façades baroques, le palais impérial de la Hofburg, où se tient à chaque Nouvel An le prestigieux bal de l'Empereur, son fameux Opéra national (Staatsoper), ses édifices religieux (cathédrale gothique Saint-Étienne), l'appartement-musée de Beethoven et la maison de Freud, son artère principale (Graben), sa Maison de la musique et ses festivals de musique classique (au printemps et en été), ses cafés (Café central, Café Bräunerhof), ses pâtisseries, ses bals (300 bals entre début janvier et mi-février).

Les murs somptueux du musée des Beaux-Arts abritent l'École flamande et le classique italien, les palais baroques du Belvédère honorent Gustav Klimt, tandis que le musée Léopold fait la part belle aux tableaux d'Egon Schiele et de la Sécession. Le design de l'Albertina, les façades d'Otto Wagner et les extravagances d'Hundertwasser complètent la riche palette viennoise.

Aux environs, le célèbre château de Schönbrunn est un motif de visite majeur : le « Versailles » autrichien, destiné à magnifier l'empire des Habsbourg dont il fut la résidence d'été, dispose de quelque mille deux cents salles, dont environ quarante sont ouvertes au public.

Seuls l'atmosphère baroque de la vieille ville (classée), les musées et la blanche forteresse de **Salzbourg**, la ville qui connut l'honneur de voir naître Mozart (maison natale et festival annuel), soutiennent la comparaison avec Vienne. **Innsbruck** doit au règne de Maximilien Ier (début du XVIe siècle) les 2657 tuiles de cuivre dorées à l'or fin du Goldenes Dachl (« Petit toit d'or ») et l'église (Hofkirche) dans laquelle se trouve le mausolée de l'empereur. Les vieux quartiers de **Graz** sont dominés par le clocher Renaissance et par l'horloge du Schlossberg. **Linz** (façades baroques et église Saint-Martin, la plus vieille d'Autriche) vaut aussi par son Lentos Kunstmuseum (Man Ray, Andy Warhol).

D'autres villes ou lieux portent des témoignages historiques aux noms évocateurs : villa de **Bad Ischl** (Sissi), **Mayerling**, **Melk** (célèbre abbaye), **Bregenz** (festival annuel).

QUAND PARTIR ?

	Vienne	Randonnées	Sports d'hiver
Janvier			❄
Février			❄
Mars			❄
Avril			❄
Mai	☼	🚶	
Juin	☼	🚶	
Juillet	☼	🚶	
Août		🚶	
Septembre	☼	🚶	
Octobre			
Novembre			
Décembre			❄

LES CONSEILS GEO

▶ Les plus

Une gamme importante de possibilités de séjour nées d'un double tourisme été/hiver et d'une vie musicale intense. L'attrait de Vienne, l'une des plus belles villes d'Europe.

▶ Les moins

La nécessité de prévoir un budget élevé, bien que les séjours de ski ne soient pas hors de prix.

▶ Les précautions

Ni plus ni moins de problèmes qu'ailleurs en Europe occidentale.

▶ Les tendances

Les adeptes du ski jouent les branchés en s'essayant au figl, un ski de printemps pratiqué sur la poudreuse en pleine fonte, entre autres sur les pentes du mont Hafelekar-Spitze, près d'Innsbruck.

Le patrimoine culturel

L'Autriche est le pays natal de Mozart, de Strauss et de Schubert, un trio majeur de compositeurs qui lui vaut de grands festivals de musique classique en été – celui de Salzbourg, en août, demeurant le plus prestigieux. À Vienne, ne pas manquer les concerts impériaux au palais Palffy, ou encore ceux du Wiener Mozart Orchestra.

Autre grande tradition : les marchés de Noël. Concerts et petits théâtres de contes rythment celui de Vienne. Des marchés de Noël réputés ont aussi lieu à Linz, à Salzbourg et à Innsbruck. ■

Bahamas

Les Bahamas sont l'image d'Épinal du tourisme tropical haut de gamme. Leur situation géographique garantit un soleil permanent. Les Nord-Américains y ont leurs quartiers d'hiver et leur bateau de plaisance. Les Européens commencent à apprécier des tarifs en baisse. Les plongeurs y trouvent des fonds marins à la mesure de leurs exigences.

LES CONSEILS GEO

▶ Les plus

L'image idéale du tourisme balnéaire tropical: climat presque toujours favorable, sans chaleur excessive, structures balnéaires de qualité, réputation justifiée de site haut de gamme pour les amateurs de plongée.

▶ Les moins

Un tourisme réducteur : hors de l'océan, point de salut ou presque. Le niveau élevé de la vie touristique.

▶ Les tendances

La crise financière et la relative désertion des touristes nord-américains ont entraîné des tarifs raisonnables qui changent l'image élitiste du pays et attirent la clientèle européenne traditionnelle des Antilles.

Les côtes

Les plages, couvertes d'un sable blanc ou rose pâle souligné par le bleu du lagon, invitent certes au farniente, mais également à la pratique des sports nautiques (voile, planche à voile), à la pêche au gros et, surtout, à la plongée. En effet, les fonds marins des Bahamas sont parmi les plus riches des Caraïbes, avec notamment la présence de dauphins et de requins de récifs.

Deux destinations principales se distinguent parmi les 700 îles, le millier d'îlots et les 25 parcs nationaux : les îles centrales de New Providence et Paradise Island, et les îles dites extérieures (Out Islands).

New Providence et Paradise Island

Sur New Providence, les visiteurs apprécieront le petit quartier historique et les maisons de style colonial de Nassau, capitale animée qui possède aussi quelques musées (musée des Pirates) et le fort Charlotte.

Tout près de là, Paradise Island renferme une extravagance, le complexe de loisirs Atlantis : tunnel de verre permettant de se retrouver nez à nez avec les requins et les méduses d'un aquarium géant, fausses ruines de l'Atlantide, etc. Tout aussi étonnant est le cloître importé de Montréjeau, dans le Sud de la France, et reconstitué ici pierre par pierre.

LE CARNET DE VOYAGE

Les premiers contacts
Office de tourisme, 113-115, rue du Cherche-Midi, 75006 Paris, 01.45.26.62.62. www.bahamas.fr, www.bahamasdiving.com (pour la plongée).

Les formalités
Pour les ressortissants de l'UE et suisses, passeport en cours de validité suffisant, valable encore six mois après l'entrée dans le pays; pour les ressortissants canadiens, pièce d'identité suffisante pour les séjours de moins de 21 jours. Dans tous les cas, billet de retour ou de continuation exigible. Ne pas oublier les contraintes relatives au passeport en cas de transit par les États-Unis.

La santé
Aucune vaccination n'est requise.

Le voyage, le décalage
Durée moyenne du vol Paris-Nassau (pas de vol direct, souvent via Miami) : 14 heures. Lorsqu'il est midi en France, aux Bahamas il est 5 h du matin en été et 6 h en hiver.

Le coût moyen d'un séjour
Le voyage aux Bahamas devient plus abordable. Difficile toutefois de s'en sortir à moins de 2000 € la semaine balnéaire, surtout en cas de location de matériel de plongée.

Les langues, la monnaie
Langue officielle : anglais. Une minorité des habitants parle un créole à base de français. **Monnaie :** le dollar des Bahamas et celui des États-Unis sont à parité. 1 € = 1,35 $ des Bahamas.

La population
319000 habitants. Quatre habitants sur cinq sont des Noirs. **Capitale :** Nassau.

Les religions
Un habitant sur trois est un baptiste. On compte également 14% d'anglicans et 12% de catholiques.

Les fêtes
Fin décembre : Junkanoo (carnaval); **été :** Junkanoo Summer Festival; **10 juillet :** Fête nationale.

Les achats
Cocktail classique sous ces latitudes : vannerie (paniers), textiles (batiks d'Andros), rhum, bijoux (prix très intéressants dans les boutiques hors taxes de Nassau).

QUE VOIR, QUE FAIRE AUX BAHAMAS ?

Les côtes

- New Providence et Paradise Island
- Îles et archipels extérieurs : Bimini Islands, Grand Bahama (nage avec les dauphins)
- Îles Abacos, Andros (« trous bleus »), Eleuthera, Exuma (faune marine), Great Inagua

Les croisières

- Mini-croisières interîles

Les îles extérieures

Elles sont plus calmes et aussi plus diverses :

– les **Bimini Islands** sont connues pour la « Bimini Road » : des blocs de pierre dans lesquels certains voient les restes de l'Atlantide, et d'autres un simple phénomène géologique ;

– **Grand Bahama** permet de pratiquer le golf ou le snorkeling et de nager avec les dauphins, voire les requins à Port Lucaya ;

– les **îles Abacos**, dont Great Abaco, au style très britannique, sont réputées pour leurs récifs coralliens ;

– **Andros** offre sa mangrove, sa barrière de corail, son mythique bonefish pour les pêcheurs et surtout ses nombreux « trous bleus » qui ravissent les plongeurs ;

– l'archipel d'**Eleuthera** abrite la très isolée et très raffinée Harbour Island, où les maisons de pêcheurs côtoient les yachts ;

– le parc marin d'Exuma Cays, partie de l'archipel des **Exuma**, est un véritable aquarium.

– **Great Inagua** abrite à la fois des tortues vertes, dans la réserve d'Union Creek, et des flamants roses, sur le lac Windsor.

QUAND PARTIR ?

	Haute saison	Basse saison	Plongée
Janvier	☼		◁
Février	☼		◁
Mars	☼		◁
Avril	☼		◁
Mai		(mai-août, averses)	
Juin		☼	
Juillet		☼	
Août		☼	
Septembre			
Octobre			
Novembre	☼		
Décembre	☼		◁

Les croisières

La liaison régulière entre la Floride et les Bahamas permet de transformer le voyage en une mini-croisière. Sur place, il est facile de composer une croisière d'île en île de trois ou quatre jours à partir de Nassau. ■

Des maisons « les pieds dans l'eau » sur Paradise Island, l'une des plus belles îles de l'archipel des Bahamas

À Bruxelles, les maisons des corporations et l'hôtel de ville s'unissent pour faire de la Grand-Place un site hors du commun.

Belgique

La fraîcheur de la mer du Nord et le gris du ciel privent la Belgique d'une meilleure fréquentation, mais elle prend sa revanche par la valeur architecturale de ses villes d'art. Les forêts de l'Ardenne et les Hautes Fagnes viennent contredire ceux qui croyaient le plat pays entièrement plat.

Les villes

Bruges est posée entre des canaux romantiques qui l'ont fait baptiser la Venise du Nord. Ses maisons anciennes et leurs pignons, le carillon de son beffroi, son béguinage d'un autre temps, ses dentelles et ses musées (primitifs flamands au Bruggemuseum), complètent le tableau. À **Bruxelles**, la statuette de la fontaine du Manneken-Pis reste le rendez-vous favori des touristes. Même la Grand-Place, son hôtel de ville et les façades baroques de ses maisons des corporations peinent à rivaliser... Les maisons Art nouveau (avec la maison-atelier de Horta en point d'orgue), la cathédrale Saints-Michel-et-Gudule, le palais et le parc du Cinquantenaire, l'avenue Louise,

LE CARNET DE VOYAGE

Les premiers contacts
Office belge du tourisme Wallonie-Bruxelles, Paris, 01.53.85.05.20. Sites Internet : www.opt.be, www.tourismebelgique.com

Les formalités
Carte nationale d'identité ou passeport pour les ressortissants de l'UE.

La santé
Aucun problème.

Le voyage, le décalage
Bien plus indiqué que l'avion mais cher, le Thalys relie Paris-Gare du Nord à Bruxelles-Midi en 1 heure 22 (jusqu'à 25 A/R quotidiens), Anvers, Bruges et Liège. Train Paris-Ostende direct (2 heures 55). Aucun décalage horaire.

Le coût moyen d'un séjour
Environ 250 € pour un forfait 3 jours/2 nuits à Bruges ou Bruxelles à partir de Paris.

Les langues, la monnaie
Le français, le néerlandais et l'allemand sont les langues officielles. **Monnaie :** l'euro.

La population
Nombreuse par rapport à la superficie (11 116 000 habitants), répartie en dix provinces mais surtout concentrée dans les villes, elle reste divisée sur bien des plans entre néerlandophones (Flamands, majoritaires) et francophones (Wallons et 80% des Bruxellois). **Capitale :** Bruxelles.

Les religions
96% de catholiques. Minorités de protestants, d'anglicans et de juifs.

Les fêtes
Mardi gras : carnaval de Binche. **Autres carnavals réputés :** Alost, cantons de l'Est, Malmédy; **mars :** bal du Rat mort à Ostende; **printemps :** la Zinneke (Bruxelles); **Ascension :** procession du Saint-Sang à Bruges; **Pentecôte :** fête de la Mer à Ostende.

Les achats
Trois passages obligés : les dentelles de Bruges (celles travaillées selon une méthode artisanale locale se raréfient), le chocolat et les bières.

QUE VOIR EN BELGIQUE ?

Les villes
- Bruges, Bruxelles, Anvers, Gand, Liège, Louvain, Dinant, Mons, Tournai, Namur, Bouillon, Belœil, Arlon

Les côtes
- Rivages de la mer du Nord, Knokke-le-Zoute

Les fêtes
- Carnavals, kermesses

Les paysages
- Digues et canaux autour de Damme
- Ardenne, parc naturel Hautes Fagnes-Eifel

la maison d'Érasme, le marché aux puces des Marolles et l'église Notre-Dame-du-Sablon sont les autres points forts de la capitale, ainsi que ses musées de renom, tels les musées royaux des Beaux-Arts et le musée Magritte.

Anvers est remarquable pour sa cathédrale Notre-Dame (gothique brabançon, œuvres de Rubens), sa Grand-Place (hôtel de ville, maisons des guildes), ses ruelles, son port, ses façades des XVIIe et XVIIIe siècles, la maison de Rubens et ses musées : le musée Plantin-Moretus, qui retrace l'histoire du livre ancien, le musée royal des Beaux-Arts, où abondent les œuvres des primitifs flamands, le récent et futuriste MAS.

Gand vaut par ses maisons des corporations sur le quai aux Herbes ou sur le quai au Blé, son château aux Comtes, ses musées (Smak, Design Museum, musée des Beaux-Arts) et sa cathédrale Saint-Bavon qui renferme un chef-d'œuvre des frères Van Eyck, *L'Agneau mystique*.

Autres villes qui méritent la visite : **Liège**, son atmosphère chaleureuse, ses nombreux musées et églises aux alentours de son palais des Princes-Évêques ; **Louvain**, où se côtoient le style gothique (hôtel de ville, église Saint-Pierre) et le style baroque (façade de l'église Saint-Michel, maisons anciennes) ; **Dinant**, dont le joli site entre rochers et cours de la Meuse est complété par la citadelle et la collégiale Notre-Dame ; **Mons** (collégiale Sainte-Waudru, beffroi baroque) ; **Tournai** (cathédrale Notre-Dame des XIIe et XIIIe siècles, beffroi, halle aux draps) ; **Namur** (citadelle, cathédrale Saint-Aubin) ; **Bouillon** (château médiéval) ; **Belœil** (château du XIIe siècle des princes de Ligne, aux beaux jardins) ; **Arlon** (Musée archéologique).

QUAND PARTIR ?

	Centre et côtes	Ardenne
Janvier		ski de fond
Février		ski de fond
Mars		
Avril		
Mai	☼	
Juin	☼	☼
Juillet	☼	☼
Août	☼	☼
Septembre	☼	☼
Octobre		
Novembre		
Décembre		

LES CONSEILS GEO

▶ Les plus
La grande richesse culturelle et architecturale des villes. L'agrément trop souvent méconnu de la côte et de l'Ardenne.

▶ Les moins
Un climat qui n'invite pas aux séjours prolongés.

▶ Les tendances
Elle n'est pas vraiment aussi tendance que les moules-frites à l'automne et la carte des bières, mais la Zinneke mériterait de le devenir. En effet, l'âme de Bruxelles et de ses communes transparaît dans cette parade bisannuelle, les habitants se regroupant pour en confectionner les éléments.

Les côtes

La **mer du Nord** n'est ni bleue ni souvent ensoleillée, mais elle offre de vastes plages bien aménagées pour les sports nautiques.

Le fin du fin est la plage de Knokke-le-Zoute. En partant vers le sud, on trouvera plus de simplicité tout au long des 70 km de côtes.

Les fêtes

Les traditions que perpétuent la petite ville de Binche et son carnaval les jours de Dimanche gras et de Mardi gras, avec la sortie du « Gille », personnage rituel richement déguisé, sont un symbole de l'enthousiasme du pays en matière de fêtes et de kermesses populaires.

Les paysages

La platitude des régions flamandes et les « terrains vagues » chantés par Jacques Brel ne doivent pas faire oublier leur atmosphère romantique, comme la région de digues et de canaux qui entoure **Damme**, la ville de Till l'Espiègle. Dans l'Est, l'arrondi de l'**Ardenne** est parsemé de superbes forêts. Plus au nord, les landes du **parc naturel Hautes Fagnes-Eifel** ne leur cèdent en rien. ■

Un *tata somba* en *banco* – terre mélangée avec de la paille –, habitat défensif traditionnel du nord du Bénin

Ancien royaume prestigieux, le Bénin gagne peu à peu sa place au soleil du tourisme mondial grâce à Ganvié, la « Venise africaine », et aux maisons-citadelles des Sombas. Les séjours balnéaires sont freinés par les dangers dus à la « barre ».

Bénin

L'habitat, les marchés, les traditions

Les villages, leurs traditions et les structures originales de leur habitat sont souvent considérés comme les principaux attraits d'un voyage au Bénin. Ainsi, dans les environs de Natitingou, porte d'entrée du peuple somba, la découverte d'étranges maisons à étage, sortes de petits châteaux forts d'argile baptisés *tatas,* est devenue très courue.

Les cases sur pilotis et les marchés flottants du village de pêcheurs de **Ganvié**, établi sur une lagune, et la manière qu'ont ceux-ci de lancer leur

LE CARNET DE VOYAGE

Les premiers contacts
Consulat, 89, rue du Cherche-Midi, 75006 Paris, 01.42.22.31.91. www.benin-tourisme.com

Les formalités
Pour les ressortissants de l'UE, canadiens et suisses : passeport en cours de validité, visa obligatoire, obtenu auprès du consulat. Billet de retour ou de continuation exigible.

La santé
Vaccination obligatoire contre la fièvre jaune, conseillée contre la méningite dans le cas d'un voyage dans le nord du pays. Prévention indispensable contre le paludisme.

Le voyage, le décalage
Indice de prix du vol Paris-Cotonou A/R à certaines dates : 500 €. Durée moyenne du vol Paris-Cotonou (4710 km, escale) : 7 heures.

Le coût moyen d'un séjour
Il faut compter environ 2000 € pour un circuit de deux semaines souvent basé sur la découverte de l'habitat du nord, des marchés, de Ouidah et de la côte.

Les langues, la monnaie
Langue officielle : le français; la langue fon (groupe kwa) est parlée par un habitant sur deux. On dénombre près de 50 dialectes.
Monnaie : le franc CFA, franc de la communauté financière d'Afrique (XOF). Emporter des euros ou des dollars US.
1€ = 655,957 francs CFA.

La population
Une soixantaine d'ethnies rassemblent 9877000 habitants. Porto Novo est la capitale, mais Cotonou est la plus grande ville.

Les religions
Deux habitants sur trois sont animistes. On compte également 23% de chrétiens et 15% de musulmans.

Les fêtes
10 janvier : Fête nationale des cultes vaudous; **Période de Noël :** carnaval Kaleta (issu du Brésil).

Les achats
Artisanat varié : paniers, poteries, tams-tams, tissus imprimés.

épervier (filet de pêche en forme de cône) constituent un autre sujet de curiosité pour le visiteur.

Le **marché de Dantopka**, aux abords de Cotonou, est le plus grand de la côte ouest de l'Afrique. Les marchés établis le long du **fleuve Ouémé** valent également le détour.

Sur le plan des traditions, le Bénin peut se targuer d'être le vrai berceau du rite vaudou, dont il est possible d'étudier les fondements à Ouidah, notamment. L'Awilé, fête animiste, est un moment d'allégresse rare. C'est la seule occasion pour les non-initiés de participer au rite vaudou, au rythme des tambours.

Les paysages et la faune

Dans le Nord-Ouest, le **plateau de l'Atakora** domine les plaines de la Pendjari. Ses cours d'eau qui, comme le Tanogou, tombent parfois en cascades, ses chutes (Kota), ses rochers et sa savane arbustive offrent un terrain idéal aux randonneurs.

Tout au nord, le **parc national de la Pendjari** (antilopes, babouins, éléphants, guépards, lions, lycaons) et une partie du **parc national du W** (buffles, éléphants, lions) viennent rappeler que le pays se prête aussi aux safaris photo.

Les villes

Ouidah est la ville qui retient le plus l'attention pour avoir été un des principaux centres du commerce des esclaves au XIXe siècle. L'ancien chemin des Esclaves et ses sculptures, la porte du Non-Retour et le fort portugais, qui abrite aujourd'hui le Musée historique, en témoignent. Par ailleurs, Ouidah et le vaudou sont intimement liés (temple des Pythons sacrés).

Porto Novo, avec son marché et son musée ethnographique, ainsi qu'**Abomey**, ancienne capitale du royaume du même nom (musée, palais royal restauré par la Paul Getty Foundation, tombeaux des rois) sont les deux autres villes qui méritent le détour.

La côte

Le Bénin n'est pas dépourvu de belles plages tout au long de ses 125 km de côtes, par exemple celles de **Grand Popo** et de la **route des Pêches**.

Toutefois, les candidats à la baignade sur l'ancienne « côte des Esclaves » doivent être avertis des dangers occasionnés par la « barre », constituée par des vagues qui heurtent des hauts-fonds et se transforment parfois en dangereux rouleaux. ■

LES CONSEILS GEO

▶ Les plus

Pas de sites majeurs, mais une somme de centres d'intérêt (habitat, marchés, traditions, témoignages du passé esclavagiste) qui donne tout son prix au voyage.

La progression du tourisme durable ou solidaire.

Le français comme langue officielle et véhiculaire.

▶ Les moins

Concernant le tourisme balnéaire, la présence de la « barre » requiert une grande vigilance.

▶ Les précautions

Consulter le site du ministère des Affaires étrangères avant de partir.

▶ Les tendances

Dormir chez l'habitant à l'étage d'un *tata somba* devient un passage obligé pour le visiteur d'aujourd'hui.

QUE VOIR, QUE FAIRE AU BÉNIN ?

L'habitat, les marchés, les traditions

- Villages, maisons-citadelles des Sombas (*tatas*)
- Cases sur pilotis de Ganvié
- Marchés de Dantopka et le long du fleuve Ouémé
- Vaudou et fêtes animistes (Awilé)

Les paysages et la faune

- Plateau de l'Atakora
- Parcs nationaux de la Pendjari et du W

Les villes

- Porto Novo, Abomey, Ouidah

La côte

- Plages (Grand Popo, route des Pêches)

QUAND PARTIR ?

	Nord	Sud	Parc de la Pendjari
Janvier	☼	☼	⋖
Février	☼	☼	⋖
Mars	☼	☼	⋖
Avril	☼	☼	⋖
Mai			⋖
Juin			
Juillet			
Août			
Septembre			
Octobre	☼		
Novembre	☼		
Décembre	☼	☼	⋖

Le monastère – *dzong* – de Punakha, au bord de la rivière Ma Chu

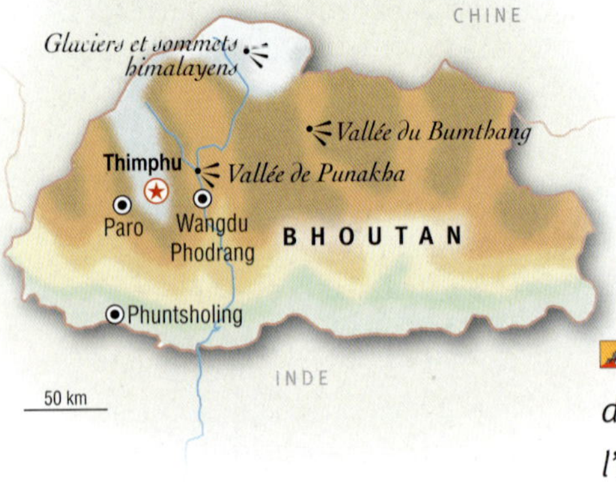

Bhoutan

Ce petit morceau d'Himalaya, coincé entre l'Inde et la Chine, est longtemps demeuré inconnu des voyageurs. De la même façon qu'il a su éviter la colonisation, il résiste aujourd'hui au tourisme de masse en limitant le nombre des visiteurs, par le biais d'une taxe quotidienne élevée. Cela permet à la « Terre du Dragon » de préserver la beauté de ses paysages de haute montagne.

LES CONSEILS GEO

Les plus

Des paysages de haute montagne d'une grande beauté qui abritent des traditions bouddhiques très spécifiques et encore authentiques.

Les moins

L'impossibilité de voyager autrement qu'en passant par une agence spécialisée, en devant s'acquitter d'une forte taxe forfaitaire quotidienne.

Les tendances

Les *tsechus* les plus réputés engendrant un fort tourisme, les organisateurs de voyage tentent de dénicher des festivals plus petits, mais plus authentiques.

Les paysages et les randonnées

Forêts (70 % du territoire), nombreux glaciers (la plupart souffrent du réchauffement climatique et se transforment en de dangereux lacs glaciaires), rizières, cultures en terrasse, pâturages destinés aux yacks, vallées et sommets himalayens : tout concourt à faire du Bhoutan l'une des régions de haute montagne les plus spectaculaires du monde.

Des randonnées comparables à celles qui se pratiquent au Népal ou au Pakistan sont de plus en plus monnaie courante, la majorité d'entre elles gravitant au pied de la montagne sacrée du Chomolhari (7 315 m) et tout au long du Great Himalayan Trail (de Doka La, à l'Ouest, à Trashi

QUE VOIR, QUE FAIRE AU BHOUTAN ?

Les paysages et les randonnées

- Forêts, glaciers, sommets himalayens, vallées du Bumthang et de Punakha
- Rhododendrons géants

Les monuments et les traditions

- Monastères-forteresses *(dzongs)*
- Fêtes *(tsechus)*

Yangtse, à l'Est, soit 45 jours possibles de marche à travers la montagne et ses villages).

Certaines vallées, comme celle du **Bumthang**, associent l'intérêt de la nature à celui de la visite des monastères. Non loin du district de Thimphu, le Royal Botanical Park allie le plaisir de la randonnée et l'observation des espèces. La **vallée de Punakha** est baignée par un micro-climat qui permet la pousse de cactus, de fleurs tropicales et de figuiers de Barbarie. Dans la plupart des régions, la floraison des **rhododendrons** géants est un des grands spectacles du printemps.

Les monuments et les traditions

L'existence des Bhoutanais est rythmée par leur croyance dans le bouddhisme tantrique. Cela débouche sur un mode de vie humble et sur une architecture spécifique : les **monastères-forteresses**. Appelés *dzongs*, ceux-ci sont souvent implantés dans des sites spectaculaires, comme le Taktshang, lieu de pèlerinage accroché à une paroi à 900 m au-dessus de la vallée de Paro.

La majesté de l'Himalaya en toile de fond des monastères-forteresses et le décor des « drapeaux de prière » blancs qui renferment les mantras (textes sacrés), la douceur des vallées et le mélange entre beauté de la nature et traditions bouddhiques ont hissé ce petit pays au rang de passage obligé pour les adeptes de la culture tibétaine, même si les visiteurs doivent le payer au prix fort.

Autre heureuse conséquence de ce mode de vie : les fêtes *(tsechus)* qui sont données toute l'année à travers le pays en l'honneur de l'ambassadeur du bouddhisme dans le pays, le gourou indien Padmasambhava, alias Gourou Rimpoche, qui introduisit la pratique du bouddhisme au Bhoutan au VIIIe siècle.

Accompagnés de danses sacrées, de masques et de tambours, les *tsechus* de Paro, au printemps, et de Wangdue Phodrang et Thimphu, à l'automne, sont les plus réputés, mais aussi les plus prisés par les touristes.

Cet afflux de spectateurs crée une situation nouvelle qui bouscule les modes de vie et la perpétuation des traditions de ce petit pays très jaloux de son authenticité. ■

QUAND PARTIR ?

	Climat	Grands festivals	Floraison et trekkings
Janvier	☼		
Février	☼	⋞	
Mars	☼	⋞	
Avril	☼	⋞	(rhododendrons géants)
Mai			(rhododendrons géants)
Juin			
Juillet			
Août			
Septembre			
Octobre		⋞	🚶
Novembre	☼	⋞	🚶
Décembre	☼		

LE CARNET DE VOYAGE

Les premiers contacts
Consulat honoraire, 2, rue d'Enghien, 75010 Paris, 01.45.23.41.77. www.tourism.gov.bt (site officiel), www.drukair.com.bt (compagnie nationale).

Les formalités
Passeport, visa obligatoire. Pas de tourisme individuel. Certes, on peut arriver par soi-même à la ville frontière de Phuntsholing, mais le passage par une agence locale ou un voyagiste est alors incontournable.

La santé
Prévention recommandée contre le paludisme dans la zone sud des districts suivants : Chirang, Samchi, Samdrupjongkhar, Sarpang, Shemgang. Nécessité de bien se préparer aux problèmes de l'altitude.

Le voyage, le décalage
Durée moyenne du vol via Delhi : 13 heures. Lorsqu'il est midi en France, au Bhoutan il est 15 h 45 en été et 16 h 45 en hiver.

Le coût moyen d'un séjour
Les propositions de voyage s'étalent sur 15 jours minimum et dépassent très nettement 4 000 €. Le Bhoutan exige que chaque touriste verse 250 $ par jour en haute saison, 200 en basse saison (juillet-août).

Les langues, la monnaie
Langue officielle : dzong-ka (dialecte tibétain) ; autres langues : bumthangka, sarchopkha, nepali. Langue étrangère : anglais.

Monnaie :
le ngultrum. 1 € = 81 ngultrums, 1 $ = 60 ngultrums. La roupie indienne est également utilisée. Emporter des euros ou des dollars US en espèces ou chèques de voyage.

La population
Plusieurs ethnies forment une population dont le chiffre modeste (725 000 habitants) s'explique par la géographie. Forte immigration népalaise. Nombreux réfugiés tibétains après les persécutions chinoises. Un tiers des Bhoutanais vit sous le seuil de pauvreté.

Capitale : Thimphu.

Les religions
Le bouddhisme Vajrayana (tantrique) est religion d'État. 70 % des Bhoutanais le pratiquent. 25 % sont d'obédience hindoue et 5 % musulmans.

Les fêtes
Festivals *(tsechus)* : ils ont lieu tout au long de l'année selon les régions ; les plus réputés sont ceux de Punakha et Paro en **février ou mars**, de Wangdue Phodrang, Thimphu et du Bumthang à l'**automne.**

Les achats
Thangkas (peintures religieuses), statues de Bouddha, tapis tibétains ainsi que *ghos* (tenue des hommes) et *kiras* (tenue des femmes).

Le lac Titicaca, plus haut lac navigable du monde et point d'orgue de l'Altiplano

QUE VOIR, QUE FAIRE EN BOLIVIE ?

Les paysages et les randonnées

- Ouest : Altiplano, lac Titicaca, Cordillère Royale (Illampu, Illimani), vallée de la Lune, parc national de Torotoro
- Sud-Ouest : Salar d'Uyuni, Sud Lipez (lagunes, geysers, canyons)
- Est : Amazonie (parc national Mercado, Rurrenabaque, rivières), missions jésuites, Pantanal bolivien

Les villes et villages

- Potosi, Sucre, La Paz, Santa Cruz, Cochabamba
- Marchés indiens, missions jésuites

Les monuments

- Architecture coloniale, sites précolombiens (Tiahuanaco, Inkallatja, Samaipata)

Les fêtes

- Musique indienne, carnaval d'Oruro

Bolivie

La Bolivie ne possède pas la richesse archéologique du Pérou voisin. Mais elle porte aussi haut la marque des paysages andins et de son identité indienne.

Les paysages et les randonnées

L'Ouest

Les deux branches de la cordillère des Andes, reliées par l'**Altiplano** à plus de 4000 m d'altitude, offrent de nombreuses découvertes.

Le **lac Titicaca**, le plus haut lac navigable du monde, est une mine de légendes – il serait ainsi le point de départ des « enfants du Soleil » qui fondèrent l'Empire inca. L'île du

LE CARNET DE VOYAGE

Les premiers contacts
Ambassade, 12, av. du Président-Kennedy, 75016 Paris, 01.42.24.93.44. www.bolivie.travel

Les formalités
Pour les ressortissants de l'Union européenne, canadiens, suisses : passeport en cours de validité.

La santé
Ne pas gagner précipitamment les Andes : risque de soroche, le mal des montagnes. Pour la plaine, plan antipaludisme en dessous de 1500 m, vaccin contre la fièvre jaune.

Le voyage, le décalage
Durée moyenne du vol Paris-La Paz (environ 9000 km, escales) : 15 heures. Lorsqu'il est midi en France, en Bolivie il est 6 h en été et 7 h en hiver.

Le coût moyen d'un séjour
Au moins 2500 € pour le voyage accompagné Bolivie occidentale-Pérou (15 jours), au moins 3000 € pour 15 jours de randonnée Bolivie occidentale-Chili du Nord-Est.

Les langues, la monnaie
Langues officielles : espagnol, quechua, aymara. **Monnaie :** le boliviano. 1 € = 9 bolivianos, 1 $ = 7 bolivianos.

La population
Les 10461000 habitants se composent d'une majorité d'Amérindiens (60 %). Les Indiens Aymaras et Quechuas vivent sur l'Altiplano. Sucre est la capitale constitutionnelle, mais le gouvernement siège à La Paz.

Les religions
90 % des Boliviens sont catholiques.

Les fêtes
Fin janvier : feria Alacitas à La Paz; **samedi qui précède le mercredi des Cendres :** carnaval d'Oruro; **février :** carnavals de La Paz et de Santa Cruz; **10 février :** fête des Mineurs à Potosi; **mars :** carnaval de Tarabuco (Pujllay); **21 juin :** fête du Solstice à Tiahuanaco; **6 août :** fête nationale; **2 novembre :** Todos Santos (fête des Morts).

Les achats
Tissus, pulls andins, figurines de la Pachamama (la déesse mère). Panorama quasi exclusif de cet artisanat dans la rue Sagarnaga à La Paz.

Soleil et l'ancien palais inca de Pilkokaina en constituent les centres d'intérêt côté bolivien.
À l'est du lac, la **cordillère Royale** offre le spectacle de ses deux massifs : l'**Illampu**, dont les 6485 m dessinent l'arrière-plan de l'Altiplano, et l'**Illimani**, le « Faucon étincelant », dont les trois pics dominent l'extraordinaire cuvette de La Paz.
La **vallée de la Lune**, près de La Paz, tire son intérêt des nombreuses cheminées de fées qu'elle abrite. Non loin de Sucre, le **parc national de Torotoro** est, quant à lui, connu pour ses canyons et ses grottes décorées de peintures rupestres.

Le Sud-Ouest

Ici débute le chapelet des sites insolites, dont le **Salar d'Uyuni**, une « banquise de sel » de 12000 km². Lui succèdent les étendues nues du **Sud Lipez**, émaillées de montagnes ocre, de lagunes d'altitude (Laguna Colarada, Laguna Verde) et de geysers.

L'Est

En quittant la cordillère des Andes, le voyageur traverse la région des Yungas avant de découvrir les paysages très différents de l'Oriente, qui font déjà partie de l'**Amazonie**.
Des mini-croisières permettent d'admirer cette région de forêts et de savanes qui abrite le **parc national Mercado** et la ville de **Rurrenabaque**.
L'Amazonie bolivienne renferme aussi les sites de missions jésuites.
Dans l'extrême sud-est du pays, le **Pantanal**, marécage intérieur inondé une partie de l'année, présente une flore et une faune uniques.

Les villes et villages

La Bolivie est l'un des pays d'Amérique latine où les coutumes des Indiens sont les mieux préservées. Les fêtes et les marchés, tel celui de Tarabuco, en témoignent.
Les vestiges coloniaux demeurent très présents :
– à **Potosi**, le Cerro Rico, la généreuse « Montagne d'argent », fit de la ville la plus riche du monde au XVIe siècle tout en déchaînant les convoitises ;
– à **Sucre**, ville de pierre blanche, avec sa cathédrale, ses églises, ses couvents et son palais du gouverneur ;
– à **La Paz**, avec ses quartiers anciens, ses artisans de la rue Sagarnaga, son église San Francisco (XVIe siècle) et son musée national d'Art.
Autres villes : **Santa Cruz** (cathédrale, maisons coloniales, missions jésuites), **Cochabamba** (église Santa Teresa, couvent des Capucins) et **Copacabana**, au bord du lac Titicaca.

Les monuments

À côté des villes coloniales et de leurs monuments, un site précolombien, **Tiahuanaco**, centre cérémoniel des Tiwanakus (temple à demi souterrain, porte du Soleil), est à voir absolument, ainsi que deux cités incas : **Inkallatja** (temple aux Douze Apôtres) et **Samaipata** (centre cérémoniel).
Dans l'est, autour de San Ignacio, on retrouve la trace des anciennes missions jésuites, inscrites au patrimoine mondial de l'Unesco.

Les fêtes

Les Boliviens aiment la fête sous toutes ses formes. Le soir, ils se rendent dans une *pena* écouter la musique indienne jouée à la flûte de Pan et au *charango*, une sorte de mandoline.
Au moment du carnaval, ils dansent la *diablada*, la danse du diable, au sein d'un cortège coloré et très arrosé.
Les carnavals les plus réputés sont ceux d'**Oruro**, de Tarabuco (Pujllay), de La Paz et de Santa Cruz. ■

LES CONSEILS GEO

▶ Les plus

Des terrains divers pour les passionnés de randonnées en montagne.
Le pays où la population indienne reste proportionnellement la plus importante d'Amérique, avec des traditions préservées.
Un climat favorable durant la période juin-septembre.

▶ Les moins

En altitude, la raréfaction de l'oxygène exige un temps d'adaptation.
Le tarif élevé des voyages accompagnés, comme souvent en Amérique du Sud.

▶ Les précautions

Beaucoup a été dit sur la sécurité en Bolivie, dont plus de la moitié de la population vit en dessous du seuil de pauvreté. Il suffit d'être vigilant.
Attention aux contrôles d'identité par des faux policiers. Il est interdit d'exporter des feuilles de coca.

QUAND PARTIR ?

	Andes (ouest du pays)	Plaine et Amazonie (est)
Janvier		
Février		
Mars		
Avril	☼	
Mai	☼	
Juin	☼	
Juillet	☼	
Août	☼	⋞
Septembre	☼	⋞
Octobre	☼	⋞
Novembre		⋞
Décembre		

Les troupeaux d'éléphants recherchent les rares points d'eau en fin de saison sèche.

QUE VOIR AU BOTSWANA ?

Les paysages
- Delta de l'Okavango, bassins de Makgadikgadi et Nxai, désert du Kalahari, parc de Kgalagadi, mine de diamants d'Iwaneng, peintures et dessins rupestres des Tsodilo Hills

La faune et la flore
- Réserve naturelle de Moremi (« Big Five », zèbres, girafes, koudous, gnous, décor de papyrus et de nénuphars)
- Parc national de Chobe (éléphants)
- Réserve du Kalahari central (lions)
- Tuli Blocks Farms et réserve de Mashatu

Botswana

Ce pays d'Afrique australe serait demeuré dans l'ombre si la télévision n'avait popularisé le delta intérieur du fleuve Okavango, dont la configuration n'a pas son pareil au monde. Les réserves animalières constituent le deuxième rendez-vous de ce « dernier éden africain », au coût du voyage hélas ! très élevé.

LE CARNET DE VOYAGE

Les premiers contacts
Ambassade, av. de Tervuren, 169, B-1150 Bruxelles, + 32.2.735.20.70 www.botswana-tourisme.com

Les formalités
Pour les ressortissants de l'UE, canadiens, suisses : passeport en cours de validité, valable encore six mois après le retour, billet de continuation ou de retour exigible.

La santé
Prévention indispensable contre le paludisme, particulièrement de novembre à mai-juin inclus, dans les régions suivantes : Boteti, Chobe, Ngamiland, Okavango, Tutume.

Le voyage, le décalage
Durée moyenne du vol Paris-Gaborone (8 497 km) : 11 h 30. Lorsqu'il est midi en France, au Botswana il est la même heure en été et 13 h en hiver.

Le coût moyen d'un séjour
Environ 3 000 € pour le voyage traditionnel (12 jours) : un safari-photo dans le delta de l'Okavango, le parc de Moremi et le parc de Chobe. Voyage souvent combiné avec la Namibie et les chutes Victoria au Zimbabwe.

Les langues, la monnaie
Langue officielle : l'anglais. Langue nationale : le setswana. **Monnaie :** le pula. 1 € = 12 pulas, 1 $ = 9 pulas.

La population
Ses 2 128 000 habitants, répartis en de nombreuses tribus, valent au pays la densité la plus faible du monde. On dénombre 6 000 Blancs.
Capitale : Gaborone.

Les religions
80 % de chrétiens cohabitent avec des animistes et une petite minorité de musulmans.

Les fêtes
1er juillet : fête de sir Seretse Khama ; **premier week-end d'août :** Festival bochiman ; **30 septembre :** fête nationale.

Les achats
Vannerie (paniers), textiles et sculptures figurant souvent des animaux.

Les paysages

Épuisé par la traversée du Kalahari, le fleuve **Okavango** dessine un imposant delta intérieur (60 000 km^2) qui est devenu le pôle d'attraction du pays et dont Maun est la porte d'entrée. Ce hiatus géographique comporte de multiples îles, des canaux, des marais et des bras de rivière qui se perdent dans les sables du désert.

En quittant l'Okavango vers le sud-est, on découvre, à la place d'un lac asséché, les étendues salines des *pans* (bassins) de **Makgadikgadi** et **Nxai**. Les baobabs (de Chapman, de Baines) parsèment ce relief insolite.

Autant le delta est fréquenté, autant les couleurs orangées du légendaire **désert du Kalahari**, havre des bushmen, ornent une nature bien trop sèche et hostile pour être menacée par une invasion de 4x4. Le voyage à travers les 1 000 km de savane de la route trans-Kalahari ne doit être entrepris qu'avec d'absolues précautions, éventuellement accompagné par les bushmen de la région.

Au sud-ouest, le **parc transfrontalier de Kgalagadi** vaut par son Wilderness Trail (300 km), à parcourir en 4x4. Non loin de Gaborone, la **mine de diamants d'Iwaneng** est la plus grande du monde. Quant aux milliers de peintures et dessins rupestres du site rocheux des **Tsodilo Hills**, ils ont reçu le surnom prestigieux de « Louvre du désert ».

La faune et la flore

La faune du Botswana est l'une des plus riches et des plus variées d'Afrique australe.

La **réserve naturelle de Moremi** occupe le tiers est du delta de l'Okavango. Ses savanes et ses forêts se parcourent à cheval, à dos d'éléphant, en speed-boat, en *mokoro* (pirogue). Les méandres abritent une infinité d'espèces d'oiseaux (aigles-pêcheurs, marabouts, aigrettes, pélicans), ainsi que des hippopotames et des crocodiles dans un décor de papyrus et de nénuphars. Le « Big Five » (buffles, éléphants, léopards, lions, rhinocéros) est présent, avec en plus des zèbres, des girafes, des koudous et des gnous.

Le **parc national de Chobe** abrite, le long du fleuve du même nom, 60 000 éléphants – le nombre le plus élevé au monde pour une seule réserve – ainsi que des hippopotames, des buffles, des antilopes (springboks) et près de 500 espèces d'oiseaux.

Au centre, la savane et le semi-désert de la **réserve du Kalahari central** abritent un demi-millier de lions. Le long de la rivière Limpopo, le sol verdit, les forêts et les rivières des **Tuli Block Farms** forment le cadre de la **réserve de Mashatu** (éléphants, lions, léopards). ■

LES CONSEILS GEO

▶ Les plus

Un décor africain typique : paysages attachants, riches réserves d'animaux, populations aux traditions préservées.

Un tourisme encore neuf qui ne pèse ni sur la nature ni sur les populations.

Une période favorable bien placée sur le calendrier du voyageur occidental.

▶ Les moins

Un coût du voyage très élevé et qui devrait le rester.

▶ Les précautions

Le Botswana est un pays réputé sûr. Les imprévus ne peuvent venir que d'une mauvaise préparation du safari-photo.

QUAND PARTIR ?

	Climat	Réserves
Janvier		
Février		
Mars		
Avril		
Mai	☼	🐾
Juin	☼	🐾
Juillet	☼	🐾
Août	☼	🐾
Septembre	☼	🐾
Octobre	☼	🐾
Novembre		
Décembre		

Le carnaval de Rio et la plage de Copacabana collent à la peau du Brésil, au point de masquer ses multiples attraits. Or le « pays de braise » est en mesure de proposer aussi bien des sites naturels (Amazonie, chutes d'Iguaçu, Pantanal) que des plages tropicales et des villes à l'architecture coloniale. Cette capacité à varier les formes de tourisme, jointe au folklore musical, fait qu'un voyageur accompli doit avoir vu le Brésil.

> **QUE VOIR, QUE FAIRE DANS LE NORD AMAZONIEN ?**
> *Acre, Amapá, Amazonas, Pará, Rondônia, Tocantins*
>
> **Les fleuves, les îles, les forêts**
> - Rencontre du Rio Negro et de l'Amazone près de Manaus
> - Excursions sur l'Amazone en pirogue, découverte des *igarapés* (bras du fleuve)
> - Forêts pluviales du bassin amazonien, île de Marajó, île d'Algodoal
>
> **Les villes**
> - Manaus, Belém

Brésil

Le Nord amazonien

Acre, Amapá, Amazonas, Pará, Rondônia, Tocantins

Les fleuves, les îles, les forêts

C'est non loin de la ville de Manaus, traversée par le **Rio Negro**, que l'on peut admirer la rencontre entre cette dernière rivière et le fleuve **Amazone**. En période de hautes eaux, ce site est le point de départ d'excursions d'une journée en pirogue à moteur. On peut aussi partir à la découverte des *igarapés* (bras du fleuve). Dormir dans un lodge est l'occasion de goûter aux joies du hamac. Clou du spectacle : les nénuphars géants et, plus rare, le museau d'un jaguar. De Manaus, des bateaux réguliers remontent le fleuve jusqu'à Santarém et Belém. La forêt encadre le fleuve jusque dans le parc national de Tumucumaque, dans l'État d'Amapá, et dans les environs de Taquaruçu. Entre l'embouchure de l'Amazone et Belém s'étend l'île de **Marajó**, par-

Rio, sa baie et son Christ Rédempteur : l'une des vues les plus spectaculaires du monde

QUE VOIR, QUE FAIRE DANS LE NORDESTE ?
Alagoas, Bahia, Ceará, Maranhão, Paraíba, Pernambuco, Piauí, Río Grande do Norte, Sergipe

Les plages et les îles
- Plages du Ceará, du Río Grande do Norte, du Bahia
- Archipel de Fernando de Noronha

Les villes
- São Luis do Maranhão, Recife, Olinda, Salvador

Les paysages
- Dunes et lagunes du parc national des Lençóis Maranhenses
- Serra de Ibiapaba, parc national de Chapada Diamantina

semée de grandes propriétés rurales. Sa riche faune avicole (ibis rouges) en fait un site d'écotourisme à la mode. Entre l'Atlantique et le fleuve Maracanã, l'île d'Algodoal est un petit paradis émaillé de villages de pêcheurs, de grandes plages de sable blanc et d'une faune riche.

Les villes

L'essor de **Manaus** date de la grande époque du caoutchouc (fin du XIXe et début du XXe siècle). Son théâtre Amazonas, réplique du palais Garnier et symbole de la Belle Époque, a été récemment rénové. La ville vaut également par son Palacio Rio Negro, contemporain du théâtre Amazonas, et par le marché qui rassemble les modestes habitants des maisons sur pilotis.

Belém, à la forte empreinte indienne, n'a rien à envier à Manaus, d'autant que la ville retrouve aujourd'hui la couleur de ses hôtels particuliers, de ses immeubles Art nouveau de la grande époque du caoutchouc et de ses palais, souvent transformés en musées (musées des Arts sacrés, de l'État, des Pierres précieuses). Son marché Ver-o-Peso, à découvrir tôt le matin, est jugé comme le plus pittoresque du Brésil, tandis que le théâtre de la Paix a des airs de Scala. Quant au parc Emilío Goeldi et au bois Rodrigues Alves, ils renferment les grandes espèces florales et animales du Bassin amazonien.

Le Nordeste

Alagoas, Bahia, Ceará, Maranhão, Paraíba, Pernambuco, Piauí, Río Grande do Norte, Sergipe

Les plages et les îles

On estime que les plages du Nordeste sont les plus belles du Brésil. Les rivages de sable blanc, de cocotiers sous un soleil généreux se succèdent de l'État du Ceará à celui de Bahia.

Le meilleur du **Ceará** balnéaire se trouve dans et autour de Fortaleza – où l'on danse le très sensuel *forro*, au son de l'accordéon –, ainsi qu'à Lagoinha, à Morro Branco et **Canoa**

Dans la plaine du Pantanal, sur les grandes étendues souvent inondées, flottent des nénuphars géants.

LE CARNET DE VOYAGE

Les premiers contacts
Ambassade
34, cours Albert-Ier,
75008 Paris,
01.45.61.63.00.
Internet : www.visitbrasil.com

Les formalités
Passeport valable encore six mois après le retour. Billet de retour ou de continuation exigible.

La santé
Vaccination contre la fièvre jaune vivement recommandée pour les zones rurales d'une très large partie ouest du pays. Prévention indispensable contre le paludisme pour les régions amazoniennes.

Le voyage, le décalage
Vol Paris-Rio de Janeiro (9144 km) : 11 heures. Paris-Salvador de Bahia : 10 heures 30. Lorsqu'il est midi à Paris, il est 7 h à Rio de Janeiro lors de notre été, 8 h lors de notre hiver.

Le coût moyen d'un séjour
800 € pour un séjour éclair à Rio, 1500 € pour une semaine balnéaire *«all inclusive»* sur une plage du Nordeste, 2800 € pour un séjour de 15 jours en voyage accompagné dans le marais du Pantanal.

Les langues, la monnaie
Le portugais, de plus en plus mué en «brésilien». Anglais moyennement parlé, français très peu.
Monnaie : le réal.
1 € = 3,20 réals,
1 $ = 2,30 réals.

La population
201103000 habitants, dont 55% de Blancs, 39% de métis, 6% de Noirs. Importantes conurbations de São Paulo (21 millions d'habitants) et de Rio de Janeiro (12 millions).
Capitale : Brasília.

Les religions
Majorité de catholiques. Une importante minorité suit les rites du macumba, culte venu d'Afrique et proche du vaudou.

Les fêtes
Février : carnavals de Rio, Salvador de Bahia, Recife, Olinda; **avril :** Semaine sainte; **juin :** fêtes «juninas» dans le Nordeste; **décembre :** la Saint-Sylvestre sur la plage de Copacabana, à Rio.

Les achats
Un achat original : le hamac. On pourra aussi se procurer de la vannerie, des sculptures sur bois exotique, des objets en cuir ou en terre cuite, de l'ivoire végétal, des instruments de musique, des broderies, des noix de coco ouvragées.

Quebrada; le sable, les cocotiers et la vie nocturne de cette côte contrastent avec la situation de pauvreté qui prévaut dans l'intérieur;
– le **Río Grande do Norte** voisin est dominé par les plages de Genipabu, Maracajaú ou Praia da Pipa, plus tranquilles et sûres que celles de Natal;
– les plages du **Pernambuco**, de l'**Alagoas** (praia do Gunga, Maceió) et du **Sergipe** (sud) sont comparables;
– l'État de **Bahia** dispose de belles plages au nord de Salvador, dans l'île d'Itaparica, en face de la ville, et à Morro de São Paulo, à deux heures de bateau de Salvador.
Les amateurs de plongée apprécieront la richesse des coraux qui entourent l'**archipel de Fernando de Noronha**, à 340 km au large de la côte nord-est. Les autorités limitent le nombre des touristes afin de préserver la biodiversité de ces cinq îles.

Les villes

À **São Luis do Maranhão**, les monuments baroques, les façades embellies d'azulejos et les maisons coloniales valent à la ville son inscription au patrimoine mondial de l'humanité. **Recife**, la « Venise brésilienne », abrite de nombreux couvents et églises, tout comme **Olinda**, sa voisine.
Toutefois, « la » ville du Nordeste demeure **Salvador**, ancienne Bahia. Située en lisière de la grande baie de Tous-les-Saints, Salvador allie son statut de berceau du Brésil et son âme afro-brésilienne. C'est aussi la ville de la capoeira et de l'architecture baroque : parmi les 365 églises qui valent à la ville son surnom de « Rome noire » se distingue celle de São Francisco avec son intérieur doré.

Les paysages

Avec ses dunes et ses lagunes bleu-vert, le parc national des **Lençóis Maranhenses**, à l'est de São Luis do Maranhão, est une étape obligée. Vers l'est, dans le Ceará, se dresse la **serra de Ibiapaba**. Le **parc national de Chapada Diamantina**, dans le Bahia, proche de Lençóis, séduit les randonneurs qui y découvrent une flore (orchidées, cactus) et une faune (aras, cerfs, coatis) riches.

Le parc national du Pantanal abrite des milliers d'espèces animales et végétales.

Le Centre-Ouest

Distrito Federal, Goias, Mato Grosso, Mato Grosso do Sul

Les paysages

Dans le Mato Grosso et le Mato Grosso do Sul, la **plaine du Pantanal** est une sorte de grand marécage intérieur souvent inondé et donc peu exploitable par l'homme, ce qui a permis de préserver la richesse et la variété de la faune et de la flore. L'écotourisme y bat son plein, avec ses fazendas et pousadas organisant des balades à cheval ou en bateau.

QUE VOIR, QUE FAIRE DANS LE CENTRE-OUEST ?
Distrito Federal, Goias, Mato Grosso, Mato Grosso do Sul

Les paysages
- Plaine marécageuse du Pantanal (caipivaras, caïmans, aras, toucans, piranhas, nénuphars géants)

La ville
- Brasília

QUAND PARTIR ?

	Rio	Amazonie	Salvador et l'océan
Janvier	☼		☼
Février	(carnaval)		☼
Mars	☼		
Avril			
Mai			
Juin		⋖	
Juillet		⋖	
Août		⋖	
Septembre		⋖	☼
Octobre	☼	⋖	☼
Novembre	☼		☼
Décembre	☼		☼

QUE VOIR, QUE FAIRE DANS LE SUD-EST ?
Espirito Santo, Minas Gerais, Rio de Janeiro, São Paulo

Les villes
- Rio de Janeiro, Paraty, São Paulo
- Villes coloniales du Minas Gerais

Les plages et les îles
- Ilha Grande, rivages de Rio de Janeiro et de ses alentours

On peut y observer des piranhas et des caïmans (jacarés), des caipivaras (gros rongeurs), ainsi que des toucans, des aras et des papillons multicolores. Le jaguar est difficile à surprendre. Les amateurs de pêche seront comblés par une des plus grandes diversités d'espèces qui soient.

La ville

Fruit du talent conjugué d'un urbaniste (Lucio Costa) et d'un architecte (Oscar Niemeyer), **Brasília**, née il y a à peine plus d'un demi-siècle, exerce sa vocation de capitale de l'avenir. L'Avenida monumental et l'Axe résidentiel se croisent en forme d'oiseau. La place des Trois-Pouvoirs, le mémorial Kubitschek, la Catedral metropolitana et le Musée national symbolisent toutes les audaces et contradictions d'un urbanisme qui continue de susciter le débat.

Le Sud-Est

Espirito Santo, Minas Gerais, Rio de Janeiro, São Paulo

Les villes

Le site de **Rio de Janeiro** est l'une des plus célèbres cartes postales du monde, tant les éléments qui le composent (Pain de Sucre, Christ Rédempteur, rivages de Copacabana, d'Ipanema et de Leblon, baie de Guanabara, colline de Santa Teresa) sont distribués avec harmonie.
L'autre image de Rio est celle des favelas agrippées aux collines qui parsèment la ville. Les populations qui y vivent subissent les effets des affrontements entre police et narcotrafiquants. La « Cidade Maravilhosa » assume son destin et ses contradictions, mais aussi ses fiertés (organisation de la Coupe du monde de football en 2014 et des jeux Olympiques en 2016), ses joies (écoles de samba, culte de la bossa nova) et ses légendes (carnaval de février).
À l'ouest, la petite ville côtière de **Paraty** a traversé le temps depuis le XVIIIe siècle sans perdre le charme de ses rues pavées, de ses églises et de ses demeures coloniales.
São Paulo et ses édifices autour de la Praça da Sé méritent mieux que le désintérêt touristique dont pâtit la troisième ville du monde.
La kyrielle de villes coloniales du **Minas Gerais** ravira l'amateur d'histoire et d'art. Elles sont dominées par le site escarpé et les multiples églises

Image de fête à l'occasion du carnaval de Rio de Janeiro

Salvador de Bahia, la ville aux trois cent soixante-cinq églises

LES CONSEILS GEO

▶ Les plus

De quoi satisfaire tout le monde : sites naturels, villes coloniales, riches traditions, écotourisme.
La baisse sensible du coût du voyage pour le Nordeste.

▶ Les moins

L'insécurité dans certains quartiers des grandes villes et dans les favelas.

▶ Les précautions

À Rio de Janeiro et São Paulo, faire preuve de vigilance, y compris dans les lieux très touristiques.
Dans l'intérieur, il n'y a pas plus de précautions à prendre qu'ailleurs.

▶ Les tendances

Le séjour balnéaire est à l'honneur dans le Nordeste. Mais pourquoi ne pas tenter un séjour d'écotourisme dans les marais du Pantanal ?

d'**Ouro Prêto**. **Conghonas** renferme 12 statues en pierre à savon, œuvre majeure du plus célèbre sculpteur du pays, l'Aleijadinho. Mariana, Tiradentes et Diamantina sont d'autres trésors de l'État dont la capitale, Belo Horizonte, est réputée pour son quartier de Pampulha : on retrouve dans l'église Saint-François d'Assise la signature de Niemeyer.

■ Les plages et les îles

Il faut sortir de Rio pour découvrir les sites proches et très branchés de Buzios ou Niteroi, mais aussi, vers l'ouest, d'**Ilha Grande** qui ajoute la beauté de la forêt à celle des plages.

Le Sud

Paraná, Río Grande do Sul, Santa Catarina

■ Les paysages

Merveilleuses **chutes d'Iguaçu**, dans l'État de Paraná ! Pour beaucoup de visiteurs, ces 275 cataractes réparties sur 3 km et par endroits hautes de 80 m sont les plus belles du monde. Le panorama est plus complet côté brésilien, mais leur approche est plus saisissante côté argentin.
À l'autre bout de l'État, la belle Serra do Mar se dresse au-dessus de Curitiba. Une voie ferrée offrant des panoramas spectaculaires la traverse (Serra Verde Express).

■ Les plages et les îles

L'**Ilha de Santa Catarina**, dans l'État du même nom, propose une infinité de plages qui attirent les amateurs de surf et de plongée, mais aussi ceux des plaisirs balnéaires. Ses collines verdoyantes et ses forêts tropicales ajoutent à la beauté de l'endroit.
À l'est du Paraná, Santa Catarina a une rivale sérieuse, l'**Ilha do Mel**, moins connue, moins touristique mais tout aussi paradisiaque, dans la jolie baie de Paranagua. Cette même baie renferme le **parc national insulaire de Superagüí**, où les oiseaux de toutes les couleurs et les variétés d'orchidées rivalisent d'attrait.

■ Les villes

Si le centre historique et les audaces (festival gay) de **Florianopolis** ne sont pas à négliger, c'est l'étonnante **Blumenau** qui retient l'attention. Fondée par des Allemands et parsemée d'églises luthériennes, elle dame le pion à l'Oktoberfest de Munich en proposant sa propre fête de la Bière, quasiment à la même époque.
Malgré ses jolies bâtisses et ses nombreux musées, **Porto Alegre** est plus connue comme la ville des avancées sociales. Elle a accueilli le premier Forum social mondial en 2001. ■

QUE VOIR, QUE FAIRE DANS LE SUD ?

Paraná, Río Grande do Sul, Santa Catarina

Les paysages
- Chutes d'Iguaçu

Les plages et les îles
- Ilha de Santa Catarina, Ilha do Mel, parc national insulaire de Superagüí

Les villes
- Florianopolis, Blumenau, Porto Alegre

QUE VOIR, QUE FAIRE EN BULGARIE ?

Les côtes

- Plages de la mer Noire : autour de Varna au nord, «côte du Soleil» au sud

Les montagnes et les randonnées

- Le Rhodope (massifs du Rila et du Pirin), mont Balkan, vallée des Roses

Les monuments

- Monastères, églises et leurs iconostases (Rila, Batchkovo, Trojan)

Les villes

- Plovdiv, Sofia, Veliko Tarnovo, Koprivchtitsa, Nesebar, Kazanlak

Blotti dans la montagne du même nom, le monastère de Rila mêle esthétique et sérénité.

Bulgarie

Si les côtes de la mer Noire sont le vecteur du tourisme bulgare, elles sont loin d'en être l'aspect le plus original. Car une Bulgarie plus séduisante se cache à l'intérieur, entre moyenne montagne et monastère débordant d'icônes et de fresques.

Les côtes

Les côtes de la **mer Noire** ont longtemps été le lieu de villégiature offert par les régimes communistes des pays de l'Est à leur population. Tout a changé, et ceux qui souhaitent éviter les plages de la Méditerranée et obtenir des prix de séjour plus abordables trouvent désormais sur ces quelques centaines de kilomètres de côtes l'équivalent en ensoleillement et en qualité (sable blanc, mer chaude, peu de profondeur, équipements pour la thalassothérapie). Le tourisme balnéaire de masse se développe désormais sur la côte nord (Sunny Beach) comme sur la côte sud (« **côte du Soleil** »).

LE CARNET DE VOYAGE

Les premiers contacts
Ambassade, 1, av. Rapp, 75007 Paris, 01.45.51.85.90. http://bulgariatravel.org/fr

Les formalités
Pour les ressortissants de l'UE : carte d'identité ou passeport.

Le voyage, le décalage
Durée moyenne du vol Paris-Sofia (1 760 km) : 2 heures 45. En été, départs de villes de province pour la mer Noire (Bourgas et Varna). Route Paris-Sofia : près de 2 500 km via Vienne et Budapest. Lorsqu'il est midi en France, en Bulgarie il est 13 h.

La santé
Aucun problème.

Le coût moyen d'un séjour
750 € pour le vol A/R et la semaine en demi-pension sur la côte de la mer Noire. 600 € (vol et hébergement) pour une semaine de ski dans la région de Bansko. 1 300 € pour 12 jours de randonnée accompagnée dans les massifs de l'ouest.

Les langues, la monnaie
Langue officielle : le bulgare, qui utilise l'alphabet cyrillique. Langues étrangères : le russe et l'allemand ; l'apprentissage du français est en bonne place dans le système scolaire bulgare.
La monnaie : le lev (pluriel : leva). 1 € = 2 leva.

La population
Son chiffre est modeste (7 323 000 habitants) et inclut des minorités turque et rom relativement importantes.
Capitale : Sofia.

Les religions
Un habitant sur quatre suit le rite orthodoxe. Minorités de musulmans, de catholiques et de protestants.

Les fêtes
1er mars : Baba Marta (fête de la Fin de l'hiver) ; **printemps :** Pâque orthodoxe ; **mai :** festival des Roses dans la région de Kazanlak.

Les achats
Deux types de souvenirs dominent : les icônes et la dentelle (nappes).

Les montagnes et les randonnées

Ah ! les belles montagnes, encore méconnues du tourisme de masse. Dans le Sud-Ouest, le **Rhodope** et plus particulièrement les **massifs du Rila** et du **Pirin** attendent les randonneurs, à près de 3000 m d'altitude, dans un décor saisissant de forêts, de lacs émeraude et de crêtes calcaires.

L'hiver, le ski prend le relais, principalement dans les environs de la petite ville de Bansko. Au centre, les deux axes (Stara Planina et Sredna Gora) du **mont Balkan** traversent le pays sur 600 km.

Près de la ville de Kazanlak, la **vallée des Roses** se couvre, entre mi-mai et mi-juin, d'une infinité de fleurs, ce qui donne lieu à un festival annuel.

Les monuments

Le pays offre de magnifiques monastères. **Rila**, le plus prestigieux de tous, présente une grande cour pavée, des galeries de bois et, surtout, une église décorée de fresques et ornée d'une grande iconostase : cette cloison en bois doré, que l'on retrouve dans la plupart des églises orthodoxes, constitue l'un des symboles les plus aboutis de l'art byzantin.

Batchkovo, non loin de Plovdiv, est moins impressionnant, mais ses deux églises et leurs fresques sont plus typées. Enfin, **Trojan**, qui abrita Vasil Levski, l'un des héros de la résistance bulgare face aux Turcs, est riche d'une iconostase et de fresques. Les églises rupestres d'Ivanovo et de Boyana complètent un patrimoine architectural de premier ordre.

Les villes

Traversée par le fleuve Maritsa, **Plovdiv** est la ville la plus attachante, avec une touche française (maison Lamartine où séjourna le poète à son retour d'Orient) et des vieux quartiers qui lui confèrent une réputation de musée en plein air. On y trouve aussi un important musée ethnographique, des mosquées, plusieurs églises à iconostases et un théâtre romain (festival et opéras).

Sofia, dominée par le populaire mont Vitocha, n'est certes pas la plus réputée des capitales de l'Est. Sa cathédrale Alexandre-Nevski aux bulbes dorés, de style néobyzantin, est certainement son édifice le plus connu, mais on remarque surtout la diversité de l'architecture : lourds bâtiments de l'époque communiste (maison du Parti), belles façades d'immeubles plus anciens, églises (Saint-Nicolas), synagogue... et enseignes de marques commerciales occidentales de plus en plus envahissantes.

Sa forteresse, ses églises médiévales, son vieux quartier (maisons datant du XIXe siècle) et son marché (Samovodska) valent à **Veliko Tarnovo**, ancienne capitale de l'Empire bulgare bâtie sur trois collines, une solide réputation. Les maisons en bois de la station d'altitude de **Koprivchtitsa** méritent le détour. Grâce à ses monuments de la fin de l'Antiquité et de l'époque byzantine (églises, basilique Sainte-Sophie), la petite ville côtière de **Nesebar** est désormais inscrite sur la liste du patrimoine mondial de l'humanité. Enfin, **Kazanlak** est devenue brusquement célèbre en 1944 à la suite de la découverte de la tombe d'un chef guerrier thrace. ■

QUAND PARTIR ?

	Mer Noire	Intérieur	Ski dans le Pirin
Janvier			❄
Février			❄
Mars			❄
Avril			
Mai		☼	
Juin	☼	☼	
Juillet	☼	☼	
Août	☼	☼	
Septembre	☼	☼	
Octobre		☼	
Novembre			
Décembre			❄

LES CONSEILS GEO

▶ Les plus

Un bon substitut à la Méditerranée pour des vacances balnéaires, grâce à des prestations au coût raisonnable et à de bonnes structures.

Une association facile entre tourisme de randonnée en montagne et tourisme culturel.

Un mode de vie à découvrir, encore assez éloigné des stéréotypes occidentaux.

▶ Les moins

Un pays dont l'image touristique est encore mal définie et trop souvent réduite aux côtes de la mer Noire.

▶ Les précautions

Seul le voyageur qui a choisi de venir avec son propre véhicule peut craindre les nids-de-poule. Sinon, ni plus ni moins de problèmes qu'en Europe de l'Ouest.

▶ Les tendances

La côte de la mer Noire attire de plus en plus de monde parce que le séjour balnéaire y est moins cher qu'en Méditerranée. La thalassothérapie revient, elle aussi, moins cher.

Angkor Vat demeure l'un des plus beaux témoignages de l'art khmer.

QUE VOIR AU CAMBODGE ?

Les monuments

- Site archéologique d'Angkor : Angkor Vat, Angkor Thom (Bayon, Baphuon), Ta Phrom, Preah Khan, groupe des Roluos, Banteay Srei
- Autres vestiges khmers (Phnom Kulen, Preah Vihear)

La capitale

- Phnom Penh

Les paysages et les côtes

- Lac Tonlé Sap, Mondolkiri, Ratanakiri
- Plages du golfe du Siam, Sihanoukville

Cambodge

Les touristes viennent toujours plus nombreux pour découvrir les temples d'Angkor, perle du tourisme mondial, qui ont résisté tant bien que mal aux combats, aux pillages et à l'outrage du temps. Ne pas négliger pour autant les autres vestiges khmers, le caractère particulier de Phnom Penh ni les régions de l'est du pays.

LE CARNET DE VOYAGE

Les premiers contacts
Ambassade, 4, rue Adolphe-Yvon, 75116 Paris, 01.45.03.47.20. www.tourismcambodia.com

Les formalités
Pour les ressortissants de l'UE, canadiens et suisses : passeport valable encore six mois après le retour, visa obligatoire, obtenu auprès du consulat. Il est possible d'obtenir le visa à l'arrivée : bien se renseigner à ce sujet.

La santé
Aucune vaccination n'est obligatoire. Prévention indispensable contre le paludisme.

Le voyage, le décalage
Durée moyenne du vol Paris-Bangkok-Phnom Penh (9931 km) : 12 heures. Lorsqu'il est midi en France, au Cambodge il est 17 h en été et 18 h en hiver.

Le coût moyen d'un séjour
La visite d'Angkor demande au minimum trois jours, prix d'entrée des sites élevé. Le voyage accompagné est souvent combiné avec le Viêt Nam, compter 2500 € pour 15 jours.

Les langues, la monnaie
Langue officielle : le khmer. Langues étrangères : l'anglais est parlé dans les villes, le français très peu.
Monnaie : le riel, mais le dollar US le supplante de fait. 1 € = 5440 riels, 1 $ = 3980 riels.

La population
La grande majorité des 15206000 habitants, dont 90 % sont des Khmers, vit dans les campagnes.

Les religions
Le bouddhisme est pratiqué par 90 % des Cambodgiens.

Les fêtes
Début avril : Nouvel An khmer; **novembre :** fête du « Retrait des eaux » du lac Tonlé Sap; **9 novembre :** fête nationale.

Les achats
Femmes et hommes portent le sarong, longue pièce d'étoffe que l'on peut acquérir, à défaut d'oser la porter ensuite… On trouve aussi des foulards traditionnels, de la soie, des pierres précieuses, des bijoux en argent, de la vannerie.

Les monuments

Le site d'**Angkor**, ancienne capitale de l'Empire khmer, construit entre le VIIIe et le XVIe siècle, est l'un des plus visités du monde. Les temples, où l'hindouisme et le bouddhisme se mêlent souvent, sont disséminés dans la jungle. Les temples royaux, dits « temples-montagnes », fondés sur des techniques de construction sophistiquées, sont les plus réputés. Avec ses cinq tours en quinconce, ses galeries et ses bas-reliefs, **Angkor Vat** est le plus prestigieux témoignage de l'art khmer. Il est suivi de près par le **Bayon**, dont les sculptures de visages mystérieux, les tours-sanctuaires et les bas-reliefs composent un ensemble exceptionnel. Avec le **Baphuon** et le Palais royal, le **Bayon** fait partie d'**Angkor Thom**, « Cité des dieux de la cosmologie bouddhique ». **Ta Phrom** et les fromagers qui l'envahissent, **Preah Khan**, le **groupe des Roluos**, le très délicat **Banteay Srei**, Beng Mealea et la montagne sacrée de Phnom Kulen sont les autres joyaux du site.

Si l'ensemble d'Angkor domine, on ne doit pas oublier d'autres sites, tel le temple hindouiste de **Preah Vihear**, qui fait l'objet d'un contentieux entre le Cambodge et la Thaïlande. Oudong, au nord de Phnom Penh, et les sanctuaires de Phnom Chisor et de Phnom Da, au sud de la capitale, valent aussi le détour.

La capitale

Après de longues années de martyre, illustrées par le camp de Choeung Ek et le musée du Crime génocidaire, **Phnom Penh**, sur le Mékong et le Tonlé Sap, qu'on appela un temps le « Paris de l'Orient », renaît.

Ne pas manquer le sanctuaire de Vat Phnom, la pagode d'Argent et ses bouddhas d'émeraude et d'or au sein du Palais royal, ses façades de style colonial, ses marchés, son musée national des Beaux-Arts.

Les paysages et les côtes

Le **lac Tonlé Sap**, au sud d'Angkor, a une étrange particularité : les crues du Mékong multiplient sa superficie par six à partir de juin, en même temps que s'inverse le cours du fleuve. On peut alors, à partir de Siem Reap, visiter des « villages flottants » : leurs habitants y vivent dans de hautes maisons sur pilotis et se déplacent tantôt à pied, tantôt en pirogue, selon la saison. Le clou du spectacle réside dans la visite de la « forêt inondée » où les pirogues frôlent le faîte des arbres.

La décrue, en novembre, est l'occasion de la fête du Retrait des eaux, moment où les paysans procèdent à une pêche et à des cultures abondantes. Une course entre des centaines de pirogues et des offrandes faites au fleuve soulignent l'événement à Siem Reap et à Phnom Penh.

Des régions longtemps inaccessibles s'ouvrent au visiteur. Ainsi, dans le sud-est du pays, les membres de l'ethnie Phnong, qui vivent dans la jungle du **Mondolkiri**, assistent avec étonnement à l'arrivée de voyageurs en quête de l'« autre » Cambodge. Même engouement naissant pour les villages aux maisons sur pilotis des ethnies du **Ratanakiri**, bâties entre forêts et plantations d'hévéas dans le Nord-Est.

La côte du **golfe du Siam** connaît un certain développement touristique, ce qui donne l'occasion de découvrir des villages de pêcheurs ainsi que **Sihanoukville**, site balnéaire encore préservé. ■

LES CONSEILS GEO

▶ Les plus

L'attrait d'Angkor, l'un des grands rendez-vous mondiaux de l'architecture.

Un pays dont le tourisme se diversifie.

▶ Les moins

Le développement trop rapide du tourisme de masse, qui enlève à Angkor une part de sa magie.

Une bonne saison climatique mal placée dans le calendrier d'un voyageur occidental.

La persistance de mines anti-personnel dans les régions rurales ou isolées.

▶ Les précautions

Les « aventuriers » doivent absolument suivre les chemins balisés et uniquement ceux-là (risques de mines) et se conformer aux recommandations des agences de voyages locales.

L'Asie du Sud-Est a ses (petites) exigences : se déchausser à l'entrée des pagodes, ne pas toucher la tête des enfants, ne pas s'énerver.

Il convient surtout de se rappeler que l'histoire récente des Cambodgiens est faite de grands traumatismes.

Enfin, l'exportation d'antiquités est interdite.

QUAND PARTIR ?

	Angkor et le nord	Phnom Penh et le sud
Janvier	⇠	☼
Février	⇠	☼
Mars	⇠	☼
Avril	⇠	☼
Mai		
Juin		
Juillet		
Août		
Septembre		
Octobre		
Novembre	⇠	
Décembre	⇠	☼

QUE VOIR, QUE FAIRE AU CAMEROUN ?

Les paysages et les randonnées

- Kapsikis (pic Rhumsiki), monts Mandara, mont Cameroun, chutes d'Ekom

L'habitat

- Chefferies du Nord-Ouest, villages des monts Mandara et Alantika

La faune

- Parcs nationaux de Boubandjida, de la Bénoué, de Waza, du Faro, de Campo, du Dja, de Lobeke
- Antilopes, buffles, élans, phacochères, crocodiles, éléphants, gorilles, lions, girafes

La côte

- Plages (Limbé, Kribi)

Cameroun

Le tourisme camerounais mérite plus que la discrétion qui le caractérise depuis toujours. La visite de ses parcs nationaux aux étonnants paysages volcaniques, dans le Nord, la richesse de sa faune, l'ascension du mont Cameroun et la découverte de villages aux traditions préservées, comme dans les chefferies du Nord-Ouest ou chez les Pygmées baka du Sud, prouvent la diversité de ses richesses.

LE CARNET DE VOYAGE

Les premiers contacts
Bureau d'information touristique, 26, rue de Longchamp, 75016 Paris, 01.45.05.96.48. Consulat, Paris, 01.46.51.89.00. www.cameroun-info-tourisme.com (site de l'office de tourisme).

Les formalités
Pour les ressortissants de l'UE, canadiens et suisses : passeport en cours de validité, visa obligatoire, obtenu auprès du consulat. Billet de retour ou de continuation exigible.

La santé
Vaccination obligatoire contre la fièvre jaune, recommandée contre la méningite à méningocoque. Prévention indispensable contre le paludisme et la dengue.

Le voyage, le décalage
Durée moyenne du vol Paris-Douala (5047 km) : 5 heures 30 ; Paris-Garoua : 5 heures 15. Lorsqu'il est midi en France, au Cameroun il est la même heure en hiver et 11 h en été.

Le coût moyen d'un séjour
Un voyage accompagné au Cameroun coûte au moins 2500 € pour 12 jours.

Les langues, la monnaie
Langues officielles : français (78 %) et anglais (22 %, dans les régions proches du Nigeria). S'y ajoutent plus de 200 langues et dialectes (soudanais dans le Nord, bantous dans le Sud).
Monnaie : le franc CFA (BEAC). 1 € = 655,957 francs CFA. Emporter des euros ou des dollars US.

La population
Les Bamilékés (dans l'Ouest) sont majoritaires. Les Bamouns, les Bétis, les Foulbés (Peuhls) et les Kirdis viennent ensuite pour composer un ensemble de 20600000 habitants répartis en plus de 200 ethnies.

Les religions
Un habitant sur trois est catholique (Sud), un sur cinq musulman (Nord), un sur cinq animiste, un sur cinq protestant.

Les fêtes
20 mai : Fête nationale (chants et danses).

Les achats
Masques, broderies, statuettes.

Les paysages et les randonnées

Au sud des **monts Mandara** et à la lisière du Nigeria se dresse un haut plateau, les **Kapsikis**, fait de paysages lunaires au-dessus desquels pointent d'étonnants pics de lave. Tout visiteur qui a eu la bonne idée de se joindre à un groupe de randonneurs dans cette région pourra admirer le coucher de soleil sur la plus célèbre de ces aiguilles, le **pic Rhumsiki**.
Dans le Sud-Ouest, l'ascension du **mont Cameroun**, massif volcanique actif, perché à plus de 4000 m entre Douala et l'océan, est possible pour le marcheur moyen. Au nord de Douala, entre Nkongsamba et Melong, les **chutes d'Ekom** (50 m) sont les plus réputées du pays.

L'habitat

Les chefferies – territoires placés sous l'autorité de chefs coutumiers – du Nord-Ouest (Bamenda, Foumban)

Village de huttes de boue séchée et de paille, dans les monts Mandara

constituent des passages obligés pour comprendre l'histoire et les mœurs du pays. Les villages situés au pied des **monts Mandara**, où l'on peut rencontrer le peuple kirdi, et ceux des **monts Alantika**, au sud-ouest de Garoua, méritent également la visite. Dans la forêt du parc de Campo, dans le Sud, vivent des Pygmées bakolas.

QUAND PARTIR ?

	Nord	Sud	Réserves animalières
Janvier	☼	☼	🐾
Février	☼	☼	🐾
Mars	☼		🐾
Avril	☼		🐾
Mai			
Juin			
Juillet			
Août			
Septembre			
Octobre			
Novembre	☼	☼	🐾
Décembre	☼	☼	🐾

La faune

Sept parcs nationaux abritent une faune variée : antilopes, buffles, élans, phacochères et crocodiles dans le **parc national de la Bénoué** ; éléphants, lions, girafes et oiseaux dans le **parc national de Waza**.
Autres réserves : **Boubandjida**, **Faro**, **Campo**, **Dja**. Cette dernière, inscrite au patrimoine mondial de l'Unesco, permet d'observer éléphants, buffles et singes primates.
Dans l'extrême sud-est du pays, les grands arbres de la forêt équatoriale abritent les gorilles de plaine, particulièrement dans le **parc national de Lobeke**, où les Pygmées baka accompagnent le visiteur de mirador en mirador pour tenter d'apercevoir les grands singes. Des éléphants, des panthères et des buffles peuplent également ce parc.

La côte

Des plages, telles celles de **Limbé** – qui a conservé son caractère britannique – et de **Kribi**, jalonnent les 400 km de la côte atlantique camerounaise. Elles connaissent toutefois un climat humide et pluvieux pendant la majeure partie de l'année. ■

LES CONSEILS GEO

▶ Les plus

La diversité des pôles touristiques : parcs nationaux, villages, massifs montagneux, relief volcanique inhabituel.
Un contact facilité : le français est l'une des deux langues officielles.

▶ Les moins

Le coût plutôt élevé du voyage, surtout en raison des tarifs aériens.
La présence régulièrement évoquée de « coupeurs de routes » dans les provinces du Centre et du Nord.

▶ Les précautions

Consulter le site du ministère des Affaires étrangères avant de se rendre dans le Nord.

▶ Les tendances

Le Cameroun, préservé du grand tourisme, voit progresser le nombre des marcheurs qui aiment à la fois tester leurs mollets et rencontrer des ethnies dans des villages traditionnels.

Canada

Il n'y a qu'une vérité pour le tourisme au Canada : la nature avec un grand N. Elle y est infinie, montagneuse, glaciaire, lacustre, forestière, parfois désertée, comme dans les plaines de l'Ouest, ou bien très courue, comme aux chutes du Niagara. Elle est parcourue en été et surtout en hiver, à motoneige ou en traîneau à chiens. Quant au Québec, l'Européen francophone apprécie son chaleureux accueil et goûte à la douceur de son été.

QUE VOIR, QUE FAIRE À L'OUEST ?

Les paysages
- Montagnes Rocheuses (canyons, lacs glaciaires, chutes, parcs nationaux de Banff et de Jasper), Badlands, île Vancouver (sapins de Douglas)
- Côtes : fjords, archipels
- Glaciers, icebergs, forêts boréales, lacs, canyons de la Nahanni-Sud, delta du Mackenzie
- Sites des chercheurs d'or dans le Yukon

La faune
- Ours, mouflons, élans, bisons, baleines grises, orques, dauphins
- Parc Dinosaur

Les villes
- Victoria, Vancouver, Edmonton, Calgary

L'Ouest

Colombie-Britannique, Alberta, Yukon, Territoires du Nord-Ouest

Les paysages

L'Ouest, traversé par le mythique *Canadien* qui part de Vancouver et atteint Toronto après plus de trois jours de voyage, est une région parsemée de ranches et dominée par les **montagnes Rocheuses**, avec leurs spectaculaires panoramas et leurs vastes parcs nationaux, tels ceux de Banff et de Jasper. Reliés par une « route des Glaciers », ces parcs permettent de faire des randonnées en été et du ski alpin en hiver. Le **parc national de Banff** doit une partie de son charme aux lacs Louise et Moraine. Avec de la chance, on peut y croiser des ours bruns, des grizzlis et des loups. Le **parc national de Jasper**, dominé par le mont Whistler et le glacier Athabasca (arches de glace, crevasses, cascades de séracs), s'agrémente lui aussi de lacs (Maligne, Medecine) et abrite grizzlis, wapitis, caribous et castors. Autres sites : le canyon du Fraser, les formes et les couleurs violentes du chaînon Spectrum, les chutes de la Hunlen, dans le parc provincial Tweedsmuir, et les chutes de la rivière Murtle, dans le parc provincial de Wells Gray.
Une curiosité dans les **Badlands** de la Red Deer, au sud de l'Alberta :

Dans l'Ouest, la forêt boréale et les steppes s'offrent presque toujours la beauté des Rocheuses en toile de fond.

les *hoo-doos*, qui sont des cheminées de fées ou des blocs rocheux aux formes rendues insolites par le travail incessant du vent.

Les archipels et les fjords valent aux paysages côtiers du Pacifique une réputation d'autant plus forte qu'ils sont parfois peu accessibles. Sur l'**île de Vancouver**, la grande forêt de Cathedral Grove renferme des sapins de Douglas. Ces arbres aux aiguilles vert sombre dépassent parfois 50 m; certains ont 800 ans.

Glaciers, icebergs, forêts boréales, grands parcs nationaux (parc Wood Buffalo et ses milliers de bisons sauvages, dans les Territoires du Nord-Ouest, parc Kluane dans le Yukon), lacs aux noms imagés (Grand Lac de l'Ours, Grand Lac de l'Esclave) caractérisent cette région, la plus grande et la plus froide de tout le pays.

Longtemps restés à l'écart du tourisme, les Territoires du Nord-Ouest se développent aujourd'hui autour de plusieurs axes touristiques : rencontre avec les trappeurs, découverte des icebergs, des parcs nationaux et de la faune (Mackenzie Bison Sanctuary), pêche en rivières, ski.

Les randonnées sous diverses formes (à pied, en kayak, à skis) ne sont plus une rareté dans ces régions.

Après avoir traversé les reliefs tabulaires des monts Mackenzie, la rivière **Nahanni-Sud** a donné naissance à trois canyons, qui font le bonheur des amateurs de kayak.

Autres centres d'intérêt du parc national engendré par cette rivière : la faune (ours, grizzlis), les chutes (Virginia) et les sources, dont l'une, à Rabbitkettle, est à l'origine de nappes blanches de calcaire posées sur des travertins qui rappellent ceux de Pamukkale, en Turquie.

La Nahanni-Sud rejoint ensuite le **fleuve Mackenzie,** qui se termine dans le Grand Nord par un delta fait d'un mélange spectaculaire d'eau, de boue et de glace.

Les amateurs de sensations fortes peuvent jouer les chercheurs d'or dans les lieux du **Yukon** où s'est dessinée l'histoire de la célèbre ruée au tournant du XXe siècle : Dawson, Carcross, Whitehorse.

La faune

Les montagnes Rocheuses permettent d'observer une faune bien préservée : ours, mouflons, élans, wapitis, orignaux, grizzlis. Dans l'Alberta, des troupeaux de bisons vivent dans des parcs ou des réserves.

Non loin de Fort Macleod, à Head Smashed-in Buffalo Jump, se situe le précipice au bas duquel étaient recueillis les bisons qui avaient été incités à sauter.

Baleines grises (de mars à avril), orques et dauphins se laissent observer, et on pêche le saumon le long des côtes et dans les détroits du nord de l'île de Vancouver (parc national Pacific Rim).

Découverts en grand nombre dans la région, les squelettes de dinosaures suscitent l'affluence dans le **Parc Dinosaur**, proche de Calgary.

Les villes

L'empreinte anglaise est forte à **Victoria**, capitale de la Colombie-Britannique, sur l'île de Vancouver. SonMusée royal raconte l'histoire des Amérindiens de la côte ouest.

Vancouver, ville cosmopolite adossée à la montagne, est plus réputée grâce à sa baie, ses fjords, sa longue promenade côtière et son parc Stanley. On y trouve aussi un aquarium (bélougas) et un musée d'Anthropologie.

Edmonton mélange les genres avec un musée des Civilisations amérindiennes ainsi que le plus grand centre commercial de l'Amérique du Nord.

Calgary se distingue par son site agréable au pied des Rocheuses, et ses musées.

LE CARNET DE VOYAGE

Les premiers contacts
Commission du tourisme, 01.47.03.63.68. http://fr.canada.travel
Destination Québec, 08.00.90.77.77. www.bonjourquebec.com

Les formalités
Pour les ressortissants de l'UE et de la Suisse: passeport en cours de validité suffisant pour un séjour de moins de trois mois, billet de retour ou de continuation exigible. Bien vérifier son assurance car le coût des soins hospitaliers demeure élevé.

La santé
Aucun problème, sinon une aptitude à bien se prémunir du froid dans le Grand Nord.

Le voyage, le décalage
Paris-Montréal (5525 km) : 7 heures 30. Paris-Vancouver : 11 heures 30. Lorsqu'il est midi à Paris, il est 3h à Vancouver et 6h à Montréal en été, 4 et 7h en hiver.

Le coût moyen d'un séjour
2500 € pour une semaine «multi activités» (motoneige, raquettes…) au Québec, 1500 € pour 10 jours/ 8 nuits avec vol, hébergement et voiture de location, toujours 1500 € pour une douzaine de jours accompagnés durant l'été indien. Le séjour dans l'Ouest canadien revient plus cher que dans l'Est.

Les langues, la monnaie
Langues officielles : l'anglais (62%), le français (25%, parlé par les Québécois, mais aussi en Ontario et par un tiers des habitants du Nouveau-Brunswick). **Monnaie :** le dollar canadien (la «piastre» pour les Québécois).
1 € = 1,45 $ canadien.

La population
34568000 habitants (dont 750000 Indiens) : un chiffre modeste par rapport à la superficie, malgré une immigration longtemps soutenue. Les villes accueillent huit habitants sur dix et les plus grandes d'entre elles sont très cosmopolites. La capitale Ottawa est nettement moins peuplée que Toronto, Montréal et Vancouver.

Les religions
46% des Canadiens sont catholiques, 41% sont protestants. Nombreuses minorités religieuses.

Les fêtes
Février : carnavals de Québec et de Chicoutimi; **juillet :** Festival de jazz de Montréal; Stampede (festival de rodéo) de Calgary; **1er-15 août :** Festival acadien de Caraquet.

Les achats
Les productions issues de l'artisanat sont d'origine indienne : masques, tissus, bijoux. Penser aussi à se procurer les nombreux produits à base de sirop d'érable.

Adossée à la montagne, Vancouver est particulièrement réputée pour son port, sa baie, ses fjords et son parc Stanley.

QUE VOIR DANS LES PRAIRIES ?

Les paysages et la faune

- Grandes plaines, rivières, toundra, forêts
- Lac Winnipeg, baie d'Hudson
- Bélougas, castors, ours polaires, renards arctiques

Les Prairies

Saskatchewan, Manitoba

Les paysages et la faune

Deux mots résument à eux seuls cette région centrale : le blé et le vent. Le premier pousse dans des plaines interminables, le second profite de l'absence d'obstacles pour souffler à satiété. Celui qui n'aime pas l'infinité des grands espaces a peu à voir et à faire dans les Prairies, mais il ne devra pas négliger l'agrément des rivières, la présence de la faune (castors, orignaux), les cascades et le grand **lac Winnipeg** (pêche, canoë). S'il passe par Winnipeg, capitale du Manitoba, au moment du Festival du voyageur en février, il visitera le musée de l'Homme et de la Nature et assistera à des courses d'attelages de chiens et à des spectacles musicaux dans le quartier francophone de Saint-Boniface. En revanche, quiconque aime les paysages de forêt boréale et de toundra suivra les cours d'eau du nord du Manitoba, comme le fleuve Churchill qui se répand en lacs et chutes avant de gagner le port du même nom, sur la **baie d'Hudson**. À cet endroit, les ours polaires se laissent observer à l'automne, la saison durant laquelle ils se rassemblent pour gagner la banquise. Jusqu'à quand ? C'est la question que l'on peut se poser quand on constate les dégâts que provoque sur leur équilibre le réchauffement climatique.

QUAND PARTIR ?

	Climat	Sports d'hiver	Faune
Janvier		❄	
Février		❄	
Mars		❄	
Avril			☼
Mai			☼ baleines, marsouins (Québec)
Juin	☼		☼
Juillet	☼		☼
Août	☼		☼
Septembre	été indien ☼		☼
Octobre	☼		☼ ours polaires (Churchill)
Novembre		❄	
Décembre		❄	

Les Inuits ont conquis non seulement leur Nunavut, mais aussi le cœur des touristes.

QUE VOIR DANS L'EST ?

Les paysages
- Toundra et territoires glacés du Nunavut
- Île de Qikiqtaaluk (ex-Terre de Baffin – ski nordique)
- Chutes du Niagara
- Parcs nationaux (Algonquin, Quetico, Grands Lacs)
- Lac Huron

Les villes
- Toronto, Ottawa

L'Est

Nunavut, Ontario

Les paysages

Les amateurs d'horizons nouveaux découvriront avec émerveillement la toundra et les immenses terres glacées du **Nunavut.** Sur ce territoire administratif à part entière vivent, répartis sur deux millions de km^2, 25000 Inuits, entre traditions, modernité… et interrogations sur l'avenir suscitées par les premiers effets de la fonte de la banquise.

Depuis son autonomie, le Nunavut, repaire des caribous et des ours polaires, connaît un mini boom touristique grâce à la motoneige, au traîneau à chiens, au raid à skis – cette dernière activité étant notamment pratiquée dans l'**île de Qikiqtaaluk** (ex-Terre de Baffin) – ou encore au kayak de mer en été.

L'Ontario renferme l'un des sites touristiques les plus courus du monde. En effet, après un cours large et plat, le **fleuve Niagara** se laisse soudain chuter de 52m, engendrant l'un des spectacles les plus fabuleux – et les plus courus – qui soient. Le visiteur est convié à descendre au pied du « Fer à cheval » et à pénétrer le rideau d'embruns à bord d'un bateau : le cliché-souvenir est garanti, surtout pour les jeunes mariés canadiens ou états-uniens, qui accourent ici en vertu d'une longue tradition. La partie des chutes qui appartient aux États-Unis a été remodelée mais passe inaperçue.

Les parcs nationaux sont très nombreux avec, en points d'orgue, le **parc Algonquin**, près de Whitney, le **parc Quetico** et la région des **Grands Lacs**. En lisière du lac Ontario, le labyrinthe des « Mille-Îles » (997 exactement) sur le Saint-Laurent entre Kingston et Brockville, mérite une mini-croisière. Le **lac Huron** présente des charmes variés : on peut découvrir le village huron de Penetanguishene, au sud-est de la baie Georgienne, ou arpenter les villages des Indiens ojibwas sur l'île Manitoulin ; on peut aussi assister à des pow-wows en été, et faire de la randonnée ou de la plongée sur les côtes de la péninsule Bruce. Sur la rive ouest du lac Supérieur, le parc provincial Sibley et, en partant vers l'ouest, les chutes de Kakabeka sont les sites les plus intéressants de cette partie de l'Ontario.

Les villes

Avec son cosmopolitisme, ses nombreux musées (Musée royal, musée de l'Aérospatiale, The Bata Shoe Museum) et sa modernité affichée (la structure autoportée de la Tour CN qui culmine à 553 m), **Toronto** s'affirme comme une grande rivale de Montréal.

Malgré son statut de capitale, ses musées (musée des Beaux-Arts, musée canadien des Civilisations) et son canal Rideau, utilisé l'hiver pour le patinage, **Ottawa** est une ville qui fait peu parler d'elle, excepté pour les mélomanes avertis qui peuvent assister, chaque été, au plus grand festival mondial de musique de chambre.

L'automne fait flamboyer les couleurs des forêts d'érables dans la région des Laurentides, au Québec.

ADAMS & KNICKLE LTD

QUE VOIR DANS LA RÉGION ATLANTIQUE ?

Les paysages et la faune

- Côte du Nouveau-Brunswick, île du Prince-Édouard, côte du Labrador
- Parcs nationaux (Kejimkujik, Louisbourg, Gros Morne), forêts, été indien
- Baleines, macareux, sternes

Le patrimoine culturel

- Acadiens (Nouvelle-Écosse, Nouveau-Brunswick, île du Prince-Édouard, Terre-Neuve)

En automne, l'été indien et l'érable éblouissent la région atlantique.

La région atlantique

Nouveau-Brunswick, Nouvelle-Écosse, île du Prince-Édouard, Terre-Neuve-et-Labrador

Les paysages et la faune

Partout ou presque, la forêt et des paysages verdoyants invitent à la randonnée, avec des haltes salutaires dans des ports de pêche où la morue et le homard sont rois.

Les lieux à découvrir sont multiples :
– les parcs nationaux (Fundy, Kouchibouguac) du **Nouveau-Brunswick** ; au sud de cette même province, la baie de Fundy dispose de trois atouts : des marées les plus fortes du monde, les étonnants Hopewell Rocks et, en été, la présence de baleines noires, de sternes et de macareux ;
– en **Nouvelle-Écosse**, le **parc national Kejimkujik** (forêts et lacs) et le site des villes d'Halifax et de Sydney (grande forteresse du XVIIIe siècle) confèrent à cette région une valeur touristique injustement méconnue ;
– les paysages et les plages de l'**île du Prince-Édouard** ;
– les sites de l'île du Cap-Breton.

Tant au Nouveau-Brunswick qu'en Nouvelle-Écosse, l'été indien est somptueux, quand l'érable et l'épinette rouge mêlent leurs éblouissantes couleurs à celles du sapin baumier et du bouleau jaune, dans les grandes forêts qui longent le fleuve Saint-Jean.

La côte nord-est du **Labrador** mérite d'être connue pour ses fjords, ses falaises, ses chutes et sa faune marine. Elle est longée en été par des bateaux de croisière.

Terre-Neuve, sa toundra, ses tourbières et surtout son **parc national du Gros Morne** n'attirent pas vraiment le tourisme de masse. Ses traditions de pêche à la morue et au hareng, nées de l'arrivée des pêcheurs français au XVIe siècle, restent fortes.

Le patrimoine culturel

C'est en Nouvelle-Écosse, dans une partie du Nouveau-Brunswick, dans l'île du Prince-Édouard et à Terre-Neuve que se rencontre la majorité des 350 000 **Acadiens**, secoués par l'histoire depuis plus de trois siècles, mais toujours aussi attachés à leur francophonie. ■

Fidèle à l'architecture des villes au ciel bas, Lunenburg, en Nouvelle-Écosse, multiplie les façades aux couleurs vives.

LES CONSEILS GEO

▶ Les plus

Une des plus grandes bouffées d'air pur de la planète : l'enthousiasme suscité par la nature canadienne est largement justifié.

Un pays qui bénéficie de très nombreuses propositions de la part des voyagistes, mais qui est également facile à découvrir par soi-même.

▶ Les moins

Pour l'Ouest et les Rocheuses, le coût encore élevé du voyage par rapport au Québec.

▶ Les recommandations

Dans les réserves indiennes, ne pas confondre folklore et réalité. Auprès des Québécois, à moins d'accepter le risque de se faire traiter de « maudit Français », ne pas ressasser le cliché des « cousins » : ils savent !

▶ Les tendances

Le train. Rien de nouveau, dira-t-on. Pas tout à fait : en effet, jusqu'à maintenant, les passionnés du genre privilégiaient *Le Canadien* et ses wagons d'acier qui, sur 4 466 km, relient Vancouver à Toronto en trois jours et deux nuits. Mais d'autres parcours peuvent combler l'amateur, telle la ligne Jasper-Prince Rupert dans les Rocheuses, ou encore le parcours Winnipeg-Churchill : là, avec un peu de chance, les ours polaires feront la fête au touriste ébahi derrière sa vitre panoramique.

Le Québec

Les paysages et la faune

Comme ailleurs au Canada, la nature du Québec est vaste et belle, avec l'érable en point d'orgue. En imposant sa couleur rouge au milieu de celles de l'automne, il magnifie l'**été indien**, aussi beau que furtif (fin septembre-début octobre).

Les vallées perpendiculaires au fleuve Saint-Laurent sont bordées de forêts de sapins et parsemées de rivières, de cascades et de lacs, où l'amoureux des espaces verts comme l'amateur de descentes de rivières en canoë trouveront largement leur compte, avant de découvrir les institutions que sont le sirop d'érable et sa conséquence directe, les cabanes à sucre. Sans oublier les fêtes et festivals qui y sont liés.

Au cœur du grand froid, le Québec propose mille et une activités, parmi lesquelles les raquettes et la motoneige.

Grands rendez-vous : les lacs (Saint-Jean), les chutes (Montmorency, Sainte-Anne), les gorges (rivière Malbaie), les fleuves (le **Saint-Laurent**, épine dorsale de la province, mais aussi son affluent, le **Saguenay,** qui dessine un fjord très profond et flanqué d'à-pics). Entre la ville de Québec et le Saguenay, la région de **Charlevoix**, déclarée Réserve mondiale de la biosphère, présente, comme les **Laurentides** et leur parc national du Mont-Tremblant, au nord-ouest de Montréal, un condensé des attraits de la province.

Le rocher Percé, en **Gaspésie**, falaise trouée d'une arche et dernière avancée de la chaîne des Appalaches, est le symbole d'une des régions les plus prisées du Québec avec, non loin de là, les escarpements du parc national Forillon en point d'orgue pour les randonneurs.

Toujours en Gaspésie, qui occupe la rive sud de l'estuaire du fleuve Saint-Laurent, les amateurs de parapente et de deltaplane investiront Mont-Saint-Pierre, tandis que les paléontologues en herbe seront ravis d'examiner des fossiles animaux et végétaux vieux de 365 millions d'années dans le parc de Miguasha.

Au large, dans le golfe du Saint-Laurent, l'île Bonaventure abrite une réserve ornithologique peuplée, entre avril et novembre, de dizaines de milliers de fous de Bassan, de cormorans à aigrette, de macareux et de goélands. Plus au large encore, les **îles de la Madeleine**, terre d'exil des pêcheurs acadiens, sont battues par les vents, qui découragent la végétation mais pas la faune aquatique (phoques et leurs blanchons) ni les homards.

Sur la rive nord de l'estuaire du Saint-Laurent, les baleines bleues et leurs semblables (rorquals, cachalots, belugas) s'installent dans la baie de Tadoussac, entre avril et octobre, et sur le fleuve même au printemps, ravissant la vedette aux orignaux et aux castors, que l'on peut néanmoins découvrir dans le parc Forillon, évoqué plus haut. En partant vers le nord de cette région, trois passages obligés : les monolithes de Mingan, le village du bout du monde de Natashquan, patrie de Gilles Vigneault, et Blanc-Sablon, qui fut la porte d'entrée de Jacques Cartier au « Kébec ».

Les adeptes de la pêche au saumon trouveront leur bonheur aux abords

QUE VOIR, QUE FAIRE AU QUÉBEC ?

Les paysages et la faune
- Lacs, forêts, chutes, fleuves (Saint-Laurent, Saguenay)
- Gaspésie, îles de la Madeleine, île d'Anticosti (castors, orignaux)
- Réserve de Charlevoix
- Été indien

Les loisirs d'hiver
- Motoneige, traîneau à chiens, raquettes, ski, pêche sous glace

Les villes
- Montréal, Québec

Les traditions
- Carnaval (Québec, Chicoutimi)

Derrière la ligne de ses buildings, Montréal, deuxième ville francophone du monde, cache des quartiers pleins de charme.

de la grande **île d'Anticosti**, au milieu du Saint-Laurent, où fourmillent les cerfs, les orignaux, les castors et les fous de Bassan.

Mi-octobre, dans les environs du cap Tourmente, des colonies d'oies des neiges font une halte avant de gagner la Virginie.

Dans l'est de la province, en direction de la baie James, la route s'efface pour laisser place à de nombreux lacs et rivières, sur le territoire des chercheurs d'or et des Indiens Cris.

Les loisirs d'hiver

Le Québec a une réputation justifiée de laboratoire des loisirs hivernaux (36 000 km de pistes balisées). Aujourd'hui, la mode est au safari motoneige (circuit itinérant avec nuits en refuge), à la conduite d'un traîneau à chiens, aux randonnées en raquettes ainsi qu'à la descente des pentes enneigées à bord… d'un bateau pneumatique.

Le ski alpin et le ski de fond gardent néanmoins droit de cité (stations du mont Sainte-Anne, de l'Outaouais, du lac Beauport et de la région des Laurentides). Autre « sport » en vogue : la pratique de la pêche sous la glace de lacs (lac Saint-Pierre, lac des Deux-Montagnes, fjord du Saguenay), abrité dans une cabane, depuis un trou percé dans la glace.

Les villes

Bâtie entre le mont Royal et le fleuve Saint-Laurent, **Montréal,** deuxième ville francophone du monde, vaut par ses maisons victoriennes de brique rouge, sa place Jacques-Cartier, son Vieux-Port, les rues branchées du plateau Mont-Royal, l'animation du « Village », sa densité culturelle (musée des Beaux-Arts, important Festival international de jazz en juillet), sa vie « souterraine » en hiver (30 km de galeries marchandes), ses espaces verts (parc du Mont-Royal, jardin botanique), son dynamisme culturel (Montréal a été déclarée « ville de design » par l'Unesco), son cosmopolitisme et, quelque peu oubliés dans l'ambiance futuriste de l'Amérique du Nord, ses édifices religieux, parmi lesquels la basilique Notre-Dame et le vieux séminaire Saint-Sulpice.

La ville basse et le quartier Petit Champlain de **Québec** dégagent le plus fort parfum de culture « européenne » de l'Amérique du Nord, même si ce sont les images de l'embouchure du Saint-Laurent, du château Frontenac ou des plaines d'Abraham qui en sont le plus souvent diffusées.

Les traditions

« Chaleur » inattendue sous ces latitudes, mais bien réelle : fin janvier début février, les villes de Québec et de **Chicoutimi** proposent leur **carnaval** avec des courses en canot et un concours de sculptures sur neige.

Des traditions plus anciennes mènent certains visiteurs sur la côte nord du Québec, à la rencontre des indiens Montagnais ou, dans la partie nord-ouest, aux confins de l'Ontario. ■

Au croisement des cultures portugaise et brésilienne, le Cap-Vert est une destination de plus en plus prisée.

QUE VOIR, QUE FAIRE AU CAP-VERT ?

Les paysages

- Randonnées (Santo Antão, Fogo, São Vicente)

Les côtes

- Plages (Sal), windsurf (Sal, São Vicente, São Tiago), funboard, plongée, pêche

Le patrimoine culturel

- Danses, musique *(morna)*, carnaval (Mindelo), Cidade Velha

Cet archipel atlantique développe l'écotourisme, notamment dans l'île de Santo Antão. Peu de plages de sable, mais des alizés bienveillants pour les amateurs de planche à voile.

Cap-Vert

LE CARNET DE VOYAGE

Les premiers contacts
Consulat, 3, rue de Rigny, 75008 Paris, 01.42.12.73.50. www.guiadecaboverde.cv

Les formalités
Pour les ressortissants de l'UE, canadiens, suisses : passeport encore valide six mois après le retour, visa obligatoire à obtenir auprès du consulat ou à l'arrivée.

La santé
Vaccination contre la fièvre jaune conseillée. Risque (limité) de paludisme sur l'île de São Tiago.

Le voyage, le décalage
Durée moyenne du vol Paris-Sal : 6 heures. Lorsqu'il est midi en France, au Cap-Vert il est 9 h du matin en été et 10 h en hiver.

Le coût moyen d'un séjour
1 500 € pour une semaine de randonnée à Santo Antão ou pour une semaine de plongée ou de sports nautiques sur l'île de Sal.

Les langues, la monnaie
Langue officielle : le portugais, qui s'efface derrière le crioulo ; anglais et français peu parlés. **Monnaie :** l'escudo du Cap-Vert. 1 € = 110 escudos. Cartes de crédit très peu utilisées, chèques de voyage, plutôt en dollars US, négociables.

La population
531 000 habitants. Un nombre plus élevé a émigré au Portugal, dans d'autres pays européens, aux États-Unis et au Brésil. Sept habitants sur dix sont des mulâtres. **Capitale :** Praia.

Les religions
Neuf Capverdiens sur dix sont catholiques.

Les fêtes
Février : carnaval de Mindelo (São Vicente) ; **fin avril :** fête des Bandeiras à Fogo ; **3 et 4 mai :** à Boa Vista, fête de l'Abolition de l'esclavage ; **5 juillet :** fête de l'Indépendance ; **fin août :** Festival de musique de Baia das Gatas (São Vicente) ; **Toute l'année :** sérénades et *tocatinas*.

Les achats
Textiles (broderies) et objets en coquillages. À Mindelo, prendre son temps pour chercher les meilleurs CD de *mornas*.

Les paysages

Santo Antão, la plus occidentale des dix îles de l'archipel, est la préférée des visiteurs. Sa partie nord est coupée de *ribeiras*, canyons où les agriculteurs parviennent à cultiver en terrasses. Les ressources autorisent par endroits l'espoir d'un développement (éco)touristique intelligent et mesuré, à base de randonnées autour de Ribeira Grande (*ribeiras* de Paúl et de Figueiral, entre autres).
Le pico do Fogo, sur l'**île de Fogo**, est le deuxième centre d'intérêt des randonneurs. Ailleurs se succèdent plateaux désertiques et végétation luxuriante, par exemple sur l'**île de São Vicente** qui abrite Mindelo, la ville la plus animée de l'archipel.
Des parcours consacrés à la randonnée, à pied ou à vélo, sont proposés dans de plus en plus d'endroits.

Les côtes

L'image de paradis balnéaire que pourrait évoquer la position géographique du Cap-Vert est fausse. Seule, l'**île de Sal** fait exception, autour de Santa Maria. Ses longues plages de sable blanc et fin se distinguent de la plupart des autres plages du pays, bordées de sable noir volcanique.
Les alizés sont une bénédiction pour les amateurs de windsurf autour de Santa Maria, de Boa Vista et São Tiago (Praia) et à São Vicente.

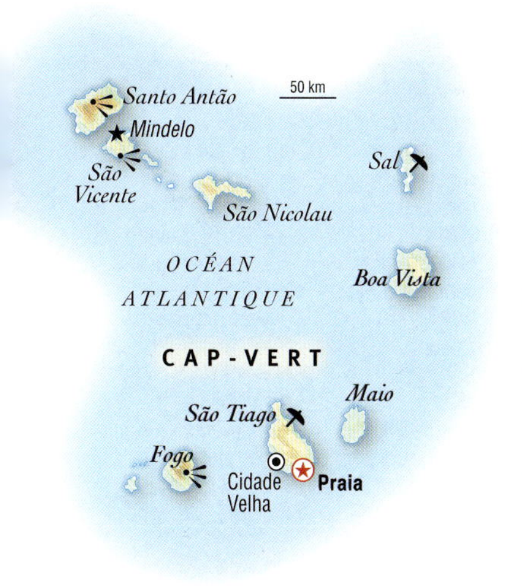

Le funboard (planche à voile sportive) est surtout pratiqué sur l'île de Boa Vista, dans la baie de Sal Rei. La plongée n'est pas en reste, notamment à Sal. L'archipel permet l'observation des thons, des raies mantas, des requins-marteaux sur fond de madrépores. La pêche au gros (marlin, thon) ou à la palangrotte (ligne pour pêcher les poissons de fond) se développe aux environs de São Nicolau. Quelle que soit leur expérience, les pêcheurs, plongeurs et nageurs doivent savoir que les eaux de l'Atlantique sont puissantes et dangereuses sous ces latitudes, surtout quand soufflent les alizés.

Le patrimoine culturel

Impossible, aujourd'hui, de prononcer le nom Cap-Vert sans lui adjoindre celui de la « chanteuse aux pieds nus » Cesaria Evora. Celle-ci a offert une réputation universelle à son archipel grâce à ses interprétations de *mornas*, qui expriment à la fois l'exil, l'amour, le désespoir, la *sodade* (mélancolie), mais aussi l'énergie du peuple capverdien, sur fond de pauvreté et de passé douloureux marqué par l'esclavage.
Ces traditions se vivent et s'entendent surtout à **Mindelo** (São Vicente), le berceau de Cesaria Evora. C'est de cette jolie ville abritée dans une baie, à la douce architecture colorée, que s'échappent les grands courants de pensée du Cap-Vert, avec en point d'orgue un carnaval au mois de février. Non loin de là, le festival de Baia das Gatas réunit, en août, les principaux musiciens du pays.
Sur l'île de São Tiago, à quelques encablures de la capitale Praia et dans la jolie vallée de Ribeira Grande, l'ancienne capitale **Cidade Velha** fut le premier bastion colonial européen sous les tropiques (XVe siècle). Inscrite au patrimoine mondial, elle est remarquable par ses églises, ses places et sa forteresse. ■

LES CONSEILS GEO

▶ Les plus

Un archipel au tourisme en expansion mais encore mesuré : l'idéal pour le voyageur-découvreur.
Un « spot » de premier choix pour les amateurs de planche à voile et de surf.

▶ Les moins

Le coût encore élevé de l'acheminement aérien et plus généralement du voyage accompagné.
Des côtes peu adaptées à des vacances familiales balnéaires en raison de la force des courants et du petit nombre de plages de sable.

▶ Les précautions

Si l'on marche seul la nuit dans les grandes villes comme Praia ou Mindelo, il existe un risque de vol à l'arraché, forme de délinquance qui connaît une recrudescence.
Par ailleurs, ne pas s'aventurer loin des côtes sans un minimum de précautions : les vagues et les courants sont puissants sous les latitudes capverdiennes.

▶ Les tendances

Le funboard, le windsurf, le kitesurf : sports nautiques sur planche très en vogue, et dont le Cap-Vert s'est fait une spécialité. Il a aussi l'exclusivité de la *morna*, à écouter dans un cabaret de Mindelo, la ville de Cesaria Evora.

QUAND PARTIR ?

	Climat	Surf et planche à voile
Janvier	☼	☼
Février	☼	☼
Mars	☼	
Avril	☼	
Mai	☼	
Juin		
Juillet		
Août		
Septembre		
Octobre	☼	
Novembre	☼	☼
Décembre	☼	☼

Peut-on imaginer désert plus nu, plus aride et aux couleurs aussi profondes que l'Atacama ?

Chili

Une longue bande de terre de plus en plus en vogue grâce à ses paysages variés, à son patrimoine architectural, aux Andes, à la richesse de sa faune et aux mystérieuses statues géantes de l'île de Pâques.

Les paysages et les randonnées

Le Chili étale sa beauté du nord au sud de la mince bande de terre adossée à la **cordillère des Andes** :

– le très haut lac Chungara, encerclé par plusieurs volcans, et le parc national Lauca ;

– le **désert d'Atacama**, le plus aride du globe ; la porte d'entrée en est le village-marché de San Pedro de Atacama, avant les lacs de sel (*salares*, tels le *salar* d'Atacama et celui de Surire), les lagunes (Miscanti et Miniques), les geysers d'El Tatio et,

LE CARNET DE VOYAGE

Les premiers contacts
Consulat, 64, bd de La-Tour-Maubourg, 75007 Paris, 01.44.18.59.96.
Internet :
www.chile.travel/fr
www.abc-latina.com/chili

Les formalités
Pour les ressortissants de l'UE, canadiens, suisses : passeport suffisant (valable encore six mois après le retour), carte de tourisme, billet de retour ou de continuation exigible.

La santé
Aucun problème, excepté un possible mal des montagnes (soroche).

Le voyage, le décalage
Durée moyenne du vol Paris-Santiago (11 831 km) : 15 heures. Lorsqu'il est midi en France, au Chili il est 7 h en été et 8 h en hiver.

Le coût moyen d'un séjour
Au moins 3 500 € pour un séjour de 15 jours, surtout si on ajoute l'île de Pâques… Pas beaucoup moins cher en voyage individuel et location de voiture.

Les langues, la monnaie
Langue officielle : l'espagnol. Langues étrangères : l'anglais et, moins répandu, le français.
Monnaie : le peso chilien. Dollars US conseillés.
1 € = 760 pesos,
1 $ = 560 pesos.

La population
Les 17 217 000 habitants se répartissent entre métis, Européens et Indiens.
Capitale : Santiago.

Les religions
Deux Chiliens sur trois sont catholiques. Petites minorités de protestants et d'évangélistes.

Les fêtes
Tous les deux ans en janvier, fête de la fertilité de la terre chez les Mapuches.
18 septembre : fête de l'Indépendance ;
décembre : à Andacollo (nord), Fiesta de la Virgen del Rosario.

Les achats
Textile (ponchos, couvertures), pulls en alpaga, bijoux en argent, vannerie.

QUE VOIR, QUE FAIRE AU CHILI ?

Les paysages et les randonnées

- Cordillère des Andes, désert d'Atacama, Patagonie, Terre de Feu
- Geysers, volcans, vignobles, lacs, fjords

La faune et la flore

- Lamas, alpagas, guanacos, pingouins, éléphants de mer
- Forêts, araucarias

Les monuments et les villes

- Statues de l'île de Pâques, églises, Valparaiso, Santiago

Les côtes

- Arica, Viña del Mar, cap Horn

L'île de Pâques

- Sanctuaires et statues géantes (moaïs)

au nord de Calama, la mine de cuivre à ciel ouvert de Chuquicamata ;
– les vignobles parcourus par une « route des Vins », dans le centre du pays ;
– les volcans Osorno, Michimahuida et Corcovado ;
– le glacier San Rafael, d'un bleu saisissant, et qui laisse choir dans l'océan des pans entiers de glace ;
– le parc national Torres del Paine avec ses lacs bleu-vert et ses hautes parois de granit ;
– la **Terre de Feu** et les fjords de la **Patagonie** méridionale, au spectacle à la fois sévère et fascinant.

Dans la majorité de ces sites, des randonnées sont possibles, certaines se révélant toutefois éprouvantes en raison de l'altitude.

La faune et la flore

Trente parcs nationaux et autant de réserves font du Chili un endroit privilégié pour l'observation de la faune. Les lamas et les alpagas paissent notamment dans le parc national Lauca. Des espèces menacées sont de mieux en mieux préservées : ainsi la race sauvage (vigognes) et la race domestique (alpagas) du lama, comme les chinchillas dans le parc national Lauca, les flamants roses dans le *salar* d'Atacama, les guanacos (lamas au pelage court) et les pumas dans le parc Torres del Paine. Le condor et l'aigle peuplent les parois de la cordillère des Andes. Dans les fjords s'ébattent des phoques, des pingouins et des éléphants de mer, très nombreux dans la lagune San Rafael.

Au sud-est de Concepción, l'Araucanía est une région de forêts qui renferme le très décoratif araucaria, grand conifère d'Amérique du Sud.

Les monuments et les villes

Le pays est riche en églises, dont certaines, très anciennes, comme à San Pedro de Atacama et à Chiloé, où la plupart sont en bois peint. Toujours à Chiloé, l'habitat se distingue par de longues rangées de maisons montées sur pilotis.

À **Valparaiso**, ville très attachante, les *cerros* sont des collines auxquelles un habitat anarchique et des maisons peintes en pastel donnent un charme certain. Le modernisme de **Santiago** ne lui laisse que la visite du palais de la Moneda et des musées (Musée historique national, musée d'Art précolombien) comme réels centres d'intérêt.

QUAND PARTIR ?

	Nord	Centre et Sud	Île de Pâques
Janvier	☼	☼	☼
Février	☼	☼	☼
Mars	☼	☼	☼
Avril		☼	☼
Mai			☼
Juin			
Juillet			
Août			
Septembre		☼	
Octobre		☼	
Novembre	☼	☼	☼
Décembre	☼	☼	☼

LES CONSEILS GEO

▶ Les plus

Une cordillère des Andes capable de satisfaire aussi bien le marcheur confirmé que le contemplateur de paysages.
Le mythe de la Patagonie.
Une faune riche, diverse et de mieux en mieux préservée.

▶ Les moins

Le coût de la vie touristique le plus élevé d'Amérique latine.
Une côte peu exploitable sur le plan balnéaire.

▶ Les précautions

Compte tenu d'un niveau de vie plus élevé que dans d'autres pays d'Amérique latine, l'insécurité est moindre.

▶ Les tendances

Ils ont pour nom Concha y Toro, Cousino Macul, Santa Rita : les domaines où se font certains de ces vins chiliens se visitent.

Les côtes

Les rivages n'occupent qu'une place touristique modeste. Toutefois, autour d'**Arica**, dans le Nord, et à **Viña del Mar**, les plages sont agréables.

Le rocher noir du **cap Horn**, extrémité sud du continent sud-américain, est le témoin d'histoires vraies et de légendes, et le cadre d'actes d'héroïsme désormais relayés par des courses de bateaux médiatisées.

L'île de Pâques

À plus de 3 000 km du continent, les sanctuaires et les statues géantes de Rapa Nui, l'île de Pâques, « déposés » là par une population polynésienne il y a 1 500 ans, n'ont toujours pas livré leur secret. Ils s'élèvent dans un décor de volcans, dont le Rano-Raraku qui a servi de matière première pour leur construction. ■

Chine

Dans ce géant d'Asie, producteur de rêves, chacun vient chercher la réalité de noms magiques tels que Cité interdite, Grande Muraille, route de la Soie, Tibet, Lhassa. Le voyageur va aujourd'hui à Pékin comme il va à New York, ce qui fait de l'empire du Milieu l'une des destinations les plus courues au monde. Il peut parcourir cet immense pays de manière individuelle, mais gagnera à examiner les propositions des voyagistes.

Dans les paysages mythiques de la route de la Soie, les bergers du Xinjiang rencontrent désormais de nombreux randonneurs.

QUE VOIR, QUE FAIRE DANS LE NORD ET LE NORD-OUEST ?
Gansu, Xinjiang

Les villes
- Étapes de la route de la Soie : Xi'an, Lanzhou, Binglingsi, Dunhuang, Mogao, Urumqi, Turfan, Kashi

Les paysages et les randonnées
- Trekking dans les déserts (Takla-Makan, Badain Jaran), chaîne du Tian shan

Le Nord et le Nord-Ouest

Gansu, Xinjiang

Les villes

De la Méditerranée à l'ancienne capitale Xi'an, la **route de la Soie**, itinéraire commercial entre l'Occident et l'Extrême-Orient, trouve en Chine ses étapes de légende.

Première étape en partant de **Xi'an**, les grottes de **Binglingsi** sont ornées de sculptures d'argile et de peintures murales. Suivent **Lanzhou**, capitale industrielle du Gansu, et **Dunhuang**, carrefour important de la route de la Soie. Non loin, les statues et les peintures murales des 492 grottes de **Mogao** constituent un sommet de l'art bouddhique.

Urumqi, capitale du Xinjiang, et ses 20 mosquées sont un bastion du peuple ouïgour, de tradition musulmane et qui subit la mainmise de Pékin. La fosse de **Turfan**, chapelet d'oasis bordé par les montagnes du désert de Gobi, renferme les ruines de la citadelle de Jiaohe (VII-Xe siècle). **Kashi**, aux portes du Pamir, dernière étape chinoise de la route de la Soie, abrite la plus grande mosquée du pays (Id Kah).

Loin de Pékin, les Ouïgours font sécher leurs récoltes de raisin au soleil.

Les paysages et les randonnées

Depuis que l'écrivain-voyageur Jacques Lanzmann l'a traversé et fait connaître par ses écrits, le désert de sable de **Takla-Makan** est un lieu de trekking : un voyage onéreux, mais d'une rare beauté.

Aux confins du Gansu et de la Mongolie-Intérieure, le désert du **Badain Jaran** est connu des randonneurs en raison de ses dunes, de ses oasis et de ses chameaux de Bactriane qui accompagnent les marcheurs.

Le Xinjiang est coupé en deux par la chaîne des monts **Tian shan**, bordés de nombreuses oasis qui constituèrent de précieux points de repère pour les commerçants itinérants de la route de la Soie.

LE CARNET DE VOYAGE

Les premiers contacts
Office du tourisme, 15, rue de Berri, 75008 Paris, 01.56.59.10.10. Internet : www.otchine.com Consulat, Paris, 01.53.75.88.05. Autres consulats à Marseille, 04.91.32.00.00, et à Strasbourg, 03.88.35.32.34. Centre culturel de Chine, 01.53.59.59.20. www.cccparis.org

Les formalités
Pour les ressortissants de l'UE, canadiens, suisses : passeport valable encore six mois après le retour; visa obligatoire, valable 30 jours. Le visa peut être obtenu soit de manière collective par le voyagiste choisi, soit individuellement (formulaire en ligne, www.amb-chine.fr). Billet de retour ou de continuation exigible. Pour un séjour à Hong Kong ou Macao en cours de voyage, demander un visa à deux entrées. Pour passer du Népal au Tibet, nécessité de faire partie d'un groupe. Dans tous les cas, l'accès au Tibet est soumis à un permis spécial, de même que certaines provinces du Nord-Est et de l'Ouest.

La santé
Aucun vaccin n'est obligatoire. Prévention indispensable contre le paludisme dans les provinces du Henan et du Yunnan. Risque de paludisme très limité dans les régions du Guangdong, Guizhou, Guangxi, Sichuan et Fujian.

Le voyage, le décalage
Durée moyenne du vol direct Paris-Pékin (12 566 km) : 10 heures; du vol Paris-Hong Kong : 12 heures. Pour le Yunnan, les aéroports de Bangkok et de Hong Kong sont recommandés. Pour le Tibet, Paris-Lhassa via Katmandou (puis bus). Vols intérieurs nombreux, penser aussi au train. Lorsqu'il est midi en France, en Chine il est 18 h en été et 19 h en hiver.

Le coût moyen d'un séjour
950 € pour une semaine à Pékin entre novembre et mars. Environ 2 200 € pour 15 jours d'un voyage accompagné classique : Pékin, la Grande Muraille, Xi'an, Shanghai, Suzhou, le Yangzi jiang, Guilin, Canton, Hong Kong.

Les langues, la monnaie
Langue officielle : le mandarin, qui est parlé par sept Chinois sur dix. Dans l'Ouest, on compte sept millions de musulmans turcophones, alors que dans le Sud-Ouest, les dialectes tibétains perdurent. Langue étrangère : l'anglais, surtout dans les grandes villes, mais encore très peu utilisé.
Monnaie : le renminbi yuan. 1 € = 8 yuans. Aucun problème pour changer les euros. Le dollar de Hong Kong reste en vigueur. Conserver au moins un bordereau de change pour laisser à la sortie les yuans restants. Cartes de crédit : commerces, distributeurs, grands hôtels de grandes villes.

La population
La Chine regroupe le cinquième de la population mondiale avec 1 349 586 000 habitants. Les Han constituent l'écrasante majorité (95 %), les miettes étant réparties entre 55 autres ethnies, parmi lesquelles surtout les Ouïgours, les Mandchous et les Mongols. Dans le Yunnan vivent de nombreuses minorités.
Capitale : Pékin (Beijing), agglomération de 15 millions d'habitants, tout comme Shanghai.

Les religions
Le bouddhisme et le taoïsme sont les deux grandes religions pratiquées à travers le pays. Les musulmans (dans l'ouest) et les chrétiens sont également représentés.

Les fêtes
Attention, le calendrier peut être différent (mois lunaires, mois tibétains).
Janvier : fête des Lanternes (15e jour du 1er mois lunaire); **février :** Nouvel An chinois (le 8 février en 2016, le 28 janvier en 2017); **avril :** fête du Bouddha exposé (14e au 16e jour du 5e mois du calendrier tibétain); **juin :** fête des Bateaux-Dragons (5e jour du 7e mois lunaire); **juillet :** fête des Fantômes (15e jour du 7e mois lunaire); **1er octobre :** fête nationale.

Les achats
Pékin est devenu en peu de temps un important lieu de shopping à des prix avantageux, vu le décalage entre l'euro et le yuan, et avec marchandage à la clé : artisanat traditionnel, perles, lainages, laques, vêtements de soie. Au Tibet, on pourra se procurer pulls en cachemire, peintures et herbes médicinales.

QUE VOIR DANS LE CENTRE ?
Anhui, Hubei, Jiangsu, Sichuan, Zhejiang
Les villes
■ Shanghai, Suzhou, Hangzhou, Nankin
Les paysages
■ Montagnes du Sichuan, vallée de Jiuzhaigu, cours du Yangzi jiang, monts Huang shan, mont Emei shan
Les monuments
■ Monastères et temples du Sichuan, falaise des Mille Bouddhas, bouddhas de Leshan, Dazu

Nanjing Road à Shanghai. La plus grande ville du pays vit depuis longtemps à l'heure occidentale.

Le Centre

Anhui, Hubei, Jiangsu, Sichuan, Zhejiang

■ Les villes

Dynamisée par l'Exposition universelle de 2010, **Shanghai** est la plus grande ville du pays et la plus cosmopolite. Elle arbore le fier visage de la Chine moderne dans son quartier de Pudong, où les tours rivalisent de gigantisme – entre 400 et 500 m pour au moins trois d'entre elles. De l'autre côté du fleuve Huangpu, dans le quartier de Puxi, les promeneurs de la ville ancienne et du Bund, l'artère la plus célèbre, admirent cette Chine de demain, mais aussi les traces architecturales des concessions étrangères qui y avaient été installées à la suite de la guerre de l'Opium. Shanghai vaut aussi par son musée d'art chinois, aux collections de bronzes, de porcelaine et de jade, par le jardin du mandarin Yu et par son temple du Bouddha de jade. Non loin de là, **Suzhou** est réputée pour ses canaux et pour ses jardins paysagers.

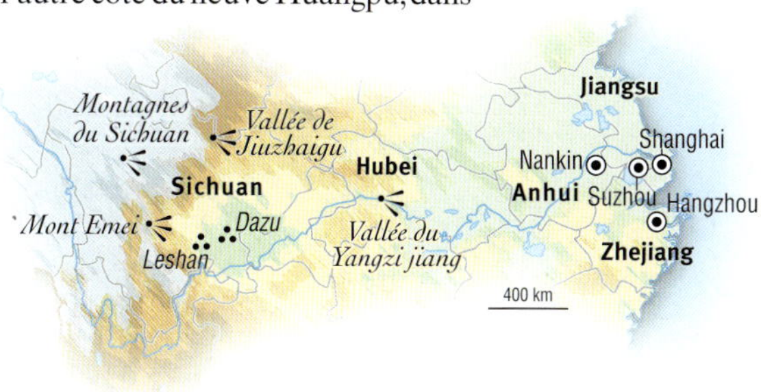

QUAND PARTIR ?

	Nord-Ouest	Pékin et Nord-Est	Centre	Tibet et Sud-Ouest	Sud et Sud-Est
Janvier					☼
Février					☼
Mars				☼	☼
Avril		☼	☼	☼	☼
Mai	☼	☼	☼	☼	
Juin	☼	☼	☼	☼	
Juillet	☼			☼	
Août	☼			☼	
Septembre	☼	☼	☼	☼	
Octobre		☼	☼		☼
Novembre					☼
Décembre					☼

Le village lacustre de **Zhouzuang**, la partie ancienne de **Hangzhou** et le **lac de l'Ouest** sont d'autres passages obligés. Quant à **Nankin**, elle connut son apogée sous les Ming et en conserve la trace avec le tombeau de l'empereur Hongwu.

Les paysages

Occupant les contreforts orientaux du Tibet, le **Sichuan** en a la beauté (montagnes, gorges, cols à plus de 4000 m) et la piété. Il renferme aussi la vallée de **Jiuzhaigu**, ses lacs, ses cascades et ses forêts de bambous dans lesquelles vivent des pandas géants (réserve de Wolong).

La construction contestée du barrage des Trois-Gorges sur le **Yangzi jiang** a diminué l'attrait de la spectaculaire croisière entre de hautes falaises (Qutang, Wu et Xiling). Le fleuve longe ensuite de vieilles villes (Shashi, Jingzhou) avant de voir se dresser, dans le sud, entre Wuhan et Shanghai, les pics couverts de pins des **monts Huang shan**.

Ultime attrait de cette partie de la Chine : le **mont Emei shan**, haut lieu du bouddhisme chinois.

Les monuments

Comme le Tibet, le Sichuan est riche de monastères et de temples bouddhiques. Dans les environs de Nankin se trouve l'ensemble rupestre de la **falaise des Mille Bouddhas**.

En remontant le Yangzi jiang et le fleuve Changjiang, on découvre d'autres témoignages bouddhiques comme à **Leshan**, la statue du grand bouddha assis haut de 71 m.

Non loin de la grande ville de Chongqing, les grottes de **Dazu** abritent des sculptures rupestres qui ont valu au site d'être inscrit au patrimoine mondial de l'Unesco.

Leshan et son bouddha sculpté dans la terre rouge : comme au Myanmar ou au Sri Lanka, les sculpteurs de l'âme bouddhiste voient grand.

QUE VOIR AU NORD-EST ?

Henan, Liaoning, Shaanxi, Shandong, Shanxi

Les villes

- Pékin, Shenyang, Xi'an

Les monuments

- Grande Muraille, tombeaux des Ming, grottes de Longmen, temples (Tai shan)

Les paysages

- Plateaux de lœss du Shaanxi, défilés du fleuve Jaune

Le Nord-Est

Henan, Liaoning, Shaanxi, Shandong, Shanxi

Les villes

La grande majorité des voyages en Chine passe par **Pékin** (Beijing). La capitale aux monuments célèbres a toutefois l'âme flétrie par la pollution et par son urbanisme qui détruit les *hutong*, ruelles des vieux quartiers (XIIIe siècle) aux maisons traditionnelles disposées autour d'une cour, non loin de la tour de la Cloche.

Demeurent la Cité interdite (ancien palais impérial), la place Tian'an men avec le monument aux héros du peuple et le mémorial de Mao, le temple

La Grande Muraille, ici à la hauteur de Jinshanling, inscrite au patrimoine mondial de l'humanité.

Pékin mue à grande vitesse mais préserve la couleur pourpre, symboliquement intouchable, des toits de la Cité interdite.

du Ciel et le palais d'Été, résidence de la dernière impératrice de Chine. Non loin de là se trouvent le célèbre Opéra de Pékin et ses non moins célèbres costumes.

Au nord-est de Pékin, **Shenyang**, méconnue alors qu'elle est la troisième ville du pays et la porte de la Mandchourie, est réputée pour ses vieux quartiers mandchous.

Xi'an, qui fut capitale pendant 1200 ans et point de départ de la route de la Soie, a presque autant à offrir : site néolithique de la culture de Yangshao, allée d'animaux sculptés conduisant à la tombe du général Han Huo Qubing (Ier siècle av. J.-C), armée de Shi Huangdi (6000 figures en terre cuite de guerriers grandeur nature et 1000 chevaux avec leurs cavaliers), monuments de la dynastie des Tang (pagodes, temple, mosquée, tumulus de l'impératrice Wu Zetian). Au sud de la ville, le grand stupa de l'Oie sauvage (VIIe siècle) est incontournable.

Toujours dans le Shanxi, les grottes de **Yungang**, à Datong, abritent des ornements bouddhiques.

Dans le Henan, sur le mont Song, le monastère **Shaolin** a vu naître le bouddhisme zen, auquel est rattachée la pratique des arts martiaux.

Les monuments

La **Grande Muraille** est un rendez-vous du tourisme mondial : 6 700 km de pierres aménagées par les États du Nord à partir du IIIe siècle av. J.-C. pour se protéger des Barbares. Elle relie le golfe du Bohai à la bordure sud du désert de Gobi.

Second ensemble fameux non loin de Pékin : les 13 tombeaux de la dynastie des **Ming** et leurs allées d'animaux en pierre.

Troisième joyau : les grottes bouddhiques rupestres de **Longmen** (Ve-XIe siècle) où l'on trouve de nombreuses statues taillées dans le roc, dont un bouddha colossal.

Dans la péninsule du Shandong, les pentes du massif du **Tai shan**, le « pic sacré de l'Est », qui fait l'objet d'un culte national, sont parsemées de temples. **Qufu,** dans le Shandong, serait le lieu de naissance de Confucius (temple, pavillon des Bibliothèques).

Les paysages

La province de **Shaanxi** (Chen-si), traversée par le fleuve Jaune (Huan He), est composée d'un grand plateau de lœss – ce qui lui a valu le surnom de « pays de la terre jaune » – déchiré de nombreux ravins.

La province voisine du **Shanxi** (Chan-si) est composée d'une succession de moyennes montagnes fermées au nord-est par le Wutai shan, qui culmine à 2 900 m et qui constitue l'un des cinq sites sacrés de l'Empire du milieu.

Ici coule le **fleuve Jaune**, dont le cours complexe est à l'origine de défilés tels que la porte du Dragon.

À Xi'an, l'armée de terre cuite protège le mausolée de l'empereur Qin Shi Huangdi.

QUE VOIR DANS LE SUD-EST?
Guangdong, Guangxi
Les paysages
■ Grottes de Guilin
Les villes
■ Canton, Macao, Nanning

Le Sud-Est

Guangdong, Guangxi

Les paysages

Encore une merveille naturelle : les collines karstiques en pain de sucre et les **grottes de Guilin**, panorama qui se laisse admirer au cours d'une croisière sur le fleuve Li, entre Guilin et Yangshuo.
Au sud-est de Guilin s'étend la province du Guangdong dont le point d'orgue est le Baiyun shan, ou « monts du Nuage blanc », qu'il est possible d'escalader. La province est également connue pour ses plantations de thé et la qualité de celui-ci.

Les villes

En partant du sud, on trouve **Canton** (Guangzhou), aussi atteinte que Pékin et Shanghai par la fièvre du béton et de l'argent. D'une ville qui perd trop vite son cœur historique émergent quelques ensembles intéressants (temple des Six Banians, bonsaïs centenaires du temple des ancêtres de la Famille Chen).
Sous réserve que le pouvoir chinois préserve son régime particulier dans l'avenir, **Macao** continuera de baser son activité touristique sur l'attrait de ses casinos. Mais à la sortie de

La minorité zhuang vit dans la région autonome du Guangxi, aux confins de la Chine et du Viêt Nam.

ceux-ci, il n'y a rien à faire ou presque, sinon arpenter les ruelles pavées ou visiter les quelques églises baroques de la ville, afin de découvrir les dernières traces de la colonisation portugaise.
Capitale du Guangxi, **Nanning** renferme un musée aux célèbres tambours de bronze. À Wuzhou a été érigé un mémorial à la gloire de Sun Yat-sen, le fondateur du Guomindang.

QUE VOIR, QUE FAIRE AU SUD?
Guizhou, Yunnan
Les paysages et les randonnées
■ Rizières en terrasses, Forêt de pierres, vallée de la Suo
Les villes et les monuments
■ Lijiang, Dali, Kunming, Shangri-La

Le Sud

Guizhou, Yunnan

■ Les paysages et les randonnées

Aux confins du Laos et du Viêt Nam, le Yunnan est très en vogue, grâce à sa nature préhimalayenne (rizières en terrasse, forêts) ou prétibétaine (Forêt de pierres, ensemble de colonnes karstiques de 5 à 30 m de hauteur près de la capitale Kunming). Dans le sud de la province, la **vallée de la Suo** est flanquée de montagnes, de plateaux (Loo Wu Chang) et de pics (Tian Zi shan).
Ici vivent des minorités (Dais, Miaos) qui ont préservé leurs coutumes. La province gagne à être traversée à bord du « train du Yunnan ». La réputation du Yunnan fait de l'ombre à son voisin, le petit État de Guizhou qui possède pourtant des atouts : paysages karstiques, grottes, lacs, rivières encaissées, chutes de Huangguoshu (74 m) et, proche de Guiyang, une étonnante forêt de rhododendrons (23 espèces sur 100 km²).

■ Les villes et les monuments

Avec ses 350 ponts et son lacis de canaux que dominent les 5 596 m du mont du Dragon de jade, **Lijiang** est la Petite Venise de la Chine.
Les belles pagodes de **Dali** et de la dynastie Tang, le temple taoïste de **Kunming**, le monastère tibétain de **Shangri-la**, site légendaire au cœur du « pays du sacré et de la paix », sont autant de témoignages bouddhiques dans cette région qui connaît un afflux touristique croissant. ■

LES CONSEILS GEO

▶ Les plus
Un des plus grands éventails touristiques du monde.
La possibilité de voyager en individuel sans risque.
Un coût du voyage de plus en plus abordable, particulièrement sur le plan des tarifs aériens.

▶ Les moins
Une infrastructure hôtelière peu diversifiée et chère.
Les difficultés de communication, l'anglais étant rarement pratiqué, y compris à Pékin.
La pression du pouvoir central sur le Xinjiang et le Tibet, dont les traditions et l'authenticité sont mises à mal.

▶ Les précautions
Les voyageurs isolés doivent faire preuve de vigilance dans le Xinjiang, à la frontière sino-pakistanaise et en Mongolie-Intérieure.

▶ Les tendances
Le voyage à bord du « Train du ciel » sur la ligne la plus haute du monde entre Golmud et Lhassa connaît le succès.

GROS PLAN SUR...

Le Tibet

Les paysages et les randonnées

Tout voyageur au long cours a rêvé un jour d'aller au **Tibet**... Le « toit du monde », qui fait l'objet de nombreux circuits et randonnées, rassemble des paysages parmi les plus saisissants de la planète en raison de la teinte ocre jaune de sa terre et de ses roches, de ses cratères et de ses montagnes foulées par les yacks.

Ses lacs constituent également un trésor touristique (lac de Turquoise, lac Manasarovar), comme le mode de vie plus ou moins sauvegardé de ses habitants, entre prières, danses et musique monastique. Mais on peut se demander ce qu'il adviendra de cette spécificité maintenant qu'a ouvert à plus de 5000 m d'altitude, le dernier tronçon ferroviaire entre Golmud et Lhassa.

En remontant vers l'ouest, la route transhimalayenne, point de rencontre entre le Tadjikistan, l'Inde et la Chine, apparaît aussi belle que tourmentée. Cette route rejoint le Pakistan et le Karakorum par le col de Kunjerab.

Il est désormais possible de voyager en train de Pékin à Lhassa, en deux jours et sur 4500 km. En franchissant le col de Tanggula, à 5072 m,

Le Potala, le plus spectaculaire des hommages rendus à Bouddha, est un palais-montagne mêlant sanctuaires et pagodes.

le voyageur connaît le privilège de rouler sur la voie ferrée la plus haute du monde, dans un décor de glaciers, de steppes et de troupeaux de yacks. Une image toutefois trompeuse : sous la pression gouvernementale, le cœur du plateau tibétain se vide peu à peu de ses nomades…

Dans l'Ouest, le **mont Kailash** voit naître quatre grands cours d'eau sacrés : Karnali, Indus, Brahmapoutre, Sutlej. Il est lui-même considéré comme sacré, aussi bien par les Tibétains que par les Hindous qui l'identifient au trône de Shiva et s'y rendent en pèlerinage pour en faire le tour *(khora)*. Le touriste a le loisir de les imiter aujourd'hui, lors de randonnées à haute altitude au côté des sherpas et des yacks. Non loin du mont Kailash, le sanctuaire de Tirthapuri est aussi important.

À l'opposé, aux confins du Sichuan, la région du Kham et de ses nomades est riche en monastères.

Les villes et les monuments

Lhassa, la « terre des dieux », ville sainte de plus en plus désenclavée par souci du gouvernement central de la contrôler et de lui faire oublier qu'elle attend toujours le dalaï-lama en exil, est un lieu mythique.

Le Potala, palais-montagne du Bouddha, le Jokhang (le plus ancien des temples), le Norbulingka (résidence d'été du dalaï-lama), le Drepung (autrefois le plus grand monastère du monde) et le Sera sont les principaux monuments d'une ville qui a du mal à préserver l'authenticité de son quartier tibétain traditionnel.

Guru Rinpoche, « doublure » de Bouddha, a transposé le bouddhisme de l'Inde au Tibet au VIIIe siècle en méditant dans une centaine de grottes sur son chemin. Bien que le soulèvement des Tibétains en 1959 ait eu pour lourdes conséquences une tragique répression et la destruction de la plupart des grands monastères, les lieux de culte qui restent reçoivent de plus en plus de visiteurs.

Sur la route entre Katmandou et Lhassa, il faut s'arrêter à **Gyantse** pour admirer sa citadelle *(dzong)* et le Kumbun, succession de chapelles sur quatre étages à l'intérieur du monastère de Palcho, ainsi qu'à **Shigatse**, dont le monastère de Tashilhunpo abrite le panchen-lama.

Dans l'Est, du côté du peuple khampa, **Kangding** et ses monastères de l'ordre des Gelugpas ainsi que **Tagong** renferment, avec les deux villes citées précédemment, les ensembles monastiques bouddhiques les plus connus au monde en dehors de Lhassa. ■

QUE VOIR, QUE FAIRE AU TIBET ?

Les paysages et les randonnées
- Montagnes, lacs, mont Kailash

Les villes et les monuments
- Lhassa
- Ensembles monastiques (Gyantse, Shigatse, Kangding, Tagong)

Un moine tibétain entre prière et musique ; combien de temps cette image traditionnelle va-t-elle pouvoir perdurer ?

QUE VOIR, QUE FAIRE À CHYPRE ?

Les côtes
- Plages (Paphos, Limassol, Aghia Napa, Polis, Kyrenia, Karpas)
- Petra tou Romiou

Les paysages et les randonnées
- Mont Troodos, vallée des Cèdres
- Besparmak Daglari, péninsule de Karpas

Les villes
- Nicosie, Paphos

Les monuments
- Églises byzantines, monastères orthodoxes
- Sites archéologiques (Kourion, Paphos), château de Saint-Hilarion, abbaye de Bellapais

Chypre

Fière de son soleil 340 jours sur 365, Chypre ressemble à une Corse que l'on aurait retournée : configuration méditerranéenne, vocation au tourisme balnéaire, montagnes centrales et remous politiques, toutefois apaisés.

Les côtes

Les côtes chypriotes sont principalement constituées de plages de galets et le sable y est rare. En revanche, les sites embellis par le découpage des falaises ne manquent pas, et la baignade reste possible jusqu'en novembre.

Le tourisme de masse a envahi – et enlaidi – les abords de **Limassol**. Il est légèrement plus discret aux alentours de **Paphos** (Coral Bay) et d'**Aghia Napa**. Ce sont les environs de **Polis**, au nord-ouest, qui paraissent les moins touchés. Quant à Aphrodite et sa légende, elles ont émergé au sud, sur le site idyllique de **Petra tou Romiou**. Dans la partie nord, les plages des environs de **Kyrenia** et de la péninsule de **Karpas** sont encore des sites quasi désertés, mais le tourisme balnéaire est en marche, soutenu par le développement des casinos.

LE CARNET DE VOYAGE

Les premiers contacts
Office du tourisme, 15, rue de la Paix, 75002 Paris, 01.42.61.42.49. Internet : www.visitcyprus.com (partie sud) http://welcometonorthcyprus.co.uk (partie nord)

Les formalités
Pour les ressortissants de l'UE et suisses : carte nationale d'identité ou passeport suffisant (valable encore six mois après le retour). Pour les Canadiens, passeport. À Nicosie, possibilité de passer dans la partie nord sur simple présentation d'un document d'identité.

La santé
Pas de problème.

Le voyage, le décalage
Durée moyenne du vol Paris-Larnaca (2 986 km) : 4 heures. Lorsqu'il est midi en France, il est 13 h à Chypre.

Le coût moyen d'un séjour
Environ 750 € en saison pour un séjour d'une semaine en bord de mer (vol A/R et demi-pension), 900 € la semaine pour le vol A/R, la voiture et l'hôtel réservé aux étapes.

Les langues, la monnaie
Langues officielles : le grec et le turc. Langue étrangère : l'anglais. **Monnaie :** dans la partie nord, la lire turque (euros acceptés) ; dans la partie sud, l'euro. 1 € = 2,80 lires turques.

La population
Environ les trois quarts des 1 155 000 habitants vivent dans la partie grecque. **Capitale :** Nicosie.

Les religions
77 % des habitants sont orthodoxes, 22 % sont musulmans. Minorités de maronites.

Les fêtes
Mars : carnaval de Limassol (50 jours avant la Pâque orthodoxe, elle-même objet d'importantes processions) ; **1er avril :** fête de la Résistance ; **mai :** fête des Fleurs (Anthestiria) à Limassol et Paphos ; **Pentecôte :** fête du Déluge (Kataklysmos) dans les villes côtières ; **septembre :** fête du Vin ; **1er octobre :** fête de l'Indépendance.

Les achats
Broderies, objets en cuir, dentelles, vannerie et poteries dominent l'artisanat.

Sur une côte sud très visitée, Paphos et son port ont du mal à rivaliser avec les mosaïques toutes proches des maisons de Dionysos ou de Thésée.

Les paysages et les randonnées

Le cadre forestier du **mont Troodos** est prisé des Chypriotes qui, en été, viennent y chercher, autour du mont Olympe, une protection contre la chaleur des plaines.

En quittant le Troodos par l'ouest, une piste traverse la belle et silencieuse **vallée des Cèdres**.

Dans la partie turque, après avoir traversé la chaîne de montagnes **Besparmak Daglari** et ses sommets parfois surmontés de vestiges de châteaux tels Saint-Hilarion, la péninsule de **Karpas**, avec ses points de vue sur la mer, attire les randonneurs hors des sentiers battus.

Les villes et les villages

Bien que coupée en deux en 1974 par une « Ligne verte » de nouveau franchissable depuis 2004, **Nicosie**, la capitale, garde fière allure :

– côté sud, un vieux quartier, un musée d'Art byzantin aux superbes icônes, un riche Musée archéologique et de nombreuses églises byzantines ;

– côté nord, la cathédrale Sainte-Sophie, devenue mosquée, et la maison des Lusignan, seigneurs poitevins qui édifièrent un royaume dans l'île entre les XIIe et XVe siècles.

Paphos offre l'agrément d'un fort ottoman, d'un joli port et de ses tombeaux de rois creusés dans la roche.

Larnaca possède un intéressant Musée archéologique.

Certains villages préservés du tourisme de masse organisent encore des fêtes traditionnelles, loin des stéréotypes.

Les monuments

Le massif du Troodos abrite des églises byzantines aux superbes fresques : Asinou, Aghios Nikolaos et Panaghia tou Arakou sont des passages obligés, tout comme les monastères orthodoxes. Celui de Kykko, surchargé de dorures, renferme un riche musée.

Les sites archéologiques de **Khirokitia** (reconstitution des huttes circulaires des premiers Orientaux) et de **Kourion** (ancienne cité gréco-romaine), ainsi que celui de **Paphos**, dominé par les mosaïques des maisons de Dionysos, Thésée et Aiôn, méritent la visite.

Dans la zone turque, deux sites s'imposent, au sud du port de Kyrenia : le **château de Saint-Hilarion** (les Byzantins s'y protégèrent de Richard Cœur de Lion) et l'**abbaye de Bellapais** (ordre des prémontrés). À un degré moindre : Famagouste, sa partie médiévale entourée de remparts et ses monuments gothiques (cathédrale Saint-Nicolas, transformée en mosquée), ainsi que Salamine (gymnase, théâtre et thermes romains). ■

LES CONSEILS GEO

▶ Les plus

Un des meilleurs climats de la Méditerranée, réputé sain et offrant un long ensoleillement.
Une mer peu profonde, propice à des vacances familiales.

▶ Les moins

Un voyage vers l'intérieur de l'île trop souvent négligé.
La relative rareté des plages de sable.
Les conséquences de la partition entre communautés grecque et turque, même si l'avenir suscite l'optimisme.
Pour ceux qui ne peuvent s'en passer, un manque d'hôtels-clubs francophones.

▶ Les précautions

Peu de risques : la partie nord n'est ni inaccessible ni dangereuse. Depuis 2004, au contraire, il est aisé pour le touriste de passer du sud au nord et inversement, particulièrement à Nicosie, où la simple présentation du passeport suffit.

▶ Les tendances

Partir en randonnée – facile – pour gagner le mont Olympe, dans le massif du Troodos, est un plaisir, d'autant que les touristes se massent sur les plages et oublient les belles montagnes de l'intérieur.

QUAND PARTIR ?

	Côtes	Intérieur
Janvier		☼ (Ski (Troodos))
Février		☼ (Ski (Troodos))
Mars		
Avril		☼
Mai	☼	☼
Juin	☼	☼
Juillet	☼	☼
Août	☼	☼
Septembre	☼	☼
Octobre	☼	
Novembre		
Décembre		

QUE VOIR, QUE FAIRE EN CORÉE DU SUD ?

Les paysages

- Parcs nationaux (Soraksan, du Mont-Jiri)
- Cheju

Les villes et les monuments

- Temples et effigies bouddhiques, Gyeongju, Séoul, Puyo

Les côtes

- Plages des côtes est et ouest, Cheju

Le « pays du matin clair » demeure une destination touristique moyennement courue. Il possède pourtant de solides arguments : témoignages du bouddhisme, vestiges des époques royales, sites balnéaires, paysages de moyenne montagne.

Corée du Sud

Les paysages

Les parcs nationaux sont nombreux : les plus connus sont, au nord, celui de **Soraksan**, propice aux randonnées, et, au sud, celui du **Mont-Jiri**, montagne sacrée riche d'une dizaine de monastères et temples bouddhiques dont celui de Hwaeomsa. La **floraison** du printemps coréen est très réputée : l'exemple le plus remarquable en est offert par les cerisiers de la région de Busan. Au sud, l'**île de Cheju** (Jeju), l'« île des Dieux », est la favorite des Sud-Coréens, sur-

LE CARNET DE VOYAGE

Les premiers contacts
Office national du tourisme coréen, Tour Maine-Montparnasse, 33, av. du Maine, 75755 Paris Cedex 15 01.45.38.71.23. www.french.visitkorea.or.kr

Les formalités
Pour les ressortissants de l'UE, canadiens, suisses : passeport suffisant (valable encore six mois après le retour). Le billet de retour ou de continuation peut être exigé.

La santé
Aucune vaccination n'est exigée. Risque très limité de paludisme dans le nord de la province de Kyunggi Do.

Le voyage, le décalage
Durée moyenne du vol Paris-Séoul (9000 km) : 11 heures. Lorsqu'il est midi en France, en Corée du Sud il est 19 h en été et 20 h en hiver.

Le coût moyen d'un séjour
Au moins 3000 € pour une douzaine de jours ; idem pour un combiné Japon-Corée, *package* souvent proposé.

Les langues, la monnaie
Langue officielle : le coréen. Langue étrangère : l'anglais. **Monnaie :** Le won. 1 € = 1380 wons, 1 $ = 1020 wons.

La population
Densité record : 449 h/km². La majorité des 49 millions d'habitants, dont près du quart vivent dans l'agglomération de Séoul, est issue de groupes ethniques venus d'Asie centrale. **Capitale :** Séoul.

Les religions
Bouddhisme et protestantisme prédominent. Minorités de catholiques et de confucianistes.

Les fêtes
Janvier-février : Nouvel An lunaire ; **avril :** Festival des cerisiers en fleur au mont Maisan ; **1er mai :** fête de la Nativité de Bouddha ; **à partir du 5e jour du 5e mois lunaire :** Festival « Dano » de Gangneung ; **mai :** fête des Lanternes ; **octobre :** fête des Récoltes (*chusok*) ; Festival en l'honneur de la dynastie Shilla à Kyongju.

Les achats
On pourra acheter des vêtements, des produits électroniques, des bijoux en or ou en argent.

Dès que la montagne est là, comme ici à Naksan, Bouddha apparaît, taillé à même la roche.

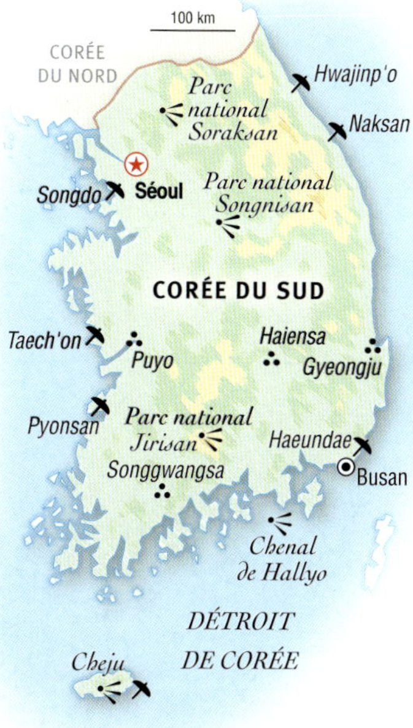

LES CONSEILS GEO

▶ Les plus

Un registre touristique varié et d'excellentes structures.
La possibilité d'achats intéressants dans les domaines vestimentaire et électronique.

▶ Les moins

Le niveau élevé du coût du voyage accompagné.
Un calendrier estival perturbé par les pluies de mousson.

▶ Les tendances

La brève mais magnifique floraison des cerisiers dans la région de Busan au printemps est, comme au Japon, devenue un coup de cœur à la mode si l'on n'est pas trop regardant sur le coût élevé d'un tel voyage.

tout des jeunes couples qui s'y rendent en voyage de noces pour ses plages. On notera aussi ses multiples cratères dominés par le mont Halla, qu'il est possible de gravir.

Les villes et les monuments

Les **temples** et les effigies en l'honneur de Bouddha sont très nombreux, mais deux sites principaux attirent les voyageurs en quête de concentration et d'exercices spirituels : le temple de Haiensa, non loin du mont Jiri, renferme des dizaines de milliers de tablettes d'écrits bouddhiques *(Tripitaka koreana)* ; celui de Songgwangsa, quant à lui, est le plus important des dizaines de temples ouverts aux étrangers qui désirent s'initier à la culture bouddhique et à la méditation (zen coréen).

Les autres sites à voir : sur le mont Songni, le temple de Popchusa et son « Bouddha du futur » de 33 m de haut ; le temple de Kwanch'oksa et son plus grand bouddha de pierre du pays (« Unjinmiruk ») ; temple de Sanbangguesa à Cheju ; temple de Tongdosa et ses reliques de Bouddha.
Ancienne capitale royale, **Gyeongju** est la ville la plus riche architecturalement : tombes royales, observatoire, vestiges de pagodes carrées, bouddhas en pierre, terrasses du monastère Bulgulk-sa, bouddha taillé dans un bloc de granit blanc de la grotte de Seokguram. La pagode en pierre à cinq étages du VIe siècle édifiée à **Puyo** est un exemple quasi unique.
Séoul, ancienne capitale de la dynastie des Yi, en a conservé ses palais (Kyongbok, Changdeokgung, Toksu), aujourd'hui transformés en musées. La capitale sud-coréenne, riche de sanctuaires (Jongmyo), de temples (Bongeunsa, Jogyesa), de murailles (porte sud) et d'un Musée national avec des collections de céramiques et de sculptures bouddhiques, est aussi ancrée dans le présent : les quartiers commerçants se multiplient et le parc olympique est devenu l'un des hauts lieux de visite de la ville.

QUAND PARTIR ?

	Intérieur	Floraison et couleurs de la nature
Janvier		
Février		
Mars		
Avril		⋖
Mai		⋖
Juin		
Juillet		
Août		
Septembre	☼	☼
Octobre	☼	☼
Novembre	☼	
Décembre		

Les côtes

Les plages ne doivent pas constituer l'unique raison d'un voyage en Corée du Sud. Elles n'en sont pas moins belles et relativement nombreuses, sur la côte est (Hwajinp'o, Naksan, Kuongp'odae, Haeundae) comme sur la côte ouest (Songdo, Mallip'o, Taech'on, Pyonsan). Celles de l'île de Cheju, dont Jungmun, connaissent un boom touristique. ■

Avec le Poas et l'Irazú, le volcan Arenal constitue l'épine dorsale du Costa Rica et fait la joie des randonneurs.

La « côte riche », ainsi baptisée par Christophe Colomb, est devenue un pays au tourisme fort grâce, entre autres, à la mise en place d'un écotourisme intelligent dans sa trentaine de parcs nationaux.

Costa Rica

LE CARNET DE VOYAGE

Les premiers contacts
Consulat, 4, square Rapp, 75007 Paris, 01.45.78.50.93. Internet : www.visitcostarica.com

Les formalités
Pour les ressortissants de l'Union européenne et suisses : passeport suffisant pour un séjour inférieur à un mois, valable encore six mois après le retour. Penser au passeport biométrique si le vol transite par les États-Unis.

La santé
Aucune vaccination obligatoire. Prévention recommandée contre le risque (modéré) de paludisme dans certains cantons à basse altitude.

Le voyage, le décalage
Durée moyenne du vol Paris-San José (pas de vol direct, escale à Miami le plus souvent) : 13 heures. Lorsqu'il est midi en France, au Costa Rica il est 4h en été et 5h en hiver.

Le coût moyen d'un séjour
Le vol A/R, l'hébergement et la location d'une voiture coûtent environ 1800 € pour 10 jours. Location possible avec ou sans chauffeur. Un circuit accompagné de 10-12 jours coûte environ 2000 €.

Les langues, la monnaie
Langue officielle : l'espagnol. L'anglais est assez répandu.
Monnaie : le colón (pluriel : colones). 1 € = 720 colones, 1 $= 530 colones.

La population
Les Blancs forment la très large majorité (85%) des « Ticos », population de 4696000 habitants. Minorités de métis, de mulâtres et de Chinois.
Capitale : San José.

Les religions
Le catholicisme (75% de la population) est religion d'État. Minorité protestante.

Les fêtes
Avril : Semaine sainte (importantes processions) ; **12 octobre :** Jour de l'indépendance ; **octobre :** carnaval de Puerto Limon.

Les achats
Les objets en bois, en cuir, en osier, le hamac… et un café haut de gamme sont autant de produits à acheter.

QUE VOIR, QUE FAIRE AU COSTA RICA?

Les paysages, les randonnées, la faune

- Flore (forêts pluviales, observation de la canopée)
- Faune (iguanes, caïmans, quetzals, jaguars), volcans (Arenal, Poas, Irazú)
- Randonnées pédestres, rafting

Les côtes

- Plages atlantiques (Tortuguero) et pacifiques (péninsule de Nicoya)
- Plongée (Isla del Coco)

LES CONSEILS GEO

▶ Les plus

La qualité des parcs nationaux et un pays qui compte parmi les grands vecteurs mondiaux de l'écotourisme. Une longue tradition de paix (il n'y a pas d'armée) et de stabilité politique qui rassure pleinement le candidat au voyage.

▶ Les moins

Très peu de solutions de repli en dehors de la nature et des plages.

▶ Les précautions

Le Costa Rica est considéré comme un pays sûr. Quelques risques lorsqu'on voyage hors des sentiers battus.

▶ Les tendances

Le Costa Rica est une destination très prisée par ceux qui ont la fibre écologique ou qui souhaitent faire rêver leurs enfants, par exemple sur les ponts de singe suspendus en haut des arbres pour observer la faune avicole de la canopée : tout un programme, très branché !

Les paysages, les randonnées, la faune

Trente-trois parcs nationaux sont autant de lieux où le visiteur peut découvrir une jungle, une faune et une flore d'une telle richesse que le Costa Rica est devenu le laboratoire – sinon le précurseur – de l'écotourisme. Les autorités, très soucieuses d'écologie – le quart de la superficie du pays est considéré comme zone protégée –, en ont fait leur credo, symbolisé par l'Institut national de la biodiversité de San José.

L'axe central, où se succèdent des forêts pluviales (Monteverde), des forêts « rabougries » et des cordillères (Guanacaste, Cordillère centrale, cordillère de Talamanca, parc national La Amistad), est propice aux randonnées, à pied comme à cheval – parfois avec des moyens pittoresques.

Iguanes, caïmans et oiseaux (dont le quetzal) peuplent le parc national de Santa Rosa, sur la côte du Pacifique où les tortues luths viennent déposer leurs œufs. Pendant ce temps, les quetzals se cachent dans la région de Monteverde. Le parc national du Corcovado, dans l'hostile péninsule d'Osa, abrite des centaines d'espèces d'oiseaux, des alligators, des reptiles, des jaguars et des anacondas peu visibles. Autour du village de **Tortuguero**, dans le parc national du même nom, une jungle épaisse cache des crocodiles et des singes hurleurs. La faune du Costa Rica renferme d'autres espèces (colibris, perroquets, grenouilles rouges, tapirs).

En outre, il est possible d'observer de près des volcans en activité tels que l'**Arenal**, le **Poas** et surtout l'**Irazú** : son ascension est facile, et il est le seul sommet du continent américain permettant d'apercevoir à la fois l'Atlantique et le Pacifique.

Une expérience unique consiste à emprunter la voie ferrée qui relie Puerto Limón à Puntarenas. On passe de la côte Atlantique à la côte Pacifique après une traversée de la jungle et de la Cordillère centrale. On peut également descendre des rivières en raft (río Corobici, río Pacuare, río Chirripó).

Les côtes

Si la beauté des rivages nord du Costa Rica n'est pas souvent vantée, ceux-ci font pourtant partie, sans doute aucun, de l'éden balnéaire que constitue la mer des Antilles.

Bordées de palmiers et bénéficiant de l'agrément de superbes récifs coralliens, les plages de la côte **atlantique** sont plutôt arrosées. Le village de Tortuguero, auquel on n'accède que par bateau ou par avion, en constitue le site le plus attachant, avec en prime la précieuse occasion d'observer la ponte d'une espèce rare, celle des tortues vertes – de juillet à octobre.

Les **côtes du Pacifique** attirent beaucoup plus de monde. Les plages sont nombreuses au sud de Puntarenas et autour de la **péninsule de Nicoya** (Tamarindo), mais les vagues y sont parfois très fortes. Quant au golfe de Papagayo, il est promis au développement des loisirs balnéaires (plongée, pêche, surf).

Les plongeurs prennent le bateau pour se rendre à des dizaines de kilomètres de la côte sud, aux alentours de l'**Isla del Coco** : ils peuvent y observer des marlins, des raies, des requins-baleines, des tortues de mer, ces dernières particulièrement au moment de la ponte. ■

QUAND PARTIR ?

	Côte nord	Vallée centrale et côte sud	Nature et photos
Janvier		☼	
Février		☼	
Mars		☼	
Avril		☼	
Mai			⋞
Juin			⋞
Juillet			⋞
Août			⋞
Septembre	☼		⋞
Octobre	☼		⋞
Novembre			⋞
Décembre		☼	

Le tourisme balnéaire de masse étant en train de s'étendre et la beauté des îles dalmates faisant se multiplier les locations de bateaux ainsi que les croisières, on aura intérêt à varier les plaisirs. C'est l'occasion rêvée de découvrir l'architecture des grandes villes côtières et les somptueux lacs de Plitvice.

La petite station de Rovinj, sur la côte ouest de l'Istrie, est une valeur sûre.

Croatie

Les côtes

Les 1 700 km de côtes d'**Istrie** et de **Dalmatie** (sur les 5 835 km que compte en tout la « Riviera croate ») sont bordés par une lisière rocheuse, des pinèdes, des criques, des golfes et des baies, avec les Alpes dinariques en toile de fond. Cela offre à ce long littoral fortement découpé, peu sablonneux et flanqué de 1 200 îles ou îlots, dont moins de 100 sont habités, une beauté certaine.
Les côtes croates sont propices à la croisière sous des formes diverses : voilier parfois en bois (caïque) ou cabotage en goélette.
En Dalmatie, les abords de la ville de Dubrovnik, qui détenaient la palme du tourisme côtier avant la guerre civile, ont retrouvé, par exemple à Makarska, leur image passée.
Autres sites côtiers de renom, non seulement pour leur agrément balnéaire, mais aussi pour leur valeur architecturale : ceux des **îles** de **Brac**, **Cres**, **Hvar**, **Korčula**, **Krk**, **Lošinj** ou **Mljet**, cette dernière étant devenue un parc national.

LE CARNET DE VOYAGE

Les premiers contacts
Office national croate de tourisme, 48, av. Victor-Hugo, 75116 Paris, 01.45.00.99.55. Internet : www.croatia.hr/fr

Les formalités
Carte nationale d'identité ou passeport.

La santé
Aucun problème.

Le voyage, le décalage
Dubrovnik, Split : les vols à bas prix sont nombreux. Train de nuit Paris/Gare de Lyon-Milan-Zagreb. Il existe aussi un Paris-Munich-Zadar.
Route : via Milan et Trieste en venant du sud, via Munich et Ljubljana en venant du nord. À partir de l'Italie, possibilité d'embarquer la voiture sur un ferry : à Ancône pour Split, Zadar et Dubrovnik ; à Pescara pour l'île de Hvar et Split.
Pas de décalage horaire.

Le coût moyen d'un séjour
850 € pour une semaine en bord de mer en haute saison, comprenant le vol A/R et la demi-pension. Entre 1 100 et 1 200 € la semaine en bateau ou en randonnée.

Les langues, la monnaie
Langue officielle : le croate. Langues étrangères : l'allemand, loin devant l'italien ; l'anglais et le français sont peu connus. **Monnaie :** la kuna. L'euro est le bienvenu. 1 € = 7,50 kunas.

La population
4 493 000 habitants. Les Serbes (12 % de la population avant la guerre) ne seraient plus que 150 000. Le pays compte de nombreux réfugiés bosniaques.
Capitale : Zagreb.

Les religions
Au tournant du deuxième millénaire, l'Église croate a choisi le rite latin au détriment du rite slave et oriental, situation qui se vérifie encore aujourd'hui.

Les fêtes
Février : carnaval de Rijeka ; fête de la Saint-Blaise à Dubrovnik ; **juin :** Vino Forum sur l'île de Krk (seconde partie en septembre) ; **juillet :** Festival de danses folkloriques à Zagreb, Festival d'été à Dubrovnik (musique classique, art dramatique) ; **5 août :** Jour de la reconnaissance nationale.

Les achats
Des broderies, des objets en cristal… et des alcools de fruits très réputés.

QUE VOIR EN CROATIE ?

Les côtes

- Istrie (Opatija, Porec, Pula, Rovinj, Umag)
- Dalmatie (Dubrovnik, îles de Brac, Cres, Hvar, Korčula, Krk, Lošinj, Mljet, Kornati)

Les villes et les monuments

- Dubrovnik, Pula, Sibenik, Split, Trogir, Zadar, Zagreb

Les paysages

- Alpes dinariques
- Lacs de Plitvice

LES CONSEILS GEO

▶ Les plus

L'ensemble côtes/monuments/paysages de loin le plus intéressant de l'ex-Yougoslavie.
Un tourisme qui retrouve à grande vitesse son passé, aidé par la rénovation des équipements et la mise en place de vols à bas coût.

▶ Les moins

La rareté des plages de sable sur la longue côte Adriatique (galets).
Une augmentation sensible et récente du coût de la vie touristique.

▶ Les précautions

Le voyageur qui vient avec sa propre voiture ou prend une voiture de location doit éviter de s'écarter des routes principales et des chemins balisés (risques de mines). Pour le reste, pas de problème notable de sécurité.

▶ Les tendances

La location d'un bateau (caïque, voilier) afin de découvrir les îles dalmates est en plein essor dans la cinquantaine de marinas existantes.
Autre tendance : élaborer son séjour à Dubrovnik en incluant des excursions à Mostar (Bosnie-Herzégovine) ou aux bouches de Kotor (Monténégro).

Insolite : au large de Zadar, l'archipel des **Kornati** offre ses 140 îles quasi vierges d'habitants et de végétation. La côte ouest de l'Istrie comprend des villages côtiers qui sont des rendez-vous balnéaires un peu oubliés par les touristes francophones : **Porec, Rovinj, Umag**. Les alentours de Pula et, sur la côte est, la station d'**Opatija**, qui accueillit autrefois la haute société austro-hongroise, sont également très fréquentés.

Les villes et les monuments

Dubrovnik constitue le joyau du tourisme croate : la ville aux toits rouges a, aujourd'hui, retrouvé ses visiteurs et son Festival d'été (théâtre, danse, musique classique, jazz).
Outre son site fortifié, Dubrovnik a bâti sa réputation sur sa richesse historique : fondée sous le nom de Raguse par les anciens habitants d'Épidaure en fuite, elle est entourée de remparts et a bénéficié progressivement d'un apport architectural roman, gothique, Renaissance (église Saint-Sauveur, palais Sponza) et baroque (maisons à arcades et pavage de marbre du Stradun, cathédrale, église des Jésuites).

Les Romains ont légué à **Pula** un amphithéâtre bien conservé, alors que la Renaissance a laissé de beaux vestiges à **Sibenik**. Le palais de Dioclétien, à **Split**, mérite aussi la visite. **Zadar** possède des églises médiévales (Saint-Donat) et des fortifications romaines et vénitiennes.
Trogir, qui garde les marques de son passé grec, puis vénitien, offre les sculptures de ses églises et un plan pittoresque que l'on retrouve souvent dans les petits ports de Dalmatie, mais aussi d'Istrie. Dominée par sa cathédrale néogothique et par son pavillon des Arts, parsemée de monuments baroques, **Zagreb** est également riche de galeries (galerie de l'Art naïf, d'Art moderne) et de musées (Musée archéologique, musée des Arts décoratifs).

QUAND PARTIR ?

	Côtes et îles	Intérieur
Janvier		
Février		
Mars		
Avril		
Mai	☼	☼
Juin	☼	☼
Juillet	☼	☼
Août	☼	☼
Septembre	☼	☼
Octobre	☼	
Novembre		
Décembre		

Les paysages

Les poljés (vastes dépressions fermées) des **Alpes dinariques** sont à l'origine de paysages étonnants, parfois grandioses, où des montagnes à la végétation éparse entourent de larges plaines.
Toutefois, ce sont les **lacs de Plitvice** qui laissent le plus fort souvenir : 16 lacs aux eaux transparentes, reliés entre eux par des chutes nées de barrages naturels et des dizaines de cascades, ravissent le randonneur. ■

Cuba

Voilà bien des années que le tourisme cubain connaît le succès, s'appuyant sur des centaines de kilomètres de côtes, sur des paysages de montagne propices à la randonnée, sur des traditions vivaces comme la salsa, sur l'accueil de la population, sur l'image éculée du Cubain cigare aux lèvres accoudé à une vieille voiture américaine et sur des vestiges coloniaux.

QUE VOIR, QUE FAIRE À CUBA ?

Les côtes
- Plages de la mer des Antilles (Varadero, cayo Largo, cayo Coco, Guardalavaca)
- Croisières

Les villes
- Églises baroques, cathédrales et maisons coloniales (Trinidad, La Havane, Santiago de Cuba, Cienfuegos, Sancti Spiritus, Baracoa), hameau de Biran, mausolée de Che Guevara à Santa Clara

Le patrimoine culturel
- Carnaval, salsa, cigares

Les paysages
- Oriente (sierra Maestra, sierra del Escambray)
- Sierra de los Organos, vallée de Viñales

Églises baroques, bâtiments coloniaux et couleurs exceptionnelles font de Trinidad la ville la plus recherchée de Cuba après La Havane.

Les côtes

Loin de constituer l'aspect le plus intéressant d'un voyage à Cuba, les plages en sont néanmoins, et de loin, le principal vecteur. Elles correspondent à l'image que l'on se fait des Caraïbes : longues, en pente douce, dotées d'un sable blond et fin, propices à la planche à voile, à la voile, à la plongée.

Ceux qui visitent l'île pour des raisons autres ne pourront se satisfaire de l'aspect « ghetto chic » qui prédomine sur les sites balnéaires de la côte nord et de l'archipel de Sabana-Camagüey. En premier lieu, **Varadero**, langue de sable étirée sur 15 km, bordée de palmiers et de flamboyants, mais aussi les **cayos** que sont cayo Las Brujas, cayo Guillermo, cayo Coco, jusqu'à Guardalavaca. Les cayos du Nord-Ouest (cayo Jutias, cayo Levisa) sont comparables.

La côte sud est moins fournie en sites balnéaires, excepté au sud-est (playa Las Coloradas, playa Siboney). Des possibilités de plongée sous-marine existent aux abords de la côte

sud et de l'île de la Jeunesse, tandis que la voile et la pêche au gros sont des activités courantes. De La Havane partent de plus en plus de croisières. Les plus classiques passent par Grand Cayman et la Jamaïque avant de revenir dans la capitale cubaine.

Les villes

Il y a plusieurs **Havane** en une seule. La plus classique en est le cœur historique, La Habana Vieja, inscrite au Patrimoine mondial de l'humanité, avec, au premier chef, la place de la Cathédrale, la place d'Armes et la place Saint-François-d'Assise. Palais, maisons à balcon, musées, églises forment un décor resplendissant.

Il faut toutefois quitter La Habana Vieja pour, via le Parque Central, parcourir Centro Habana, le quartier qui paraît le plus abîmé, mais qui possède des monuments emblématiques (Capitole, Grand Théâtre). Puis on pourra effectuer la sacro-sainte promenade sur le front de mer, le romantique Malecón et ses demeures baroques souvent dégradées, avant de découvrir le moderne Vedado, ses larges avenues (Paseo, Los Presidentes) et l'immense place de la Révolution où Fidel Castro délivrait ses discours-fleuves du 1er mai.

Le seul risque que court La Havane actuellement est d'être trop « reliftée » pour satisfaire un tourisme de masse qui a déjà entraîné l'apparition d'un chapelet de restaurants et de cafés dans La Habana Vieja, mais aussi, élément plus positif, la mise en avant des nombreux musées, dont le musée national des Beaux-Arts (Goya, Rubens, Turner, Velázquez) et la maison-musée du héros national José Marti.

À quelques kilomètres à l'est de La Havane se trouvent « la Finca la Vigia », lieu où vécut et écrivit Ernest Hemingway, ainsi que le petit port de Cojimar, cadre du *Vieil Homme et la mer,* où l'écrivain aimait s'attabler au restaurant Las Terrazas.

Inscrite au patrimoine mondial de l'humanité, **Trinidad** est considérée

Les vieilles voitures américaines, ici au pied du Capitole, sont une image désormais emblématique de La Havane.

LE CARNET DE VOYAGE

Les premiers contacts
Office du tourisme, 280, bd Raspail, 75014 Paris, 01.45.38.90.10. Internet : www.infotur.cu

Les formalités
Passeport valable encore six mois après la date du retour. Obligation d'acquérir une carte de tourisme (payante) délivrée par le consulat, par le voyagiste choisi ou, depuis peu, sur place. Attestation de couverture des frais médicaux obligatoire.

La santé
Pas de problème majeur, aucune vaccination n'est requise. Au pire, il suffit de se rappeler que la médecine cubaine est haut de gamme.

Le voyage, le décalage
Durée moyenne du vol Paris-La Havane (7 636 km) : 10 heures. Lorsqu'il est midi en France, à Cuba il est 6 h, en été comme en hiver.

Le coût moyen d'un séjour
En basse saison (juin-juillet), une semaine balnéaire à Varadero peut revenir à 1 100 € en *«all inclusive»*. Pour l'intérieur de l'île, le vol A/R, la location de voiture et l'hôtel réservé à l'étape coûtent autour de 1 700 € la semaine.

Les langues, la monnaie
Langue officielle : l'espagnol. Langues étrangères : le français n'est pas inconnu, l'anglais peu apprécié. **Monnaie :** il existe un «peso cubain», non convertible, mais le visiteur doit utiliser le «peso convertible» (CUC). 1 € = 1,34 CUC. Les chèques de voyage et les cartes de crédit émis par de grandes banques états-uniennes ne sont pas acceptés.

La population
Sur les 11 452 000 habitants, plus de deux millions vivent à La Havane, la capitale. Répartition de la population : 66 % de Blancs, 22 % de mulâtres et 12 % de Noirs. Depuis 1958, un million de personnes ont quitté le pays pour des raisons politiques.

Les religions
40 % de catholiques, minorité de protestants et d'adeptes de cultes afro-cubains. Un Cubain sur deux ne se réclame d'aucune religion.

Les fêtes
Mai : Festival de folklore à La Havane ; **juillet :** carnavals de La Havane et de Santiago ; **décembre :** Festival de cinéma latino-américain et Festival de jazz à La Havane.

Les achats
Le rhum (particulièrement le Habana Club Añejo 7 años) et les cigares (Cohiba, Montecristo) sont de grandes tentations. Également sculptures sur bois et… portraits du Che sous toutes ses facettes.

comme l'une des villes coloniales les plus intéressantes des Caraïbes grâce à ses églises baroques, à ses maisons basses aux couleurs tendres et à ses patios bâtis sur le modèle andalou. **Santiago de Cuba**, l'ancienne capitale, offre sa baie, son château-forteresse (San Pedro del Morro), sa cathédrale, ses églises et sa passion de la salsa. **Cienfuegos**, la « perle du Sud », inscrite sur la liste du patrimoine mondial de l'humanité, mêle son triple passé architectural français (balcons en fer forgé du centre historique), espagnol (palais Ferrer) et italien (théâtre Terry, palacio de Valle). Son jardin botanique renferme pas moins de 2000 espèces.
Dans le centre, **Sancti Spiritus** vaut par l'atmosphère de sa vieille ville. **Baracoa**, à l'extrême est de l'île, est la première ville espagnole du Nouveau Monde. Le hameau de Biran voit affluer les inconditionnels de Castro qui y a vu le jour. Quant au mythe de Che Guevara, il est entretenu à **Santa Clara**, où une statue et un mausolée lui sont consacrés.

■ Le patrimoine culturel

Seuls Cuba et Porto Rico sont en droit de revendiquer l'origine de la salsa. Bien que concurrencés aujourd'hui par le *reggaeton* (mélange de hip-hop et de salsa), les accents de la salsa règnent toujours sur La Havane ou sur les places de Trinidad. C'est elle aussi qui fait l'originalité du carnaval cubain, dont le meilleur exemple est fourni par Santiago de Cuba, au mois de juillet.
Autre tradition : le cigare *(puro)*, issu de fabriques que l'on visitera avec intérêt – on privilégiera celles de Pinar del Río.

■ Les paysages

Les sierras (chaînes de montagnes) sont à l'origine d'un tourisme de l'intérieur trop longtemps négligé, mais aujourd'hui en plein développement, par le biais, notamment, de randonnées pédestres, surtout dans l'est (Oriente) où la **sierra Maestra** surplombe Santiago de Cuba.
Au centre, une fort jolie route partie de Trinidad traverse la **sierra del Escambray**, ses escarpements, ses lacs et ses caféiers jusqu'à Santa Clara. À l'ouest, la **sierra de los Organos**, entre La Havane et Pinar del Río, est non seulement considérée comme la plus belle (**vallée de Viñales**), mais elle débouche également sur les plantations de tabac les plus réputées de l'île (récolte de janvier à mars). ■

Musique traditionnelle et bars cubains vont souvent de pair.

QUAND PARTIR ?		
	Climat	Fêtes à La Havane
Janvier	☼	
Février	☼	
Mars	☼	
Avril	☼	
Mai		✶
Juin		
Juillet		✶
Août		
Septembre		
Octobre		
Novembre		✶
Décembre	☼	✶

LES CONSEILS GEO

▶ Les plus
Le dynamisme du tourisme, dont Cuba a choisi de faire un atout économique essentiel.
Un des plus riches patrimoines historiques des Antilles.

▶ Les moins
Un coût de la vie touristique plus élevé qu'il n'y paraît.
Le clivage géographique, économique et humain entre visiteurs et population locale sur certains lieux touristiques.
Une saison climatique peu favorable entre juin et octobre.

▶ Les précautions
Le pays est l'un des plus sûrs de la région caraïbe. On déplore peu de vols, en tout cas aussi longtemps que le touriste occidental n'exhibe pas son aisance.

▶ Les tendances
Quittons un peu la salsa et le mojito, troquons-les contre un lever de soleil sur la vallée de Viñales : c'est l'autre enchantement cubain, mais il faut se dépêcher d'y aller et surtout ne pas le répéter…

Les maisons colorées et sagement alignées du port de Nyhavn, à Copenhague, rivalisent avec la Petite Sirène.

Danemark

Face à ses voisins scandinaves, le Danemark ne peut donner le change malgré ses presque 500 îles. Mais il mérite bien mieux que sa discrète réputation car il mêle harmonieusement jolies villes, musées de renom, falaises, dunes et une nature douce à parcourir sur le sacro-saint vélo.

LE CARNET DE VOYAGE

Les premiers contacts
Ambassade, Paris, 01.44.31.21.21. Maison du Danemark, Paris, 01.56.59.17.40. www.visitdenmark.fr

Les formalités
Carte nationale d'identité ou passeport pour les autres ressortissants de l'Union européenne. Passeport valide pour les Canadiens.

La santé
Aucun problème.

Le voyage, le décalage
Paris ou Bruxelles-Copenhague A/R : 150 € (compagnies à bas prix). Durée moyenne du vol Paris-Copenhague : 1 heure 45. Voiture : Paris/Bruxelles-Copenhague : environ 1 200 km via Hambourg. La traversée en ferry de l'Allemagne (Puttgarden) à Copenhague augmente le temps du trajet d'environ une heure. Pas de décalage horaire.

Le coût moyen d'un séjour
Environ 400 € pour un week-end 3 jours/2 nuits à Copenhague (vol et hébergement).

Les langues, la monnaie
Langue officielle : le danois. Langues étrangères : anglais surtout, allemand souvent. **Monnaie :** la couronne danoise (krone). 1 € = 7,45 couronnes danoises.

La population
Descendants directs des Vikings, les Danois sont aujourd'hui 5 560 000, une forte densité de population. **Capitale :** Copenhague.

Les religions
Neuf Danois sur dix sont luthériens.

Les fêtes
Février : Fastelavn, carnaval (lundi qui précède le Mardi gras) ; **23 et 24 juin :** fêtes de la Saint-Jean ; **13 décembre :** Sainte-Lucie.

Les achats
Parmi les productions locales, l'ambre de la Baltique, la porcelaine, le cristal et les bijoux vikings.

QUE VOIR, QUE FAIRE AU DANEMARK ?

Les villes et les monuments

- Copenhague, Århus, Ålborg, Odense, Ribe
- Helsingør (château de Kronborg), Hillerød (château de Frederiksborg), Billund (Legoland)

Les paysages et les côtes

- Lacs, forêts, dunes et landes (Skagen, Holmsland Klit), falaises, plages, pêche

LES CONSEILS GEO

▶ Les plus

L'attrait de Copenhague, mais aussi la spécificité des rivages (landes) et leur lumière.

▶ Les moins

Une belle saison plutôt brève. Un coût du séjour assez élevé.

▶ Les précautions

Le Danemark est un pays très tranquille, il existe un art de vivre et une tolérance qui ont longtemps été à l'avant-garde en Europe.

▶ Les tendances

Malgré des tarifs très élevés, la visite de Legoland continue de paraître si incontournable pour les parents qu'il existe désormais des vols directs pour le petit bourg de Billund.

Les villes et les monuments

Découverte par une belle journée d'été, **Copenhague** apparaît comme l'une des villes les plus jeunes et les plus souriantes d'Europe. Elle offre à son visiteur d'autres images que celles, certes élégantes et incontournables, de la Petite Sirène et des maisons colorées de Nyhavn, l'ancien quartier de pêcheurs.

Si le site de Christiania, qui fut à l'avant-garde sociale dans les années 1970, semble rechercher son passé, les rues centrales du Quartier latin et du Strøget sont très animées, comme le quartier branché Vesterbro, ou le parc d'attractions de Tivoli.

Copenhague est également riche des canaux de Christianhavn (à parcourir en bateau-mouche), du château de Rosenborg, des palais de la place Amalienborg, de ses audaces architecturales (Opéra, « Diamant noir ») et d'importants musées : Glyptotek, musée des Beaux-Arts, Musée national, villa d'Ordrupgaard. À voir aussi : le nouveau Dansk Design Center et le Carlsberg Visitors Centre. À une trentaine de kilomètres au nord est établi le Louisiana, important musée d'art moderne.

Sa vieille ville, sa cathédrale (1201) et son musée préhistorique font d'**Århus** un site à voir. Plus au nord, **Ålborg** vaut par ses quartiers anciens, son musée des Beaux-Arts et, à quelques kilomètres, par un important cimetière viking. **Odense** est connue pour le retable et les tombeaux royaux de la cathédrale Saint-Knud, ainsi que pour la maison d'Andersen. À **Ribe**, l'une des plus vieilles villes du pays, on s'attardera sur les sculptures de la cathédrale romane et gothique (XIIe siècle).

La plupart des châteaux datent des XVIe et XVIIe siècles. Les plus connus sont ceux de **Frederiksborg**, près d'**Hillerød**, et de **Kronborg**, à **Helsingør**, où William Shakespeare a situé l'action d'*Hamlet*.

L'ancienne capitale **Roskilde** possède un musée des bateaux vikings et abrite une cathédrale dans laquelle ont été inhumés nombre de reines et rois.

L'un des lieux les plus fréquentés du pays est le parc d'attraction de **Legoland**, à **Billund** (Jutland).

Les paysages et les côtes

Le voyageur doit s'attendre à découvrir des horizons dégagés, conséquence d'une platitude quasi générale et parfois monotone, coupés néanmoins par des lacs et des forêts. Cela ne doit pas faire oublier les atouts de certaines côtes. Pour le Jutland : longs rivages du Skagerrak, réserve naturelle et ornithologique de Tipperne, lumière de **Skagen**, cordon de dunes couvertes de landes à bruyère d'**Holmsland Klit**, fjord et région de Hobro. Pour l'île de Møn : les falaises de craie de Møns Klint.

Pour ceux que la latitude n'effraie pas, les plages les plus propices à la baignade sont dans l'est du pays : côtes de Fionie, du sud du Seeland, de Lolland et de la petite île de Bornholm, sous la pointe sud de la Suède.

La pêche est une activité très prisée, en eau douce ou en mer. ■

QUAND PARTIR ?

	Climat	Legoland
Janvier		
Février		
Mars		
Avril		
Mai	☼	⋖
Juin	☼	⋖
Juillet	☼	
Août	☼	
Septembre	☼	⋖
Octobre		
Novembre		
Décembre		

Égypte

QUE VOIR, QUE FAIRE EN ÉGYPTE ?

Les monuments
- Pyramides des nécropoles de Gizeh (Kheops, Khephren, Mykerinus), de Saqqarah, du Fayoum, Memphis
- Vestiges de l'ancienne Thèbes : temples de Louxor, Karnak, colosses de Memnon, tombeaux royaux (vallée des Rois, vallée des Reines)
- Temples d'Edfou, Philae, Kom Ombo, Karguèh, temples déplacés de Nubie (Abou-Simbel)
- Monastères (Sainte-Catherine, Saint-Siméon)
- Haut-barrage d'Assouan

Les côtes
- Plages de la mer Rouge et de la Méditerranée, golfe de Suez, golfe d'Aqaba
- Hurghada, Sharm el-Sheikh
- Plongée (mer Rouge)

Les villes et villages
- Le Caire, Alexandrie
- Villages nubiens

Les déserts et oasis
- Désert du Sinaï (mont Sainte-Catherine), désert Blanc
- Oasis de Siwa et du désert occidental (Dakhla, Farafra, Karguèh)

L'Égypte nouvelle trouvera-t-elle rapidement son assise ? Si oui, les touristes reviendront, y compris le casanier impénitent. Car s'il fait une seule exception, l'Égypte doit figurer parmi ses premiers choix. Il y trouvera un extraordinaire livre d'histoire grandeur nature. Durant la dernière décennie, une autre Égypte a pris de l'ampleur, celle des sites balnéaires et de plongée de la mer Rouge. Le troisième volet est désertique avec le désert Blanc, les oasis et le Sinaï.

Les monuments

Les abords du Nil, du Caire à Assouan, ressemblent à un livre d'histoire que l'on découvre aujourd'hui sous la forme de croisières en tout genre, le « fleuve-Dieu » recevant, au sud, des navires de luxe ou des voiliers au côté de ses traditionnelles felouques et de ses *dahabiehs.*

Dans la grande banlieue du Caire, la **nécropole de Gizeh**, composée des trois pyramides des pharaons Kheops, Khephren et Mykerinus, gardées par le Sphinx, constitue l'un des principaux trésors touristiques de l'Égypte, comme du patrimoine mondial. Néanmoins, le colosse de Ramsès II et le sphinx de **Memphis**, la nécropole de **Saqqarah** (pyramide à degrés du roi Djoser, Serapeum) et celle du **Fayoum**, avec ses portraits funéraires, ne sauraient être oubliés, pas plus que les temples et sépultures de la plaine de Tanis, composante du delta du Nil. Dernière mise au jour, non loin de Saqqarah : le site d'Abousir, composé de pyramides et de temples royaux de la Ve dynastie.

À Abou-Simbel, le temple sauvé des eaux par l'Unesco arbore quatre colosses représentant Ramsès II et témoigne du culte absolu qui lui fut rendu.

La remontée du Nil en felouque permet une approche authentique de l'Égypte.

Deuxième grand trésor archéologique de l'Égypte : les ruines de l'ancienne Thèbes, qui connut son apogée sous le Nouvel Empire, avec les Aménophis et les Thoutmosis. Le temple de **Louxor** et celui de **Karnak** en sont les vestiges les plus connus sur la rive droite du Nil. Sur la rive gauche, Médinet Habou, les **colosses de Memnon**, la dizaine de temples de Gournah et le temple d'Hatshepsout à Deir el-Bahari servent de prélude à la **vallée des Rois** et à la **vallée des Reines** où se trouvent les tombeaux des souverains du Nouvel Empire. C'est là que fut découvert le trésor de Toutankhamon en 1922 et que s'est ouvert un musée de Thèbes qui contient les momies de plusieurs rois.

En quittant Louxor pour le sud, on croise deux autres temples importants : **Edfou**, consacré au dieu faucon Horus, et **Kom Ombo**, fondé par Thoutmosis III, qui honore à la fois Horus le faucon et Sobek le crocodile. Viennent ensuite, au niveau d'Assouan, les temples de l'**île de Philae**, dédiés au culte d'Isis, les agréments de l'île Éléphantine (temple de Khnoum, nilomètre) et le vieux **monastère Saint-Siméon** (VIe siècle), édifié par les coptes, qui offre un contraste architectural.

Également copte, la nécropole de Bagawat, au nord de l'oasis de **Kharguèh**, site dont le superbe patrimoine est par trop méconnu (temples, forts romains).

Le lac Nasser a enseveli la vallée de Nubie, mais le travail de déplacement des sites historiques entrepris il y a un demi-siècle par l'Unesco a permis de sauver les temples rupestres de Ramsès II et de Néfertari à **Abou-Simbel**, qui bénéficie désormais d'un accès routier. L'Unesco a également sauvé d'autres temples et trésors architecturaux : Kalabcha, Kertasi, Maharraka, Daké.

L'architecture contemporaine laissera dans le pays une trace imposante,

LE CARNET DE VOYAGE

Les premiers contacts
Bureau du tourisme, 45, rue Pierre-Charron, 75008 Paris, 01.45.62.94.42. http://fr.egypt.travel/

Les formalités
Pour les ressortissants de l'UE, carte d'identité ou passeport valable encore six mois après le retour. Un visa est obligatoire, à obtenir avant le départ auprès de l'ambassade ou à l'arrivée dans le pays. Billet de retour ou de continuation exigible.

La santé
Pas de problème si l'on suit les précautions d'usage. Aucune vaccination n'est obligatoire.

Le voyage, le décalage
Durée moyenne du vol Paris-Le Caire (3210 km) : 4 heures 30 ; Paris-Sharm el-Sheik : 4 heures 45. Combinaisons possibles avec arrivée au Caire et retour de Louxor, ou inversement. Vols directs possibles pour plusieurs aéroports égyptiens à partir de la plupart des grandes villes de province. Lorsqu'il est midi en France, en Égypte il est la même heure en été et 13 h en hiver.

Le coût moyen d'un séjour
Environ 1100 € pour une croisière sur le Nil. Environ 900 € pour la semaine de farniente et de plongée sur la mer Rouge, 1300 € pour une dizaine de jours dans le désert Blanc.

Les langues, la monnaie
Langue nationale : l'arabe. Langues étrangères : l'anglais sur les lieux touristiques, le français parfois, car enseigné çà et là. **Monnaie :** la livre égyptienne. Les dollars US ou les euros, en espèces ou en chèques de voyage, sont bien acceptés. 1 € = 9,50 livres égyptiennes, 1 $ = 7,10 livres égyptiennes.

La population
Son chiffre est très élevé par rapport au peu de surface habitable qu'elle doit se partager. On compte aujourd'hui 86 900 000 habitants, dont vingt millions pour l'agglomération de la capitale, Le Caire.

Les religions
90 % de la population est musulmane sunnite. On dénombre également six millions de coptes (premiers chrétiens, qui n'acceptent Jésus que sous sa forme divine) ainsi qu'une minorité juive.

Les fêtes
7 janvier : Noël copte ; **Février :** fête de l'Ascension de Ramsès II à Abou-Simbel (aussi en octobre) ; marathon de Louxor ; **avril :** fête du Printemps (premier lundi après la Pâque copte) ; **6 octobre :** fête nationale ; **novembre :** Festival de musique arabe au Caire, **Aïd el-Fitr :** fin du ramadan.

Les achats
Le papyrus et les épices (dont le karkadé, base d'une boisson locale) sont particuliers au pays. On trouvera aussi des bijoux en argent et des tissus traditionnels (châles, *galabiehs,* soie travaillée à la main).

Vestiges de l'ancien dromos bordé de plus de sept cents sphinx, qui reliait le temple de Louxor à celui de Karnak.

quoique parfois contestée : le **haut-barrage d'Assouan** (111 m de haut) maîtrise le Nil. Il est à l'origine du lac Nasser dont les berges peuvent être découvertes en bateau.

Au pied du mont Sinaï, le **monastère Sainte-Catherine** est le plus ancien du monde à conserver son activité. Construit au VIe siècle par Justinien, il renferme des icônes et des témoignages de la vie de Moïse.

Les côtes

La réputation balnéaire de l'Égypte est longtemps demeurée discrète, malgré la présence de la **Méditerranée** et des plages de sable fin d'Alexandrie ou de Marsa Matrouh. Le développement des structures destinées à mettre en valeur les fonds exceptionnels de la **mer Rouge** a tout changé. De même, le simple tourisme balnéaire, fort de 360 jours de soleil par an, prend d'autant plus d'ampleur que les prix des séjours se révèlent relativement modestes.

Plongeurs et amateurs de photo sous-marine, même débutants, se voient désormais offrir le spectacle de multiples variétés de récifs coralliens et d'espèces de poissons parmi les plus spectaculaires du monde sous-marin. Passages obligés : **Hurghada**, station familiale au rapport qualité-prix le plus bas, et **Sharm el-Sheik**, petite station à la pointe du Sinaï, haut de gamme, idéale pour la plongée (fonds marins du parc Ras Mohammed) et le snorkeling. D'autres *resorts* ont vu le jour :

QUAND PARTIR ?

	Croisières sur le Nil et désert	Mer Rouge	Budget
Janvier	☼		
Février	☼		
Mars	☼		
Avril		☼	
Mai		☼	€
Juin		☼	€
Juillet			€
Août			€
Septembre		☼	
Octobre	☼	☼	
Novembre	☼	☼	
Décembre	☼		

Alexandrie, dont on voit ici le front de mer, est une ville souriante et chargée d'histoire.

Safaga, El-Gouna, Marsa Alam et, sur la côte est du Sinaï, Dahab, Nuweiba et Taba. Ces stations diversifient leurs activités, proposant notamment thalassothérapie et golf.

Les villes et villages

Le fourmillement du **Caire**, ses vieux quartiers, ses mosquées anciennes (Ibn Tulun, al-Azhar) et ses monuments coptes – dont l'église Saint-Serge, où la Sainte Famille aurait séjourné lors de sa fuite – sont les principaux attraits d'une ville hypertrophiée. En attendant l'ouverture du Grand Musée égyptien à Gizeh, la visite des musées est un moment incontournable d'un séjour au Caire : Musée égyptien, qui renferme des momies et le trésor de Toutankhamon ; Musée copte ; musée d'Art islamique ; musée Mahmoud-Khalil (peintures impressionnistes).

Alexandrie est à la recherche de sa splendeur passée, celle que lui avaient offerte les Ptolémées, derniers pharaons, qui régnèrent entre 360 et 30 av. J.-C. Des fouilles récentes ont permis de mettre au jour la Cité des morts, à défaut de faire renaître les rêves engloutis : le célèbre Phare, l'île de Cléopâtre et la Grande Bibliothèque de Ptolémée Ier, dont la récente et futuriste Bibliotheca Alexandrina, flanquée d'un musée gréco-romain, évoque le souvenir. La ville vaut aussi le détour pour sa corniche, les ruelles du quartier d'El-Mansheya, les catacombes des Ier et IIe siècles (Kom

Comme le désert Blanc, l'oasis de Siwa offre des paysages exceptionnels.

el-Chougafa), le théâtre romain, le palais de Ras el-Tin ainsi que la nécropole d'Anfouchi.

Si Assouan n'est pas inoubliable, ses alentours, comme l'île Éléphantine et l'île de Séhel, ont vu les Nubiens reconstruire les villages aux maisons colorées dont les ont privés les eaux du lac Nasser en 1970.

Les déserts et oasis

La vallée du Nil tend à faire oublier les autres paysages de l'Égypte, particulièrement des déserts saisissants de beauté qui s'étendent de chaque côté du fleuve, invitant à des randonnées aussi passionnantes que partout ailleurs dans le Sahara.

Dans le désert du **Sinaï**, l'ascension du mont Moïse (2285 m), sur lequel Yahvé dicta à Moïse les Dix Commandements, est désormais célèbre pour son lever de soleil. Le désert avoisinant, ses oasis et ses canyons de grès multicolores, tel le Colored Canyon, au sud-ouest de Taba, attirent également une foule de randonneurs avertis.

Dans l'Ouest se déploie le **désert Blanc**, ainsi appelé à cause de la présence de craie, à l'origine de reliefs et de mélanges de couleurs étonnants. Le spectacle se poursuit jusqu'aux confins de la frontière libyenne, l'**oasis de Siwa** donnant sur des lacs de sel situés au pied de la Grande Mer de sable. Siwa elle-même comprend le temple d'Amon, qui a vu passer Alexandre le Grand avant ses conquêtes, ainsi que des tombes creusées sur la montagne des Morts (XXVIe dynastie). En quittant Siwa pour retrouver le Nil, d'autres promesses de panoramas exceptionnels sont comblées par les **oasis de Dakhla**, **Farafra** et surtout **Kharguèh**. ■

LES CONSEILS GEO

▶ Les plus

La multiplicité des sources de voyage : de la croisière de luxe à la balade sur le Nil en felouque, en passant par un séjour sur la mer Rouge et les randonnées dans le désert.

Des fonds marins parmi les plus spectaculaires du monde.

▶ Les moins

Une situation politique encore nerveuse après le Printemps arabe, qui laisse le touriste dans l'expectative.

Un été trop chaud pour voyager.

▶ Les précautions

Si la vigilance est de rigueur quant à l'évolution politique du pays, il convient de rappeler que, comme en Tunisie, la plupart des sites ne se sont pas départis de leur quiétude. Consulter le site du ministère des Affaires étrangères.

▶ Les tendances

Oublier les gros bateaux de croisière pour leur préférer la felouque des paysans du Nil (bateau à voile et à rames) permet de découvrir autrement le «fleuve-Dieu».

Comme avec le Burj Al Arab Hotel, tout est bon pour gagner sur la mer à Dubaï et développer le tourisme à un rythme échevelé.

Émirats arabes unis

Après l'or noir, l'or du tourisme semblait devoir transformer Dubaï en un Las Vegas oriental, mais la crise est passée par là. En deux décennies, Dubaï et les six autres Émirats se sont tout de même forgé une image nouvelle, à coups d'architecture futuriste, d'extravagance hôtelière et de tourisme balnéaire. Abu Dhabi et Dubaï restent les plus courus, mais Sharjah et Ras al-Khaimah pointent à l'horizon.

LE CARNET DE VOYAGE

Les premiers contacts
Abu Dhabi Tourism Authority, c/o Interface Tourism, 01.53.25.11.11. www.visitabudhabi.ae/fr;
Dubaï, département du tourisme, 15 bis, rue de Marignan, 75008 Paris, 01.44.95.85.00, www.definitelydubai.com

Les formalités
Pour les ressortissants de l'UE et canadiens, passeport suffisant (valable encore six mois après le retour), permis de séjour délivré à l'entrée, valable un mois.

La santé
Aucun problème, sauf la très forte chaleur de l'été. Aucune vaccination requise.

Le voyage, le décalage
Durée moyenne du vol Paris-Dubaï (5248 km) : 7 heures. Lorsqu'il est midi en France, aux Émirats arabes unis il est 14h en été et 15h en hiver.

Le coût moyen d'un séjour
Premiers prix aux alentours de 900 € (vol et hébergement) pour 4 jours/3 nuits.

Les langues, la monnaie
Langue officielle : l'arabe. Langue étrangère : l'anglais, largement répandu. **Monnaie :** le dirham, subdivisé en 100 fils. Le dieu Dollar est recommandé. 1 € = 5 dirhams, 1 $ = 3,70 dirhams. Cartes de crédit facilement acceptées.

La population
5474000 habitants sont disséminés dans sept Émirats : Abu Dhabi, Dubaï, Sharjah, Fujayrah, Adjman, Oumm al-Qaïwaïn et Ras al-Khaimah. Le pays compte 850000 immigrés (Arabes de divers pays, mais aussi Iraniens, Indiens et Pakistanais). **Capitale :** Abu Dhabi.

Les religions
80% de la population obéit à l'islam sunnite, 16% à l'islam chiite. Minorité de chrétiens.

Les fêtes
12 janvier : marathon de Dubaï; **mars :** Festival de jazz de Dubaï; **2 décembre :** fête nationale; **mi-décembre à début février :** Dubai Shopping Festival; **Aïd el-Fitr :** fin du ramadan.

Les achats
L'or et les tapis d'Orient ne sont pas un mirage, mais sont bien présents dans les souks.

QUE VOIR AUX ÉMIRATS ARABES UNIS ?

Les villes

- Dubaï, Abu Dhabi, Sharjah

Les côtes

- Farniente, plongée

Les paysages

- Oasis d'Al-Ain, Ras al-Khaimah

LES CONSEILS GEO

▶ Les plus

Un tourisme sans cesse en expansion, qui s'étend désormais au-delà du seul Dubaï.
Un coût de séjour qui devient raisonnable pour qui décide de partir un peu hors saison.

▶ Les moins

Une forme de tourisme qui s'est développée trop vite et se révèle donc quelque peu surfaite.
Une chaleur difficilement supportable entre juin et août.

▶ Les précautions

Les Émirats arabes unis sont une destination sûre, nonobstant la menace latente d'attentats dans cette zone sensible.

▶ Les tendances

Hôtels pharaoniques, projets culturels ambitieux : tendance et extravagance riment souvent aux Émirats arabes unis. Qui aime les suive, mais il faudra savoir y mettre le prix.

Abu Dhabi

La côte est jalonnée d'établissements haut de gamme, de parcours de golf, d'une longue corniche et de 200 îles parmi lesquelles Saadiyat, l'« île du Bonheur » qui accueille le Louvre d'Abu Dhabi, avant un musée Guggenheim. Dans l'Ouest, Desert Islands regroupe huit îles à vocation écotouristique. Les sports nautiques et la **plongée** dominent les activités côtières.
La ville d'Abu Dhabi, ancien port du commerce des perles, est réputée pour la grande mosquée de Cheikh Zayed et ses 57 dômes.
À 1 h 30 de route, l'**oasis d'Al'Ain**, dominée par les 1 300 mètres du djebel Hafeet, possède un fort (Jahili) et une foire aux dromadaires. À proximité : le parc archéologique de Hili et les chutes de l'oued Madbah.
De l'oasis de Liwa partent des expéditions pour le Rub Al Khali, immense désert dont les dunes peuvent atteindre 300 m de haut.

Dubaï

Avant la crise de 2008, les constructions hardies n'en finissaient pas, témoin la tour **Burj Khalifa,** actuel record mondial de hauteur avec 828 m. Depuis, les projets pharaoniques dorment dans les cartons. Cela ne doit pas masquer l'autre **Dubaï.** Ainsi, le quartier du vieux port, la Dubaï Creek, abrite une vieille ville riche de palais et de souks.
Hôtels de luxe et plages privées se succèdent sur le long rivage, avec, au premier chef, l'hôtel **Burj Al Arab**, tour élégante et emblème architectural de la capitale.
Aux portes de la ville : le ski sur dunes, le quad, le spectacle du dressage des faucons pour la chasse et les randonnées en 4x4.

Adjman

Le plus petit des Émirats est une oasis réduite à sa capitale. Bâtie au bord d'un bras de mer, Adjman varie les contrastes entre maisons traditionnelles et hôtels modernes.

QUAND PARTIR ?

	Climat	Budget
Janvier	☼	
Février	☼	
Mars	☼	
Avril	☼	
Mai		€
Juin		€
Juillet		
Août		
Septembre		
Octobre		
Novembre	☼	
Décembre	☼	

Fujayrah

Il se distingue par sa situation sur le golfe d'Oman et la présence d'une moyenne montagne qui incite à la randonnée. Les rivages offrent des plages de sable blanc et des récifs propices à la **plongée.**

Oumm al Qaïwaïn

L'émirat d'Oumm al Qaïwaïn reste dans la logique des hôtels et leurs plages.

Ras Al-Khaimah

Il est riche d'un fort du XVIIIe siècle, mais surtout du site archéologique de Shimal.

Sharjah

Sharjah présente une côte plus variée que ses voisins, où l'on pratique le snorkeling et la plongée. Elle offre un Musée archéologique et un musée d'Art contemporain. Insolite : le souk central est le plus réputé des souks… climatisés des Émirats. ■

Lacs d'altitude et traditions indiennes sur fond de cordillère, tout l'Équateur est là.

QUE VOIR, QUE FAIRE EN ÉQUATEUR ?

Les paysages et les randonnées

- Avenue des Volcans, Sangay
- Forêts et rivières amazoniennes

La faune

- Galápagos (flamants roses, iguanes, lions de mer, otaries, tortues)
- Parc du Cotopaxi (condors, pumas, lamas), parc du Sangay (tapirs de montagne, condors)

Les villes et les vestiges

- Quito, Cuenca

Le patrimoine culturel

- Marchés indiens (Otavalo), *ferias*, ligne de l'équateur

Équateur

Malgré la discrétion de son patrimoine archéologique, l'Équateur constitue un excellent condensé du voyage sud-américain : cordillère des Andes (randonnées), Amazonie (descentes de rivières), marchés indiens, églises et maisons coloniales. L'archipel des Galápagos est un paradis qui abrite de nombreuses espèces animales rares.

LE CARNET DE VOYAGE

Les premiers contacts
Service d'information touristique du consulat, 34, av. de Messine, 75008 Paris, 01.45.61.10.04. www.e-equateur.com ; www.ecuador.travel

Les formalités
Ressortissants de l'Union européenne, canadiens, suisses : passeport valable encore six mois après le retour. Taxe à acquitter pour l'entrée aux Galápagos.

La santé
Prévention vivement recommandée contre le paludisme au-dessous de 1500 m. Pas de risque à Guayaquil et Quito. Vaccination recommandée contre la fièvre jaune.

Le voyage, le décalage
Durée moyenne du vol Paris-Quito (9363 km, pas de vol direct) : 13 heures. Lorsqu'il est midi en France, en Équateur il est 5 h en été et 6 h en hiver. Ajouter une heure pour les Galápagos.

Le coût moyen d'un séjour
Environ 2500 € pour un séjour accompagné de 15 jours, et au moins 3000 € si l'on ajoute les Galápagos.

Les langues, la monnaie
Langue officielle : l'espagnol, qui voisine avec les dialectes quechuas. L'anglais est peu pratiqué. **Monnaie :** le dollar US s'est substitué au sucre. 1 € = 1,34 $.

La population
Les 15439000 habitants se répartissent entre Quechuas (40%), métis (40%), Blancs (10%) et Noirs (10%).
Capitale : Quito.

Les religions
Presque tous les Équatoriens sont catholiques. Minorité de protestants.

Les fêtes
27 février : Jour de l'unité nationale ; **10 août :** fête nationale ; **1er novembre :** Todos los Santos ; **début décembre :** feria de Quito.

Les achats
Les broderies et les ponchos des marchés indiens, les hamacs, les panamás, les objets en *masapán* (pâte à sel).

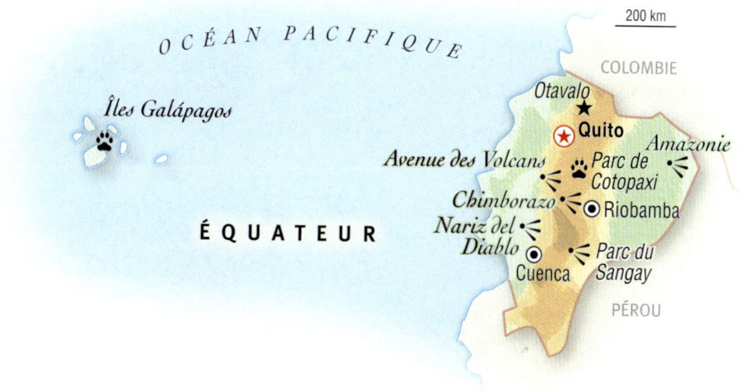

Les paysages et les randonnées

Pour les randonneurs, l'une des plus belles avenues andines est celle des volcans équatoriens (**Avenue des Volcans**), de Quito à Riobamba. Les 6310 m du Chimborazo rivalisent avec le Cotopaxi, qui frôle 6000 m et constitue le volcan en activité le plus haut du monde. Autres stars du genre : le Pichincha, le Pasochoa, le Fuya Fuya, le Cotacachi, le Tungurahua et le Sangay.

Pour les amoureux du train, la voie royale est celle qu'emprunte le pittoresque petit train des Andes : versants abrupts, vallées semi-désertiques, formation rocheuse et pentue de la Nariz del Diablo.

Pour les passionnés de l'**Amazonie**, la forêt, les cascades, les ports fluviaux comme Coca, point de départ de la rivière Napo, les rivières parfois navigables en pirogue et la faune marine (dauphins d'eau douce, anacondas, caïmans) constituent des ingrédients de choix pour un périple riche en émotions.

La faune

À près de 1 000 km du continent, les **Galápagos** (trente îles ou îlots) et leur relief volcanique renferment des espèces protégées : albatros, cormorans, flamants roses, fous masqués à pattes bleues, iguanes terrestres et marins, lions de mer, otaries, pélicans, pinsons et tortues géantes.

Avec ses 7 500 espèces terrestres ou marines et ses 25 000 espèces végétales, l'Équateur constitue un laboratoire rare des trésors de la nature. Dans le parc national qui entoure le **Cotopaxi**, on peut observer des condors, des pumas, des lamas et des chevaux sauvages. Le parc national **Sangay** abrite des espèces préservées (tapirs de montagne, condors), alors que la partie amazonienne du pays regorge d'espèces d'oiseaux (aras, perroquets, perruches).

Les villes et les vestiges

Son patrimoine colonial baroque et Renaissance (églises, chapelles, couvents, monastère Santo Domingo, église San Francisco) ainsi que ses traditions picturales expliquent l'inscription de **Quito**, capitale perchée à 2 850 m, au patrimoine mondial de l'humanité.

Le centre historique au plan orthogonal, les quartiers anciens, les places, les patios et les balcons de bois de **Cuenca** en font une ville très attachante.

Dans le pays subsistent des vestiges incas, transformés en monastères au XVIIe siècle par les colons.

Le patrimoine culturel

Les plus grandes réussites de l'artisanat indien d'Amérique latine se trouvent sur les marchés des villages, notamment à **Otavalo** (laine et ponchos), à Cotacachi (cuir), à Riobamba. Contrairement à ce que laisse croire son nom, le panamá est un chapeau qui est né et est toujours fabriqué en Équateur.

Les coutumes des Noirs présents à l'est d'Esmeraldas, le long des ríos Caypa et Chota, ainsi que dans la petite ville de Borbon, ne sont pas sans rappeler parfois l'Afrique occidentale ou les Antilles.

Tradition née de l'époque coloniale : les *ferias* (Quito). Une autre tradition consiste à se rendre sur la ligne de l'équateur, au monument de la « Mitad del Mundo ». ■

LES CONSEILS GEO

▶ Les plus

Un condensé des agréments de l'Amérique latine : l'héritage colonial, la tradition indienne, la faune, la forêt dense, les randonnées vers les volcans sont des atouts de taille.

L'un des pays pionniers du tourisme solidaire.

▶ Les moins

Une côte peu appropriée pour le tourisme balnéaire.

Un voyage qui a du mal à rester dans des tarifs abordables pour le plus grand nombre quand les Galápagos s'ajoutent au programme.

▶ Les précautions

L'insécurité règne dans les zones frontalières nord et nord-est, qui sont à éviter. Éviter également toute attitude ostentatoire sur les lieux touristiques.

QUAND PARTIR ?

	Zone côtière	Cordillère des Andes	Galápagos
Janvier			⋞
Février			⋞
Mars			⋞
Avril			⋞
Mai			⋞
Juin	☼	☼	
Juillet	☼	☼	
Août	☼	☼	
Septembre	☼		
Octobre	☼		
Novembre	☼		
Décembre			

L'Espagne continue à fonder son tourisme sur ses infrastructures côtières, dressées à une époque où le vacancier trouvait sur les costas de la Méditerranée un exotisme à bon marché. Mais si plusieurs millions de visiteurs choisissent encore de franchir les Pyrénées chaque année, le budget à consentir n'a plus rien de commun. Belle occasion pour quitter parfois les plages et s'aventurer vers les paysages de montagnes ou découvrir les merveilles architecturales de l'intérieur.

Espagne

L'Espagne continentale

Les côtes

Les rivages méditerranéens demeurent l'argument le plus fort grâce à leur ensoleillement et à leur étendue. De la Catalogne à l'Andalousie s'égrènent les *costas* : Costa Brava (Cadaqués, Rosas), **Costa Dorada** (Sitges, Salou et le parc à thème Port Aventura), **Costa del Azahar**, **Costa Blanca** (Benidorm), **Costa del Sol** (Marbella, Torremolinos).
Les plages atlantiques dégagent plus de charme. Après les 1 300 km de la côte de Galice et son Parc national des îles Atlantiques, la côte nord (côte

QUE VOIR EN ESPAGNE CONTINENTALE ?

Les côtes
- Côtes méditerranéenne, cantabrique et atlantique sud

Les villes et les monuments
- Dans le Nord : Bilbao, Saint-Jacques-de-Compostelle, Pampelune, León, Saragosse, Valladolid, Barcelone
- Dans le Centre : Salamanque, Ségovie, Ávila, Madrid, Cuenca, Aranjuez, Tolède, Almagra, Madrid, Valence, Trujillo, Mérida
- Dans le Sud : Cordoue, Séville, Grenade, Almería, Cadix

Les paysages
- Pyrénées aragonaises et catalanes, pics d'Europe, Andalousie, Guadalquivir

Le patrimoine culturel
- Corridas, romerías, route de Don Quichotte (Mancha)

À Barcelone, la ville de Gaudí, l'extravagance de la Casa Batlló fait écho à celle de la Sagrada Familia ou du parc Güell.

Une statue de Philippe III trône au centre de l'imposante Plaza Mayor de Madrid.

Le Tage s'enroule autour de Tolède et donne à la ville, l'une des plus charmantes d'Espagne, un cachet renforcé par la patte du Greco et les vestiges mauresques.

cantabrique) se partage en Costa Verde, côte de Santander et côte basque. La côte sud-est, baptisée Costa de la Luz – avec Cadix et sa plage de la Caleta –, attire les amateurs de windsurf et de kitesurf. Falaises, criques et observation des baleines et dauphins sont ses autres atouts.

Les villes et les monuments

Du nord au sud :

– à **Bilbao**, l'avant-gardiste musée Guggenheim, aussi célèbre pour son architecture que pour ses collections d'art moderne ;

– la cathédrale de style roman de **Saint-Jacques-de-Compostelle**, qui est un objet de pèlerinage toujours intense – le « touriste-pèlerin » est une espèce en plein développement ;

– la façade, la nef et les vitraux de la cathédrale de **León** ;

– la basilique du Pilar et l'Aljafería (palais musulman devenu celui des Rois catholiques) à **Saragosse** ;

– le portail et les sculptures polychromes du collège San Gregorio de **Valladolid** ;

– les clochers comme les portails des petites églises romanes qui parsèment la Catalogne, ainsi que la Vierge noire de Montserrat, « mère des

LE CARNET DE VOYAGE

Les premiers contacts
Office espagnol du tourisme (fermé au public), Paris 01.45.03.82.50. Internet : www.spain.info, www.andalucia.org, www.catalunyaexperience.fr, www.turismodecanarias.com

Les formalités
Ressortissants de l'UE : carte nationale d'identité ou passeport.

La santé
Aucun problème quand on sait éviter une trop longue exposition au soleil…

Le voyage, le décalage
Vol Paris-Barcelone (840 km) : 1heure 35 ; Paris-Madrid (1 044 km) : 1heure 50 ; Paris-Las Palmas (Canaries, 2 767 km) : 4 heures ; Paris-Palma de Majorque (Baléares) : 2 heures. Pas de vol direct pour Minorque. Route : Paris-Madrid (1260 km), Paris-Séville (1800 km). Train : « Train-hôtels » Paris-Barcelone (Joan-Miró) et Paris-Madrid (Francisco-de-Goya). Décalage horaire : moins une heure aux Canaries.

Le coût moyen d'un séjour
La semaine en hôtel-club, vol compris, en chambre double et en demi-pension : sur la Costa Brava, aux alentours de 600 € (en avril-mai et fin septembre-octobre) et de 700 € en haute saison. 700 € la semaine pour le vol A/R, la voiture de location et des bons d'hôtel.

Les langues, la monnaie
L'espagnol, ou castillan. Mais le bilinguisme est de règle au Pays basque (langue basque), en Catalogne et aux Baléares (catalan) ; 7 % des habitants parlent le galicien. **Monnaie :** l'euro.

La population
47 371 000 habitants se partagent les 15 provinces, avec des particularismes parfois très marqués. Andalous, Catalans et surtout Basques n'ont en commun que… leur opposition au pouvoir central. **Capitale :** Madrid.

Les religions
Forte prépondérance catholique.

Les fêtes
6 janvier : fête des Rois mages ; **février :** Carnaval de Cadix ; **mi-mars :** Fallas de Valence ; **avril :** Semaine sainte (pénitents de Séville) ; **début juillet :** San Fermín à Pampelune ; **25 juillet :** fête de Saint-Jacques ; **24 septembre :** Festa de la Mercé à Barcelone.

Les achats
Des objets symboliques comme une vraie guitare classique achetée chez un vrai luthier andalou, un éventail en bois peint, des castagnettes pas trop touristiques ou des produits de tradition culinaire tels que l'huile d'olive, le xérès…

Catalans » ; à Figueras, l'extravagant musée Dalí, dont on complétera la visite par celle de sa maison-musée dans la crique de Portlligat et de la maison dédiée à Gala à Pubol ;
– l'héritage de Gaudí (Sagrada Familia, parc Güell, Casa Mila, Casa Batlló), le quartier gothique, la place Reial et la Ribera à **Barcelone** ; la capitale catalane renferme la fondation Miró, le musée Picasso, le Musée maritime ; dans le Barrio Chino, de *bodega* (bar) en restaurant, le visiteur côtoie le citadin branché ;
– l'université (style plateresque), les deux cathédrales (Vieja et Nueva), mais aussi le musée Art nouveau et la Plaza Mayor de **Salamanque** ;
– l'alcázar et l'aqueduc de **Ségovie** ;
– les remparts, les églises et l'empreinte mystique (celle de Sainte-Thérèse) d'**Ávila** ;
– la Plaza Mayor, le Palais royal, les monuments baroques et les églises de **Madrid** ; au Prado se côtoient les œuvres de Goya, Rubens, Velázquez, Titien et Greco ; les impressionnistes sont au musée Thyssen-Bornemisza ; Dalí, Miró et Picasso (dont *Guernica*) sont au musée Reina-Sofía ; Madrid est aussi connue pour son parc du Retiro, sa Gran Via, son CaixaForum, l'ambiance nocturne du quartier de Malasaña autour de la plaza Dos de Mayo ou pour relancer des modes, comme dans le quartier de Lavapiés ;
– au nord-ouest de Madrid, El Escorial est une nécropole royale du XVIe siècle, qui renferme aussi des peintures (primitifs flamands, Titien, Le Greco) ;
– les « maisons suspendues » de **Cuenca** ;
– **Aranjuez**, son palais royal et ses superbes jardins ;
– à **Tolède**, ville du Greco (maison-musée), bâtie sur un promontoire entouré par le Tage, les vestiges mauresques, les églises mudéjares (décor tiré de l'art islamique), la cathédrale, le quartier de la Judería et la synagogue du Transito ;
– les galeries en bois du Corral de Comedias d'**Almagro** ;
– **Valence**, aussi réputée pour la délicatesse de ses monuments publics

QUAND PARTIR ?

	Plages du continent et Baléares	Canaries	Compromis farniente-culture
Janvier			
Février			
Mars			
Avril			◉
Mai		☼	◉
Juin	☼	☼	◉
Juillet	☼	☼	
Août	☼	☼	
Septembre	☼	☼	◉
Octobre		☼	◉
Novembre			
Décembre			

Encore sous le charme des dentelles de pierre de l'Alhambra à Grenade, le visiteur se voit offrir la délicatesse des jardins du Generalife.

civils (bourse de la Soie) que pour ses édifices religieux (cathédrale et ses tableaux de Goya) ou modernes (Cité des arts et des sciences due à Calatrava);
– les belles façades (palais des ducs et del Marqués) et la statue équestre de Pizarro à Trujillo;
– le mélange romain, arabe et chrétien (inscrit au patrimoine mondial de l'humanité) de Cáceres;
– les vestiges romains (théâtre, aqueduc) de Mérida;
– les joyaux religieux d'autres sites de l'Estrémadure (Guadalupe, Jerez de los Caballeros, Zafra);
– la Grande Mosquée (VIIIe-Xe siècle) et ses arcs de brique et de pierre, à **Cordoue**, dénaturée par la construction d'une cathédrale catholique en son centre;
– à **Séville**, l'immense cathédrale (datant du XVe siècle), flanquée de la tour de la Giralda (minaret de l'ancienne Grande Mosquée), l'alcázar du XIVe siècle (art mudéjar), les patios et les demeures des quartiers de Santa Cruz et de la Macarena; au musée provincial des Beaux-Arts, œuvres de Zurbarán et de Murillo;
– à **Grenade**, l'Alhambra (résidence des rois maures, ensemble exceptionnellement préservé de palais, de logis, de bains et de mosquées) ainsi que les jardins du Generalife;
– l'Alcazaba, ancienne forteresse mauresque, d'Almería;
– les 200 œuvres de Picasso, l'enfant du pays, qu'a récemment acquises **Málaga**;
– les maisons blanches et la forteresse Santa Catalina de **Cadix**, où l'art est aussi très présent, grâce aux oratoires des églises, dont Santa Cueva et ses trois grands tableaux de Goya.

Les paysages

La **barrière pyrénéenne** offre son versant aragonais, avec le parc national d'Ordesa, au pied du mont Perdu (río Mascún, río Gallego). La réserve naturelle de la Sierra de Guara est très prisée des amateurs de balades en rivière (canyoning). Au sud-est d'Andorre, les Pyrénées catalanes proposent au marcheur des sentiers méconnus dans la réserve de Cadí-Moxeiró et la région volcanique de la Garrotxa.

Entre Madrid et Valence, un détour s'impose pour admirer les formes fantasmagoriques des blocs de calcaire de la Ciudad Encantada. Au nord de Málaga, on peut contempler un phénomène semblable avec le Torcal de Antequera.

Dans le sud, la brûlante **Andalousie**, dominée par la **sierra Nevada**, offre une succession de panoramas : oliveraies de la région de Jaén et leurs haciendas; plaines arides de la région d'Almería; mini-désert... et mini-Hollywood de Tabernas, qui a vu le tournage de scènes de western célèbres *(Il était une fois dans l'Ouest)*; villages blancs, tels Arcos de la Frontera et Ronda. L'ensemble est traversé par le **Guadalquivir**. C'est au printemps qu'il faut voir le parc de Doñana, à son embouchure, quand les maquis se couvrent de fleurs et que les forêts de chênes-lièges laissent renaître une faune variée.

Les pics d'Europe, dans la cordillère Cantabrique, font souvent figure d'oubliés.

En partant vers la Galice, on découvre les défilés des **pics d'Europe** (cordillère Cantabrique), les sierras de Montserrat, Guadarrama, Gredos et Cazorla.

La région est riche en vestiges préhistoriques : ainsi, la grotte d'Altamira offre ses exceptionnelles peintures rupestres de la « salle des Bisons », qui datent du magdalénien; près de Ribadesella, ne pas manquer les peintures féminines de la grotte de Tito Bustillo; enfin le gouffre de la Torca del Carlista renferme la cinquième plus grande salle naturelle du monde.

Le patrimoine culturel

Toute agglomération espagnole importante possède sa *plaza de toros* (arènes), avec début de la corrida le dimanche à 17 h. Moins protocolaire est la fête de la San Fermín, à Pampelune, au début de juillet : là, les taureaux sont dans la rue et la population aussi…

Dans un autre genre, les *romerías* (pèlerinages consacrés à la Vierge), les processions de la Semaine sainte (celle des pénitents de Séville est la plus connue), les *ferias,* les cavalcades de la fête des Rois mages le 6 janvier à travers tout le pays, les *fallas* de Valence (d'imposantes statues de papier mâché sont exhibées à travers la ville avant d'être brûlées le jour de la Saint-Joseph), la Festa de la Mercé à Barcelone (le 24 septembre), le carnaval de Cadix dans son quartier de la Vina et, bien sûr, les spectacles de **flamenco** en Andalousie attirent les foules.

Au cœur du pays, en Nouvelle-Castille, la **plaine de la Mancha** compense la monotonie de son relief par le pittoresque de ses villages fortifiés et par son hymne à Cervantès : il existe un « parcours Don Quichotte » qui passe par le lieu où le héros a été fait chevalier (ferme de Puerto Lapiche), la route des moulins (moulins à vent de Consuegra ou de Quintanar de la Orden), la patrie de Dulcinée (El Toboso) et les châteaux (Belmonte, Guadamur).

À Séville, couleur rime avec chaleur, et l'habit ne laisse jamais indifférent.

De villages pittoresques en jolis paysages : il serait dommage de limiter les Baléares aux seules plages.

QUE VOIR, QUE FAIRE DANS LES ÎLES ?

■ LES BALÉARES

Les côtes

Plages de Majorque, Minorque, Ibiza

Les paysages et les randonnées

Puigs (sommets) de Majorque

Les monuments et les musées

Seu de Palma, palais royal, fondation Miró

■ LES CANARIES

Les côtes

Plages de Grande Canarie, Tenerife, Lanzarote, Fuerteventura, El Hierro

Les paysages et les randonnées

Volcans (pic de Teide), La Gomera

L'Espagne des îles

Les Baléares

Les côtes

Les noms de Majorque, Minorque, Ibiza et Formentera font désormais partie des images d'Épinal du tourisme balnéaire européen. Cependant, ces sites sont en mesure de prodiguer au touriste d'autres plaisirs que la simple baignade : voile, plongée, planche à voile.

À **Majorque**, les plages qui s'étendent de part et d'autre de la capitale, Palma, sont longues et belles, mais souvent bondées. Le visiteur trouvera un calme relatif au cœur des criques de la côte nord.

Minorque offre 200 km de côtes, avec les plages de Cala Pregonda et Vall en figure de proue. Ses calanques se

LES CONSEILS GEO

▶ Les plus

La solidité du tourisme balnéaire : époque idéale, climat idéal, espace côtier très étendu (6000 km).
Les atouts architecturaux de la plupart des villages et des villes.
La face cachée des Baléares et des Canaries, où les randonnées sont un véritable plaisir.

▶ Les moins

Une notion de côtes bétonnées qui a du mal à se dissiper.
Une image du tourisme de l'intérieur qui peine à percer. Pour les nostalgiques du genre, la fin de l'Espagne balnéaire bon marché.

▶ Les tendances

De la même manière que Don Quichotte se battait contre les moulins, les responsables du tourisme espagnol se battent contre les images d'Épinal pour faire découvrir par exemple le parcours du héros de Cervantès, malgré la monotonie de la plaine de la Mancha. Un tel parcours constitue un exemple parfait de «contre-Espagne», aux antipodes des plages, loin des stéréotypes et d'un tourisme conventionnel !

révèlent toutefois nettement moins fréquentées.
Quant à **Ibiza**, les plages au creux des falaises dans le nord de l'île compensent la surcharge de celles qui entourent le chef-lieu.

Les paysages et les randonnées

Majorque offre des chemins de randonnée qui mènent à des puigs, sommets à près de 1500 m. Autres sites : les grottes du Drach (lacs souterrains, calcite), le cap de Formentor (falaises, calanques, pins).

Les monuments et les musées

L'art se manifeste pleinement à Palma de Majorque. La cathédrale de Palma, la Seu, arbore une des nefs les plus hautes du monde, alors que les bains arabes et le palais royal Almudaina attestent du passage des Maures.
Par ailleurs, la fondation Miró présente une collection permanente des œuvres du peintre. Quant au musée d'Art espagnol contemporain, il possède des œuvres signées de Miró, Dalí, Picasso et Barcelo.

■ Les Canaries

Les côtes

La température de l'eau est moins élevée qu'aux Baléares, malgré la latitude. Mais l'impression de plage à bronzer demeure forte, surtout sur la côte sud de la **Grande Canarie**.
L'**île de Tenerife** est surtout fréquentée dans sa partie sud (Los Cristianos, Playa de las Americas).
Lanzarote et **Fuerteventura** sont les îles les plus typées. Non loin des plages de Tenerife, Lanzarote et Fuerteventura, les amateurs de grosses vagues peuvent pratiquer le funboard. Enfin, **El Hierro**, l'île la plus occidentale, est aussi la mieux préservée du tourisme de masse.

Les paysages et les randonnées

Plus qu'aux Baléares, les fascinants paysages volcaniques des Canaries (volcans de l'île de La Palma, cône du **pic de Teide** à Tenerife, sommets de la Grande Canarie, cratères des Montañas del Fuego à Lanzarote) constituent un complément idéal à un tourisme trop exclusivement fondé sur les plaisirs balnéaires.
La Gomera, petite île accessible uniquement par bateau à partir de Tenerife, est privilégiée par les amateurs de randonnée (forêt subtropicale de lauriers). On trouvera le même schéma confidentiel pour El Hierro et ses sentiers qui conduisent, par exemple, au Malpaso (1500 m). ■

États-Unis

Le voyageur doit garder à l'esprit que le plus spectaculaire n'est pas à chercher sur la façade des villes démesurées des grands États, mais bien dans l'arrière-cour des paysages naturels, préservés par l'existence d'au moins 40 parcs nationaux.

L'Est

District of Columbia

La ville

Washington, capitale fédérale, essaie de tempérer sa réputation d'insécurité par des atouts touristiques de première valeur : Maison Blanche, Lincoln Memorial, Capitole.

On y visite également de riches musées, la plupart dans un même périmètre, dus à la générosité de la Smithsonian Institution : entre autres la National Gallery of Art (Miró, Raphaël, Rembrandt, Rubens, Van Gogh, Velázquez, Vermeer), le musée national des Indiens d'Amérique et le musée de l'Air et de l'Espace, qui comprend le module de

QUE VOIR DANS L'EST ?

■ DISTRICT OF COLUMBIA
La ville
Washington
■ GÉORGIE
Les villes et les paysages
Savannah
Stone Mountain
■ MASSACHUSETTS
Les paysages
Été indien
Les villes
Boston, Cambridge, Salem
Les côtes
Cape Cod (observation des baleines), Plymouth

New York City collectionne les ponts sur l'East River, mais aucun ne dépasse en élégance et en réputation le Brooklyn Bridge.

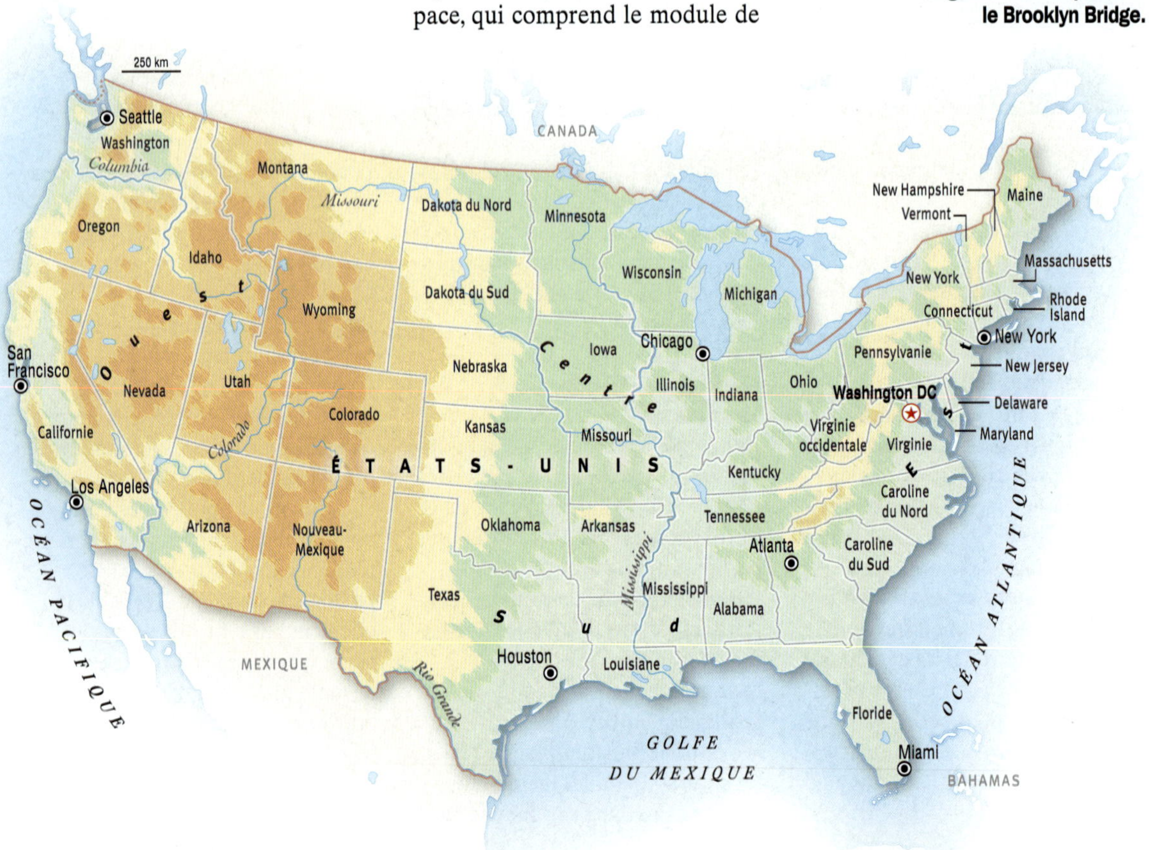

Le front de mer de Boston contraste avec les vieux quartiers de la ville, qui ont gardé leur cachet européen.

LE CARNET DE VOYAGE

Les premiers contacts
Visit USA Committee France, 0899.70.24.70, www.office-tourisme-usa.com Consulat, 01.43.12.22.22. Une fois sur place, ne pas passer à côté des Visitor's Center et des Convention and Visitors Bureau. Penser aux cartes routières de Rand Mac Nally et, pour l'hébergement, au « Forbes Travel Guide ». Autres sites internet :
www.nycgo.com (pour New York City)
www.louisianatravel.com
www.disney.go.com
www.visitflorida.com
www.sanfrancisco.travel
www.lasvegas.com
www.wildwestusa.com (pour les Rocheuses)

Les formalités
Passeport en cours de validité suffisant. Nécessité d'un passeport biométrique ou bien à lecture optique (Delphine) émis avant le 26 octobre 2005, sinon un visa est nécessaire, à demander au consulat. Nécessité de remplir un formulaire électronique sur le site ESTA (https://esta.cbp.dhs.gov) au minimum trois jours avant le départ. Preuves de solvabilité et billet de retour exigibles.

La santé
Aucun problème.

Le voyage, le décalage
Paris-Boston (5531 km) : 7h40; Paris-New York (5837 km) : 8 heures (une heure de moins au retour); Paris-Los Angeles (9 107 km) : 11 heures 30; Paris-San Francisco (8971 km) : 11 heures 30. Lorsqu'il est midi en France, il est minuit (douze heures de moins) à Hawaii, 3h à Los Angeles (côte ouest) et 6h à New York (côte est).

Le coût moyen d'un séjour
Environ 700 € (vol A/R et hébergement en chambre double) pour 4 jours/3 nuits à New York, 800 € pour la même durée à Los Angeles ou San Francisco. Pour une voiture de location, de 300 à 500 € la semaine en fonction du modèle choisi, de Economy à Full Size; 400 € pour un SUV (utilitaire) ou un RV (camping-car). Aux alentours de 2800 € pour une randonnée de 15 jours dans les parcs de l'Ouest.

Les langues, la monnaie
Langue officielle, l'anglais s'est progressivement mué en « anglo-américain »; le français est rare, y compris en Louisiane; les anglophones se préoccupent davantage d'apprendre l'espagnol, au vu de la répartition démographique (14,8% d'hispanophones, dont six habitants sur dix à Miami). Monnaie : le dollar ($) est divisé en 100 cents. 1 € = 1,27 $. Les cartes de crédit ou les traveler's cheques en dollars sont une nécessité : ils sont nés ici. S'en munir avant le départ et prendre peu d'espèces.

La population
50 États et 316439000 habitants, dont les trois quarts vivent dans les villes (200 villes dépassent 100000 habitants). Parmi les minorités, les Noirs (12% de la population totale) sont les plus nombreux, devant les Indiens et les Asiatiques. **Capitale :** Washington, loin derrière les agglomérations de New York (21000000 habitants) et de Los Angeles (12700000 habitants).

Les religions
Un Américain sur deux est protestant, un sur trois est catholique. Les autres grandes religions du monde sont représentées dans des proportions allant, pour chacune d'entre elles, de 1 à 4% de la population.

Les fêtes
La nuit du **Nouvel An**, entre autres à New York (Times Square); **4 juillet :** Independence Day; **31 octobre :** Halloween; quatrième jeudi de **novembre :** Thanksgiving.

Les achats
En fonction de la spécificité des États, on privilégiera l'artisanat indien, et on se souviendra que, dans les grandes villes, se présentent des affaires à ne pas manquer pour l'habillement (chaussures, jeans, tee-shirts) et l'électronique. Attention, toutefois, aux (in)compatibilités de certains matériels électroniques ou téléphoniques.

commande d'Apollo 11, le premier vaisseau à s'être posé sur la Lune. Non loin de là, le cimetière national d'Arlington abrite des tombes célèbres, dont celles de John, Robert et Jackie Kennedy.

Géorgie

Les villes et les paysages

On imagine souvent toutes les villes du pays tracées au cordeau, mais il existe aussi une architecture classique, par exemple à **Savannah**, fondée en 1733. La plupart de ses maisons, typiquement georgiennes, sont de petites bâtisses de bois posées sur des piles de maçonnerie, au milieu des squares et des églises.

Non loin de la futuriste Atlanta, de son State Museum of Art et de son musée du Coca-Cola, se dresse **Stone Mountain**. Il s'agit d'un énorme rocher de granit renfermant, sur l'un de ses flancs, les bas-reliefs, taillés à même le roc, de trois dirigeants de la Confédération.

Massachusetts

Les paysages

Avec le Connecticut, une partie de l'État de New York et les États qui jouxtent la frontière de l'Est du Canada, le Massachusetts est l'endroit où se vivent le mieux les charmes de l'**été indien**, dus en grande partie à la couleur des érables. La beauté de la couleur des feuilles atteint son apogée de la fin septembre à la mi-octobre, soit un peu avant la survenue de l'été indien proprement dit.

Les villes

Boston est la plus ancienne des villes neuves des États-Unis. Un parfum d'Angleterre toujours vivace, dans l'habitat (Beacon Hill) comme dans les habitudes, et des musées de renom (Museum of Fine Arts, Isabella Stewart Gardner Museum) confèrent un intérêt à la ville que l'on visite en suivant, inscrits sur les trottoirs, le « Freedom Trail », le « Beacon Trail » et le « Black Heritage Trail ». Aux portes de Boston, **Cambridge** abrite Harvard, la plus ancienne université du pays, qu'il est possible de visiter.

Abraham Lincoln, dont la bataille contre l'esclavage se conclura par la guerre de Sécession, a eu droit à son mémorial à Washington.

QUAND PARTIR ?

	Est, New York	Ouest, Grand Canyon, Californie	Sud, Floride	Centre
Janvier			☼	Ski Rocheuses ☼
Février			☼	☼
Mars			☼	
Avril		☼	☼	☼
Mai	☼	☼		☼
Juin	☼	☼		☼
Juillet		☼		☼
Août		☼		☼
Septembre	☼	☼		☼
Octobre	Été indien ☼			☼
Novembre			☼	
Décembre			☼	Ski Rocheuses ☼

New York, qui a retrouvé son tourisme, reste la ville qui change le plus et le plus vite aux États-Unis.

QUE VOIR DANS L'EST ?

■ **NEW YORK**

La ville

New York City

Les paysages

Parc de Watkins Glen

Finger Lakes

■ **PENNSYLVANIE**

Les villes

Philadelphie, Pittsburgh

Le patrimoine culturel

Communauté amish

■ **VIRGINIE**

L'histoire

Williamsburg, Charlottesville

Les paysages

Parc national Shenandoah, montagnes Bleues

Plus de trois siècles après leurs supposés méfaits, les sorcières de **Salem** continuent d'attirer des visiteurs dans cette petite ville côtière située à une vingtaine de kilomètres de Boston.

Les côtes

La **presqu'île de Cape Cod** est connue pour l'agrément de son parc national et de ses stations balnéaires. À 15 km au large, Martha's Vineyard arbore ses maisons « pain d'épices » et son cachet jet-set.

À quelques encablures au nord se trouve le port de **Plymouth** où débarquèrent du *Mayflower* les pères pèlerins *(pilgrim fathers)* en 1620. Un musée vivant, à Plimoth Plantation, rappelle leur habitat type.

Pour découvrir et observer les baleines, des croisières (appelées Whale Watching Cruises) sont organisées entre avril et octobre à partir de Cape Cod, mais aussi de Boston et de Plymouth.

New York

La ville

New York City, « la ville des villes », doit justifier sans cesse cet honneur. Accablée par la tragédie et la destruction du World Trade Center le 11 septembre 2001 – le site vient de renaître avec la tour 1 WTC (541 m) et un mémorial –, New York veut continuer à montrer ses attraits à la fois multiples et uniques : on y vit toujours intensément dans les quartiers branchés (SoHo, TriBeCa, East Village, Columbus Avenue), on s'y cultive toujours plus (40 musées dont le Metropolitan Museum of Art, le musée d'Art moderne, le musée Guggenheim, le musée américain d'Histoire naturelle, le Museum of the American Indian), on y écoute beaucoup de musique (Lincoln Center, salles de spectacles de Broadway, églises de Harlem).

On trouve aussi dans la Grosse Pomme les symboles de l'immigration européenne : ainsi, à l'entrée du port, la statue de la Liberté veille depuis 1886 ; non loin de là sommeille Ellis Island, qui fut un sas sévère pour 17 millions de futurs Américains entre 1890 et 1920 et dont les bâtiments abritent aujourd'hui le musée de l'Immigration. Cosmopolite et pétrie de culture européenne, New York est la moins américaine des villes du pays.

Les paysages

On rencontre dans cet État les mêmes attraits de l'été indien que dans le Massachusetts. On y voit aussi une partie des chutes du Niagara, mais côté américain, le moins spectaculaire. Heureusement, les chutes canadiennes, les « vraies », sont à un petit kilomètre… On y visite des sites attrayants tels que le **parc de Watkins Glen** et les **Finger Lakes**.

New York City se voit même offrir des plages à quelques encablures de Manhattan, à Long Island. De Montauk, à l'est de Long Island, partent des croisières de quatre heures environ à la découverte des baleines, en juillet-août.

Pennsylvanie

Les villes

Philadelphie est la ville « mémoire » des États-Unis : son quartier historique, l'Independence National Historic Park, renferme le hall de l'Indépendance, qui y fut signée en 1776, et d'élégantes demeures coloniales de style georgien parsèment Society Hill. La ville, fière de son « muralisme » (fresques murales), est également l'une des plus riches

La communauté amish et ses *buggies*, en Pennsylvanie, refusent de s'adapter au monde moderne qui les entoure.

du pays en musées de renom : le Museum of Art renferme des collections asiatiques et européennes, dont des tableaux de Duchamp, Léger et Picasso, et la Fondation Barnes, du nom d'un médecin philanthrope local qui fit venir d'Europe nombre d'œuvres célèbres, propose des tableaux des époques impressionniste et cubiste. À noter encore un important musée Rodin et un musée des Sciences.

Si **Pittsburgh** vit surtout par son travail de l'acier, elle arbore une palette fournie de maisons victoriennes. Par ailleurs, elle a vu naître Andy Warhol, à la fois peintre, cinéaste et prince du pop art, à qui elle a eu la bonne idée de consacrer un musée.

Le patrimoine culturel

Les traditions perpétuées par la communauté amish, secte chrétienne d'origine allemande, fondée sur l'austérité et le refus de la modernité, suscitent la curiosité. Les mentalités, le mode de vie, la façon de se déplacer avec des *buggies* (chevaux attelés) et l'art d'une technique particulière d'applique du tissu *(quilt)*, le tout bien dépeint par le cinéaste Peter Weir en 1985 dans *Witness*, n'ont pas bougé depuis le XVIIe siècle.

Virginie

L'histoire

En Virginie, la nostalgie est un état d'esprit. Premier État de l'histoire du pays, lieu du premier Thanksgiving rendu par les *pilgrim fathers* venus d'Angleterre pour remercier Dieu de les avoir conduits ici puis protégés, la Virginie est un lieu de pèlerinage, particulièrement **Williamsburg**, ancienne capitale restaurée dans le style colonial en 1927 grâce à l'aide de John D. Rockefeller.

Également ville du souvenir, **Charlottesville** renferme l'université de Virginie, située non loin de Monticello. Dans cette ville se trouve la maison de l'ancien président Thomas Jefferson. Autre demeure célèbre qu'il est possible de visiter : celle de George Washington, à Mount Vernon.

Les paysages

Dans le centre-ouest de l'État, le parc national de **Shenandoah** est un lieu réputé pour les balades. Il est le point de départ de la Blue Ridge Parkway, une route qui suit la crête des **montagnes Bleues**, longue arête des Appalaches. Sur la côte, on peut s'attarder dans les villages des pêcheurs de Chesapeake Bay.

À Lookout Mountain, aux confins de l'Alabama et de la Géorgie, la rivière Tennessee sculpte le paysage.

QUE VOIR, QUE FAIRE DANS LE CENTRE ?

■ DAKOTA DU SUD

Les paysages

Jewel Cave, Wind Cave (grottes), Badlands, mont Rushmore

■ ILLINOIS

Les villes

Chicago, Springfield

■ MICHIGAN

Les villes

Detroit

Les paysages

Lacs (Michigan, Huron, Erié)

■ TENNESSEE

Le patrimoine culturel

Country music (Nashville)

Rock et blues (Memphis)

Hommage à Elvis Presley

Le Centre

■ Dakota du Sud

Les paysages

82 km de grottes, dont une partie est classée Monument national, et plusieurs salles souterraines ornées de fleurs de gypse : **Jewel Cave** n'a qu'un seul rival dans l'État, non loin de là, **Wind Cave**. La « grotte du vent », ainsi appelée à cause de l'air qui s'échappe de l'une de ses anfractuosités, se caractérise par la finesse de la calcite de ses parois, pareille à du cristal.

Ces deux grottes sont situées à la lisière d'un plateau de steppes, les **Badlands**, parsemés de pics et de ravins. Dans les Black Hills, au sud-ouest de Rapid City, se trouve le **mont Rushmore**, réputé pour les visages, taillés dans le roc, des présidents Washington, Jefferson, Roosevelt et Lincoln. Au sud du mont Rushmore s'étend Pine Ridge, l'une des réserves de la Grande Nation sioux.

Illinois

Les villes

Il faut avoir de **Chicago** une autre idée que celle de berceau du crime organisé. Née de rien à la fin du XVIIIe siècle, la ville a conservé un esprit pionnier et novateur (constructions de Frank Lloyd Wright). Ainsi le très réputé Art Institute, désormais flanqué d'une Modern Wing, présente des œuvres des grands impressionnistes (Degas, Manet, Monet, Pissarro, Renoir, Seurat), tandis que le musée d'Art contemporain expose des œuvres de Bacon, Calder, Warhol, notamment. Située sur les rives du lac Michigan (nombreuses plages), la ville s'est longtemps enorgueillie de posséder la plus haute tour du monde, la Willis Tower (442 m, 108 étages).

À l'instar de La Nouvelle-Orléans, Chicago est un creuset du blues et du jazz. Elle est aussi le point de départ de la célèbre **route 66**, une voie pionnière qui court sur près de 4 000 km jusqu'à Los Angeles. La « 66 » n'apparaît plus aujourd'hui sur la carte routière des grands « Interstates », mais le visiteur est toujours invité à la suivre et à traverser des lieux mythiques tels que Saint Louis et le Nouveau-Mexique.

Bien moins imposante que Chicago, **Springfield**, la capitale de l'État, est une destination historique recherchée car elle abrite la maison et le tombeau d'Abraham Lincoln.

Michigan

Les villes

Délaissé et en faillite, **Detroit** propose néanmoins son très important Detroit Art Institute et, à Dearborn, dans la banlieue, un musée Henry Ford qui fait la part belle à l'automobile mais aussi à la locomotive.

Les paysages

L'État le plus lacustre des États-Unis est cerné par le **lac Michigan** à l'ouest, le **lac Huron** à l'est et le **lac Erié** au sud : autant de possibilités balnéaires en été et de paysages côtiers à découvrir.

Tennessee

Le patrimoine culturel

Les échangeurs autoroutiers qui entourent **Nashville** sont en forme de guitare, pour bien signifier sa vocation de capitale de la *country music*. Ces accents de l'Amérique profonde ont leur musée (Country Music Hall of Fame), leurs 200 studios d'enregistrement et leurs lieux célèbres (studio B de RCA). Nashville est vouée à un genre musical dont les racines dépassent les frontières d'un État qui est lui-même l'épicentre du jazz, du rock'n roll et du rythm'n blues. Une curiosité entre toutes : le Grand Ole Opry, studio de la fameuse émission radio du même nom. Tous les ans à Nashville, a lieu en juin une manifestation en l'honneur d'Elvis Presley, la *Fan Fair*.

Le rock et le blues sont également chez eux à **Memphis**, plus exactement à Beale Street. Le fantôme d'Elvis Presley rôde dans sa maison de Graceland, au Sun Studio et dans les boutiques de souvenirs, remplies de gadgets en son honneur. Les inconditionnels du blues emprunteront la route 61 qui, de Memphis, les conduira jusqu'au delta du Mississippi. Le fleuve a son musée à Memphis. De la ville partent des croisières en bateau à aubes.

Quatuor présidentiel sur les flancs du mont Rushmore, dans le Dakota du Sud

Toutes trompettes dehors partout en Louisiane, patrie du dixieland

QUE VOIR, QUE FAIRE DANS LE SUD ?

■ LOUISIANE

Le patrimoine culturel
Dixieland, Vieux Carré de La Nouvelle-Orléans, culture cajun

Les villes
La Nouvelle-Orléans, Baton Rouge, Lafayette, Natchitoches

Les paysages
Plantations, Mississippi (mini-croisières)

■ MISSISSIPPI

Le patrimoine culturel
Route 61

Blues (Clarksdale)

Musée Coca-Cola (Vicksburg)

Maisons coloniales (Natchez)

Le Sud

■ Louisiane

Le patrimoine culturel

Le dixieland, le style de jazz le plus traditionnel, est né dans le sud des États-Unis. Aujourd'hui, son souvenir se perpétue tant bien que mal dans les bistrots du Vieux Carré de La Nouvelle-Orléans, mais il est battu en brèche par les boîtes de strip-tease de Bourbon Street. Certains creusets des grandes heures du jazz, comme le Preservation Hall, demeurent mythiques, mais les notes et les accents les plus sincères se sont réfugiés au-delà de Canal Street, dans les salons des grands hôtels. En revanche, la force du Jazz and Heritage Festival, qui se tient tous les ans en avril à La Nouvelle-Orléans, ne se dément pas. Il est précédé, en février, d'un carnaval tout aussi réputé. Autre histoire : celle de la colonisation, française d'abord, espagnole ensuite. Au détour des villages, par exemple à Saint-Martin-Ville, près de Lafayette, on peut entendre quelques mots de français sortis de la bouche des Cajuns, chassés du Canada en 1755, et qui se sont installés dans la région hostile du delta du Mississippi. Le visiteur peut découvrir leur mode de vie (musique traditionnelle, bals du samedi soir symbolisés par la gigue, pêche des écrevisses, cuisine épicée) mais aussi envisager des *swamp tours* en *air boat* (canoë à fond plat) ou en canot dans les bayous, bras morts du Mississippi – hélas ! menacés par la montée des eaux – où l'on rencontre parfois des alligators, plus assoupis que belliqueux, ainsi que des aigles.

Les villes

Défigurée par l'ouragan Katrina en août 2005, **La Nouvelle-Orléans** se reconstruit et tente de restituer le parfum de nostalgie né de sa fondation et de son peuplement par les Français au début du XVIIIe siècle.

Les minicroisières sur le Mississippi à bord de bateaux à aubes : l'un des nombreux charmes de La Nouvelle-Orléans.

NATCHEZ
STEAMER
NATCHEZ
PORT OF NEW ORLEANS
NATCHEZ

La plantation de Oak Alley, en Louisiane, arbore une superbe allée de chênes quatre fois centenaires.

Les demeures du **Vieux Carré**, miraculeusement préservées de la catastrophe, la cathédrale Saint-Louis, le couvent des Ursulines, édifice le plus ancien de la vallée du Mississippi, témoignent de la présence française, même s'ils sont mâtinés du style espagnol, que l'on retrouve exprimé par les balcons en fer forgé. Des rives du Mississippi partent des mini-croisières sur des bateaux à aubes.
Autres villes qui évoquent la vieille France (la Louisiane a été vendue en 1803 aux États-Unis pour 80 millions de francs) : **Baton Rouge**, **Lafayette** et surtout, dans le nord-ouest de l'État, **Natchitoches**, chargée d'histoire, car fondée peu avant La Nouvelle-Orléans (vieux quartier, rives de la Cane River).

Les paysages

Les **plantations**, grandes demeures à portiques et à colonnes entourées de champs de coton ou de canne à sucre travaillés par les esclaves au XVIIIe siècle, symbolisent une histoire tourmentée. Les plus connues sont, à Vacherie, Oak Alley, flanquée de deux magnifiques rangées de chênes, et la très élégante Laura Plantation. À Cheyneville, non loin d'Alexandria, on découvre Loyd Hall Plantation.
Quant au **Mississippi**, il cache aujourd'hui sa gloire commerciale des siècles passés sous les palettes rouge vif des bateaux à aubes.

Mississippi

Le patrimoine culturel

Un fleuve légendaire par sa puissance et son importance économique, la fameuse **route 61** qui vient de Memphis, des champs de coton : le décor est toujours prêt pour perpétuer le blues, dont les sons et les souvenirs cultes (Muddy Waters, Bessie Smith) sont surtout ressentis dans de petites villes comme **Clarksdale** à large majorité noire de condition modeste, où l'on peut visiter un Delta Blues Museum qui présente de nombreux supports musicaux.
Pour dénicher les vrais accents du blues à Clarksdale, il est recommandé d'arpenter la « Blues Alley ».
Retour à la réalité avec **Vicksburg**, qui abrite un musée Coca-Cola (né ici en 1894) et, plus romantiques, les demeures coloniales de **Natchez**, souvent transformées en hôtels.

Nouveau-Mexique

Le patrimoine culturel

Les maisons en adobe (terre ocre et paille séchées) et les ruines de villages

QUE VOIR, QUE FAIRE DANS LE SUD ?

■ NOUVEAU-MEXIQUE

Le patrimoine culturel
Indiens, Santa Fe

Les paysages
White Sands, grottes de Carlsbad

■ TEXAS

Le patrimoine culturel
Ranches, cow-boys (Kingsville, Alamo)
Country music (Austin)

Les villes
Dallas, Fort Worth, Houston

■ FLORIDE

Les côtes
Suncoast (stations balnéaires)
Les Keys (plongée à Key Largo)
Miami Beach

Les attractions
Disneyworld, cap Canaveral

La faune
Marécage des Everglades (alligators, panthères, lynxs)

Les Indiens tentent de conserver leur identité en revêtant les costumes traditionnels.

précolombiens appartiennent à cet État. De plus, le Nouveau-Mexique est l'État des États-Unis qui abrite la plus forte proportion d'Indiens, dont plusieurs musées de Santa Fe racontent l'histoire.

Santa Fe est une ville mythique, berceau des Anasazis et des Pueblos (Hopis), puis carrefour légendaire de la conquête de l'Ouest, du western et de la terre promise californienne (Santa Fe Trail, Old Spanish Trail, El Camino Real).

Le tourisme se concentre sur l'histoire des Indiens acomas et taos, sur les villages des Pueblos, ainsi que sur les villes qui connurent la prospérité minière, symbolisée par la ligne de chemin de fer qui relie Santa Fe à la Californie. Enfin, l'État est également traversé par la route 66, qui passe à Gallup.

Les paysages

Avec ses grands espaces parfois désertiques, ses reliefs de grès rouge, ses lacs de montagne et ses forêts, le Nouveau-Mexique varie à souhait les balades possibles. Au centre du bassin de Tularosa, entre les monts San Andres et Sacramento, s'étend une sorte de mer de gypse : **White Sands**. Seuls les yuccas et quelques autres espèces du genre parviennent à y pousser.

En se dirigeant vers l'est, on rencontre les **grottes de Carlsbad**, dont les grandes salles souterraines offrent le spectacle de concrétions serrées et de gros piliers de calcite.

■ Texas

Le patrimoine culturel

S'il lui fallait un dernier refuge, le cow-boy choisirait le Texas, ses prairies, ses ranches et ses rodéos. Il irait, par exemple, à **Kingsville**, où se trouve le plus grand ranch du monde, ou à la chapelle d'**Alamo**, à San Antonio, en souvenir de Davy Crockett. Les concerts de *country music*, dont les meilleurs groupes se produisent à **Austin**, appartiennent également au patrimoine culturel de cet État.

Les villes

Bien que chacune d'elles possède un important musée, **Dallas**, **Fort Worth** et **Houston** (qui abrite un Space Center où la NASA et la Lune sont à l'honneur) ne font pas partie des grandes villes touristiques des États-Unis. Cependant, elles réunissent les défauts et les qualités de l'exacerbation de la modernité américaine.

■ Floride

Les côtes

C'est parce qu'ils ont déjà la saveur, sinon l'exacte apparence, des plages caraïbes que les rivages de sable blanc de Floride ont une telle réputation, particulièrement la **Suncoast** : de Tampa à la pointe sud de la presqu'île se retrouvent les heureux élus du système américain, souvent du troisième âge, dans des stations balnéaires aux noms prestigieux (Naples, Sarasota, Saint Petersburg où a été ouvert un musée Salvador-Dalí) et truffées de parcours de golf.

En Floride, le quartier Art Déco de Miami est une des curiosités de la ville, qui oscille entre extravagance et sérieux.

Point le plus méridional des États-Unis, les **Keys** forment un groupe de 42 îles rendues célèbres par le film *Key Largo* avec Humphrey Bogart, ainsi que par Ernest Hemingway qui séjourna à Key West – kilomètre zéro de la route 1 – dans les années 1930, en faisant le port d'attache de nombreux écrivains par la suite. **Key Largo** renferme un parc naturel de récifs coralliens, le parc John-Pennekamp, devenu un paradis pour les amateurs de poissons tropicaux.

Sur la côte ouest, Sanibel Island est réputée pour ses grandes plages, ses coquillages et son parc naturel Ding Darling National Wildlife Refuge. Sur la côte est, **Miami Beach** étire dans sa baie la « rangée des millionnaires » et ses maisons inaccessibles au commun des habitants de **Miami**. La ville est victime d'une trop sévère réputation qui fait parfois oublier la renommée de son quartier Art déco (Ocean Drive), de ses musées, de Little Havana, de Coconut Grove, de ses parcs de loisirs (Jungle Island) et de South Beach.

Autres lieux réputés de la côte est : Daytona Beach, West Palm Beach.

Les attractions

Concurrencé par l'Universal Orlando Resort et ses deux secteurs vedettes (Universal Studios Orlando, Islands of Adventure), Walt Disney World Resort abrite quatre parcs principaux : Magic Kingdom, Epcot Center (le Monde du futur), Disney's Hollywood Studios et Disney Animal Kingdom. Il existe également deux parcs aquatiques (Blizzard Beach, Typhoon Lagoon), en plus du Miami Seaquarium.

Le centre spatial Kennedy est l'autre attraction majeure de l'État. Entre Titusville et Palm Bay, les passionnés d'espace découvrent le Rocket Garden et ses fusées, puis les sites de lancement des navettes de **cap Canaveral**.

La faune

Le **marécage sauvage des Everglades**, transformé en parc national, est une bonne option pour qui veut échapper un temps à l'océan. On peut le visiter à pied, à vélo et surtout en *air boat*.

Parmi une faune surtout avicole, on peut observer des alligators, plus sûrement dans les fermes tenues par les Indiens séminoles. Avec beaucoup de chance, on verra peut-être aussi le museau de panthères, lynx ou chats sauvages.

L'Ouest

Alaska

Les paysages

L'Alaska, *the last frontier,* dont les températures ne font plus peur au touriste-randonneur, doit sa beauté et sa réputation à ses milliers de glaciers : Columbia, Portage et surtout Malaspina et Nabesna sont les plus imposants. C'est en cabotant sur de petits bateaux de croisière que l'on observe le mieux, tout en ayant des chances de croiser des baleines, des lions de mer ou des phoques.

En septembre, avant les grands froids, la nature et ses couleurs d'automne imposent leur beauté. L'État est dominé par les 6 194 m du mont McKinley, dans le Denali National Park, et les sommets des monts Wrangell. Le mont McKinley est le point culminant de l'Amérique du Nord. Il fut l'un des théâtres de la ruée vers l'or. Les fjords du parc national de la presqu'île de Kenai, le chapelet volcanique des îles Aléoutiennes, la région de la rivière Yukon, qu'apprécient les amateurs de kayak, et les sources chaudes sont les autres hauts lieux de cet État, dont les rivières, les lacs et les torrents constituent une invitation pour les amateurs de pêche. Sur les rivières Yukon et Tanana, ainsi que sur le Lynn Canal, d'agréables croisières sont proposées.

La faune

La faune du Denali National Park est riche : ours, élans, caribous, grizzlis, castors, aigles. Phoques, marsouins et baleines sont présents dans Glacier Bay National Monument.

Le patrimoine culturel

Les Esquimaux, dont on visite les villages, tentent de préserver leurs traditions, mises en valeur par le musée d'Art d'Anchorage.

Une tradition s'est, elle, perdue depuis bien longtemps : celle qui a vu les fous de la ruée vers l'or emprunter, à partir de 1897, la courte ligne de chemin de fer qui relie Skagway à Whitehorse (Yukon, Canada). Mais le tourisme vient de la reprendre à son compte…

L'Alaska est un État connu pour ses milliers de glaciers. Ici le glacier Le Conte.

Arizona

Les paysages

C'est en Arizona que se trouve l'un des sites naturels les plus célèbres du monde : le **Grand Canyon du Colorado**. Le fleuve a creusé un sillon aujourd'hui bordé d'une succession de falaises pour la plupart rouge orangé. Il mesure entre 6 et 29 km de largeur pour une profondeur maximale de 1 600 m. Le survol est possible en petit avion, et des balades à pied ou à dos de mulet sont organisées dans le canyon.

QUE VOIR DANS L'OUEST ?

■ ALASKA

Les paysages
Glaciers, montagnes, fjords, sources chaudes

La faune
Caribous, grizzlis, castors, baleines

Le patrimoine culturel
Traditions esquimaudes

■ ARIZONA

Les paysages
Grand Canyon du Colorado, Monument Valley, Meteor Crater, Petrified Forest, canyon de Chelly

Les villes
Old Tucson, oasis de Phoenix

L'Organ Pipe Cactus National Monument, en Arizona : certains cactus peuvent atteindre environ 15 m de hauteur.

Il y a également foule à la frontière nord-est de l'Arizona et de l'Utah : là s'élèvent les piliers et les aiguilles de grès rouge de **Monument Valley**, qui ont servi de décor à tant de westerns. Entouré des réserves des Indiens hopis et navajos, le **canyon de Chelly**, qui a vu naître les premières civilisations américaines, conserve un caractère sacré pour ces tribus.

Évalué à quelques dizaines de milliers d'années, **Meteor Crater** est dû à la chute d'une météorite qui a creusé un trou de 180 m de profondeur et de 1300 m de large.

À quelque distance vers le nord-est, la **Petrified Forest** est la démonstration de ce que peut provoquer le désert une fois que les derniers cours d'eau ont disparu…

À la lisière du Mexique, les cactus dominent, qu'il s'agisse des *saguaros* géants du Saguaro National Monument (ils peuvent atteindre 15 m de hauteur) ou des cactus en forme d'orgue que l'on trouve dans la région des Ajo Mountains.

Les villes

Au sud-est de l'État, le village d'**Old Tucson** tire sa célébrité du choix de la Columbia d'en faire, en 1939, le premier grand site des tournages de westerns. Enfin, l'oasis qui sert de cadre à la ville de **Phoenix** ne doit pas faire oublier les autres atouts de la ville, tels ses bâtiments Art déco.

Californie

Les paysages

La plupart des grands parcs naturels de l'Ouest américain sont ici : le **Kings Canyon** et, à proximité, le **Sequoia National Park**, créé pour préserver les séquoias, aussi hauts que sont petites leurs feuilles ; le **Yosemite National Park**, ses lacs, ses pins Bristlecones séculaires dans les White Mountains, ses séquoias géants (Mariposa Grove), ses escarpements tels que les 2600 m du Half Dome ; la **vallée de la Mort** (85 m au-dessous du niveau de la mer pour son point le plus bas), que l'on peut visiter à partir de l'oasis située en son milieu, véritable havre de fraîcheur dans l'un des endroits les plus chauds, les plus désolés, mais aussi les plus insolites de la planète.

Dans le sud de l'État, le désert de **Mojave**, qui fait partie du parc de Joshua Tree, est hérissé de yuccas (« arbres de Josué »).

Le long de la côte californienne, la **Pacific Coast Highway n° 1** est l'un des itinéraires les plus spectaculaires des États-Unis. De là on aborde l'océan et sa faune facilement observable (éléphants de mer, phoques, otaries, goélands et, en novembre et au printemps, les baleines grises en cours de migration).

Non loin de San Francisco se trouve la **Napa Valley,** où les amateurs sont invités à accroître leurs connaissances œnologiques en goûtant les crus californiens. Plus au nord, les amateurs d'insolite choisiront la **Gold Country**, ses vallons, ses vignes, ses rivières (kayak et raftings possibles), ses idées de randonnée et l'histoire des débuts de la ruée vers l'or au milieu du XIXe siècle.

Le visiteur intéressé par le phénomène des séismes est invité à survoler la faille de **San Andreas**, entre Point Arena et la frontière mexicaine. Quant au passionné d'astronomie, il pourra visiter, au nord-est de San Diego, l'observatoire du **mont Palomar** équipé d'un télescope de plus de 5 m d'ouverture.

Les villes

Los Angeles est la ville de la démesure dans tous les sens du terme : 100 km de long sur sa façade ouest. Les grandes légendes du cinéma et ses noms célèbres (Hollywood, Beverly Hills, Sunset Boulevard et Universal Studios, qui demande une journée de visite) s'y côtoient.

Hollywood Boulevard, actuellement plutôt décrépit, conserve son cinéma chinois, sur le parvis duquel sont tracées les empreintes et les dédicaces des grandes stars américaines ; sur les trottoirs, les étoiles en bronze symbolisent plus de 2000 célébrités du monde du spectacle *(Walk of Fame)*.

Les branchés gagneront Melrose Avenue, quelques blocks plus loin. Disneyland, le plus réputé des paradis pour enfants, est moins vaste mais plus ancien que son alter ego, en Floride. On pourra aussi visiter des musées réputés (Pasadena, Getty Center, Museum of Contemporary Art).

San Francisco est moins impressionnante que Los Angeles, mais plus attachante. Ses emblèmes touristiques (Golden Gate, *cable-car*, rues en montagnes russes, Chinatown, docks retapés de Fisherman's Warf, pénitencier d'Alcatraz au large) et les mœurs les plus affranchies des États-Unis ont fait sa réputation. Mais les mythes de « Cisco » vacillent : la trace du mouvement hippie ou de la *Beat generation* de Jack Kerouac a du mal à résister dans Haight Street et Ashbury Street, alors que The Mission, quartier modeste et rebelle, fut le premier de la ville (1776).

De l'autre côté du Golden Gate se trouve Sausalito, où les hippies des années 1960, puis les boutiques et les touristes, ont succédé aux pêcheurs.

San Diego est recherché pour la douceur de son climat, pour ses musées (Musée maritime, Museum of Art),

Le Golden Gate Bridge fut, jusqu'en 1964, le pont suspendu le plus long du monde.

QUE VOIR DANS L'OUEST ?

▪ CALIFORNIE

Les paysages

Grands parcs naturels de l'Ouest américain (Kings Canyon, Sequoia National Park, Yosemite National Park, vallée de la Mort)

Napa Valley

Désert de Mojave

Les villes

Los Angeles, San Francisco, San Diego

Les côtes

Plages de la partie sud

Baie de Monterey

Las Vegas n'en finit pas avec ses extravagances architecturales, comme ici New York revisité.

pour son quartier ancien (Old Town) et pour le centre aquatique de Sea World, qui présente le spectacle de grands cétacés.

Spectacle moins assuré mais plus réel : entre mi-décembre et mi-février, la migration des baleines descendues des rivages de l'Alaska vers la basse Californie.

Enfin, ce n'est pas une ville mais plutôt un vrai mythe : Bagdad Café, le vrai, celui du film du même nom, se trouve à Newberry Springs, 10 miles à l'est de Barstow.

Les côtes

Les plages les plus connues des États-Unis se trouvent autour de Los Angeles (Santa Monica, Malibu, Venice et, pour les surfeurs, Huntington Beach) ou au nord (alentours de Santa Barbara). Après les avoir vues et pratiquées, on les délaissera pour d'autres, plus paisibles, mais aux eaux plus fraîches, par exemple celles qui jalonnent la **baie de Monterey,** où se trouvent par ailleurs un aquarium réputé et de beaux sites, le long de la route (Seventeen Miles) qui relie Pacific Grove à Carmel. Non loin de cette ville chère à Clint Eastwood, s'en trouve une autre, chère à d'autres artistes et écrivains, Big Sur.

Colorado

Les paysages

Si les plus beaux panoramas du Grand Canyon ne se situent pas dans l'État qui porte son nom, mais bien dans l'Arizona voisin, le Colorado donne le change avec, à l'extrême sud-ouest, **Mesa Verde**, grand plateau gréseux entaillé d'une dizaine de canyons boisés. Du VIe au XIVe siècle, des Indiens nomades venus des vallées se réfugièrent dans les abris sous roche creusés ici par les eaux et le vent. Aujourd'hui, on peut visiter les habitations troglodytiques (Cliff Palace) et les maisons à étages de Sun Point Pueblo.

L'État du Colorado a aussi son désert (Great Sand Dunes) et son canyon, plus sauvage que l'autre : le **Black Canyon**. On aura du mal à admirer la rivière Gunnison qui coule au fond, tant les versants sont étroits et vertigineux.

Dans le **Summit County**, non loin de Denver, se situent les stations de ski les plus élégantes du pays : Aspen, Vail, Beaver Creek, Breckenridge, Key-stone. La motoneige y a largement creusé son sillon.

QUE VOIR, QUE FAIRE DANS L'OUEST ?

■ COLORADO

Les paysages
Mesa Verde, Black Canyon, Summit County (stations de ski)

■ HAWAII

Les côtes
Plages, surf, funboard

Les paysages
Volcans

■ MONTANA

Les paysages et la faune
Glacier National Park, National Bison Range

■ NEVADA

La ville
Las Vegas

Les fêtes
National Final Rodeo

■ OREGON

Les paysages
Crater Lake

Les côtes
Plages, falaises, faune marine

Hawaii

Les côtes

La dimension exotique de cet archipel au climat tropical situé au cœur du Pacifique (sept îles habitées sur une vingtaine) peut être comparée à celle des Bahamas : plages de sable blanc et fin (dont, sur l'île d'Oahu, la célèbre Waikiki), cocotiers, mais aussi récifs de corail.

Le surf, principalement pratiqué sur les côtes nord de Maui et d'Oahu, connaît à Hawaii ses plus grandes compétitions mondiales. La planche à voile et surtout le funboard trouvent également ici leur terre d'élection.

Les paysages

Le volcanisme d'Hawaii, où les coulées de lave ne sont pas rares, lui confère un aspect grandiose, surtout sur « Big Island ». Tout autour des volcans Mauna Kea et Mauna Loa ont été aménagées des possibilités de randonnées, ainsi que dans le parc de Haleakala et sur l'île de Kauai.

Montana

Les paysages et la faune

Au fil des siècles, les Indiens et les bisons ont toujours fait route ensemble. Parmi la vingtaine de parcs et de réserves de bisons qui existent encore, beaucoup sont situés dans le Montana et quelques-uns dans l'État voisin de l'Idaho. Le **National Bison Range**, à **Moiese**, et le musée des Indiens des plaines, à Browning, contiennent de nombreux témoignages. Au nord de Browning, le **Glacier National Park** est parsemé de lacs et jouit d'un écosystème très protégé.

Nevada

La ville

Au cœur du désert est née **Las Vegas**, la ville du jeu – avec la ronde des « quarters » avalés par ses dizaines de milliers de machines à sous – mais aussi des mariages et des divorces. La ville est sans égale dans le monde pour ses jeux de lumière et l'extravagance de ses palaces alignés sur le Strip. Au cours des dernières décennies, elle a multiplié les folies évocatrices (reconstitution de Manhattan ainsi que de monuments parisiens).

Loin des volcans, Hawaii a son île-jardin, Kauai, avec ici la plage de Lumahai.

Bryce Canyon, dans l'Utah, n'est pas aussi grandiose que le Grand Canyon, mais il est plus caractéristique.

Les fêtes

Chaque année, au début du mois de décembre, se tient à Las Vegas le **National Final Rodeo**, où se retrouve pendant dix jours la fine fleur de ce sport né dans l'Ouest à la fin du XIXe siècle et toujours populaire à travers le pays. Les vrais cow-boys, mais aussi de plus en plus les cow-girls, y démontrent leur adresse sur le dos du taureau.

Oregon

Les paysages

Un volcan dont le cône s'est affaissé, devenu un vaste cratère de 8 km de large au centre d'un plateau de laves : tel est le **Crater Lake**. Il se trouve dans un parc national, situé au cœur de la chaîne des Cascades.

Les côtes

L'une des côtes les plus méconnues des États-Unis est celle qui, sur près de 600 km, est longée par la belle **Highway 101** : les falaises, les estuaires, les baies (Depoe Bay) et les caps (Cape Foulweather), ponctués de phares et d'embruns, les paysages de dunes, les larges plages (Gold Beach), la diversité de la faune marine (baleines, lions de mer, otaries) compensent largement l'impossibilité de la baignade en raison d'une eau trop froide.

Utah

Les paysages

Bryce Canyon, l'un des grands rendez-vous du voyage dans l'ouest, est un site naturel moins grandiose, mais plus typique géologiquement que le Grand Canyon en raison de son argile rougie par l'oxyde de fer et de ses spirales rocheuses. Non loin de là, Zyon Canyon est d'une configuration plus classique.

QUE VOIR DANS L'OUEST ?

■ UTAH

Les paysages

Bryce Canyon, Grand Lac salé, Rainbow Bridge, lac Powell, parc national d'Arches

Cataract Canyon, Capitol Reef National Park

Salt Lake City (ski)

■ WASHINGTON

Les paysages et la faune

Mont Saint Helens, mont Rainier

Orques, baleines

■ WYOMING

Les paysages

Yellowstone National Park

Chaîne du Grand Teton, Devils Tower

Le patrimoine culturel

Ranches, vie des cow-boys

Au-delà du folklore, le cow-boy est une figure mythique de l'Ouest américain.

Autres sites majeurs : le **Grand Lac salé**, résidu d'un lac qui s'est asséché au fil des siècles et porte d'entrée de stations de ski aux alentours de **Salt Lake City** ; **Rainbow Bridge**, dans un site sacré pour les Indiens, arc rocheux de 90 m de hauteur et de presque autant en largeur, pont suspendu de grès rose ; le **lac Powell**, lac artificiel très long et très profond, et qui a généré des canyons ; le **parc national des Arches**, où des sculptures de grès dues au vent traversent le paysage, telle Landscape Arch, une lame de roche de 89 m de long au-dessus d'un amphithéâtre de grès ; **Cataract Canyon**, très prisé des amateurs de rafting ; les falaises rouges ou ocre de **Capitol Reef National Park**.

Washington

Les paysages et la faune

Situé à l'opposé de la ville du même nom, cet État ferme le pays au nord-ouest. Il est coupé par la chaîne des Cascades, un plateau de 1 000 km de long hérissé de volcans couverts de glaciers. Les sommets les plus réputés sont le **mont Saint Helens**, qui a connu naguère une très forte éruption, et le **mont Rainier**, pour la blancheur de son cône qui s'élève au-dessus des sapins. Les cirques (Willis Wall), les cascades et les forêts de pins Douglas contribuent à la beauté d'un État trop ignoré par le tourisme, hormis par les randonneurs.

À partir d'Everett, des croisières conduisent aux îles **San Juan**, à la découverte des orques et des baleines dans leur élément naturel.

Wyoming

Les paysages

Le **Yellowstone National Park** est le plus vaste et le plus prestigieux des parcs nationaux des États-Unis, ouvert été (randonnées) comme hiver (motoneige). Ses forêts abritent des pins Douglas, vieux de 150 ans, et des pins Lodgepole, avec lesquels les Indiens construisaient leurs tipis. Le parc a été à moitié détruit par un incendie en 1988. Il mettra au moins 50 ans à retrouver son visage, mais certaines espèces s'en trouveront revigorées. Il est entouré de chaînes de montagnes dont la plus connue est la **chaîne du Grand Teton**.

Les sources, les geysers (dont Old Faithfull, dans le sud de Yellowstone) et la faune (ours, wapitis, élans, loups, coyotes, bisons) sont la preuve d'une grande diversité naturelle.

À l'autre extrémité de l'État se dresse une curiosité géologique, la **Devils Tower**, tour de basalte de 265 m de haut, favorite des escaladeurs et embellie par des colonnes verticales pareilles à de longs tuyaux d'orgue.

Le patrimoine culturel

Pour beaucoup, le Wyoming est l'État type des grandes plaines du Far West, des ranches, des chevaux et des cow-boys. Il est même possible de travailler dans certains ranches. On peut se contenter d'admirer les lieux et en particulier Cody, la ville de Buffalo Bill, où est ouvert un musée des Arts et des Traditions populaires. Il existe aussi un tourisme d'hiver très peu connu (vallée de Jackson Hole), à base de ski et de motoneige. ■

LES CONSEILS GEO

▶ Les plus

Un des plus larges éventails touristiques du monde.
Un pragmatisme hors du commun pour le tourisme : les États-Unis ont inventé plusieurs façons de voyager, entre autres le motorhome et le pass aérien, qui ont fait école.
Les bienfaits de la concurrence aérienne, qui maintient des tarifs raisonnables par rapport à la distance.

▶ Les moins

L'absence de vieilles pierres et de passé lointain à contempler : les États-Unis sont nés il y a seulement un peu moins de deux siècles et demi.
Les tracasseries aux frontières et la sévérité des contrôles imposées aux visiteurs dans les zones d'accès depuis la mise en pratique des mesures antiterroristes.

▶ Les précautions

Ne pas manquer de visiter en voiture un pays qui la vénère, mais respecter scrupuleusement les limitations de vitesse : la maréchaussée ne plaisante pas... Se rappeler que les réserves indiennes de l'Ouest sont des réalités économiques et humaines, et non des musées.

QUE VOIR EN ÉTHIOPIE ?

Les monuments

- Sites historico-religieux de Lalibela et Aksoum, églises rupestres du Tigré, vieilles cités (Gondar, Harar)
- Musée national d'Archéologie d'Addis-Abeba

Les paysages et la faune

- Chutes du Nil Bleu (Tississat), hauts plateaux (parc national du Simen), lac Tana, volcans (Erta Ale), lacs du Danakil
- Parc national d'Awash et parc de la vallée de l'Omo

Éthiopie

Longtemps perçue comme le pays de toutes les calamités, l'Éthiopie peine à montrer son autre image : des atouts architecturaux très anciens, des hauts plateaux, des lacs, une faune et une flore riches, des volcans, le Nil Bleu. Le tout sous un des climats les plus agréables d'Afrique.

LE CARNET DE VOYAGE

Les premiers contacts
Ambassade, 35, av. Charles-Floquet, 75007 Paris, 01.47.83.83.95. Internet : www.tourismethiopia.org

Les formalités
Pour les ressortissants de l'UE, canadiens, suisses : passeport (valable encore six mois après le retour), visa obligatoire, obtenu auprès du consulat ou à l'arrivée (vérifier cette possibilité le moment venu) dans l'un des deux aéroports internationaux du pays, Addis-Abeba et Diré-Daoua.

La santé
Vaccination vivement recommandée contre la fièvre jaune en dehors des zones urbaines. Prévention indispensable contre le paludisme au-dessous de 2000 m. Pas de risque à Addis-Abeba.

Le voyage, le décalage
Paris-Addis-Abeba via Francfort ou Londres avec Ethiopian Airlines. Lorsqu'il est midi en France, en Éthiopie il est 13h en été et 14h en hiver.

Le coût moyen d'un séjour
Un coût plutôt élevé (au moins 2700 € pour 15 jours), d'autant que le voyage individuel est peu répandu et peu conseillé.

Les langues, la monnaie
Langue officielle : l'amharique. Très nombreux dialectes. Langues étrangères : l'italien et l'anglais dans les villes. **Monnaie :** le birr. Change des euros sans problème. Cartes de crédits peu utilisées. 1 € = 26 birrs, 1 $ = 20 birrs.

La population
Les 93877000 habitants forment une mosaïque : Amharas (majoritaires), Oromos, Somalis, Danakils, Tigréens, Afars. **Capitale :** Addis-Abeba.

Les religions
L'Église éthiopienne orthodoxe, qui s'est détachée des coptes d'Égypte au milieu du siècle dernier, regroupe 52 % de la population, l'islam sunnite 31 %, les croyances traditionnelles 11 %. Il existe également une communauté juive (Falachas).

Les fêtes
19 janvier : procession du Timkat (Épiphanie copte, Pâques est également très important) ; **6 avril :** fête de la Victoire : **27 ou 28 septembre :** Meskel («fête de la Vraie Croix») ; **Aïd el-Fitr :** fin du ramadan.

Les achats
Des bijoux en argent et en ambre, des croix éthiopiennes, des peintures sur parchemin, des vêtements en coton et un café haut de gamme.

Des bergers dans le parc national du Simen. L'histoire et la beauté de l'Éthiopie attirent de plus en plus de visiteurs.

Les monuments

Les onze églises rupestres (XIIe siècle) de la cité monastique de **Lalibela**, la « Jérusalem noire », sont taillées à même le tuf et communiquent entre elles par d'étroits tunnels : elles constituent l'un des sites architecturaux les plus surprenants d'Afrique. Sur ce même lieu, au mois de janvier, la fête de l'Épiphanie copte (Timkat) est un grand moment, marqué par des processions au son des tambours, la couleur des costumes des prêtres et des diacres coptes, ainsi que la sortie rarissime des tables et des pierres sacrées.

Aksoum, berceau du royaume des Sabéens au VIe siècle et où la légende place un palais de la reine de Saba, est d'un intérêt égal à Lalibela : la ville vaut par ses imposantes stèles (33,5 m pour la plus haute), ses ruines du palais Dongour et l'église Sainte-Marie-de-Sion. Son obélisque du IVe siècle en basalte, la Flûte de Dieu, lui a été restitué par l'Italie.

Non loin d'Aksoum se dresse le monastère de Debré Damo, le plus ancien du pays (VIe siècle) et où vivent 600 moines. Plus loin vers l'Est, on pénètre dans la région du **Tigré**, parsemée d'anciennes églises rupestres (VIe-VIIe siècles), dont certaines sont taillées dans le rocher et renferment des fresques remarquables.

Gondar, la ville aux 44 églises et aux châteaux des XVIIe et XVIIIe siècles, est un autre passage obligé, comme **Harar**, vieille cité aux murs blancs, perchée à 1 700 m, toujours entourée de remparts. C'est là que l'islam a trouvé sa place en Éthiopie ; c'est aussi là que Rimbaud a séjourné.

Les églises et les monastères du **lac Tana**, décorés de peintures bibliques, complètent le patrimoine du pays.

Le musée national d'Archéologie d'**Addis-Abeba** se distingue par une copie de Lucy, australopithèque désormais célèbre, découvert dans le Danakil.

Les paysages et la faune

L'Éthiopie offre certes le spectacle des chutes du **Nil Bleu** (**chutes de Tissisat**) et de ses longues gorges, mais aussi celui de ses hauts plateaux, étagés entre 2 000 et 3 500 m. Les plus beaux panoramas en sont offerts par le **parc national du Simen**, situé au nord du lac Tana, qui est parsemé de cases lacustres et sillonné de canots de pêcheurs en papyrus. Autres curiosités : la grotte de Sof Omar, creusée par le cours de l'Ouebi Chebeli, ainsi que les volcans (**Erta Ale**), la montagne du Bale et les lacs de la dépression du **Danakil**.

L'Éthiopie renferme de nombreuses espèces d'oiseaux qui, tel le gypaète, sont réputées pour se laisser facilement approcher car elles n'ont pas été chassées par l'homme à travers l'histoire. Les espèces les plus nombreuses se rencontrent autour des lacs de la vallée du Rift, à 200 km environ au sud d'Addis-Abeba : des aigles pêcheurs, des flamants roses, des ibis et des marabouts y vivent.

La faune classique d'Afrique (lions, girafes, éléphants, crocodiles, hippopotames) peuple le **parc de la vallée de l'Omo** et le **parc national d'Awash**, tous deux propices à des safaris-photos. Le fleuve Omo, qui finit par un delta dans le lac Turkana, au Kenya, peut être parcouru en bateau. ■

QUAND PARTIR ?

	Climat	Nature
Janvier	☼	
Février	☼	
Mars	☼	
Avril	☼	⋖
Mai	☼	⋖
Juin		⋖
Juillet		
Août		
Septembre		
Octobre	☼	⋖
Novembre	☼	⋖
Décembre	☼	

LES CONSEILS GEO

▶ Les plus

Une diversité rare en Afrique : l'Éthiopie renferme aussi bien les vestiges d'une histoire religieuse très riche que de beaux paysages et une faune rare et variée.
Un climat privilégié sur le haut plateau central.
La paix avec l'Érythrée, qui semble devoir durer.

▶ Les moins

Des conditions de séjour relativement éprouvantes et des prestations d'un coût élevé.
Des pluies qui tombent surtout entre juin et septembre.

▶ Les précautions

L'Ogaden, la région de Gambela, les zones frontalières avec l'Érythrée et le Kenya sont fortement déconseillés au voyageur.
Par ailleurs, il existe un certain risque à voyager isolément en dehors des zones touristiques.

La Laponie et son mode de vie tiennent désormais le haut du pavé du tourisme finlandais.

QUE VOIR, QUE FAIRE EN FINLANDE ?

Les paysages et les randonnées
- Laponie : traîneau, motoneige, attelages de chiens ou de rennes, ski de fond
- Mont Saana, lac Inari
- Soleil de minuit, aurores boréales
- Lacs : canoë, mini-croisières, sports nautiques
- Forêts de conifères
- Archipel d'Åland

Les villes
- Helsinki, Tampere, Turku, Imatra, Kuopio, Kerimäki

Le patrimoine culturel
- Sauna, Père Noël, courses de rennes

Finlande

Randonneurs, skieurs, amoureux de la nature en tous genres, ce pays est fait pour vous ! Là où l'être humain a rarement eu autant de lacs et d'espace, on peut passer un moment d'été, avec en prime la lumière du soleil de minuit et, surtout, un moment d'hiver entre ski de fond, traîneau à rennes, motoneige, sauna et Père Noël.

LE CARNET DE VOYAGE

Les premiers contacts
Visit Finland, Helsinki (358) 29.50.58000. Internet : www.visitfinland.com, www.santapark.com (Père Noël).

Les formalités
Pour les autres ressortissants de l'Union européenne : une carte d'identité ou un passeport.

La santé
Aucun problème, mis à part les nuées de moustiques en été.

Le voyage, le décalage
Durée moyenne du vol Paris-Helsinki (1894 km) : 2 heures 30 ; Paris-Rovaniemi : 3 heures 30. Vols directs en hiver pour Ivalo ou Kittilä à partir de Paris en 3 heures 30. Bateau : embarquement à Rostock (Allemagne) pour Hangö, à l'ouest d'Helsinki, ou via la Suède (Stockholm-Turku). Lorsqu'il est midi en France, en Finlande il est 13 h.

Le coût moyen d'un séjour
1 500 € environ pour une semaine « multiactivités » en Laponie. 450 € pour un week-end éclair à Helsinki.

Les langues, la monnaie
Langues officielles : le finnois, le suédois et le sâme (« lapon »), ce dernier depuis 1988 seulement. Langue étrangère : l'anglais.
Monnaie : l'euro.

La population
On dénombre 5 250 000 Finlandais, dont l'histoire et la langue se différencient nettement de celles de leurs voisins de Norvège et de Suède. Environ 1 500 Saami (« Lapons »). Peu d'étrangers.
Capitale : Helsinki.

Les religions
90 % des habitants sont évangéliques luthériens.

Les fêtes
Mai : Vappu (carnaval) ; **24 juin :** Saint-Jean ; **juillet :** Festival Ruisrock à Turku ; **fin août-début septembre :** Festival d'Helsinki ; **26 décembre :** Tapaninpäivä (promenade en traîneau à cheval).

Les achats
Le bonnet lapon est l'un des achats les plus fréquents, avec le costume traditionnel, les bottes fourrées et les peaux de renne.

Les paysages et les randonnées

Au-delà du cercle polaire s'étend la **Laponie**, qui connaît un afflux en automne, lors de son été indien *(ruska)*, et surtout en hiver. On la découvre à partir de stations de sports d'hiver telles que Levi ou Ylläs, près de Kittilä, ou Saariselka, non loin d'Ivalo : à motoneige, derrière un attelage de chiens ou de rennes, en croisière sur un brise-glace, en luge, en scooter des neiges, en raquettes ou en ski de fond.

La taïga enneigée est hérissée de reliefs tels que le **mont Saana**, la montagne sacrée des Saami. On y vient aussi en été pour des balades en tout-terrain ou à VTT le long de la rivière Tenojoki, dans les parcs nationaux de Lemmenjoki (la plus vaste étendue forestière d'Europe) et de Pallas Ounastunturi, ou encore aux abords du **lac Inari**, qui abrite l'île sacrée d'Uko et un cimetière lapon. Autre parc de renom, à la hauteur du cercle polaire : Oulanka, riche de canyons et de rapides autorisant le rafting.

Le pays est truffé de lacs (près de 200 000 !) qui couvrent les deux tiers du territoire, surtout le Sud-Est et la Carélie.

Dans l'**archipel d'Åland**, en face de Turku, plus de 6 500 îles ou îlots de granit émergent de la mer Baltique. L'agrément est renforcé par les châteaux, les églises… et la possibilité de bénéficier de prix hors taxes.

De mi-mai à fin juillet selon la latitude, le soleil est présent en permanence et offre en moyenne 73 jours de clarté ininterrompue. En hiver, le spectacle s'inverse : nuit polaire et, de temps en temps, aurores boréales.

Les villes

Helsinki, ville d'un intérêt limité, est bâtie sur une presqu'île qui offre de belles balades en bateau dans l'archipel avoisinant ou, en hiver, des promenades sur l'eau prise par les glaces. Ses beaux bâtiments classiques sont rassemblés autour de la place du Sénat, mais son originalité réside dans la cathédrale orthodoxe Uspenski et surtout dans l'église Temppeliaukio, creusée dans le rocher. Le musée Kiasma est le temple de l'art moderne national, mais il possède aussi des travaux d'Andy Warhol et de Louise Bourgeois. À un quart d'heure en ferry, la forteresse Suomenlinna abrite plusieurs musées.

Tampere vaut par son musée Sara-Hildén et l'église Kaleva.

QUAND PARTIR ?

	Tourisme d'été	Tourisme d'hiver	Soleil de minuit	Aurores boréales
Janvier		☼		*
Février		☼		*
Mars		☼		*
Avril		☼		*
Mai		Laponie ☼	☼	
Juin	☼		☼	
Juillet	☼		☼	
Août	☼			
Septembre				
Octobre		Laponie ☼		
Novembre		☼		*
Décembre		☼		*

LES CONSEILS GEO

▶ Les plus

Un pays où l'expression « grand air » prend tout son sens : l'écologie n'est pas considérée comme une composante politique, mais comme une philosophie.
L'ouverture de nouvelles lignes aériennes en hiver qui placent la Laponie à moins de quatre heures d'avion de Paris.

▶ Les moins

Le coût élevé du tourisme.
La faiblesse relative du patrimoine architectural.
Pour ceux qui n'y sont pas prêts : les rigueurs du climat, le manque de lumière vive… et les moustiques.

▶ Les précautions

Agressivité et insécurité sont des mots à oublier : franchement très cool, la Finlande !

▶ Les tendances

L'image d'Épinal de la visite au Père Noël à Rovaniemi commence à jaunir. Une autre lui succède, celle du séjour dit « multiactivités » : la petite famille prend un vol pour Kittilä, en Laponie, et s'installe pour une semaine dans le style formule-club (ski de fond, motoneige, attelage de chiens ou de rennes, sauna).

À **Turku**, la plus ancienne ville du pays, l'histoire a laissé un château et une cathédrale du XIIIe siècle. En Carélie et à la lisière de la Russie, **Imatra** mérite le détour. **Kuopio** vaut par ses halles et sa cathédrale blanche. La petite ville de **Kerimäki** abrite la plus grande église en bois du monde.

Le patrimoine culturel

Le sauna est une invention finlandaise : bain de vapeur et de chaleur sèche, puis plongeon dans l'eau froide de la Baltique ou d'un lac.

Le Père Noël est une autre institution. À Rovaniemi, en Laponie, s'est ouvert le parc d'attractions Santa Park.

Une tradition plus récente : les courses de rennes, qui se déroulent entre janvier et mars. ■

Grèce

L'hypermarché du soleil qu'est devenue la Méditerranée trouve en Grèce l'une de ses succursales les plus traditionnelles. L'attrait des vacances farniente est tel que l'image des îles aux maisons blanches sur fond bleu occulte trop souvent celle de l'Acropole, de la pléiade des autres monuments et vestiges, mais aussi des paysages montagneux du Nord et du Péloponnèse.

La Grèce continentale

Les monuments et les vestiges

Du nord au sud, le visiteur ne saurait passer à côté des grands sites hérités de la Grèce antique :

– les ruines romaines de **Philippes** (théâtre, forum, thermes) et ses basiliques paléochrétiennes ;

– le site grandiose de **Delphes**, siège du sanctuaire d'Apollon, auquel les pèlerins venaient poser leurs questions par l'intermédiaire de la célèbre Pythie qui y rendait ses oracles ;

– les monuments d'**Athènes** (voir la partie consacrée aux villes) ;

– au sud d'Athènes s'élèvent le promontoire du **cap Sounion** et les 15 colonnes restantes du temple de Poséidon ;

– à **Olympie**, dominée par le temple de Zeus, plane le souvenir des premiers jeux Olympiques, il y a plus de 2 500 ans (gymnase, palestre, stade et Musée olympique) ;

QUE VOIR EN GRÈCE CONTINENTALE ?

Les monuments et les vestiges

- La Grèce antique, du nord au sud : Philippes, Delphes, les monuments d'Athènes, cap Sounion, Olympie, Corinthe, Mycènes, Épidaure
- Les autres grands sites : mont Athos, Météores, Nauplie, Mystras

Les villes

- Athènes, Thessalonique, Ioannina

Les paysages

- La partie nord : monts du Pinde (gorges de Vikos), massif du Pélion, mont Olympe
- Le Péloponnèse : canal de Corinthe, Magne

Les côtes

- Péloponnèse, Macédoine, Chalcidique

Les colonnes du temple de Poséidon, situé sur le cap Sounion, dans l'Attique, reflètent les dernières lueurs du soleil couchant.

Les Météores et leurs monastères, en Thessalie, forment un ensemble grandiose.

– **Corinthe**, son site antique (temple d'Apollon, fontaine Pirène) et le vaste ensemble de ruines de l'Acrocorinthe;

– **Mycènes**, la «riche en or» d'après Homère, est le cœur du royaume des Atrides, ville-forteresse du IIe millénaire av. J.-C.; il n'en reste plus grand-chose, mais, passé la porte des Lionnes, l'imagination gambade à travers des sépultures et des noms aussi célèbres que Ménélas, Agamemnon, Clytemnestre ou Oreste;

– **Épidaure**, site du sanctuaire d'Asclépios, dieu de la Médecine qui rendit des oracles fameux, possède le théâtre le plus élégant et le mieux conservé de toute la Grèce antique, avec une étonnante acoustique.

Les autres grands sites

Le **mont Athos** est une sorte d'État dans l'État : il abrite plus de 1000 moines, gardiens d'une sévère orthodoxie, et des œuvres d'art en tout genre, répartis dans une vingtaine de monastères. Hélas, il est quasi impossible de les visiter, à moins d'arguer de convictions religieuses ou culturelles solides; en outre, depuis près d'un millénaire, ni les femmes ni les animaux femelles n'y sont admis.

Les monastères cénobitiques des **Météores** forment un ensemble grandiose de sept bâtiments perchés en haut d'énormes rochers gris au-dessus de la vallée du Pénée, en Thessalie.

Non loin de Mycènes, le joli site balnéaire et l'agréable vieille ville de **Nauplie** sont rehaussés de forteresses grecque (Acronauplie) et vénitienne (fort Palamède).

Près de Sparte l'oubliée, la citadelle de **Mystras**, prise par les Français lors de la croisade de 1204 et orgueil du despotat de Morée, arbore des monastères byzantins, des couvents, des palais, une forteresse et des églises des XIVe et XVe siècles, plus tard remodelés par les Ottomans.

Les villes

Qui dit **Athènes** dit Acropole. Aménagée il y a 2500 ans environ par Périclès, celle-ci émerge au-dessus de la ville avec un trio de monuments parmi les plus visités du monde : les Propylées à l'entrée; le Parthénon, dédié à Athéna, et l'Erechthéion, flanqué des statues des caryatides. L'ensemble est complété, à deux pas, par le temple d'Athéna Niké et le nouveau musée de l'Acropole, qui a réservé une place à la frise orientale du Parthénon en vue du jour où le British Museum de Londres, qui la détient, voudra bien la restituer à la Grèce qui la réclame.

LE CARNET DE VOYAGE

Les premiers contacts
Office national du tourisme hellénique, 3, av. de l'Opéra, 75001 Paris, 01.42.60.65.75. www.visitgreece.gr

Les formalités
Carte nationale d'identité ou passeport périmé depuis moins de cinq ans pour les autres ressortissants de l'UE. Passeport nécessaire pour les Canadiens. Penser à emporter la carte européenne d'assurance maladie.

La santé
Aucun problème majeur, sauf de menus désagréments avec la forte pollution d'Athènes en été.

Le voyage, le décalage
Durée moyenne du vol Paris-Athènes (2096 km) : 3 heures; Paris-Héraklion : 3 heures 20. Bateau : départs d'Italie (Ancône, Venise) à destination d'Igoumenitsa et Patras, avec possibilité d'embarquer sa voiture. Les traversées durent de 7 heures 30 (Brindisi-Corfou) à 35 heures (Venise-Patras) et s'apparentent à de vraies croisières. Route : Paris-Athènes (3000 km) via l'embarquement de la voiture en Italie (voir ci-dessus). Lorsqu'il est midi en France, en Grèce il est 13 h.

Le coût moyen d'un séjour
Des compagnies à bas prix desservent Athènes. Environ 900 € pour une semaine balnéaire, près de 1200 € pour une semaine de randonnée.

Les langues, la monnaie
Langue officielle : le grec. Langues étrangères : l'anglais; le français reste confidentiel. **Monnaie :** l'euro.

La population
10773000 habitants, dont environ le tiers dans l'agglomération d'Athènes, la capitale.

Les religions
Très forte majorité de chrétiens orthodoxes. Petites minorités de catholiques, de musulmans et de protestants.

Les fêtes
6 janvier : Épiphanie; **février ou mars :** Kathari Deftera («Lundi pur»); **mars :** carnaval en Crète; **25 mars :** fête nationale; **avril ou mai :** Pâque orthodoxe, très suivie; **août :** Festival du vin en Crète; **novembre :** récolte des olives en Crète.

Les achats
Les céramiques, les poteries, les tapis, les bijoux en argent, le cuir : autant de classiques artisanaux. Achats tout aussi classiques mais dans un autre genre : l'ouzo, le retsina et les olives.

L'Acropole et son trio de monuments célèbres : le Parthénon, les Propylées et l'Erechthéion.

Légèrement en contrebas se trouvent la colline de l'Aréopage ainsi que le théâtre de Dionysos et l'odéon d'Hérode Atticus, qui reçoit les spectacles lyriques du Festival estival d'Athènes. Au bas de l'Acropole, le Theséion et l'Agora parachèvent l'imposante richesse architecturale antique de la capitale grecque.

La ville moderne n'est jamais mieux perçue que du haut du Lycabette, la « colline des loups », ou de la colline de Philopappos. Athènes essaie de compenser sa réputation de ville très polluée par l'animation des ruelles et placettes du quartier médiéval de Plaka et, à peine moins touristique, de Monastiraki, l'ancien quartier turc. Un peu moins intéressant, le quartier de Kolonaki, avec la place Syntagma et le marché central, jouit d'une animation saisissante.

La ville possède des musées de grand renom : l'incontournable Musée national archéologique, qui renferme presque toutes les grandes œuvres d'art de la Grèce antique, parmi lesquelles les antiquités mycéniennes ; le musée Benaki ; le musée d'Art cycladique, le Musée byzantin, la Pinacothèque (Le Greco), la fondation Melina-Mercouri et le musée d'Art contemporain Frissiras.

Les autres grandes villes grecques ont du mal à rivaliser. On se gardera, toutefois, d'oublier les églises, les anciennes mosquées et les musées (archéologique et byzantin) de **Thessalonique**, comme la tranquille **Ioannina**, son lac, ses monastères, ses mosquées et sa forteresse.

Les paysages

Le Nord

Tant dans le nord que dans le Péloponnèse, la configuration montagneuse de la Grèce continentale est à l'origine de paysages injustement méconnus par le touriste, trop occupé par l'Antiquité et les plages.

QUAND PARTIR ?

	Côtes	Visites culturelles	Nature
Janvier			
Février			
Mars			
Avril		⊙	⋞
Mai	☼	⊙	⋞
Juin	☼		⋞
Juillet	☼		
Août	☼		
Septembre	☼	⊙	⋞
Octobre	☼	⊙	⋞
Novembre			
Décembre			

Dommage de passer à côté de sites qui ont conservé toute leur authenticité comme, dans le Nord-Ouest, l'Épire et les **monts du Pinde**, pays des Zagoria. Là se mêlent de jolis villages (Vitsa, Monodendri), de vieux ponts et surtout les **gorges de Vikos**, aux falaises surplombant la rivière de près de 1 000 m.

Dommage, également, de trop souvent ignorer, dans l'Est, le **massif du Pélion**, aux villages pétris de charme, et dont les forêts comme les vergers sont propices à la randonnée.

Le **mont Olympe**, dans le Nord-Est, montagne sacrée et haut lieu de la mythologie grecque, est le séjour des déesses et des dieux. Aujourd'hui, il est plus prosaïquement – et assez facilement – escaladé par de nombreux randonneurs.

Le Péloponnèse

Plus couru que le Nord, le Péloponnèse s'ouvre sur une curiosité : l'étroit **canal de Corinthe**, aux parois impressionnantes. Il voisine avec le golfe du même nom, que l'on découvre depuis les pentes du cap de l'Iraio. Mais la presqu'île vaut surtout par les trois « doigts » qui la prolongent au Sud, et notamment celui du milieu, le **Magne**. Cette région isolée présente un relief tourmenté aussi austère que prenant. Elle est parsemée de petites églises byzantines et, surtout, de tours de défense propres à la région, érigées dans des villages qui se dépeuplent inexorablement.

■ Les côtes

Les côtes du **Péloponnèse** (notamment la côte de l'Arcadie, dans l'est), comme celles du Pélion ou de la **Macédoine** n'ont pas la prétention de rivaliser avec celles des îles sur le plan du tourisme balnéaire, et demeurent méconnues. Toutefois, dans le nord, les plages de sable blanc de la **Chalcidique** et les criques de l'île d'**Ammouliani** ont de moins en moins de secrets.

QUE VOIR DANS LES ÎLES ?

■ LA CRÈTE

Les paysages
Gorges (Samaria), monastères, villages

Les côtes
Plages de la côte nord autour de La Canée, Rethymnon, Aghios Nikolaos, plages moins fréquentées de la côte sud

L'archéologie
Cnossos, Phaistos, musée d'Héraklion

■ LES CYCLADES

Les côtes
Plages de Mykonos, Santorin, Naxos, Paros

Les monuments
Délos (grand sanctuaire d'Apollon), Santorin (Akrotiri), Eubée

■ ÉGINE, EUBÉE

Les côtes et paysages
Baies, criques

Les monuments
Érétrie

■ LES ÎLES IONIENNES

Les côtes
Plages de Corfou, Céphalonie, Ithaque

Les monuments
Temple d'Artémis

■ LES SPORADES DU NORD

Les côtes
Rivages de Skiathos et de Skopelos

■ LES SPORADES DU SUD

Les côtes
Plages de Kos, Patmos, Rhodes

Les monuments
Rhodes

La Grèce des îles

■ La Crète

Les paysages

L'intérieur de la Crète est un terrain de choix pour les marcheurs, dans une île où peu d'endroits restent préservés de l'invasion estivale. Les balades conduisent à de superbes sites (**gorges de Samaria**), à des monastères ou à des villages isolés. Les grands marcheurs prendront contact avec des voyagistes spécialistes de la randonnée pour trouver des sites moins fréquentés que Samaria.

Santorin, le village de Oia et le dôme bleu marine des églises : l'image idéale des Cyclades et de la mer Égée.

Insolite : le plateau de Lassithi et ses moulins à vent.

Les côtes

Les sites de la côte nord, surchargés en été, sont souvent considérés comme guindés, Aghios Nikolaos et plus encore Elounda en étant la démonstration. Il existe toutefois des exceptions, comme les plages plus familiales de Gouvès et Hersonissos, et l'île de Spinalonga, aux fortifications vénitiennes. À l'ouest d'Héraklion, l'atmosphère est attachante à Aghia Pelaghia, à La Canée, à Rethymnon, qui possèdent de grandes plages. La côte sud, moins sablonneuse et dotée de moins d'infrastructures, est plus tranquille.

L'archéologie

Le site historique le plus important est **Cnossos**, près d'Héraklion. C'est là que s'est épanouie la civilisation minoenne, dont demeurent les ruines du palais de Minos, le prêtre-roi. Autre site minoen d'importance : **Phaistos**, dont le disque d'argile aux 210 signes pictographiques énigmatiques est conservé au musée d'Héraklion. La visite de celui-ci est indissociable de tout voyage culturel dans l'île.

Les Cyclades

Les côtes

Mykonos, **Santorin**, **Naxos**, **Paros** : autant de noms qui évoquent le soleil, la mer bleu azur et les maisons aux murs blancs. C'est le quatuor préféré des visiteurs des Cyclades, archipel aux 24 îles habitées sur 250.

Syros, Amorgos, Folegandros, Tinos et Andros sont moins fréquentées, bien que les deux dernières soient proches d'Athènes. À l'opposé, les nuits de Mykonos sont très agitées. Le succès de Santorin est dû au cadre de l'île, à laquelle l'activité volcanique a conféré un relief inhabituel. La principale ville, Thira, semble suspendue au bord de la caldeira inondée de l'ancien volcan, dominant cette petite mer intérieure bordée de falaises où rivalisent les couleurs blanc, ocre et noir. Autour des Cyclades comme entre les autres groupes d'îles grecques, il est possible d'effectuer des croisières en caïques ou en voiliers.

Les monuments

À **Délos** se trouve le plus important témoignage historique de l'archipel : le **grand sanctuaire d'Apollon**. Quoique mal en point, celui-ci présente l'un des ensembles les plus complets du pays, dominé par la célèbre Terrasse des Lions. Taillés dans du marbre de Paros, cinq des neuf lion(ne)s sont conservé(e)s au musée de Délos.

À Santorin, le site d'**Akrotiri**, dégagé des cendres d'une éruption qui l'avait recouvert en 1500 av. J.-C., conserve les traces d'un habitat raffiné.

Égine, Eubée

Les côtes et paysages

Proches de la capitale, **Égine** (au sud-ouest) et l'**Eubée** (au nord-est) sont des destinations prisées des Athéniens et qui restent relativement à l'écart du tourisme international. Riches de baies et de criques, leurs côtes sont émaillées de ports de pêche. L'architecture d'Égine, de style vénitien, offre une image moins classique que les Cyclades. L'Eubée, quant à elle, abrite une moyenne montagne (Dirfi Oros) propice aux randonnées.

Les monuments

Le temple d'**Aphaïa** vient compléter le trio architectural Parthénon-cap Sounion-Égine, tandis que les ruines de l'acropole, du théâtre et des temples d'**Érétrie** constituent l'essentiel de l'intérêt architectural de l'Eubée. L'art byzantin apparaît dans les nombreuses églises et chapelles, ainsi que dans les monastères.

Les îles Ioniennes

Les côtes

Corfou est l'île la plus touristique de cet archipel du nord-ouest, plus arrosé et un peu moins couru que les

Zakynthos est l'une des îles Ioniennes qui ont vu passer Siciliens, Napolitains, Vénitiens, Français et Anglais…

L'acropole de Lindos, sur l'île de Rhodes, a conservé les colonnes de son portique.

Cyclades. Les belles plages de Leucade et Zakynthos ainsi que la moyenne montagne de **Céphalonie** et d'**Ithaque**, l'île d'Ulysse, se posent en rivales. Quant à **Cythère**, île éloignée des autres, car située au sud du Péloponnèse, elle cultive sa réputation d'île des plaisirs amoureux depuis qu'Aphrodite s'y est vu honnorée par l'édification d'un temple.

Les monuments

C'est à Corfou qu'il faut chercher les monuments les plus connus, et principalement le **temple d'Artémis**, dont on peut voir le célèbre fronton de la Gorgone au Musée archéologique.

Les Sporades du Nord

Les côtes

Situées dans la partie centrale de la mer Égée, les Sporades du Nord sont moins courues que la Crète et les Cyclades. **Skiathos** et **Skopelos** en sont les destinations les plus recherchées.

Les Sporades du Sud

Les côtes

Encore appelé Dodécanèse, ce groupe d'îles, situé au sud du trio Lesbos (l'île de Sappho), Chios et Samos, également très prisé, est le plus proche des côtes turques. **Kos**, **Patmos** et surtout **Rhodes** (plages de Faliraki et de Kolymbia sur la côte est) font le plein de touristes en été. Kalymnos (très propice à l'escalade et à la plongée), Karpathos, Nissiros et Symi sont un peu moins fréquentées.

Les monuments

Rhodes n'a plus son Colosse, détruit par un séisme en 227 av. J.-C., mais a réussi à préserver sa ville fortifiée, son palais des Grands-Maîtres et ses « auberges » de style gothique, autrefois maisons des provinces de l'ordre de Saint-Jean.

Autre site à ne pas ignorer : le village de Lindos, flanqué de son château médiéval. ■

LES CONSEILS GEO

▶ Les plus

Une richesse archéologique qui place la Grèce parmi les premiers pays touristiques du monde.
Des côtes morcelées, extrêmement nombreuses (15 000 km) et bien équipées depuis longtemps (hôtels-clubs, campings…).
Le nombre et le prix des vols, y compris à partir des villes autres que la capitale.

▶ Les moins

La difficulté de prendre des vacances au pied levé en haute saison : hôtels et, par endroits, transports d'île en île sont à réserver longtemps à l'avance, et souvent complets.

▶ Les précautions

Précautions d'usage sur les lieux touristiques d'Athènes. Vigilance sur les routes, le taux d'accidents mortels étant parmi les plus élevés de l'Union européenne.

▶ Les tendances

Mykonos rivalise avec Ibiza sur le plan des nuits d'été sans fin, c'est dire… Mais on n'est pas tenu de suivre, d'autres îles moins connues et surtout le nord de la Grèce étant largement en mesure d'offrir de quoi sortir des sentiers battus.

Un énorme iceberg trône devant le village de Tiniteqilaaq, dans le sud-est de l'île.

QUE VOIR, QUE FAIRE AU GROENLAND ?

Les paysages
- Icebergs, montagnes, lacs, fjords, toundra, soleil de minuit

Côte ouest
- Icebergs de la baie de Disko
- Fjords (Isfjord, Torssukatak)
- Bateaux côtiers, région de Thulé

Côte sud
- Toundra (« terre verte »), teintes bleues des glaces, site du débarquement d'Erik le Rouge

Côte est
- Île d'Ammassalik, fjord de Sermilik
- Randonnées, kayak des mers

La faune
- Fulmars, morses, narvals, phoques, pingouins, sternes

Groenland

Qui n'a rêvé d'un endroit où l'on puisse approcher un iceberg, faire une excursion en traîneau à chiens ou admirer une aurore boréale ? Le Groenland offre tout cela, avec en prime un parfum d'aventure – les grandes explorations de l'île datent d'un siècle et demi à peine. Envers du décor : le grave problème de la fonte des glaciers et de la banquise.

LE CARNET DE VOYAGE

Les premiers contacts
La Maison du Groenland, 15, rue du Cardinal-Lemoine, 75005 Paris, 01.40.46.05.14. www.maisondugroenland.com www.greenland-guide.gl/fr (site de l'office de tourisme).

Les formalités
Pour les ressortissants de l'UE, carte nationale d'identité ou passeport. Pour les Canadiens, passeport valide.

La santé
Aucune précaution particulière, sinon se préserver du climat.

Le voyage, le décalage
D'Europe, un vol en deux temps : Keflavík (Islande), puis Kulusuk pour la côte est ; Copenhague (Danemark), puis Kangerlussuaq pour la côte ouest ; Copenhague, puis Narsarsuaq pour la côte sud. Lorsqu'il est midi en France, il est 8 h au Groenland.

Le coût moyen d'un séjour
Le voyage (trekking, kayak, raid à skis) coûte au moins 3 000 € pour une douzaine de jours.

Les langues, la monnaie
Langue officielle : le groenlandais de l'Ouest, partie des trois langues inuits de l'île, parlé par 90 % des habitants ; le danois est très parlé. L'anglais est répandu. **Monnaie :** la couronne danoise. 1 € = 7,45 couronnes. Emporter des euros en espèces. Cartes de crédit peu utilisées.

La population
90 % des 57 600 habitants vivent sur la côte sud-ouest ; 40 000 sont des Esquimaux vivant de chasse et de pêche. **Capitale :** Nuuk, 15 900 habitants.

Les religions
La plupart des habitants sont luthériens évangéliques.

Les fêtes
21 juin : Fête nationale. **Noël :** fêté selon la tradition inuite. Courses de luge toute l'année.

Les achats
Objets en dent de narval, en os, en pierre de savon ; manteaux en peau de phoque – certes peu appréciés des défenseurs des animaux.

Les paysages et les randonnées

Le spectacle des icebergs confère au voyage un caractère exceptionnel. Les montagnes, les fjords et la toundra des abords de la côte sud (lichens, mousses, fleurs), qui vaut au pays son nom de « terre verte », constituent d'autres originalités. Devant tant de promesses, randonnées et croisières se sont développées. Les amateurs de VTT, de kayak et d'escalade sont aussi à la fête.
Le soleil de minuit est présent de façon permanente à la latitude de la baie de Disko – soit au nord du cercle arctique, sur la côte ouest – de fin mai à fin juin. Les aurores boréales prennent le relais en septembre.

La côte ouest

La **baie de Disko** est le site le plus visité de l'île. La petite ville d'Ilulissat en est le centre : on y embarque pour des **mini-croisières** dans la baie avec vues sur le somptueux **Isfjord**, inscrit au patrimoine mondial de l'Unesco. La baie de Quervains, proche du fjord de **Torssukatak**, était le point de départ des expéditions polaires de Paul-Émile Victor.
Quiconque voyage seul a intérêt à monter à bord de l'un des bateaux côtiers des rivages ouest. Ainsi, le *Sarfaq Ittuk* va en quatre jours de Qaqortoq (pointe sud) à Ilulissat (baie de Disko), et inversement. Glaciers, fjords, villages de pêcheurs, vestiges vikings et sources chaudes composent un film en cinémascope.
Le tourisme classique s'arrête à la hauteur de la baie de Disko, mais il est possible de gagner la région du peuple Inuit, chère à Jean Malaurie, en saluant ensuite Qaanaaq et la petite centaine d'âmes de Siorapaluk, à 1 500 km du pôle Nord, qui est la communauté humaine la plus au nord de la planète.

La côte sud

C'est ici que la « terre verte » prend tout son sens, avec la toundra dont les étendues vertes et nues se marient aux teintes bleues des glaces libérées par la calotte polaire. Les amateurs d'histoire des Vikings visiteront le site du débarquement d'Erik le Rouge en 982.
Les **randonnées** vers les montagnes ou les abords de l'inlandsis, au moment où la végétation et les oiseaux connaissent un bref regain de vie, sont également conseillées.

La côte est

Le Groenland oriental, où la montagne rejoint l'océan, est encore relativement peu couru. Toutefois, l'**île d'Ammassalik** commence à recevoir des randonneurs qui tantôt marchent en bord de mer, tantôt partent à l'assaut des glaciers, ou encore font du kayak des mers, admirant au passage le **fjord** profond de **Sermilik**.

LES CONSEILS GEO

▶ Les plus

Une destination hors du commun : icebergs, fjords, banquise, aurore boréale sont des lieux ou des phénomènes de rêve pour le voyageur.
Un environnement unique : la beauté de la nature, certes, mais aussi l'absence de routes et de voies ferrées.

▶ Les moins

La brièveté de la haute saison touristique et la rudesse des conditions climatiques : il faut savoir estimer ses capacités de marcheur et de résistance au froid avant de se décider.
Les tourments causés par le réchauffement climatique et la fonte de la banquise et des glaciers.
Le coût élevé du voyage.

▶ Les tendances

Les sauts de puce géants à bord d'un bateau côtier le long des rivages du sud-ouest sont dans le vent.

La faune

Le Groenland demeure un paradis écologique pour toute la faune arctique. L'observation des baleines, notamment à partir de la côte sud-ouest, ainsi que le spectacle des colonies de fulmars, de morses, de narvals, de phoques, de pingouins et de sternes ne sont pas rares, particulièrement sur l'archipel d'Aasiaat, en remontant vers la baie de Disko. ■

QUAND PARTIR ?

	Climat	Activités	Phénomènes lumineux
Janvier			aurores boréales
Février			aurores boréales
Mars		ski nordique ❄	aurores boréales
Avril		ski nordique ❄	
Mai			soleil de minuit
Juin	☼		soleil de minuit
Juillet	☼	treks, kayak ❄	soleil de minuit
Août	☼	treks, kayak ❄	
Septembre	☼		aurores boréales
Octobre			aurores boréales
Novembre			aurores boréales
Décembre			aurores boréales

Entre cocotiers et collines, le vacancier trouve aux Saintes un condensé idéal de l'archipel.

QUE VOIR, QUE FAIRE EN GUADELOUPE ?

■ BASSE-TERRE

Les paysages
Forêt pluviale, chutes du Carbet, volcan de la Soufrière

Les côtes
De Pointe-Noire à Sainte-Rose

■ GRANDE-TERRE

Les côtes
Le Gosier, Sainte-Anne, Saint-François

■ LES AUTRES ÎLES ET ARCHIPELS
Les Saintes, La Désirade, Marie-Galante

■ LES COLLECTIVITÉS D'OUTRE-MER
Saint-Barthélemy, partie nord de Saint-Martin

Guadeloupe

Les deux ailes du « papillon » guadeloupéen sont très différentes : autant la plate Grande-Terre – l'aile droite – est vouée au tourisme de masse balnéaire, autant la montagneuse Basse-Terre – l'aile gauche – fait valoir la randonnée et l'écotourisme. La Désirade, les Saintes et Marie-Galante complètent le tableau.

LE CARNET DE VOYAGE

Les premiers contacts
Comité du tourisme de la Guadeloupe, 23-25, rue du Champ-de-l'Alouette, 75013 Paris, 01.40.62.99.07. Internet : www.lesilesdeguadeloupe.com, www.ile-desirade.fr, www.les-saintes.fr, www.ot-mariegalante.com, www.saintbarth-tourisme.com

Les formalités
Carte d'identité suffisante pour les ressortissants de l'Union européenne, passeport en cas de croisière ou de visite d'autres îles des Antilles. Pour les Canadiens, passeport suffisant.

La santé
Aucun problème en dehors de la visite vespérale des moustiques.

Le voyage, le décalage
Durée moyenne du vol Paris-Pointe-à-Pitre : 8 heures. Lorsqu'il est midi à Paris, en Guadeloupe il est 6 h en été et 7 h en hiver.

Le coût moyen d'un séjour
Environ 900 € la semaine hors saison pour le vol A/R et l'hébergement en bord de mer, 1 500 € pour dix jours à base de randonnées. Selon la saison et le type de navire, de 1 300 à 1 600 € la croisière d'une semaine à travers les Antilles.

Les langues, la monnaie
Le français dans le texte, le créole plus souvent dans la rue. **Monnaie :** l'euro. Penser à l'accompagner de dollars US en cas de croisière.

La population
451 000 habitants, **chef-lieu :** Basse-Terre. Population de Noirs, mulâtres, Indiens, Créoles et métropolitains.

Les religions
Majorité de catholiques.

Les fêtes
Janvier et février : carnaval, apothéose lors de Mardi gras ; **avril :** Festival de la gastronomie créole ; **27 juin :** fête de l'Abolition de l'esclavage.

Les achats
Le rhum, les bijoux (dont les boucles d'oreilles créoles), les épices, les fleurs et les tissus (madras).

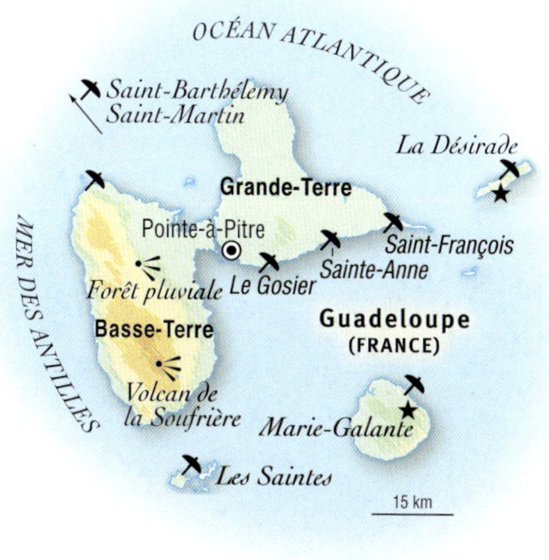

LES CONSEILS GEO

Les plus

La variété et la spécificité des composantes de l'archipel, toutes très différentes mais toutes passionnantes.
Un épicentre des croisières antillaises, avec des tarifs qui deviennent de plus en plus abordables.

Les moins

Une fréquentation touristique en baisse.

Les précautions

Ni plus ni moins de problèmes de sécurité qu'en métropole.

Les tendances

Aussi longtemps que la majorité des croisières francophones partira de Pointe-à-Pitre pour une dizaine d'escales à travers les Antilles, la tendance à embarquer pour une semaine persistera, surtout si les prix poursuivent leur course vers le bas.

Basse-Terre

Les paysages

La forêt pluviale, le parc floral, les **chutes du Carbet**, l'ascension du **volcan de la Soufrière** : tout, dans le parc national de Guadeloupe, se prête à la randonnée, au canyoning, aux activités sportives, à l'accrobranche et à l'écotourisme, contrepoint à la réputation d'archipel à bronzage que possède la Guadeloupe vue de la métropole.

Les côtes

Moins fréquentées, moins réputées que celles de Grande-Terre, les côtes n'en méritent pas moins un séjour, que ce soit tout au sud (Grande-Anse, près de Trois-Rivières) ou sur l'épaule gauche de l'île, de **Pointe-Noire** à **Sainte-Rose** en passant par Deshaies. Quant aux fonds marins des îlets Pigeon, ils ont été transformés en réserve Cousteau.

Grande-Terre

Grande-Terre n'a pas beaucoup plus à proposer que ses plages, particulièrement celles de sa côte sud, mais elle le fait bien : le choix du farniente à **Sainte-Anne** ou à **Saint-François** offre toutes les chances d'un séjour réussi. Au **Gosier** également, mais les plages y sont moins étendues. La plongée s'impose souvent.
En partant vers l'Est (Le Moule) et le Nord (Anse-Bertrand), on trouve des rivages moins fréquentés.

Les autres îles et archipels

Aux **Saintes**, la beauté de la baie de Terre-de-Haut lui a valu d'être inscrite au patrimoine de l'Unesco, mais la plage de Grande-Anse, sur Terre-de-Bas, a de quoi rivaliser. Ces deux îles principales, complétées par six îlets inhabités, valent aussi par leurs mornes (collines), agrémentés de sentiers de randonnée.
La toute petite **Désirade** vit au rythme de ses pêcheurs, avec son cimetière marin de Grande-Anse et ses lagons. La Désirade constitue vraiment l'« autre » Guadeloupe, avec **Marie-Galante** où l'on trouve, dit-on, le meilleur rhum des Antilles et où l'habitation Murat évoque la canne à sucre et l'esclavage.

QUAND PARTIR ?

	Climat	Nature et photos
Janvier	☼	
Février	☼	
Mars	☼	
Avril	☼	
Mai	☼	
Juin		✓
Juillet		✓
Août		✓
Septembre		✓
Octobre		
Novembre		
Décembre		

Les collectivités d'outre-mer

À 175 km au nord-ouest, l'étiquette de « paradis pour milliardaires » de **Saint-Barthélemy** freine le touriste moyen. L'empreinte architecturale de la colonisation suédoise, les toits très rouges et les maisons couleur pastel donnent le change. La partie française de **Saint-Martin** cumule les clichés : plages paradisiaques, paradis fiscal, casinos. ■

Autour du lac Atitlán, le voyageur découvre à la fois les traditions mayas et un paysage d'une grande harmonie.

Tapi dans l'ombre du Mexique, le Guatemala partage avec son grand frère le titre de plus beau pays d'Amérique centrale grâce à ses lacs, sa jungle, ses volcans, la richesse archéologique de Tikal et la fidélité des Mayas à leurs traditions.

Guatemala

Les paysages

Le **lac Atitlán**, entouré de trois volcans (Atitlán, San Pedro, Toliman) et de villages indiens, occupe un cadre idyllique. La contemplation des volcans (le cône de l'**Agua** confine à la perfection) et l'ascension possible de certains d'entre eux dans les sierras centrales (Acatenango, Fuego, Pacaya, San Pedro, Santiaguito) ont de quoi occuper les yeux et les muscles, comme les paysages dénudés de la **sierra de los Cuchumatanes**. Là, ce sont les horizons comme les

LE CARNET DE VOYAGE

Les premiers contacts
Ambassade, 2, rue Villebois-Mareuil, 75017 Paris, 01.42.27.78.63. Internet : www.visitguatemala.com

Les formalités
Pour les ressortissants de l'UE, canadiens, suisses : passeport encore valable six mois après la date du retour.

La santé
Prévention vivement recommandée contre le paludisme au-dessous de 1500 m et aussi contre la dengue.

Le voyage, le décalage
Durée moyenne du vol Paris-Guatemala Ciudad (via Madrid, Dallas ou Miami) : 13 heures. Lorsqu'il est midi en France, au Guatemala il est 4 h du matin en été et 5 h en hiver.

Le coût moyen d'un séjour
Aux alentours de 2500 € pour le voyage accompagné en demi-pension (15 jours) : visite d'Antigua, de Chichicastenango, des villages indiens autour du lac Atitlán, des vestiges mayas et excursions à Copán (Honduras).

Les langues, la monnaie
Langue officielle : l'espagnol, qui voisine avec les dialectes indiens. L'anglais est assez répandu. **Monnaie :** le quetzal. Dollars US recommandés. 1 € = 10,30 quetzals, 1 $ = 7,70 quetzals. L'usage des cartes de crédit est limité.

La population
Les 14373000 habitants vivent surtout dans les régions montagneuses et sont juxtaposés : dans l'Ouest, sur les hautes terres, les Indios (56% de la population, taux record en Amérique latine) ; dans l'Est, les Ladinos, métis d'Indiens et d'Espagnols. **Capitale :** Guatemala Ciudad (plus d'un million d'habitants).

Les religions
Les trois quarts de la population sont catholiques, le dernier quart est protestant. Les Églises évangélistes tracent leur sillon.

Les fêtes
Mi-janvier : pèlerinage du « Christ noir » à Esquipulas ; **avril :** procession du Vendredi saint à Antigua ; **novembre :** célébration de la Toussaint dans les villages mayas des hauts plateaux, semaine de *feria* puis Jour des morts à Todos Santos ; **décembre :** fête de Santo Romas à Chichicastenango.

Les achats
Traditionnel : un textile très coloré et marchandé sur un marché local. À côté, des bijoux en argent, des objets de jade, des articles en cuir, en osier et en céramique.

QUE VOIR, QUE FAIRE AU GUATEMALA ?

Les paysages

- Lacs (Atitlán), jungle (Petén)
- Randonnées, volcans (Agua)
- Sierra de los Cuchumatanes
- Semuc Champey

Le patrimoine culturel

- Mœurs mayas (villages, marchés), population caraïbe (Livingston)

Les monuments

- Temples-pyramides mayas de Tikal, El Mirador, parc de Quiriguá

LES CONSEILS GEO

▶ Les plus

Malgré la modestie de sa superficie, ce pays réunit des atouts qui en font l'un des plus intéressants d'Amérique latine.
La persistance des accords de paix entre le pouvoir et la guérilla.

▶ Les moins

Une côte Pacifique peu attirante.
Des conditions de sécurité parfois délicates pour qui voyage de manière isolée ou en dehors des grands axes.

▶ Les précautions

Le candidat au voyage pour le Guatemala doit s'attendre à lire des recommandations lui demandant de ne pas voyager seul et de faire très attention aux vols ou agressions. À chacun de faire la part des choses.

traditions et les rituels mayas qui composent un ensemble idéal.
Entre Cobán et Lanquin, le cadre de **Semuc Champey** est l'un des plus spectaculaires du pays (pont de pierre naturel, piscines naturelles couleur émeraude).
La faune est surtout remarquable dans le Nord. Ainsi est-il possible qu'un jaguar laisse voir son museau, mais plus probable qu'un coati ou un toucan fasse fête au visiteur.

Le patrimoine culturel

Les Amérindiens composent près de la moitié de la population. Que ce soit sur les marchés *(tanguis)*, au travers des couleurs des étoffes ou dans l'atmosphère de leurs fêtes religieuses, ils sont encore à l'abri de la caricature, même si des villages comme ceux qui ponctuent la région du lac Atitlán (Santa Cruz, San Pedro) voient beaucoup de touristes et risquent de perdre leur authenticité.
Les tissages, les broderies et les masques en bois sont les attraits des marchés dont les principaux – mais pas les moins touristiques – sont ceux de Chichicastenango et d'Antigua.
Aux abords du golfe de Honduras, dans la région de **Livingston**, vit une population caraïbe, les Garifunas, majoritairement des pêcheurs. Maisons de bois aux couleurs vives et goût pour la musique les caractérisent.

Les monuments

Tikal a été, de 430 à 830, la plus grande métropole maya. Au milieu d'une végétation tropicale exubérante dans tous les sens du terme, ce site, l'un des plus imposants du genre, laisse apparaître, parmi bien d'autres, deux imposants temples-pyramides de 40 et 50 m de hauteur.
Au nord de Tikal et très difficile d'accès, se cache le site archéologique **El Mirador**, réputé d'une très grande importance. Encore inaccessible au tourisme de masse, il possède une pyramide, le Tapir, haute de 72 m. Les archéologues en font le berceau de la civilisation maya, tout en se demandant comment le préserver. Autre site maya important, celui du parc archéologique de **Quiriguá**, dont les stèles et les sculptures de calendriers font l'originalité.
La réputation des sites mayas dissimule parfois l'intérêt des sites urbains, où l'art colonial et baroque a laissé une trace profonde. Ainsi **Antigua**, qui fut la première capitale de l'Amérique centrale, affiche un plan en damier (sous l'influence de la Renaissance italienne) et une architecture baroque remarquable : palais des Capitaines-généraux, cathédrale Santiago, églises et couvents sont autant de lieux à découvrir. ■

QUAND PARTIR ?

	Climat	Petén et Tikal
Janvier	☼	⊰
Février	☼	⊰
Mars	☼	
Avril	☼	
Mai		
Juin		
Juillet		
Août		
Septembre		
Octobre		
Novembre	☼	⊰
Décembre	☼	⊰

QUE VOIR, QUE FAIRE EN GUYANE ?

Les rivières et les paysages

- Remontée des rivières en pirogue (Maroni, Oyapock, Approuague, Mana, Inini), Parc amazonien, marais de Kaw

La faune

- Agoutis, anacondas, caïmans noirs, ibis rouges, paresseux, perroquets, urubus, tortues luths, toucans

Les monuments

- Bagne des îles du Salut, pénitencier de Saint-Laurent-du-Maroni
- Centre spatial de Kourou, musée de l'Espace

Les traditions

- Carnaval

L'île du Diable, vue de l'île Royale : un atout touristique qui tente de résister à l'attrait de la forêt dense.

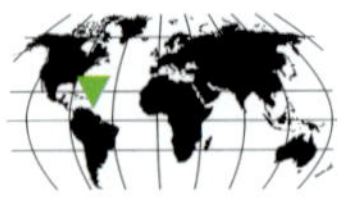

Guyane

La Guyane fait partie de l'« enfer vert » amazonien et trouve en lui son attrait touristique majeur. Malgré la monotonie née d'une forêt dense étouffante, des périples consistant à remonter les rivières en pirogue se développent, complétés par la visite du bagne de l'île Royale et du centre spatial de Kourou.

LE CARNET DE VOYAGE

Les premiers contacts
Comité du tourisme de la Guyane, 1, rue Clapeyron, 75008 Paris, 01.42.94.15.16. www.tourisme-guyane.com

Les formalités
Pour les ressortissants de l'UE, la carte nationale d'identité ou le passeport sont suffisants. Pour les Canadiens et les Suisses, passeport encore valable six mois après le retour.

La santé
Vaccination obligatoire contre la fièvre jaune, prévention indispensable contre le paludisme.

Le voyage, le décalage
Durée moyenne du vol Paris-Cayenne (7 094 km) : 9 heures. Lorsqu'il est midi à Paris, en Guyane il est 7 h en été et 8 h en hiver.

Le coût moyen d'un séjour
Environ 2 000 € pour un séjour d'une dizaine de jours comprenant parcours en pirogue et visite de villages.

Les langues, la monnaie
Neuf Guyanais sur dix accompagnent le français de leur créole. Le taki-taki est parlé autour du Maroni.
Monnaie : l'euro.

La population
Vu la topographie, le chiffre est modeste : 250 000 habitants, dont un quart à Cayenne, le chef-lieu.

Les religions
87 % des Guyanais sont catholiques. Minorités de protestants, d'animistes, de musulmans, de spiritistes et de bahaïs. Progression des évangélistes.

Les fêtes
Carnaval autour du roi « Vaval » lors des week-ends **entre l'Épiphanie et le mercredi des Cendres,** lui-même précédé de « quatre jours gras » ; **10 juin :** fête de l'Abolition de l'esclavage.

Les achats
Un hamac... du Brésil, une calebasse gravée.

Les rivières et les paysages

Les rivières sont la base du tourisme guyanais : coupées de rapides, elles font l'objet de remontées en canoë ou en pirogue. Les plus connues : le **Maroni** (quatre jours de pirogue entre Maripasoula et Saint-Laurent-du-Maroni), l'**Oyapock**, l'**Approuague** (riche faune de caïmans et d'oiseaux), le **Mana**, l'**Inini**.
Depuis 2007, avec la création du **Parc amazonien** de Guyane, dans le Sud, le plus grand des départements français tente de protéger sa forêt humide primaire et son histoire, notamment le mode de vie des Amérindiens, afin qu'ils ne soient pas « muséifiés » par le tourisme ou intoxiqués par le mercure des zones de l'orpaillage clandestin.
La pirogue est à la fois un moyen de transport et un attrait touristique, comme l'est le carbet, cette grande case ouverte qui sert d'abri et de gîte d'étape (nuit dans un hamac).
Outre son aspect sportif, la remontée des rivières permet la rencontre des peuplades locales, telles que les Wayanas, ou celle des « Noirs Marrons », descendants d'esclaves, du côté de Maripasoula, le long du Maroni.
Sur la côte nord-est, les réserves des **marais de Kaw** et de l'île du Grand Connétable, avec leurs mangroves et leurs palmiers, sont remarquables.

La faune

Si on n'est ni Guyanais, ni chasseur, ni connaisseur de la forêt tropicale humide, on aura du mal à repérer, parmi les centaines d'espèces disséminées dans les 80 000 km² de jungle, les agoutis, les anacondas ou, dans le Nord-Ouest, les caïmans noirs, les jaguars et les ibis rouges, ces derniers également présents dans l'estuaire de la rivière Sinnamary.
En forêt, la présence d'un guide est indispensable, non seulement pour ne pas se perdre, mais aussi pour avoir plus de chances, particulièrement à partir de Saül, d'identifier des espèces précitées, ainsi que les paresseux, les perroquets, les urubus, les jacanas et les toucans.
Autre pôle d'attraction réputé : la ponte des tortues luths, entre avril et fin juillet, dans la réserve d'Amana ou sur la plage des Haltes, dans la commune d'Awala-Yalimapo.
À Cayenne, les passionnés de botanique et des espèces animales amazoniennes visiteront le zoo de Guyane et le Musée départemental.

Les monuments

Le **bagne**, fermé en 1946, occupait plusieurs sites dont les plus célèbres se trouvent dans les **îles du Salut**, au large de Kourou (île Royale, île Saint-Joseph et île du Diable). Les bâtiments se visitent et un petit musée en raconte l'histoire. Le **pénitencier de Saint-Laurent-du-Maroni** dispose, quant à lui, de la cellule la plus célèbre de toutes, celle de Papillon.
Le **Centre spatial guyanais de Kourou** se visite également (réservation obligatoire) et l'on pourra ainsi, si la période s'y prête, assister au lancement d'une fusée Ariane.

Les traditions

Sans atteindre la réputation de ceux du Brésil ou de Trinidad, le **carnaval** guyanais, autour de Vaval, le roi carnaval, vaut le déplacement. Il a lieu les week-ends compris entre l'Épiphanie et le mercredi des Cendres, lui-même précédé de quatre « jours gras » intenses. Autre fête : celle du Nouvel An que célèbrent les Hmongs, réfugiés du Laos. ■

LES CONSEILS GEO

▶ Les plus

L'Amazonie à portée de pirogue.
La langue française.
Une assez bonne coïncidence entre les dates de l'été de l'hémisphère Nord et celles de la saison favorable.

▶ Les moins

Une humidité oppressante.
Pour ceux qui n'aiment pas, la nécessité de parfois bivouaquer.
Une côte non adaptée à la baignade.

▶ Les précautions

Ne pas s'aventurer seul dans la forêt et sur les rivières.

▶ Les tendances

Marier un parcours en pirogue et la visite d'un village, c'est découvrir la vraie Guyane.

QUAND PARTIR ?

	Climat	Ponte des tortues luths
Janvier		
Février		
Mars		
Avril		⋞
Mai		⋞
Juin		⋞
Juillet		⋞
Août	☼	
Septembre	☼	
Octobre	☼	
Novembre	☼	
Décembre		

Le skyline de Central District est certes en figure de proue, mais les autres îles et les Nouveaux Territoires valent le détour.

QUE VOIR, QUE FAIRE À HONG KONG?

Les sites

- Pic Victoria, Nouveaux Territoires (Kowloon), îles

Le shopping

- Bijoux, photo, hi-fi

Les côtes

- Plages (Lantau), ports

Depuis la rétrocession à la Chine en 1997, tout change et rien ne change à Hong Kong. L'animation des rues illuminées en constitue toujours l'attrait, renforcé par l'opposition entre traditions séculaires et modernité affichée et revendiquée.

Hong Kong

LE CARNET DE VOYAGE

Les premiers contacts
Hong Kong Tourism Board, 37, rue de Caumartin, 75009 Paris, 01.42.65.66.64. www.discoverhong-kong.com

Les formalités
Ressortissants de l'UE, canadiens et suisses : passeport suffisant (valable encore 6 mois après le retour), mais un visa est nécessaire pour les autres parties de la Chine. Billet de retour ou de continuation exigible.

La santé
Aucun problème.

Le voyage, le décalage
Durée moyenne du vol direct Paris-Hong Kong (9982 km) : 11 heures 30. Lorsqu'il est midi en France, à Hong Kong il est 18h en été et 19h en hiver.

Le coût moyen d'un séjour
Environ 1000 € en haute saison pour 4 jours/3 nuits comprenant le vol et l'hébergement.

Les langues, la monnaie
Langues officielles : le chinois et l'anglais. Le cantonais (surtout) et le mandarin sont les dialectes les plus utilisés. **Monnaie :** le dollar de Hong Kong reste en vigueur. 1 € = 10 $ de Hong Kong. 1 $ = 7,80 $ de Hong Kong. Les principales cartes de crédit et les chèques de voyage sont bienvenus.

La population
Le surpeuplement est manifeste (7082000 habitants). Presque toute la population est chinoise.

Les religions
Les bouddhistes et les taoïstes sont nettement majoritaires. Minorités de chrétiens (10%), de musulmans, d'hindous, de juifs et de sikhs.

Les fêtes
Février : fête de la Lanterne (dernier jour des fêtes du Nouvel An chinois); carnaval; **mars :** fête de Chung-Ming (culte des ancêtres); **juin :** fête du Bateau-Dragon; **octobre :** fête du Gâteau de la Lune.

Les achats
L'informatique, la photo et la hi-fi constituent un trio de choc. Ne pas se précipiter, ne pas oublier les petits marchés et bien comparer les prix.

Les sites

La ligne des gratte-ciel de Central District, dans la partie nord de l'île de Hong Kong, est dominée par le **pic Victoria**, que l'on atteint par le vieux funiculaire Peak Tram, et qui permet d'avoir accès à « la » vue sur l'île de Hong Kong et la presqu'île. Elle est devenue la carte postale de l'endroit et reste le garant de sa réputation touristique.

Mais l'île a bien d'autres atouts à dévoiler : le quartier d'Aberdeen, connu pour son village flottant et son image rétro de jonques et de sampans ; le parc d'attractions d'Ocean Park et son rival, le Hong Kong Disneyland Resort, sur l'île de Lantau ; les musées (musée des Arts et traditions populaires, musée des Arts du thé à Flagstaff House) ; les temples (Hung Shing, Man Mao, Tin Hau).

Les **Nouveaux Territoires** (New Territories) révèlent, par opposition à l'urbanisation effrénée de Hong Kong, une campagne imprégnée de traditions chinoises. Propices aux randonnées, ils renferment trois sites touristiques importants : le monastère des Dix Mille Bouddhas, les jardins botaniques de Kadoorie et la forêt de Tai Po Kau, où se côtoient oiseaux et plantes rares.

Les îles sont parsemées de parcs naturels (dont le Wetland Park pour l'observation des oiseaux) qui permettent de nombreuses balades, particulièrement Lantau, Cheung Chau (important lieu de villégiature sans voitures), Lamma, Grass et la péninsule de Sai Kung (Hong Kong National Geopark). Le bouddhisme les a marquées de son empreinte : Lantau, par exemple, où le monastère de Po Lin abrite un imposant bouddha assis. Un site de plus en plus prisé : le delta de la Rivière des Perles, qui rassemble l'image des « Trois Chines », soit Hong Kong, Macao et Canton.

Le shopping

Comme à Singapour, le commerce est une activité majeure, tant sur l'île de Hong Kong, dans les centres commerciaux souvent luxueux, qu'en face, à Kowloon (Nouveaux Territoires), nettement plus populaire.

La détaxe appliquée à certains articles tels que bijoux, matériel informatique, photo, hi-fi permet d'envisager de bonnes affaires, surtout en hiver, période de soldes importants. Le site commercial le plus réputé dans ce domaine est le Golden Mile, sur Nathan Road (Central Hong Kong), dans le quartier de Tsim Sha Tsui. Mais on aura intérêt à délaisser de temps en temps les grands centres commerciaux pour leur préférer les marchés chinois (Hollywood Street, Cat Street, marché nocturne de Temple Street, marché de nuit du quartier de Mongkok).

Il faut impérativement se renseigner auprès de l'office du tourisme, qui édite un *Official Shopping Guide*, afin de connaître la qualité (l'estampille de l'office du tourisme est un gage d'authenticité), la nature (normes européennes ou non) et la quantité de ce que l'on est en droit de rapporter. Il faut aussi être conscient que les prix du matériel photo et de l'électronique ne sont plus ce qu'ils étaient.

LES CONSEILS GEO

▶ Les plus

Une configuration, une atmosphère et une extravagance qui, hormis Singapour, n'ont pas leur pareil en Asie du Sud-Est.

Une ouverture récente et plutôt réussie au tourisme vert.

▶ Les moins

Un budget relativement élevé à prévoir à cause du coût de l'hébergement.

De bonnes affaires qui se raréfient.

Un climat défavorable entre juin et septembre.

▶ Les précautions

Pas de vrai problème de sécurité. Il suffit de prendre les précautions d'usage dans la foule et les lieux touristiques.

Les côtes

Les plages apparaissent comme la plus grande surprise de l'endroit : sur les premières îles qui font face à Hong Kong, elles sont relativement nombreuses et agréables, par exemple sur l'île de **Lantau**. Villages traditionnels et petits ports constituent des havres de paix pour le moins inattendus, même si le vrai isolement est un luxe que l'on a peu de chances de s'offrir dans cette partie du monde où le surpeuplement est manifeste. ■

QUAND PARTIR ?

	Climat	Shopping
Janvier	☼	Fin des soldes : le 2 €
Février	☼	
Mars	☼	
Avril	☼	
Mai		
Juin		
Juillet		
Août		
Septembre		
Octobre	☼	
Novembre	☼	Début des soldes : le 28 €
Décembre	☼	€

QUE VOIR, QUE FAIRE EN HONGRIE ?

Les villes et les monuments

- Budapest, Szentendre, Hollokö, Sopron, Eger, Fertöd, Györ, Pécs, Székesfehérvár

Les paysages

- Puszta (parc national d'Hortobágy et de Bugac), lacs (Balaton, Velence), monts Mátra, boucle du Danube, Tokaj
- Sources thermales

Budapest, à classer parmi les très belles villes d'Europe, attirait déjà le voyageur du temps de l'appartenance de la Hongrie au bloc soviétique. La tendance s'est poursuivie et les séjours d'un week-end consacré à la capitale progressent. On peut seulement regretter que le touriste néglige trop souvent les autres aspects du pays.

Le pont des Chaînes, l'un des neuf ponts sur le Danube qui, avec les bains, font la fierté de Budapest.

Hongrie

LE CARNET DE VOYAGE

Les premiers contacts
Office de tourisme Paris, 01.53.70.67.17.
www.fr.gotohungary.com
www.budapestinfo.hu

Les formalités
Pour les autres ressortissants de l'UE : carte d'identité ou passeport.
Pour les Canadiens : passeport, valable encore six mois après le retour.

La santé
Aucun problème.

Le voyage, le décalage
Durée moyenne du vol Paris-Budapest (1 257 km) : 2 heures. Pas de décalage horaire avec l'Europe de l'Ouest.

Le coût moyen d'un séjour
Compagnies à bas prix de Bruxelles ou Paris. Premiers prix aux alentours de 350 € pour un long week-end à Budapest (vol et hébergement). Environ 1 000 € pour un trio d'une semaine Budapest-Prague-Vienne et croisière sur le Danube.

Les langues, la monnaie
Le hongrois a la particularité de ressembler au finnois, toutes deux langues finno-ougriennes. La langue tsigane concerne 2 % de la population. L'allemand est nettement plus répandu que l'anglais et le français.
Monnaie : le forint.
1 € = 313 forints.

La population
On dénombre 9 976 000 Hongrois (ou Magyars), dont un sur cinq vit à Budapest, la capitale. Le pays compte treize minorités nationales, dont 8 % de tsiganes.

Les religions
Deux habitants sur trois sont catholiques, un sur quatre est protestant calviniste. Minorités de luthériens, d'orthodoxes et de juifs.

Les fêtes
Février : divers carnavals ; **15 mars :** fête de la Révolution de 1848 ; **mars :** Festival de printemps de Budapest ; **août :** Festival d'art folklorique à Nagykállo.

Les achats
Les broderies colorées à motifs floraux, les objets en porcelaine, les jouets en bois, les poteries et le tokaj.

Les villes et les monuments

Budapest, la « perle du Danube », enjambée par neuf ponts, est la réunion de Buda et d'Obuda, sur une rive, et de Pest, sur l'autre. Les amateurs d'histoire et d'architecture classique aimeront la tranquille Buda et son Palais royal qui abrite la Galerie nationale et le musée d'Histoire, avant de déambuler dans les rues anciennes de la colline du château et de visiter l'église Mathias, flanquée du bastion des Pêcheurs. Il sera temps alors de gagner le mont Gellért et sa citadelle, qui offre la plus belle vue de Budapest, puis de franchir l'emblématique pont des Chaînes pour gagner Pest.
Cette dernière offre une image toute différente, centre historique et économique de la capitale. La Cité en constitue l'épicentre (façades Art nouveau, place Vörösmarty, rue Vaci), avec au nord le Parlement, joyau néo-gothique du début du siècle dernier. En s'éloignant du fleuve, on ne manquera ni le Musée national hongrois, ni le quartier juif. Plus loin, l'avenue Andrássy (avec son opéra, sosie de celui de Vienne), la place des Héros (musée des Beaux-Arts), enfin le parc du Bois-de-Ville complètent l'intérêt d'une capitale qui demande bien trois jours de visite.
Les bains de Budapest, nés de l'initiative des Romains ou des Turcs et de la centaine de sources d'eau chaude, sont une institution : ils sont tantôt populaires, tantôt raffinés, mais toujours aussi prisés de la population locale. Les plus connus sont, à Buda, les bains Gellért et leur style Art déco ; à Pest, les bains Széchényi, plus grand établissement du genre en Europe et favori des joueurs d'échecs.
Au nord de Budapest, **Szentendre**, réputée pour la couleur de ses murs, est la plus jolie ville de la boucle du Danube, tandis que le village de **Hollokö** revendique ses traditions.
Dans l'ouest du pays, la médiévale **Sopron** et **Fertöd** (château baroque d'Esterhazy) sont des passages obligés. **Eger** (site, cathédrale, maisons baroques), **Györ** (monuments baroques), **Székesfehérvár** (baroque et néoclassique), **Pécs** (monuments de l'époque ottomane) sont les autres villes notables du pays.

Les paysages

La puszta (« plaine »), la steppe la plus grande d'Europe, conserve encore ici et là des puits à balancier. Deux points d'orgue : dans l'Est, le parc national de **Hortobágy** ; dans le Sud, le **parc national de Bugac**.
Le **lac Balaton**, plus grand réservoir d'eau douce en Europe, constitue un semblant de mer. Il est aussi beau en été, vu des monts boisés de Bakony et de sa presqu'île de Tihany, qu'en hiver, recouvert de glace. La baignade et les loisirs nautiques sur sa rive sud ont longtemps été l'apanage de la clientèle des pays de l'Est.
Il a un « concurrent » : le **lac Velence**. Ses lagunes, ses roseaux, un massif cristallin en toile de fond au nord, ses plages au sud, ses eaux peu profondes en font un but d'excursion intéressant, à 50 km de Budapest.
Une pléiade de **sources thermales** jaillissent dans le pays, particulièrement dans les **monts Mátra**, qui constituent l'une des plus belles régions de la Hongrie. Les curistes, venus aussi d'Europe occidentale, sont de plus en plus nombreux.
Une curiosité au nord de Budapest : la **boucle du Danube**, qui a eu son heure de gloire au Moyen Âge et où il faut voir, outre Szentendre, les ruines du palais royal de Visegrad et la basilique de l'archevêché d'Esztergom. Autre curiosité : la région de **Tokaj**, où est produit le célèbre vin blanc du même nom. ■

QUAND PARTIR ?

	Climat	Budapest
Janvier		
Février		
Mars		
Avril	☼	⦿
Mai	☼	⦿
Juin	☼	⦿
Juillet	☼	
Août	☼	
Septembre	☼	⦿
Octobre		
Novembre		
Décembre		

LES CONSEILS GEO

▶ Les plus
L'attrait de Budapest mais aussi un pays aux multiples intérêts touristiques.

▶ Les moins
Des propositions de voyage trop limitées à Budapest chez la plupart des voyagistes.

▶ Les précautions
La Hongrie n'est pas un pays difficile sur le plan de la sécurité.

▶ Les tendances
La plupart des hôtels de Budapest sont équipés de centres de remise en forme où le massage, ville de bains oblige, est la règle. En y mettant le prix, on peut aussi se retrouver dans un hôtel avec bains et vue sur le Danube.

« How do you like India ? » À la question rituelle que posent au visiteur la plupart des Indiens, on ne peut que répondre : « Beaucoup ! » Soutenu par un patrimoine architectural très riche, le mythe de la ferveur et du sacré a tout d'abord entraîné des générations de routards sur la défunte route des Indes. Aujourd'hui, des visiteurs de tous les styles sillonnent le pays.

Inde

Le Nord et le Nord-Est

Bihar

Le site bouddhique

Le *Ficus religiosa* de **Bodh-Gaya** est l'un des arbres les plus vénérés au monde : c'est sous ses branches que Gautama a acquis l'état de bouddha. Plus tard a été érigé le Mahabodhi Temple, l'ensemble faisant de Bodh-Gaya le plus grand centre de pèlerinage bouddhique mondial.

Jharkand

La faune

Cet État si particulier – forêts et sous-sol riche, mais grande pauvreté et révolte de groupes d'obédience maoïste – renferme des réserves d'animaux (Betla, Hazaribagh, Palamau) dont le **tigre**, menacé et difficile à apercevoir.

Assam

La faune

Le Kaziranga National Park, qui se situe entre Jorath et Gauhati, est principalement connu pour ses rhinocéros indiens unicornes et ses buffles d'Asie (Water Buffaloes). Des tigres, des léopards et des cerfs peuvent également être observés, les visiteurs étant juchés sur le dos d'un éléphant pour mieux les apercevoir. Non loin se trouve le Manas Wildlife Sanctuary, une réserve d'oiseaux.

QUE VOIR, QUE FAIRE DANS LE NORD ?

■ BIHAR
Le site bouddhique
Bodh-Gaya

■ JHARKAND
La faune
Panthères, tigres

■ ASSAM
La faune
Rhinocéros, buffles, tigres

■ BENGALE-OCCIDENTAL
La faune
Tigres du Bengale
Les villes
Calcutta, Darjeeling

■ SIKKIM
Les monuments
Monastères tibétains
Les trekkings
Autour du col de Gocha

Dans l'État du Bihar, la tour du temple de la Mahabodhi domine Bodh-Gaya, où Siddhartha Gautama devint Bouddha.

Rickshaws, porteurs, vélos : les rues de Calcutta vivent un mouvement perpétuel.

Bengale-Occidental

La faune

Même s'il n'est pas toujours aisé de l'observer, le majestueux tigre du Bengale se laisse toutefois admirer dans la mangrove de la Sunderbans Tiger Reserve, qui est située à une centaine de kilomètres au sud de Calcutta.

Les villes

L'énorme **Calcutta** (rebaptisée Kalkota), ancienne capitale de l'Empire des Indes, est à la fois fascinante et inquiétante. Les contrastes entre misère et richesse, les sans-abri entassés dans la gare de Howrah, le grand pont métallique au-dessus du fleuve Hoogly, le marché de Mahatma Gandhi Road, le temple de la déesse Kâli et les sacrifices d'animaux destinés à la satisfaire, le quartier des sculpteurs de dieux hindous en argile de Kumartuli, la plaine du Maidan, poumon vert d'une ville polluée, le Victoria Memorial, la qualité de l'Indian Museum sont autant d'aspects étonnants de la quatrième ville indienne.

À l'inverse, la paisible **Darjeeling**, station d'altitude, est connue pour la qualité de son thé et pour son panorama ouvert sur l'Himalaya.

Sikkim

Les monuments

Le bouddhisme tibétain, arrivé ici au XIIIe siècle, est le fondement culturel de ce petit État accolé au Bhoutan et au Népal. L'écrivaine-voyageuse Alexandra David-Neel ne s'y était pas trompée, qui eut un faible tenace pour le Sikkim et ses 200 monastères bouddhiques, dont Rumtek et Pemayangtse sont les fleurons.

LE CARNET DE VOYAGE

Les premiers contacts
Office de tourisme, 13, bd Haussmann, 75009 Paris, 01.45.23.30.45. www.incredibleindia.org

Les formalités
Pour les ressortissants de l'UE, canadiens, suisses : passeport valable six mois après le retour, visa obligatoire et payant (www.vfs-in-fr.com). Pour certains États ou régions, dont le Sikkim, Darjeeling et les îles Andaman, un permis spécial est obligatoire, à demander au consulat avant le départ.

La santé
Aucun vaccin n'est obligatoire. Prévention recommandée contre le paludisme toute l'année, mais surtout pendant la mousson, pour toutes les régions du pays situées au-dessous de 2 000 m.

Le voyage, le décalage
Durée moyenne du vol Paris-Mumbai (7 004 km) : 9 heures ; Paris-Delhi (6 579 km) : 10 heures ; Paris-Calcutta : 11 heures 30. Lorsqu'il est midi en France, en Inde il est 15 h 30 en été et 16 h 30 en hiver.

Le coût moyen d'un séjour
Selon le degré de confort recherché, de 2 000 à 2 500 € pour un séjour de 15 jours comprenant le vol et l'hébergement.

Les langues, la monnaie
Langue officielle : l'hindi ; voisinant avec 22 langues reconnues et près d'un millier d'autres, il n'est représentatif que d'un Indien sur trois. Langue étrangère : l'anglais ; le français est peu connu dans les anciens comptoirs français.
Monnaie : la roupie indienne. 1 € = 82 roupies, 1 $ = 61 roupies. Importation et exportation interdites.

La population
Le milliard d'hommes est nettement dépassé (1 220 800 000), dans ce qui reste, bon gré mal gré, la plus grande démocratie du monde. À l'origine, la population des 29 États était rurale et l'est restée à 70 %, ainsi qu'en témoignent les 700 000 villages. New Delhi est la capitale fédérale, englobée dans l'agglomération de Delhi (22 millions d'habitants), nombre voisin de celui de l'agglomération de Mumbai (20 millions). Bangalore et Calcutta suivent loin derrière.

Les religions
En Inde, les religions gouvernent tout, même les conflits, qu'elles ont longtemps engendrés entre les hindous, adeptes de la religion védique importée par les Aryens et majoritaires (83 %), et les musulmans (11 %). Chrétiens surtout dans le sud, sikhs au Pendjab, jaïnas au Gujerat, dans le Bihar et dans l'État de Mysore, bouddhistes, parsis et juifs complètent l'une des plus grandes mosaïques religieuses de la planète.

Les fêtes
26 janvier : Diwali (journée de la République) ; **Février-mars :** Nouvel An tibétain ; **juin :** pèlerinage au temple de Jagannatha à Puri (Orissa) ; **juillet :** festival de Hémis (Ladakh) ; **15 août :** jour de l'indépendance ; **novembre :** fête de Dusserah (pour la déesse Devi) à Mysore (Karnataka) ; pleine lune de **novembre :** festival de Pushkar (Rajasthan).

Les achats
De la soie au cachemire en passant par les bijoux, les pierres précieuses et les objets en bois de santal : l'éventail est large, à la mesure du pays. Pour être sûr de faire le bon choix au juste prix, il est recommandé de se rendre dans les magasins d'État (emporiums).

Le Temple d'or d'Amritsar et son lac Immortalité sont le saint des saints de la communauté sikh.

Les trekkings

Moins répandus qu'au Ladakh ou au Zanskar, notamment parce que la majorité de l'État n'est pas accessible depuis le camp de base de Kangchenjunga, les trekkings se sont tout de même développés, essentiellement autour du **col de Gocha**.

Pendjab

La ville

Amritsar, ville sainte des sikhs, constitue la principale destination du « pays aux cinq rivières ». Son joyau est le **temple d'Or**, sanctuaire au toit couvert de plaques d'or.

Delhi (territoire de)

Les villes

Les quartiers d'**Old Delhi** offrent à la fois le calme serein des lieux historiques (Fort Rouge, mémorial de Gandhi et mosquée Jama-Masjid, la plus grande du pays) et la bruyante cacophonie des rues populaires et surpeuplées, notamment aux alentours du marché de Chandni Chowk, où se côtoient en un incessant ballet commerçants, passants et vaches sacrées. Dans **New Delhi**, bâtie au sud de la ville de Delhi par les Britanniques en vue d'en faire la capitale fédérale de l'Inde, le visiteur se languira sur les longues avenues sans charme, mais se rattrapera en découvrant l'India Gate, le Parlement, et surtout, à la limite sud du territoire urbain, la tour du Qutb Minar, qui date du XIIIe siècle.

Himachal Pradesh

Les paysages et les monuments

Situé entre le Cachemire et le Népal, ce petit État himalayen offre le même intérêt que ses voisins pour l'amateur de randonnées en haute montagne. Les sommets y frôlent 8 000 m,

QUAND PARTIR ?

	Climat	Régions himalayennes	Réserves*
Janvier	☼		
Février	☼		🐾
Mars	☼		🐾
Avril			🐾
Mai		☼	🐾
Juin		☼	
Juillet		☼	
Août		☼	
Septembre		☼	
Octobre		☼	
Novembre	☼		
Décembre	☼		

*Dates à affiner selon chaque réserve

Au Ladakh, les monastères tibétains ne font qu'un avec la majesté de l'Himalaya.

QUE VOIR, QUE FAIRE DANS LE NORD-EST ?

■ **PENDJAB**
La ville
Amritsar, temple d'Or

■ **DELHI (territoire de)**
Les villes
Old Delhi et New Delhi

■ **HIMACHAL PRADESH**
Les paysages
Randonnées himalayennes, monastères tibétains

■ **JAMMU-ET-CACHEMIRE**
Les paysages
Vallée du Cachemire, Srinagar (lacs Dal et Nagin, jardins Shalimar), Ladakh, Zanskar
Les monuments
Monastères du Ladakh
La faune
Cerfs, ours bruns, léopards

■ **UTTAR PRADESH**
Les monuments
Agra (Taj Mahal, Fort Rouge, Grande Mosquée), Fathepur Sikri, Varanasi, Allahabad

■ **UTTARAKHAND**
Les paysages
Glaciers du Gahrwal, source du Gange
La faune
Corbett National Park

telle la mythique Nanda Devi, dont le randonneur atteint le camp de base. Les monastères tibétains haut perchés ainsi que les abords des rivières **Parvati** et **Spiti** constituent d'autres raisons d'opter pour cet État où l'on trouve aussi **Dharamsala**, ancienne villégiature anglaise, aujourd'hui résidence du dalaï-lama en exil.

■ Jammu-et-Cachemire

Les paysages et les trekkings

La **vallée du Cachemire**, qui est enchâssée dans un écrin de sommets himalayens, a été baptisée la Vallée heureuse. Elle est toutefois soumise périodiquement à des tensions politiques depuis 1989 (une guérilla séparatiste musulmane s'oppose à l'armée indienne) et demeure déconseillée. Autour de **Srinagar**, principale station de l'Himalaya, connue pour ses maisons en bordure de la Jehlum River et ses mosquées de bois, s'étend un doux paysage de verdure (dominé par les prestigieux **jardins de Shalimar**), de rivières et de lacs (**Dal, Nagin**). Lorsque la situation le permet, il est possible de séjourner dans des bateaux *(houseboats)* arrimés à la rive de ces lacs.

Le **Ladakh**, région himalayenne, religieuse (monastères tibétains) et désertique du Cachemire, connaît un tourisme de randonnées, parfois ponctué de fêtes comme celles du Nouvel An *(losar)*. Son voisin, le **Zanskar**, situé plus haut (5 000 m), suit le même destin touristique.

Les monuments

La vingtaine de **monastères tibétains du Ladakh** dispersés autour de la capitale, Leh, constituent le principal atout architectural de l'État. Des festivals religieux réputés leur sont rattachés.

Un monument naturel : la grotte d'Amarnath et son lingam qui, tous les étés, attirent des milliers de pèlerins adeptes de Shiva.

La faune

À Dachigam, près de Srinagar, il est possible d'apercevoir le très rare hangul – une espèce de cerf –, des ours bruns et des léopards.

■ Uttar Pradesh

Les monuments

Le **Taj Mahal**, à **Agra**, est un mausolée de marbre blanc que l'empereur moghol Chah Djahan fit ériger en mémoire de son épouse. Il relègue au second plan la **Grande Mosquée** et le mausolée d'Itimad al-Dawla. Quant au **fort Rouge**, il a été édifié au XVIe siècle sous le règne de l'empereur Akbar qui a marqué l'apogée des Grands Moghols. Son mausolée de grès rouge, à Sikandra, fait écho au palais de **Fathepur Sikri**.

Riche de 1 500 temples, **Varanasi** (Bénarès) est la ville où Bouddha prononça son premier sermon. C'est

La pierre rose de Jaipur orne le palais des Vents, dont la délicate architecture n'est égalée que par celle de la voisine Udaipur.

surtout le haut lieu de l'hindouisme avec ses célèbres *ghâts* (escaliers) qui conduisent au Gange, le fleuve sacré. Située au confluent du Gange et de la Yamuna, la ville sainte d'**Allahabad** renferme, dans son fort d'Akbar, un pilier d'Asoka, l'un des grands souverains de l'Inde ancienne, et elle accueille le gigantesque pèlerinage de la Kumbh Mela.

Uttarhakand

Les paysages et les traditions

Deux torrents descendant du **glacier himalayen de Gangotri** se rejoignent pour donner naissance au **Gange**.

Le Taj Mahal, grande figure de l'art mondial et hymne à l'amour

La région voit affluer des foules de pèlerins venus apporter des offrandes au fleuve. Aujourd'hui, les voyageurs se mêlent à eux, notamment à Haridwar, Badrinath et Kedarnath, où certains pratiquent le yoga et la méditation.

La faune

Le **Corbett National Park**, situé au pied de la chaîne de l'Himalaya, abrite des tigres, des éléphants, des léopards et des cerfs, dont le chital, qui est considéré comme la plus belle espèce du genre.

Le Nord-Ouest

Rajasthan

Les couleurs

Le jaune du sol du **désert du Thar**, le bleu permanent du ciel, le rose des murs de Jaipur, le rouge des vêtements ainsi que, dans les villages de la région du Shekawati, les diverses teintes des maisons ont fait du Rajasthan l'État certainement le plus coloré de l'Inde. C'est aussi celui où le maintien des traditions nées de la civilisation des guerriers rajputs est demeuré le plus vivace.

QUE VOIR DANS LE NORD-OUEST ?

■ RAJASTHAN

Les couleurs

Costumes locaux, désert du Thar, villages du Shekawati

Les villes

Jaipur, Udaipur, Amber, Bikaner, Jaisalmer, Jodhpur

La faune

Daims, antilopes, tigres (Ranthambore National Park)

Les fêtes

Festival de Pushkar

Les villes

« Pays des rois », des forteresses et des palais des maharadjahs, le Rajasthan est riche en monuments de renom. Les villes de Jaipur et d'Udaipur en sont les grands classiques : **Jaipur** pour son palais des Vents et sa brique rose omniprésente ; **Udaipur** pour ses palais témoins de l'art rajput et pour son fameux Lake Palace. À peine moins connues que les précédentes : **Amber**, dont le palais a été construit à l'époque des Grands Moghols, et **Jodhpur** (citadelle). Dans un autre registre, les villes de la route des caravanes du désert du Thar (**Bikaner**, **Jaisalmer**) sont aujourd'hui devenues des pôles touristiques très actifs.

La faune

La trentaine de survivants de l'espèce *Panthera tigris* (tigre du Bengale), hautement protégés et très difficiles à voir, dans le **parc national de Ranthambore**, ont fait de celui-ci, autrefois terrain de chasse des maharadjahs, l'un des sites animaliers les plus prisés du pays (fermé entre juin et octobre). On y trouve aussi le chinkara (gazelle).

Le sambar et le nilgaut, respectivement variétés de daim et d'antilope, peuplent le Sariska National Park. On découvrira une grande variété d'oiseaux, surtout en hiver, au Bharatpur National Park (hérons, ibis, cigognes, grues, oies paléactiques).

Les fêtes

Le plus grand rassemblement mondial de dromadaires se déroule chaque année à **Pushkar**, lors d'une foire où se retrouvent également des cavaliers du désert et des montreurs d'ours. La fête a lieu au moment de la pleine lune de novembre, lorsque des centaines de milliers de pèlerins marient commerce et religion en venant chercher la purification dans les eaux d'un lac sacré proche.

L'incontournable Agra a aussi ses artisans et ses couleurs, sous des formes multiples.

QUE VOIR DANS LE CENTRE ?

■ TELANGANA
Les villes
Hyderabad, Golconde
■ GOA
Les côtes
Plages
Les monuments
Goa Velha
■ GUJERAT
La ville
Ahmedabad
Les monuments
Palitana
Mausolées, temples, ashram de Gandhi
La faune
Lions d'Asie
■ MADHYA PRADESH
Les monuments
Khajuraho (temples hindous et jaïna), Gwalior, Sanchi (Grand Stupa), Orchha
La faune
Tigres (réserve du Bandavghar), cerfs des marais, oiseaux, léopards
■ MAHARASHTRA
Les monuments
Architecture bouddhique d'Ajanta et d'Ellora, sanctuaires d'Elephanta
Les villes
Mumbai, Poona
Les paysages
Ghâts occidentaux
■ ORISSA
Les monuments
Temples brahmaniques de Bhubaneswar, temple du Soleil à Konarak, temple et pèlerinage de Jagannatha à Puri
Les plages
Alentours de Puri

Le Centre

■ Telangana

Les villes

Gouvernée par des souverains musulmans *(nizams)* à partir de 1725 et pendant plus de deux siècles, **Hyderabad** a conservé leurs résidences. La construction de ses mosquées et surtout du Charminar (1591) est encore plus ancienne.

Golconde fut un important sultanat au début du XVIe siècle, puis connut la ruine, mais elle a conservé plusieurs mausolées de son époque faste.

■ Goa

Les côtes

Dans les années 1960 et 1970, la vague hippie tout d'abord, routarde ensuite ont investi les longues et belles plages de Goa. Mais au fil des décennies,

Mumbai rassemble 21 millions d'âmes qui se croisent dans des gares ferroviaires et routières, comme ici à Chhatrapati Shivaji.

l'image d'« amour, de paix et de tranquillité » s'est peu à peu estompée pour faire place à un tourisme balnéaire parfois luxueux, même si les casinos flottants, le rock et le jazz animent encore bien des nuits.

Les monuments

Goa Velha (« Vieille Goa ») conserve des édifices mâtinés de style indo-portugais des XVIe et XVIIe siècles : basilique du Bon Jésus, cathédrale Sainte-Catherine, église Saint-François d'Assise.

À Panaji, le chef-lieu, et un peu partout à travers l'État, la longue présence des Portugais (1510-1961) a laissé des rues en arcades et de belles demeures aux balcons ouvragés.

Gujerat

Les monuments

C'est au Gujerat que le jaïnisme a le plus laissé son empreinte. Le **Palitana**, montagne sacrée surmontée de deux acropoles, elles-mêmes agrémentées de temples et de remparts, en témoigne.

La ville

Riche de mausolées, de temples (temple jaïn de Hathi Singh), d'un ashram, aujourd'hui transformé en musée, fondé par le mahatma Gandhi (qui y vécut de 1918 à 1930), la ville d'**Ahmedabad** vaut avant tout le détour pour la visite de ses mosquées (Jami Masjid, Siddi Saiyyed) et son musée des Textiles.

La faune

Dans le Gir National Park, près de Junagadh, on tentera d'apercevoir la seule population survivante de lions d'Asie *(Panthera leo persica)*, qui régnaient autrefois sur l'ensemble de l'Inde et qui sont encore environ au nombre de 350.

Madhya Pradesh

Les monuments

Érigés entre le IXe et le XIe siècle, les 22 temples hindous et jaïna de Khajuraho, ancienne capitale de la dynastie Candella, rivalisent de sculptures. La plupart figurent des thèmes érotiques et valent tous les jours au site la visite d'une foule d'amateurs soudain épris de culture…

D'autres endroits méritent le détour : **Bhopal** pour ses palais et mosquées, **Gwalior** pour les murailles ouvragées de son fort et la polychromie de son palais Man-Mandir, Indore pour sa statue rouge de Ganesh (8 m de hauteur), **Orchha** pour ses temples et mausolées issus de la dynastie des Bundela (XVIe siècle), et surtout **Sanchi**, pour son Grand Stupa (IIe siècle av. J.-C.), agrémenté d'autres vestiges bouddhiques (monastères et temples).

Purification, crémation : maîtres mots de Varanasi où le Gange est dans son élément le plus sacré pour des millions d'hindous.

La faune

Le Kanha National Park abrite des barasinghas (cerfs des marais à 12 cornes), espèce en voie d'extinction. Également de plus en plus rares, les tigres. Dans la réserve de **Bandhavgarh**, il en est encore qui voisinent avec des léopards, des gaurs et une grande variété d'oiseaux.

Maharashtra

Les monuments

Le site d'**Ajanta**, dans les monts du même nom, renferme des *viharas* (cellules creusées dans la roche pour abriter les moines pendant la saison des pluies) et des *caityas* (édifices consacrés), dont quelques-uns datent du IIe siècle av. J.-C. Certaines peintures murales sont dans un état de conservation rare.

À **Ellora**, on dénombre 34 sanctuaires excavés, édifiés entre le VIe et le IXe siècle. Ils sont bouddhiques, brahmaniques ou encore jaïna. Le plus réputé est le Kailasa, temple monolithique consacré à Shiva.

Au large de Mumbai, l'**île d'Elephanta** renferme sept sanctuaires avec bustes et sculptures dédiés à Shiva.

Les villes

Mumbai (Bombay) est la plus anglaise des villes indiennes. La « porte des Indes », qui voit se mêler des images d'opulence et de misère, vaut par l'élégance de son front de mer (Marine Drive), ses édifices (Gate of India), sa station balnéaire (Juhu Beach) et ses marchés (Crawford Market).

Poona, l'ancienne capitale de l'Empire marathe (XVIIIe siècle), renferme des palais tel celui de la dynastie des Peshwas, le Shanwarwada. Poona préserve également une réputation artisanale et culturelle, le sanskrit trouvant ici sa terre d'élection.

Les paysages

Le long de la mer d'Oman se dressent les **Ghâts occidentaux**, falaise rouge et noire qui court jusqu'au Kerala et dont on aperçoit un beau panorama depuis le site de Bhima Shankar, au nord-ouest de Poona.

Orissa

Les monuments

L'Orissa offre un superbe ensemble de temples : dans la capitale de l'État, **Bhubaneswar**, nombreux temples brahmaniques, dont le Lingaraja ; à **Konarak**, le temple en forme de char solaire consacré à Surya, le dieu du Soleil ; à **Puri**, le temple de **Jagannatha**, qui fait l'objet, en juin, d'un important pèlerinage.

Les plages

Les alentours de Puri sont agrémentés de plages de sable fin sur le golfe du Bengale.

Le temple de Virupaksha à Hampi, capitale du dernier grand royaume hindou de Vijayanagar

En Inde, toute fête ou procession d'importance inclut des éléphants caparaçonnés d'or.

QUE VOIR, QUE FAIRE DANS LE SUD ?

■ ANDAMAN ET NICOBAR (océan Indien)
Les côtes
Fonds sous-marins, plages

■ KARNATAKA
Les villes et les monuments
Mysore, Hampi, Badami, Srirangapatnam
Les paysages
Site et chute de Sivasamudram, Ghâts occidentaux
La faune
Tigres, macaques ouandérous, oiseaux, crocodiles, chitals

■ KERALA
Les paysages
Canaux, cocoteraies, monts Nilgiri, monts des Cardamomes
Les côtes
Kovalam Beach, site lagunaire d'Alleppey
Le patrimoine culturel
Cochin, Trivandrum, arts traditionnels (théâtre sanskrit, théâtre dansé)
La faune
Éléphants, tahrs

■ ÎLES LAQUEDIVES
La plongée
Îles coralliennes

■ TAMIL NADU
Les monuments
Temples de Mahabalipuram (dynastie des Pallava), Srirangam, Thanjavur, Madurai, Tiruchirapalli
Les paysages et la faune
Monts Nilgiri, stations climatiques (Ootacamund, Coonor)
Tigres et panthères noires du Mudumalai Wildlife Sanctuary
Les villes
Madras, Pondichéry, Auroville

Le Sud

■ Andaman et Nicobar (océan Indien)

Les côtes

Ces archipels (572 îles dont 38 seulement sont habitées) ont été sévèrement touchés par le raz de marée de décembre 2004. Après avoir servi de colonie pénitentiaire aux Anglais à la fin du XVIIIe siècle, ils offrent aujourd'hui des plages bordées par des cocotiers, délimitées par des récifs coralliens et riches de fonds sous-marins aussi prometteurs que ceux des Maldives.

■ Karnataka

Les villes et les monuments

Outre son palais de style indo-musulman et sa colline de Chamundi où trône l'imposant taureau Nandi, **Mysore** est le théâtre de la fête de Dusserah qui, chaque année au mois de novembre, célèbre la déesse Devi. Des éléphants caparaçonnés d'or et d'argent, des dromadaires et des chevaux défilent dans les rues, côtoyant des danseurs et des musiciens.

Dans le nord de l'État, le site archéologique de **Hampi** révèle, dans un ensemble de grès rose, les ruines de forteresses, palais, pavillons et sanctuaires qui ont magnifié le grand empire du Vijayanagar. Non loin de là, le site de **Badami** comprend quatre sanctuaires du royaume hindou de Chalukya, creusés dans la falaise. En redescendant vers Mysore, on traverse **Srirangapatnam**, l'ancienne capitale de l'État, et ses nombreux temples dédiés à Vishnu.

Les paysages

Le site de **Sivasamudram**, la « mer de Shiva », a été embelli par une facétie du fleuve Kaveri : après avoir adopté un cours paisible, celui-ci décide soudain de se séparer en deux bras et de plonger en une chute d'une centaine de mètres, avant de se resserrer dans des gorges, de recevoir des rapides et de s'apaiser au terme de 80 km d'un cours nerveux.

Cette chute est considérée comme la plus belle du pays, dans cet État traversé par la moyenne montagne des Ghâts occidentaux et leurs forêts très menacées.

La faune

Au nord de l'État s'étendent la réserve de tigres de Bhadra et le parc de Kudremukh, qui abrite une espèce rare et menacée de singes (macaques ouandérous).

Sur un îlot dessiné par le Kaveri, non loin de Mysore, se trouve la réserve d'oiseaux de Ranganathittu. Au sud, le parc de Bandipur abrite des cerfs (chitals), des léopards, mais aussi des tigres.

Kerala

Les paysages

Le Kerala est si vert que les Anglais en avaient fait leur lieu de villégiature favori. Le long de la côte de Malabar, on peut se laisser porter par les barques qui glissent sur de nombreux canaux *(backwaters)* conduisant à des villages de pêcheurs, qui sont eux-mêmes entourés de cocoteraies et de rizières.

Dans l'Est, la plaine laisse place aux contreforts des **monts Nilgiri** et aux **monts des Cardamomes**, couverts de caféiers et de théiers.

Les côtes

Kovalam Beach et son arc de cocotiers sont l'un des plus beaux sites balnéaires de l'Inde. Autres plages : Kumarakom, Marari. Moins idylliques mais plus typiques sont les **sites lagunaires d'Alleppey** et de Kottayam.

Le patrimoine culturel

Les filets de pêche chinois de **Cochin** et de la péninsule de Fort Cochin voisinent avec des forts et des monuments qu'ont laissés les Portugais et les Néerlandais lors de la colonisation (du XVIe au XVIIIe siècle).

Tradition d'un autre genre : celle que suivent les pèlerins hindouistes en se rendant au temple de Vishnu, dans la forteresse de **Trivandrum**.

État le plus alphabétisé de l'Inde (70 % de la population), berceau de l'ayurveda, le Kerala allie une longue tradition démocratique et communiste à une forte tolérance religieuse, alors que se sont multipliées les croyances au fil des siècles, y compris au sein même de la chrétienté.

Par ailleurs, le Kerala est dépositaire de plusieurs formes d'arts ancestraux hindous comme le *kootiyattam* (théâtre sanskrit) et, plus récent, le *kathakali,* un théâtre dansé dont le touriste ne voit aujourd'hui que des versions imaginées pour lui et édulcorées.

Les pêcheurs et leurs grands filets sont un symbole fort du Kerala, État verdoyant et doté de belles plages.

La faune

Prudemment installé dans une embarcation sur le lac Periyar, on peut tenter d'apercevoir les éléphants du Periyar Wildlife Sanctuary.

Dans les monts Nilgiri, un parc national, Eravikulam, renferme une flore et une faune fragilisées, à l'exemple des derniers spécimens d'une espèce de chèvres sauvages, les tahrs.

Îles Laquedives

La plongée

Perdues dans l'océan Indien, au large du Kerala, ces îles coralliennes, partie du territoire de Laksha Dvipa, voient désormais débarquer – en très petit nombre pour l'instant – des voyageurs avides de plongée vers des fonds aussi beaux que ceux de leurs presque voisines, les Maldives.

Tamil Nadu

Les monuments

Le plus grand ensemble de temples indiens renommés est ici : les témoi-

LES CONSEILS GEO

▶ Les plus

La densité du patrimoine architectural : nul autre pays ne réunit autant de temples, mosquées ou lieux de pèlerinage.
Un tourisme en expansion, ce qui maintient le prix du voyage à un niveau raisonnable.

▶ Les moins

Des troubles sporadiques entre communautés religieuses et surtout une tension persistante au Cachemire et dans les États du Nord-Est.
En dehors des régions himalayennes, un climat très difficile à supporter entre juin et septembre (mousson).

▶ Les précautions

La tension politique dans l'État de Jammu-et-Cachemire, l'un des plus beaux du pays, reste d'actualité.
La visite de sept petits États de l'extrême Nord-Est est parfois déconseillée pour raisons politiques.

▶ Les tendances

Le Rajasthan est souvent en tête du tourisme indien avec un duo animalier : la foire de Pushkar et le parc national de Ranthambore.
Autre duo en vogue : au Kerala, la balade sur les canaux *(backwaters)* et les filets de pêche de Cochin.

gnages de la dynastie des Pallava sont parmi les sanctuaires et les temples de **Mahabalipuram**, au bord de l'océan, avec son temple du Rivage et un bas-relief, *La Descente du Gange*, complété par les vestiges d'un grand temple qu'a révélé le reflux du raz de marée de 2004.

Vishnu est honoré chaque année à **Srirangam** par les pèlerins qui convergent vers le Ranganatha Swami et ses piliers de façade ornés de sculptures de chevaux; à 3 km de là, la vieille ville de **Tiruchirapalli** («Trichy») s'enorgueillit de sa forteresse et de temples; à **Thanjavur**, le grand sanctuaire de Brihadishvara, dédié à Shiva, comporte une *vimana* (tour) haute de 13 étages; quant au temple de Minakshi à **Madurai**, il est considéré comme le plus bel exemple de l'art dravidien.

Les paysages et la faune

Les **monts Nilgiri** – les «montagnes bleues» – apparaissent comme un havre de fraîcheur dans l'atmosphère tropicale du sud de l'Inde. La forêt et les plantations de théiers, de caféiers et d'eucalyptus ont favorisé l'émergence de stations climatiques (**Ootacamund**, **Coonor**) propices aux randonnées.

Non loin d'Ootacamund, on peut passer une journée à dos d'éléphant à la recherche, parfois difficile, des tigres et des panthères noires du **Mudumalai Wildlife Sanctuary**, l'un des plus riches de l'Inde.

Les villes

Aérée et étendue, **Madras** (Chennai) possède de riches musées ainsi que des studios de cinéma parmi les plus réputés du pays – certains peuvent être visités.

Malgré le charme de ses maisons coloniales, **Pondichéry** a du mal à rappeler qu'il fut le chef-lieu de l'Inde française. Non loin de là, **Auroville**, la «Cité de l'aurore» – fondée en 1968 par Mirra Alfassa, surnommée «La Mère», pour étendre l'action du philosophe Sri Aurobindo qui était désireux d'atteindre l'«unité humaine» –, poursuit toujours, quoique difficilement, son idéal de réunir un jour 50000 habitants venus du monde entier. ■

Indonésie

QUE VOIR, QUE FAIRE DANS LE SUD ?

■ **SUMATRA**

Les paysages et les randonnées
Volcans, lacs Toba et Maninjau, île de Bintan
Trekkings à la rencontre des Minangs, Nias, Mentawais

■ **JAVA**

Les monuments
Pyramide bouddhique de Borobudur, temples hindouistes de Prambanan, Dieng

Les volcans
Merapi, Semeru, Kawa Idjen, Bromo

Les villes
Jakarta, Jogjakarta, Solo

■ **MADURA**

Karapan Sapi (courses de taureaux)

■ **PETITES ÎLES DE LA SONDE**

Les côtes
Plages et coraux de Flores, Lombok, Sumbawa, Sumba

La faune
Varans de Komodo

Les tensions et les calamités naturelles se sont apaisées, restituant à l'Indonésie son image de pays né sous une bonne étoile touristique. Ainsi, qui souhaite en découvrir les grands classiques ira à Java et à Bali (voir p. 222). Qui cherche un zeste d'insolite se rendra dans les petites îles de la Sonde, à Sumatra et à Sulawesi. Qui se sent une âme de découvreur arpentera la Nouvelle-Guinée occidentale et plus encore Kalimantan, la partie sud de Bornéo.

Le Sud

Sumatra

Les paysages et les randonnées

La grande île de Sumatra est l'« anti-Java » dans l'esprit de ceux qui cherchent une part d'aventure en Indonésie. Elle a aussi son content de volcans et de lacs, ceux-ci étant le produit de ceux-là. Au cœur du pays batak, le **lac Toba**, entouré de pentes raides franchies par des cascades, est le plus réputé. Le **lac Maninjau** est tout aussi intéressant à découvrir.

On marche beaucoup à Sumatra, à la recherche des populations et de leurs coutumes. Ainsi, dans la région de Padang et de Bukittinggi, les **Minangs** préservent leur originalité autant par leur manière de vivre que par leur habitat, illustré çà et là par de grandes maisons traditionnelles aux toits ornés de cornes de buffle. Les buffles, animaux emblématiques des Minangs, s'opposent dans des combats qui ravissent autant les parieurs que les touristes. Les orangs-outans sont en revanche moins

Le temple bouddhique de Borobudur aux multiples stupas est l'un des sites les plus prestigieux de l'Asie du Sud-Est.

chanceux, victimes des incendies et de la déforestation.

La visite des villages des Nias, sur l'île montagneuse du même nom, était en vogue avant le violent séisme qui a frappé l'île en mars 2005. Les Nias ont toujours préservé leur mode de vie (chasse, pêche, cueillette). Des mégalithes sculptés représentant les ancêtres se dressent sur l'île.

Également très courue, la rencontre des « hommes fleurs » (ainsi appelés pour les motifs de leurs tatouages) de la tribu des Mentawais, dans l'île voisine de **Siberut**. Comme les Nias, les Mentawais ont su garder la plupart de leurs traditions : chasse, pêche, vie communautaire.

Proches de Sumatra et surtout de Singapour (moins d'une heure en ferry), les **îles de Bintan** et de Batam sont devenues pour l'île-État des exutoires souvent luxueux.

Java

Les monuments

Le vaste ensemble bouddhique de **Borobudur** (IXᵉ siècle), en forme de pyramide, est l'un des grands rendez-vous mondiaux de l'architecture. Il se compose de quatre étages de galeries ornées de 1 640 bas-reliefs racontant les vies passées et présentes de Bouddha, de trois terrasses circulaires renfermant 72 stupas et d'un grand stupa au sommet. Chaque année, entre mai et octobre, le Borobudur reçoit les acteurs de la saga du *Ramayana*.

Non loin de là, les temples hindouistes de **Prambanan** (VIIIᵉ-IXᵉ siècle) supportent la comparaison. Le couple Borobudur / Prambanan est le « must » culturel de Java, voire du pays. Les temples des hauts plateaux de **Dieng** sont également intéressants, mais la région est toutefois mieux connue pour le spectacle de ses minigeysers de soufre.

Les volcans

Pour les passionnés de volcanisme, Java est le centre du monde. Plus de 100 volcans hérissent son relief, dont 25 sont en activité. Les grands classiques pour l'observation d'éruptions ou pour des randonnées dans les alentours sont le **Merapi** (souvent nerveux et dangereux) et, dans l'Est, le trio **Bromo**, **Semeru**, **Kawa Idjen**. Une randonnée facile de quelques heures conduit au pied du Bromo, à l'intérieur du Tengger, la « mer de Sable ». Le Semeru, en arrière-plan du Bromo, compose une image lunaire unique en son genre au moment du lever du soleil.

Trekkings peu éprouvants : Bromo, Kawa Idjen. Trekkings éprouvants : Merapi et Semeru.

Les villes

Bien plus qu'à **Jakarta**, capitale démesurée et plutôt quelconque mis à part son Musée national et sa mosquée Istiqlal, la plus vaste d'Asie du Sud-Est, il faut s'attarder à **Solo** et

Pour l'amateur de volcans, Java est un paradis et l'ascension du Bromo (à gauche au premier plan) n'a rien d'exténuant.

LE CARNET DE VOYAGE

Les premiers contacts
Visit Indonesia, c/o Interface Tourism, 01.53.25.11.11. Internet : www.tourisme-indonesie.fr

Les formalités
Pour les ressortissants de l'UE, canadiens et suisses : passeport (valable encore six mois après la date de retour), visa obligatoire et payant, obtenu à l'arrivée dans certains cas, bien se renseigner avant le départ pour confirmation. Autorisation nécessaire pour la Nouvelle-Guinée occidentale et les Moluques. Billet de retour ou de continuation exigible.

La santé
Aucun vaccin n'est obligatoire. Prévention indispensable contre le paludisme en dehors de Jakarta, des autres grandes villes et des principaux lieux touristiques de Bali et de Java.

Le voyage, le décalage
Durée moyenne du vol Paris-Jakarta (11 587 km) : 14 heures; Paris-Denpasar (17 heures, escales). Lorsqu'il est midi en France, en Indonésie il est, selon les endroits, 17 h en été et 18 h en hiver.

Le coût moyen d'un séjour
Environ 2 600 € pour un voyage accompagné de 15 jours rassemblant Java et Bali, ou Sumatra et Java. Idem pour une quinzaine de jours à base de randonnées vers les volcans.

Les langues, la monnaie
Langue officielle : le bahasa indonesia, flanqué de 250 dialectes. Parlé par 80 millions de personnes, le bahasa indonesia n'est toutefois que la deuxième langue dans la plupart des îles. Ainsi le javanais le relègue-t-il loin dans les conversations à Java. Langue de communication : l'anglais. **Monnaie :** la rupiah. 1 € = 15 740 rupiahs, 1 $ = 11 750 rupiahs. Le change est souvent plus avantageux auprès d'un *money changer.*

La population
Elle est très dense : 253 610 000 habitants, dont plus de la moitié dans la seule île de Java. Les Malais sont les plus nombreux, qu'ils soient proto-malais, comme les Dayaks de Bornéo ou les Torajas de Sulawesi, ou deutéro-malais. Les Chinois, qui se consacrent au commerce et à la finance, sont 4 millions. **Capitale :** Jakarta (25 millions d'habitants pour l'agglomération).

Les religions
87 % des Indonésiens sont musulmans, 9 % sont chrétiens (protestants surtout dans le nord de Sulawesi, catholiques au Timor et en Nouvelle-Guinée occidentale), 2 % sont hindouistes, 1 % sont bouddhistes. Bali abrite une forte majorité d'hindouistes, d'où la diversité des rites et des traditions qui ont fait la réputation de l'île.

Les fêtes
Février : fête de la Mer à Lombok; **juin :** Festival de Borobudur; **17 août :** fête nationale; **septembre-octobre :** Karapan Sapi à Madura; **décembre :** pèlerinage au mont Bromo (Java); **toute l'année :** cérémonies religieuses à Bali (processions, crémations).

Les achats
Une originalité entre toutes : le batik. Que ce soit sous forme de tableaux, de peintures ou de tissus muraux et vestimentaires, on en trouve le choix le plus représentatif à Jogjakarta (Java). Autre originalité, également à Java : les marionnettes des personnages du *Ramayana*, épopée indienne très populaire en Asie du Sud-Est.

Entre volcans et océan, Bali propose au visiteur l'harmonie de ses paysages et l'étagement de ses rizières.

surtout à **Jogjakarta**. L'artisanat, les fresques murales de « Jogja » et les traditions (danseurs, marionnettistes) se rapportant aux épopées, mais aussi à la vie politique, se mêlent pour faire de ces deux villes les plus plaisantes de l'île.

Madura

Dans cette petite île proche de Java, le voyageur vient assister à un spectacle pour le moins original : le Karapan Sapi. Cette course de trot attelé se distingue par le fait que ce sont ici des taureaux qui courent.

Petites Îles de la Sonde

Les côtes

Chapelet faisant la jonction entre l'Indonésie et l'Australie, les petites îles de la Sonde sont appelées ainsi par comparaison avec leurs grandes voisines, Java et Sumatra. Les îles situées le plus au nord (Flores, Lombok, Sumbawa) figurent parmi les plus visitées.

La côte sud de **Flores** est formée de plusieurs baies et bordée de volcans actifs. Le plus réputé est le Kelimutu, flanqué de trois lacs de couleurs différentes et changeantes au fil du temps. Flores est couverte de forêts et creusée de gorges. La visite de l'île permet de découvrir les petits villages de pêcheurs ainsi que l'habitat traditionnel et les mœurs des ethnies de l'intérieur.

Le relief de **Lombok** est dominé par les 3 726 m du Rinjani, qui peut être gravi. La beauté de l'endroit s'apparente souvent à celle de sa voisine balinaise, grâce aux volcans, mais aussi et surtout à l'étagement des rizières. L'île, qui possède de superbes plages de sable blanc (Sengigi), une côte sud propice à la pratique du surf et des fonds coralliens bénis des plongeurs (Gilli Islands), est souvent recherchée par ceux qui veulent échapper au surpeuplement touristique de Bali.

Sumbawa et **Sumba** méritent le détour pour la qualité de leurs paysages et de leurs rivages. Les maisons et l'artisanat traditionnel, tel que le procédé de tissage *ikat* dans les villages de Sumba, suscitent un intérêt supplémentaire.

La faune

L'île de **Komodo** doit sa réputation à son *Varanus komodoensis*, un lézard de 3 m de long et pesant 100 kg en moyenne à l'âge adulte. Komodo et l'île voisine de Rincha sont les seuls endroits du monde à héberger cette espèce. À Komodo, les visiteurs sont conduits dans un observatoire du parc national de l'île pour y découvrir les varans.

QUAND PARTIR ?

	Climat	Moins d'affluence à Bali
Janvier		
Février		
Mars		
Avril		
Mai	☼	☼
Juin	☼	☼
Juillet	☼	
Août	☼	
Septembre	☼	☼
Octobre	☼	☼
Novembre		
Décembre		

Près de la rivière Mahakam, à Kalimantan, partie sud de Bornéo, les Dayaks tentent de préserver l'authenticité de leurs rituels.

QUE VOIR DANS LE NORD ?

■ **KALIMANTAN**

Les paysages et la faune
Forêt primaire, rivières
Crocodiles, pythons, dauphins, calaos, orangs-outans, singes nasiques

L'habitat
Banjarmasin, Tamianglayang, Berau

■ **MOLUQUES**
Épices et grands navigateurs

■ **SULAWESI (CÉLÈBES)**

Le patrimoine culturel
Habitat et rites des Torajas

Les paysages
Lac Poso, îles Togian, parc de Lore Lindu

■ **NOUVELLE-GUINÉE OCCIDENTALE**

Les trekkings
Ascension du Puncak Jaya

La faune
Oiseaux de paradis

Le Nord

Kalimantan

Les paysages et la faune

La forêt primaire et la descente des rivières sont les deux atouts de Kalimantan. Deux rivières, le Kapuas et la Mahakam, font l'objet de descentes en pirogue qui durent plusieurs jours et se poursuivent par des marches dans la jungle ou par la visite de villages dayaks.

Qu'elle soit inquiétante (crocodiles, pythons) ou attendrissante (dauphins, calaos, orangs-outans), la faune du parc national de Tanjung Puting est l'un des principaux attraits de Kalimantan. Près de Banjarmasin se trouve Pulau Kaget, une réserve naturelle de singes nasiques.

L'habitat

Les constructions sur pilotis de **Banjarmasin** ont fait comparer ce grand port de commerce à Venise, le marché flottant en sus. À 200 km de là, le **village de Tamianglayang**, de tradition animiste, vaut par son marché où les villageois dayaks se donnent rendez-vous. À contempler également l'embouchure de la **rivière Berau**, qui vit débarquer l'écrivain Joseph Conrad.

Moluques

La noix de muscade et le clou de girofle ont donné à l'archipel son surnom d'« îles aux épices » et ont fait rêver l'Europe durant le XVIe siècle : ainsi les Moluques, qui en étaient les dépositaires, ont-elles accueilli les grands navigateurs tel Magellan. Aujourd'hui, ce millier d'îles reste l'un des endroits les moins connus d'Indonésie par le touriste, qui souvent les approche par des croisières parties du nord-est de Sulawesi, du moins quand s'apaisent les tensions entre chrétiens et musulmans.

Le marché flottant de Banjarmasin, l'une des rares villes de Kalimantan

LES CONSEILS GEO

▶ Les plus

Un pays qui figure parmi les grands rendez-vous touristiques mondiaux grâce à une rare diversité de paysages et de traditions.

L'heureuse coïncidence des saisons favorables : l'ensoleillement et une atmosphère moins humide caractérisent la période juin-septembre.

▶ Les moins

Une chaleur et une humidité qui rendent éprouvants les déplacements et les randonnées de longue durée.

▶ Les précautions

Tout voyage dans la province d'Aceh (ouest de Sumatra), les Moluques, le centre de Sulawesi, la Nouvelle-Guinée occidentale doit faire l'objet d'une préparation rigoureuse ou, dans certains cas, d'une autorisation auprès du consulat.

▶ Les tendances

Les paysages des petites îles de la Sonde (Flores, Lombok, Sumbawa, Sumba) séduisent de plus en plus – de quoi concurrencer Bali.

Les randonnées vers les volcans de Java, particulièrement le Bromo, gagnent en popularité.

■ Sulawesi (Célèbes)

Le patrimoine culturel

Parmi les peuplades de l'archipel, les **Torajas** sont les plus fameux en raison de leurs rites funéraires (tombes taillées dans les falaises, effigies en bois) ou sacrificiels (buffles, cochons). De longues maisons sur pilotis *(tongkonan)*, au toit en forme de proue, forment la base de leur habitat, le plus original d'Indonésie.

Les paysages

Rizières, orchidées, plantes carnivores sont autant de particularités naturelles qui s'ajoutent à l'originalité du mode de vie des Torajas et justifient l'organisation de randonnées. Les alentours du **lac Poso**, région jusque-là restée à l'écart des grands axes touristiques, et le **parc de Lore Lindu** font désormais l'objet de trekkings. Les **îles Togian** (plages, lagons, faune sous-marine) méritent d'autant plus la visite qu'elles sont peu connues des touristes.

■ Nouvelle-Guinée occidentale

Les trekkings

Hormis les ethnologues, personne ne s'intéressait à cette moitié ouest de la Nouvelle-Guinée, naguère baptisée Irian Jaya, et qui reste l'une des régions les plus insolites d'Indonésie. Lorsque la situation le permet, les randonneurs vont y chercher le frisson en escaladant les 4884 m de la **pyramide de Puncak Jaya**, ex-pyramide de Carstenz. D'autres trekkings, plus difficiles, conduisent à la rencontre des **Papous**.

La faune

Avec les îles Moluques, la Nouvelle-Guinée occidentale – et plus précisément l'archipel de Biak – est le seul endroit du pays où l'on peut encore apercevoir des oiseaux de paradis. ■

Bali

Le patrimoine culturel

L'attachement à ses traditions et à la spiritualité fait la réputation de Bali : traditions artistiques (danses chargées de préserver l'harmonie et de transmettre les mythes sacrés) et artisanales dans la plupart des villages (ateliers de peinture et galeries du village d'Ubud), et surtout fêtes religieuses (processions, cérémonies dans les temples, crémation du défunt en présence de la famille, de tout le village… et de tous les touristes du moment).

Parfois fabriqués pour les visiteurs, les spectacles de danses *(barong, kechak, legong)* sont toutefois captivants, avec en point d'orgue le *Ramayana*, le plus célèbre poème épique de l'Inde qui est représenté dans l'ensemble de l'Asie du Sud-Est.

Une autre tradition veut que les musiciens des villages se rassemblent pour former un gamelan *(gambuh)*, un orchestre bien particulier et propre à l'Indonésie, qui mêle les sons des xylophones en bambou et les rythmes des tambours.

L'aura de l'« île des Dieux » ne cesse de s'étendre, aussi les formes de voyage se diversifient-elles. Les années 1970, époque où les « routards » et les surfeurs australiens de Kuta Beach occupaient seuls le créneau, sont bien révolues. Désormais, le voyage en famille, ou de noces, parfois agrémenté d'une cérémonie organisée sous les auspices d'un officiant du cru, le séjour entre amis dans des villas particulières, avec la mise à disposition de personnel qualifié, ou dans des hôtels avec spas, massages et techniques orientales de bien-être, se multiplient.

En outre, le raffinement des Balinais dans tout ce qui touche à l'art (peinture, sculpture) ou à la cuisine (épices) a fait se développer une programmation locale de cours en la matière.

QUE VOIR, QUE FAIRE À BALI ?

- **Le patrimoine culturel**
  Traditions artisanales, fêtes religieuses, crémations, danses *(barong, kechak, legong)*
- **Les paysages**
  Rizières, volcans (mont Batur, mont Agung)
- **Les côtes**
  Plages, surf

Les paysages

Les vertes rizières en terrasses sur fond de volcans font de Bali un chef-d'œuvre géographique et un vrai musée topo-

Si le *barong* est souvent remodelé pour le touriste, il n'en demeure pas moins un très beau spectacle de danse.

graphique. Pour couronner ce spectacle permanent, la caldeira et le lac de cratère du **mont Batur** comme le **mont Agung**, les deux volcans sacrés de l'île, font l'objet de belles randonnées.
L'intérieur des terres voit se développer les balades à VTT ou à moto, la baignade dans les rivières, les randonnées à travers les villages, forêts et rizières, de préférence entre avril et septembre, saison la plus favorable. Il est possible, dans une même journée, de mélanger les genres : par exemple gravir le mont Batur tôt le matin et admirer le temple de Besakih, le plus célèbre de l'île, dans l'après-midi. S'il est aisé de composer soi-même son voyage, il est tout aussi indiqué de confier son sort à une agence locale qui procure les services d'un chauffeur-guide, voire d'un chauffeur et d'un guide. Pour s'extirper du tourisme de masse de la partie sud, il est encore plus avisé de rechercher de petites associations locales pour découvrir le Bali caché des traditions préservées : rites et danses en l'honneur des dieux, autels fleuris, prières, offrandes. Via des hôtels modestes et des maisons d'hôtes ou de charme hors des sentiers battus, leurs gestionnaires, versés dans le tourisme responsable, ont le souci de l'équité, reversant aux locaux des dividendes qui, dans le cas contraire, s'évanouissent hors de l'île.

Les côtes

Autant les plages du sud de l'île versent dans le grand classique tropical – sable blanc, palmiers et cocotiers –, autant celles du nord sont à dominante de sable gris dû au volcanisme. Les rivages ne sont plus déserts depuis longtemps, des endroits de la partie sud tels que Kuta Beach, Legian Beach et Sanur étant même outrageusement occidentalisés et rejoints par de nouveaux noms (Nusa Dua, Tanah Lot, Tuban).
Par bonheur, le surf et le farniente des plages de la côte sud n'occupent pas tout le tableau côtier : les dauphins prennent également part à la fête, tout comme la barrière de corail, si bien que les sorties en bateau à voile sont courantes. La plongée sous-marine, y compris avec les seuls tuba et masque, n'est pas en reste, particulièrement dans le nord ou sur les îlots de Menjongan et Lembongan.
Un déplacement en *bemo* (petit taxi collectif) vers les rivages du nord peut toutefois laisser entrevoir quelques havres de tranquillité, ce qui n'est jamais assuré si l'on songe que Bali, bien que frappé de plein fouet par les attentats de 2002 et de 2005, doit canaliser chaque année un flot de quatre millions de touristes.

Des plages comme Amed Beach ne sont pas les plus réputées de Bali, mais offrent le calme qu'a perdu Kuta Beach.

La Grande Mosquée d'Ispahan, ou Mosquée du vendredi (Masdjid-i Djouma), a été édifiée entre le VIIIe et le XVIIIe siècle.

Riche des sites célèbres de l'ancienne Perse, le pays offre aussi le patrimoine de ses grandes villes. Ces atouts sont renforcés par la beauté des paysages.

Iran

Les villes et les monuments

Les villes iraniennes sont à classer parmi les grandes cités d'Orient. Chiraz, Ispahan, Mechhed, Tabriz, Qom, Kerman et Yezd dégagent une atmosphère née de leurs marchés, de l'artisanat offert dans leurs vénérables bazars, de leur atmosphère religieuse et surtout de leurs mosquées,

LE CARNET DE VOYAGE

Les premiers contacts
Ambassade, 4, avenue d'Iéna, 75116 Paris
01.40.69.79.00.
www.itto.org

Les formalités
Pour les ressortissants de l'UE, canadiens et suisses : passeport (valable six mois après le retour et sans tampon israélien), visa délivré par le consulat. Pour les ressortissants de certains pays, un visa de court séjour peut être octroyé à l'arrivée.

La santé
Prévention recommandée contre le paludisme, de mars à novembre, dans les provinces de Hormozgan, Kerman, Sistan-Baloutchistan, et en été dans l'Ouest et le Sud-Ouest.

Le voyage, le décalage
Durée du vol Paris-Téhéran (4198 km) : 5 heures 30. Quand il est midi en France, en Iran il est 14h30.

Le coût moyen
Un circuit organisé coûte 1800 € pour 10 à 12 jours, et plus de 2600 € pour 15 jours.

Les langues, la monnaie
Langue officielle : le persan (farsi). Langues minoritaires : azéri, kurde et une dizaine d'autres. Langue étrangère : l'anglais, peu parlé. **Monnaie :** le rial. 1 € = 35300 rials, 1 $ = 26400 rials. Emporter des euros ou des dollars US. Chèques de voyage et cartes de crédit non acceptés.

La population
80841000 habitants. On dénombre 10 millions d'Azerbaïdjanais et 5 millions de Kurdes.
Capitale : Téhéran.

Les religions
L'islam est religion d'État (chiites, 91 %, sunnites, 8 %). Minorités : chrétiens, juifs, disciples de Zarathoustra, baha'is.

Les fêtes
21 mars : Norouz, Nouvel An iranien ;
21 décembre : Shab-e-Yalda (solstice d'hiver) ; fêtes en l'honneur de Zoroastre (Zarathoustra) en fonction du calendrier lunaire.

Les achats
Tapis, figues séchées, caviar et amandes.

LES CONSEILS GEO

▶ Les plus

L'imposant patrimoine architectural islamique et de l'ancienne Perse. De belles possibilités de randonnée en montagne et vers les déserts.

▶ Les moins

Des contraintes quant au style de vie et à la tenue vestimentaire qui peuvent gêner les touristes occidentaux peu enclins à changer leurs habitudes. L'insécurité dans les régions frontalières de l'Afghanistan, de l'Irak et du Pakistan.

▶ Les précautions

Consulter le site du ministère des Affaires étrangères.

▶ Les tendances

Le mont Damavand est un sommet oublié. Comme les grands déserts centraux, il devrait rencontrer le succès le jour où les spécialistes de la randonnée élargiront leurs propositions.

dont certaines sont recouvertes de feuilles d'or : Grande Mosquée ou Mosquée du vendredi à **Ispahan** ; mausolée d'argent de l'imam Reza à **Mechhed**, grand sanctuaire chiite de la très fervente région du Khorasan ; Mosquée bleue de **Tabriz** ; mosquée du Régent et mausolées de Hâfez et Saadi, à **Chiraz** ; mausolée de Fatima, à **Qom** ; Mausolée vert, Grande Mosquée et mosquée de Pa Menar à **Kerman** ; Grande Mosquée et tombeau des Douze Imams, à **Yezd**. Les ruines de **Persépolis**, ville conçue par Darius Ier et détruite par Alexandre le Grand en 330 av. J.-C., peinent à évoquer la grande histoire, comme les autres cités clés des Achéménides, dynastie du premier empire perse : Pasargades, Suse.

C'est Ispahan qui illustre le mieux la magie de l'Ancienne Perse : la ville est bâtie autour de la place Naqsh-e Jahan, entourée de la mosquée du cheikh Lutfallah, de la mosquée du Shah et du palais d'Ali Qapu. La Grande Mosquée ou mosquée du vendredi, déjà citée, le Bazar, les murs en mosaïque bleue, les ponts de pierre et les caravansérails complètent un tableau urbain de très haute volée.
L'Iran renferme des sites d'autres époques : **Alamut** et la forteresse (XIe-XIIIe siècle) du grand maître de la secte des Assassins ; **Kachan** (forteresse, bazar, célèbre jardin Baghe Fin) ; **Bam**, citadelle médiévale endommagée lors d'un séisme en 2003. **Téhéran** a du mal à rivaliser.

QUE VOIR, QUE FAIRE EN IRAN ?

Les villes et les monuments
- Chiraz, Ispahan, Mechhed, Tabriz, Qom, Kerman, Yezd, Persépolis, Bam, Alamut, Kachan, Téhéran

Les paysages
- Monts Elbourz, Damavand, chaîne du Zagros (randonnées)
- Sahand, gouffre Ghar Parau
- Déserts du Dacht-e Lut et du Dacht-e Kewir, Nichapur (turquoise)

La côte
- Plages de la mer Caspienne

QUAND PARTIR ?

	Nord	Sud
Janvier		☼
Février		☼
Mars		
Avril	☼	
Mai	☼	
Juin	☼	
Juillet		
Août		
Septembre		
Octobre	☼	☼
Novembre	☼	☼
Décembre		☼

La capitale vaut par ses musées (musée d'Art contemporain, musée du Verre et de la Céramique, musée des Arts décoratifs, collection des Joyaux de la Couronne dans la banque Melli, Musée archéologique), ses mosquées du XIXe siècle et son palais du Golestan.

■ Les paysages

Dans la partie nord (**monts Elbourz**), de hautes montagnes volcaniques surplombent le désert. Non loin de Téhéran, le **mont Damavand** (5 671 m) attend les amateurs de randonnée.
Vers l'ouest, ceux-ci pourraient ajouter deux sites à leur programme : le jeune massif volcanique du **Sahand** et le **gouffre Ghar Parau**.
Dans le Sud-Est s'étend la chaîne plissée du **Zagros**, le désert total du **Dacht-e Lut** et celui, moins hostile, du **Dacht-e Kewir**.
Non loin de Mechhed, les gisements de turquoise de **Nichapur** donnent lieu à un artisanat florissant.

■ La côte

La **mer Caspienne** est bordée de forêts, de rizières et de plages (Babol Sar). Mais la région ne bénéficie pas d'un climat favorable. ■

Irlande

QUE VOIR, QUE FAIRE EN IRLANDE ?

Les paysages
- Landes, tourbières et lacs du Connemara, plateau rocheux du Burren, péninsule de Dingle, falaises (Slieve League), îles d'Aran, montagne tabulaire de Benbulbin
- Comtés de Wicklow et de Waterford

Les activités
- Golf, balades à cheval, pêche (saumon)
- Randonnées à pied, à cheval, à vélo
- Croisières sur le Shannon

Les monuments et les traditions
- Dolmens, châteaux, vestiges (Fort Staigue)
- Fête de la Saint-Patrick

Les villes
- Dublin, Kilkenny, Waterford, Cork, Galway

Il faut imaginer une Normandie encore plus verte, encore plus humide : on aime ou on n'aime pas... Mais l'Irlande a su troquer son image négative de pays pluvieux – le ciel est plus changeant qu'on ne le pense – contre celle de lieu bénéficiant de formes de tourisme originales, fondées sur le voyage à thème : randonnées à pied, en roulotte ou à vélo, minicroisières fluviales...

Les paysages

Le tourisme irlandais est centré sur la nature, sans doute jamais aussi belle qu'au moment où le soleil succède à une averse. Les sites de plaines et de collines se ressemblent, mais le **Connemara** est le plus attachant grâce à ses landes, ses tourbières, ses lacs, ses bras de mer propices à la pêche, sa fidélité au gaélique, sa lumière et ses *country houses.*

La côte ouest est réputée pour ses falaises (dont celles de Moher, les plus hautes), ses rivages découpés et la proximité des **îles d'Aran**. Elle est bordée par des régions de grand intérêt : le **plateau rocheux du Burren** (dolmen de Poulnabrone, grotte

d'Aillwee) et surtout la province du **Kerry**, à l'extrême Sud-Ouest, connue pour la douceur de son climat, la floraison de ses grands rhododendrons au début du mois de juin, les lacs qui entourent la petite ville de Killarney, les plages de sable autour de Inch, au fond de la baie de **Dingle**, enfin les points de vue offerts par ses falaises ou par le Carrantuohill (1 041 m), point culminant de l'île.

Sur la côte nord, deux curiosités : les **falaises de Slieve League**, qui forment par endroits le relief côtier le plus haut d'Europe ; à l'ouest des monts Dartry, la **montagne tabulaire de Benbulbin** qui, haute de 520 m, ressemble à l'étrave d'un gigantesque navire.

Au sud de Dublin, le **comté de Wicklow** vaut par ses jardins (Killruddery, Powerscourt) et ses landes.

Le **comté de Waterford**, dans le Sud-Est, est composé de doux paysages traversés par les rivières Barrow, Suir et Blackwater.

C'est de cette région (New Ross) que partit pour l'Amérique la famille de John Fitzgerald Kennedy. De Cobh, près de Cork, sont également partis près de trois millions d'Irlandais pour le Nouveau Monde, ainsi que le légendaire *Titanic*. Quant à Midleton, elle renferme le Jameson Heritage Centre, distillerie de whiskey célèbre entre toutes, avec l'alambic le plus grand du monde.

Le Connemara demeure le symbole de la côte ouest de l'Irlande grâce à ses fleurs, ses landes et ses tourbières.

Les activités

Ces divers atouts ont permis le développement de la randonnée, dont le tourisme irlandais a su multiplier les formes : à pied, à cheval, à vélo, en bateau (minicroisières sur le Shannon et sur la Blackwater).

Le golf apparaît comme un loisir d'envergure, la petite balle blanche pouvant être taquinée sur des parcours très nombreux et parfois

Les immeubles bordant la rivière Liffey, qui traverse Dublin, confèrent à la capitale irlandaise une part de son cachet.

LE CARNET DE VOYAGE

Les premiers contacts
Office du tourisme, (fermé au public), 01.70.20.00.20, www.ireland.com/fr-fr
www.visitdublin.com

Les formalités
Pour les ressortissants de l'UE : carte nationale d'identité ou passeport en cours de validité suffisant. Pour les Canadiens, passeport encore valide six mois après le retour.

La santé
Aucun problème particulier.

Le voyage, le décalage
Avion : durée moyenne du vol Paris-Dublin (784 km) ou Paris-Shannon : 1 heure 30.
Bateau : Cherbourg-Rosslare, Roscoff-Cork; via la Grande-Bretagne : Holyhead pour Dublin ou Pembroke pour Rosslare.
Lorsqu'il est midi en France, en Irlande il est 11 h, sauf entre fin septembre et fin octobre, où l'heure est identique.

Le coût moyen d'un séjour
600 € pour une semaine comprenant le ferry, le passage de la voiture et le logement en *bed and breakfast;* 350 € le week-end à Dublin (vol et hébergement); 1300 € pour 10 jours d'un voyage à thème (pêche, golf, roulotte, etc.).

Les langues, la monnaie
Langues officielles : le gaélique et l'anglais.
Monnaie : l'euro.

La population
Il y a deux siècles, les Irlandais étaient deux fois plus nombreux qu'aujourd'hui. Mais la pauvreté et la famine ont donné le signal d'une émigration, surtout vers les États-Unis, qui a duré plus d'un siècle.
Le pays compte 4833000 habitants.
Capitale : Dublin (1700000 habitants pour l'agglomération).

Les religions
La ferveur catholique ne s'est jamais démentie (93% de la population, très pratiquante).
Minorités : adeptes de l'Église d'Irlande (anglicane), presbytériens, méthodistes.

Les fêtes
17 mars et jours précédents : Saint Patrick's Festival; **juin :** Bloomsday Festival à Dublin; **août :** Rose of Tralee; **septembre :** finales de hurling; **octobre :** Guinness Cork Jazz Festival; **fin octobre :** marathon de Dublin.

Les achats
Un vêtement en tweed ou un pull en laine blanche, un échantillon local de Guinness, de whiskey et de saumon fumé. Les productions artisanales sont variées (bijoux, céramiques, cristal, verreries).

réputés, tels Tralee, Ballybunion, Clifden et surtout Waterville – l'une des plus belles plages d'Irlande.
Le cheval, présent dans le pays depuis fort longtemps, promène le visiteur dans le Kerry, le Connemara et le Donegal, sur les bancs de sable de la péninsule de Dingle ou dans des gorges (Gap of Dunloe). Loisir également très prisé, parfois à bord de bateaux de location : la pêche (le saumon abonde dans la rivière Blackwater et le brochet dans le Shannon). La balade en roulotte constitue une autre tradition.

Les monuments et les traditions

Dolmens, châteaux (Kilkenny), vestiges (fort circulaire de **Staigue**) : l'Irlande laisse apparaître les témoignages, quelquefois oubliés par le tourisme, de sa longue histoire.
Pour avoir évangélisé l'Irlande au Ve siècle, **saint Patrick** est devenu le saint patron de l'île, encensé chaque

année le 17 mars avec force animations : à Dublin, par exemple, feux d'artifice, spectacles de rue, parade et danses irlandaises *(ceilidhs)* sont de mise. Les Irlandais sont très attachés à cette tradition, qui devient de plus en plus populaire auprès des touristes.

Les villes

Située au fond d'une baie, dans un joli site entouré de collines, **Dublin** n'entre pas dans les grandes destinations urbaines d'Europe, mais son intérêt va croissant : les ruelles, les pubs et la vogue du quartier rénové de Temple Bar ne sont pas étrangers à cette situation. La rivière Liffey, qui coupe la ville en deux, est enjambée par des ponts parfois pittoresques, comme le Half-Penny Bridge.
Trois itinéraires sont recommandés pour bien pénétrer les vieux quartiers : le Georgian Trail, l'Old City Trail et le Cultural Trail.
La capitale irlandaise abrite une université emblématique (Trinity College) et d'intéressants musées, dont le Musée national (qui présente des antiquités irlandaises) et la Dublin City Gallery (œuvres de Corot, Monet, Osborne, Renoir).
Au détour des nombreux squares et jardins, les pubs invitent à déguster l'emblématique Guinness, qui a droit à son musée (Guinness Storehouse) situé dans l'usine même. Autre musée du même genre : celui du whiskey Jameson à Smithfield Village.
Dans le Sud-Est, **Waterford** mêle son site et ses traditions portuaires à la fierté de sa très réputée cristallerie. **Kilkenny**, quant à elle, est typique de la petite ville irlandaise aux façades gaies et aux pubs bondés.
Dans le Sud-Ouest, **Cork**, qui fut capitale européenne de la culture en 2005, met en valeur son passé portuaire, ses monuments victoriens, ses églises et sa vitalité de ville étudiante. Grâce à ses pubs, son esprit festif et son cosmopolitisme, **Galway**, située à la lisière du Connemara, se pose désormais en rivale de Dublin. ■

LES CONSEILS GEO

▶ Les plus
Une aptitude à diversifier les formes de tourisme.
La légendaire – et vérifiable – chaleur de l'accueil irlandais.
Une nature omniprésente et bien préservée.

▶ Les moins
Un ciel moins souvent gris qu'on ne le prétend, mais peu favorable.
La nette et récente montée des prix.

▶ Les précautions
Ni plus ni moins de problèmes qu'ailleurs, y compris quand la Guinness s'en mêle.

▶ Les tendances
Cottages, chambres d'hôte, manoirs, maisons de campagne, logement à la ferme : l'heure est à la diversification des modes d'hébergement, une spécialité du tourisme irlandais.

QUAND PARTIR ?

	Climat	Floraison sur la côte ouest
Janvier		
Février		
Mars		
Avril		
Mai	☼	⚘
Juin	☼	⚘
Juillet	☼	
Août	☼	
Septembre	☼	
Octobre		
Novembre		
Décembre		

Les falaises du fort de Dun Aenghus, dans les îles d'Aran

QUE VOIR, QUE FAIRE EN ISLANDE ?

Les paysages et les randonnées

- Geysers, solfatares, cascades, glaciers (Vatnajökull), lacs (Myvatn), fjords (Breidhafjördhur, Isafjördhur)
- Randonnées à pied ou à VTT, ski de fond, motoneige, balades à cheval, pêche, aurores boréales

La faune

- Macareux, pygargues, faucons gerfauts, rennes, renards bleus, cachalots, phoques, rorquals

La ville

- Reykjavík

C'est dans l'instabilité de son sous-sol que l'Islande a trouvé son équilibre touristique. On y accourt pour le jaillissement des geysers et les chutes d'eau, le désert taché de vert et de noir, les aurores boréales, les vallées glaciaires et les fjords. Idéal pour le randonneur sous la lumière sans fin de l'été.

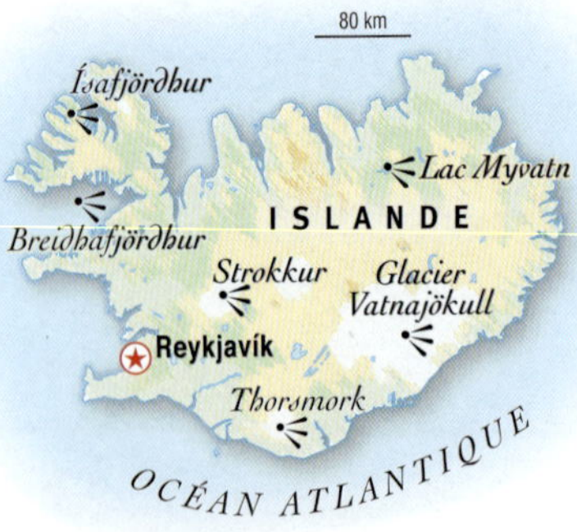

Islande

LE CARNET DE VOYAGE

Les premiers contacts
Ambassade, Paris, 01.44.17.32.85. http://fr.visiticeland.com

Les formalités
Pour les ressortissants de l'UE, canadiens et suisses : carte nationale d'identité ou passeport suffisant, valable encore trois mois après le retour.

La santé
Aucun problème.

Le voyage, le décalage
Durée moyenne du vol Paris-Reykjavík (2 244 km) : 3 heures. Lorsqu'il est midi en France, en Islande il est 10 h en été et 11 h en hiver.

Le coût moyen d'un séjour
Environ 600 € pour un week-end de 4 jours/3 nuits à Reykjavík (vol et hébergement) ; aux alentours de 1 300 € la semaine de randonnée, idem pour le combiné vol/hébergement/voiture de location.

Les langues, la monnaie
Langue officielle : l'islandais, langue germanique sans grands changements depuis le Moyen Âge. Langue étrangère : l'anglais est largement pratiqué.
Monnaie : la króna, la couronne islandaise (pluriel : krónur). Elle ne peut être échangée que sur l'île.
1 € = 154 krónur.

La population
Les 317 000 Islandais, d'origine viking, vivent surtout sur les côtes. Les quatre cinquièmes de l'île sont inhabités et la capitale Reykjavík abrite, avec sa banlieue, plus de la moitié de la population.

Les religions
Presque tous les habitants appartiennent à l'Église évangélique luthérienne (93 %).

Les fêtes
Février : fête des Lumières et Festival Food and fun à Reykjavík ; **juin :** Sjómannadagurinn (Jour des marins) ; **20 août :** Nuit de la culture à Reykjavík ; **septembre :** Rassemblement des moutons.

Les achats
Les pulls en pure laine aux couleurs bleu pâle et blanc cassé ne sont pas donnés, mais quel confort en perspective ! Quant au saumon, il rivalise avec celui des Norvégiens ou des Écossais.

À 50 km de Reykjavík, les eaux chaudes et curatives du bassin aménagé de Blue Lagoon sont très prisées.

Les paysages et les randonnées

Le volcanisme de l'île confère à l'Islande son caractère particulier. L'épisode de l'éruption de l'Eyjafjöll, en 2010, en a montré l'actualité. Dès que l'on quitte les côtes, l'habitat disparaît et la nature reprend ses droits : geysers, sources d'eau chaude jaillissante comme le Strokkur, dans la zone de Geysir, qui envoie des jets d'eau toutes les six à dix minutes, parfois jusqu'à 30 m de hauteur ; solfatares (terrains propices aux dégagements de soufre) ; chutes (Godafoss, Gullfoss et Dettifoss, qui retombe de 44 m entre deux falaises de basalte) et « piscines » naturelles d'eau chaude sulfureuse, dans lesquelles la baignade est un vrai plaisir ; glaciers (le **Vatnajökull**, qui est le plus grand d'Europe, la vallée glaciaire de Thorsmörk) ; lacs (**lac Myvatn**) ; fjords, tels le **Breidhafjördhur** et, tout en haut de la pointe nord-ouest, l'**Isafjördhur**.

Le volcanisme, dont le symbole le plus recherché est le mont Hekla, engendre même des terres nouvelles, comme, dans l'archipel Vestman, l'île Surtsey, née en 1963, mais que le touriste ne peut admirer que depuis un avion ou le pont d'un bateau.
Conséquence : la randonnée est devenue l'un des grands attraits touristiques en été, sous des formes multiples telles que la marche, le VTT ou le dos confortable d'un (petit) cheval islandais, habitué aux terrains difficiles. L'hiver, le ski de fond, la motoneige et l'observation des aurores boréales prennent le relais.
La pêche dans les lacs ou dans les rivières (ombles chevaliers, truites et saumons) est particulièrement prisée des amateurs.

La faune

L'Islande est peuplée de plus de 200 espèces d'oiseaux, notamment des macareux moines avec leurs pattes rouges, des guillemots, des pygargues, des faucons gerfauts et des pétrels. Le lac Myvatn et l'archipel Vestman sont des sites d'observation réputés. La nidification a généralement lieu au printemps.
Parfois, des phoques gris se laissent admirer sur la côte sud, ainsi que des rorquals et des cachalots. Le renne, sur les plateaux de l'Est, et le renard bleu sont d'autres espèces intéressantes à découvrir.

La ville

Reykjavík n'aurait rien de remarquable si ne s'y perpétuaient de petites traditions : par exemple les sorties jeunes et branchées des vendredis et samedis soir avec force bière et whisky jusqu'au bout de la nuit, ou bien le séjour en piscines de plein air, agrémentées d'une eau naturellement chaude. Il ne faut pas hésiter à visiter la ville en hiver, c'est à ce moment-là qu'elle vit encore plus intensément ses nuits. ■

QUAND PARTIR ?

	Climat	Ski	En particulier
Janvier			aurores boréales
Février			aurores boréales
Mars		❄	aurores boréales
Avril		❄	
Mai			nidification
Juin	☼		soleil de minuit
Juillet	☼		soleil de minuit
Août	☼		
Septembre	☼		aurores boréales
Octobre			aurores boréales
Novembre			aurores boréales
Décembre			aurores boréales

LES CONSEILS GEO

▶ Les plus

Un petit paradis pour le randonneur : une nature quasi intacte, des paysages rares en raison de la spécificité du relief.
Un froid moins rigoureux que supposé grâce au Gulf Stream.

▶ Les moins

Le manque d'alternative au tourisme de nature.
Un coût de la vie touristique élevé.

▶ Les précautions

Pays très calme, sans agressivité, sauf quand l'alcool est trop généreusement honoré dans les bars de Reykjavík le week-end.

▶ Les tendances

La randonnée flanquée d'un petit cheval islandais et la nuit sous la tente sont les activités favorites de beaucoup. Autres tendances : les aurores boréales lors de week-ends (de septembre à mars) concoctés par certains voyagistes.

Ville sainte et lieu de pèlerinage, Jérusalem réunit un nombre exceptionnel d'édifices religieux.

Israël

Lorsque la tension politique retombe, Israël est à même de proposer aussi bien l'intérêt de ses sites historiques et la qualité de son patrimoine que l'agrément de ses plages et, pour les randonneurs, des déserts de Judée et du Néguev.

Les sites historiques

D'ouest en est, **Jérusalem** s'étend sur quatre quartiers : chrétien, arménien, juif, musulman. En regroupant ainsi les adeptes des confessions juive, chrétienne et musulmane, la ville, que l'on englobe du regard depuis le mont des Oliviers, regroupe les monuments célèbres à très peu de distance les uns des autres : la Coupole du Rocher (mosquée d'Omar), le plus ancien monument islamique, qui date du VIIe siècle ; la mosquée d'al-Aqsa, la plus grande de la ville ; l'Esplanade du Temple et le mur des Lamentations, seul vestige du Second Temple (Hérode) et très important lieu de prière juif ; le tombeau du Christ au Saint-Sépulcre ; les portes des murailles de la vieille ville ; et la via Dolorosa, jalonnée par les étapes du Calvaire.

Deux musées dominent à Jérusalem : le récent musée Yad Vashem, consacré à l'Holocauste, et le musée Israël, qui abrite les manuscrits de la mer Morte, découverts en 1947 (textes bibliques et apocryphes juifs voisinant avec ceux de la secte de Qumran).

Les lieux de culte des trois religions (juive, chrétienne et musulmane) demeurent le but principal de la visite du pays par les étrangers. La **Terre sainte** fait l'objet des pèlerinages les plus importants de la chrétienté. Les fidèles viennent du monde entier se recueillir à Jérusalem (tombeau du Christ), à **Bethléem** (grotte et basilique de la Nativité), à **Nazareth**, à **Capharnaüm**, au **mont Thabor** (Trans-

QUE VOIR, QUE FAIRE EN ISRAËL ?

Les sites historiques
- Jérusalem
- Terre sainte et pèlerinages : Bethléem, Nazareth, Capharnaüm, mont Thabor, lac de Tibériade, mont Carmel, Akko (Saint-Jean-d'Acre)
- Qumran, Massada

Les paysages
- Mer Morte
- Déserts de Judée et du Néguev
- Kibboutzim

Les côtes
- Plages de la Méditerranée (Netanya, Césarée) et de la mer Rouge (Eilat)
- Mer Morte (cures et thalassothérapie), mer de Galilée (lac de Tibériade)

QUAND PARTIR ?

	Jérusalem et la côte	Est et déserts du Sud	Plongée en mer Rouge
Janvier		☼	
Février		☼	
Mars		☼	◁
Avril	☼	☼	◁
Mai	☼		
Juin	☼		
Juillet	☼		
Août	☼		
Septembre	☼		
Octobre	☼	☼	
Novembre	☼	☼	◁
Décembre		☼	◁

figuration du Christ), au **lac de Tibériade**, au **mont Carmel**, à **Akko** (Saint-Jean-d'Acre), forteresse édifiée par les Croisés, et l'une des plus anciennes au monde.

D'autres sites ont acquis leur réputation à d'autres moments de l'histoire : les grottes de **Qumran**, où ont été découverts les manuscrits de la mer Morte, et la forteresse de **Massada**, où l'on peut voir les vestiges de l'ensemble des constructions d'Hérode le Grand.

Les paysages

Les dépôts de sel, les falaises et le bleu soutenu du ciel au-dessus de la **mer Morte** attisent la curiosité. Sa situation (422 m au-dessous du niveau de la mer) et sa forte concentration de minéraux sont connues pour leurs vertus thérapeutiques, surtout contre le psoriasis et les rhumatismes. Les offres de séjours de thalassothérapie se multiplient.

Les hauts plateaux et les canyons caractérisent le relief du **désert de Judée**, à l'ouest de Massada, sur la rive ouest de la mer Morte.

Les gorges (canyon Rouge), les pierres couleur pastel et les « sculptures » dues à l'érosion font la beauté du **Néguev**. Ce désert traversé par l'ancienne route nabatéenne de l'encens est chargé d'histoire.

D'autres sites doivent tout à la main de l'homme : les kibboutzim. Dans les années 1960 et 1970, ces exploitations agricoles collectives ont séduit de jeunes étrangers qui s'y installaient pour plusieurs mois afin de participer aux travaux. Aujourd'hui, le touriste est invité à les découvrir en y logeant éventuellement.

Les côtes

Israël est bordée de quatre mers : **mer Méditerranée** (plages de Netanya, Césarée, Tel-Aviv-Jaffa), **mer Rouge** (Eilat), **mer Morte**, **mer de Galilée** (lac de Tibériade). Les sites balnéaires sont équipés pour la pratique des sports nautiques. **Eilat**, tout au sud, remporte la palme de la fréquentation en hiver, particulièrement pour la plongée (corail et poissons multicolores). ■

LES CONSEILS GEO

▶ Les plus

Un tourisme dynamique, harmonieux (conjugaison des attraits culturel, balnéaire, pédestre) et original (séjour possible dans un kibboutz). La coïncidence des dates de vacances estivales et de la bonne période climatique.

▶ Les moins

La persistance de la tension politique israélo-palestinienne, qui conduit beaucoup de voyageurs et de voyagistes à rester en position d'attente et à différer régulièrement leur départ.

▶ Les précautions

La situation politique demeure tendue, aussi est-il impératif, pour le voyageur individuel, de s'informer sur les conditions de sécurité dans l'ensemble de la région.

LE CARNET DE VOYAGE

Les premiers contacts
Office national israélien du tourisme (fermé au public), Paris, 01.42.61.01.97. Internet : www.otisrael.com

Les formalités
Pour les ressortissants de l'UE, canadiens, suisses : passeport suffisant, valable encore six mois après le retour. Le tampon est désormais délivré sur une feuille volante au lieu d'être apposé directement sur le passeport. Attention de ne pas le perdre, il vous sera demandé à l'hôtel et lors du départ.

La santé
Aucun problème.

Le voyage, le décalage
Durée moyenne du vol Paris/Tel-Aviv-Jaffa (3 289 km) : 4 heures 30. Lorsqu'il est midi en France, en Israël il est 13 h.

Le coût moyen d'un séjour
Le prix d'un séjour d'une semaine en haute saison à Eilat avoisine 650 € (vol et hébergement). Tabler sur 500 € pour un week-end prolongé à Jérusalem.

Les langues, la monnaie
Langues officielles : l'arabe et l'hébreu. Langue étrangère : l'anglais. **Monnaie :** le nouveau shekel. Aucun problème pour le change en euros. 1 € = 4,60 nouveaux shekels, 1 $ = 3,40 nouveaux shekels.

La population
L'immigration juive (Europe centrale, Afrique du Nord et Moyen-Orient avant Europe occidentale, États-Unis et ex-URSS) a donné à Israël les cinq sixièmes de sa population actuelle de 7 822 000 habitants. Depuis 1980, Jérusalem, réunifiée, a été décrétée capitale par la Knesset au détriment de Tel-Aviv-Jaffa.

Les religions
Environ huit personnes sur dix sont de religion juive. Minorités de musulmans, de chrétiens et de druzes.

Les fêtes
Janvier : Festival de danse à Eilat ; **juin :** Festival de Jérusalem ; **au fil de l'année**, fêtes liées à la religion juive : Nouvel An juif (Rosh Hashana), Pâque (Pessa'h), Shavout (retour de Moïse), Sukkot (construction de petites cabanes) ; Yom Kippour (fête de l'Expiation, la plus importante).

Les achats
Le bois (olivier), le cuir et les épices ne doivent pas être négligés, mais ils ont du mal à rivaliser avec les souvenirs liés à la religion.

Son patrimoine architectural et ses côtes méditerranéennes valent à l'Italie d'être l'un des grands pays touristiques du monde, grâce à des villes chargées d'histoire, des plages raffinées ou populaires, des paysages riants comme la Toscane et des volcans en activité comme l'Etna. Sans oublier ses îles, qui allient plaisirs balnéaires et intérêt culturel.

Italie

QUE VOIR EN ITALIE CONTINENTALE ?

Les villes

- Florence, Rome, Venise, Naples, Vérone, Pise, Sienne, Milan, Assise, Bologne, Padoue, Vicence, Ravenne, Turin, Trieste
- Vestiges de Pompéi, Herculanum, Paestum et Ostie

Les côtes

- Plages pittoresques (côte d'Amalfi, Capri, riviera italienne)
- Plages populaires (riviera adriatique)

Les paysages

- Alpes (Cervin, Dolomites), val d'Aoste, Abruzzes, lacs (lac de Côme, lac Majeur, lac de Garde), Toscane

L'Italie continentale

Les villes

Les édifices, tant publics que religieux, de Florence, Rome et Venise comptent parmi les tout premiers rendez-vous mondiaux de l'art.

Le panorama de **Florence**, la ville des Médicis, n'est jamais aussi beau que depuis la colline de Fiesole, au nord. Florence a construit l'essentiel de son patrimoine artistique entre le XIIe et le XVIe siècle : la piazza della Signoria, qui regroupe le plus bel ensemble architectural de la ville avec le palazzo Vecchio, la loggia dei Lanzi et une copie du *David* de Michel-Ange ; le palais Médicis ; le palais Pitti et ses fresques célébrant les Médicis ; la cathédrale Santa Maria del Fiore, avec sa coupole et le campanile de Giotto ; les églises de San Marco, Santa Croce et Santa Maria Novella. Le principal musée de la ville est la galerie des Offices, où les collections des Médicis rassemblent de nombreux chefs-d'œuvre (Botticelli, Dürer, Michel-Ange, Raphaël, Rembrandt).

Rome et ses sept collines constituent un site urbain d'exception qui conserve l'empreinte des temps les plus reculés avec le Palatin, habité dès le VIIIe siècle av. J.-C. La Rome impériale a construit le Colisée, le Panthéon, la colonne Trajane et son

Quelle que soit la saison, quel que soit l'angle de vue, Venise, la Sérénissime, ne peut qu'envoûter le visiteur.

Situé sur la rive droite du Tibre, le château Saint-Ange, à Rome, fut construit pour abriter les cendres de l'empereur Hadrien.

imposant bas-relief, et des thermes (Dioclétien, Caracalla). Ont suivi les églises et les basiliques telles que Saint-Jean-de-Latran et Saint-Laurent-hors-les-Murs. La Renaissance a engendré le palais de Venise, l'ébauche de la chapelle Sixtine et, grâce à l'aide de Raphaël ou de Michel-Ange, la reconstruction de la basilique Saint-Pierre ainsi que l'édification de demeures nobles (palais Farnèse). L'art baroque s'est ensuite imposé (piazza Navona, avec les fontaines du Bernin). La galerie Borghèse (le Bernin, Raphaël, Titien, Léonard de Vinci) et la galerie nationale d'Art ancien (palais Barberini et Corsini) sont les musées les plus connus en dehors du Vatican.

Venise, dont on annonce sans cesse la fin sous les effets conjugués des eaux et du tourisme, aligne nombre de sites célèbres : la place et la basilique Saint-Marc, le palais des Doges, le pont des Soupirs, les palais du Grand Canal, le pont du Rialto, une centaine d'églises, l'Accademia (creuset de l'École vénitienne avec Véronèse, Titien, le Tintoret), le palais Grassi, la collection Peggy Guggenheim et le théâtre de la Fenice. Le tout s'explore à pied ou en gondole, sans la gêne des voitures.

«Vois **Naples** et puis meurs» : l'exhortation vaut aussi bien pour la splendeur de la baie que pour le danger potentiel du Vésuve. La ville qui a inventé la pizza et la débrouillardise est soumise à un péril économique permanent, tout en étant pleine de charme. L'art n'en est pas absent : palais (palais royal), églises (San Pietro a Maiella), monastères (Santa Chiara), édifices (Castel Nuovo, opéra San Carlo), musées (Musée archéologique, qui comprend

LE CARNET DE VOYAGE

Les premiers contacts
Office de tourisme (ENIT), 23, rue de la Paix, 75002 Paris, 01.42.66.66.68. www.enit-it, www.rome-roma.net

Les formalités
Pour les ressortissants de l'UE et les Suisses : carte d'identité ou passeport périmé depuis moins de cinq ans. Pour les Canadiens : passeport.

La santé
Rien à signaler.

Le voyage, le décalage
Avion : Paris-Rome : 2 heures; Paris-nord de la Sardaigne : 1 heure 35; Paris-Sicile : 2 heures 30. Minicroisière : 15 heures de ferry entre Marseille et Porto Torres (Sardaigne). Pas de décalage horaire.

Le coût moyen d'un séjour
350 € pour 3 jours/2 nuits (vol et hébergement) dans les grandes villes touristiques; 700 € la semaine balnéaire en demi-pension; 900 € la semaine en randonnée.

Les langues, la monnaie
Le français ou l'anglais peuvent suppléer les lacunes en italien.
Monnaie : l'euro.

La population
61 680 000 habitants. L'Italie connaît une forte immigration après avoir longtemps été un pays d'émigration.
Capitale : Rome.

Les religions
Le catholicisme est dans son berceau, mais 15% d'habitants sont sans obédience.

Les fêtes
Février : carnaval de Venise; **juin** : Saint-Jean à Florence; **mi-juin à fin août** : Festival classique à Vérone; **juillet** : fête Notre-Dame du Carmel à Naples; fête du Rédempteur à Venise (bateaux décorés sur le canal de Giudecca et le bassin Saint-Marc); **septembre** : régates de Venise.

Les achats
Un vêtement classe, une cravate et une paire de gants (de Naples), une paire de chaussures : le pays reste en pointe dans ces domaines. Plus localement : les bijoux à Florence; les masques du carnaval de Venise; les objets en verre de Murano; les santons de Naples; les bijoux de corail de la ville sarde d'Alghero.

Le Ponte Vecchio, qui enjambe l'Arno à Florence, abrite des orfèvres et des bijoutiers depuis le XVIe siècle.

des pièces de l'époque hellénistique, des sculptures, des mosaïques et des peintures murales de Pompéi et d'Herculanum, musée des Santons, musée de Capodimonte).

D'autres villes sont moins célèbres :

– **Vérone**, pour ses vastes arènes du Ier siècle, son théâtre romain ouvert sur l'Adige, ses places delle Erbe (ex-forum) et dei Signori (architecture gothique et Renaissance), ses églises San Zeno Maggiore et Sant'Anastasia, ses bibliothèques, son musée de Castelvecchio (peintures des écoles véronaise et vénitienne) et la légende shakespearienne du balcon de la maison des Capulet, depuis lequel Juliette entendit la déclaration de Roméo ;

– **Pise**, pour sa tour penchée des XIIe-XIIIe siècles, mais aussi pour sa belle voisine, la cathédrale de la piazza del Duomo ;

– **Sienne**, pour le dessin unique de sa piazza del Campo, avec laquelle seule la place du Dôme, à Lecce, peut rivaliser ;

– **Assise** pour sa pléiade de monuments : ruines romaines (amphithéâtre, temple de Minerve) mais aussi et surtout pour la basilique Saint-François, dont les fresques célèbres de Cimabue et Giotto ont été endommagées par le tremblement de terre de 1997 ;

– **Milan**, ville de la mode et du raffinement, pour sa majestueuse cathédrale gothique, son théâtre de la Scala, son château des Sforza, son église Santa Maria de Grazie (qui abrite *La Cène* de Léonard de Vinci) et sa pinacothèque de Brera (Bellini, Botticelli, Mantegna, le Caravage, Modigliani, parmi d'autres) ;

– **Bologne**, pour son centre historique qui renferme des monuments du Moyen Âge et de la Renaissance (parmi lesquels de nombreux palais, musées et églises) ;

QUAND PARTIR ?

	Nord	Sud et îles	Florence, Rome, Venise
Janvier			
Février			carnaval de Venise ◉
Mars			◉
Avril		☼	◉
Mai	☼	☼	◉
Juin	☼	☼	◉
Juillet	☼	☼	
Août	☼	☼	
Septembre	☼	☼	◉
Octobre		☼	◉
Novembre			
Décembre			

– **Padoue**, pour son palazzo della Ragione et ses prestigieux édifices religieux ;
– **Vicence**, pour son édifice communal (« Basilique ») du XVe siècle, son théâtre olympique de Palladio et les villas environnantes ;
– **Ravenne**, pour ses monuments romains (amphithéâtre, aqueduc) et byzantins (églises aux mosaïques mondialement célèbres) ;
– **Turin**, pour ses édifices de style baroque, son très riche Musée égyptien et la présence du Saint Suaire, le linceul qui aurait recouvert le Christ ;

Le Haut-Adige annonce les Dolomites et leur dessin aussi abrupt qu'insolite.

– **Trieste**, pour son architecture (vestiges romains, château fortifié, cathédrale, églises romanes et baroques).
Les vestiges de l'Antiquité attirent la curiosité du touriste dans toutes les régions de l'Italie :
– **Pompéi** n'a pas seulement à proposer son triste destin de ville recouverte sous une pluie de cendres en 79 apr. J.-C., mais vaut aussi par ses vestiges (via del Foro) et son habitat (maison des Mystères) ;
– **Herculanum** a conservé des maisons remarquables comme celle de Neptune et d'Amphitrite ;
– **Ostie** possède plusieurs exemples d'architecture romaine autour de sa place des Corporations ;
– **Paestum** arbore son temple de Poséidon, qui est demeuré dans un bon état de conservation.
Les témoignages de l'Empire romain, du Moyen Âge et de la Renaissance surgissent quel que soit l'itinéraire choisi.
L'Ombrie renferme de jolis sites médiévaux (Spolète, Orvieto, Città della Pieve).
L'Italie possède même un site rupestre, le val Camonica, en amont du lac d'Iseo, dont certaines représentations datent du néolithique.

La lumière de la Toscane baignant un monument ou un paysage est unique.

Les côtes

L'Italie fait partie des pays méditerranéens à forte fréquentation balnéaire, mais elle est aussi, avec l'Espagne et la Grèce, une grande pourvoyeuse de croisières en Méditerranée, du printemps à l'automne, entre autres à partir de Venise, Gênes, Naples et Palerme.

La côte la plus pittoresque est celle d'**Amalfi**, au sud de Naples, avec, parmi les plus connus, les sites balnéaires de Ravello et de Positano, sur la presqu'île de Sorrente. De Naples ou de Sorrente, des excursions vers **Capri** sont possibles : l'île vaut plus par son site et ses grottes aux étranges effets de lumière que par son ambiance surfaite. Ischia, à quelques encablures au nord-ouest, est tout aussi séduisante.
La **riviera italienne**, prolongement de la Côte d'Azur sur plus de 300 km, est aussi étale à l'Ouest (Ponant) qu'escarpée à l'Est (Levant). Entre La Spezia et Levanto, elle offre le spectacle des villages des **Cinque Terre**, avec vignes en terrasses et escarpements spectaculaires, uniquement accessibles à pied.
Les côtes de **Toscane** connaissent un tourisme balnéaire plus modeste, mais contrasté, allant de l'ancienne et délicate architecture du front de mer de Viareggio au tourisme de masse de Forte dei Marmi.
Le tourisme balnéaire de masse inonde également la **riviera adriatique** et les abords de Rimini, sous la menace de la pollution par les algues depuis 1989.

Les paysages

Entre le Val d'Aoste et le Piémont, le parc national du **Grand Paradis** mêle vallées glaciaires, forêts de mélèzes, torrents, faune (bouquetins, chamois, marmottes) et une foule de sentiers de randonnée. De la station de sports d'hiver de Cervinia, on aperçoit le cône pointu du **Cervin**, le « plus noble rocher d'Europe ». En poursuivant vers l'Est, on atteint les **Dolomites**, et leurs raides parois de calcaire surplombant les alpages et les conifères.
La diversité des sports d'hiver vaut aux Alpes italiennes une audience aussi forte que celle des pays voisins. Dans le **val d'Aoste**, les stations et

les villages ont gardé un aspect traditionnel tout en accueillant le ski alpin, l'héliski et le ski de fond (Courmayeur, La Thuile, Breuil-Cervinia, Pila).
Les massifs calcaires des **Abruzzes** et, surtout, le parc national du même nom, où les forêts de hêtres abritent parfois des loups, des lynx et des ours, offrent des possibilités de randonnée sans fin.
Les berges du **lac de Côme** valent autant par le site que par l'histoire, avec de somptueuses villas (villa d'Este, villa Balbianello, villa Carlotta). Autres grands sites : le **lac de Garde** (riviera des Oliviers) et surtout le **lac Majeur**, auquel une surprenante flore méditerranéenne vient ajouter sa couleur et sa générosité à un cadre enchanteur bordé de villas.
La conjugaison du climat méditerranéen et d'un relief de moyenne montagne donne aux paysages, aux vignes et aux oliviers de la **Toscane** une harmonie et une lumière sans égales dans la péninsule, sauf peut-être chez sa voisine, l'**Ombrie,** dont l'agrément et la beauté restent méconnus. Au sud, le sol calcaire de la sèche et montagneuse **Basilicate** est réputé pour avoir engendré l'habitat troglodytique de Matera, classé au patrimoine mondial.

L'Italie des îles

La Sardaigne

Les côtes

La Sardaigne dispose de criques et de plages calmes. Celles du Nord sont rocheuses, à l'inverse de celles du Sud, qui sont sablonneuses.
Dans le Nord-Est, les 62 îlots de l'**archipel de la Maddalena**, parsemés de maquis, de pins et de chênes verts, sont propices à la randonnée. Dans la même région, l'Aga Khan a transformé un désert touristique en une côte de luxe fréquentée par la jet-set, la **Costa Smeralda**. Hôtels et villages de vacances y sont légion ; les côtes, rocheuses, permettent de diversifier les activités (voile, plongée, surf).
À l'ouest se dessine une succession de côtes découpées, moins fréquentées que les sites balnéaires de la **côte sud** (**Pula, Villasimius**).

Les monuments

Les remparts et les ruelles étroites d'Alghero, sorte de comptoir côtier aux accents catalans, valent la visite. Mais ce sont les 6000 **nuraghes**, tours de défense en pierre sèche élevées un peu partout dans l'île à l'âge du bronze, qui font la singularité architecturale de la Sardaigne. Ils voisinent avec des temples puniques (Antas, Nora), des églises romanes (Sassari, San Giusta) ou gothiques (Alghero), la tombe de Garibaldi sur l'île de Caprera, et le château et la cathédrale baroque de Cagliari. ■

QUE VOIR DANS LES ÎLES ?

■ LA SARDAIGNE

Les côtes
Archipel de la Maddalena, Costa Smeralda, côte sud (Pula, Villasimius)

Les monuments
Tours de pierre sèche (nuraghes)

LES CONSEILS GEO

▶ Les plus

Un pouvoir d'attraction exceptionnel : le passé (témoignages artistiques et architecturaux) et le présent (loisirs balnéaires et alpestres) se conjuguent pour multiplier les raisons de voyager.
Un patrimoine artistique et culturel d'une très haute valeur : si l'on devait établir une échelle sur ce point précis, l'Italie ne serait pas loin de la palme mondiale.
La proximité, qui permet d'organiser des week-ends dans les nombreuses villes ou régions méritant une visite.

▶ Les moins

La surcharge touristique lors de la Semaine sainte et durant les mois d'été. La visite de Venise, par exemple, doit être absolument recherchée dans les périodes creuses de l'année.

Les nuraghes de Sardaigne, tours de guet ou forteresses selon leur taille

Les îles Éoliennes

Désormais inscrit au Patrimoine mondial de l'humanité, cet archipel, situé au nord-est de la Sicile et facilement accessible, doit son succès touristique à ses volcans.

L'île et le volcan Stromboli, toujours surmonté d'un petit nuage de vapeur issu du cratère

■ Île après île, du sud au nord

Vulcano

L'île la plus proche de la Sicile est la seule avec Stromboli à posséder un volcan actif. Muet depuis 120 ans, le Vulcano laisse tout de même s'échapper des fumerolles et de fortes odeurs de soufre. On atteint son cratère (390 m) en une heure par un chemin balisé. À ses pieds, les touristes prennent des bains dans des vasques de boue sulfureuse.

Lipari

Les 11 000 habitants de Lipari, la plus grande des Éoliennes, sont soumis à un afflux touristique dû aux plages, aux villages blancs, au port de plaisance et à la pratique de la plongée. Le sommet des cratères surmontés de fumerolles constitue une alternative aux plaisirs balnéaires.

Salina

Parc régional, réserve naturelle des Deux Monts, six volcans éteints, le point culminant de l'archipel avec la Fossa delle Felci (963 m) : si l'on veut randonner au sein d'une végétation généreuse, c'est l'île idéale. Les amateurs de plages tranquilles – galets et sable noir – seront ravis.

Filicudi

Sur l'île couvertes de fougères et de genêts, les volcans sont éteints, mais la pêche est bien vivante. Les falaises abritent des trésors tels que la grotte du Bœuf marin.

Alicudi

Une île sans voiture, couverte de vignes, d'oliviers et de bruyère, des grottes, des sentiers de randonnée et 150 âmes vivant sur les flancs du volcan.

Panarea

Légèrement excentrée, Panarea s'imaginait rester secrète et discrète. Mais au fil du temps, un tourisme de luxe s'est imposé.

Stromboli

Ce cracheur de feu régulier, nettement plus haut (924 m) que le Vulcano, fait le bonheur des randonneurs, y compris à la nuit tombée. L'ascension, sans guide obligatoire jusqu'à 400 m – à ce stade-là, le point de vue fait déjà le bonheur de beaucoup – dure entre deux et quatre heures. De la mer, le spectacle des projections de lapillis (pierres de lave), qui dévalent depuis 2500 ans le long de la Sciara del fuoco (l'« allée du Feu »), est surprenant. Le tour de l'île en bateau constitue un spectacle unique, notamment de nuit. ■

QUE VOIR, QUE FAIRE DANS LES ÎLES ÉOLIENNES ?

■ Les côtes
Lipari, Panarea, Salina, Filicudi

■ Les paysages
Volcans (Stromboli, Vulcano)

La Sicile

QUE VOIR, QUE FAIRE EN SICILE ?

■ Les côtes
Rivages de la côte ouest (golfe de Castellamare, archipel des Égades)
Villages médiévaux (Scopello, Erice, Marsala)

Les paysages
L'Etna

■ Les monuments
Villes anciennes (Taormina, Syracuse, Agrigente, Palerme, Piazza Armerina)
Baroque sicilien du Sud-Est (Noto, Scicli, Modica, Raguse)

■ Les côtes

Île la plus étendue de la Méditerranée, la Sicile est un haut lieu du tourisme balnéaire italien. Taormina, qui allie la beauté de sa baie à la qualité de ses vestiges historiques, est un site balnéaire qui n'a plus assez de secrets, comme la plupart de ceux de la côte est, la plus fréquentée. La Sicile réserve toutefois au visiteur des rivages plus intimes.

Ainsi, à l'autre extrémité de l'« île aux trois pointes », la géographie et l'histoire se relaient idéalement sur une centaine de kilomètres entre Scopello et Mazara del Vallo. Les amateurs de farniente et de plongée tout comme les férus d'histoire y trouveront leur bonheur. Tandis que les premiers goûteront aux plaisirs du golfe de Castellamare et du panorama de San Vito lo Capo, les seconds s'enfonceront dans les ruelles médiévales de **Scopello** et d'**Erice** – où ils visiteront aussi le château de Vénus.

Peu après, à Trapani, il est recommandé de prendre un bateau qui, en vingt minutes, conduit à Favignana, la plus attirante des trois îles d'un archipel méconnu, les **Égades**. Les deux autres îles, Levanzo et Marettimo, valent par leurs baies et leurs grottes. Mazara del Vallo et son curieux musée du Satyre ne sont alors plus très loin, après un détour par **Marsala** et son célèbre vin doux.

Les ruines remarquablement conservées du temple grec de Cérès, à Ségeste

■ Les paysages

Impossible de visiter la Sicile sans passer par l'**Etna** qui a engendré à ses pieds les plus beaux paysages de l'île. La « forge de Vulcain » et ses 3295 m peuvent être abordés par la face nord – la moins touristique – comme par la face sud. Dans ce dernier cas, l'ascension se fait de diverses façons. La méthode la plus courante : en voiture personnelle ou

Une cathédrale, un château en ruine sur un rocher, un temple dédié à Diane : Cefalu a d'autres atouts que sa plage.

en bus jusqu'au refuge Sapienza (1 900 m), puis en téléphérique ou à pied jusqu'à 2 700 m d'altitude, où des bus tout-terrain conduisent au refuge torre del Filosofo (2 900 m), au pied des cônes sommitaux.
Un guide conduit alors les visiteurs, et il faut choisir son chemin, sachant que les cônes de la Bocca Nuova et de la Voragine sont les moins difficiles. On aura déjà remarqué, dans la montée, le passage d'une végétation spécifique de pins (laricios) à la nudité brutale du sol noirci, piqueté de nombreux cratères.

Les monuments

La Sicile est une terre couverte de témoignages historiques :
– à **Taormina** (théâtre grec) ;
– à **Syracuse** (amphithéâtre, temples doriques d'Apollon à Ortygie, fortification des Epipoles, palais Beneventano, nécropole de Pantalica, collections grecques du Musée archéologique) ;
– à **Agrigente**, la « vallée des temples » avec ses sanctuaires du IVe siècle av. J.-C. ; autre curiosité : le parc littéraire Luigi-Pirandello ;
– à **Palerme**, qui réunit les trois cultures, latine, grecque et musulmane, et qui connut son apogée au XIIe siècle avec l'édification de la chapelle Palatine (bois et mosaïque), de l'église byzantine de la Martorana, des églises de San Giovanni et San Cataldo et de la cathédrale de Guillaume II (mosaïques byzantines) ;
– à **Piazza Armerina**, avec les 3 500 m^2 de mosaïques de la villa Casale ;
– à **Ségeste**, où le temple de Cérès constitue un modèle d'architecture dorique ;
– à **Sélinonte**, cité grecque qui a conservé des vestiges de temples.

À partir de Syracuse s'ouvre l'itinéraire du baroque sicilien qui déploie ses plus grands trésors dans l'extrême sud-est de l'île. Ce baroque tardif, matérialisé par nombre d'églises et de palais, est né dans la vallée de **Noto**. Cette cité héberge les palais Ducezio et Villadorata. **Scicli** est encore plus connue, avec sa via Mormina Penna – inscrite au patrimoine de l'Unesco –, ses églises (San Bartolomeo, église Mère et sa « madone des Milices »), ses palais (Beneventano). Châteaux, palais et églises du même style parsèment également les sites de **Modica** et **Raguse**.

Des bateaux de pêcheurs tirés sur le sable d'une plage d'Ocho Rios

QUE VOIR, QUE FAIRE EN JAMAÏQUE ?

Les côtes
- Plages de la côte nord : Negril, Montego Bay, Ocho Rios, Port Antonio

Les traditions
- Reggae, *sound systems*, carnavals

Les paysages
- Blue Mountains, Dunn's River Falls, Cockpit Country, flore, faune, descentes de cours d'eau (Río Grande)

Les monuments
- Villes coloniales (Spanish Town, Port Royal)
- Musée du Reggae (Kingston)
- Mausolée Bob Marley

Jamaïque

La Jamaïque est longtemps restée à l'écart des choix du touriste européen, mais les habitudes commencent à changer. L'île est l'une des plus verdoyantes des Antilles et les sites balnéaires y sont de haute volée. En outre, elle se singularise par l'empreinte de Bob Marley et les sons du reggae.

Les côtes

Aménagés dans le but de privilégier un tourisme haut de gamme, particulièrement sur les côtes ouest et nord, les rivages constituent l'attrait majeur d'un séjour dans l'île. Les plus réputés sont, d'ouest en est : **Negril**, 14 km de sable blanc et des sites de plongée – ou d'observation des poissons depuis des bateaux à fond de verre – autour de South Negril Point, terminés par l'île de Booby Cay qui a servi de cadre au tournage de *Vingt mille lieues sous les mers* ; **Montego Bay** ; **Ocho Rios**, qui bénéficie d'un arrière-pays de plantations et de demeures coloniales ; et **Port Antonio**. Pour les amateurs de golf, activité en vogue dans les stations balnéaires, il existe des 18-trous à Montego Bay et à Ocho Rios. Les plages du Sud, telle Savanna la Mar, sont moins nombreuses, mais généralement plus tranquilles.

Les traditions

Le reggae et la Jamaïque ne font qu'un. On l'entend partout, tout le temps, surtout en suivant un *sound system*, sorte de discothèque itinérante. Ce mélange de rythmes africains, antillais et latino-américains, que Bob Marley a popularisé afin de mieux faire connaître la philosophie rasta (paix et respect des droits de chacun), s'échappe notamment de son **mausolée** situé à Nine-Miles, hameau du centre de l'île où il est né. Concurrencée par de multiples avatars, la vraie musique rasta est à l'honneur lors du festival de Montego Bay (Reggae Sumfest), en juillet-août.

LE CARNET DE VOYAGE

Les premiers contacts
Ambassade, Bruxelles, +322.230.11.70. Site principal : www.visitjamaica.com

Les formalités
Pour les ressortissants de l'UE et suisses : passeport (valable encore six mois après le retour) suffisant pour un séjour de moins d'un mois. Les Canadiens sont simplement tenus de présenter une pièce d'identité valide et une preuve de citoyenneté. Dans tous les cas, billet de retour ou de continuation exigible.

La santé
Aucune vaccination n'est requise.

Le voyage, le décalage
Durée moyenne du vol Europe-Jamaïque : 10 heures. La plupart des vols, qui mènent à Kingston mais aussi à Montego Bay ou Negril, incluent une escale à Londres puis à Miami ou Nassau. Lorsqu'il est midi en France, en Jamaïque il est 6 h en hiver et 7 h en été.

Le coût moyen d'un séjour
L'île est réputée chère. Si le voyageur individuel peut espérer s'en sortir sans trop de dommage, pas de miracle, en revanche, pour les séjours balnéaires, rarement proposés à moins de 1 700 € (tout compris) pour une semaine.

Les langues, la monnaie
Langue officielle : l'anglais qui, dans la rue, laisse souvent la place au créole. **Monnaie :** le dollar jamaïcain. 1 € = 149 $ jamaïcains 1 $ = 111 $ jamaïcains. Parfois, les commerces acceptent directement les dollars US. Conserver les bordereaux de change pour pouvoir restituer les dollars jamaïcains au moment de quitter le pays. Les cartes de crédit sont acceptées dans la plupart des grands hôtels et commerces.

La population
2 930 000 habitants. Les Espagnols d'abord, les Anglais ensuite ont poussé l'esclavage au maximum, et pour cause : les terrains fertiles étaient favorables au développement des grandes plantations de canne à sucre. Aujourd'hui, la population est à 92 % d'origine africaine, le reste se partageant entre Indiens d'Inde, Chinois, Afro-Européens et Européens.
Capitale : Kingston.

Les religions
Deux Jamaïcains sur trois se réclament de diverses organisations protestantes. Les rastas, porteurs d'un message à la fois religieux et révolutionnaire, ont eu leur heure de célébrité mondiale à l'époque de Bob Marley et du reggae, leur musique spirituelle.

Les fêtes
3 février : début de la Bob Marley Week. **Février :** carnaval de Kingston. **6 août :** Fête de l'indépendance. **Juillet ou août :** Reggae Sumfest à Montego Bay.

Les achats
Poteries vernissées, figures d'animaux en céramique, objets tressés à partir de feuilles de palmier.

LES CONSEILS GEO

▶ Les plus
Les ingrédients du tourisme balnéaire caraïbe et des sites de plongée très réputée, tel Negril.
Une île typée : exotisme, rébellion, musique et sensualité n'y sont pas de vains mots.

▶ Les moins
Une réputation de tourisme haut de gamme qui maintient les prix à un niveau élevé.
La discrétion persistante des voyagistes européens sur la destination.
Une insécurité régulièrement évoquée à propos de Kingston, mais qui demande toutefois à être nuancée.

▶ Les précautions
Une vigilance ordinaire suffit à passer un séjour sans encombre, y compris au volant d'une voiture de location.

▶ Les tendances
Les sites de plongée du côté de Negril rassemblent les adeptes du genre, qui les placent souvent en tête des « spots » antillais.

Les paysages

Le caractère montagneux de l'île engendre des paysages souriants parcourus par des rivières dont certaines sont coupées de cascades.

Dans l'Est de l'île se dressent les **Blue Mountains** qui abritent une flore abondante (frangipaniers, jasmins, orchidées, hibiscus, bougainvillées) ainsi que de nombreux perroquets.

Dans le centre, près d'Ocho Rios, les chutes de la rivière Dunn (**Dunn's River Falls**), qui sont accessibles en voilier, connaissent un dénivelé de 180 m. Elles constituent l'une des principales curiosités naturelles de l'île.

Dans l'ouest, un plateau calcaire, le **Cockpit Country**, recèle d'agréables paysages. Il est possible d'y rencontrer les Marrons, ces descendants d'esclaves qui, au XVIIIe siècle, sont parvenus à arracher leur indépendance aux Anglais.

Au sud de Port Antonio, on pourra visiter les Nonsuch Caves, dont certains vestiges témoignent de la présence des Arawaks. On pourra aussi descendre en radeau le **Río Grande**, au milieu des hibiscus et des bougainvillées.

Les monuments

Si les colonisations espagnole et anglaise n'ont pas laissé de traces notables, **Spanish Town** et **Port Royal** en constituent toutefois des témoignages intéressants. **Kingston**, la capitale, est d'un intérêt limité, mais renferme un **musée du Reggae**. ■

QUAND PARTIR ?

	Climat	Côte nord	Côte sud
Janvier	☼	☼	☼
Février	☼	☼	☼
Mars	☼	☼	☼
Avril	☼	☼	☼
Mai			
Juin	cyclones possibles de juin à octobre		
Juillet			
Août			
Septembre			
Octobre			
Novembre			
Décembre	☼	☼	☼

Japon

QUE VOIR AU JAPON ?

Les paysages

- Montagnes (Fuji-Yama, mont Aso, mont Asama, Alpes japonaises, Hokkaido)
- Sites (baie de Matsushima), sources (Beppu), lacs, gorges (Yabaki), jardins (Kenrokuen), parc national Yoshino-Kumano

Les villes et les monuments

- Tokyo, Kyoto, Osaka, Kobe, Hiroshima, Himeji
- Sanctuaires bouddhiques et shintoïstes (Ise, Nara, Kamakura, Kyoto, Nikko, Miyajima, Tokyo, Koyasan)

Sur la case Japon, le voyageur occidental pose pêle-mêle l'image d'une geisha silencieuse et le cône parfait du Fuji-Yama. Si la première doit demeurer dans le domaine du fantasme, le second s'offre intact à l'admiration de tous et draine dans son sillage des paysages d'une grande beauté par endroits, ainsi que de nombreux temples et sanctuaires.

Les paysages

La situation volcanique du Japon a engendré un sommet de légende, le **Fuji-Yama** (Fuji san). Aujourd'hui éteint, celui-ci reste le symbole du pays ainsi qu'un lieu de pèlerinage. L'équilibre de son cône (3776 m) a inspiré des artistes traditionnels et beaucoup d'estampes (Hokusai). Le pays dispose d'autres sommets : le **mont Aso**, volcan actif à plusieurs cônes rassemblés dans une très large caldeira, le **mont Asama**, les **Alpes japonaises** et les sommets d'**Hokkaido**, propices au ski (Sapporo).

Sommet de légende, but de pèlerinages et thème pour les artistes, le Fuji-Yama reste un objet de vénération.

Le Japon offre des estampes grandeur nature comme la **baie de Matsushima**, où la mer, les îlots et les temples composent un ensemble délicat, des sites **(Beppu)** où jaillissent des sources d'eau chaude, et des lacs. Le pays abrite de nombreuses gorges, dont celles de **Yabaki**, non loin de Beppu, ainsi que des jardins paysagers, dont le **Kenrokuen**, à Kanazawa. Le **parc national Yoshino-Kumano** symbolise la « Terre pure » : les pèlerins bouddhistes s'y rendent pour entrer en pleine communion avec les temples et la nature.

C'est au cours de la première quinzaine d'avril que se dessine la plus belle image du Japon : les **cerisiers** sont alors en fleur, et les Japonais fêtent l'arrivée du printemps en se rendant en masse dans les jardins.

Les villes et les monuments

Tokyo constitue un bon résumé de l'histoire du pays grâce au Palais impérial (lui-même proche de Ginza, quartier de commerces et de sorties), au sanctuaire Meiji et au temple bouddhique du Senso-ji à Asakusa. La ville vaut par les contrastes qu'offrent, en son centre, les quartiers modernes (Century Tower) et les maisonnettes avec jardinet, inchangées depuis leur construction, mais qui sont aujourd'hui menacées. Une curiosité : Tsukiji, le plus grand marché aux poissons du monde, qui

devrait quitter le centre-ville d'ici à quelques années. Un musée à ne pas manquer : le Tokyo National Museum (art traditionnel japonais).
Parsemée de jardins plantés de cerisiers, berceau du mouvement zen, **Kyoto** est souvent comparée à une ville-musée : environ 1 500 temples bouddhiques, dont le temple du Pavillon d'or est le plus célèbre, et 400 sanctuaires shintoïstes. **Osaka** vaut par ses sanctuaires (Shitenno-ji), son château féodal et ses musées, alors que **Kobe** met en avant ses demeures coloniales en bois dans le quartier de Kitano-Chô.
Expérience intéressante : un séjour dans l'un des temples-auberges de **Koyasan**, sur le mont Koya (région d'Osaka), haut lieu de la secte bouddhique Shingon, sur lequel se répartissent une centaine de sanctuaires.
Expérience douloureuse : la visite du parc du Mémorial de la Paix à **Hiroshima**, avec un dôme commémoratif désormais inscrit au patrimoine mondial de l'humanité.

LE CARNET DE VOYAGE

Les premiers contacts
Office national du tourisme japonais (JNTO), 4, rue de Ventadour, 75001 Paris, 01.42.96.20.29. www.tourisme-japon.fr

Les formalités
Pour les ressortissants de l'UE, canadiens et suisses : passeport suffisant, valable encore six mois après le retour.

Le voyage, le décalage
Les vols internationaux atterrissent principalement à Tokyo mais aussi à Osaka. Durée moyenne du vol Paris-Tokyo (9 998 km) : 11 heures. Lorsqu'il est midi en France, au Japon il est 19 h en été et 20 h en hiver.

La santé
Aucun problème.

Le coût moyen d'un séjour
Formule week-end prolongé Tokyo-Kyoto : compter environ 1 300 € pour 5 jours. Difficile de trouver un circuit accompagné à moins de 2 000 € la semaine et de 3 000 € pour 15 jours.

Les langues, la monnaie
Le japonais laisse bien peu de place à l'anglais, longtemps balbutiant, mais qui est de plus en plus parlé dans les grandes villes. **Monnaie :** le yen. Il est préférable d'acheter des yens avant le départ et de se munir de chèques de voyage en yens ou en dollars US. 1 € = 137 yens, 1 $ = 102 yens.

La population
Le Japon frôle la surpopulation, surtout dans ses villes, où vivent quatre habitants sur cinq : ainsi, la capitale Tokyo et son agglomération atteignent 35 700 000 habitants. Toutefois, le nombre total de 127 433 000 habitants se stabilise.

Les religions
Le bouddhisme et le shintoïsme, religion ancienne qui n'appartient qu'au Japon et qui a pris un caractère nationaliste, se partagent les croyances.

Les fêtes
Janvier : le Nouvel An *(Ganjitsu)* est fêté pendant plusieurs jours ; **février :** Festival des lanternes à Nara ; **avril à mai :** floraison des cerisiers, objet de réjouissances ; **juin :** fête du Solstice d'été *(geshi)* ; **novembre :** fête des Râteaux à Tokyo ; **23 décembre :** fête nationale.

Les achats
Poupées traditionnelles et kimonos sont les principaux achats.

Avec ses 1500 temples, Kyoto apparaît comme une véritable ville-musée. Ici le temple de Kiyomizudera.

Dans le sud de Honshu, la vieille cité d'**Himeji** renferme le château dit du « Héron blanc » qui est la plus belle forteresse féodale du pays (XIVe-XVe siècle).
Le bouddhisme est, au même titre que le shintoïsme (dont le sanctuaire d'**Ise** est le meilleur témoignage), la marque de la piété japonaise. Ses temples se reconnaissent autour du Daibutsu, figuration de Bouddha. On retrouve celui-ci sur le mont sacré Koya, au sud de **Nara**, qui renferme le Todai-ji (le plus grand temple en bois du monde), et Horyuji, berceau du bouddhisme japonais.
Bouddha est aussi très présent à **Kamakura** (daibutsu de bronze de 14 m de haut, fondu au XIIIe siècle) et à Kyoto. À **Nikko**, outre les temples, on trouve des mausolées du clan des shoguns Tokugawa, alors que sur l'**île de Miyajima** se trouve le sanctuaire sur l'eau d'Itsukushima-jinja. ■

L'urbanisation galopante de Tokyo est inventive mais elle met à mal son habitat traditionnel.

LES CONSEILS GEO

▶ Les plus

Un des contrastes les plus marqués en Asie entre l'ancien et le moderne : les sources et les intérêts de visite en sont multipliés.
La possibilité de rendre le voyage original en choisissant des lieux de vie à la japonaise *(ryokan, minshuku)*.

▶ Les moins

Un coût de la vie touristique très élevé, malgré une timide tendance à la baisse.
Une communication relativement malaisée, la pratique de l'anglais restant limitée.
Un ciel d'été guère enchanteur.

▶ Les précautions

Le Japon est un pays sûr. S'il y a des précautions à prendre, c'est dans le domaine de la communication et la lecture des idéogrammes.
Les frais médicaux sont élevés, aussi est-il recommandé de bien vérifier avant le départ ses conditions d'assurance maladie et de prendre, le cas échéant, une assurance complémentaire.

▶ Les tendances

Après avoir été longtemps boudé par le touriste européen, le Japon gagne en audience sur des thèmes précis, comme la floraison, furtive, des cerisiers. Elle est très prisée des habitants, qui la transforment en une vraie fête.

QUAND PARTIR ?

	En général	Tokyo et le Sud
Janvier		
Février		
Mars	☼	
Avril	Cerisiers en fleur ☼	☼
Mai	☼	☼
Juin		☼
Juillet		
Août		
Septembre	☼	☼
Octobre	☼	☼
Novembre	☼	☼
Décembre		

Pétra est, sur plusieurs kilomètres, une vraie leçon d'histoire et d'architecture.

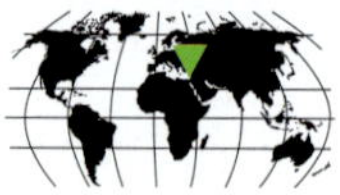

Jordanie

Si les Nabatéens demeurent généralement inconnus des touristes, c'est pourtant à ce peuple d'Arabie que l'on doit Pétra, l'un des plus beaux sites du Moyen-Orient, non loin du désert du Wadi Rum – deuxième joyau touristique du pays, rendu célèbre par Lawrence d'Arabie et propice aux randonnées.

Les monuments

À **Pétra**, les temples funéraires et les tombeaux, témoins du passé prestigieux du royaume des Nabatéens (IVᵉ siècle-IIᵉ siècle av. J.-C.), sont taillés à même des falaises de grès rose ou rouge dans une sorte de cirque rocheux long de 3 km. Le site, placé sur la route des aromates et capitale choisie à dessein en raison de son relief tourmenté, est atteint après avoir traversé une gorge (Siq) qui ne laisse que trois quarts d'heure au soleil pour illuminer la façade orangée et sculptée du Khazné, temple célébré par Spielberg dans *Indiana Jones et la dernière croisade* et par Hergé dans *Coke en stock*.

Pétra mérite deux jours de visite et des kilomètres de marche : outre les temples, les mausolées, les chambres funéraires et le monastère du Deir, on y trouve de hauts lieux de sacrifices et un théâtre romain. L'endroit apparaît sans conteste comme l'un des plus majestueux du Moyen-Orient.

Jerash (Gerasa) est le deuxième site par ordre d'importance : d'abord romaine et surnommée la « Pompéi jordanienne » (excellent état de conservation du forum, des théâtres, des temples d'Artémis et de Zeus), elle connut ensuite une influence chrétienne (nombreux monuments, dont les églises accolées de Saint-Jean-Baptiste, Saint-Georges et

QUAND PARTIR ?

	Climat	Randonnées dans le Wadi Rum
Janvier	Aqaba ☼	
Février	Aqaba ☼	
Mars	☼	🚶
Avril	☼	🚶
Mai	☼	
Juin		
Juillet		
Août		
Septembre	☼	
Octobre	☼	🚶
Novembre	Aqaba ☼	🚶
Décembre	Aqaba ☼	

LES CONSEILS GEO

▶ Les plus
Un pays qui mêle idéalement l'aspect culturel, le désert et la plongée.
Une destination qui a toujours réussi à maintenir sa vie touristique malgré sa situation au cœur d'une région sensible.

▶ Les moins
La mue trop rapide du site de Pétra, passé en quelques années d'une situation de site culturel ponctuel à celle d'« usine à tourisme ».
La menace latente des attentats.

▶ Les précautions
Consulter le site du ministère des Affaires étrangères.

▶ Les recommandations
La Jordanie est un pays musulman, aux traditions marquées.
Il conviendra donc de ne pas choquer la sensibilité des différentes communautés par sa tenue vestimentaire.

QUE VOIR, QUE FAIRE EN JORDANIE ?

Les monuments
- Temples et tombeaux de Pétra
- Vestiges romains et chrétiens de Jerash, château des Croisés d'Al-Karak, forteresse d'Ajlun, ksour
- Vestiges de Madaba, palais de Qusayr 'Amra, Béthanie (site du baptême du Christ), mont Nébo

Les paysages
- Désert du Wadi Rum, réserve de Dana

Les côtes
- Plages et plongée en mer Rouge (Aqaba)
- Rivages de la mer Morte

Saints-Côme-et-Damien). Viennent ensuite **Al-Karak**, dans un site entouré de ravins, qui eut son heure de gloire au temps des croisades et conserve un château (krak) des Croisés (XIIe siècle), isolé sur une colline proche ; la forteresse islamique d'**Ajlun** ; les ksour laissés par les sultans omeyyades ; les ruines (sanctuaires et monastères) et les très anciennes mosaïques byzantines de **Madaba** (haute époque chrétienne) ; le château arabe du VIIIe siècle de **Qusayr 'Amra**, édifié en grès rouge et riche de fresques ; le site de **Béthanie**, où Jean-Baptiste aurait baptisé le Christ, sur la rive gauche du Jourdain, tout près de la côte nord de la mer Morte.

Le **mont Nébo** (817 m), non loin de l'embouchure du Jourdain, est l'un des lieux les plus célèbres du Moyen-Orient : c'est de là que Moïse aurait contemplé la Terre promise et c'est là que, traditionnellement, on situe le lieu de sa mort.

■ Les paysages et les randonnées

Dans le sud s'étend le désert semi-aride du **Wadi Rum**, également baptisé « vallée de la Lune ». En 1917, le village de Rum a vu Thomas E. Lawrence exhorter les guerriers à se battre contre les Ottomans. Devant les Sept Piliers de la sagesse situés à la lisière du désert, le visiteur se trouve confronté au souvenir des images qu'il a découvertes dans le film *Lawrence d'Arabie*. La rencontre des Bédouins, les masses rocheuses, le mélange du sable, du granit et du grès, attirent de plus en plus le randonneur, assuré de marcher et de bivouaquer au sein de la plus belle harmonie de couleurs des déserts du Moyen-Orient. Seule la **réserve naturelle de Dana**, au sud d'Al-Karak, conteste l'aura du Wadi Rum, grâce à ses sites montagneux.

■ Les côtes

Autour d'**Aqaba**, la **mer Rouge** renferme des fonds sous-marins riches en récifs coralliens et en poissons multicolores.

La **mer Morte** possède quelques plages (Suweima) et offre des panoramas spectaculaires. ■

LE CARNET DE VOYAGE

Les premiers contacts
Ambassade, 80, bd Maurice-Barrès, 92200 Neuilly-sur-Seine, 01.55.62.00.00. http://fr.visitjordan.com

Les formalités
Pour les ressortissants de l'UE, canadiens et suisses : passeport valable encore 6 mois après le retour, visa obligatoire (possible à l'arrivée).

La santé
Aucune vaccination requise, conditions de voyage faciles.

Le voyage, le décalage
Durée moyenne du vol Paris-Amman (3380 km) : 5 heures. Lorsqu'il est midi en France, en Jordanie il est la même heure en été et 13 h en hiver.

Le coût moyen d'un séjour
1400 € la semaine classique en demi-pension, 1700 € pour 10 jours en randonnée.

Les langues, la monnaie
La langue : l'arabe. L'anglais est assez bien répandu.
Monnaie : le dinar jordanien. Euros ou dollars US bienvenus. 1 € = 0,90 dinar jordanien.

La population
7930000 habitants, dont 60% de réfugiés palestiniens. Également 100000 Bédouins et 20000 Kurdes circassiens.
Capitale : Amman.

Les religions
Forte majorité de musulmans sunnites (93%).

Les fêtes
25 mai : fête de l'indépendance ;
Aïd el-Fitr : fin du ramadan.

Les achats
Bijoux fabriqués par les Bédouins, objets en verre soufflé.

Kenya

Champion incontesté des safaris photographiques en raison de l'abondance de la faune, mais également capable d'offrir des plages tropicales ou des trekkings, dans le Nord et chez les Masais, le Kenya est aujourd'hui paré de tous les accessoires indispensables du tourisme exotique.

QUE VOIR, QUE FAIRE AU KENYA ?

La faune

- Parc de Masaï-Mara et son « Big Five » (buffles, éléphants, léopards, lions, rhinocéros), migration des gnous et des zèbres, girafes, hippopotames
- Parc et lac Nakuru (flamants roses, pélicans)
- Parcs et réserves de Meru, Amboseli, Tsavo, Shimba Hills, Samburu, Aberdare
- Lacs Baringo et Naivasha

Les côtes

- Plages de l'océan Indien : Lamu, Malindi, Mombasa, Tiwi Beach, Diani Beach

Les paysages et les trekkings

- Mont Kenya, abords du lac Turkana, forêts sacrées des Mijikendas

La faune

La richesse animalière, dont le « Big Five » (buffles, éléphants, léopards, lions, rhinocéros), justifie les nombreuses propositions de safaris-photos. Les réserves, très courues en juillet et août, gagnent à être visitées en septembre ou octobre, à la fin de la saison sèche, quand la végétation est rare et que les animaux se ras-

Pour ces grandes dames du parc de Masaï-Mara comme pour les autres animaux, le visiteur fait désormais partie du décor.

semblent autour des points d'eau. Le Big Five est réuni dans le **parc de Masaï-Mara**, le plus fréquenté. Les troupeaux de gnous et de zèbres traversent la rivière Mara en juillet-août, lors de leur migration vers le Sud. Dans un autre genre, tout aussi riche, le **parc de Nakuru** et son lac abritent des colonies de flamants roses et de pélicans aux côtés des girafes, des gazelles et des rhinocéros noirs.

Autres grandes vedettes des réserves, du nord au sud :

– le **parc national Meru**, non loin du mont Kenya (rhinocéros blancs) ;

– le **parc national des Aberdare** (antilopes bongo, rhinocéros noirs, panthères noires);

– le **parc Tsavo**, le plus étendu, avec dans l'Ouest, des léopards, des zèbres, des lions et des crocodiles, et dans l'Est des koudous, des rhinocéros noirs et des éléphants ;

– le **parc national d'Amboseli** (guépards, gnous, girafes, babouins) avec vue sur le Kilimandjaro et réputation née du roman *Le Lion* de Joseph Kessel;

– la **réserve Shimba Hills**, non loin de Mombasa (antilopes des sables, singes Sykes et éléphants) ;

La côte kenyane est vouée au tourisme de masse mais préserve ses particularités, comme l'archipel de Lamu, à dominante musulmane.

LE CARNET DE VOYAGE

Les premiers contacts
Kenya Tourist Board, c/o Interface Tourism (fermé au public), Paris, 01.53.25.11.11. Ambassade, 3, rue Freycinet, 75116 Paris, 01.56.62.25.25. www.magicalkenya.fr (office du tourisme), www.kws.org (parcs nationaux)

Les formalités
Pour les ressortissants de l'UE, canadiens et suisses : passeport (valable encore six mois après le retour), visa obligatoire, obtenu auprès du consulat. Le visa à une entrée permet un A/R pour la Tanzanie. Le visa peut être obtenu à l'arrivée, précision à demander impérativement à l'ambassade. Dans tous les cas, billet de retour ou de continuation exigible.

La santé
Vaccination vivement recommandée contre la fièvre jaune en dehors des zones urbaines. Prévention indispensable contre le paludisme, particulièrement pour les régions situées au-dessous de 2500 m, excepté Nairobi.

Le voyage, le décalage
Durée moyenne du vol Paris-Nairobi (6487 km) : 9 heures. Possibilité d'aménager les itinéraires (par exemple arrivée à Nairobi, départ de Mombasa ou d'Arusha, près du Kilimandjaro). Lorsqu'il est midi en France, au Kenya il est 13 h en été et 14 h en hiver.

Le coût moyen d'un séjour
1500 € en juillet-août pour un safari-photo d'une semaine. 2500 € pour 15 jours d'un combiné réserves animalières-océan ou d'un combiné Kenya-Tanzanie.

Les langues, la monnaie
Langues officielles : le swahili, dont le mot le plus connu est «*safari*» (qui signifie «voyage»), et l'anglais. **Monnaie :** le shilling kenyan est subdivisé en 100 cents. 1 € = 116 shillings kenyans, 1 $ = 86 shillings kenyans.

La population
Les 45010000 habitants sont nombreux, comparativement aux autres pays d'Afrique. On relève plusieurs groupes ethniques, dont les Kikuyus (21%) sont les plus nombreux. Présence d'Asiatiques (venus essentiellement d'Inde), d'Arabes et d'Européens. **Capitale :** Nairobi.

Les religions
Quatre Kenyans sur cinq sont des chrétiens, avec une majorité de protestants. Minorités de musulmans (11%, surtout dans l'archipel de Lamu) et d'animistes.

Les fêtes
1er juin : Madaraka day; **août :** Festival du Maulidi (naissance du Prophète) à Lamu; **12 décembre :** fête de l'Indépendance; **Aïd el-Fitr :** fin du ramadan.

Les achats
Sculptures en bois, pagnes, objets en osier, bijoux masaïs. Le marchandage fait partie du jeu.

– la **réserve de Samburu**, intéressante car peu courue (léopards, antilopes girafes et autruches de Somalie).
Les **lacs Baringo** et **Naivasha** abritent plusieurs centaines d'espèces d'oiseaux. Plus insolite pour observer la faune avicole : l'île de Mfangano, sur le lac Victoria (aigles pêcheurs, aigrettes et cormorans).

Les côtes

L'agrément des rivages kenyans de l'**océan Indien** est de haute volée : plages de sable blanc, cocotiers et une barrière de corail (« côte de Corail ») qui permet la découverte de la vie sous-marine. La plongée, la planche à voile, la pêche au gros et le parc national marin de Malindi-Watamu (tortues, dauphins) sont autant d'atouts qui complètent les structures balnéaires, au nord (**archipel de Lamu**, alentours de **Malindi**) comme au sud (**Tiwi Beach**, **Diani Beach**) de **Mombasa**. Toujours de part et d'autre de Mombasa, se succèdent les sites balnéaires de Galu Kinondo, de Shanzu, de l'île de Chale et de l'îlot de Kisite.

Les paysages et les trekkings

Les trois sommets qui forment le **mont Kenya** (5 199 m), volcan éteint aussi respecté par les Kenyans que le Fuji-Yama par les Japonais, constituent un bon entraînement pour les candidats à l'ascension du Kilimandjaro, dans le cas d'un voyage couplé Kenya-Tanzanie. Les autres grands trekkings se situent autour du **lac Turkana** (ex-lac Rodolphe), à la rencontre des El Molo, pêcheurs, et des peuples turkana et samburu.

L'habit et la danse caractérisent les groupes ethniques kenyans, qui accueillent les visiteurs avec chaleur.

Le volcanisme engendre des reliefs insolites tels que les cavités naturelles du mont Elgon ou la grotte Leviathan, creusée dans la lave. Les écotouristes randonnent dans les forêts sacrées (kayas) qui entourent les villages fortifiés des **Mijikendas**, construits au sommet de collines. ■

LES CONSEILS GEO

Les plus

L'endroit du monde, avec la Tanzanie, où l'on peut photographier la plus grande diversité d'animaux possible.
Des formules de voyages nombreuses et des saisons qui tombent bien.

Les moins

En temps normal, un tourisme qui frôle la bousculade en juillet-août et qui oblige à se décider longtemps à l'avance.
La recrudescence des attentats.
La rareté des témoignages historiques.

Les précautions

Suite aux attentats de 2013, consulter le site du ministère des Affaires étrangères.

Les tendances

Un safari-photo dans une réserve animalière, puis la détente sur la côte de l'océan Indien : la tendance n'est pas nouvelle, mais elle reste un tel idéal de voyage que cela va mieux en le disant et en le répétant…

QUAND PARTIR ?

	Climat	Réserves	Océan Indien
Janvier		🐾	
Février		🐾	
Mars			
Avril			
Mai			
Juin	☼		
Juillet	☼	🐾	
Août	☼	🐾	☼
Septembre	☼	🐾	☼
Octobre	☼	🐾	☼
Novembre			
Décembre			

Non loin de Vientiane, les statues du parc de Wat Xieng Khuan ne prétendent pas rivaliser avec Luang Prabang mais méritent le détour.

Blotti entre des voisins touristiques prestigieux, le « pays au million d'éléphants » demeure une destination insolite du Sud-Est asiatique. Au-delà du dense patrimoine bouddhique de l'ancienne capitale royale Luang Prabang, le visiteur découvre une vie intense autour du Mékong et un peuple chaleureux qui a su conserver ses traditions ainsi qu'un zeste de francophilie.

Laos

LE CARNET DE VOYAGE

Les premiers contacts
Ambassade, 74, av. Raymond-Poincaré, 75116 Paris, 01.45.53.02.98. Internet : www.visit-mekong.com/laos/ http://infolaos.free.fr

Les formalités
Pour les ressortissants de l'UE, canadiens et suisses : passeport valable encore six mois après le retour, visa obligatoire auprès du consulat, dans les aéroports d'arrivée ou à la frontière avec la Thaïlande.

La santé
Prévention indispensable contre le paludisme, excepté à Vientiane.

Le voyage, le décalage
Durée moyenne du vol Paris-Vientiane (via Bangkok) : 14 heures. Lorsqu'il est midi en France, au Laos il est 17 h en été et 18 h en hiver.

Le coût moyen d'un séjour
2 300 € pour un voyage accompagné de 15 jours, 2 500 € pour le duo Laos-Cambodge.

Les langues, la monnaie
Langue officielle : le lao, proche du thaï ; l'anglais est répandu, le français est devenu rare. **Monnaie :** le kip. Les bahts thaïlandais sont acceptés, les dollars US aussi. 1 € = 10 590 kips, 1 $ = 7 920 kips.

La population
Sept habitants sur dix sont des Laos. Avec 6 834 000 habitants, le Laos est un pays sous-peuplé à l'aune de cette région du monde. **Capitale :** Vientiane.

Les religions
Les adeptes, majoritaires, du bouddhisme theravada (du « Petit Véhicule ») côtoient les pratiquants de l'animisme.

Les fêtes
Décembre et janvier : Bhou Pha Vet (intronisation des prêtres à Luang Prabang) ; **avril :** Nouvel An laotien ; **mai :** fête des Fusées pour « appeler » la mousson ; **décembre :** Fêtes des eaux.

Les achats
Coton, soie, bijoux en argent.

QUE VOIR AU LAOS ?

Les villes et les monuments

- Monastères et temples de Luang Prabang et de Vientiane
- Plaine des Jarres
- Statues de Pak Ou, site khmer de Vat Phu

Les paysages

- Mékong, montagnes du Nord, Boloven, Vang Vieng

LES CONSEILS GEO

▶ Les plus

Une image sereine de l'Asie du Sud-Est et des traditions préservées le long du Mékong, sur lequel les croisières prennent leur essor.
Une francophilie marquée et la langue française encore présente par endroits.
Un coût du voyage très avantageux pour le gîte et le couvert.
L'évolution prometteuse de l'écotourisme.

▶ Les moins

Un climat franchement pluvieux et humide en été.
Une image de pays le plus « authentique » d'Asie du Sud-Est qui s'estompe peu à peu sous l'effet du tourisme de masse.

▶ Les précautions

Le peuple laotien est doux et hospitalier. Dans le Nord, éviter absolument l'opium.

Les villes et les monuments

Site préservé et inscrit au patrimoine mondial de l'humanité, l'ancienne capitale royale, **Luang Prabang**, justifierait le voyage à elle seule.
Le mont Phousi, son temple et son stupa dominent la petite ville nichée au confluent du Mékong et de la Nam Khane. Partout, une atmosphère douce émane des nombreux temples – au premier rang desquels le Vat Xieng Thong –, des rues animées et des couleurs de la robe safran des moines. Une dizaine de *vats* et l'ancien Palais royal méritent la visite.
Les temples, parmi lesquels le Vat That Luang (le plus important du pays) et le Vat Sisaket, sont aussi la marque principale de **Vientiane**.
La capitale, paisible, vaut également par son imposant marché (Talat Sao), un curieux arc de triomphe (Patuxai) et le style des maisons coloniales laissées par les Français.
Autres grands rendez-vous architecturaux du pays :
– à l'ouest de Luang Prabang, les grottes de **Pak Ou**, où sont conservées pas moins de 4500 statues de Bouddha ;
– à l'est, la **plaine des Jarres** et ses grands vases mégalithiques qui, il y a 2000 ans, auraient servi d'urnes funéraires ;
– au sud, tout près de l'agréable bourgade de Champassak, le **site khmer de Vat Phu** (IXe-XIIIe siècle), dont certains aspects rappellent Angkor.

Les paysages

Le plus fort symbole du pays sera toujours le **Mékong**, autour duquel les paysans laos tentent de préserver leur mode de vie traditionnel.
Transformé en rapides dans le Nord, se brisant en chutes spectaculaires dans le district de Siphandone dans le Sud, rarement calme, très souvent jauni ou rougi par les alluvions qu'il charrie, le Mékong demeure l'un des grands arguments touristiques et mérite d'être descendu à bord d'un *slow boat*, longue pirogue à moteur, par exemple dans le Nord entre Houeisai et Luang Prabang.
Toutefois, c'est dans la partie sud du pays que le fleuve, en multipliant ses bras pour former les « Quatre Mille Îles », devient le plus recherché.
On peut décider de séjourner sur la très tranquille île de Khong et, en période de hautes eaux, rayonner en bateau vers le Sud ; ou bien séjourner sur les îles plus fréquentées de Khône ou de Det et tenter d'observer les rares dauphins d'eau douce.
Les **montagnes du Nord**, où vivent des minorités de plus en plus visitées (Lentans, Mongs), n'ont d'égales, dans le Sud, que le **plateau des Boloven** (villages traditionnels, chutes et café de grande qualité).
Entre Luang Prabang et Vientiane, on fera une halte à **Vang Vieng**, où les paysages (pains de sucre calcaires) et la descente de rivière sur chambre à air sont de plus en plus prisés. ■

QUAND PARTIR ?

	Climat	Croisière sur le Mékong	Montagnes du nord
Janvier	☼	⛵	☼
Février	☼	⛵	☼
Mars	☼		☼
Avril			☼
Mai			☼
Juin			
Juillet			
Août			
Septembre			
Octobre			
Novembre	☼	⛵	☼
Décembre	☼	⛵	☼

Le mont Liban (Jabal Lubnan) ainsi que les forêts de pins et de cèdres de son versant ouest annoncent Byblos et la côte.

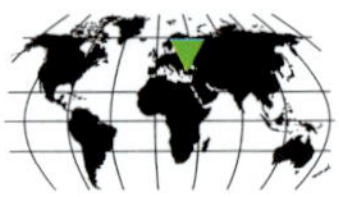

Liban

 *Le Liban va-t-il enfin retrouver une sérénité et pouvoir de nouveau exploiter le triple atout de son patrimoine, de sa mer et de sa montagne qui lui avait valu un tourisme important dans les années 1970 ? La situation politique est à nouveau tendue et rend incertaine la visite d'un des pays les plus attachants et les plus passionnants du pourtour méditerranéen.*

LE CARNET DE VOYAGE

Les premiers contacts
Consulat, 123 av. de Malakoff, 75116 Paris, 01.40.67.26.26. www. destinationliban.com

Les formalités
Pour les ressortissants de l'UE, canadiens et suisses : passeport (valable encore six mois après le retour), visa obligatoire. Un visa de court séjour peut être obtenu à l'arrivée à Beyrouth, à confirmer avant le départ auprès du consulat. Éviter les visas, tampons ou billets d'avion en relation avec Israël, sous peine de refoulement à l'entrée.

La santé
Aucun problème.

Le voyage, le décalage
Durée moyenne du vol Paris-Beyrouth (3191 km) : 4 heures. Lorsqu'il est midi en France, au Liban il est 13 h.

Le coût moyen d'un séjour
Autour de 1500 € la semaine pour un séjour en randonnée tout compris.

Les langues, la monnaie
Langue officielle : l'arabe. Langues étrangères : le français et l'anglais. **Monnaie :** la livre libanaise. La plupart des transactions se font en dollars US. Les cartes de crédit sont utilisables 1 € = 1995 livres libanaises, 1 $= 1490 livres libanaises.

La population
Une mosaïque de communautés, qui ont longtemps vécu en bonne intelligence, compose un pays de 5883000 habitants. La population musulmane est majoritaire, alors que les chrétiens furent longtemps les plus nombreux. **Capitale :** Beyrouth.

Les religions
Dans l'ordre : musulmans chiites (41 %), musulmans sunnites (27 %), chrétiens maronites (16 %), druzes (7 %), grecs orthodoxes (5 %), grecs catholiques (3 %), arméniens.

Les fêtes
9 février : jour de Saint-Maron; **en été :** Festival de Baalbek; **Aïd el-Fitr :** fin du ramadan.

Les achats
Objets en fer, bois, cuivre, poteries. Le marchandage est de rigueur dans les souks.

QUE VOIR AU LIBAN ?

Les vestiges et les monuments

- Vestiges romains de Baalbek et de Tyr
- Temples et tombes de Byblos, château de Saïda, palais de Beiteddine, monastères (vallée sainte de la Qadisha), Anjar

Les paysages

- Chaîne du Liban (sources, cascades, forêts de cèdres)
- Défilé de l'Oronte, grottes d'Afqa et de Jeïta

La côte

- Côte méditerranéenne (Djouniyé, Byblos, Beyrouth)

Les vestiges et les monuments

Le Liban est un passage obligé pour les passionnés de vestiges romains. Ainsi, **Baalbek**, lieu d'élection du dieu Soleil sous les Antonins (temples de Jupiter, Bacchus et Vénus), offre un ensemble remarquable. En été, Baalbek propose aussi son festival, l'un des événements culturels majeurs du monde arabe.

Tyr (Sour) conserve également d'importants vestiges romains (arènes, hippodrome, théâtre, thermes).

Fortifications et nécropoles royales sont présentes sur le site antique de **Byblos** (Jebail), alors qu'à **Saïda** (Sidon), où ont été découverts des vestiges de l'âge du bronze, le château de la Mer atteste du passage des Croisés. Plus récemment, l'architecture orientale du **palais de Beiteddine** (construit par un émir au début du XIXe siècle), qui accueille un festival musical en été, complète la richesse historique du pays, à laquelle s'ajoutent les musées (musée des Mosaïques à Beiteddine, Musée archéologique national de Beyrouth), les monastères (Qozhaya, dans la **vallée sainte de la Qadisha**, au nord du mont Liban), le site d'**Anjar** (époque omeyyade) et les églises.

Dans ce pays en perpétuel chantier, le béton des immeubles comme celui des autoroutes mettent à mal le patrimoine et l'habitat ancien, particulièrement sur la bande côtière (Saïda, Tyr) et à Beyrouth, où les rénovations du centre-ville se sont faites aux dépens du vieux centre historique (place des Martyrs, place de l'Étoile).

Les paysages

Si les légendaires cèdres du Liban sont aujourd'hui en nombre moindre qu'auparavant, on peut toutefois en admirer dans le massif du Chouf et à Becharré. Des sources, des cascades et des forêts agrémentent la **chaîne du Liban** (mont Liban), terrain idéal de balades au printemps et en automne (mais pas en été, car trop brumeux), notamment dans les environs des stations de ski.

Dans le nord, la région désertique du plateau de Hermel est soudain coupée par le **défilé de l'Oronte**, dont les eaux souterraines jaillissent sous la forme d'une source artésienne.

Sur les pentes du mont Liban, une falaise calcaire est trouée par la **grotte d'Afqa**, où la légende situe les amours d'Adonis et de Vénus. Outre la rivière souterraine qui s'en échappe et les ruines d'un temple d'Adonis à proximité, le site de la grotte d'Afqa constitue, avec celui de la **grotte de Jeïta** (6 km de galeries et de concrétions), l'un des principaux rendez-vous du tourisme libanais de l'intérieur.

La côte

La côte méditerranéenne offre son content de soleil et de plages : celles de **Djouniyé**, de **Byblos** et de **Beyrouth** sont les plus fréquentées. ■

LES CONSEILS GEO

▶ Les plus

Des atouts touristiques divers et réputés, qui ne demandent qu'à retrouver leur lustre.
La présence de la langue française.

▶ Les moins

Le coût plutôt élevé des séjours.
Une tension persistante.

▶ Les précautions

À situation précaire, précautions rigoureuses. Aussi est-il conseillé de prendre des renseignements auprès du consulat avant toute décision de voyage.
Consulter le site du ministère des Affaires étrangères.

QUAND PARTIR ?

	Côte	Est du pays
Janvier		
Février		
Mars		
Avril	☼	☼
Mai	☼	☼
Juin	☼	☼
Juillet	☼	
Août	☼	
Septembre	☼	☼
Octobre	☼	
Novembre		
Décembre		

Comme ici à Sabratha, les vestiges romains de la côte libyenne sont de plus en plus visités.

Libye

Longtemps, la Libye a été considérée comme une immense contrée désertique, à l'image de sa fréquentation touristique. Mais la valeur des vestiges des époques hellénistique et romaine ainsi que l'attrait de la région du Fezzan ont changé la donne. Ces atouts et le retour des touristes sont suspendus à une stabilisation du pays après les bouleversements du Printemps arabe.

LE CARNET DE VOYAGE

Les premiers contacts
Ambassade, 6-8, rue Chasseloup-Laubat, 75015 Paris, 01.42.73.22.16. www.autrelibye.com

Les formalités
Pour les ressortissants de l'UE, canadiens et suisses : passeport encore valable six mois après le retour, sans tampon israélien. Visa obligatoire, obtenu auprès du consulat, soit à titre individuel (long délai à prévoir), soit par l'organisme de voyage choisi.

La santé
Aucune vaccination n'est exigée.

Le voyage, le décalage
Vols pour Tripoli et Benghazi, mais aussi, en temps normal, pour Sebha, porte du Fezzan. Lorsqu'il est midi en France, en Libye il est 13 h.

Le coût moyen d'un séjour
Les premiers prix pour un voyage dans le désert se situent aux environs de 1000 € la semaine. Idem pour le voyage dans la « Libye antique », sur la côte.

Les langues, la monnaie
L'arabe, langue officielle, et le tamacheq, la langue des Touaregs. L'anglais et l'italien sont langues de communication, mais restent peu répandus.
Monnaie : le dinar libyen, subdivisé en 1000 dirhams. 1 € = 1,60 dinar libyen.

La population
Son chiffre (6598000 habitants) est dérisoire par rapport à la superficie. Les habitants vivent, pour la quasi-totalité, dans le nord, surtout dans les villes de Tripoli (capitale) et de Benghazi.

Les religions
L'islam sunnite domine, ne laissant qu'une petite place à une poignée de chrétiens.

Les fêtes
Octobre : festivités consécutives à la récolte des dattes ; festival touareg de Ghadames ;
fin décembre : Festival touareg de Ghat.

Les achats
Bijoux en or et argent, poteries, tissages, cuir… mais la plupart de ces produits viennent d'Égypte, du Niger ou du Tchad, l'artisanat libyen étant peu développé.

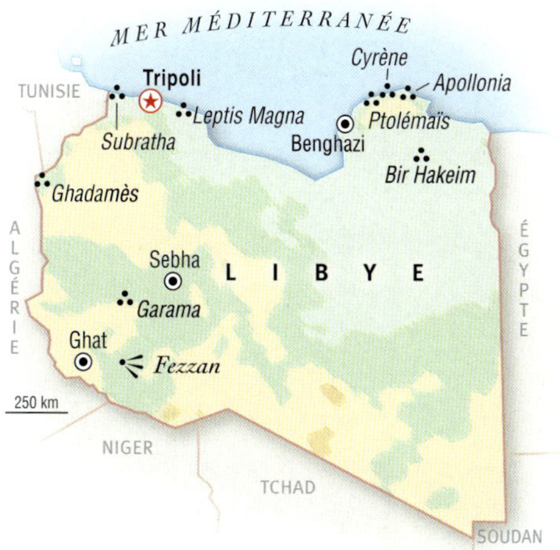

QUE VOIR EN LIBYE ?

Les vestiges et les monuments

- Vestiges romains (Sabratha, Leptis Magna)
- Vestiges romains et grecs (Cyrène)
- Sites d'Apollonia, de Ptolémaïs, de Garama, de Ghadamès (oasis fortifiée)

Le désert

- Dunes, sites rupestres, escarpements du Fezzan

Les vestiges et les monuments

Les ruines de **Sabratha** – qui, outre des forums et un temple d'Antonin, possède le plus grand théâtre romain d'Afrique – et de **Leptis Magna**, embellie par Septime Sévère (amphithéâtre, cirque, thermes), dominent l'architecture romaine. Les musées de Sabratha et de Tripoli exposent les plus belles pièces de cette époque. **Cyrène**, centre de la Cyrénaïque et de la « Grèce africaine », abrite des vestiges des époques hellénistique et romaine (temples de Zeus et de Déméter). Autres sites : **Apollonia** (époque hellénistique, port de Cyrène), **Ptolémaïs** et les ruines de Toulmeitah. En partant vers le sud : les ruines de **Ghadamès**, ville fortifiée qui fut une oasis prospère, et les gravures et peintures rupestres de **Garama** et des alentours, où vécurent les Garamantes, ancêtres des Touaregs.

QUAND PARTIR ?

	Sites antiques de la côte	Désert
Janvier		☼
Février		☼
Mars		☼
Avril	•<	
Mai	•<	
Juin	•<	
Juillet		
Août		
Septembre	•<	
Octobre	•<	
Novembre		☼
Décembre		☼

LES CONSEILS GEO

▶ Les plus

Un pays dont l'image, tant sur le plan culturel que dans l'approche du désert, a radicalement changé aux yeux du touriste.
La découverte du Fezzan, l'une des plus belles régions du Sahara.

▶ Les moins

Une situation fragile et instable, qui maintient éloignées de nouvelles perspectives de voyage.
Des infrastructures hôtelières encore insuffisantes.
Pour ceux qui n'y sont pas prêts, la nécessité de s'adapter à un mode de vie très différent des standards occidentaux (alcool interdit, tenue vestimentaire stricte...).

▶ Les précautions

Du fait de la situation, tout voyage en Lybie est à éviter. Consulter le site du ministère des Affaires étrangères.

Dans le nord-est du pays, les amateurs d'histoire contemporaine trouveront, avec Bir Hakeim et Tobrouk, deux lieux connus pour avoir été le théâtre de violents combats qui opposèrent les Alliés et les puissances de l'Axe en 1941-1942.

Le désert

Aux confins de l'Algérie, de la Libye et du Niger s'étend, dans le prolongement du tassili N'Ajjer, une région du Sahara aussi belle que longtemps méconnue : le **Fezzan**. Du tassili de Maghidet à la Tadrart, dans le sud, en passant par l'Akakous, se succèdent harmonieusement les dunes, les gorges, les blocs de grès et les escarpements, le tout agrémenté de sites rupestres.
L'ouverture du voyage saharien au plus grand nombre a ôté une part de son mystère à cette région. À l'image du désert mauritanien et du Hoggar, en temps normal le Fezzan connaît une fréquentation touristique entre les mois de décembre et d'avril. ■

L'«allée des Baobabs», désormais image ambassadrice des attraits de la nature malgache

QUE VOIR, QUE FAIRE À MADAGASCAR ?

Les paysages

- Rizières en terrasses, lacs de cratère, grottes, chaînes de montagnes
- Hauts plateaux, minéraux Bemaraha (*tsingys*), massifs ruiniformes (Isalo)

La faune et la flore

- Lémuriens, tortues, lézards, caméléons, papillons, crocodiles
- Orchidées noires, népenthès, ylangs-ylangs, eucalyptus, arbres du voyageur, baobabs

Les côtes

- Océan Indien : plages et plongée (Nosy Be, Toleara, Nosy Boraha, baie de Diégo-Suarez)

Les villes

- Antananarivo, Antsirabé, Fianarantsoa

Madagascar

S'il n'y avait qu'une raison de visiter la « Grande Île », ce serait pour rencontrer des lémuriens, espèce rare et menacée de disparition. Mais il y a bien plus : des possibilités de trekkings au cœur de paysages parmi les plus beaux d'Afrique, un tourisme vert et le farniente dans des paradis balnéaires comme l'île de Nosy Be et la baie de Diégo-Suarez.

LE CARNET DE VOYAGE

Les premiers contacts
Bureau touristique de l'ambassade, 4, av. Raphaël, 75016 Paris, 01.45.04.62.11. www.madagascar-guide.com
Voir également www.madagascar-tourisme.com

Les formalités
Pour les ressortissants de l'UE, canadiens et suisses : passeport (valable encore six mois après le retour), visa obligatoire, obtenu auprès du consulat ou à l'arrivée.

La santé
Aucune vaccination n'est exigée. Prévention indispensable contre le paludisme, particulièrement dans les régions côtières.

Le voyage, le décalage
Durée moyenne du vol Paris-Antananarivo (8 748 km) : 10 heures 30. Lorsqu'il est midi en France, à Madagascar il est 13 h en été et 14 h en hiver.

Le coût moyen d'un séjour
Un coût plutôt élevé : environ 2 500 € pour 15 jours en demi-pension. Le voyage individuel est encore peu répandu.

Les langues, la monnaie
Langue officielle : le malgache. Langue de communication : le français. **Monnaie :** l'ariary, monnaie ancienne, est de retour et a supplanté le franc malgache. 1 € = 3 330 ariarys.

La population
23 202 000 habitants d'origine à la fois malaisienne et africaine, répartis en une mosaïque d'ethnies. La démographie croît à un rythme soutenu. **Capitale :** Antananarivo (ex-Tananarive).

Les religions
Près d'un habitant sur deux est animiste. Catholiques (26 %), protestants (23 %) et musulmans (2 %) composent les autres croyances.

Les fêtes
Mars : Nouvel An malgache ; **avril-mai :** fête du Riz (côte est) ; **mai :** « Donia » à Nosy Be (musique traditionnelle) ; **juin à septembre :** « Famadihana » (fête du « Retournement des morts ») ; **26 juin :** fête de l'Indépendance.

Les achats
Les objets en bois (sculptures), les broderies et les épices sont les achats les plus tentants. Original : les jouets en matériaux de bric et de broc sur le marché d'Antananarivo.

Les paysages

L'inventaire de la nature malgache est l'un des plus inhabituels que l'on puisse imaginer.
Ainsi, dans le Nord, le parc national de la montagne d'Ambre abrite des fougères arborescentes et des plantes épiphytes. Dans cette région se trouve aussi la grotte d'Andrafiabe, la plus spectaculaire du pays.
Dans l'Ouest, la réserve de **Bemaraha**, devenue parc national, offre ses étranges pierres aux pointes acérées d'origine coralienne *(tsingys)*, tandis que, non loin de Fianarantsoa, le massif d'Andringitra dessine par endroits d'étranges cannelures.
Les hauts plateaux avec leurs rizières en escaliers et leurs collines rougies par la latérite, les rochers et les bassins du **parc national de l'Isalo**, la désormais célèbre « allée des Baobabs », près de Morondava, les lacs de cratère (Tritriva) sont les grands atouts du sud et de l'ouest de l'île et sont autant d'occasions de randonner.
Le parcours de la route nationale 7, qui relie Antananarivo à Ifaty, le canal des Pangalanes et le voyage en train entre Antananarivo et Toamasina (ex-Tamatave) constituent des choix avisés pour une approche différente du pays.

La faune et la flore

Les lémuriens (indri, aye-aye, maki) vivent ici dans un des rares milieux au monde qui leur soient encore propices. On peut les observer dans le massif de l'Isalo et dans des réserves comme celle de Berenty – qui abrite aussi des tortues, des lézards géants, des caméléons et des papillons. Toutefois, la dégradation des forêts fait craindre le pire pour certaines espèces.
L'isolement de Madagascar a aussi favorisé l'épanouissement d'une flore riche d'au moins 9 000 espèces. L'orchidée noire, le népenthès (plante carnivore), l'ylang-ylang (fleur odoriférante dont on tire une essence), les forêts d'eucalyptus et l'arbre du voyageur, symbole de l'île, sont les plus notables.

Les côtes

Sur les 20 km de la **baie de Diégo-Suarez** (aujourd'hui Antsiranana) s'étend une succession de petits golfes (Sakalava, Danas).
Les îles de l'**archipel de Nosy Be**, couvertes de flamboyants et d'ylangs-ylangs, sont considérées comme le Tahiti de l'océan Indien, avec des plages et des lagons propices à la plongée et à l'observation des espèces (baleines à bosse, barracudas, mérous, raies mantas, requins-baleines). Non loin de Nosy Be, Nosy Komba abrite une réserve de lémuriens, et Nosy Tanikely une réserve corallienne.
Plaisirs balnéaires et plongée sont possibles à **Nosy Boraha** (ex-Sainte-Marie), sur la côte est. De l'autre côté de l'île, **Toleara** (ex-Tuléar) et sa voisine Ifaty méritent le détour.

Les villes

Bâtie sur une colline, **Antananarivo** (ex-Tananarive) est composée de jolies maisons aux toits de tuile. Le quartier Analekely, les peintures murales du palais d'Argent, le parc zoologique et les marchés sont ses principaux atouts.
Deux autres villes méritent le détour : **Antsirabé**, station thermale à l'architecture coloniale (hôtel des Thermes), et **Fianarantsoa**, pour sa situation sur les hauts plateaux. ■

QUAND PARTIR ?

	Plateaux du centre	Côte ouest	Côte est
Janvier			
Février			
Mars			
Avril	☼		
Mai	☼	☼	
Juin	☼	☼	☼
Juillet	☼	☼	☼
Août	☼	☼	baleines (Nosy Boraha) ☼
Septembre	☼	☼	☼
Octobre	☼	☼	☼
Novembre			
Décembre			

LES CONSEILS GEO

▶ Les plus

L'importance de la faune et de la flore : si l'on souhaite voir des espèces uniques ou rares, Madagascar fait partie des destinations rêvées.
Un voyage qui a de plus en plus d'audience, tout en restant à l'abri du tourisme de masse.
Un retour au calme durable après les remous politiques.
Le français comme langue de communication.

▶ Les moins

Pour ceux qui n'y sont pas suffisamment rompus, un confort souvent rudimentaire, y compris dans le cadre des circuits organisés.
Un voyage dont le coût reste élevé.

▶ Les précautions

Le voyage individuel n'étant pas encore vraiment d'actualité, il convient d'éviter les régions isolées et les plages désertes. De même, sur les sites balnéaires ou dans les régions touristiques, il faut faire preuve de la vigilance d'usage.

Couleurs d'Asie chez un fabricant de cerfs-volants dans la partie ouest du pays

QUE VOIR EN MALAISIE OCCIDENTALE ?

Les paysages

- Forêt primaire, montagnes (Cameron Highlands), thé

Les monuments

- Vestiges de la colonisation portugaise (Malacca)
- Temples, mosquées, palais, pagodes (Kuala Lumpur, Penang, Kuala Kangsar, Chah-Alam), Petronas Towers

Les côtes

- Penang, Langkawi, Tioman, Pangkor
- Tortues géantes de Kuantan

Malaisie

La Malaisie, le pays le plus méconnu de l'Asie du Sud-Est, est coupée en deux, tant sur le plan géographique et administratif (Malaisie occidentale dans le prolongement de la Thaïlande, Malaisie orientale au nord de l'île de Bornéo) que sur le plan touristique. La partie ouest présente un aspect classique, tandis que la partie est distille un parfum d'aventure, préservant une couleur « amazonienne » de forêt tropicale.

La Malaisie occidentale

Les paysages

Lorsqu'on quitte Penang pour le centre de la péninsule, le relief s'élève et les panoramas se multiplient, surtout ceux des **Cameron Highlands**, où se succèdent des collines, des plantations de thé et la jungle. À l'est des Cameron Highlands, le parc national du Taman Negara, qui couvre plus de 4 000 km², renferme l'une des plus vieilles forêts primaires du monde. Celle-ci est riche de 8 000 espèces – dont 800 sortes d'orchidées –, de grottes (Gua Telinga, où chauves-souris et grenouilles accueillent le visiteur) et de chutes d'eau (Lata Berkoh). En continuant vers l'Est, on apercevra des plantations de thé qui ont été aménagées au siècle dernier et n'ont rien à envier à celles de Nuwara Eliya, au Sri Lanka.

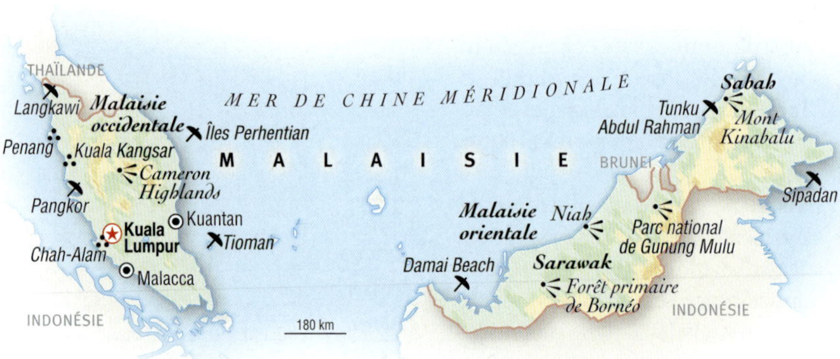

Quoique majoritairement musulmane, la Malaisie possède aussi des temples comme celui de Sampoh à Ipoh.

Les monuments

Les monuments de la capitale, **Kuala Lumpur**, valent le détour : Grande Mosquée, palais Sultan-Abdoussamad et gare de style mauresque. **Malacca** est autant marquée par les influences arabe, indienne et chinoise (grand cimetière avec des tombes datant de la période Ming) que par les traces des colonisations néerlandaise et portugaise.

Même diversité à **Penang** : temples (Kek Lok Si), mosquées, pagodes, façades coloniales, fort – Cornwallis – témoin de la prospérité de l'East Indian Company. Les maisons de bois et les palais des sultans de Kota Bharu, les palais et la mosquée Ubudiah de **Kuala Kangsar** retiennent également l'attention.

Dans les Cameron Highlands, les grottes de Batu abritent des sanctuaires hindous. La mosquée Saladin-Abdelaziz-Chah, à **Chah-Alam**, est une curiosité en raison de son style futuriste. Futuristes également, dans un tout autre genre : les **Petronas Towers**, à Kuala Lumpur, buildings les plus hauts du monde avant que Taipei, puis Dubaï ne les détrônent.

Les côtes

L'**île de Penang** a longtemps symbolisé le tourisme balnéaire de la Malaisie, les « routards » ayant ouvert la voie dans les années 1970. Aujourd'hui, ceux-ci sont remplacés par des visiteurs installés dans des structures conventionnelles, voire luxueuses, ce qui confirme la bonne réputation du pays pour ses centres de bien-être.

Le succès touristique de Penang a engendré la mise en valeur d'autres archipels ou îles de la côte ouest : **Pangkor** et surtout **Langkawi** (atmosphère anglaise, équipements haut de gamme, golf, plongée, shopping favorisé par le statut de zone franche).

Les plages de la côte est sont moins connues, mais tout aussi belles, surtout celles des îles Perhentian, au large de Kota Bharu, et de **Tioman**, au large de Mersing. Des tortues géantes s'échouent entre juillet et septembre autour de **Kuantan** pour pondre leurs œufs, avant de tenter de repartir, épuisées, vers la mer.

La Malaisie orientale

Sabah

Les paysages

Naguère peu connu des touristes, le **mont Kinabalu** (4095 m) fait désormais l'objet de trekkings. Il appartient au parc national du même nom,

Dans la forêt de Sabah, les orangs-outans réapprennent la vie sauvage.

agrémenté de rizières et de plantations d'hévéas. Au sommet, un panorama sur la forêt et sur le massif de **Crocker** s'offre aux regards.

Les côtes

Sur la côte nord-ouest de Sabah, les plages des îles qui composent le **parc Tunku Abdul Rahman** et ses récifs de corail constituent les nouveaux rendez-vous balnéaires de la mer de Chine. La plongée aux environs de l'**île de Sipadan**, à la pointe sud-est, offre le spectacle de barracudas, de raies mantas, de requins, de tortues de mer et à écailles.

La faune et la flore

Deux espèces retiennent l'attention : les **orangs-outans** de Sepilok, non loin de Sandakan, réduits à quelques milliers mais auxquels on réapprend la vie sauvage, et les **tortues vertes**, dont la ponte se déroule entre juillet et septembre, dans des îlots de la mer de Sulu situés à trois heures de bateau de Sandakan.

Non loin du mont Kinabalu, les forêts qui enserrent les sources chaudes de Poring renferment la **rafflesia**, la plus grande fleur au monde : entre 45 cm et 1 m de diamètre. De couleur pourpre, elle n'est pas facile à admirer à cause de sa rareté, mais aussi de la rapidité avec laquelle elle se fane. Les curiosités ne s'arrêtent pas là : en effet, la forêt pluviale qui s'étend dans le sud du Sabah est vieille de plus de 100 millions d'années, ce qui multiplie le nombre des espèces végétales. Tout passionné de botanique trouvera son éden dans ces contrées, tout en déplorant les méfaits de la dérofestation grandissante.

■ Sarawak

Les paysages

La jungle de Sarawak renferme une grande partie des 3000 espèces d'arbres et des 400 espèces d'oiseaux

QUE VOIR, QUE FAIRE EN MALAISIE ORIENTALE ?

■ SABAH

Les paysages

Mont Kinabalu (trekkings)

Les côtes

Plages (îles du parc Tunku Abdul Rahman)

Plongée autour de Sipadan (barracudas, tortues, corail)

La faune et la flore

Orangs-outans, ponte des tortues vertes

Rafflesia (plus grande fleur du monde), forêt pluviale

■ SARAWAK

Les paysages

Forêt primaire de Bornéo, pirogue, grottes (parc national de Gunung Mulu, Niah)

Les côtes

Plages (Damai Beach)

LE CARNET DE VOYAGE

Les premiers contacts
Office de tourisme, 29, rue des Pyramides, 75001 Paris, 01.42.97.41.71. Internet : www.tourism.gov.my/fr-fr/fr www.sabahtourism.com, www.sarawaktourism.com

Les formalités
Pour les ressortissants de l'UE, canadiens et suisses : passeport suffisant, valable encore six mois après le retour.

La santé
Aucune vaccination requise. Faible risque de paludisme dans l'intérieur.

Le voyage, le décalage
Durée moyenne du vol Paris-Kuala Lumpur (10395 km) : 12 heures 30. Lorsqu'il est midi en France, en Malaisie il est 18 h en été et 19 h en hiver.

Le coût moyen d'un séjour
Le prix d'une semaine balnéaire (vol et hébergement) hors saison à Kuantan ou à Langkawi est d'environ 1200 €. Un séjour de 15 jours tout compris à Sabah et Sarawak atteint 3000 €.

Les langues, la monnaie
Le malais (bahasa), langue officielle, est pratiqué par un habitant sur deux. Il côtoie le chinois, le tamoul, le penjabi et l'urdu. Langue étrangère : l'anglais. **Monnaie :** le ringitt malaisien. 1 € = 4,20 ringitts, 1 $ = 3,20 ringitts.

La population
13 États et 3 territoires fédéraux rassemblent 30073000 habitants. Malais (56 %) et Chinois (23 %) sont majoritaires, Indiens (10 %) et Pakistanais sont également présents.

Les religions
L'islam, majoritaire (53 %), voisine avec le bouddhisme (17 %), le taoïsme (12%), l'hindouisme (7 %) et le christianisme (6 %).

Les fêtes
Février : Nouvel An chinois ; **4 mai :** fête de la naissance de Bouddha ; **31 août :** fête de l'Indépendance ; **Octobre-novembre :** « Deepavali » (festival hindou, fête des Lumières).

Les achats
Le batik, la soie, les bijoux en filigrane d'argent, les porcelaines chinoises, les colliers de perles de Sarawak.

Au milieu de la jungle de Sarawak, les surprenantes aiguilles calcaires du parc national de Gunung Mulu

que compte la **forêt primaire de Bornéo**. Elle constitue un terrain idéal pour la pratique du trekking ou encore pour des balades en pirogue sur les rapides. Bien que le développement du tourisme soit de plus en plus visible, la remontée de la rivière Rajang jusqu'à Kapit reste passionnante. Elle permet de longer les maisons communautaires *(longhouses)* de l'ethnie des Ibans, qui accueillent volontiers le voyageur. Non loin du sultanat de Brunei, le **parc national de Gunung Mulu** renferme des aiguilles calcaires et des grottes exceptionnelles (Deer Cave, Clearwater Cave, Wind Cave, Wonder Cave). Au sud de Miri, les **grottes de Niah**, dans le parc national du même nom, ont révélé des vestiges datant de 40000 ans.

Les côtes

Jusqu'à récemment, le nord de Bornéo n'était pas vraiment connu pour abriter des sites balnéaires, mais plutôt des pêcheurs installés dans leurs *kampungs* (villages sur pilotis). Le changement est là : désormais, les parcours de golf et l'hôtellerie, parfois de luxe, ont fait leur apparition le long de la mer de Chine méridionale. **Damai Beach** en est l'un des sites les plus connus. ■

QUAND PARTIR ?

	Côte est	Penang et côte ouest	Sabah et Sarawak
Janvier			
Février		☼	
Mars		☼	
Avril			
Mai			☼
Juin	☼	☼	☼
Juillet	☼	☼	☼
Août	☼		☼
Septembre	☼		☼
Octobre			
Novembre			
Décembre		☼	

LES CONSEILS GEO

▶ Les plus

Le contraste, tant géographique qu'humain, entre les deux parties du pays, qui accroît l'intérêt du voyage.
La bonne période climatique au bon moment pour le voyageur.

▶ Les moins

Un coût du voyage accompagné qui reste relativement élevé par rapport à d'autres destinations de la région. Un pays longtemps méconnu et qui doit encore gagner en reconnaissance.

▶ Les précautions

Le pays est considéré comme sûr pour peu que soient respectées les précautions d'usage.

Corail, poissons multicolores : les atolls des Maldives feront à coup sûr le bonheur des plongeurs.

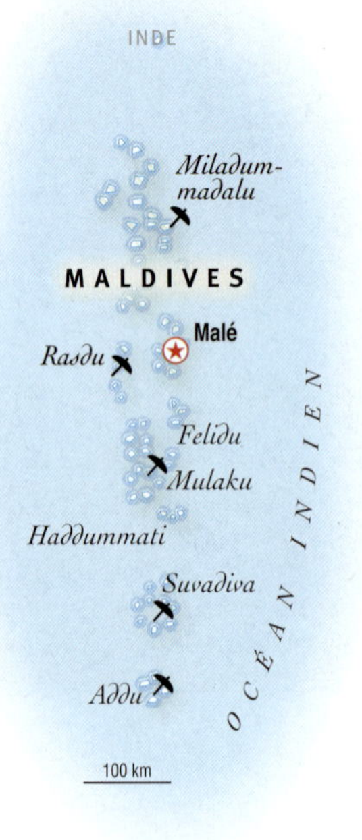

Maldives

Le mot « atoll » est né aux Maldives et ce, non sans raison. Elles comptent en effet 26 exemplaires du genre, regroupant près de 1200 îles ou îlots sur 800 kilomètres, dotés d'un paysage sous-marin parmi les plus beaux du monde avec celui de la mer Rouge, et protégé par une vraie politique écologique. Les amateurs de plongée sont de plus en plus rejoints par ceux des centres de remise en forme.

LE CARNET DE VOYAGE

Les premiers contacts
Maldives Government Tourist Information Office (valable pour l'Europe), Seligenstadt (Allemagne), (00.49) 6182.9934.857. Internet : www.visitmaldives.com

Les formalités
Pour les ressortissants de l'UE, canadiens et suisses : passeport encore valable six mois après le retour, visa délivré à l'arrivée. Importation d'alcool interdite.

La santé
Aucune vaccination n'est requise. Les candidats à la plongée doivent être en possession d'un certificat médical (vieux de six mois maximum) et d'un brevet.

Le voyage, le décalage
Durée moyenne du vol Paris-Malé : 10 heures. Vols charters entre novembre et avril. Lorsqu'il est midi en France, aux Maldives il est 15 h en été et 16 h en hiver.

Le coût moyen d'un séjour
À partir de 1 500 € la semaine pour un séjour comprenant le vol A/R et la demi-pension. Attention aux prestations annexes (croisière-découverte, école de plongée, ski nautique, etc.) qui font monter rapidement le coût du séjour.

Les langues, la monnaie
Langue officielle : le divehi, langue indo-aryenne. L'anglais est largement pratiqué.
Monnaie : la rufiyaa. 1 € = 20,50 rufiyaas, 1 $ = 15,30 rufiyaas.

La population
Originaire du Sri Lanka, la population est nombreuse (396 000 habitants) par rapport à la superficie. **Capitale :** Malé, sur l'atoll du même nom.

Les religions
L'islam sunnite est religion officielle.

Les fêtes
Mars : Nouvel An islamique ; **26 juillet :** fête de l'Indépendance ; **3 novembre :** Jour de la Victoire. **10 décembre :** fête de la Pêche.

Les achats
Coquillages et objets en écaille. Les marchés des villages proposent des tissus, des objets en laque et des tambours du cru.

LES CONSEILS GEO

▶ Les plus

Des fonds sous-marins parmi les plus beaux du monde.
Des séjours bien étudiés : à côté des prestations pour plongeurs chevronnés, les voyagistes insistent sur les stages de plongée pour débutants et les minicroisières.
Une adhésion récente au spa et aux programmes de remise en forme sur le mode asiatique.

▶ Les moins

Un tourisme qui a du mal à changer son créneau haut de gamme et qui ne peut proposer autre chose que les joies de l'océan.
Pour ceux qui imaginaient un paradis débridé, quelques restrictions (importation d'alcool interdite, exigence d'une tenue vestimentaire correcte) qui peuvent les contrarier.

▶ Les tendances

Le voyage de noces paradisiaque gagne en popularité, les heureux élus poursuivant le périple au Sri Lanka.

La plongée

Que l'on soit débutant ou non, la plongée est le maître mot du tourisme aux Maldives, surtout pendant les quatre premiers mois de l'année, nettement plus favorables que la période juin-novembre. Les plongeurs découvrent des fonds coralliens saisissants ainsi qu'une grande variété d'espèces : poissons de récifs multicolores, raies mantas, barracudas, requins-marteaux, tortues. En outre, la clarté et la propreté de l'eau garantissent une très bonne visibilité. Les responsables du tourisme maldivien incarnent une écologie bien comprise : non seulement ils interdisent le ramassage du corail et la chasse sous-marine, mais ils n'ouvrent qu'une dizaine d'atolls au tourisme et ont développé un système d'« îles-hôtels » au nombre limité. Une telle initiative exclut toute autre possibilité, comme celle de loger sur des îles où vivent les pêcheurs.

QUAND PARTIR ?

	Climat	Éviter la grande affluence
Janvier	☼	
Février	☼	
Mars	☼	
Avril	☼	
Mai		⌘
Juin		⌘
Juillet		⌘
Août		
Septembre		
Octobre		
Novembre		⌘
Décembre	☼	

Les côtes

Si l'on n'est pas plongeur – mais que diable fait-on alors en ce lieu ? –, on peut toujours apprendre à le devenir sur place. Sinon, on goûtera au plaisir des plages de sable blanc des atolls, avec les sports nautiques qui s'y rattachent (catamaran, planche à voile, ski nautique) et les excursions sur les îles alentour. On peut aussi envisager la pêche à la palangrotte et au gros (thons, barracudas).
Une nouvelle forme de séjour touristique consiste à passer d'un atoll de pêcheur à l'autre, via des minicroisières qui sont le moyen le plus adéquat pour découvrir ces confettis à peine émergés. ■

QUE VOIR, QUE FAIRE AUX MALDIVES ?

La plongée
- Faune et flore sous-marines (poissons tropicaux, corail)

Les côtes
- Plages, sports nautiques, pêche

QUE VOIR AU MALI ?

Les paysages

- Falaise de Bandiagara (pays dogon)
- Fleuve Niger, monts Mandingues, gorges de Talary, parc national de la Boucle du Baoulé
- Adrar des Iforas (randonnées chamelières)

Les villes

- Djenné, Mopti, Gao Tombouctou, Bamako

Si l'Afrique noire conduit plus souvent le touriste sur les pistes de la savane que sur celles de l'histoire, le Mali, pays inventif et chaleureux mais aujourd'hui troublé, se distingue en offrant les deux possibilités avec un égal bonheur : côté histoire, le pays dogon et la falaise de Bandiagara ; côté aventure, la randonnée chamelière.

Mali

Les paysages

Le **pays dogon** n'est plus ce qu'il était du temps où Marcel Griaule en fit un inventaire qui occupa la plus grande partie de sa vie d'anthropologue. Le long de la **falaise de Bandiagara** se succèdent toujours habitations troglodytiques et sculptures excavées, mais aujourd'hui la population dogon, forte de 300 000 agriculteurs, qui vit dans des villages situés au pied de la falaise, subit avec philosophie l'assaut du tourisme de masse.

LE CARNET DE VOYAGE

Les premiers contacts
Consulat, 53, rue Hoche, 93170 Bagnolet, 01.55.82.08.38. http://officetourismemali.com

Les formalités
Pour les ressortissants de l'UE, canadiens et suisses : passeport encore valable six mois après le retour, visa obligatoire, obtenu auprès du consulat.

La santé
Vaccination obligatoire contre la fièvre jaune. Prévention indispensable contre le paludisme.

Le voyage, le décalage
Durée moyenne du vol Paris-Bamako (4 160 km) : 5 heures 30. Lorsqu'il est midi en France, au Mali il est 10 h en été et 11 h en hiver.

Le coût moyen d'un séjour
15 jours avec une première semaine à Djenné, Mopti et dans le pays dogon, et une seconde semaine dans le delta intérieur du Niger sont la règle, aux alentours de 2 000 € selon le prestataire. Une méharée dans l'Adrar des Iforas revient à 1 200 € environ la semaine, tout compris.

Les langues, la monnaie
Langue officielle : le français. Toutefois, c'est le bambara, langue nationale, que l'on entend le plus souvent dans la rue, aux côtés du malinké, du sénoufo, du soninké et de plusieurs autres dialectes.

Monnaie : le franc CFA (XOF). 1 € = 655,957 francs CFA.

La population
Vingt-trois ethnies rassemblent 16 456 000 habitants, dont principalement les Peuls, les Dogons et les Bambaras, ces derniers les plus nombreux (quatre Maliens sur dix). Les nomades (Touaregs et Maures) sont environ 600 000.

Capitale : Bamako.

Les religions
Neuf habitants sur dix sont musulmans. Minorités d'animistes et de chrétiens.

Les fêtes
Janvier : festival au désert d'Essakane, Nuits sahariennes d'Essouk (danses, poésie, courses de chameaux). Un peu plus tard, dans toute la région : la Tabaski.

Les achats
Djembés, poteries, tissus *(bogolan)*, mais surtout orfèvrerie chez les Touaregs, dont l'artisanat est très divers et très recherché : boucles d'oreilles, colliers, pendentifs.

La falaise de Bandiagara et les agriculteurs dogons doivent désormais composer avec le tourisme de masse.

Surnommé « la bosse du chameau » à cause de la forme de son cours, mais aussi « Djoliba » – « sang » en bambara –, le **fleuve Niger**, entre Tombouctou et Gao, constitue l'horizon quotidien des pêcheurs bozos, des bateliers et des teinturières. Il voit passer les troupeaux des Peuls et des Maures, et abrite des milliers d'oiseaux dans les roseaux de ses berges, ainsi que de discrets hippopotames.
Les **monts Mandingues**, au sud-ouest de Bamako, sont connus pour leurs rochers ruiniformes et leurs grottes. Au sud-est de Kayes, le fleuve Sénégal s'enfonce dans les **gorges de Talary**. Non loin de là, le **parc national de la Boucle du Baoulé** mérite la visite (gravures rupestres, faune).
Dans l'Est, l'**Adrar des Iforas**, point de passage traditionnel entre le Maghreb et le Sahel, abrite les ruines de villes anciennes (Es-Souk), ainsi que des peintures et des gravures rupestres (char des Garamantes) dans les campements touaregs. Au sud de l'Adrar des Iforas s'étend une partie peu connue du Sahara.
Lorsque la situation l'autorise, la région, grand carrefour de pistes caravanières, s'avère l'une des plus attachantes du Sahara pour les possibilités de méharées.
Le plus insolite des itinéraires – à n'entreprendre qu'avec un guide local et après s'être bien renseigné –, conduit de Tombouctou à Taoudenni, dans le Nord, suivant la piste empruntée par les dernières caravanes de sel.

Les villes

L'histoire de **Djenné**, qui est bien antérieure à l'arrivée de l'islam, rend la ville attachante. La Grande Mosquée, le monument en terre *(banco)* le plus imposant du monde, est l'un des témoignages les mieux conservés de l'art islamique en Afrique.
La ville de **Mopti** est surnommée la « Venise malienne » en raison de sa situation sur le delta du Niger. Sa mosquée, son port fluvial et son marché aux poissons méritent le détour.
Tombouctou, « la cité des 333 saints », ville mythique fondée au XIe siècle et classée au patrimoine mondial, a vu certains de ses mausolées d'anciens érudits saccagés au printemps 2012 par des salafistes. La ville tente de les restaurer et de préserver ses trois mosquées (Djingareyber, Sankoré et Sidi Yahiya) ainsi que ses milliers de manuscrits sacrés.
Gao, ville stratégique qui fut la capitale de l'empire songhaï à la fin du XVe et au début du XVIe siècle, conserve de cette époque le tombeau de l'empereur Askia Mohammed et propose un passionnant musée du Sahel.
Ces villes sont plus originales que **Bamako**. On visitera tout de même la capitale pour sa situation sur le Niger, son Marché rose, son Musée ethnographique national (collection de tissus) et sa Maison des artisans. ■

QUAND PARTIR ?

	Climat	Désert	Photo dans le Sud
Janvier	☼	☼	
Février	☼	☼	
Mars			
Avril			
Mai			
Juin			✱
Juillet			✱
Août			✱
Septembre			✱
Octobre			
Novembre	☼	☼	
Décembre	☼	☼	

LES CONSEILS GEO

▶ Les plus
Un pays qui propose des témoignages religieux et ethnologiques uniques sous ces latitudes.
Le français comme langue véhiculaire.

▶ Les moins
La forte dégradation des conditions de sécurité dans le nord du pays ainsi que dans les régions de Tombouctou, Gao et Kidal.
Un voyage pénible pour qui n'est pas prêt à supporter l'absence d'équipements, le climat et des conditions de vie difficiles.
Un climat défavorable entre juin et septembre.

▶ Les précautions
Consulter le site du ministère des Affaires étrangères.

▶ Les tendances
En temps normal, les traditions touareg (festival au désert d'Essakane, Nuits sahariennes d'Essouk) attirent de plus en plus de monde.

Derrière ses murs qui symbolisent la résistance de l'ordre de Malte, La Valette s'ouvre sur un archipel dominé par le tourisme balnéaire.

Malte

Malgré son relatif isolement en Méditerranée entre Tunisie et Sicile, et en dépit de la rareté de ses plages de sable, Malte accueille chaque été une foule de touristes, qu'ils soient adorateurs du dieu Soleil ou amateurs de plongée. Les férus de culture se délectent des traces d'une très vieille civilisation mégalithique et du passage des chevaliers de Saint-Jean.

LE CARNET DE VOYAGE

Les premiers contacts
Infos tourisme, 01.45.61.14.20, Internet : www.visitmalta.com

Les formalités
Carte nationale d'identité ou passeport pour les ressortissants de l'UE. Pour les Canadiens : passeport valide.

La santé
Aucun problème.

Le voyage, le décalage
Durée moyenne du vol Paris-La Valette A/R (1750 km) : 2h40. Bateau : car-ferries au départ de Gênes, de Marseille, de Naples (25 heures de trajet), de Reggio de Calabre (Italie) et de la Sicile (Catane, Syracuse). Pas de décalage horaire avec l'Europe de l'Ouest.

Le coût moyen d'un séjour
Aux alentours de 550 € pour la semaine balnéaire comprenant le vol A/R et l'hébergement en hôtel de catégorie moyenne. 900 € pour la semaine balnéaire *« all inclusive »*.

Les langues, la monnaie
Langues officielles : l'anglais et le maltais, dialecte arabe, mais qui s'écrit en caractères latins. **Monnaie :** l'euro.

La population
413000 habitants, soit un chiffre élevé par rapport à la superficie. **Capitale :** La Valette (Valletta).

Les religions
Malte a été la terre des premiers chrétiens d'Europe. Le catholicisme (97%) est sans rival. Minorité d'anglicans.

Les fêtes
Février : carnaval; **fin juin :** « Imnarja », festival des moissons et récoltes; **de juin à septembre :** « *festas* » des villages, données en l'honneur du saint patron de la paroisse; **8 septembre :** fêtes de la Nativité de la Vierge dans de nombreux villages dont Xaghra (Gozo).

Les achats
L'artisanat traditionnel propose des objets en verre (vases), des maquettes de bateaux et des dentelles.

QUE VOIR, QUE FAIRE À MALTE ?

Les côtes

- Malte, île de Gozo et Comino, baie de Dwejra
- Plages rocheuses, grottes marines, criques, villages de pêcheurs
- Plongée, ski nautique, planche à voile

Les villes et les monuments

- Ggantija, La Valette, Mdina

LES CONSEILS GEO

▶ Les plus

Un bon compromis entre tourismes balnéaire et culturel.
Des départs directs possibles à partir de plusieurs villes de province.
Une relative proximité, qui favorise les formules week-end.

▶ Les moins

Le petit nombre des plages de sable.
Un coût du séjour balnéaire parmi les plus élevés des destinations méditerranéennes.

▶ Les tendances

L'archipel se met aux formules week-end : ainsi se développent les séjours prenant La Valette comme point de départ pour rayonner.

Les côtes

Malte fait partie des destinations méditerranéennes du printemps et de l'été, bien que ses rivages soient principalement rocheux.
Seules, sur l'île de **Malte** même, Mellieha Bay, dans le Nord-Ouest, et Golden Bay, dans l'Ouest, possèdent réellement des plages de sable, comme Ramla Bay à Gozo. L'agrément balnéaire est donc limité, mais on admirera le spectacle étonnant de grottes marines, dont la plus belle est la grotte Bleue (Blue Hole), sur la côte sud de Gozo.
Les sports nautiques se pratiquent partout : canotage, ski nautique, plongée, planche à voile et le très à la mode kitesurfing – l'art de se laisser tracter sur une planche de surf par un cerf-volant. Entre deux baignades, on ira visiter les villages de pêcheurs tels que Marsaskala et Marsaxlokk. Ce dernier est réputé pour son marché aux poissons qui se tient le dimanche.
Les **îles de Gozo** et **de Comino** – cette dernière est épargnée par les voitures – sont un peu moins fréquentées en été que celle de Malte. Elles offrent des criques, des sites pour les sports nautiques, surtout à Comino, ainsi que des paysages particulièrement agréables.

La légende situe à Gozo la grotte dans laquelle la nymphe Calypso aurait retenu Ulysse prisonnier pendant sept ans. Aujourd'hui, ce sont les baigneurs et surtout les plongeurs qui écrivent l'histoire moderne de l'île, particulièrement dans la baie Xlendi, sur la côte sud, et dans la très jolie **baie de Dwejra**. Celle-ci est connue pour sa Fenêtre d'azur, une arche naturelle qui s'étend dans le prolongement du Fungus Rock, un rocher de 60 m de hauteur situé en bordure du rivage.

QUAND PARTIR ?

	Climat	Visite culturelle et moindre affluence
Janvier		
Février		
Mars		
Avril	☼	
Mai	☼	·<
Juin	☼	·<
Juillet	☼	
Août	☼	
Septembre	☼	·<
Octobre		·<
Novembre		
Décembre		

Les villes et les monuments

Les sépultures et les temples mégalithiques érigés il y a 5 000 ans constituent le principal attrait culturel de l'archipel. Il en existe à **Ggantija** (Gozo), Hal Saflieni et Tarxien. On notera également le site de la cathédrale dédiée à saint Paul, ainsi que les remparts, la citadelle et les rues étroites de la petite ville médiévale de **Mdina** – la « Cité du silence ».
À **La Valette**, le style baroque se mêle à une architecture militaire née de la résistance victorieuse des chevaliers à l'envahisseur turc, il y a quatre siècles. Les amateurs d'histoire visiteront le musée national des Beaux-Arts (objets ayant un rapport avec l'ordre de Malte) et le palais des Grands Maîtres, anciens chevaliers de Saint-Jean (portraits et tapisseries des Gobelins, armurerie).
Les 300 chevaliers venus de Rhodes au XVIe siècle se sont installés aux Trois Cités, en face de La Valette. Outre son architecture militaire, Malte leur doit la construction d'auberges (auberge de Provence, devenue Musée national), de chapelles et autres lieux de culte (cathédrale Saint-Jean et ses pierres tombales des Grands Maîtres). ■

Maroc

QUE VOIR, QUE FAIRE AU MAROC ?

Les villes et les monuments

- Villes impériales : Marrakech, Fès, Rabat, Meknès
- Safi, Casablanca, Tanger, Essaouira
- Moulay-Idriss, Volubilis

Les paysages et les randonnées

- Haut Atlas (Toubkal, Aït Bouguemez, Dadès), Moyen Atlas, Anti-Atlas (vallée du Drâa), Rif
- Grand Sud : casbahs, villages fortifiés, oasis, palmeraies, contreforts du Sahara

Les côtes

- Plages des côtes atlantique (Agadir, Essaouira) et méditerranéenne (Saïdia), Plage blanche
- Parc national de Souss-Massa

Les fêtes

- Moussems

Le Maroc dispute à l'Égypte et à la Tunisie le titre de pays qui accueille le plus grand nombre de touristes occidentaux dans le monde arabe. Le pouvoir d'attraction du pays explique aisément cet afflux. Le Maroc offre ses plages et son soleil, l'architecture de ses villes impériales, la possibilité de randonnées dans l'Atlas et aux portes du Sahara, sans oublier de forts liens avec l'histoire et la langue françaises.

Les villes et les monuments

Le quatuor des villes impériales (Marrakech, Fès, Rabat, Meknès) justifie à lui seul un voyage au Maroc.

Marrakech, qui a vu se succéder les Almohades, les Almoravides et les Saadiens, met en avant ses remparts, ses jardins, le minaret de la Koutoubia (élevé par les Almohades au XIIe siècle), la medersa Ben-Youssef (XVIe siècle), ses souks et sa médina (un joyau architectural musulman), les vestiges du palais El Badi (fin du XVIe siècle), son ancien quartier juif (le Mellah), ses tombeaux saadiens et, passage obligé, le folklore de la place Djemaa El-Fna.

La ville, qui est devenue le pivot du tourisme marocain, promeut les catégories haut de gamme et l'hôtellerie de luxe, tout en enrichissant la gamme de ses riads.

Fès, première capitale impériale, aujourd'hui ville artistique et intellectuelle, vaut par ses remparts et surtout par sa grande médina, Fès el-Bali, qui renferme la zaouïa (établissement religieux) de son fondateur Moulay Idriss, des écoles coraniques (medersas Bou-Inania et el-Attarine) et la mosquée Qarawiyyin. Cette dernière peut accueillir 20 000 fidèles, mais est interdite aux non-musulmans. Dans la médina, la plus prestigieuse du Maroc (près de 10 000 ruelles et de 200 mosquées), on évoluera entre les célèbres couleurs des bassins du quartier des tanneurs et les senteurs du souk.

Marrakech : le minaret de la Koutoubia, et plus encore ses riads (maisons d'hôte), attirent de plus en plus de visiteurs.

Repaire d'esthètes et d'intellectuels, Essaouira la blanche rivalise d'élégance avec Marrakech.

LE CARNET DE VOYAGE

Les premiers contacts
Office national marocain du tourisme, 161, rue Saint-Honoré, 75001 Paris, 01.42.60.63.50. www.visitmorocco.com

Les formalités
Pour les ressortissants de l'UE, canadiens et suisses : passeport suffisant, valable encore six mois après le retour; la carte d'identité ne suffit que dans le cas d'un voyage en groupe.

La santé
Aucune vaccination n'est requise.

Le voyage, le décalage
Durée moyenne du vol Paris-Casablanca : 3 heures, vol Paris-Marrakech : 3 heures 20. Bateau : départs de Sète pour Nador (près de Melilla) et Tanger. Lorsqu'il est midi en France, au Maroc il est 10 h en été et 11 h en hiver.

Le coût moyen d'un séjour
850 € environ pour une semaine balnéaire en haute saison (vol et demi-pension), 400 € pour un week-end à Marrakech ou à Fès, 1000 € pour une semaine de randonnée dans l'Atlas ou pour une randonnée chamelière dans les contreforts du Sahara.

Les langues, la monnaie
L'arabe, langue officielle, voisine avec le berbère. Le français est langue de communication; l'espagnol n'est pas rare dans le Nord.
Monnaie : le dirham. 1 € = 11 dirhams.

La population
Le Maroc compte 32 987 000 habitants d'origine arabe, berbère ou soudanaise.
Capitale : Rabat.

Les religions
L'islam sunnite est religion officielle. Minorités de chrétiens et de juifs.

Les fêtes
Mai : Festival des musiques sacrées de Fès; **dates variables :** moussems; **30 juillet :** fête du Trône; **Aïd el-Fitr :** fin du ramadan; puis **Aïd el-Kebir :** fête du Mouton.

Les achats
Les souks regorgent de tapis, de poteries et de vanneries. La paire de babouches et le nécessaire à tajine font très couleur locale.

La capitale **Rabat** offre la beauté architecturale de la porte de la casbah des Oudaïa (XIIe siècle). Cette dernière est délimitée par une muraille de 5 km de long qui compte cinq portes d'accès.
La medersa Bouinaniyya, le mausolée d'Ismaïl Ier et, surtout, la porte Bab al-Mansour constituent les atouts majeurs de **Meknès**, qui demeure toutefois la moins réputée des quatre villes impériales à cause des destructions qu'elle a subies.
En plus des villes précitées, il faut visiter le ribat (couvent fortifié) et les fortifications (époque portugaise) de **Safi**, **Casablanca** (pour sa médina, ses maisons Art déco et sa Grande Mosquée Hassan II, la plus imposante d'Afrique), **Tanger** (pour sa médina et les terrasses de ses cafés)

et **Essaouira**, l'ancienne Mogador, ville blanche fortifiée et tracée au cordeau par l'ingénieur français Théodore Cornut au XVIIIe siècle, aujourd'hui fréquentée par des intellectuels et des artistes.

On se rendra également à **Moulay-Idriss**, ville sainte abritant le tombeau et la zaouïa du dynaste Idriss (VIIIe siècle), ainsi que sur le site de **Volubilis**, qui a conservé des ruines de l'époque romaine – dont un arc de triomphe élevé au IIIe siècle en l'honneur de l'empereur Caracalla.

Dans les villes, les belles demeures traditionnelles que constituent les riads ont la préférence des touristes qui apprécient leur patio à ciel ouvert, au milieu duquel coule une fontaine, et leur décor de zelliges (briques émaillées).

Les paysages et les randonnées

Région méconnue du nord du pays, longtemps rebelle, le **Rif** mériterait une bien meilleure audience. Il se compose du Rif occidental, aux pentes ardues, aux vallées riantes et aux sites réputés (parc de Talassemtane, gouffre Kef Toghobeit), et du Rif oriental, moins raide, parsemé de plaines qui se succèdent jusqu'à la lisière de l'Algérie.

Les trois axes montagneux du massif de l'Atlas renferment les plus beaux paysages du pays.

Entre Marrakech et Ouarzazate, le **Haut Atlas** est le royaume des trekkeurs qui s'attaquent au **Toubkal** (4167 m), dans la partie ouest du massif. Le Haut Atlas central se pose en rival avec le mont M'Goun (4071 m). Les randonneurs moins expérimentés privilégient les sentiers verdoyants de la vallée des **Aït Bouguemez** ou encore les falaises rouges qui enserrent l'oued **Dadès**. Entre Kelaa M'gouna et Boumalne-du-Dadès, la vallée des Roses, qui est couverte de fleurs au printemps, allie sa beauté

Comme le prouve cette porte du palais royal Dar el-Makhzen, Fès est une ville d'art et de raffinement, et sa médina est un modèle du genre.

QUAND PARTIR ?

	Marrakech, villes impériales et Nord	Plages	Montagnes de l'Atlas	Désert
Janvier			ski ❄	nuits froides ☼
Février			ski ❄	☼
Mars				☼
Avril	☼			
Mai	☼	☼	randonnée	
Juin	☼	☼	randonnée	
Juillet		☼	randonnée	
Août		☼	randonnée	
Septembre	☼	☼		
Octobre	☼	☼		☼
Novembre				☼
Décembre				nuits froides ☼

à celle des villages traditionnels berbères et de leurs casbahs.

Le **Moyen Atlas** possède trois atouts : ses rivières, ses forêts de cèdres et de chênes, et ses stations de montagne, telles Ifrane et Midelt.

L'**Anti-Atlas** est creusé par la **vallée du Drâa**. Partant de Ouarzazate – dont la casbah du Glaoui, le « pacha de Marrakech », constitue le principal attrait –, le voyageur se voit peu à peu transporté dans un décor grandiose, où se succèdent les ksour (villages fortifiés aux maisons en pisé), les palmeraies, les oasis, les gorges et les plantations de grenadiers, de figuiers et d'églantiers. Parvenu à Zagora, il peut entreprendre une randonnée chamelière qui lui fera découvrir les contreforts et les premières dunes du **Sahara**.

Les côtes

L'étendue de ses plages de sable blanc et la possibilité de se baigner toute l'année ont fait de la côte atlantique l'un des grands rendez-vous du tourisme balnéaire pour les Européens. En témoignent les 9 km de plage d'**Agadir**, où le constant soleil d'hiver est un bonheur pour les vacanciers. Les surfeurs du monde entier se donnent rendez-vous au nord de la ville, à la pointe des Ancres. Au sud d'Agadir, le **parc national de Souss-Massa**, formé d'un oued entouré de dunes, est le repaire d'une multitude d'espèces d'oiseaux.

El-Jadida, Asilah, Lixus et **Essaouira** sont les autres sites phares du tourisme balnéaire marocain, qui mise aussi désormais sur la thalassothérapie.

Les femmes des tribus berbères portent des costumes très colorés.

Forêts, gorges, vallées, oueds et villages ocre embellis par leurs casbahs caractérisent l'Atlas.

Une portion de 50 km de côtes, baptisée la **Plage blanche**, s'étend d'Agadir à Dakhla. Adossée au désert, elle apparaît comme un paradis pour les surfeurs et les pêcheurs. La renommée du site de Mirlef, notamment, s'accroît rapidement.

Les côtes du Sahara occidental commencent, elles aussi, à être équipées, en particulier dans les environs de Laayoune et autour de Dakhla, près de la frontière mauritanienne.

Sur la côte méditerranéenne, la hardiesse du relief du Rif engendre des rivages plus rocheux que sablonneux, mais la récente et chic station balnéaire de **Saïdia**, aux eaux plus chaudes que celles de l'Atlantique, est toutefois de plus en plus courue.

Les fêtes

Le moussem, une fête consacrée à des saints marabouts, se déroule à travers tout le pays, souvent après les récoltes de juillet et août, avec, en point d'orgue, la fantasia, au cours de laquelle les cavaliers rivalisent de prouesses. Parmi les plus connus figurent le moussem des pèlerins regraga dans la région d'Essaouira au printemps et, en septembre, le moussem de Tan Tan, désormais classé au patrimoine culturel immatériel de l'humanité. ■

LES CONSEILS GEO

▶ Les plus

Un tourisme éprouvé, diversifié et très large, qui propose aussi bien de grands sites culturels que des randonnées en montagne et dans le désert.
Un coût du séjour raisonnable.
La pratique de la langue française.

▶ Les moins

La saturation des grands sites touristiques en été.
La question latente du terrorisme.

▶ Les tendances

Le logement dans un riad, belle demeure traditionnelle, devient un passage obligé et fort agréable. Marrakech a été la pionnière du genre. D'autres villes ont suivi cette tendance, telle Essaouira.

L'« île aux fleurs » prouve, par ce surnom, qu'elle a plus à offrir que le farniente classique des Antilles, toutefois pratiqué sur les côtes sud-ouest et sud. Les randonnées dans le Nord, paradis des botanistes, et l'ascension de la montagne Pelée se posent en grandes rivales des eaux turquoise.

QUE FAIRE, QUE VOIR EN MARTINIQUE ?

Les côtes

- Plages des côtes sud-ouest (Anse-Noire, les Anses-d'Arlet) et sud (Le Diamant, Sainte-Luce)
- Plaisance (Le Marin, les Trois-Îlets)
- Baies du Robert et du François, fonds Blancs

Les paysages

- Randonnées dans les paysages de montagne (ascension de la montagne Pelée) et de forêts
- Jardins et plantations

Martinique

LE CARNET DE VOYAGE

Les premiers contacts
Comité martiniquais du tourisme, 2, rue des Moulins, 75001 Paris, 01.44.77.86.00. www.martiniquetourisme.com

Les formalités
Pour les ressortissants de l'UE : carte nationale d'identité ou passeport en cours de validité.

La santé
Aucun problème.

Le voyage, le décalage
Durée moyenne du vol Paris-Fort-de-France (6800 km) : 8 heures 30. Lorsqu'il est midi à Paris, en Martinique il est 6 h en été et 7 h en hiver.

Le coût moyen d'un séjour
850 € environ la semaine pour le vol A/R et l'hébergement. Forfait logement en bord de mer, loisirs nautiques et thalassothérapie à environ 1200 € la semaine, vol compris.

Les langues, la monnaie
Le français est langue officielle, mais le créole est la langue identitaire, symbolisée par les écrits de Patrick Chamoiseau ou Raphaël Confiant. **Monnaie :** l'euro.

La population
411000 habitants. Le métissage de la population est très marqué : békés (Créoles descendants d'immigrés blancs), Européens, Asiatiques, mulâtres et noirs.

Les religions
Le catholicisme domine. On trouve cependant des minorités de musulmans et d'hindous.

Les fêtes
Février-mars : carnaval ; **juin :** régates (Le Marin) ; **août :** tour de l'île des yoles rondes ; **décembre :** fête du Rhum à Sainte-Marie ; **toute l'année :** fêtes patronales.

Les achats
Le rhum est un produit local réputé, mais aussi le bois précieux, les madras (étoffes), les soieries. N'oubliez pas un bouquet de fleurs exotiques au moment de reprendre l'avion.

Les 175 m du rocher du Diamant, uniquement habité par des colonies d'oiseaux

QUAND PARTIR ?		
	Climat	Nature et photos
Janvier	☼	
Février	☼	
Mars	☼	
Avril	☼	
Mai	☼	
Juin		⩤
Juillet		⩤
Août		⩤
Septembre		⩤
Octobre		
Novembre		
Décembre		

Les côtes

Les côtes sud-ouest et sud, aux villages de pêcheurs et aux plages de sable blanc baignées par la mer des Antilles, remportent les suffrages des adeptes du farniente. La côte est, aux falaises battues par les vagues de l'océan Atlantique, est plus propice au surf qu'à la baignade.

Le farniente se décline surtout dans les anses du Sud-Ouest, telles **Anse-Noire** et les **Anses-d'Arlet**, aux **Trois-Îlets**, et sur les plages de la côte sud : **Le Diamant**, **Sainte-Luce** et Grande-Anse-des-Salines.

Ski nautique, quad, kayak et scooter de mer sont ici très répandus, tandis que les plaisanciers se rassemblent au **Marin** ou aux Trois-Îlets. Les plongeurs trouvent quant à eux leur bonheur dans les superbes fonds de la côte sud et autour des épaves de la baie de Saint-Pierre.

Sur la côte est, le surf et désormais le kitesurf sont de mise dans la **baie du Robert** et celle **du François**, remarquables par leurs hauts-fonds de sable (« **fonds Blancs** ») et leurs îlets.

Les côtes nord et nord-est, moins connues et moins fréquentées, offrent quant à elles de beaux abrupts (Basse-Pointe, Grand-Rivière).

LES CONSEILS GEO

▶ Les plus
Un joli cocktail de farniente et de tourisme de randonnée.

▶ Les moins
Un coût de la vie touristique relativement élevé.

▶ Les précautions
Ni plus ni moins de problèmes de sécurité qu'en métropole.

▶ Les tendances
Le tourisme vert est en plein essor, symbolisé par le parc d'aventures Mangofil le long de la rivière du Carbet. Celui-ci vient compléter les activités classiques : ascension de la montagne Pelée, descente des rivières, randonnées vers la forêt et les mornes (collines).

Les paysages

Aussi intéressant que le tourisme côtier, celui de l'intérieur est dominé par les paysages de montagne et de forêt du nord de l'île. L'ascension de la **montagne Pelée** constitue un must pour les randonneurs, même si une visite au Musée vulcanologique de Saint-Pierre, qui montre les destructions causées par l'éruption de 1902, pourrait en intimider plus d'un.

La randonnée (une trentaine de sentiers balisés) s'impose dans cette région nord, non seulement pour les forêts et leurs cascades, mais aussi pour les jardins et les plantations, vrai paradis pour les botanistes qui s'enthousiasmeront devant la richesse et la variété des espèces de fleurs (bougainvillées et balisiers, notamment). ■

QUE VOIR, QUE FAIRE À MAURICE ?

Les côtes

- Plages (Grand Baie, île aux Cerfs, îlot de Ródrigues), lagon, barrière de corail

Les paysages et la flore

- Mornes, Trou aux Cerfs, jardin de Pamplemousses
- Nénuphars géants, talipots, flamboyants, bougainvillées

La faune marine

- Poissons-chats, poissons-chirurgiens, poissons-pyjamas
- Pêche au gros

Le patrimoine

- Anciennes demeures créoles, séga

Bleu de l'océan, rouge des toits, anciennes demeures créoles : Maurice mélange les genres.

Maurice

L'ex-Île de France, avec ses cocotiers et ses eaux tièdes, reste fidèle à un tourisme haut de gamme centré sur le farniente, le golf, la plongée, les voyages de noces et, dernière mode, le mariage sur place. L'écotourisme se développe, mettant en valeur des paysages rares, une flore abondante et une faune marine riche. Les amateurs d'architecture apprécieront les anciennes demeures créoles.

LE CARNET DE VOYAGE

Les premiers contacts
Interface Tourism (fermé au public), Paris, 01.53.25.11.11. www.tourism-mauritius.mu/fr/ www.tourism-rodrigues.mu/fr/

Les formalités
Pour les ressortissants de l'UE, canadiens et suisses : passeport en cours de validité, valable encore six mois après le retour.

La santé
Aucun problème.

Le voyage, le décalage
Durée moyenne du vol Paris-Plaisance-Port-Louis (9445 km) : 11 heures. Lorsqu'il est midi en France, à l'île Maurice il est 14 h en été et 15 h en hiver.

Le coût moyen d'un séjour
La semaine à Maurice, comprenant le vol A/R et l'hébergement, coûte au moins 1300 €. Le combiné Maurice-Réunion sur deux semaines, souvent proposé, est facturé environ 1700 €.

Les langues, la monnaie
L'anglais est langue officielle. Le français est répandu, mais c'est le créole que l'on entend le plus souvent dans la rue.
Monnaie : la roupie mauricienne.
1 € = 40 roupies,
1 $ = 30 roupies.

La population
1331000 habitants représentent un total élevé pour une petite île et ses deux dépendances. Les Indiens d'Inde sont majoritaires (70 %). On trouve également des mulâtres, des Blancs et des Chinois. Les Créoles sont souvent assimilés à une classe inférieure.
Capitale : Port-Louis.

Les religions
Un habitant sur deux est hindou, un sur quatre est catholique. Minorités de musulmans, de protestants et de bouddhistes.

Les fêtes
Janvier-février : fête chinoise des Lanternes ; **février :** fêtes hindoues à Grand Bassin en l'honneur de Shiva (Cavadee, Maha Shivaratree) ; **septembre :** pèlerinage chrétien dédié au père Laval ; fête chinoise de la Lune ; **octobre ou novembre :** fête en l'honneur de Rama.

Les achats
Les boutiques hors taxes se multiplient, ce qui permet de faire des économies substantielles sur l'achat de vêtements ou de bijoux. L'artisanat local résiste grâce aux maquettes de bateaux, aux bijoux et aux textiles.

Les côtes

Prolongées par le lagon et une barrière corallienne, les plages sont bien équipées (clubs de voile, de plongée, de pêche sportive au marlin et au thon). La côte nord-ouest, abritée du vent, constitue le principal rendez-vous balnéaire : **Grand Baie**, Pointe aux Piments, Pointe aux Canonniers, Trou aux Biches. Plus on progresse vers la côte sud-ouest, plus les vents dominants s'imposent et favorisent les activités sportives telles que le kitesurf ou le windsurf, notamment autour du morne Brabant (556 m). Ce dernier est connu et respecté pour avoir servi de refuge aux esclaves en fuite. Sur la côte nord-est, la mangrove de l'île d'Ambre constitue le but de sorties maritimes qui permettent aussi d'admirer le corail et de pêcher. On visitera également l'**île aux Cerfs**, à côté de Pointe de Flacq, Pointe aux Bœufs, Pointe des Puits. Dans le Sud-Est, Pointe d'Esny et l'îlot des Deux Cocos précèdent une côte sud plus rocheuse et moins courue.
De plus en plus visitée, **Ródrigues**, l'« île de Robinson », située à 560 km à l'est de Maurice (une heure et demie de vol), promet un séjour paisible, entre collines, filaos, villages de pêcheurs et plages.

Les paysages et la flore

L'intérieur, où l'écotourisme se développe, est parsemé de forêts et de mornes (collines). L'île compte aussi deux lacs naturels, dont Grand Bassin, important lieu de pèlerinage hindou. L'origine volcanique de Maurice – dont témoignent le **Trou aux Cerfs** et ses 85 m de profondeur – a engendré une flore dense, à l'image du **jardin de Pamplemousses**. Celui-ci renferme environ 500 espèces végétales, dont des talipots, qui fleurissent tous les 60 ans, et des nénuphars géants. Les flamboyants, les bougainvillées et les 80 espèces de palmiers sont particulièrement admirés.
Autres sites : les vergers de La Bourdonnais, le parc aventure de la plaine de Chamarel, le parc national des gorges de la Rivière noire, la Vanille Réserve des Mascareignes (tortues géantes et crocodiles), les domaines des Grands-Bois et du Val, les chutes de Rochester.

La faune marine

Le lagon et la barrière de corail abritent une faune marine (poissons-chats, poissons-chirurgiens, poissons-pyjamas) que ceux qui ne plongent pas peuvent examiner à partir de bateaux à fond de verre.
Au-delà de la barrière de corail croisent des espadons, des thons, des marlins et des barracudas, ce qui favorise le développement touristique de la pêche au gros.
Il y a environ trois siècles, la faune terrestre a perdu son oiseau légendaire et typiquement mauricien, le dodo, sorte de gros pigeon devenu le symbole de l'île – il est visible sous une forme empaillée au musée d'Histoire naturelle de Port-Louis.

Le patrimoine

Les localités portent des noms pittoresques : Curepipe, Beau-Bassin, Poudre d'Or. Leurs marchés (fleurs, épices) et l'architecture typique de leurs maisons sont un argument supplémentaire de visite. Enfin, Maurice a une tradition culturelle marquée par le séga, danse des anciens esclaves. ■

LES CONSEILS GEO

▶ Les plus

Une politique de tourisme active, qui garantit des équipements de plus en plus nombreux dans un strict respect de l'environnement.
Les avantages d'une zone franche pour des achats tels que bijoux, textile, matériel électronique.
Un contact facilité par la pratique de la langue française.
Pour changer, la possibilité de visiter l'île Ródrigues, petit paradis encore préservé.

▶ Les moins

Une destination touristique plus chère que ses voisines car tournée vers le haut de gamme, mais la diversification tarifaire est en marche.

▶ Les précautions

Maurice est une île sûre, sans grands risques.

▶ Les tendances

Le golf, les séjours de remise en forme se développent.
Les anciennes demeures créoles, type Eureka, rappellent le cadre du roman de Bernardin de Saint-Pierre, *Paul et Virginie*. Ce romantisme est aujourd'hui transposé dans des initiatives dernier cri pour le voyageur occidental, comme le mariage sur place, tant civil que religieux.

QUAND PARTIR ?

	Climat	Surf
Janvier		
Février		
Mars		
Avril		
Mai		
Juin	☼	↢
Juillet	☼	↢
Août	☼	↢
Septembre	☼	
Octobre	☼	
Novembre	☼	
Décembre		

Il fut un temps où le désert mauritanien n'accueillait que les suiveurs de Théodore Monod. Tout a changé : en temps normal, les plateaux de l'Adrar et du Tagant voient affluer de plus en plus d'amateurs de méharées ou de balades en 4x4. À l'attachante Mauritanie de savoir préserver désormais son authenticité tout en retrouvant sa sérénité.

Au terme d'une méharée, la baignade dans l'oasis de Terjit est un moment délicieux.

Mauritanie

LE CARNET DE VOYAGE

Les premiers contacts
Ambassade, 5, rue de Montevideo, 75011 Paris, 01.45.04.88.54. www.mauritania.mr/fr

Les formalités
Passeport valable encore six mois après le retour, visa obligatoire, obtenu auprès du consulat.

La santé
Vaccination contre la fièvre jaune recommandée pour le sud du pays. Prévention contre le paludisme, excepté autour de Nouadhibou et dans la région nord. Risque en saison des pluies (juillet-octobre) sur le plateau de l'Adrar.

Le voyage, le décalage
Durée moyenne du vol Paris-Nouakchott (3822 km) : 5 heures. Lorsqu'il est midi en France, en Mauritanie il est 10 h en été et 11 h en hiver.

Le coût moyen d'un séjour
Les prix pour une semaine en randonnée chamelière se situent aux alentours de 1200 €. Les prix moyens se situent aux alentours de 2500 € pour un long doublé Atar-Tagant.

Les langues, la monnaie
Langue officielle : l'arabe, mais un dialecte, le hassaniya, est prédominant. On entend aussi parler le pulaar, le soninké et le wolof. Langue de communication : le français. **Monnaie :** l'ouguiya. 1 € = 390 ouguiyas. Emporter des espèces en euros, les chèques de voyage et cartes bancaires ne trouvant pas preneur.

La population
3517000 habitants, soit à peine trois habitants au km². Huit habitants sur dix sont des Maures dont la plupart sont métissés de Noirs. Le reste de la population se partage entre Toucouleurs, Soninkés, Wolofs et Peuls. **Capitale :** Nouakchott.

Les religions
La Mauritanie est une république islamique sunnite, plus précisément malékite (de Malik ibn Anas).

Les fêtes
10 janvier : fête du Sacrifice ; **juillet-août :** « Guetna », fête des Dattes dans les oasis ; **28 novembre :** fête de l'Indépendance. **Aïd el-Fitr :** fin du ramadan.

Les achats
Au marché de Nouakchott, véritable caverne d'Ali Baba, les amateurs trouveront, entre autres, des fume-cigarettes particuliers. À travers le pays : bijoux, objets de bois et grandes tentures.

QUE VOIR, QUE FAIRE EN MAURITANIE ?

Les paysages et les randonnées

- Plateau de l'Adrar (oasis, falaises, grandes dunes, Chinguetti)
- Plateau du Tagant
- Méharées, trekkings, découverte des anciennes cités caravanières

La côte

- Parc national du Banc d'Arguin (oiseaux migrateurs)
- Faune marine (dauphins, épaulards, requins, phoques moines)
- Plages des baies de Tanit et du Lévrier (pêche)

La ville

- Nouakchott

Les paysages et les randonnées

Les passionnés du désert se rejoignent sur le **plateau de l'Adrar**, à l'est d'Atar. Une randonnée ou une méharée dans ces régions laisse un souvenir marquant, tant en raison de la beauté des paysages que de l'accueil que les populations nomades ou sédentarisées réservent au visiteur.

Le plateau de l'Adrar offre plusieurs sites intéressants : grandes dunes, passes d'Ebnou et d'Amodjar qui, à travers une piste aussi rude que spectaculaire, ont parfois des airs de canyon du Colorado, oasis anciennes de Terjit – où la baignade est un vrai plaisir –, village fortifié de Ouadane, volcan du Guelb er Richat et, surtout, **Chinguetti**. Cette ancienne ville sainte de l'islam renferme une mosquée et trois bibliothèques qui conservent précieusement des manuscrits datant du Moyen Âge. Menacée par le sable, mais inventive dans sa manière de le repousser, Chinguetti l'intellectuelle est tout particulièrement appréciée des visiteurs. C'est également dans l'Adrar que l'on peut admirer des peintures rupestres et visiter les ruines de Fort Saganne.

Au cœur d'un été brûlant, la cueillette des dattes voit affluer sur le plateau des milliers de Mauritaniens qui organisent à cette occasion de grandes réjouissances.

Parsemé de nombreuses dunes et palmeraies, le vaste **plateau du Tagant** abrite le village fortifié de Tichitt et, dans le Hodh Ech Chargui voisin, la très vieille cité caravanière de Ouâlata (VIe siècle).

La côte

Au sud de Nouadhibou et jusqu'à Nouamghar, l'océan enfonce un coin dans le continent. Cette région habitée par les pêcheurs Imraguens est devenue en 1976 le **parc national du Banc d'Arguin**. Nombre d'oiseaux migrateurs, dont des flamants roses et des hérons, y séjournent entre octobre et mars. C'est au début de cette période que la visite est la plus indiquée. Les eaux marines du parc accueillent des dauphins, des requins, des épaulards et des phoques moines, aujourd'hui rares : 150 des 350 derniers individus qui subsistent sur la planète y ont élu domicile.

La plupart des plages sont situées dans les **baies de Tanit** et **du Lévrier**. Quoique sablonneuses, elles sont peu connues et peu aménagées. En revanche, la pêche, sous des formes variées (lancer au-dessus des vagues, palangrotte), est une activité de plus en plus pratiquée, notamment dans le centre de pêche sportive de Nouadhibou.

La ville

Contrairement aux idées reçues, la capitale, **Nouakchott**, ne manque pas d'intérêt : son marché principal est un vrai spectacle, exposant des produits de l'artisanat local, notamment de grandes bandes de tissus multicolores. En avril, la ville abrite un festival consacré aux musiques nomades. Sur le port, le retour des pêcheurs est un spectacle à ne pas manquer, lorsque se côtoient les barques et les couleurs des vêtements de femmes et d'hommes venus recueillir les bienfaits d'une des faunes marines les plus abondantes du monde. ■

LES CONSEILS GEO

▶ Les plus

Pour l'inconditionnel du Sahara, des paysages très spécifiques et le rayonnement de Chinguetti. La pratique de la langue française.

▶ Les moins

Un pays qui a perdu sa réputation de tranquillité et dont la reprise du tourisme demeure fragile.
Du fait de la proximité du Mali, la zone saharienne est déconseillée.

▶ Les précautions

Consulter le site du ministère des Affaires étrangères.

▶ Les tendances

En temps normal, la semaine en randonnée chamelière ou sous forme d'une méharée entre Chinguetti et Ouadane constitue un grand classique saharien.
Le voyage à bord du « train du désert » entre Nouadhibou et Zouerate est une deuxième excursion tendance, très insolite.

QUAND PARTIR ?

	Désert	Photos des régions sud
Janvier	Nuits fraîches ☼	
Février	☼	
Mars	☼	
Avril	Avant les grandes chaleurs ☼	
Mai		
Juin		
Juillet		✧
Août		✧
Septembre		✧
Octobre		
Novembre	☼	
Décembre	☼	

De ce département français, les visiteurs découvrent les senteurs et le vaste lagon.

Mayotte

Discrète Mayotte, longtemps restée dans l'ombre touristique des îles ou archipels de l'océan Indien, et qui connaît aujourd'hui une certaine médiatisation touristique. Une occasion de démontrer que le lagon et la plage ne sont pas les seuls atouts d'une île qui a aussi à offrir un tourisme de randonnée. Un écueil qui devrait finir par disparaître : le coût élevé du transport aérien.

LE CARNET DE VOYAGE

Les premiers contacts
Comité du tourisme, 33, av. de l'Opéra, 75002 Paris, 01.55.03.03.03. www.mayotte-tourisme.com

Les formalités
Mayotte : pour les ressortissants de l'UE, carte d'identité ou passeport suffisant. Pour les autres îles des Comores, passeport valable encore six mois après le retour, visa obligatoire, obtention possible à l'aéroport d'arrivée.

La santé
Prévention recommandée contre le paludisme.

Le voyage, le décalage
Durée moyenne du vol direct Paris-Dzaoudzi (Petite-Terre) : 14 heures (escale). Lorsqu'il est midi à Paris, à Mayotte il est 13 h en été et 14 h en hiver.

Le coût moyen d'un séjour
La semaine à Mayotte n'est pas donnée : aux alentours de 1 500 € pour un séjour d'une semaine (vol A/R et demi-pension).

Les langues, la monnaie
Le français n'est pratiqué que par un quart des Mahorais ; le shimaoré, mâtiné d'arabe, et qui ressemble au swahili, est prédominant. **Monnaie :** l'euro.

La population
213 000 habitants dont 3 000 « M'zoungou » (Français métropolitains). **Chef-lieu :** Mamoudzou.

Les religions
La religion musulmane, ici sunnite et souple, est omniprésente. Minorités de chrétiens et de baha'is.

Les fêtes
À partir de juin : cérémonies du « Haroussi » (Grand Mariage) ; **Aïd el-Fitr :** fin du ramadan.

Les achats
L'artisanat ressemble à celui que l'on trouve ailleurs sous ces latitudes : objets réalisés à partir de coquillages et textiles en tout genre. Un cadeau insolite mais tout indiqué comme symbole : des gousses de vanille.

QUE VOIR, QUE FAIRE À MAYOTTE ?

Les côtes
- Plages de Grande-Terre, Petite-Terre
- Corail (croisières-plongée)

Les paysages
- Collines, lac de cratère (Dziani)

La faune et la flore
- Oiseaux, makis (lémuriens roux)
- Cannelle, girofle, vanille

Les autres îles des Comores
Moili, Ngazidja, Ndzouani

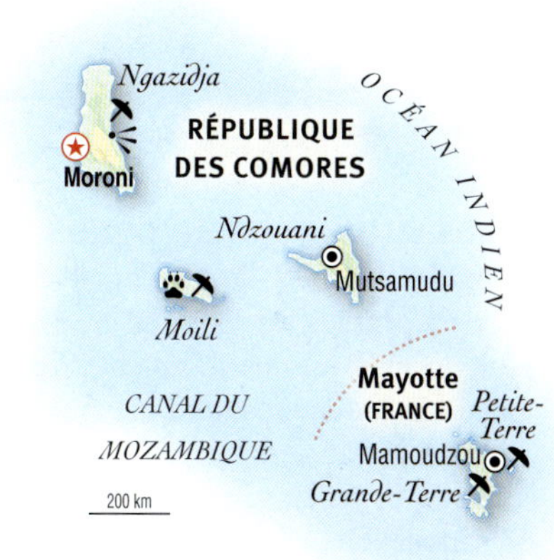

LES CONSEILS GEO

▶ Les plus

Les avantages du tourisme balnéaire sous les tropiques, agrémentés d'un riche lagon et d'une imposante barrière de corail.
Un intérêt croissant pour le tourisme de randonnée.
L'usage de la langue française.

▶ Les moins

Le coût élevé du transport aérien et de la vie touristique.

▶ Les tendances

Mayotte arbore des plages de sable blanc, et offre aussi ses coraux et ses paysages, ceux-ci étant propices à la randonnée.

Les côtes

Mayotte est divisée en deux îles, **Grande-Terre** et **Petite-Terre**, et une vingtaine d'îlots aux côtes bordées de sable fin qui multiplient les possibilités balnéaires, au sein d'un vaste lagon fermé (1 500 km²).
Grande-Terre comprend une vingtaine de sites voués à la baignade et à la plongée, dans le Nord-Ouest et le Sud-Est.
La profondeur du lagon facilite l'observation de poissons tropicaux et de coraux de toutes tailles, via des croisières-plongée : fosse aux requins et aux mérous, poissons-papillons et tortues géantes. Des sorties en mer sont également organisées pour aller à la rencontre des dauphins et des baleines, surtout visibles d'août à octobre.

Les paysages

Mayotte se prévaut d'un doux relief de collines. La couleur émeraude du **lac de cratère Dziani**, dans le nord de Petite-Terre, est fascinante.

La faune et la flore

La faune comprend notamment des tortues, qui viennent pondre sur les rivages, et des makis (lémuriens), une espèce rare dont Mayotte et les Comores ont la quasi-exclusivité.
Le surnom d'« île aux parfums » de Mayotte n'est pas usurpé : cannelle, girofle et vanille en témoignent.

Les autres îles des Comores

Moili (ex-Mohéli)

C'est sans doute l'île la plus à l'écart des grands flux touristiques. Autant que de ses plages, surtout présentes sur la côte sud, Moili tire sa fierté de ses roussettes de Livingstone, nom désignant des chauves-souris de plus d'un mètre d'envergure. Par ailleurs, une nature jusqu'ici bien préservée incite les responsables locaux à mettre en avant l'écotourisme, favorisant l'intégration des visiteurs dans la vie villageoise.

Ngazidja (ex-Grande Comore)

Les plages se situent dans le Nord. Une curiosité : le Trou du Prophète, crique où la légende situe le refuge de Mahomet. L'île constitue le sanctuaire d'un poisson qui survit dans ses eaux à la fois profondes et chaudes. Il s'agit du fameux cœlacanthe, une espèce ayant subi peu de mutations depuis des centaines de millions d'années, et que l'on observera plus facilement au musée de la capitale, Moroni.
L'intérieur de l'île ne le cède en rien à ses côtes. À 1 000 m d'altitude s'étend une forêt tropicale où pousse l'orchidée sauvage qui est à l'origine de la vanille. Ngazidja abrite également le volcan Kartala (2 361 m).

Ndzouani (ex-Anjouan)

Les plages aménagées sont peu nombreuses. On visitera les ruelles, la mosquée, les petits commerces indiens et les ruines de la citadelle de la principale ville, Mutsamudu. Le cirque de Bambao, un ancien cratère, abrite des plantations d'ylangs-ylangs. ■

QUAND PARTIR ?

	Climat	Plongée
Janvier		
Février		
Mars		
Avril		
Mai	☼	
Juin	☼	
Juillet	☼	
Août	☼	⋖
Septembre	☼	⋖
Octobre	☼	⋖
Novembre		⋖
Décembre		⋖

Mexique

Le Mexique bénéficie à juste titre d'une image de paradis archéologico-balnéaire. La richesse des vestiges de la civilisation précolombienne n'a d'égal que la diversité des facettes qu'offre le pays du fait de son étendue, des villégiatures trop courues d'Acapulco et de Cancún aux forêts de cactus et aux plages désertes de la Basse-Californie.

Les sites archéologiques et les villes

Les pyramides de la Lune et du Soleil ainsi que les temples et le palais de **Teotihuacán** ont inauguré l'ère des grands centres cérémoniels. Ensuite, et parfois simultanément, se sont développées les civilisations zapotèque (**Monte Albán**) et surtout maya, qui ont laissé de nombreux vestiges. Les plus connus sont **Uxmal**, **Palenque** et **Cobá** pour la période maya du classique récent (600-950), **Chichén Itzá** et **Tulum** pour la période maya postclassique (950-1500).

Après avoir éliminé la civilisation aztèque, bâtissant Mexico sur le site de Tenochtitlán, les Espagnols ont déployé un style baroque qui s'est illustré dans de nombreuses églises et cathédrales ainsi que dans les *zócalos*, les places centrales des villes.

On a tant présenté **Mexico** – avec raison – comme une mégapole polluée

QUE VOIR, QUE FAIRE AU MEXIQUE ?

Les sites archéologiques et les villes

- Teotihuacán (centre cérémoniel précolombien), Monte Albán (civilisation zapotèque), Uxmal, Palenque, Cobá, Chichén Itzá, Tulum, (civilisation maya)
- Mexico, Guanajuato, San Miguel de Allende, Morelia, Xalapa, Mérida, San Cristobal de las Casas, Oaxaca, Taxco, Puebla, Querétaro, Tijuana

Les côtes et la faune marine

- Cancún, Isla Mujeres (plages caraïbes de la « Riviera maya » du Yucatán)
- Acapulco, Basse-Californie, Ixtapa, Puerto Vallarta (plages du Pacifique)
- Cozumel (plongée)
- Basse-Californie (baleines grises)

Les paysages

- Paricutín, Popocatépetl (volcans)
- Sierra Madre occidentale (montagnes)
- Basse-Californie (canyons et cactus)

En vogue chez les surfeurs et les marcheurs, la Basse-Californie offre aussi des surprises, telle la mission San Ignacio, intacte après trois siècles.

Chac-Mool, sorte d'intermédiaire entre les mortels et les dieux, veille sur le site maya de Chichén Itzá.

et surpeuplée qu'on en oublie parfois sa valeur artistique (cathédrale et son Sagrario, sanctuaire de Guadalupe, place des Trois-Cultures, Zócalo, couvents, églises, palais) et culturelle (maison de Trotski et musée Frida-Kahlo dans le quartier de Coyoacan). Le point d'orgue de la capitale reste toutefois le musée national d'Anthropologie, l'un des plus importants au monde grâce à ses collections précolombiennes et indiennes, dont le fameux « calendrier aztèque », un disque de pierre de 24 tonnes.

San Cristobal de las Casas, dans l'État du Chiapas, est l'une des quelques petites villes ou villages du Mexique dont le marché et le caractère indiens sont très marqués.

Fondée par les Aztèques, **Oaxaca** vaut par la façade baroque de ses églises (Santo Domingo) et par ses musées (trésor de Monte Albán au musée d'État, pièces préhispaniques au musée Rufino-Tamayo).

À **Guanajuato**, surtout connue pour ses mines d'argent, on admirera les églises baroques qui dominent la vieille ville. **San Miguel de Allende** a si bien préservé son caractère colonial que l'ensemble est aujourd'hui classé monument historique national. À **Morelia**, la richesse de la flore (orchidées, lauriers d'Inde) rivalise avec celle de l'art (peintures

LE CARNET DE VOYAGE

Les premiers contacts
Conseil de promotion du tourisme, Paris, 00.800.11.11.22.66. Internet : www.visitmexico.com, www.rivieramaya.com

Les formalités
Pour les ressortissants de l'UE, canadiens et suisses : passeport suffisant, valable encore six mois après le retour. Une carte de tourisme est délivrée gratuitement à l'arrivée.

La santé
Aucune vaccination n'est obligatoire. Prévention recommandée contre le paludisme pour certaines régions rurales, principalement celles des États d'Oaxaca et du Chiapas.

Le voyage, le décalage
Durée moyenne du vol Paris-Mexico (9 194 km) : 11 heures; Mexico-Cancún : 2 heures. Plusieurs propositions incluent un aller Paris-Mexico et un retour Cancún-Paris. Lorsqu'il est midi en France, au Mexique il est 4 h en été et 5 h en hiver.

Le coût moyen d'un séjour
Pour un séjour balnéaire, la note peut avoisiner 1 200 € la semaine à Playa del Carmen en basse saison (vol et hébergement). L'itinéraire classique de deux semaines qui part de Mexico et se poursuit par Teotihuacán, Puebla, Oaxaca, San Cristobal de las Casas, Palenque et le Yucatán tourne autour de 2 300 € en demi-pension et dépasse 2 500 € quand le Guatemala est inclus.

Les langues, la monnaie
Langue officielle : l'espagnol, parlé par neuf habitants sur dix. Langues étrangères : l'anglo-américain, mais avec modération; le français est peu connu. **Monnaie :** le peso mexicain. 1 € = 18 pesos, 1 $ = 13 pesos. Les cartes de crédit sont facilement utilisables.

La population
Le Mexique a franchi le cap des cent millions d'habitants (120 287 000), dont près de 20 millions pour la seule agglomération de la capitale, Mexico. Un Mexicain sur dix est un Indien qui vit dans les montagnes. Si les Espagnols sont encore 15 %, ce sont les métis qui composent l'essentiel de la population.

Les religions
Le pays est catholique à une écrasante majorité (93 %). Minorité de protestants.

Les fêtes
Mars-avril : Semaine sainte avec surtout le « jeu de la Passion » à Iztapalapa, dans la banlieue de Mexico, également à Oaxaca; **5 mai :** anniversaire de la bataille de Puebla; **juillet :** « Gueloguetza » à Oaxaca; **20 novembre :** jour de la Révolution; **12 décembre :** jour de la Vierge de Guadalupe.

Les achats
Bijoux, poteries. Dans le Yucatán : hamacs, vêtements brodés, sandales.

Dans l'est du pays, Uxmal forme, avec Palenque et Chichén Itzá, un trio de monuments maya à ne pas manquer.

murales du palais du Gouverneur). À **Xalapa**, non loin de Veracruz, le musée d'Anthropologie présente des collections variées.

Autres villes coloniales qui méritent le détour : **Taxco** (site montagneux, façade et retables baroques de l'église Santa Prisca), **Puebla** (églises baroques, cathédrale, chapelle du Rosaire de l'église Santo Domingo), **Querétaro** (cathédrale baroque), **Mérida** (Palais national, importants vestiges coloniaux sur le Paseo de Montejo).

Tijuana symbolise le dynamisme d'une population mexicaine jeune et pressée, ainsi que l'ambiguïté que celle-ci entretient à l'égard des États-Unis. Au sud de la ville, impossible de rater les studios de la Fox et le parc thématique Foxploration qui leur fait suite.

La partie sud de la Basse-Californie, entre Loreto et le cap San Lucas, donne l'occasion de découvrir d'anciennes missions espagnoles.

Les côtes et la faune marine

Les plages sont l'un des grands arguments touristiques du Mexique. Souvent agrémentées de palmiers et de récifs coralliens, elles sont nombreuses (10000 km de côtes) et belles, comparables à celles des autres sites caraïbes ou du Pacifique.

QUAND PARTIR ?

	Sud et sites archéologiques	Nord	Basse-Californie
Janvier	☼		observation des baleines
Février	☼		observation des baleines
Mars	☼	☼	observation des baleines
Avril	☼	☼	observation des baleines
Mai		☼	
Juin			
Juillet			
Août			
Septembre		☼	
Octobre	☼	☼	
Novembre	☼		
Décembre	☼		

La Riviera maya, riche de ses plages et de ses monuments, tel Tulum, ne doit pas pour autant occulter les attraits de la petite Isla Mujeres.

Désormais connus sous l'appellation de **Riviera maya**, les rivages est du Yucatán sont très prisés, au risque de voir la surcharge touristique menacer les fonds marins et les coraux. De **Cancún** à Tulum Pueblo, ils courent sur 120 km, avec Playa del Carmen en figure de proue. Le site de l'île de **Cozumel** est l'un des plus recherchés des Caraïbes pour la plongée sous-marine : les éponges et les gorgones voisinent avec les barracudas, les mérous, les tortues et de nombreux poissons de récifs. Toujours dans le Yucatán, **Isla Mujeres** est un site balnéaire plus abordable que les précédents.

La côte du Pacifique et ses sites chic d'**Acapulco**, d'**Ixtapa** et de **Puerto Vallarta** sont les lieux de prédilection de la clientèle nord-américaine.

Les voyageurs en quête d'endroits plus insolites se rendront sur la longue péninsule de la **Basse-Californie**, dans des lieux tels que San José del Cabo (calme), Cabo San Lucas (bruyant) ou, pour les surfeurs, Todos Santos.

Au cours de leur longue traversée du détroit de Bering jusqu'au Mexique, des colonies de baleines grises font étape en février-mars dans les eaux chaudes de la Basse-Californie. La lagune de l'Œil-du-lièvre à Guerrero Negro, site également réputé pour ses salines, est un endroit propice à leurs accouplements ou à la naissance de leurs baleineaux.

Éléphants de mer (dans l'île Cedros), rorquals, dauphins, otaries, phoques, lions de mer (aux alentours de l'île Espiritu Santo) ainsi qu'une grande diversité d'oiseaux peuplent la mer de Cortès, souvent considérée comme un biotope unique en son genre. Celle-ci est malheureusement menacée par un projet de construction de nouvelles marinas, dans le but d'attirer les yachts des riches Américains.

L'église Notre-Dame-de-Los-Remedios avec en toile de fond le Popocatépetl

Les paysages

Entre Guadalajara, ville à la belle architecture coloniale proche de la côte Pacifique, et Veracruz, station balnéaire sur le golfe du Mexique, s'étale une série de volcans qui offre au pays ses plus beaux paysages.

D'ouest en est :

– le **volcan Paricutín**, né il y a un siècle sous les yeux d'un paysan incrédule ;

– le lac de Pátzcuaro, que l'on observera le mieux du haut de la colline où se dresse la statue de José María Morelos, révolutionnaire mexicain ;

– le volcan Nevado de Toluca et surtout le **Popocatépetl** (5 432 m) – « la montagne qui fume » en langue aztèque –, dont l'ascension demeure interdite.

La **Sierra Madre occidentale** offre un paysage composé de dizaines de canyons creusés par les affluents du río Fuerte et observables à partir du train (le Chepe) qui relie Los Mochis à Chihuahua. Le plus grand et le plus spectaculaire est le canyon du Cuivre, près de Chihuahua, la ville de Pancho Villa. D'autres sont remarquables : celui de la Huasteca, près de Monterrey, et plus encore El Sumidero, dans le Chiapas, où le río Grijalva creuse un sillon de 800 m de profondeur.

L'intérieur, désolé, de la Basse-Californie est mal connu. De plus en plus de visiteurs viennent toutefois admirer les forêts de cactus du désert de Vizcaino ou les gorges des sierras qui parsèment la région jusqu'à sa pointe sud. La vallée de Guadalupe est parsemée de vignes et celle de Los Cirios de cactus dont certains atteignent 30 m. ■

LES CONSEILS GEO

▶ Les plus

Un foisonnement de vestiges archéologiques : dans toute l'Amérique latine, seul le Pérou est aussi riche. Une géographie qui, telle celle du Yucatán, permet souvent de combiner des visites culturelles (sites mayas) et des séjours balnéaires.

▶ Les moins

Une situation politique assez souvent tendue dans certains États. Une saison des pluies mal placée (juin-septembre) pour les visites de l'intérieur des terres, mais aussi pour la baignade.

▶ Les précautions

Le voyage aux confins de la frontière nord est déconseillé. Par ailleurs, il convient de demeurer vigilant sur les sites touristiques des grandes villes.

▶ Les tendances

Outre les vestiges et les plages, les touristes commencent à s'aventurer dans la bande de terre de Basse-Californie ou dans les canyons de la Sierra Madre. Une tendance à ne surtout pas abandonner.

QUE VOIR, QUE FAIRE EN MONGOLIE ?

Les paysages et les randonnées

- Massif de l'Altaï, vallée de l'Orkhon (randonnées à cheval), désert de Gobi

Les monuments

- Monastères (Oulan-Bator, Erdeni-Dzou), ruines de Karakorum, temples bouddhiques

Les fêtes

- Fête du Naadam, Tsagaan sar (Nouvel An)

Gengis Khan, Oulan-Bator, Gobi : noms magiques d'un voyage pour lequel, naguère, les candidats étaient aussi rares dans ce pays que les jours sans vent. Dans cet espace vide aux horizons de steppes infinies, les randonnées à cheval ou à dos de chameau sont très prisées.

Mongolie

LE CARNET DE VOYAGE

Les premiers contacts
Ambassade, 5, av. Robert-Schumann, 92100 Boulogne-Billancourt, 01.46.05.28.12. Internet : www.ambassademongolie.fr, www.terramongolia.com

Les formalités
Pour les ressortissants de l'UE, canadiens et suisses : passeport valable encore six mois après le retour suffisant. Billet de retour ou de continuation exigible.

La santé
Aucune vaccination n'est requise.

Le voyage, le décalage
Durée moyenne du vol Paris-Oulan-Bator (via Moscou) : 12 heures 30. Train : le Transmongolien relie Moscou à Pékin via Oulan-Bator. Trajet Moscou/Oulan-Bator : 5 jours ; trajet Pékin-Oulan-Bator : 30 heures. Lorsqu'il est midi en France, en Mongolie il est 18 h en été et 19 h en hiver.

Le coût moyen d'un séjour
Dans la très grande majorité des cas, le voyage est programmé entre juin et août. Trois rendez-vous majeurs : la vallée de l'Orkhon, les ruines de Karakorum, le désert de Gobi. Difficile de trouver des prestations à moins de 2500 € pour 15 jours.

Les langues, la monnaie
Langue officielle : le khalkha, parlé par les trois quarts de la population. Il s'accompagne de plusieurs dialectes. Langues étrangères : il sera pardonné de ne connaître ni le chinois ni le russe, mais l'anglais n'est pas d'un grand secours.
Monnaie : le tugrik (pluriel : tögrös). Emporter des euros et une carte de crédit.
1 € = 2520 tögrös,
1 $ = 1880 tögrös.

La population
Avec ses 3133000 habitants, dont la moitié vivent dans les villes, le pays dispose d'une densité de 1,5 habitant au km². Quatre ethnies principales cohabitent, parmi lesquelles les Khalkhas sont largement majoritaires.
Capitale : Oulan-Bator.

Les religions
Aux côtés du chamanisme, le lamaïsme, forme du bouddhisme propre à l'Asie centrale et au Tibet, retrouve de plus en plus d'adeptes depuis l'effondrement du régime prosoviétique. L'islam sunnite est également représenté, quoique minoritaire.

Les fêtes
Janvier : Tsagaan sar (Nouvel An) ; **mai :** célébration des drapeaux blancs ; **juillet :** fête du Naadam.

Les achats
Diversité garantie : pulls en cachemire ou en laine de chameau, bottes, selles, ceintures, chapkas (bonnets de fourrure), vêtements traditionnels.

De ce pays qui s'ouvre à toute vitesse au tourisme on dit que « son ciel est plus grand ».

Les paysages et les randonnées

Le **massif de l'Altaï**, la **vallée de l'Orkhon**, le **désert de Gobi**, le lac **Khövsgol** et les immenses steppes semblent intacts, même si le nomadisme, victime de la libéralisation brutale de l'économie, est aujourd'hui très menacé. Les randonneurs, de plus en plus nombreux, découvrent des contrées qui ressemblent encore à un paradis écologique.

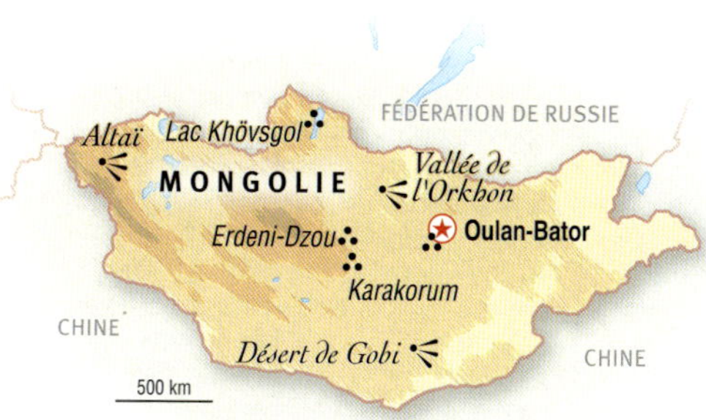

Les paysages parsemés de *ghers* (yourtes, tentes de feutre traditionnelles des nomades kazakhs) peuvent aussi être admirés à partir du Transmongolien, le train qui relie Pékin à Oulan-Bator via le désert de Gobi, un désert plus caillouteux que sablonneux, doté de sites grandioses : dunes « chantantes » de Khongor Els, falaises de Bayan-Zag.
Fondée sur une longue tradition, la pratique du cheval pourrait devenir l'un des grands atouts du tourisme mongol de demain, sous forme de randonnées. Les passionnés sont déjà là, dans la vallée de l'Orkhon et autour des lacs et des forêts de l'Altaï.

Les monuments

Désormais libéré du joug soviétique, le bouddhisme lamaïste sort de l'ombre et avec lui ses monastères. Ceux d'**Oulan-Bator** (Bogdo Gegeen, Gandan et son Bouddha géant) relèvent l'intérêt d'une capitale dont le nom est aussi beau que son architecture est dépourvue d'intérêt.
Parmi les autres monastères, ceux de Khovd (Shar Süm, reconstruit après qu'il a été détruit sous Staline en 1937) et surtout d'**Erdeni-Dzou** sont parmi les plus visités. Le site d'Erdeni-Dzou est en partie occupé par les ruines de **Karakorum**, que Gengis Khan avait choisi comme capitale de l'Empire mongol au XIIIe siècle.
À Oulan-Bator, le musée de Choijin Lama ainsi que le Musée national constituent des passages culturels obligés.

LES CONSEILS GEO

▶ Les plus

Un pays intact ou presque : le voyageur a le privilège de découvrir des traditions, un habitat et des paysages encore préservés.

▶ Les moins

Un voyage individuel qui n'est pas encore à l'ordre du jour et un coût du séjour qui demeure élevé.
Un climat impitoyable en hiver et très moyen en été, pour une saison touristique très brève.

▶ Les précautions

Malgré une progression de la petite délinquance dans la capitale, la Mongolie reste un pays sûr. Pour qui souhaite louer un véhicule, il est fortement recommandé d'adopter la solution du chauffeur-guide, vu l'état des pistes et la quasi-absence de panneaux indicateurs.

Les fêtes

La Mongolie a renoué avec une grande manifestation populaire, le **Naadam**, qui se déroule à l'occasion de la fête nationale en juillet. Le Naadam honore les trois arts virils que sont la lutte, le tir à l'arc et la course de chevaux. Il est célébré à Oulan-Bator, mais aussi dans le reste du pays. Autre fête : **Tsagaan sar**, le Nouvel An, objet de rituels alimentaires et festifs. ■

QUAND PARTIR ?

	Climat	Désert de Gobi
Janvier		
Février		
Mars		
Avril		
Mai		
Juin	☼	
Juillet	☼	
Août	☼	
Septembre		☼
Octobre		☼
Novembre		
Décembre		

Survenue en juin 2006, l'indépendance a ouvert en quelques mois seulement la « Montagne noire » au tourisme. De sa côte aux bouches de Kotor, en passant par des lacs et des paysages de moyenne montagne encore à défricher, le Monténégro nous dévoile ses nombreux atouts.

Monténégro

LE CARNET DE VOYAGE

Les premiers contacts
Ambassade : 216, bd Saint-Germain, 75007 Paris, 01.53.63.80.30. www.visit-montenegro.com

Les formalités
Pour les ressortissants de l'UE, carte d'identité ou passeport en cours de validité suffisant.

La santé
Aucun problème.

Le voyage, le décalage
Vols pour Podgorica (intérieur) et Tivat (côte). Pas de décalage horaire.

Le coût moyen d'un séjour
Les *« all inclusive »* sur la Riviera monténégrine sont souvent la règle. Compter environ 900 € pour un séjour d'une semaine à Budva (vol A/R et demi-pension).

Les langues, la monnaie
Le monténégrin est une version de l'ex-serbo-croate. Langues de communication : allemand, italien et anglais.
Monnaie : l'euro.

La population
685 000 habitants. Aux côtés des Monténégrins, on trouve des Albanais, des Bosniens, des Croates et des Serbes.
Capitale : Podgorica (ex-Titograd).

Les religions
Une majorité d'orthodoxes. Minorités de musulmans et de catholiques.

Les fêtes
Mars : fête de la Saint-Tryphon à Kotor; **22 juillet :** « Fasinada » à Perast.

Les achats
Artisanat : poteries, tapis.

Dans leur écrin montagneux, les bouches de Kotor sont un des plus jolis sites côtiers d'Europe.

La côte

Les rivages monténégrins semblent promis à un bel avenir, aussi ne saurait-on trop conseiller de les découvrir au plus tôt. Certains n'hésitent pas à les comparer à ceux de la Côte d'Azur française, et donc à trouver justifié son surnom de Riviera.

La géographie s'y prête : près de 300 km de côtes parsemées de villages de pêcheurs et de petites îles (telle Saint-Georges), avec en toile de fond une barrière montagneuse.

QUE VOIR AU MONTÉNÉGRO ?

La côte
- Bouches de Kotor
- Stations balnéaires (Budva, Ulcinj, Sveti Stefan)

Les paysages
- Parcs nationaux (Lovcen, Durmitor)
- Lac de Skadar, monts Biogradska

Les nostalgiques de la Yougoslavie séjourneront à Sveti Stefan, le berceau de Tito, ceux du Monténégro de jadis iront à Milocer, l'ancienne résidence des rois.

Le golfe des **bouches de Kotor** est délimité par des montagnes culminant à 1 500 m et dominé par la forteresse du mont Saint-Jean. Parsemé de petits ports, ce golfe s'apparente à un fjord et présente un profil côtier qui en fait l'un des plus beaux sites d'Europe. Les croisières qui partent d'Italie à destination de la Grèce et de la Turquie font désormais de Kotor l'un de leurs passages obligés.

Plus au sud, les stations balnéaires de **Budva**, **Ulcinj** et **Sveti Stefan** étaient déjà en vogue auprès de la population locale. Les voici désormais engagées dans un développement touristique international, au même titre que Bar et Herceg Novi.

Les paysages

Deux parcs nationaux commencent à faire parler d'eux : **Lovcen**, non loin des bouches de Kotor, et **Durmitor**, à une centaine de kilomètres au nord, riche de ses lacs de montagne, à 2 500 m d'altitude.

Le lac de **Skadar**, les monts **Biogradska**, où il est possible de pratiquer le ski, et de belles vallées comme celle de la Tara, propice, entre autres, au rafting, complètent le tableau. ■

LES CONSEILS GEO

▶ Les plus
Un pays dont l'intérêt touristique est indéniable et qui possède des atouts de taille pour plaire tant aux amateurs de farniente qu'aux randonneurs.

▶ Les moins
Une image et des infrastructures qui restent à peaufiner.

▶ Les précautions
Pas de problème majeur de sécurité, y compris en voiture de location.
Il convient seulement de faire preuve de prudence, surtout dans les zones montagneuses.

QUAND PARTIR ?

	Côtes	Randonnées
Janvier		
Février		
Mars		
Avril		
Mai	☼	🚶
Juin	☼	🚶
Juillet	☼	
Août	☼	
Septembre	☼	🚶
Octobre		
Novembre		
Décembre		

Tout en rouvrant les portes de la démocratie, le Myanmar fortifie son tourisme. Pagodes recouvertes de feuilles d'or ou sites lacustres, le voyageur trouvera bien du caractère à ce pays atypique où l'empreinte du bouddhisme rythme la vie quotidienne.

Pagan est un concentré de l'art bouddhique du pays avec ses nombreux monastères, temples, stupas et pagodes.

Myanmar

Les villes et les monuments

Des témoignages de l'art bouddhique sont disséminés à travers le pays, sous la forme de pagodes et de représentations de Bouddha, debout ou couché, petit ou grand. Deux sites principaux se distinguent :

— la **pagode Shwedagon** à Rangoon (plus de 400 m de périmètre) et son dôme recouvert de plus de 10000 plaques d'or ;

— les 5000 édifices religieux, dont plus de 2000 pagodes, de **Pagan** : monastères, temples (Ananda) et *zedis,* équivalents locaux des stupas (Shwezigon, Thatbyinnyu), se succèdent sur 42 km², les plus significatifs datant du XIe siècle.

Par endroits, **Rangoon** garde le charme de l'époque coloniale britannique, mais vaut surtout par son marché (Bogyoke) et ses pagodes. Outre Shwedagon, il convient de visiter la plus ancienne, Sule Pagoda, ainsi que Botatong et Kabagye Pagoda.

Parmi les nombreux monuments de **Mandalay**, émerge la pagode Kuthodaw, constellée de 729 stupas. Le monastère Shwenandaw, entièrement en teck, est l'autre passage obligé de l'ancienne capitale.

LE CARNET DE VOYAGE

Les premiers contacts
Consulat, 60, rue de Courcelles, 75008 Paris, 01.56.88.15.90. http://evisa.moip.gov.mm

Les formalités
Passeport encore valable six mois après le retour. Visa obligatoire, obtenu auprès du consulat. Formulaire sur www.myanmarevisa.gov.mm

La santé
Aucune vaccination n'est obligatoire. Prévention indispensable contre le paludisme au-dessous de 1000 m.

Le voyage, le décalage
Pas de vol direct. Durée moyenne du vol Paris-Rangoon (8865 km) via Bangkok : 12 heures 30. Lorsqu'il est midi en France, au Myanmar il est 16h30 en été et 17h30 en hiver.

Le coût moyen d'un séjour
Pour un circuit qui passe par les sites clés (lac Inle, Pagan, Mandalay et Rangoon), prévoir un minimum de 2500 € pour 15 jours.

Les langues, la monnaie
Langue officielle : le birman. Un habitant sur cinq parle le karen. Nombreux dialectes. Langue étrangère : l'anglais, dans les villes et sur les lieux touristiques.
Monnaie : le kyat. L'euro peut être changé mais le dollar US est très apprécié.
1 € = 1280 kyats, 1 $ = 950 kyats.

La population
69% des 56 millions d'habitants sont des Birmans de souche.
Des ethnies au particularisme marqué sont souvent en butte au pouvoir central : Karens, Shans, Kachins, Mons.
Capitale : Naypyidaw en remplacement de Rangoon (Yangon).

Les religions
Forte empreinte du bouddhisme (87%). 5% de chrétiens et 4% de musulmans.

Les fêtes
Mai-juin : sur le mont Popa, fête consacrée aux *«nats»*, génies à la fois du bien et du mal; **octobre :** sur le lac Inle, fête de la pagode Phaung Daw U.

Les achats
Parmi l'artisanat local : objets en laque à Pagan, longuis (sorte de jupes), objets en bois sculpté, marionnettes, rubis.

LES CONSEILS GEO

▶ Les plus

Un tourisme qui mêle, à un haut niveau, la qualité de l'art et des paysages, ainsi que la préservation des traditions.
Une image qui s'améliore.

▶ Les moins

Un coût du voyage supérieur à celui de la plupart des pays d'Asie du Sud.

▶ Les précautions

Éviter actuellement la région de l'Arakan. Par ailleurs, dans les États Karen, Shan et Kachin, longtemps demeurés en conflit avec le pouvoir central, ne pas s'éloigner des grands axes.

Au nord de Mandalay, à **Mingun**, Payagyi aurait dû être la plus grande pagode jamais édifiée si, en 1838, un tremblement de terre n'avait réduit le projet à néant ; à défaut, l'endroit renferme la plus grosse cloche du monde (87 tonnes) ; à l'ouest de Mandalay, **Sagaing** abrite sur sa colline plusieurs temples et pagodes.

Pegu abrite des pagodes parfois très anciennes, un bouddha couché de 60 m de long datant du Xe siècle (Shwethalyaung) ainsi que quatre autres bouddhas géants.

Le site de **Mrauk U**, dans la chaîne de montagnes de l'Arakan, se pose en digne pendant de Pagan grâce à la taille et à la richesse de ses temples, de ses pagodes et de ses stupas.

■ Les paysages

Si le fleuve **Irrawaddy**, épine dorsale du pays et sanctuaire de rares dauphins d'eau douce, mérite une mini-croisière, l'un des plus beaux sites est constitué par le lac **Inle** et ses îlots flottants. On signalera également les **grottes de Pindaya**, agrémentées de milliers de statues de Bouddha, et le **canyon de la Salouen**, l'un des plus grands du monde. Au nord de Mandalay, la ville de **Maymyo** est réputée pour son marché et son musée forestier. Deux autres sites méritent d'être visités : le **mont Popa** (refuge des *nats*, ou esprits), et surtout le **mont Kyaiktiyo** et son énorme rocher d'Or en équilibre, qui fait l'objet de pèlerinages. La route qui rejoint la Thaïlande longe le Mékong et passe la frontière du Myanmar entre Tachilek et Mae Saï, au cœur du **Triangle d'or**. Le Myanmar n'est pas une destination balnéaire. On ne doit toutefois pas négliger certains très jolis sites comme Ngapali, sur la baie du Bengale, ou, à l'est de l'Arakan, l'archipel Mergui et ses belles plages sur la mer d'Andaman. ■

QUE VOIR AU MYANMAR ?

Les villes et les monuments

- Pagode Shwedagon à Rangoon (Yangon), temples et pagodes de Pagan
- Pagodes et monastères de Mandalay, de sa région (Mingun, Sagaing) et de Mrauk U, pagodes et bouddhas géants de Pegu

Les paysages

- Vallée de l'Irrawaddy, lac Inle, grottes de Pindaya, canyon de la Salouen
- Maymyo, Kyaikto, mont Popa, Triangle d'or

QUAND PARTIR ?

	Climat	Photos de paysages
Janvier	☼	
Février	☼	
Mars		
Avril		
Mai		
Juin		
Juillet		
Août		
Septembre		◀
Octobre	☼	◀
Novembre	☼	◀
Décembre	☼	

QUE VOIR EN NAMIBIE ?

Les paysages

- Dunes du désert du Namib (Sossusvlei), Fish River Canyon, massifs du Brandberg et du Waterberg (peintures rupestres)
- Kaokoland, Hoba (cratère de météorite)

La côte

- Skeleton Coast National Park, Swakopmund, Lüderitz

La faune et la flore

- Parcs d'Etosha, du Damaraland et du Waterberg (éléphants, girafes, zèbres…)
- Cape Cross (otaries), lagune de Sandwich Harbour (flamants, pélicans)
- Plantes rares : welwitschia, kokerboom

Pays aussi beau que peu abordable, la Namibie propose à la fois des randonnées dans un désert aux dunes les plus hautes du monde, une flore rare et une faune très diversifiée, de l'otarie à l'éléphant en passant par le flamant rose.

Namibie

Les paysages

Hérissé d'acacias morts depuis des siècles, le vieux **désert du Namib**, qui borde la côte Atlantique sur plus de 2 000 km de distance et sur 50 à 100 km de largeur, vaudrait le voyage à lui seul.

Au cœur du parc national du Namib-Naukluft, ce désert est riche de sites grandioses, surtout dans sa partie sud qui abrite les dunes les plus hautes du monde : jusqu'à 300 m pour celles du **bassin de Sossusvlei**, avec la dune Big Daddy comme point culminant.

LE CARNET DE VOYAGE

Les premiers contacts
Consulat, 80, av. Foch, 75016 Paris, 01.44.17.32.65. www.namibiatourism.com.na

Les formalités
Pour les ressortissants de l'UE, canadiens et suisses : passeport suffisant, valable encore six mois après le retour. Billet de retour ou de continuation exigible.

La santé
Aucune vaccination obligatoire. Prévention recommandée contre le paludisme de novembre à juin dans les régions du Nord, toute l'année le long des fleuves Okavango et Cunene.

Le voyage, le décalage
Durée moyenne du vol Paris-Windhoek (8 384 km, pas de vol direct) : 14 heures. Lorsqu'il est midi en France, en Namibie il est la même heure en été et 13 h en hiver.

Le coût moyen d'un séjour
À partir de 3 000 € pour le circuit classique de 15 jours en minibus (désert du Namib, dunes de Sossusvlei, Swakopmund, parcs du Waterberg, Damaraland et Etosha).

Les langues, la monnaie
Langue officielle : l'anglais. L'afrikaans est toutefois la langue la plus répandue, aux côtés de dialectes dont le kwanyama, pratiqué par un habitant sur deux. L'allemand est parlé dans les villes.
Monnaie : le dollar namibien ; le rand sud-africain est accepté. 1 € = 14,20 $ namibiens, 1 $ = 10,60 $ namibiens.

La population
Son chiffre est modeste (2 198 000 habitants). Les noirs, dont les pasteurs hereros, sont largement majoritaires. Les Afrikaners et les Allemands représentent 7,5% de la population.
Capitale : Windhoek.

Les religions
Un Namibien sur deux est adepte de l'Église luthérienne, un sur cinq est catholique. Minorité d'anglicans et d'adeptes de l'Église calviniste néerlandaise.

Les fêtes
21 mars : fête de l'Indépendance ; **mars :** Festival de rue de Mpabira-Enjando à Windhoek ; **avril-mai :** carnaval de Windhoek ; **août et octobre :** « Maherero », fête traditionnelle des pasteurs hereros.

Les achats
Pierres précieuses ou semi-précieuses (améthyste, topaze), comme ailleurs en Afrique australe. Objets en cuir et vannerie.

Tout au nord, dans le pays himba, le cours du fleuve Cunene est interrompu par les chutes d'Epupa.

LES CONSEILS GEO

▶ Les plus

Des paysages de dunes uniques.
La diversité et la préservation de la faune et de la flore.
Un hiver austral peu marqué, ce qui rend le voyage possible toute l'année.

▶ Les moins

Le coût très élevé du voyage.
Une côte inhospitalière.

▶ Les tendances

La rencontre des semi-nomades Himbas est à la mode. Un peu trop ?

Sans cesse redessinées par le vent, souvent plongées dans la brume, changeant de couleur au gré de la lumière, abritant une faune rare (l'oryx), elles sont devenues des buts de randonnées. On y pratique de nouvelles activités, reflet du tourisme moderne : ski de dunes, quad, survol en montgolfière ou en petit avion.
Dans le Sud, les dunes font place aux roches nues du très aride **Fish River Canyon** : ses 550 m de profondeur, ses 160 km de long et ses 27 km de large l'apparentent au canyon du Colorado et attirent, là encore, de plus en plus de randonneurs.
Certaines peintures rupestres comptent parmi les plus anciennes au monde. Ainsi, la « Dame blanche », dans le massif de granit rouge du **Brandberg**, qui est due aux Bochimans (Bushmen), date de 3500 ans. D'autres sont visibles sur le plateau du **Waterberg**, à Twyfelfontein.

De là, on peut se rendre dans le **Kaokoland**, où vit la tribu semi-nomade des Himbas, ou à **Hoba**, où se trouve le troisième plus grand cratère de météorite du monde. Les chutes d'**Epupa**, sur le fleuve Cunene, se situent aux confins de la frontière angolaise.
La grande variété des paysages laisse dans l'ombre la capitale, Windhoek, dont l'intérêt essentiel réside dans l'Alten Feste, ancienne forteresse allemande.

■ La côte

Elle est inhospitalière et nimbée de brouillard : le spectacle du **Skeleton Coast National Park**, où le désert rencontre l'océan, est étonnant. Les petites villes de **Swakopmund**, germanisée au tournant du XXe siècle, et de **Lüderitz** (surf) font partie des stations les plus fréquentées.

QUAND PARTIR ?	Côte	Réserves
Janvier	☼	
Février	☼	
Mars	☼	
Avril		🐾
Mai		🐾
Juin		🐾
Juillet		🐾
Août		🐾
Septembre		🐾
Octobre		🐾
Novembre	otaries ☼	
Décembre	☼	

■ La faune et la flore

Du Nord au Sud, plusieurs réserves gagnent à être visitées en fin de saison (octobre) car les animaux se regroupent alors autour des rares points d'eau.
Le spectacle débute par la grande réserve d'**Etosha** (22 000 km^2), ouverte de mi-mars à fin octobre. Elle abrite le fameux Big Five (buffles, éléphants, léopards, lions, rhinocéros) ainsi que des antilopes, des zèbres, des oryx, plus de 300 espèces d'oiseaux et 27 espèces de… serpents.
Lui succèdent le **Damaraland** (rhinocéros noirs, éléphants du désert) et le parc national du **Waterberg**. Entre le Namib et l'océan, **Cape Cross** abrite une colonie d'otaries, et la **lagune de Sandwich Harbour** accueille flamants roses et pélicans.
La flore est riche d'espèces rares et spécifiques du pays. Ainsi, le **welwitschia**, qui présente des feuilles de près de 2 m, date de 2000 ans et fait partie des plus vieux végétaux terrestres. Il rivalise avec le **kokerboom** (l'« arbre à carquois »), un aloès géant qui pousse sur les roches granitiques de la forêt de Kokerboom. ■

Une paire d'yeux observe le pèlerin, au-dessus du stupa de Bodnath.

QUE VOIR, QUE FAIRE AU NÉPAL ?

Les paysages et les trekkings

- Randonnées dans l'Himalaya, tour de l'Annapurna, Dhaulagiri, Dolpo, Mustang, Kangchenjunga
- Vues sur l'Everest, expéditions et grands trekkings : Ama Dablam, Baruntse, Everest, Makalu

Les villes et les monuments

- Katmandou, Patan, Bhadgaun
- Svayambunath, Bodnath, Pasupatinath, Lumbini : lieux et fêtes bouddhiques

La faune

- Plateau du Terai (parcs de Chitwan et de Bardia) : singes, buffles, rhinocéros unicornes, éléphants, crocodiles, tigres, dauphins du Gange

Népal

Hier l'une des destinations de la « route des Indes », aujourd'hui paradis des randonneurs qui partent en nombre à l'assaut de l'Himalaya : le majestueux Népal doit s'adapter aux mœurs et humeurs des Occidentaux, alors que le mode de vie de ses habitants en est très éloigné.

Les paysages et les trekkings

Cernée par les sommets de l'**Himalaya** qui prennent une teinte orangée au coucher du soleil, la vallée de Katmandou est un des sites naturels les plus spectaculaires au monde. La vallée de **Pokhara** (lacs, gorges) et surtout celle de la **Karnali** (canyons) ont peu à lui envier.

Toutes sortes de marcheurs, du plus inexpérimenté au plus résistant, arpentent les sentiers himalayens – les plus hauts du monde.

Les trekkings se répartissent en trois catégories : jusqu'à 3 000 m, jusqu'à 4 500 m et jusqu'à 5 500 m. Les exigences relatives à la condition physique et à l'expérience augmentent avec l'altitude, pour une marche qui dure environ cinq heures par jour. Un séjour consacré au trekking dure en moyenne 15 à 20 jours.

Parmi les classiques figurent :

– le tour de l'**Annapurna**, qui offre une belle vue sur le massif depuis le lac de Pokhara ;

– le **Dhaulagiri**, non loin du fleuve sacré Kali Gandaki ;

QUAND PARTIR ?

	Trekkings et Terai	Floraison et couleurs de la nature
Janvier	☼	
Février	☼	
Mars	☼	
Avril		❀
Mai		❀
Juin		❀
Juillet		
Août		
Septembre		
Octobre	☼	
Novembre	☼	
Décembre	☼	

– le camp de base de l'Everest, à plus de 5 500 m d'altitude (Kala Pattar), que l'on atteint après trois semaines de marche, et d'où la vue sur le trio Everest-Lothse-Nuptse est somptueuse ; dans la région, vivent les sherpas qui ont troqué leur existence traditionnelle pour l'activité de porteur ; si les 8 848 m de l'**Everest**, « prodigieuse dent blanche [qui] émerge de la mâchoire du monde » selon les mots de l'alpiniste George Mallory, sont inaccessibles au commun des randonneurs, le sommet apparaît au loin, au terme d'une brève randonnée de Katmandou à Nagarkot.

Deux régions abritent une population de tradition bouddhique : le **Dolpo** et la principauté du **Mustang**, riche en monastères et en grottes sacrées, avec de jolies vues sur l'Annapurna. De nouveaux itinéraires s'ouvrent dans l'extrême Nord-Est, autour du **Kangchenjunga**, troisième sommet de la planète (8 586 m). Dans le Nord-Est, les alpinistes s'attaquent aux « trekking peaks » : les « 7 000 » (**Ama Dablam**, **Baruntse**) comme les « 8 000 » (**Makalu** et certaines faces de l'Everest).

Les villes et les monuments

Destination mythique des années 1970, **Katmandou** délivre aujourd'hui une image plus conventionnelle : son vieux quartier (le Thamel), ses portes et ses balcons de bois sculptés, sa Living Goddess (déesse vivante apparaissant régulièrement à son balcon sur Durbar Square), ses échoppes, enfin ses temples bouddhiques et brahmaniques.

Dans les environs, **Patan** (Lalitpur) garde des traces de son statut de haut lieu du bouddhisme tantrique (« temple d'or », fontaines), alors que **Bhadgaun** (Bhaktapur) est une « ville-musée », avec sa Porte d'or. Les deux villes témoignent de l'art du peuple newar, principalement installé dans la vallée de Katmandou.

Autres curiosités de la région de Katmandou : les stupas (monuments funéraires en forme de dôme) de **Svayambunath** et du village de **Bodnath** ; le temple au double toit en bronze doré de **Pasupatinath**, haut lieu hindouiste (sanctuaire de Shiva) ; le site de **Lumbini**, où serait né Bouddha six siècles avant l'ère chrétienne, devenu lieu de pèlerinage.

La faune

Une faune nombreuse vit dans le **Terai**, région tropicale à la lisière de l'Inde. Le **parc de Chitwan** abrite des singes, des buffles, des rhinocéros unicornes, des éléphants, des crocodiles. À **Bardia**, on peut apercevoir des éléphants, des singes et des dauphins du Gange. ■

LES CONSEILS GEO

▶ Les plus

L'un des plus beaux ensembles montagneux de la planète et le plus réputé des lieux de trekking.

▶ Les moins

En montagne, les difficultés pour l'économie locale de répondre aux besoins engendrés par l'importance du tourisme.

Le retour toujours possible et soudain de troubles malgré de meilleures relations entre les forces politiques.

Une période mai-septembre gênée par la mousson, l'humidité et les nuages qui masquent les sommets.

▶ Les précautions

Il est recommandé aux randonneurs de ne jamais s'aventurer seuls et de toujours partir avec une agence ou un guide reconnu.

LE CARNET DE VOYAGE

Les premiers contacts
Consulat, 45 bis, rue des Acacias, 75017 Paris, 01.46.22.48.67. www.welcomenepal.com

Les formalités
Passeport valable encore six mois après le retour, visa obligatoire, obtenu auprès du consulat ou à l'arrivée à Katmandou. Possibilité de passer la frontière pour le Tibet, mais via une agence.

La santé
Prévention recommandée contre le paludisme dans les zones rurales du Terai et le long de la frontière indienne.

Le voyage, le décalage
Durée moyenne du vol Paris-Katmandou (environ 7 500 km) : 11 heures. Lorsqu'il est midi en France, au Népal il est 15 h 45 en été et 16 h 45 en hiver.

Le coût moyen d'un séjour
Un circuit randonnée de 12 jours coûte environ 1 800 €, un circuit de trois semaines environ 2 700 €.

Les langues, la monnaie
Langue officielle : le népali. Il existe une soixantaine de dialectes. Langue étrangère : l'anglais, dans les villes et sur les lieux touristiques. **Monnaie :** la roupie népalaise. 1 € = 128 roupies népalaises, 1 $ = 96 roupies népalaises.

La population
Les 30 987 000 habitants sont d'origines mongole, tibétaine et indo-aryenne. **Capitale :** Katmandou.

Les religions
L'hindouisme est religion d'État et rassemble neuf Népalais sur dix. Minorités bouddhiste, lamaïste et musulmane.

Les fêtes
Mars ou avril : jour de la pleine lune (« Holi Purnima ») ; même époque : Nouvel An népalais ; **octobre ou novembre :** « Dasain » et « Tihar » ; **novembre :** « Mani Rimdu » au monastère de Tengboche.

Les achats
L'artisanat est d'origine cachemirienne (pulls), tibétaine (bijoux en argent) ou indienne. Sacs à main en laine et mandalas (images peintes bouddhiques) dans le quartier de Thamel à Katmandou.

QUE VOIR, QUE FAIRE AU NIGER ?

Les paysages et les randonnées

- Randonnées et méharées dans l'Aïr
- Traversée du Ténéré en tout-terrain
- Descente du fleuve Niger

La faune

- Parc national du W (éléphants, lions, antilopes, babouins, hippopotames)

Les sites préhistoriques

- Gravures rupestres de l'Aïr et du Djado

Les fêtes

- Fête des Bororos

Niger

C'est ici que s'étend le Ténéré, la plus nue et la plus mythique des régions sahariennes. C'est ici, aussi, que l'explorateur en herbe dépiste les animaux sauvages, dans le Sud, ou vogue sur le fleuve Niger. Autant d'atouts actuellement en suspens pour cause de menaces terroristes.

LE CARNET DE VOYAGE

Les premiers contacts
Ambassade, 154, rue de Longchamp, 75116 Paris, 01.45.04.80.60. www.agadez-niger.com

Les formalités
Passeport en cours de validité, visa obligatoire, obtenu auprès du consulat. Billet de retour ou de continuation exigible.

La santé
Vaccination obligatoire contre la fièvre jaune. Prévention indispensable contre le paludisme.

Le voyage, le décalage
En haute saison et quand la situation le permet, vol hebdomadaire Paris, Marseille ou Bâle-Mulhouse pour Niamey et Agadès avec Point Afrique. Durée moyenne du vol Paris-Niamey (3 942 km) : 5 heures. Lorsqu'il est midi en France, au Niger il est la même heure en hiver et 11 h en été.

Le coût moyen d'un séjour
Deux spots pour les randonneurs du désert : le massif de l'Aïr et le Ténéré entre octobre et avril. Premiers tarifs aux alentours de 1 000 € la semaine. Également pirogue sur le Niger et parc du W (1 400 € pour 10 jours).

Les langues, la monnaie
Langue officielle : le français ; mais le haoussa, qui emprunte à l'arabe, est majoritaire. Autres dialectes : songhai, peul, tamasheq et kanouri. **Monnaie :** le franc CFA (XOF). 1 € = 655,957 francs CFA.

La population
Sur les 17 466 000 habitants, un peu plus de la moitié sont des Haoussas. Zarmas-Songhais, Peuls, Touaregs et Kanouris s'y ajoutent. **Capitale :** Niamey.

Les religions
Les musulmans sont largement majoritaires (85 %). Minorité d'animistes.

Les fêtes
Dates variables : « Tabaski » (fête du Mouton) ; **mi-janvier :** « Hottungo » (rencontre des éleveurs) ; **septembre :** le « Guerewol » près d'Ingall ; **18 décembre :** fête nationale ; **Aïd el-Fitr :** fin du ramadan.

Les achats
Les croix et les animaux en argent des Touaregs dominent l'artisanat. Objets en bois, en cuir, perles, pierres semi-précieuses.

Le Sahara profond et mythique, celui de la piste des Azalaï et de l'arbre du Ténéré, est au Niger : sol nu et sans concession parcouru par les légendaires Touaregs.

Les paysages et les randonnées

Au nord d'Agadès, les visiteurs, qui font des méharées ou qui alternent 4x4 et randonnées, pénètrent dans l'univers des Touaregs : le **massif de l'Aïr**, ses « Montagnes bleues » (massif des Bagzanes) dominées par le mont Gréboun (2 000 m), ses oasis de montagne, sa « pince de crabe » de l'Arakao, ses sources chaudes, ses lacs, ses coupoles de granit, ses palmeraies et ses oueds bordés de villages. Au pied de l'Aïr, le **Ténéré** s'étend sur plusieurs centaines de kilomètres d'horizon nu. Il fut une époque où, après de longs mois de préparation, des amoureux du Sahara le traversaient d'Agadès à Dirkou en 2 CV en suivant l'itinéraire des caravanes de sel (Azalaï) et en passant, à mi-chemin, au pied du célèbre « arbre du Ténéré », dernier puits avant l'infini. Aujourd'hui, quand la situation l'autorise, des voyagistes proposent de reproduire ce mythe en 4x4.

Troisième centre d'intérêt du pays : le **fleuve Niger**. Sa descente en pinasse offre le spectacle d'îlots peuplés d'oiseaux, de la transhumance des troupeaux menés par les Peuls, de marchés sur les berges occupées par des villages de pêcheurs. Des hippopotames se laissent parfois apercevoir. Pour qui a du temps, embarquer à bord d'un *zirdji*, une pirogue qui fait office de taxi sur le fleuve, constitue une expérience idéale qui permet de découvrir la vie des villages de pisé.

La faune

Dans le **parc national du W** (ou Tapoa), au sud de la capitale, Niamey, on peut participer à un safari-photos et avoir la chance d'observer des éléphants, des lions, des antilopes, des girafes, des babouins et des hippopotames, surtout entre février et avril, période qui marque le terme théorique de la saison sèche.

QUAND PARTIR ?

	Randonnées dans le désert	Faune (parc du W)	Photos du Sud
Janvier	🚶		
Février	🚶	🐾	
Mars	🚶	🐾	
Avril		🐾	
Mai			
Juin			
Juillet			
Août			📷
Septembre			📷
Octobre	🚶		📷
Novembre	🚶		
Décembre	🚶		

LES CONSEILS GEO

▶ Les plus

La diversité : le désert total avec le Ténéré, les montagnes et oasis de l'Aïr, le fleuve Niger. Le français comme langue de communication.

▶ Les moins

Une situation politique instable dans le Nord, qui empêche les voyages dans le Sahara.

▶ Les précautions

En temps normal, il est vivement déconseillé de voyager isolément dans la partie nord. En général, les zones aux frontières du Mali, de l'Algérie et de la Libye sont à éviter.

▶ Les tendances

Le Ténéré fascine, même si les possibilités de s'y rendre sont actuellement aléatoires. C'est « le » désert, celui qu'il faut avoir entrevu au moins une fois dans sa vie de passionné du Sahara.

Les sites préhistoriques

Le Niger possède sa part des vestiges du néolithique observables dans le Sahara avec les gravures rupestres que renferment le massif de l'Aïr et le **plateau du Djado**. À Niamey, le Musée national présente une collection de fossiles issus du sous-sol africain et vieux de 100 millions d'années. Le marché d'Ayorou est l'un des plus réputés d'Afrique noire.

Les fêtes

Les Bororos, peuple d'éleveurs appartenant à un sous-groupe peul, vivent au rythme des besoins de leurs troupeaux. En septembre, près d'Ingall, ils honorent les bienfaits de la saison des pluies en célébrant le Guerewol, la « Cure salée », une fête qui donne lieu à de nombreuses danses, défilés costumés et jeux rituels de séduction entre hommes et femmes. ■

La vie des villages de pêcheurs des îles Lofoten, dans le nord du pays, est hors du temps, à peine troublée par le tourisme.

Comment s'étonner que le mot fjord soit d'origine norvégienne ? Ces anciennes vallées glaciaires que la mer a recouvertes sur plus de 2 000 km de côtes font la réputation du pays. Les îles Lofoten, le cap Nord et le soleil de minuit complètent le tableau.

Norvège

Les paysages et les randonnées

Le **fjord** est une particularité norvégienne. Le spectacle de ces anciennes vallées glaciaires dans lesquelles la mer s'enfonce entre deux hautes falaises est saisissant. La couleur des eaux varie du bleu profond au vert clair, agrémentée du miroitement des glaciers.

C'est dans le Sud, aux alentours de Bergen, que se situent les fjords les plus impressionnants : le **Hardangerfjord**, le **Sognefjord** (le plus long et le plus profond) et le **Nordfjord**. Le plus couru d'entre eux est le **Geirangerfjord**, sorte d'auge glaciaire dont les parois sont coiffées de neige et laissent s'écouler de longues cascades. Non loin de là, la route des Trolls, qui

LE CARNET DE VOYAGE

Les premiers contacts
Innovation Norway, Paris, 01.53.23.00.50. Internet : www.visitnorway.com (office du tourisme), www.svalbard.net (Spitzberg), www.visitoslo.com/fr/

Les formalités
Carte nationale d'identité ou passeport.

La santé
Aucun problème.

Le voyage, le décalage
Durée moyenne du vol Paris-Oslo (1800 km) : 2 heures 20. Vols également pour la Laponie et le Spitzberg. Bateau : possibilité d'embarquer la voiture à Kiel (Allemagne), Copenhague, Hirtshals (Danemark), Newcastle (Royaume-Uni), Amsterdam (Pays-Bas). Pas de décalage horaire.

Le coût moyen d'un séjour
Le forfait aller-retour tout compris Paris-Paris, ou Bruxelles-Bruxelles, avec croisière Bergen-Kirkenes-Bergen, 13 jours en tout dont 11 à bord, coûte entre 2200 et 2500 €. Un week-end à Oslo revient à environ 400 € pour 3 jours/2 nuits.

Les langues, la monnaie
Le bokmaal et le nynorsk sont les deux variantes du norvégien, qui est langue officielle, comme le sâme des Lapons. L'anglais est très répandu. **Monnaie :** la couronne norvégienne. 1 € = 8,20 couronnes norvégiennes.

La population
Les 5148000 Norvégiens, dont 20000 Sâmes (« Lapons »), ne se retrouveront jamais à l'étroit. **Capitale :** Oslo.

Les religions
L'Église luthérienne, religion d'État (90 %).

Les fêtes
Avril et mai : période des mariages chez les Sâmes ; **17 mai :** fête nationale ; **29 juillet :** « Olsok », en hommage au roi Olav ; **13 décembre :** Sainte-Lucie.

Les achats
Objets en bois peints, pulls, saumon et trolls – lutins scandinaves.

QUE VOIR, QUE FAIRE EN NORVÈGE ?

Les paysages et les randonnées

- Fjords (Hardangerfjord, Sognefjord, Nordfjord, Geirangerfjord), parcs nationaux et ski (Jotunheim, Rondane, Hardanger)
- Îles Lofoten, Laponie, cap Nord, Spitzberg
- Pêche, chutes, lacs
- Soleil de minuit, aurores boréales

Les villes et les monuments

- Bergen, Oslo, Lillehammer
- Églises en bois de bout (Heddal, Lom, Ringebu, Røldal)

LES CONSEILS GEO

▶ Les plus

La singularité des atouts touristiques (fjords, soleil de minuit, aurores boréales), dans des cadres majestueux.

Les plus belles croisières du Nord de l'Europe, qui bénéficient de la douceur du Gulf Stream – sans compter le Spitzberg.

▶ Les moins

Le coût prohibitif de la vie touristique, à la mesure d'un pays qui connaît l'un des niveaux de vie les plus élevés d'Europe, voire du monde.

▶ Les tendances

L'*Express côtier*, qui relie Bergen à Kirkenes en six jours quelle que soit la saison, fut longtemps à usage local. Il le reste, mais il est très fréquenté par les touristes en été.

serpente à flanc de montagne et borde la cascade Stigfossen, constitue l'un des plus beaux itinéraires du pays.

Dans l'intérieur, de nombreux lacs forment autant de traits d'union entre les montagnes qui dépassent 2000 m (parcs nationaux du **Jotunheim**, de **Rondane** et de **Hardanger**). Toutes les formes de ski se pratiquent dans le pays en hiver, tandis que le tourisme d'été repose sur la randonnée et sur la pêche.

De mi-mai à fin juin, le passage du cercle polaire arctique permet l'observation du soleil de minuit. Les aurores boréales sont visibles par temps clair, entre les mois de novembre et de février.

Les **îles Lofoten** sont souvent comparées à un massif alpin posé sur l'eau, avec leurs cirques, leurs aiguilles, leurs petits fjords, leurs pâturages et l'habitat sur pilotis aux couleurs gaies des pêcheurs de morue. On peut y observer la nidification des pétrels fulmars et des macareux et, à l'automne, l'arrivée des orques.

Plus au nord s'étend la **Laponie** (Finnmark) où les Sâmes (Saami) et leurs coutumes se fondent peu à peu dans la modernité. On y observe des troupeaux de rennes qui viennent prendre leurs quartiers d'été sur l'île de Ringvassoy. En Laponie, les touristes s'adonnent à la randonnée en traîneau à chiens, à la pêche du crabe royal à Kirkenes ou, pour les plus téméraires, à la plongée sous glace.

Symbole de bout du monde, le **cap Nord** subit aujourd'hui l'assaut de hordes d'automobilistes.

Situé dans l'extrême nord, le **Spitzberg** est la plus grande des îles formant l'archipel du Svalbard. Glaciers, fjords, icebergs et montagnes noires rehaussées au printemps par une brève mais éclatante floraison, y composent des paysages à grand spectacle. La faune marine y est exceptionnellement riche.

■ Les villes et les monuments

Le quartier médiéval de Bryggen, à **Bergen**, conserve les traces reconstituées de l'important comptoir de la Hanse qu'il fut au XIIIe siècle.

Oslo est riche en musées : le Munchmuseet, consacré à Edvard Munch, le musée national des Beaux-Arts dédié aux impressionnistes, l'installation des 214 sculptures de Gustav Vigeland (cycle de la vie) dans le parc de Frogner, le musée Viking du quartier insulaire de Bigdøy.

À **Lillehammer** se trouve le musée de plein air de Maihaugen qui présente quelque 200 habitations nordiques.

Enfin, certains villages possèdent des églises dites « en bois debout ». Les plus beaux spécimens se trouvent à **Heddal**, **Lom**, **Ringebu** et **Røldal**. ■

QUAND PARTIR ?

<table>
<tr><th></th><th>Fjords et croisières</th><th>Sports d'hiver</th><th>Soleil de minuit, aurores boréales</th></tr>
<tr><td>Janvier</td><td></td><td>dans le Sud</td><td rowspan="2">Aurores boréales</td></tr>
<tr><td>Février</td><td></td><td>dans le Sud</td></tr>
<tr><td>Mars</td><td></td><td>en Laponie</td><td></td></tr>
<tr><td>Avril</td><td></td><td>en Laponie</td><td></td></tr>
<tr><td>Mai</td><td></td><td></td><td rowspan="2">Soleil de minuit</td></tr>
<tr><td>Juin</td><td></td><td></td></tr>
<tr><td>Juillet</td><td></td><td></td><td></td></tr>
<tr><td>Août</td><td></td><td></td><td></td></tr>
<tr><td>Septembre</td><td></td><td></td><td></td></tr>
<tr><td>Octobre</td><td></td><td></td><td></td></tr>
<tr><td>Novembre</td><td></td><td>dans le Sud</td><td rowspan="2">Aurores boréales</td></tr>
<tr><td>Décembre</td><td></td><td></td></tr>
</table>

LES CONSEILS GEO

▶ Les plus
Derrière l'image du lagon et de la plongée, une diversité insoupçonnée qui mêle randonnées et découverte de la culture mélanésienne.

▶ Les moins
Le coût du transport aérien pour qui ne peut partir hors saison et, plus généralement, un coût de la vie élevé.

▶ Les précautions
Rien de particulier à signaler, si ce n'est les moustiques, particulièrement voraces au moment des pluies.

▶ Les tendances
Les plongeurs privilégient le lagon, mais les visiteurs s'intéressent de plus en plus à l'intérieur de Grande-Terre ou aux îles Loyauté. Ils peuvent aussi découvrir les collections exposées au Centre culturel kanak Jean-Marie-Tjibaou à Nouméa.

Nouvelle-Calédonie

Avec ses plages et le corail de son interminable lagon présenté comme le plus grand du monde, le « Caillou », flanqué de l'île des Pins, des îles Bélep et Loyauté, et riche de la culture kanake, rivalise avec la Polynésie française comme point de chute idéal pour le voyageur francophone en Océanie. On en oublierait presque le coût du voyage !

LE CARNET DE VOYAGE

Les premiers contacts
Nouvelle-Calédonie Tourisme Point-Sud, 01.47.03.14.74. Internet : http://fr.visitenouvellecaledonie.com

Les formalités
Pour les ressortissants français : carte d'identité, mais passeport recommandé, vu les escales ; autres ressortissants de l'UE, canadiens et suisses : passeport. Billet de retour ou de continuation exigible.

La santé
Aucun problème.

Le voyage, le décalage
Durée moyenne du vol Paris-Nouméa (18 368 km) : 22 heures. Lorsqu'il est midi à Paris, en Nouvelle-Calédonie il est 21 h en été et 22 h en hiver.

Le coût moyen d'un séjour
Au moins 2 500 € pour une semaine (vol A/R, hôtel, voiture de location). Difficile de trouver un circuit de 15 jours à moins de 3 500 €. Les tarifs augmentent en haute saison.

Les langues, la monnaie
Le français, langue officielle, cohabite avec une trentaine de dialectes d'origine mélanésienne. **Monnaie :** le franc Pacifique (CFP). 1 € = 119,33 francs Pacifique. L'euro est accepté, ainsi que les cartes de crédit (quoique plus difficilement dans l'intérieur des îles).

La population
265 000 habitants : 44,1 % sont des Mélanésiens (Kanaks) et 34,1 % des Européens (appelés Caldoches). Wallisiens, Futuniens, Polynésiens, Indonésiens et Vietnamiens constituent d'importantes minorités. Plus du tiers de la population vit dans le chef-lieu, Nouméa (99 000 habitants).

Les religions
Trois Néo-Calédoniens sur quatre sont catholiques. Minorités de protestants (16 %) et de musulmans (4 %).

Les fêtes
Février : fête de l'Igname ; **mars :** Festival du Yam (fête kanake) ; **mai :** « Pacific Tempo », festival de musique à Nouméa ; **août :** Foire de Bourail ; **24 septembre :** fête nationale ; **octobre :** Journées « Mwata », pour fêter la banane, à Pouébo.

Les achats
Sculptures sur bois, bijoux, paniers, colliers, masques.

Le « Caillou », son majestueux lagon et sa double culture attirent de plus en plus de visiteurs.

QUE VOIR, QUE FAIRE EN NOUVELLE-CALÉDONIE ?

Les côtes

- Barrière de corail, plages de sable blanc
- Plongée, surf autour de Grande-Terre, des îles Bélep, Loyauté et de l'île des Pins

Les paysages et les traditions

- Savane, marécages, cascades, forêts
- Découverte des « stockmen » et des tribus kanakes

Les côtes

Grande-Terre, l'île principale, est entourée d'une barrière de corail de 800 km de long, qui forme le plus grand lagon du monde. Celui-ci est riche en poissons tropicaux de toutes sortes. Du Sud jusqu'à la baie de Poum, dans le Nord, se succèdent plages de sable blanc et criques. La seule différence, très relative, entre les côtes tient à la plus forte pluviosité de celles exposées à l'est. Nouméa, chef-lieu de la « Californie française », profite de ses plages raffinées de l'anse Vata et de la baie des Citrons, lieux de baignade, de plongée et de surf.

Les **îles Bélep** au nord, l'**île des Pins** au sud et les **îles Loyauté** à l'est (Lifou, Maré, Ouvéa) supportent la comparaison avec Grande-Terre et forment autant de villégiatures pour qui veut mêler farniente sur des plages de sable blanc, plongée vers les fonds coralliens, pratique de la planche à voile, observation des baleines et des cachalots durant l'hiver austral à Lifou et des perruches à Ouvéa.

Les paysages et les traditions

La province nord se distingue par une nature de savane, de niaoulis (arbres à tronc blanc), de marécages, de montagnes, de rivières, de cascades et de forêts avec le « cœur » de Voh, seulement visible du ciel, comme curiosité. La région de Hienghène, dans le Nord-Est, est plébiscitée par beaucoup de touristes qui apprécient ses atouts balnéaires (baignade, plongée) et la possibilité d'y être accueillis dans des tribus. Désormais, des voyagistes proposent un hébergement dans les villages, avec rencontre des populations et découverte de la culture mélanésienne.

La province sud est la terre des « stockmen », cavaliers chargés de rassembler les troupeaux et, autour de Sarraméa, celle de tribus kanakes. Les forêts y sont propices à la randonnée. Au sud de Nouméa s'étend la région du lac de Yaté et des chutes de la Madeleine, ainsi que du Mont-Dore, zone inondée du parc de la Rivière bleue, où niche le rare cagou, oiseau emblème de l'archipel.

L'île des Pins offre de superbes plages, une végétation spécifique (pins colonnaires, santals, orchidées sauvages) et la spectaculaire grotte de la reine Hortense. ■

QUAND PARTIR ?

	Climat	Plongée et couleurs du corail
Janvier		
Février		
Mars		
Avril	☼	
Mai	☼	
Juin		
Juillet		⊰
Août		⊰
Septembre	☼	
Octobre	☼	
Novembre	☼	
Décembre		

La Nouvelle-Zélande mêle harmonieusement végétation tropicale, lacs, paysages montagneux et volcaniques.

Nouvelle-Zélande

Aoetearoa, la « Terre du long nuage blanc », ainsi que l'avaient baptisée les premiers Maoris, est vraiment lointaine. Mais elle a des atouts : on y pêche et on y surfe, mais surtout on s'y balade dans une nature protégée mariant glaciers et volcans, et peuplée de moutons.

Les paysages

La nature est l'argument clé du tourisme néo-zélandais. Montagnes, glaciers, forêts et lacs rassemblent autant de thèmes de randonnées, voire de ski, au sein de paysages préservés par des lois rigoureuses.

L'**île du Nord** est aussi appelée l'« île Fumante » : autour de **Rotorua**, ville empreinte de culture maorie, on peut admirer des geysers, des sources chaudes, le « chaudron » de Waimangu (un lac bouillant né d'une éruption au début du XXe siècle), le Lady Knox Geyser, à Waiotapu, et le Pohutu Geyser, à Whakarewarewa, dont le jet peut dépasser 30 m.

Dans le parc national de **Tongariro**, qui se prête à la randonnée et au ski, s'élèvent des volcans dont le Ruapehu (2 797 m), le plus haut de l'île.

L'**île du Sud**, ou « île de Jade », possède ses propres Alpes, qui offrent de superbes paysages : glaciers du Westland National Park (Franz Josef, Fox, Tasman), aux alentours du mont Cook, et chutes d'eau. L'île du Sud est riche en parcs nationaux, dont ceux des lacs Nelson et de la forêt primitive de Punakaiki. Le ski et le rafting se pratiquent dans les environs de Queenstown.

La Nouvelle-Zélande est imprégnée de la culture maorie – légendes et mythes –, qui fait aujourd'hui l'objet de tous les égards.

QUAND PARTIR ?

	Climat	Sports d'hiver
Janvier	☼	
Février	☼	
Mars	☼	
Avril		
Mai		
Juin		
Juillet		
Août		❄
Septembre	☼	❄
Octobre	☼	❄
Novembre	☼	
Décembre	☼	

QUE VOIR, QUE FAIRE EN NOUVELLE-ZÉLANDE ?

Les paysages
- Geysers, lacs et volcans de l'île du Nord, autour de Rotorua
- Montagnes et glaciers de l'île du Sud

La faune
- Faune terrestre (kiwis, moutons), faune marine (baleines à bosse, cachalots, dauphins, orques)

Les côtes
- Fjords (Milford Sound)
- Plages (péninsule de Coromandel, Napier)
- Surf, pêche
- Île océanienne de Tokelau

Les villes
- Auckland, Christchurch, Dunedin, Wellington

LES CONSEILS GEO

▶ Les plus

Un hymne à la nature, qui est de surcroît respectée et protégée.

▶ Les moins

À moins de vouloir absolument voir jouer les All Blacks à domicile, le coût du voyage demeure un obstacle.

Une pluviosité tenace et un été en hiver : c'est entre décembre et février que le soleil et la chaleur sont les plus présents.

■ La faune

La faune de l'archipel compte de multiples variétés d'oiseaux, particulièrement dans le Fiordland, et parmi eux le **kiwi** – désormais protégé. Les moutons peuplent la Nouvelle-Zélande dans la proportion de 20 animaux pour un habitant.

La faune marine est également riche : au large de la presqu'île de Kaikoura, il est possible d'apercevoir des cachalots, des dauphins, des baleines à bosse et des orques.

■ Les côtes

La côte de la mer de Tasman est creusée de fjords sur sa partie sud (Fiordland). Le plus accessible – et le plus beau – est celui de **Milford Sound**, constellé de vallées suspendues et de cascades (580 m en trois paliers pour les chutes Sutherland qui se classent parmi les plus hautes du monde).

Les 5 000 km de côtes de l'archipel offrent de nombreuses perspectives. Toutefois, la latitude de la Nouvelle-Zélande ne permet pas d'espérer des eaux très chaudes. Sur l'île du Nord, la **péninsule de Coromandel** offre les rivages les plus réputés, tant pour ses plages que pour le surf. Autres centres d'intérêt : Hawke's Bay et le port de **Napier**.

Sur l'île du Sud, Nelson, dans la baie de Tasman, est un site balnéaire recherché. Au nord de Christchurch, la côte est réputée tant pour la pêche que pour l'observation des dauphins et des baleines.

Tokelau : trois minuscules atolls (12,2 km²) isolés dans l'Océanie, au nord des Samoa, et parsemés de cocotiers. Ils sont habités par 2 000 personnes d'origine polynésienne, sujets britanniques, mais citoyens néo-zélandais depuis 1948. Un endroit où le tourisme ne s'est pas vraiment imposé et qui reste peu connu, hormis par les spécialistes du coprah.

■ Les villes

Christchurch (« cité-jardin » très anglaise), **Dunedin** (très écossaise), **Wellington** (site à flanc de montagne, maisons coloniales, Maritime Museum avec la reconstitution du bateau de James Cook, nouveau musée Te Papa) et surtout **Auckland**, bâtie sur un isthme et qui possède un important musée maori, sont des villes agréables à visiter. ■

LE CARNET DE VOYAGE

Les premiers contacts
Ambassade, 7 ter, rue Léonard-de-Vinci, 75116 Paris
01.45.01.43.43.
www.newzealand.com,
www.frogs-in-nz.com

Les formalités
Passeport valable encore trois mois après le retour. Billet de retour ou preuve de fonds suffisants exigibles.

La santé
Aucun problème.

Le voyage, le décalage
Durée moyenne du vol Paris-Auckland (20 227 km) : 22 heures. Lorsqu'il est midi en France, pour la Nouvelle-Zélande il est 23 h en été et minuit en hiver.

Le coût moyen d'un séjour
L'autotour (vol A/R, hébergement, location de voiture) est idéal pour couvrir en une quinzaine de jours les deux îles dans leurs recoins les plus réputés : compter environ 2 500 €. En voyage accompagné : environ 3 500 € tout compris pour 15 jours.

Les langues, la monnaie
Le maori a rejoint l'anglais comme langue officielle.
Monnaie : le dollar néo-zélandais.
1 € = 1,58 $ néo-zélandais,
1 $ = 1,19 $ néo-zélandais.

La population
4 402 000 habitants. Un habitant sur dix est un Maori descendant de peuples venus de Polynésie.
Capitale : Wellington.

Les religions
Près d'un habitant sur deux est un chrétien, principalement protestant. Minorités de bouddhistes, d'hindouistes et de musulmans.

Les fêtes
6 février : « Waitangi Day » (fête nationale) ; **février :** fête du Vin à Waiheke Island ; **juin :** « Matariki » et hommage au cerf-volant à l'occasion du Nouvel An maori.

Les achats
Peau de mouton, poteries, vannerie et objets maoris.

QUE VOIR, QUE FAIRE À OMAN ?

Les paysages
- Djebel Akhdar, djebel Hajar, wadis
- Désert de Wahiba, Rub al-Khali
- Sanctuaire de l'oryx arabe
- Dhofar, djebel Al-Qamar (arbres à parfum d'encens et de myrrhe)

Les côtes
- Plages (Salalah), presqu'île de Moussandam
- Plongée (coraux), villages de pêcheurs, tortues de mer (Ras al-Hadd)

Les villes et les monuments
- Mascate, Al-Rustaq, Nizwa, Sur, Salalah, Sumhuram, Ubar
- Ksour, forts

La corniche de Muttrah à Mascate, capitale éclatée en petits quartiers dans la verdure

Oman

Le riche sultanat d'Oman demeure fidèle à une politique touristique soucieuse de préserver son authenticité grâce, entre autres, à une fréquentation mesurée. Aussi, à la manière des Émirats arabes unis, dévoile-t-il lentement ses multiples attraits touristiques : ses djebels, ses lits de rivière, ses rivages, ses déserts et la présence du légendaire arbre à encens.

LE CARNET DE VOYAGE

Les premiers contacts
Services touristiques du consulat (fermé au public), 90, rue de Courcelles, 75008 Paris, 01.44.29.67.78. www.omantourisme.com

Les formalités
Passeport valable encore trois mois après le retour, visa obligatoire et payant, obtenu auprès du consulat (01.47.23.01.63.) ou à l'arrivée à Mascate (confirmation de cette possibilité à demander au consulat). Billet de retour ou de continuation exigible.

La santé
Aucune vaccination obligatoire. Risque très limité de paludisme dans la province de Moussandam.

Le voyage, le décalage
Durée moyenne du vol Paris-Mascate (5 574 km) : 6 heures. Lorsqu'il est midi en France, il est 14 h en été et 15 h en hiver dans le sultanat d'Oman.

Le coût moyen d'un séjour
Compter environ 1 500 € la semaine pour le vol A/R, la location de la voiture avec chauffeur-guide et l'hébergement. En moyenne, compter 2 300 € pour un séjour accompagné de 15 jours.

Les langues, la monnaie
L'arabe est langue officielle ; langues minoritaires : baloutche, mehri, persan, ourdou, swahili. Langue étrangère : l'anglais n'est pas rare dans les villes.
Monnaie : le rial omanais, subdivisé en 1 000 baizas.
1 € = 0,50 rial,
1 $ = 0,40 rial.

La population
3 312 000 habitants. Les travailleurs étrangers, principalement indiens, forment 15 % de la population.
Capitale : Mascate.

Les religions
L'islam (large majorité d'ibadites) est ici moins rigoriste qu'il n'y paraît. Il est pratiqué par quatre habitants sur cinq. On compte 6 % d'hindous et une minorité de chrétiens.

Les fêtes
Janvier-février : Festival de Mascate ;
Juillet-août : « Khareef » à Salalah ;
18 novembre : fête nationale ;
Aïd el-Fitr : fin du ramadan.

Les achats
Les souks révèlent une richesse artisanale commune aux pays du Moyen-Orient : bijoux en argent et en or, étoffes, tapis, savons d'Alep. Les parfums (encens et myrrhe) sont incontournables.

Les paysages

Deux mots caractérisent le paysage omanais : djebel (chaîne de montagne) et wadi (lit de rivière) :
– à l'ouest de Mascate, le **djebel Akhdar** aligne canyons, falaises, villages de montagne fortifiés et oasis (Hamz);
– dans le Nord, le **djebel Hajar** présente ses profonds canyons et ses palmeraies; au fond des canyons, le lit de la rivière est parsemé de points d'eau, tel le wadi Bani Awf, qui est le plus connu.
Le long de la côte est, le **désert de Wahiba**, habité par l'ethnie du même nom, s'étend sur 80 km de dunes ocre et rougeâtres.
Un parc y abrite le premier troupeau d'oryx arabes, réintroduit en 1982. On y trouve aussi des bouquetins, des loups d'Arabie, des caracals (lynx) ainsi que des gazelles d'Arabie.
Dans le sud, le **Dhofar**, coupé par des canyons vertigineux, permet d'admirer les rares et légendaires arbres à parfum d'**encens** et de **myrrhe**, particulièrement dans le **djebel Al-Qamar** et le wadi Dawkah.
Certaines randonnées permettent d'atteindre la lisière du grand désert saoudien, le **Rub al-Khali**.

Les côtes

Le tourisme balnéaire prend son essor autour de Mascate et de Salalah. Les fonds marins et les coraux attirent de plus en plus les amateurs de plongée, surtout sur la côte nord, au large de villages de pêcheurs qui ont préservé leur habitat traditionnel.
Entre les golfes Persique et d'Oman, la **presqu'île de Moussandam**, enclavée dans les Émirats arabes unis, est devenue un rendez-vous touristique grâce à ses falaises qui dessinent de véritables fjords.
La route côtière qui va de Mascate à Sur est jalonnée d'oueds et de lieux de ponte des grandes tortues de mer (**Ras al-Hadd**).

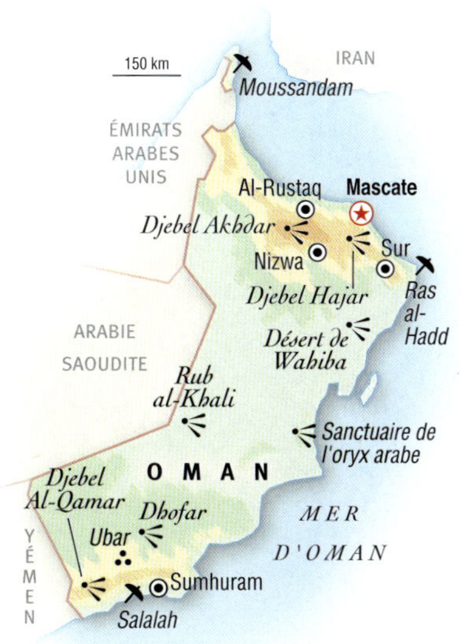

Les villes et les monuments

Mascate, une capitale aux petits quartiers étirés sur 40 km, a longtemps été le centre du commerce de l'encens. La ville se distingue par ses souks (Muttrah), ses deux châteaux forts (Mirani et Jalali) bâtis par les Portugais, seuls colons de l'endroit, son palais Al-Alam et par sa Grande Mosquée du sultan Qabous. Une curiosité : le Musée franco-omanais permet de comprendre les liens avec la France, noués du temps de Louis XIV.
Nizwa, dont le fort et les enchères au bétail méritent la visite, est située dans une jolie palmeraie proche du spectaculaire Bani Awf. Il faut aussi admirer **Sur** et son ancien port, où l'on fabriquait des dhows (boutres en bois) qui servaient à la pêche aux perles. **Al-Rustaq** a connu son apogée aux XVIIe et XVIIIe siècles sous la dynastie des Yaruba, imams qui occupaient le fort de la ville.
Salalah, la capitale du Dhofar, est réputée pour ses souks où se pratique depuis toujours le commerce des petits cailloux d'encens. Non loin de là se trouve **Sumhuram**, où l'on rassemblait l'encens avant de l'expédier, et qui conserve les ruines d'une forteresse. **Ubar** fut également un centre important de la route de l'Encens.
L'architecture omanaise s'enorgueillit d'une centaine de ksour, pour la plupart restaurés.
Les forts sont une autre particularité locale. La route des Citadelles, au pied du djebel Akhdar, passe par trois d'entre eux : Bahla, Birket el-Mouz et Nizwa. ■

LES CONSEILS GEO

▶ Les plus

Un tourisme quasi neuf et en très nette expansion grâce à des sites insolites et divers.

▶ Les moins

Une destination qui se veut haut de gamme et reste donc onéreuse. Une très forte chaleur de mai à septembre dans la plupart des régions.

▶ Les précautions

Les Omanais, regroupés sous la bannière de leur sultan Qabous, vivent dans un pays paisible.

▶ Les tendances

La mode d'Oman s'étend désormais jusqu'à la presqu'île de Moussandam : randonnée, kayak de mer, snorkeling et approche des dauphins y sont au goût du jour.

QUAND PARTIR ?

	Climat	Photos des oasis du sud	Plongée
Janvier	☼		
Février	☼		
Mars	☼		•
Avril			•
Mai			•
Juin		•	
Juillet		•	
Août		•	
Septembre		•	•
Octobre			•
Novembre	☼		
Décembre	☼		

Les nombreuses madrasas, comme ici Chor Minor à Boukhara, font partie du patrimoine de l'Ouzbékistan.

Ouzbékistan

Tamerlan et son empire ont offert à l'Ouzbékistan une place de choix dans le tourisme mondial grâce à l'architecture prestigieuse de Samarcande et de Boukhara. Complété par des paysages de montagne et de désert, ce patrimoine fait du pays le deuxième rendez-vous d'Asie centrale et du Nord après la Russie.

LE CARNET DE VOYAGE

Les premiers contacts
Ambassade, 22, rue d'Aguesseau, 75008 Paris, 01.53.30.03.55. www.ouzbekistan.fr ; www.tourismuzbekistan.com

Les formalités
Passeport en cours de validité. Visa obligatoire, obtenu auprès de l'ambassade.

La santé
Aucune vaccination n'est requise.

Le voyage, le décalage
Durée moyenne du vol Paris-Tachkent : 6 heures 30. Lorsqu'il est midi en France, en Ouzbékistan il est 15 h en été et 16 h en hiver.

Le coût moyen d'un séjour
1 900 € pour 8 jours en pension complète, 2 700 € pour 15 jours.

Les langues, la monnaie
Langue officielle : l'ouzbek, parlé par deux habitants sur trois ; le persan et le russe sont également parlés. Les langues occidentales sont très peu connues.
Monnaie : le soum. 1 € = 3 100 soums, 1 $ = 2 340 soums.

La population
28 930 000 habitants. Huit habitants sur dix appartiennent à la communauté ouzbèke. Minorités russe, tadjike, tatare et kazakhe.
Capitale : Tachkent.

Les religions
L'islam, surtout sunnite et pratiqué par la communauté ouzbèke, est prédominant. Minorité d'orthodoxes.

Les fêtes
Mars : « Navruz » (Nouvel An zoroastrien) ;
1er septembre : fête de l'Indépendance ;
Septembre : « Automne d'or » à Tachkent ; « Pakhta-Bairam » (fête des Moissons).

Les achats
Les tapis vendus sur les marchés de Boukhara, mais parfois fabriqués ailleurs, dominent un artisanat où les tissus (coton, soie) côtoient les céramiques, les couteaux ciselés et les sculptures sur bois.

QUE VOIR, QUE FAIRE EN OUZBÉKISTAN ?

Les villes et la route de la Soie

- Samarcande, Khiva, Boukhara, Tachkent, Kokand, Richtan, Fergana, Chakhrisabz

Les paysages et les randonnées

- Désert du Kyzylkoum, vallée de Fergana
- Palais-forteresse de Toprak Kala

Les villes et la route de la Soie

Quand l'émir Tamerlan décida de faire de **Samarcande** la capitale de son empire au XIVe siècle, il l'embellit, la parant d'édifices prestigieux. La nécropole de Chah-e Zendeh (mausolées et mosquées ornés de céramique bleue), le Gur-e Mir (mausolée de Tamerlan recouvert de céramiques bleues et or), la mosquée Bibi Khanoum (du nom de l'épouse de Tamerlan) et le mausolée voisin de Saray Mulk Khanum ainsi que les trois madrasas de la place du Registan sont aujourd'hui des rendez-vous touristiques de premier ordre. Sept siècles auparavant, Samarcande avait connu sa première heure de gloire sous le règne des Sogdiens. Elle était alors le plus brillant carrefour de la **route de la Soie** qui reliait la Chine à l'Inde.

Moins connue, **Boukhara** est un centre important de l'art islamique (citadelle d'Ark qui abritait les émirs, tombeau d'Isma'il le Samanide, minaret Kalan, mosquées, medersas).

Autre ville de renom, entourée de murailles et ancienne étape de la route de la Soie : **Khiva** (Grande Mosquée et son minaret isolé, mausolées de Seyid Alaouddine et de Pahlavan Mahmud, medersas).

Dans la vallée de Fergana, les cités de **Kokand**, **Richtan** et **Fergana** offrent au visiteur leurs palais, leurs mausolées et leurs mosquées.

Tachkent, un peu en retrait des sites précédents mais centre culturel notable, se distingue par son quartier oriental (madrasas, musées, mausolée de Kaffal Chachi, palais Romanov), son musée des Arts appliqués et son « Automne d'or » en septembre, une grande fête d'origine rurale.

Quant à **Chakhrisabz**, elle est non seulement la ville natale de Tamerlan, mais aussi un modèle d'architecture médiévale (« Palais blanc »).

Les paysages et les randonnées

Les plateaux rocheux et les dunes du **désert du Kyzylkoum** font partie, comme la **vallée de Fergana**, des belles régions d'Asie centrale, que le tourisme de masse commence à peine à effleurer. Dans cette même vallée de Fergana, la soie venue de Chine était autrefois échangée contre les célèbres chevaux de la région.

Dans l'Ouest, le palais-forteresse de **Toprak Kala**, résidence des rois de Khorezm (Ier siècle av. J.-C.- IVe siècle) présente des ruines saisissantes. Les voyagistes sont de plus en plus nombreux à faire alterner les visites culturelles et des randonnées dans ces horizons de steppes et le long des anciennes pistes des caravanes.

Ailleurs, le paysage est composé de grands champs de coton, à la fois richesse et désastre du pays car il est la cause de l'assèchement progressif de la mer d'Aral à la suite du détournement de deux fleuves. ■

LES CONSEILS GEO

▶ Les plus

Les monuments les plus remarquables de l'Asie centrale, qui placent l'Ouzbékistan au deuxième rang des pays touristiques de l'ex-URSS après la Russie.

Un climat propice au bon moment pour le voyageur occidental.

▶ Les moins

Des structures touristiques chères ou balbutiantes par endroits, ce qui peut gêner les inconditionnels du confort.

▶ Les précautions

Les régions situées à la lisière du Kirghizstan et du Tadjikistan demeurent déconseillées au voyageur.

▶ Les tendances

Dormir sous la tente aux abords du désert du Kyzylkoum avant de visiter Samarcande, Boukhara et Khiva a quelque chose du voyage idéal.

On peut y ajouter une randonnée au pied du Pamir.

QUAND PARTIR ?

	Climat	Randonnées
Janvier		
Février		
Mars		
Avril	☼	🚶
Mai	☼	🚶
Juin	☼	
Juillet		
Août		
Septembre	☼	🚶
Octobre	☼	🚶
Novembre		
Décembre		

Pays Baltes

Si le tourisme reste limité dans ces pays, les négliger serait toutefois une erreur. Les capitales, en particulier Riga et Tallinn, constituent l'essentiel des centres d'intérêt touristiques, en attendant la mise en valeur d'une nature bienveillante qui offre de nombreux lacs et forêts.

QUE VOIR, QUE FAIRE EN ESTONIE ?

Les villes

- Tallinn, Tartu, Narva, Kuressaare
- Pärnu, Haapsalu

Les paysages

- Forêts (parc national Lahemaa), lacs
- Île de Saaremaa, Otepää, Võru (ski de fond)

Estonie

Les villes

La capitale, **Tallinn**, offre un visage très contrasté. Le visiteur qui l'aborde par le sud traverse des quartiers ternes et sans intérêt, avant de voir apparaître les premières hautes tours modernes, puis de pénétrer enfin dans la partie historique. Citadelle aux tuiles rouges blottie au fond d'un golfe, celle-ci est protégée par des remparts et des tours, et divisée en une ville basse et une ville haute dominée par la colline de Toompea.

Depuis la colline de Toompea qui la domine, la ville haute de Tallinn dévoile ses tuiles rouges et ses touches baroques.

Une balade sur Toompea est un vrai plaisir, tant architectural (cathédrale orthodoxe Alexandre-Nevski, château à la façade baroque rose, église luthérienne du Dôme, église Saint-Olaf) qu'esthétique grâce aux terrasses panoramiques qui dominent les toits de tuiles rouges.

Il est alors temps d'aborder la ville basse et sa place de l'Ancienne-Mairie où se traitait le commerce avec les villes hanséatiques de la Baltique. Les maisons médiévales des XIIIe et XIVe siècles sont nombreuses, notamment le long des rues Lai et Pikk.

Les environs de Tallinn offrent deux centres d'intérêt très divers : à 4 km à l'est, le palais Kadriorg, à l'architecture d'apparat, consacré à la Grande Catherine – il se situe à peu de distance d'une maisonnette célèbre pour avoir abrité Pierre le Grand ; à 7 km au nord-est, le site balnéaire de Pirita, avec son amphithéâtre qui accueille chaque année un festival du chant estonien.

L'autre ville importante du pays, **Tartu**, également un ancien comptoir de la Hanse, abrite le Musée national estonien et accueille tous les quatre ans un festival de la chanson, au cours duquel sont arborés les costumes traditionnels de chaque village.

Deux villes sont à visiter pour leurs châteaux : **Narva** (Hermann Castle) et **Kuressaare** (château épiscopal).

Sur la côte, le site balnéaire de **Pärnu**, riche de maisons de bois du début du siècle, et **Haapsalu**, la « Venise de la Baltique », valent le détour.

LE CARNET DE VOYAGE

Les premiers contacts
Centre du dév. du tourisme, c/o Aviareps, 01.53.43.79.00.
www.visitestonia.com
www.tourism.tallinn.ee

Les formalités
Pour les autres ressortissants de l'UE, carte d'identité ou passeport.

La santé
Aucun problème.

Le voyage, le décalage
Durée moyenne du vol Paris-Helsinki ou Paris-Tallinn : 4 heures 30. Lorsqu'il est midi en France, en Estonie il est 13 h.

Le coût moyen d'un séjour
Un week-end à Tallinn coûte environ 450 € pour 3 jours/2 nuits avec vol à bas coût (par exemple Francfort/Hahn-Tallinn) et hôtel de gamme moyenne. Les voyages accompagnés, qui couvrent très souvent les trois Pays baltes, durent généralement une semaine et coûtent environ 1 500 €, tout compris.

Les langues, la monnaie
L'estonien est une langue finno-ougrienne. Un tiers de la population parle le russe.
Monnaie : l'euro.

La population
Les Estoniens de souche représentent les deux tiers de la population, le troisième tiers étant composé de Russes. Le chiffre de la population (1 316 000 habitants) est modeste.
Capitale : Tallinn.

Les religions
L'Église luthérienne est prédominante, avec des minorités catholiques et orthodoxes.

Les fêtes
23-24 juin : fête de la Saint-Jean ; **tous les cinq ans :** Festival de chant choral à Pirita, près de Tallinn ; **juillet :** fête de la Bière à Tallinn ; **août :** Festival de la Dame blanche à Haapsalu.

Les achats
Bijoux, colliers d'ambre, jouets et poupées en bois, verre soufflé.

Les paysages

Les forêts et la faune (ours, élans, lynx, loups) donnent au **parc national Lahemaa**, à l'est de Tallinn et en bordure de la Baltique, la réputation de lieu naturel le plus attractif du pays, d'autant que l'on y découvre aussi des manoirs d'anciens barons (Kolga, Palmse, Sagadi).

Le pays compte plus d'un millier de lacs, surtout dans la partie sud. Ceux-ci complètent l'attrait de la campagne estonienne, encore inconnue du touriste ou presque.

L'**île de Saaremaa**, qui bénéficie d'une flore abondante dans une nature préservée et renferme une particularité (le cratère d'une météorite à Kaali), est l'endroit le plus agréable du pays en été. Les régions du Sud-Est (**Otepää**, **Võru**) sont propices à la pratique du ski de fond.

La maison des «Têtes noires», à Riga, au cœur d'une ville à la riche architecture

QUE VOIR EN LETTONIE ?

Les villes et les monuments
- Riga, Cesis
- Châteaux et manoirs

Les paysages
- Lacs, forêts, parc national de la Gauja
- Région de Daugavpils («Petite Suisse lettonne»)
- Région de la Courlande

La côte
- Jurmala, parcs nationaux de Kemeri et Slitere

Lettonie

Les villes et les monuments

Riga, ancienne ville de la Hanse bâtie sur le fleuve Daugava, est en train de gagner ses galons de grande ville touristique d'Europe, aidée par l'extension rapide des vols à prix réduit.

Le style baroque domine les vieux quartiers. La ville offre aussi des façades de style historiciste auquel a succédé un Art nouveau letton (fleurs, plantes, écussons, masques) dont la rue Alberta réunit un échantillon impressionnant.

Bien d'autres atouts architecturaux ont contribué à l'inscription du centre de la ville sur la liste du patrimoine mondial de l'humanité. L'hôtel de ville et la maison des «Têtes noires», victimes des bombes allemandes de la Seconde Guerre mondiale, ont été reconstruits. Les maisons des Guildes, la maison du Chat, les églises (Sainte-Marie-Madeleine, Saint-Pierre) et surtout la cathédrale, la «Dom», du XIIIe siècle, ont eu plus de chance. Enfin, la ville est connue pour offrir une pléiade de musées

En Lettonie, la rivière Gauja longe le parc national du même nom, parsemé de falaises, de grottes et de châteaux médiévaux.

LE CARNET DE VOYAGE

Les premiers contacts
Ambassade, 6, villa Saïd, 75116 Paris, 01.53.64.58.10. www.latvia.travel/en

Les formalités
Pour les autres ressortissants de l'UE, les Canadiens et les Suisses, carte d'identité ou passeport.

La santé
Aucun problème.

Le voyage, le décalage
Durée moyenne du vol Paris-Riga (2200 km) : 3 heures. Lorsqu'il est midi en France, en Lettonie il est 13 h.

Le coût moyen d'un séjour
L'arrivée des compagnies à bas prix (entre autres à partir de Bruxelles et de Francfort-Hahn) a changé la donne. Pour ce qui est des voyages à la carte ou accompagnés, les conditions sont à peu près les mêmes que pour Tallinn (voir ci-contre).

Les langues, la monnaie
Langue officielle : le letton (ou lette), qui est d'origine balte. Langues étrangères : l'allemand et l'anglais. 40% de la population pratique ou connaît le russe.
Monnaie : l'euro.

La population
Le pays compte 2260000 habitants, dont un tiers est d'origine russe.
Capitale : Riga.

Les religions
L'Église luthérienne est prédominante. Minorités catholiques et orthodoxes.

Les fêtes
Avril : Festival du ballet balte de Riga; **23-24 juin :** fête de la Saint-Jean; **juillet :** Festival folklorique de Riga; Festival de la bière de Cesis.

Les achats
Colliers et objets d'ambre de la Baltique, lainages, poterie, vannerie.

QUAND PARTIR ?

	Climat	Fêtes
Janvier		
Février		
Mars		
Avril		
Mai		
Juin	☼	fête de la Saint-Jean
Juillet	☼	
Août	☼	
Septembre		
Octobre		
Novembre		
Décembre		

Que l'on ne s'y trompe pas : les plages et les dunes de la mer Baltique, autour de Jurmala, ne manquent pas de charme.

(musée d'Art d'État, musée d'Histoire et de la Navigation, émouvant musée de l'Occupation) et pour perpétuer des traditions de chanson et de danse (festival en été).

Autres lieux d'intérêt architectural : près de Bauska, l'imposant palais de Rundale, conçu par Bartolomeo Rastrelli, l'architecte du palais d'Hiver à Saint-Pétersbourg ; **Cesis**, une ville du XIIIe siècle dont le château a été transformé en un musée qui raconte l'histoire de la Lettonie ; et la région de Jelgava, où abondent les châteaux et les manoirs. Les ruines des châteaux de Krimulda et Sigulda (XIIIe siècle) sont à voir également.

Les paysages

Un agrément certain se dégage des 3000 lacs et des forêts – surtout de conifères – qui recouvrent presque la moitié de la superficie du pays. Les beaux sites se trouvent dans le **parc national de la Gauja** (collines, grottes), mais aussi dans la région de **Daugavpils**, surnommée la « Petite Suisse lettonne ». Dans l'Ouest s'étend la **Courlande**, région de forêts et de collines.

La côte

Les alentours de la station balnéaire de **Jurmala** se caractérisent par un paysage de plages et de dunes parsemé d'isbas et agrémenté de forêts de pins. Près des côtes nord-ouest, des lacs, des pins et une faune inhabituelle (lynx , loups) accueillent les visiteurs du parc national de **Kemeri**, tandis que celui de **Slitere** se distingue par ses marécages et ses forêts primaires.

Lituanie

Les villes

Un château médiéval, des églises baroques (Saint-Pierre-et-Saint-Paul, Saint-Jean-Baptiste-et-Saint-Jean-l'Évangéliste), une cathédrale et sa chapelle Saint-Casimir (lieu de pèlerinage), la chapelle de la porte de l'Aurore, célèbre pour son icône (« Madone de la porte de l'Aurore »), plusieurs musées (dont celui des Arts traditionnels) et un tissu urbain où s'entremêlent brique, stuc, façades imprégnées d'art baroque, maisons de bois traditionnelles valent à **Vilnius** une honnête réputation touristique. En outre, ses constructions les plus anciennes sont dans un bon état de conservation, et la vieille ville est inscrite au patrimoine mondial de l'humanité.

Non loin de Vilnius, l'intrigant parc-musée de Grutas rassemble les

QUE VOIR, QUE FAIRE EN LITUANIE ?

Les villes
- Vilnius, Kaunas, Trakai

La côte
- Paysages de dunes, Palanga, presqu'île de Neringa

Les paysages
- Lacs, forêts du parc d'Aukstaitija, bassin du Niémen

Jolie maison de pêcheur dans la presqu'île de Neringa, en Lituanie.

monuments dédiés aux héros de la révolution de 1917 ainsi que les statues de Lénine déboulonnées à travers le pays lors de l'effondrement du bloc soviétique au début des années 1990. Par ailleurs, la ville tente de faire revivre son quartier juif où le yiddish avait son importance avant que le site ne soit rasé en 1943.

À une vingtaine de kilomètres au nord de Vilnius, le parc européen de sculptures (Europos Parkas) qui, par ailleurs, marque le centre géographique de l'Europe continentale.

La deuxième ville du pays, **Kaunas**, se distingue par sa tradition culturelle, l'ancienneté de ses monuments (XIIIe siècle) et ses musées.

Trakai possède un château du XIVe siècle sis sur le lac de Galve. Transformé en musée, il témoigne du passé de la ville, ancienne capitale des grands-ducs de Lituanie.

La côte

Les dunes agrémentent les rivages de la Baltique. La petite ville côtière de **Palanga** mérite le titre de station balnéaire, insolite sous ces latitudes. Le mince filet de terre et les hautes dunes de la **presqu'île de Neringa** lui ont valu le surnom singulier de « Sahara lituanien ». De nombreuses villes côtières (Druskininkai, Neringa, Palanga, Birstonas) vantent leurs établissements de cure.

Les paysages

La diversité des paysages de Lituanie, qu'illustrent les caractères différents de ses cinq parcs nationaux, se remarque dans le **parc d'Aukstaitija** et le **bassin du Niémen**. ■

LE CARNET DE VOYAGE

Les premiers contacts
Office de tourisme, Paris, 01.46.22.53.84. www.travel.lt

Les formalités
Pour les autres ressortissants de l'UE, les Canadiens et les Suisses, carte d'identité ou passeport.

La santé
Aucun problème.

Le voyage, le décalage
Vol Paris-Vilnius : environ 3 heures. Lorsqu'il est midi en France, en Lituanie il est 13 h.

Le coût moyen d'un séjour
L'arrivée des compagnies à bas prix place un A/R Paris-Vilnius à moins de 200 €. Concernant les voyages accompagnés, le niveau des prix est semblable à celui de Tallinn et Riga (voir plus haut).

Les langues, la monnaie
Langue officielle : le lituanien, langue très ancienne, voisine du polonais et du russe.
Langues étrangères : l'allemand, l'anglais.
Monnaie : l'euro

La population
3 575 000 habitants. Minorités de Russes et de Polonais.
Capitale : Vilnius.

Les religions
Forte proportion de catholiques romains. Minorités orthodoxe et luthérienne.

Les fêtes
23-24 juin : fête de la Saint-Jean ;
juillet : Festival de la mer à Klapeida ;
septembre : Festival international (théâtre, musique, danse) à Vilnius.

Les achats
Colliers et objets d'ambre de la Baltique, icônes.

LES CONSEILS GEO

▶ Les plus
L'attrait de plus en plus fort de Riga et Tallinn, villes qui deviennent des destinations de week-end, d'autant que les compagnies à bas prix y sont très présentes.
Des propositions de voyage en augmentation.

▶ Les moins
Une image touristique qui reste à peaufiner, les trois pays étant trop souvent confondus.
Un climat globalement guère favorable, y compris en été.

Pays-Bas

QUE VOIR, QUE FAIRE AUX PAYS-BAS ?

Les villes et les musées

- Amsterdam, Delft, La Haye, Rotterdam, Haarlem, Leyde, Utrecht, Maastricht
- Rijksmuseum, musée Van Gogh, Mauritshuis

Les paysages et les randonnées

- Champs de fleurs et parc floral du Keukenhof
- Étangs de Loosdrecht, îles des Wadden, parc national de la Haute Veluwe
- Moulins de Kinderdijk, polders du Flevoland, marais du Groote Peel
- Plages, randonnées à vélo

Champs de tulipes à perte de vue au printemps, musées de réputation mondiale, moulins à vent, canaux et maisons à pignon, villes à l'architecture harmonieuse, dynamisées par la réputation d'Amsterdam : le tourisme des Pays-Bas se révèle d'une grande diversité, malgré un ciel plus souvent gris plombé que bleu azur.

Les villes et les musées

Forte de sa réputation justifiée de ville jeune, branchée, cosmopolite et permissive, **Amsterdam** attire un grand nombre de visiteurs venus du monde entier. Le tour de la ville en bateau-mouche, notamment, leur permet d'apprécier le romantisme de ses 165 canaux (dont surtout Herengracht, Keizersgracht et Prinsengracht) qui forment une véritable ceinture, et d'admirer quelques-uns de ses 1 289 ponts ainsi que les pignons de ses façades.

Les musées sont de réputation mondiale : le **Rijksmuseum** possède une très riche collection de peintures du XVe au XVIIe siècle, avec notamment

Amsterdam ou le romantisme d'une ville qui compte des centaines de ponts et se perd dans plus de cent cinquante canaux.

des toiles de Rembrandt (dont *la Ronde de nuit*), de Johannes Vermeer et de Frans Hals.
Le **musée Van Gogh** abrite, quant à lui, 200 œuvres du « peintre maudit », présentées par roulement. S'y ajoutent le Stedelijk Museum et une annexe du musée de l'Ermitage de Saint-Pétersbourg.
La visite des maisons de Rembrandt et d'Anne Frank ainsi que celle du Musée maritime (Compagnie des Indes orientales), les ruelles du quartier de Jordaan et ses béguinages ou hospices complètent la très riche palette touristique d'Amsterdam.
Delft se distingue par le charme de ses canaux, de ses maisons, de son beffroi gothique, de ses églises et, plus généralement, de son site célébré par Johannes Vermeer dont elle est la ville natale.
La Haye a une réputation de ville un peu endormie entre ses institutions internationales et ses espaces verts. Pourtant, son centre est très animé, autour de l'ancien palais des comtes, le Binnenhof. Elle propose deux types d'attraction très différents : le Madurodam, panorama des Pays-Bas en miniature, et des musées prestigieux comme le **Mauritshuis** (Rembrandt, Rubens, Vermeer) et le Musée municipal.
En grande partie détruite pendant la Seconde Guerre mondiale, **Rotterdam** se distingue aujourd'hui par l'animation de ses axes, Lijnbaan et Coolsingel (hôtel de ville et Bourse miraculeusement épargnés, statue d'Érasme et pont futuriste du même nom). Mais ce sont ses abords, Delfshaven (ancien port de Delft d'où sont partis les Pères pèlerins pour l'Angleterre puis les États-Unis), Schiedam (moulins) et le port de commerce, le plus important du monde (balades possibles

Entre Haarlem et Leyde, un million de visiteurs, chaque printemps, pour une symphonie en jaune, rouge, violet...

LE CARNET DE VOYAGE

Les premiers contacts
Office néerlandais du tourisme (fermé au public), 01.43.12.34.20. www.holland.com/fr, www.amsterdam.info/fr

Les formalités
Pour les ressortissants de l'UE et suisses, carte d'identité ou passeport. Pour les ressortissants canadiens, passeport.

La santé
Aucun problème.

Le voyage, le décalage
Avion : 1 heure de vol entre Paris et Amsterdam. Train : le Thalys relie Paris-Gare du Nord à Amsterdam Centraal en 3 heures 17 via Bruxelles, Anvers, Rotterdam et La Haye. Route : Paris-Amsterdam, environ 500 km. Pas de décalage horaire.

Le coût moyen d'un séjour
Un week-end à Amsterdam en train ou en avion à partir de 300 € (A/R + 2 nuits) en haute saison.

Les langues, la monnaie
Langue officielle : le néerlandais. La minorité frisonne du nord du pays s'exprime dans son dialecte. **Langues étrangères :** les Néerlandais parlent l'anglais et l'allemand, voire le français.
Monnaie : l'euro.

La population
Plus de 15 millions d'habitants (16829000) sur une superficie aussi modeste valent aux Pays-Bas une très forte densité de population. Amsterdam est la capitale depuis 1815, mais la Cour et les pouvoirs publics sont à La Haye. Le pays est subdivisé en 12 provinces.

Les religions
Les catholiques (28%) sont plus nombreux que les protestants (19%, dont la majorité appartient à l'Église néerlandaise réformée). Un Néerlandais sur trois ne se réclame d'aucune religion.

Les fêtes
30 avril : Jour de la reine; **juin :** Festival de Hollande à Amsterdam et La Haye; **août :** Gay Pride à Amsterdam; **dates et lieux variables :** Corsos fleuris.

Les achats
En choisissant un plant de tulipes, une paire de sabots, une faïence de Delft et un fromage de gouda bien rond, on rassemblera le parfait panier du touriste aux Pays-Bas.

en bateau), qui donnent son prix à la visite de Rotterdam, sans oublier le musée Boymans-Van Beuningen (Jérôme Bosch, Van Eyck, Frans Hals, Rembrandt, Rubens).

Haarlem doit être vue pour sa Grand-Place bordée de jolis édifices (église Saint-Bavon, hôtel de ville, halle aux viandes), mais surtout pour son musée Frans-Hals.

Leyde est une des villes les plus charmantes des Pays-Bas grâce à son moulin (De Valk), mais plus encore du fait de son université prestigieuse et des maisons à pignon qui longent le canal Rapenburg. Il faut aussi y visiter le musée national d'Ethnologie, le Musée municipal (arts décoratifs et œuvres de Lucas de Leyde) et le musée national des Antiquités.

Utrecht est attachante pour les canaux de sa vieille ville, son campa-

Kinderdijk et sa vingtaine de spécimens font rêver aux moulins d'antan.

nile (Domtoren), l'architecture audacieuse de la maison Rietveld-Schröder et sa place Vredenburg.

Maastricht doit à l'Europe d'être sortie de l'anonymat. Sa vieille ville, autour de la basilique Saint-Servais, mérite le détour.

La plupart des villes citées possèdent des musées qui vaudraient le déplacement à eux seuls. Il faut y ajouter le musée national Kröller-Müller, dans le parc national de la Haute Veluwe (Mondrian, Van Gogh, cubistes, impressionnistes français).

Les paysages et les randonnées

Aux Pays-Bas, la culture des fleurs à bulbes est une institution vieille de plus de quatre siècles.

De fin mars à mi-mai, il est impératif de suivre la route buissonnière qui, de Haarlem à Leyde, déploie l'impeccable géométrie pourpre, jaune, blanche des champs de tulipes.

Au nord-ouest de Lisse, le parc floral à la renommée mondiale de **Keukenhof** offre aux visiteurs, sur une étendue de 32 ha, une succession de massifs de fleurs et de magnifiques serres. Ce parc constitue l'épicentre touristique d'une région qui attire un million de visiteurs chaque année. Le tout est complété tous les dix ans par la Floriade, une imposante exposition universelle d'horticulture qui dure d'avril à octobre et dont la prochaine édition doit avoir lieu en 2022.

Une fausse idée laisse croire que la platitude du sol enlève tout charme à la nature néerlandaise. De nombreux sites prouvent le contraire : non loin d'Utrecht, les **étangs de Loosdrecht**, agrémentés de ponts, de ports de plaisance et de châteaux ; les **îles des Wadden**, avec leurs longues plages et leurs réserves ornithologiques ; le **parc national de la Haute Veluwe** (cerfs, chevreuils, oiseaux) ; la plaine marécageuse des alentours de **Kinderdijk** qui conserve un ensemble exceptionnel de 19 moulins ; les dunes de la Flandre de Zélande ; la baie de l'IJsselmeer, ex-« mer sauvage » du Zuiderzee ponctuée de villages côtiers tels que Volendam ; la récente mise en valeur du **Flevoland**, territoire de polders entièrement gagné sur la mer ; le **marais du Groote Peel** (oiseaux, papillons).

Si les plages aménagées ne sont pas rares (Noordwijk, Scheveningen, Zandvoort, Katwijk), c'est dans leurs casinos plus que sur leur sable qu'il faudra recherche la chaleur.

Une véritable industrie du loisir vélocipédique a saisi le pays : 10 000 km de pistes, à la ville comme à la campagne, et des itinéraires savamment construits invitent à abandonner la voiture ou tout au moins à l'utiliser au minimum. ■

QUAND PARTIR ?

	Climat	Tulipes et plantes à bulbes
Janvier		
Février		
Mars		
Avril		🌷
Mai	☼	🌷
Juin	☼	
Juillet	☼	
Août	☼	
Septembre	☼	
Octobre		
Novembre		
Décembre		

LES CONSEILS GEO

▶ Les plus

Une diversité de centres d'intérêt insoupçonnée en dehors de l'incontournable Amsterdam.

La « religion » du vélo, fait pour joindre l'utile à l'agréable, à un point rarement atteint ailleurs en Europe.

▶ Les moins

Un climat un peu trop pluvieux, qui peut mettre un frein à des projets de randonnées à vélo et à des envies de longs séjours.

▶ Les précautions

Les Pays-Bas présentent un des taux de délinquance les plus bas d'Europe.

▶ Les tendances

Louer un vélo ou une voiture et longer les horizons jaunes, grenat, bleus, mauves des champs de tulipes entre mi-avril et mi-mai est un feuilleton printanier certes classique, mais très prisé.

Pérou

Le Wayna Picchu, le pain de sucre qui plante le décor du Machu Picchu, ressemble à celui de la baie de Rio, comme pour accréditer le sentiment que, en Amérique du Sud, seul le Brésil peut se prévaloir d'autant d'arguments que le Pérou, de surcroît riche des vestiges de plusieurs civilisations et des splendeurs de l'Altiplano.

Les vestiges

L'empire inca régnait sur l'actuel Pérou il y a un demi-millénaire, avant d'être détruit par le conquistador espagnol Francisco Pizarro. Mais son souvenir demeure à travers des ruines majestueuses, au premier rang desquelles le **Machu Picchu**, un des grands sites du tourisme mondial, perché à 2430 m.

Pour aborder au mieux le Machu Picchu, il convient de choisir la randonnée du « chemin de l'Inca » ou de prendre le train des Andes à Cuzco jusqu'au terminus de Machu Picchu Pueblo (Aguas Calientes). On peut alors s'attarder dans la haute vallée de l'Urubamba, la « Vallée sacrée », et sur ses imposants vestiges tels que Pisac et Ollantaytambo.

Dans le nord du pays, les Incas ont été précédés par d'autres civilisations qui ont laissé des traces importantes :

– le site archéologique de Túcume et celui de Sipán (tombes), dans la région de **Lambayeque**, petite ville qui renferme désormais le musée des Tombes royales de Sipán ;

– le centre cérémoniel, **Pachacámac**, au sud de Lima ;

– les neuf enceintes et les murs sculptés du site de **Chanchán**, ancienne capitale du royaume chimu (1200-1400), sur la côte nord ;

– dans la cordillère Blanche, le centre cérémoniel de **Chavin** et ses sculptures monumentales en pierre, dont le félin constitue le principal motif.

D'étranges lignes, ou géoglyphes, représentant des animaux ou des végétaux, ont été tracées par les habitants de la vallée de **Nazca** entre 200 av. J.-C. et 600 apr. J.-C. De nombreux spécialistes se sont penchés sur ces lignes parfois très longues et entremêlées, mais le mystère demeure.

QUE VOIR, QUE FAIRE AU PÉROU ?

Les vestiges

- Vestiges incas (Machu Picchu, Cuzco)
- Vestiges d'autres civilisations : Lambayeque, Pachacámac, Chanchán, Chavin
- Lignes de Nazca

Les paysages et les randonnées

- Altiplano, lac Titicaca, Huarón, cordillère de Vilcanota, volcan Misti, salines de Maras
- Îles Ballestas, randonnées sur le chemin de l'Inca et dans la forêt amazonienne, rafting

Les fêtes et les marchés

- Fêtes religieuses, feria (Lima), marchés

Les villes

- Cuzco, Lima, Arequipa, Iquitos

Le Machu Picchu dans toute sa splendeur, mais ce site incontournable du tourisme international n'a pas encore livré tous ses secrets.

Les paysages et les randonnées

La plupart des randonnées sont liées à la visite de sites archéologiques. La plus recherchée est celle qui suit le **chemin de l'Inca**. Parti des environs de Cuzco, le randonneur, qui ne doit surtout pas s'attendre à cheminer seul, gravit ou descend des escaliers de pierre, passe par des sites tels que Ollantaytambo et achève son périple au Machu Picchu.

L'**Altiplano** offre une alternance de vallées et de sommets enneigés servant d'écrin au **lac Titicaca**. Ce lac navigable le plus haut du monde (3812 m), qui est selon la légende le berceau des fils du Soleil, se parcourt en bateau, ce qui permet de visiter les îles « flottantes » occupées par les descendants des indiens Uros ainsi que l'île de Taquile.

Au nord-est de Lima, la cordillère Blanche est recouverte par 200 km de glaciers. Trente sommets dépassent 6000 m. Plus au sud, on peut admirer le spectacle tout aussi beau de la forêt de pierres de **Huarón**, figées par le gel après avoir dévalé les pentes des volcans.

À l'est de Cuzco, les randonneurs trouveront leur bonheur en longeant les sommets de près de 5000 m de la **cordillère de Vilcanota**. Dans le sud de cette chaîne, dans la région d'Arequipa, des volcans tels que le **Misti** et des canyons comme celui de la Colca, que survolent des condors, sont une véritable aubaine pour le marcheur. C'est aussi le cas des images blanches des **salines de Maras**, non loin de la Vallée sacrée.

Baignée par des courants froids, la côte péruvienne possède toutefois quelques sites balnéaires tout au nord ainsi que de pittoresques villages de

LE CARNET DE VOYAGE

Les premiers contacts
Services culturels de l'ambassade, 50, avenue Kléber, 75016 Paris, 01.53.70.42.00.
www.peru.travel/fr
www.voyage-tourisme-au-perou.com

Les formalités
Pour les ressortissants de l'UE, canadiens et suisses : passeport suffisant, valable six mois après le retour, billet de continuation exigible.

La santé
Aucune vaccination n'est obligatoire. vaccination recommandée contre la fièvre jaune dans les zones de jungle inférieures à 2300 m d'altitude. Prévention recommandée contre le paludisme au-dessous de 1500 m, surtout dans les vallées andines ou côtières, le bassin amazonien. Attention à gagner progressivement l'Altiplano pour éviter le mal de l'altitude.

Le voyage, le décalage
Durée moyenne du vol Paris-Lima (10373 km, souvent escale à Madrid) : 15 heures. Lorsqu'il est midi en France, au Pérou il est 5 h en été et 6 h en hiver.

Le coût moyen d'un séjour
L'itinéraire le plus couru, d'une quinzaine de jours, débute à Lima, se poursuit par Arequipa, Cuzco, Sacsahuamán, le train des Andes, le Machu Picchu, et se termine aux abords du lac Titicaca. Compter 3000 € tout compris pour un tel voyage. Penser aussi à la randonnée sur le chemin de l'Inca, tarifs à peu près identiques.

Les langues, la monnaie
Langues officielles : l'aymara, l'espagnol et le quechua ; ce dernier, qui fut la langue des Incas, est parlé par 40 % de la population. Langues étrangères : l'anglais est pratiqué mais peu considéré, le français est peu pratiqué.
Monnaie : le nuevo sol. Emporter des euros ou des dollars US et une carte de crédit.
1 € = 3,70 nuevos soles,
1 $ = 2,80 nuevos soles.

La population
30148000 habitants, dont pratiquement la moitié sont des Indiens et dont un sur cinq vit avec moins de 1 $ par jour. La seconde moitié est composée de Blancs, d'Asiatiques, de Noirs et de Chinois.
Capitale : Lima, qui regroupe le quart de la population du pays.

Les religions
80 % des Péruviens sont catholiques.

Les fêtes
Février : à Puno, Virgen de la Candelaria ; **mai :** pèlerinage du Qoyllur Rit'i à Quispicanchis (région de Cuzco) ; **juin :** Inti Raymi à Sacsahuamán (près de Cuzco) ; **28-29 juillet :** fête de l'Indépendance ; **octobre ou novembre :** feria de Lima.

Les achats
Pulls en alpaga, bonnets andins, ponchos, flûtes de Pan, statuettes, mobiles.

En naviguant vers les îles Ballestas, le voyageur longe ce candélabre imposant et énigmatique.

pêcheurs, situés autour de Chiclay. Sur les **îles Ballestas**, les phoques et les lions de mer font le spectacle, survolés par une infinité d'oiseaux dont les déjections noircissent les falaises du futur et précieux *guano*.

Les voyageurs les plus téméraires suivent la trace de la Qhapaq Nan (la « Grande Route inca ») ou s'essaient au rafting sur le fleuve sacré Urubamba. D'autres préfèrent les escapades dans la forêt amazonienne. Ils embarquent sur de longues pirogues, les *peque-peque*, pour découvrir les villes de Puerto Maldonado ou d'Iquitos, au milieu de l'« enfer vert ».

Les fêtes et les marchés

Les marchés indiens sont devenus des classiques du tourisme sud-américain. Ils sont complétés par des fêtes : l'Inti Raymi à Sacsahuamán, au moment du solstice d'hiver (juin), cérémonie inca pour demander au soleil, avec force danses et sacrifices rituels, de revenir. Quispicanchis, à sept heures de bus de Cuzco, abrite le sanctuaire de Qoyllur Rit'i, dédié à la vénération d'une branche en forme de croix rappelant la légende de l'apparition, au XVIIIe siècle, de « Manuelito », figure locale de l'Enfant Jésus. Les 50000 adeptes de ce culte en font un lieu de pèlerinage très actif.

La **feria de Lima**, qui se déroule en octobre ou novembre, et les danses en l'honneur de la patronne de la ville de Puno, la Virgen de la Candelaria, en février, méritent également le déplacement.

Les villes

Cuzco, qui fut la capitale de l'empire du Soleil, mêle, à 3400 m d'altitude, vestiges incas et constructions de l'ère coloniale, quand les plus récentes n'ont pas recouvert les plus anciens – le couvent de Santo Domingo a ainsi été élevé sur les restes du temple du Soleil. La pierre aux douze angles des vestiges du palais d'Inca Roca, la place d'Armes et le quartier populaire de San Blas constituent les hauts lieux de la plus jolie ville du Pérou. Au-dessus de Cuzco se profile Sacsahuamán, l'imposante forteresse qui était chargée de la protéger.

L'architecture coloniale (maisons aux balcons de bois), la cathédrale baroque, l'église San Francisco (azulejos et catacombes) dans le centre historique, le Musée de la Nation, le musée de l'Or et le musée Larco confèrent toute sa valeur touristique à la capitale **Lima**.

Dominé par le cône élégant du volcan Misti, **Arequipa** se distingue par ses églises, le couvent de Santa Catalina et le musée qui renferme le corps, découvert intact en 1975, de Juanita, la « princesse des glaces ».

Enfin, à l'orée de la forêt, **Iquitos**, longtemps enrichie par l'hévéa, est une ancienne bourgade d'Indiens devenue le point de départ du tourisme amazonien. ■

QUAND PARTIR ?

	Machu Picchu et l'Altiplano	Lima et la côte	Région amazonienne
Janvier		☼	
Février		☼	
Mars		☼	
Avril		☼	
Mai	☼		
Juin	☼		
Juillet	☼		☼
Août	☼		☼
Septembre	☼		
Octobre			
Novembre			
Décembre			

LES CONSEILS GEO

▶ Les plus

Un des grands rendez-vous du tourisme mondial, diversifié à souhait : randonnées à travers les sites incas, forêt amazonienne. Les dates favorables (mai-septembre) pour le voyage sur l'Altiplano et les sites incas.

▶ Les moins

Le peu d'intérêt d'un séjour balnéaire : la côte péruvienne est souvent brumeuse et fraîche.

▶ Les précautions

Le Pérou est réputé être un pays à risques, généralité qu'il convient de nuancer. Il vaut toutefois mieux éviter de partir isolément dans des régions peu fréquentées (vallées de l'Ene et de l'Apurimac, plateaux d'Ayacucho et de Junin).

Les rizières en terrasses de Banaue (Luçon) sont parmi les plus belles du monde.

Philippines

Cet archipel de plus de 7000 îles, bordé par 17 500 km de côtes, offre une infinité de plages aux superbes fonds coralliens. Mais de nombreux autres paysages méritent la visite.

Les paysages

Les rizières en terrasses de la région montagneuse de **Banaue** (Luçon), créées par les ancêtres de l'ethnie des Ifugaos, sont citées parmi les plus belles du monde. Toujours à Luçon, la route reliant Baguio à Bontoc, la Mountain Trail – la plus haute du pays –, offre des panoramas spectaculaires.

Les Philippines renferment une trentaine de volcans. À l'ouest de Manille, l'éruption gigantesque du **Pinatubo** en 1991 a laissé un désert de cendres sans cesse redessiné par les pluies ou

LE CARNET DE VOYAGE

Les premiers contacts
Ambassade, 4, hameau de Boulainvilliers, 75116 Paris, 01.44.14.57.00. www.cestplusfunauxphilippines.fr

Les formalités
Pour les ressortissants de l'UE, canadiens et suisses : passeport, valable encore six mois après le retour, suffisant pour un séjour de moins de 21 jours.

La santé
Aucune vaccination obligatoire. Prévention indispensable contre le paludisme au-dessous de 600 m.

Le voyage, le décalage
Durée moyenne du vol Paris-Manille (11 000 km, escales) : 14 heures. Lorsqu'il est midi en France, aux Philippines il est 18 h en été et 19 h en hiver.

Le coût moyen d'un séjour
Centré soit sur la plage et la plongée, soit sur la randonnée, le séjour revient à 3 000 € minimum pour 15 jours. Le voyage individuel est peu pratiqué, et il vaut mieux louer une voiture avec chauffeur.

Les langues, la monnaie
Langue officielle : le tagalog, ou pilipino, émerge de près de cent langues ou dialectes. Langues étrangères : anglais, espagnol. **Monnaie :** le peso philippin. 1 € = 58 pesos philippins, 1 $ = 44 pesos philippins.

La population
Son chiffre est élevé : 107 668 000 habitants, en majorité d'origine malaise. On dénombre une vingtaine de minorités. **Capitale :** Manille.

Les religions
Importante proportion de catholiques (85 %), connus pour leur ferveur. Minorités d'aglipayans (adeptes issus de l'Église indépendante philippine), de musulmans (ils sont 6 millions à Mindanao) et de protestants.

Les fêtes
9 janvier : procession du « Nazaréen noir » à Manille ; **janvier :** « Ati-Atihan » à Kalibo ; **février :** Nouvel An chinois ; **12 juin :** fête de l'Indépendance ; **31 août :** fête des Héros nationaux ; **Aïd el-Fitr :** fin du ramadan.

Les achats
Porcelaine, textiles, ustensiles en bambou et en rotin, nacre.

QUE VOIR, QUE FAIRE AUX PHILIPPINES ?

Les paysages

- Rizières en terrasses de Banaue, volcans Pinatubo, Taal, Mayon
- Chocolate Hills, chutes de Pagsanjan, Mindanao (grottes, rizières, mont Apo)

Les côtes

- Côtes des Visayas (Cebu, Bohol, Panay) et de Palawan
- Plongée à Mindoro (Puerto Galera) et à Palawan

Les villes et les monuments

- Manille, Zamboanga, Cebu (églises, forts)

LES CONSEILS GEO

▶ Les plus

Une grande diversité pour les adeptes du tourisme balnéaire et de la plongée, dans des sites et sur des plages de qualité.
Les mêmes avantages climatiques et esthétiques que ceux des archipels océaniens, avec les témoignages culturels en sus.

▶ Les moins

Un coût du voyage qui demeure élevé.
Une saison climatique favorable qui tombe mal pour un Occidental.

▶ Les précautions

Il importe de bien se renseigner avant tout projet de voyage dans l'archipel de Sulu, la péninsule de Zamboanga et les régions situées à l'ouest de Mindanao.

typhons, et arpenté aujourd'hui par les randonneurs. Au sud-ouest de la capitale, le **volcan Taal** forme, au milieu du lac du même nom, un cône dont les lignes pures ne rivalisent qu'avec celles du **mont Mayon**.

À 100 km au sud-est de Manille se trouvent les **chutes de Pagsanjan** dont les paysages ont servi de décor au film *Apocalypse Now*.

Dans l'île de Bohol, les **Chocolate Hills** sont de surprenantes collines dont la végétation brunit lors de la saison sèche, d'où leur nom.

À **Mindanao**, les grottes de Davao, le **mont Apo**, les alentours du lac Sebu et les rizières en terrasses (Bangaan) sont des sites intéressants.

Dans l'île de **Palawan**, l'intérieur des terres mérite autant la visite que les rivages. Au nord de Palawan, les îles Calamian se distinguent par leurs forêts, leurs sources chaudes, la mangrove et les coraux, notamment dans les îles de Busuanga et Coron.

■ Les côtes

Les côtes bordées de plages de sable fin et leurs fonds coralliens sont légion. C'est au centre de l'archipel, dans les **Visayas**, que le tourisme balnéaire s'est le plus développé, notamment dans les îles **Cebu**, **Bohol**, **Panay** et **Boracay**.

Sous la même latitude, les plages des îles Calamian et le lagon lumineux de l'île de Palawan comptent parmi les plus beaux d'Extrême-Orient, avec des curiosités comme les falaises noires truffées de nids d'hirondelles d'El Nido. Autre rendez-vous balnéaire : les plages de sable blanc et les récifs de Zamboanga.

Les voyageurs choisissent surtout les eaux philippines pour la plongée (notamment aux Visayas) et les sports nautiques. Les sites de **Mindoro** (**Puerto Galera**), de Palawan, ceux situés autour de Batangas (Luçon) ainsi que ceux des détroits de Mindoro et de Bohol sont parmi les plus recherchés.

QUAND PARTIR ?

	Climat	Rizières de Luçon
Janvier	☼	
Février	☼	
Mars	☼	•<
Avril		•<
Mai		
Juin		
Juillet		
Août		
Septembre		
Octobre		
Novembre	☼	•<
Décembre	☼	•<

■ Les villes et les monuments

Manille, capitale hypertrophiée, compense son image négative par sa vieille ville espagnole (« Intramuros ») et sa « basilique du Nazaréen noir », ses *jeepneys*, taxis uniques en leur genre, son palais (Malacanang, où sont exposés des chefs-d'œuvre de l'art espagnol), son marché (Quinto) et son quartier chinois.

Zamboanga, qui mêle les architectures espagnole et musulmane, et surtout **Cebu**, méritent une visite. ■

QUE VOIR EN POLOGNE ?

Les villes et les monuments

- Cracovie, Gdansk, Varsovie, Malbork, Sandomierz
- Szczecin, Toruń, Wroclaw, Poznan, Zakopane

Les paysages

- Lacs de Mazurie, Warmie, lacs et cours d'eau de Poméranie
- Sudètes, Hautes Tatras (traditions du bois), forêt de Bialowieza, Beskides, Piénines

Les côtes

- Plages du Nord-Ouest

Belle, intellectuelle, raffinée, Cracovie est comme un trait d'union idéal avec l'Europe d'hier.

Pologne

La Pologne progresse lentement, mais sûrement, dans la liste des destinations européennes. Elle le doit beaucoup à l'attrait de Cracovie, mais aussi aux lacs et forêts de Mazurie, alors que les Hautes Tatras invitent à la balade en été et au ski en hiver.

Les villes et les monuments

Cracovie (Krakow), avec sa Grand-Place (Rynek Glówny), sa halle aux draps, son palais de l'évêque Ciolek, ses palais gothiques et Renaissance, ses 80 églises, son quartier juif (Kazimierz) et le château du Wawel, est considérée comme la plus jolie ville du pays. Elle est en outre une métropole culturelle (tradition des cafés littéraires, université très ancienne). Non loin de là, trois lieux à visiter : le bourg de Wadowice, d'où est originaire l'ancien pape Jean-Paul II ; l'immense mine de sel de Wieliczka ;

LE CARNET DE VOYAGE

Les premiers contacts
Office de tourisme, 10, rue Saint-Augustin, 75002 Paris, 01.42.44.19.00. www.pologne.travel/fr

Les formalités
Pour les autres ressortissants de l'UE, canadiens et suisses : passeport ou carte d'identité suffisants.

La santé
Aucun problème.

Le voyage, le décalage
Durée moyenne du vol Paris-Varsovie (1360 km) : 2 heures. Plusieurs compagnies à bas coût de Bruxelles et Paris pour Cracovie et Varsovie. Route Paris-Varsovie : 1600 km. Train quotidien Paris-Varsovie via Francfort ou Cologne (24 heures de voyage). Pas de décalage horaire avec l'Europe de l'Ouest.

Le coût moyen d'un séjour
Les formules week-end avion + hôtel pour Cracovie ou Varsovie coûtent environ 450 € ; dix jours à base de randonnées dans les Hautes Tatras environ 1400 € tout compris.

Les langues, la monnaie
Langue officielle : le polonais, qui fait partie des langues slaves. Langues étrangères : l'allemand est plus répandu que l'anglais.
Monnaie : le zloty. 1 € = 4,20 zlotys. Distributeurs dans les villes, cartes bancaires bien acceptées ailleurs.

La population
Les Polonais sont 38518000, sans compter les 15 millions qui ont émigré au XXe siècle, dont les deux tiers aux États-Unis.
Capitale : Varsovie.

Les religions
95 % des Polonais sont catholiques.

Les fêtes
3 mai : fête de la Constitution ; **juillet :** Festival Chopin à Varsovie ; **août :** Festival musical dans le vieux Cracovie ; **11 novembre :** Jour de l'Indépendance.

Les achats
L'éventail des achats possibles est bien fourni : on pourra se procurer des bijoux (ambre de la Baltique), des faïences peintes à la main, des nappes et tissus brodés.

le camp d'extermination nazi d'Auschwitz-Birkenau.

Gdansk (ex-Dantzig), ville qui appartint à la Ligue hanséatique, a subi de graves dommages lors de la Seconde Guerre mondiale. L'hôtel de ville, la basilique Notre-Dame, les maisons à colombages, les demeures bourgeoises (dont la Maison dorée) la font redécouvrir aujourd'hui.

Varsovie tente de faire oublier les grands boulevards ternes de l'époque communiste en multipliant les lieux branchés : bars, restaurants, boutiques. Le centre historique et médiéval a été reconstruit, et son patrimoine est dense : le monument des Héros, le Château royal et ses œuvres d'art, la cathédrale Saint-Jean, des palais baroques (Lazienki et son parc) et 40 musées dont un consacré à Frédéric Chopin.

Du ghetto il ne reste presque rien sauf un itinéraire du souvenir, symbolique. À une soixantaine de kilomètres, à Zelazowa Wola, on peut visiter la maison qui a vu naître Frédéric Chopin.

Méritent également la visite : **Malbork** et son château fort (XIIIe et XIVe siècles) ; **Sandomierz** (cathédrale, hôtel de ville, musées) ; **Szczecin** (château des ducs de Poméranie) ; **Toruń**, ville natale de Copernic ; **Wroclaw** et sa place du Marché ; **Poznan** (notamment la vieille ville).

Dans le sud, **Zakopane**, embellie par ses maisons en bois de mélèze, est la plus importante station de sports d'hiver de Pologne. Le bois est également l'unique matériau de construction de dizaines d'églises du sud du pays ainsi que de la plupart des villages de cette région.

Les paysages

Le chapelet de la « région des mille lacs », les **lacs de Mazurie**, reliés entre eux par des rivières et des canaux, offre des possibilités de croisière, d'excursion en kayak, de pêche et d'observation de la faune avicole (aigles pomarins, cigognes noires, pygargues). La Warmie, autour de Olsztyn, est également riche de lacs et de forêts.

En retrait du littoral s'étend la **Poméranie**, région de lacs et de cours d'eau qui se descendent en canoë et dans lesquels on pêche la truite.

QUAND PARTIR ?

	Climat	Couleurs de la nature
Janvier		
Février		
Mars		
Avril		
Mai	☼	⋖
Juin	☼	⋖
Juillet	☼	
Août	☼	
Septembre	☼	⋖
Octobre		⋖
Novembre		
Décembre		

LES CONSEILS GEO

▶ Les plus

Des motifs de visite intéressants sur les plans architectural et culturel mais aussi les vertus de la nature (lacs, montagnes).
Une image touristique qui s'affine au fil des années.

▶ Les moins

Une mise en valeur mal perçue des atouts touristiques autres que les villes.

▶ Les tendances

Cracovie la belle intellectuelle emporte les suffrages des voyageurs de l'Europe de l'Ouest, qui y découvrent la jeunesse et le dynamisme de la nouvelle Pologne.
Le voyage en duo avec Varsovie est adopté par beaucoup de visiteurs.

Dans le Sud-Ouest se dressent le massif des **Sudètes** et une petite partie des **Hautes Tatras**, propices à la pratique du ski (**Zakopane**), à la balade et au thermalisme.

Plus à l'est, la **forêt de Bialowieza**, plus vieille forêt naturelle d'Europe (3 000 espèces de plantes, 300 espèces avicoles, des loups et les derniers bisons sauvages d'Europe) est soumise à une sévère pratique d'abattage.

Les **Beskides** plaisent aux randonneurs pour leur relief de moyenne montagne, de même que les Piénines (pic des Trois Couronnes).

Les côtes

Si la mer Baltique est fraîche, les stations balnéaires s'y succèdent, telles que Miedzyzdroje (sur l'île de Wolin, où se trouve un parc national), Kolobrzeg, la presqu'île de Hel et surtout **Sopot**, populaire pour ses plages de sable blanc, sa longue jetée et son arrière-pays de forêts.

Les rivages sont parsemés de réserves naturelles où abondent les oiseaux ainsi qu'une flore parfois peu commune. Une curiosité à Leba, dans le parc national de **Slowiński** : les dunes, dont certaines avancent d'une dizaine de mètres chaque année. ■

Qu'il s'agisse des Marquises ou des autres îles, la Polynésie française est toujours une destination paradisiaque.

QUE VOIR, QUE FAIRE EN POLYNÉSIE ?

Les côtes

- Lagon des îles de la Société
- Bora Bora : séjour haut de gamme et observation des poissons
- Moorea, Raiatea : farniente et randonnées
- Huahine, Marquises
- Rangiroa (Tuamotu) : plongée

Le patrimoine culturel

- Tikis aux Marquises, *marae* à Raiatea
- Musées Gauguin et de la Perle à Tahiti

Polynésie fr.

Si l'image de la vahiné sur fond d'océan bleu-vert et le parfum des fleurs de tiaré subsistent, l'imaginaire, enrichi du passage de Paul Gauguin, de Pierre Loti et de Jacques Brel, n'a plus cours depuis que l'aventure a cédé le pas au tourisme. Il ne faut pas renoncer au périple pour autant : la beauté du « paradis terrestre » demeure, avec ses 118 îles...

LE CARNET DE VOYAGE

Les premiers contacts
Tahiti Tourisme, c/o Aviareps, Paris 01.53.43.53.95. www.tahiti-tourisme.fr

Les formalités
Passeport, valable encore six mois après le retour. La carte d'identité ne suffit pas, y compris pour les Français métropolitains : passeport électronique ou à lecture optique en cas de transit par les États-Unis.

La santé
Aucune problème.

Le voyage, le décalage
Durée moyenne du vol Paris-Papeete (17 100 km) : 22 heures. Le plus souvent, escales à Los Angeles ou à New York. Lorsqu'il est midi en France, en Polynésie il est minuit en été et 1 h en hiver.

Le coût moyen d'un séjour
Compter au moins 2 000 € pour le vol A/R et une semaine d'hôtel. Environ 3 000 € pour une croisière de 8 jours en pension complète ou une semaine de plongée.

Les langues, la monnaie
Le tahitien voisine avec le français. **Monnaie :** le franc Pacifique (CFP) : 1 € = 119,33 francs Pacifique.

La population
Sur les 275 000 habitants, huit sur dix sont des Maoris, le neuvième est un Asiatique et le dixième un Européen. **Chef-lieu :** Papeete.

Les religions
Les protestants sont légèrement majoritaires, devant les catholiques. Minorité de mormons.

Les fêtes
5 mars : célébration de l'arrivée des premiers missionnaires ; **29 juin :** « Heiva » (fête de l'Autonomie) ; **octobre :** carnaval de Tahiti ; Hawaiki Nui Va'a, course de pirogues à Tahiti ; **décembre :** fête du Tiaré à Tahiti.

Les achats
Une dose de monoï, une perle noire et un paréo sont les principaux produits à rapporter, auxquels s'ajoutent les nombreux articles de vannerie.

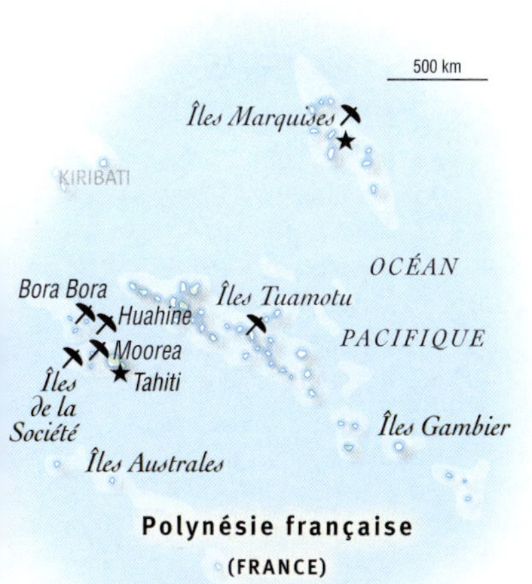

Les côtes

Îles de la Société

Contrairement à des clichés tenaces, Tahiti n'est pas la plus belle des îles de la Société et de la Polynésie en général. Beaucoup de visiteurs lui préfèrent **Bora Bora**, baptisée la « perle du Pacifique » en raison de son lagon turquoise entouré de récifs coralliens. C'est aussi l'île choisie par ceux qui recherchent un établissement très haut de gamme.

D'autres élisent **Moorea** ou **Raiatea** pour le farniente, mais aussi pour la randonnée, et plus encore les îles sœurs de **Huahine** pour leurs plages secrètes et leurs traditions mieux sauvegardées.

Îles Marquises

À la différence des autres archipels, la vingtaine d'îlots des Marquises, dont six sont habités, n'ont ni récifs coralliens, ni lagons, mais plutôt de hautes falaises et des plages de galets. Ce relief qui n'appartient qu'aux Marquises en fait sans doute la destination la plus en marge ainsi que la plus originale.

Ua Huka, Fatu Hiva et Nuku Hiva sont souvent cités parmi les plus jolis sites, mais c'est le nom de Hiva Oa que l'on retient, et plus précisément Atuona, où reposent Paul Gauguin et Jacques Brel.

Îles Tuamotu

L'atoll de **Rangiroa** et ses 78 îlots coralliens *(motus)*, dans le nord de l'archipel, constituent le lieu idéal pour pratiquer la plongée (raies mantas, requins-marteaux).

Dans le sud de la Polynésie française, les îles Australes et les îles Gambier sont en retrait concernant la fréquentation touristique, offrant ainsi l'occasion de sortir des clichés.

Enfin, quiconque voudra embrasser tous les sites trouvera toujours un programme de croisières sur les navires de l'endroit que sont l'*Aranui 3* ou le *Paul-Gauguin*, très souvent à destination des Marquises.

Le patrimoine culturel

Les îles Marquises offrent un autre intérêt culturel que la musique et la danse à la visite de l'archipel : elles abritent des tikis. Il s'agit de statues de pierre parfois hautes de plus de 2 m et représentant la déesse polynésienne du même nom, symbole de la fécondité. On visitera aussi les vestiges des lieux de culte polynésiens *(marae)* dont le plus ancien se situe sur l'île de Raiatea.

À Tahiti, il faut absolument se rendre au musée Gauguin et au musée de la Perle. Les fermes produisant la fameuse perle noire sont très nombreuses dans l'archipel. ■

LES CONSEILS GEO

▶ Les plus

Le mythe durable de l'horizon lointain qui atteint la perfection, avec sites et images de rêve.

Pour ceux qui ne regardent pas à la dépense, hôtels de luxe et spa se multiplient, tirant profit à la fois de la culture et des décors locaux.

Une saison favorable bien placée sur le calendrier.

▶ Les moins

Une destination et un coût de la vie touristique sur place qui restent, malheureusement, à un niveau élevé dans un souci de préserver un tourisme haut de gamme.

▶ Les tendances

Les listes de mariage haut de gamme amènent aujourd'hui un essor du voyage de noces en Polynésie, notamment sous la forme de croisière. Les anniversaires de mariage suivent. À chacun son idée du paradis terrestre !

QUAND PARTIR ?

	Climat	Plongée
Janvier		
Février		
Mars		
Avril	☼	⋖
Mai	☼	⋖
Juin	☼	⋖
Juillet	☼	
Août	☼	
Septembre	☼	
Octobre	☼	
Novembre		
Décembre		

Portugal

Le Portugal est l'un des pays européens dont les attraits touristiques sont les plus divers. On peut le visiter aussi bien pour l'originalité de son architecture manuéline que pour le charme de ses villes ou de ses rivages, à moins que l'on ne préfère l'isolement atlantique de Madère ou des Açores. Le Portugal protège ses symboles, mettant en valeur ses azulejos et perpétuant la tradition du fado. Lisbonne est quant à elle l'une des villes les plus attachantes d'Europe.

Le Portugal continental

Les monuments

À la fin du XVe et au début du XVIe siècle, le roi Manuel Ier, stimulé par les succès des conquistadores portugais, favorisa l'éclosion d'un style gothique particulier, qui fut qualifié de « manuélin ». On en trouve les traces les plus brillantes à **Lisbonne** (**tour de Belém**, monastère des **Hiéronymites**), à **Tomar** (lieu d'élection de l'ordre des Templiers, avec la fenêtre ouvragée de la chapelle du Christ), à **Coimbra** (portail de la chapelle de l'université) et à **Batalha** (monastère Santa Maria da Vitoria).
Autres grands rendez-vous architecturaux : **Alcobaça** (monastère de l'ordre de Cîteaux et tombeaux de Pedro et d'Inès, la « Reine morte » célébrée par Montherlant), **Fatima** (lieu de pèlerinage, sanctuaire). À travers tout le pays, l'art baroque apparaît sous la forme de bois sculpté doré à l'or fin et surtout d'azulejos, carreaux de faïence polychromes mondialement réputés, dont on peut voir un bel échantillon au **château de Sintra**, ancienne résidence d'été du roi Ferdinand II où se mêlent les genres (gothique, égyptien, maure, Renaissance). Aux alentours, la présence de somptueux palais, d'églises et de jardins rend incontournable la visite de Sintra et de sa région.

QUE VOIR AU PORTUGAL ?

Les monuments
- Lisbonne, Tomar, Coimbra, Batalha : art manuélin
- Alcobaça, Fatima
- Château de Sintra : art baroque (azulejos)

Les villes
- Lisbonne, Porto, Évora, Coimbra, Braga, Guimarães, Obidos, Viana do Castelo

Les côtes
- Algarve, Nazaré, Peniche, Île Berlenga, Serra da Arrábida

Les paysages et la flore
- Algarve, Alentejo, vallée du Douro, parc national de Peneda Geres

C'est à Manuel Ier que l'on doit la tour de Belém, à la fois porte d'entrée défensive et protectrice de Lisbonne.

L'ancienne résidence de Ferdinand II, le château de Sintra, mêle les genres.

Les villes

Bâtie sur sept collines dont chacune abrite un quartier particulier, **Lisbonne** occupe l'un des plus jolis sites urbains que l'on puisse voir en Europe. On peut aisément le vérifier en empruntant l'un de ses funiculaires ou en gagnant l'un de ses nombreux belvédères.

La ville a beaucoup changé au cours des dernières décennies, transformant ses docks *(docas)* en bars et lieux branchés.

Outre les monuments de style manuélin, on admirera les places du Rossio et du Commerce, le château Saint-Georges, les églises (dont l'église baroque Madre de Deus et la surprenante église du Carmo, qui a perdu sa nef), les musées (Centre d'art moderne, musée national de l'Azulejo, musée Calouste-Gulbenkian), les palais (palais national de Queluz, palais des marquis de Fronteira). On n'oubliera pas non plus le jardin botanique de l'École polytechnique, le monument aux Découvertes, avec Henri le Navigateur en figure de proue, le parc de Monsanto et son château, le marché aux puces du campo de Santa Clara, les vieilles rues typiques du

LE CARNET DE VOYAGE

Les premiers contacts
Office du tourisme, uniquement par courriel (info@visitportugal.com) ou tél. 01.56.88.31.90. www.visitportugal.com, www.visitlisboa.com, www.visitmadeira.pt

Les formalités
Une carte d'identité ou un passeport (périmé depuis moins de cinq ans) sont suffisants pour les ressortissants de l'UE. Pour les ressortissants canadiens, passeport suffisant.

La santé
Aucun problème.

Le voyage, le décalage
Durée moyenne du vol Paris-Lisbonne (1 438 km) : 2 heures 15 ; Paris-Madère : 3 heures 30. Plusieurs compagnies aériennes à bas prix pour Lisbonne, Faro, Funchal (Madère), Porto. Route Paris-Lisbonne : 2 000 km. Train : de Paris pour Lisbonne, le TGV Atlantique jusqu'à Irun, puis le Sud Express. Décalage : lorsqu'il est midi en France, il est 10 h aux Açores, 11 h dans le Portugal continental et à Madère.

Le coût moyen d'un séjour
Le prix d'un week-end à Lisbonne débute à 400 € en basse saison sur la base du vol A/R et de la demi-pension. Sur la même base, les prix pour un séjour balnéaire varient de 600 € à 900 € la semaine selon la saison. Aux Açores, prix moyen pour le vol et la pension complète : 1 500 € pour 8 jours.

Les langues, la monnaie
Langue officielle : le portugais. Langues de communication : l'anglais et le français. **Monnaie :** l'euro.

La population
Habité par une population homogène de 10 760 000 habitants, le Portugal a vu partir beaucoup des siens au fil de l'histoire (trois millions, dont près d'un million en France). **Capitale :** Lisbonne. L'archipel des Açores compte 252 000 habitants, Madère 267 400, dont environ un tiers dans la capitale Funchal.

Les religions
Neuf Portugais sur dix sont catholiques. Minorités de juifs et de musulmans.

Les fêtes
Février : Festival de fado à Lisbonne ; **mai :** fête des Roses dans le Minho ; Queima das Fitas à Coimbra ; **15 août :** cavalcade et procession de Viana do Castelo.

Les achats
Achat le plus original : un coq en plâtre de toutes les couleurs dans la petite ville de Barcelos. Achat le plus recherché à Lisbonne : un azulejo sur les marchés de l'Alfama. Achat le plus classique : un porto à Porto, après une visite généreuse des caves. Autres emplettes possibles : bijoux (or), cuir, faïences, dentelles, poteries (Algarve).

L'eau et les bateaux, prélude à l'étagement des maisons de Porto et au charme profond d'une ville méconnue, populaire et typée

Bairro Alto et, surtout, de l'Alfama où l'on peut encore entendre le vrai fado dans les *casas de fado*.

Il faut voir aussi la Lisbonne d'aujourd'hui et son parc des Nations, qui héberge l'« Océanorium », la plus vaste réalisation de ce genre au monde, sur le site de l'exposition universelle de 1998.

Moins réputé que Lisbonne mais peut-être plus typé, **Porto** se distingue par l'étagement des maisons de sa vieille ville sur les rives du Douro (Ribeira), sa cathédrale (la Sé) et son cloître (azulejos), ses églises baroques (São Francisco), ses monuments (palacio da Bolsa et son salon arabe), son monastère da Serra do Pilar, sa Torre dos Clerigos et, bien sûr, de l'autre côté du pont Pia (œuvre de Gustave Eiffel et de l'un de ses associés), les caves de Nova de Gaia, dont la course à la dégustation du porto a tôt fait de rendre plus que jovial l'amateur insouciant.

Forte de son architecture mauresque, **Évora** s'ouvre sur l'Alentejo. Plus au nord apparaissent **Coimbra** et ses trois motifs de fierté : sa cathédrale romane (XIIe siècle), son université du XIe siècle (chapelle manuéline à azulejos, bibliothèque baroque) et sa très réputée fête des étudiants (Queima das Fitas), au mois de mai.

Autres villes intéressantes : **Braga** (basilique de Bom Jesus do Monte et son escalier baroque que des pèlerins gravissent à genoux), **Guimarães** (château fort des ducs de Bragance, remarquables façades et leurs zelliges), **Lamego** (pour son site à l'entrée de la vallée du Douro et son sanctuaire dos Remédios), **Obidos** (ville médiévale entourée de remparts crénelés) et **Viana do Castelo** (grand défilé de chars fleuris qui a lieu lors des fêtes du 15 août).

QUAND PARTIR ?

	Portugal continental	Madère	Açores
Janvier			
Février			
Mars			
Avril		floraison ⋖	
Mai	☼	floraison ⋖	
Juin	☼	☼	floraison ⋖
Juillet	☼	☼	floraison ⋖
Août	☼	☼	⋖
Septembre	☼	☼	⋖
Octobre	☼		
Novembre			
Décembre			

Image tranquille du district d'Aveiro et de Beira Alta, région discrète au sud de Porto

Les côtes

L'**Algarve**, dans l'extrême Sud, possède de nombreux sites côtiers (Portimão, Albufeira, Faro et surtout Praia da Rocha) le long de ses 150 km de criques et de plages aux eaux calmes, doublées de parcours de golf parmi les plus renommés d'Europe. Dans l'Ouest, on sera saisi par les deux promontoires de Sagrès et du cap Saint-Vincent qui, après le cabo da Roca, sur la côte de Sintra, constitue la pointe la plus occidentale de l'Europe.

La façade atlantique ne bénéficie pas de températures très élevées en été (cinq degrés de moins qu'en Méditerranée à la même époque). Le change est donné par le raffinement des stations : Cascais, où le surf est possible, et Estoril, jalonnée de parcours de golf. Il convient de noter l'originalité de sites tels que **Nazaré**, longtemps connu pour ses attelages de bœufs chargés de tirer le produit de la pêche de la plage vers le village et devenu aujourd'hui un rendez-vous des surfeurs.

Autres sites côtiers intéressants : la lagune d'Aveiro ; **Peniche** et sa citadelle ; l'**île Berlenga**, aux tunnels marins ou grottes offrant aux amateurs de pêche sous-marine un cadre idéal ; la **serra da Arrábida**, non loin de Setúbal, parée de blanches falaises ; la côte Vicentine (Porto Covo), propice au surf.

L'Algarve est connue pour ses plages, comme ici à Lagos, mais on trouvera aussi beaucoup de charme aux murs blancs et aux volets bleus de ses villages.

Les paysages et la flore

Les paysages portugais ne sont jamais aussi séduisants qu'au printemps, lorsqu'ils présentent une importante floraison. L'**Algarve** offre alors ses plus belles couleurs – déjà sublimes deux mois plus tôt grâce aux amandiers et aux mimosas. L'Algarve mérite plus que sa seule réputation balnéaire. En effet, les particularités de sa lumière et de sa végétation, ses villages blancs aux églises baroques et riches d'azulejos et de mosaïques (Tavira), ou ceux qui gardent l'empreinte de la présence maure, comme Silvès, en font une destination agréable toute l'année.

En remontant vers le Nord, on peut se perdre dans la vaste plaine agricole de l'**Alentejo** et ses champs de blé, d'où émergent les chênes-lièges et les oliviers, ainsi que des villages médiévaux haut perchés.

Dans le Nord, la **vallée du Douro** étale ses vignobles en terrasses et ses *quintas* (propriétés), tandis que les rochers de granit et la végétation luxuriante du **parc national de Peneda Geres** séduisent les randonneurs.

Le Portugal des îles

Les Açores

Les paysages et les randonnées

À 1 200 km de Lisbonne et à 2 000 km des États-Unis, les neuf îles des Açores ont plus que leur célèbre anticyclone à offrir, mais moins que la plupart des archipels atlantiques sur le plan balnéaire en raison d'une température modérée et de plages dépourvues de sable. En revanche, le randonneur trouvera son bonheur dans l'origine volcanique du lieu, source de jolis reliefs et d'une flore spécifique, dont les hortensias qui inondent les îles de leurs couleurs vers la fin du mois de juin.

Les paysages très verts des Açores offrent au randonneur une multitude de sentiers, comme sur les îles de Faial (pointe dos Capelhinos, caldeira) et São Jorge (crêtes centrales, réserve de la forêt du Pico da Esperança). En allant vers les côtes, on rencontre sur ces deux îles les romantiques *fajas*, bandes de terre planes accolées à l'océan, parsemées de petites maisons blanches et de prés.

C'est sur l'île de Pico que les mollets trouveront le plus matière à s'employer avec l'ascension du fier et légendaire Pico (2351 m), point culminant du Portugal, qui offre de son sommet une vue splendide sur les îles du « Groupo Central ».
Autant les oiseaux (goélands, pinsons) sont discrets, autant la flore est exubérante : si les hortensias sont emblématiques de l'archipel, on y trouve également des variétés spécifiques comme la bruyère et le polygonum.

Les côtes
Les plages des Açores ne présentent pas un grand intérêt : le sable y est inexistant et le beau temps n'y est jamais vraiment garanti. Voile et plongée, en revanche, sont recommandées, par exemple autour de Horta, chef-lieu de Faial et rendez-vous mythique des plaisanciers en route pour les Antilles, qui se donnent rendez-vous au Peter's Café et laissent souvent la trace de leur passage sous forme de peinture murale. L'Atlantique offre ici un autre sujet d'observation : les baleines bleues ou à bosse, les rorquals, les dauphins et surtout les cachalots dont les artisans locaux ont longtemps sculpté les dents et qui ne sont plus pêchés depuis 1987. Des sorties sur des Zodiacs sont proposées à partir de l'île de Pico et de sa petite ville côtière, Lajes do Pico, où l'on peut visiter un instructif musée des Baleiniers. ■

QUE VOIR, QUE FAIRE AUX AÇORES ?

Les paysages et les randonnées
- Champs de lave, volcans

Les côtes
- Voile, plongée, observation des cétacés

LES CONSEILS GEO

▶ Les plus
Un pays qui réunit un bel ensemble d'avantages : jolis paysages, villes typées, monuments importants, plages raisonnablement fréquentées, relative proximité.
L'attrait de Madère toute l'année.
La spécificité des Açores.

▶ Les moins
Des eaux atlantiques un peu fraîches, y compris en été.

▶ Les précautions
Ni plus ni moins de risques que dans les pays avoisinants.

▶ Les tendances
Les croisières d'une semaine sur le Douro qui permettent d'admirer les vignobles de porto sur des collines abruptes et de visiter les propriétés font de plus en plus d'adeptes de la dive bouteille du cru.

Les hortensias, qui fleurissent en juin et juillet, sont emblématiques des Açores.

Cliché de l'éternel printemps de Funchal et de Madère

GROS PLAN SUR…

Madère

Au large du Maroc et à 1000 km environ au sud-ouest de Lisbonne, l'archipel volcanique de Madère convient avant tout aux amateurs de randonnées. Il bénéficie d'un climat équilibré, les températures ne variant que de 18 à 25° C. L'« île de l'éternel printemps » – grâce au Gulf Stream – constitue une solution de repli aux Canaries et aux Baléares, dont elle ne connaît pas la surcharge estivale.

QUE VOIR, QUE FAIRE À MADÈRE ?

Les paysages et les randonnées

- Paysages volcaniques, levadas (canaux), sentiers

Les côtes

- Plages de Porto Santo
- Pêche au gros

Les paysages et les randonnées

« L'île aux fleurs » ou « le jardin de l'Atlantique » met en valeur, surtout en avril-mai, mais aussi tout au long de l'année selon les espèces, une flore riche (agapanthes, aloès, amaryllis, azalées, bougainvillées, camélias) dont le grand jardin tropical (Monte Palace), situé au-dessus de l'agréable capitale Funchal, fournit un vaste échantillon.

Les itinéraires routiers, aujourd'hui jalonnés de tunnels, s'enroulent joliment autour des falaises et mènent à une infinité de *levadas,* canaux d'irrigation qui sont devenus autant d'itinéraires de randonnées, celles-ci étant envisageables jusqu'au sommet du pico Ruivo (1861 m). Vélo tout-terrain, parapente et canyoning sont également en vogue.

Les côtes

L'île de Madère elle-même ne possède pas de plages de sable. En revanche, le découpage des rivages les rend pittoresques et n'interdit pas les activités nautiques ni la baignade, qui reste possible toute l'année sur la côte sud. À l'inverse, la petite **île de Porto Santo**, à 40 km de là, arbore 9 km de sable fin.

La pêche au gros apparaît aussi comme un attrait touristique avéré. Enfin, les golfeurs trouveront leur bonheur sur des greens en pente, non loin de Funchal.

À Funchal, le regard se porte au large sur des îles mystérieuses : les îles Désertes. Sans âme qui vive, sans eau et peu connues, elles portent bien leur nom, sauf pour le phoque moine, espèce menacée qui les a choisies comme refuge. Le touriste n'a pas droit de cité, sauf à demander une autorisation auprès du parc naturel de Madère, pour la seule Deserta Grande.

Plongée et farniente constituent la pierre angulaire de l'île Saona et de la côte sud du pays.

QUE VOIR, QUE FAIRE EN RÉPUBLIQUE DOMINICAINE ?

Les côtes

- Sites balnéaires de l'Est (Punta Cana, Bayahibe, Boca Chica, La Romana, Isla Saona, baie de Samaná), du Nord (Puerto Plata) et du Sud-Est
- Sports nautiques, plongée

Les paysages et les randonnées

- Cordillère centrale (ascension du pico Duarte)
- Lac Enriquillo, laguna de Oviedo, parc de Los Haitises

Les villes

- Saint-Domingue, Puerto Plata, Santiago

République dominicaine

C'est « la » destination clé, aux Antilles, pour les plaisirs balnéaires. Mais il y a deux République dominicaine : la partie est, celle du forfait semaine en hôtel-club qui ne permet pas de connaître la réalité du pays ; et l'intérieur des terres, où l'on entre dans un autre monde, aux accents de la bachata ou sur les pentes du pico Duarte.

LE CARNET DE VOYAGE

Les premiers contacts
Office du tourisme, 22, rue du Quatre-Septembre, 75002 Paris, 01.43.12.91.91. www.godominicanrepublic.com

Les formalités
Pour les ressortissants de l'UE, passeport suffisant, encore valable six mois après le retour.

La santé
Aucune vaccination n'est exigée. Risque faible de paludisme dans l'Ouest.

Le voyage, le décalage
Durée moyenne du vol Paris/Saint-Domingue (7 179 km) : 9 heures. Lorsqu'il est midi en France, en République dominicaine il est 6 h en été et 7 h en hiver.

Le coût moyen d'un séjour
Hors saison, séjours « *all inclusive* » à moins de 1 000 € la semaine sur la côte est. Pour l'intérieur, 1 300 € la semaine avec vol A/R, hôtel et location de voiture.

Les langues, la monnaie
Langue officielle : l'espagnol. Anglais répandu sur les lieux touristiques, français plus rare. **Monnaie :** le peso dominicain. Le dollar US est recommandé. 1 € = 56 pesos dominicains, 1 $ = 43 pesos dominicains.

La population
10 220 000 habitants, dont trois quarts de mulâtres.

Capitale :
Saint-Domingue.

Les religions
92% des Dominicains sont catholiques.

Les fêtes
26 janvier : anniversaire de Juan Pablo Duarte, « père de la nation » ; **février :** carnaval de Saint-Domingue ; **juin :** Festival de mérengué à Puerto Plata ; **juillet :** Festival de mérengué à Saint-Domingue ; **12 octobre :** fête de la Découverte de l'Amérique.

Les achats
Cigares, rhum et café, larimar (pierre semi-précieuse de couleur turquoise). Peintures naïves et artisanat haïtien.

Les côtes

Si l'on choisit de séjourner dans un *resort* en bordure de plage, on se retrouvera sur les 60 km de la côte sud-est, baptisée « côte des Cocotiers », avec ses hauts lieux : **Boca Chica**, **Punta Cana**, **La Romana** ou encore **Bayahibe**, village de pêcheurs devenu lieu balnéaire et de plongée, flanqué de l'**Isla Saona**.

Sur la côte nord-est, à mi-chemin entre le site balnéaire de masse et le sanctuaire baba cool, la presqu'île de Samaná est l'un des plus jolis endroits du pays. Les baleines à bosse croisent au large entre janvier et mars pour mettre bas. Toujours sur la côte nord, **Puerto Plata** a été l'un des premiers sites balnéaires du pays.

Dans le Sud-Ouest s'étend une côte intéressante pour les amateurs de solitude, entre Barahona et Oviedo. En contrebas de la route en corniche qui y mène, on découvre le panorama saisissant de ces rivages encore presque vides de touristes et parsemés de villages de pêcheurs.

Les côtes offrent d'autres agréments que le farniente : sports nautiques, golf (Casa de Campo), spa (autour de Bayahibe et de Punta Cana).

La plongée permet la découverte du milieu corallien et des poissons multicolores qui le peuplent, à Juan Dolio ou Cabarete – ce dernier site est également propice au surf et à la planche à voile. Quant à la petite ville de Boca Chica, elle est le point de départ d'excursions pour la pêche en haute mer.

Les paysages et les randonnées

La **Cordillère centrale**, qui dépasse par endroits 3000 m, invite à la randonnée. C'est particulièrement le cas du **pico Duarte** : son ascension débute dans le village de La Ciénaga et se poursuit sur 18 km pour un dénivelé d'environ 2000 m. Les mollets sont mis à rude épreuve, mais le balisage de la piste est particulièrement bien fait. Au sommet, que l'on aura intérêt à gagner tôt le matin pour profiter du lever de soleil, un vaste spectacle d'horizons verdoyants est garanti.

Dans le Sud-Ouest, le **lac Enriquillo** abrite une faune intéressante (crocodiles, flamants roses, iguanes), tout comme la **laguna de Oviedo.** La découverte de ces milieux en bateau est un vrai plaisir.

Au nord de la **baie de Samaná**, la presqu'île du même nom et ses collines se prêtent, elles aussi, à la randonnée. À une demi-heure de là, au sud de la baie, et accessible uniquement en bateau, le **parc de Los Haitises** se distingue par sa mangrove, sa faune spécifique (pélicans, hérons) et ses peintures rupestres d'animaux. Celles-ci ont été laissées dans des grottes *(cuevas)* par les Taïnos, des Indiens Arawaks qui furent les premiers habitants de l'île.

Les villes

Saint-Domingue (Santo Domingo), la capitale, est le fief de la famille de Christophe Colomb, qui fait l'objet d'un important musée, le Faro. Agréable à vivre, la ville est souvent présentée comme l'une des plus belles des Antilles grâce à ses vestiges coloniaux, visibles à travers l'habitat et les édifices religieux de son vieux quartier qui renferme la plus ancienne cathédrale du continent américain.

Dominé par le mont Isabel de Torres et son Christ Rédempteur, **Puerto Plata** est remarquable pour ses maisons en bois du XIXe siècle ou de style victorien. **Santiago**, situé dans une vallée au pied de la Cordillère septentrionale, vaut aussi le déplacement.

Dans les villes et les villages comme dans toute l'île d'Hispaniola, la vie est rythmée par le mérengué, une danse comparable à la samba, mais aussi, à travers le pays, par la bachata, aux accents romantiques. ■

LES CONSEILS GEO

▶ Les plus

L'agrément et la variété des rivages, sources d'un tourisme qui a réussi sa percée auprès des Occidentaux. Des prix de séjours très concurrentiels. La variété des tourismes possibles : histoire coloniale dans les villes, randonnées, observation de la faune.

▶ Les moins

Le peu d'envie des voyagistes et des visiteurs de voir autre chose du pays que son aspect balnéaire. La poussée continue du tourisme balnéaire de masse, même si l'île cherche désormais à se défaire de cette image pour en acquérir une autre, plus haut de gamme.

▶ Les précautions

Si une progression de la délinquance est actuellement constatée, une vigilance de bon aloi suffit à passer un séjour sans encombre, y compris au volant d'une voiture de location.

▶ Les tendances

Les Français se sont donné le mot : Samaná ! Avançons cependant une contre-tendance : la côte sud-ouest, entre Barahona et Oviedo. Il n'y a personne, ou presque, sur les plages qui sont pourtant aussi belles et agréables que dans l'Est.

QUAND PARTIR ?

	Climat	Observation des baleines
Janvier	☼	⋞
Février	☼	⋞
Mars	☼	⋞
Avril	☼	
Mai		
Juin		
Juillet		
Août		
Septembre		
Octobre		
Novembre		
Décembre	☼	

À la suite de la « Révolution de velours », l'ex-Tchécoslovaquie avait vu les touristes fondre sur Prague et saturer la capacité d'accueil d'une ville dont beaucoup ont découvert qu'elle est l'une des plus belles d'Europe. La capitale n'est pas le seul attrait du pays : l'art baroque et les paysages de moyenne montagne sont de solides compléments.

Les tours et les statues du pont Charles font de Prague un lieu unique en Europe.

République tchèque

Les villes

Étendue sur les deux rives de la Vltava, **Prague**, la « ville aux cent mille toits », où vécurent Kafka et Mozart, est l'un des tout premiers sites touristiques urbains d'Europe. Le foisonnement du baroque et la chance d'avoir traversé les siècles sans avoir subi de destructions majeures justifient cette réputation. Grâce à ses deux tours et à ses statues gothiques, malheureusement endommagées par la pollution, le pont Charles est l'un des plus originaux d'Europe. Dans le quartier du « Petit Côté » (Mala Strana), la place Malostranské, entourée de façades baroques ou Renaissance, précède le quartier Hradčany : palais, château royal (avec des œuvres de Rubens et de Titien) et cathédrale Saint-Gui. En repassant le pont Charles, on se retrouve place de la Vieille-Ville puis place Venceslas, qui a beaucoup changé depuis la Révolution de velours de 1989 dont elle a été le théâtre.

Josefov, le quartier juif, déjà considéré comme un ghetto bien avant la Seconde Guerre mondiale, compte six synagogues (la synagogue Vieille-

LE CARNET DE VOYAGE

Les premiers contacts
Office du tourisme, 18, rue Bonaparte, 75006 Paris, 01.53.73.00.32. www.czechtourism.com, www.praguewelcome.cz

Les formalités
Pour les ressortissants de l'UE, carte d'identité ou passeport en cours de validité.

La santé
Aucun problème.

Le voyage, le décalage
Durée moyenne du vol Paris-Prague (870 km) : 1 heure 40. Route : Paris-Prague via Nuremberg : 1 100 km. Pas de décalage horaire.

Le coût moyen d'un séjour
Pour Prague, la formule vol A/R + 3 jours/2 nuits revient entre 400 et 600 € selon les prestataires. Aux alentours de 1 000 € pour un voyage d'une semaine à travers le pays (vol A/R et demi-pension).

Les langues, la monnaie
Langue officielle : le tchèque. Langues étrangères : l'allemand est courant ; l'anglais et le français beaucoup moins. **Monnaie :** la couronne tchèque, ou koruna. 1 € = 28 couronnes tchèques.

La population
Allemands, Polonais et Russes forment trois minorités aux côtés des Tchèques. 10 512 000 habitants. **Capitale :** Prague.

Les religions
Si un quart des habitants sont catholiques, sept personnes sur dix ne revendiquent aucune religion.

Les fêtes
30 avril : fête préchrétienne Paleni Carodejnic (bûcher des sorcières) à travers le pays ; **Pentecôte :** « Chevauchée des rois » dans le sud-est ; **septembre :** Festival Mozart.

Les achats
Objet en cristal de Bohême et jouets en bois sont incontournables. On se procurera aussi des marionnettes, des poteries et la célèbre bière de Plzen.

QUE VOIR, QUE FAIRE EN RÉPUBLIQUE TCHÈQUE ?

Les villes

- Prague, Brno, Plzen
- Karlovy Vary, Mariánské Lazně (villes d'eaux)

Les monuments

- Ceský Krumlov, Karlstejn (châteaux)
- Cheb, Kutna Hora, Olomouc, Trebic, Austerlitz

Les paysages et les randonnées

- Monts des Géants, falaises de Prachov, Sumava
- Ski de fond, ski alpin

Nouvelle, la plus ancienne d'Europe, date de 1270) et un vieux cimetière contenant 12 000 stèles.

Ancien centre culturel du Saint Empire romain germanique, Prague a conservé de cette époque un patrimoine disséminé dans les couvents et les palais baroques ou gothiques qui abritent le fonds de la Galerie nationale.

Dominée par la forteresse du Spilberk et par la vieille cathédrale Saint-Pierre, **Brno** mérite la visite, même si son rayonnement n'est pas comparable à celui de Prague.

L'église Saint-Barthélemy, l'hôtel de ville Renaissance et les demeures à pignon auraient pu faire connaître **Plzen**. Mais c'est la bière, préparée selon une technique élaborée au XIe siècle et détaillée au musée de la Brasserie, qui lui a conféré sa réputation.

Deux villes d'eaux dotées d'une longue histoire demeurent prestigieuses : **Karlovy Vary** (ex-Karlsbad), connue pour son château et où ont séjourné Goethe, Marx, Beethoven et Pouchkine ; **Mariánské Lazně** (**Marienbad**), sur laquelle plane le souvenir de Goethe, Gorki, Mark Twain et Wagner parmi les étonnants palais de style rococo, les multiples parcs et les rafraîchissantes fontaines.

Les monuments

À **Ceský Krumlov**, la Renaissance italienne a imposé sa griffe au château du XIIIe siècle, tout en se mariant au style local et à celui des dizaines de maisons médiévales.

À **Karlstejn**, la grande tour du château du XIVe siècle renferme une décoration de 128 portraits de saints. Autres lieux importants : les maisons gothiques et baroques de **Cheb**, la voûte du chœur et la toiture (gothique tardif) de la cathédrale Sainte-Barbe de **Kutna Hora**, le quartier juif et la basilique Saint-Procope à **Trebic**, l'église Saint-Jean-Népomucène de Zelená Hora (pèlerinage), la colonne de la Sainte-Trinité à **Olomouc**.

Plus discret est le monument de la Paix d'**Austerlitz** (aujourd'hui Slavkov), en Moravie, site d'une des grandes victoires de Napoléon Ier sur les Austro-Russes.

QUAND PARTIR ?

	Climat	Prague
Janvier		
Février		
Mars		
Avril		
Mai	☼	⦿
Juin	☼	⦿
Juillet	☼	
Août	☼	
Septembre	☼	⦿
Octobre		
Novembre		
Décembre		

LES CONSEILS GEO

Les plus

L'attrait de Prague, l'une des plus belles villes d'Europe.

Un pays au tourisme bien plus varié qu'on ne l'imagine.

Les moins

Le coût de la vie touristique – pas seulement à Prague – et les difficultés d'hébergement dans la capitale en haute saison.

Les précautions

Vigilance habituelle sur les lieux touristiques. Pour le reste, la République tchèque connaît un taux de criminalité plutôt bas.

Les tendances

Revenir de République tchèque en annonçant que l'on vient de passer une semaine d'hydrothérapie à Marienbad est très romantique. Une semaine passée à arpenter le trio Budapest, Prague et Vienne est tout aussi gratifiante.

Les paysages et les randonnées

Aux confins de la Pologne, les **monts des Géants** sont propices aux balades en été (sentiers balisés) et au ski alpin en hiver. Au nord-ouest de la petite ville de Jicin, les **falaises de Prachov** (Prachovské Skaly) adoptent des formes étonnantes dotées de noms pittoresques tels que la Tour penchée, la Cuisine du diable ou le Moine. Dans le Sud-Ouest, les lacs glaciaires, les tourbières et les cirques du parc national de la **Sumava** ravissent le randonneur qui, avec un peu de chance, pourra apercevoir des lynx, des loutres ou des tétras. ■

Au fond du cirque de Salazie, Hell-Bourg est un bel exemple de La Réunion de l'intérieur, idéale pour un tourisme actif.

La Réunion

L'« île intense » est née d'une poussée volcanique qui lui a conféré un relief insolite, où se mêlent gorges, cascades, cirques et reliefs lunaires qu'est venue tapisser une végétation luxuriante. Le tourisme à La Réunion est donc un tourisme actif, grâce notamment à un important réseau de sentiers de grande randonnée qui compense largement le petit nombre de plages de sable offert par l'île.

LE CARNET DE VOYAGE

Les premiers contacts
Île de La Réunion Tourisme, 90, rue La Boétie, 75008 Paris, 01.40.75.02.79. www.reunion.fr

Les formalités
Pour les ressortissants de l'UE, la carte d'identité suffit (mais le passeport est nécessaire si vous transitez par un autre pays et pour l'île Maurice en cas de combiné). Un passeport est suffisant pour les ressortissants canadiens et suisses.

La santé
Aucune vaccination n'est exigée.

Le voyage, le décalage
Durée moyenne du vol Paris-Saint-Denis (9 440 km) : 11 heures. Lorsqu'il est midi à Paris, à La Réunion il est 14 h en été et 15 h en hiver.

Le coût moyen d'un séjour
Le choix courant d'un séjour mer/excursions d'une dizaine de jours, vol et demi-pension compris, tourne autour de 1 500 € en haute saison. Compter 1 800 à 2 300 € pour un voyage de quinze jours combinant Réunion et Maurice.

Les langues, la monnaie
Langues : le créole réunionnais et le français. **Monnaie :** l'euro. Les principales banques sont représentées ; la plupart des commerces acceptent les cartes de crédit.

La population
841 000 habitants. La population, jeune, est un mélange de Cafres, de Malgaches, d'Indiens (Malabars) et d'Arabes. Les « Z'oreilles » (Français métropolitains, ainsi appelés parce qu'ils font souvent répéter ce qu'on leur dit en créole) sont environ 20 000.
Chef-lieu : Saint-Denis.

Les religions
Les catholiques sont largement majoritaires (90 %). Minorités de musulmans, d'hindous et de bouddhistes.

Les fêtes
Janvier : « Cavadee » (fête tamoule), fête du Miel vert au Tampon ; **octobre :** « Dipavali » (fête de la Lumière) ; **dates variables :** marches sur le feu ; **20 décembre :** fête de l'Abolition de l'esclavage.

Les achats
Rhum, vanille et dentelles (de Cilaos).

QUE VOIR, QUE FAIRE À LA RÉUNION ?

Les paysages et les randonnées
- Cirques (Mafate, Salazie, Cilaos), piton des Neiges, piton de la Fournaise
- Sentiers de grande randonnée
- Cheval, moto, 4x4, golf

Les côtes
- Saint-Leu (plongée), Saint-Gilles, Boucan-Canot
- Pêche au gros, surf

La flore
- Nombreuses espèces d'arbres et de fleurs

LES CONSEILS GEO

▶ Les plus
Un tourisme « actif » (randonnées, sports) et un tourisme « passif » (farniente) qui se conjuguent très bien. Un climat favorable au bon moment.

▶ Les moins
La rareté du patrimoine architectural et la relative faiblesse des atouts balnéaires.
La forte poussée des tarifs aériens en haute saison.

▶ Les précautions
Aucun problème majeur de sécurité à signaler : La Réunion n'a pas la réputation d'être très différente des autres départements français sur ce plan.

▶ Les tendances
Acheter une billet d'avion aller-retour et louer une voiture pour une semaine avec réservation en hôtellerie de charme ou en chambres d'hôtes : rien de plus adéquat pour la découverte de l'île. Par ailleurs, le combiné Réunion-Maurice reste prisé.

Les paysages et les randonnées

Les sites les plus insolites, qui gagnent à être survolés en hélicoptère, sont les trois cirques de **Mafate** (le plus isolé), **Salazie** et **Cilaos**, très impressionnant avec sa « Roche merveilleuse » en point d'orgue. Les randonnées dans cet ensemble de chutes, de forêts et de paysages lunaires, où les habitants vivent dans des îlets (hameaux) difficiles d'accès, laissent un souvenir marquant.

Les cirques sont dominés par le **piton des Neiges**, rival du **piton de la Fournaise**. Celui-ci est relativement accessible pour un marcheur moyen via la désertique plaine des Sables. Le volcan s'est réveillé après un long silence, et les coulées de lave qui parfois rejoignent la mer constituent un spectacle inoubliable.

Truffée de torrents, de gorges et de cascades, la nature est sillonnée par 900 km de voies de grandes randonnées, qui peuvent être empruntées sous des formes diverses (à cheval, à moto, en 4x4). Profitant des accidents du relief, les responsables du tourisme réunionnais mettent en avant des activités sportives telles que le parapente, l'escalade, le VTT (pistes balisées) ou le rafting. Le golf est également possible.

Les côtes

Les plages ne doivent pas constituer le but principal d'un voyage à la Réunion. La poussée volcanique n'a laissé qu'une trentaine de kilomètres de rivages de sable sur les côtes ouest et sud-ouest, où le lagon permet d'éviter les dangers de la haute mer. Les plages autour de **Saint-Gilles** sont les plus réputées, avec les sites de la **baie de Boucan-Canot**.

Plongée, surf (les deux par exemple à **Saint-Leu**), planche à voile, constituent les principales activités nautiques, alors que la pêche au gros se développe à partir des ports de Saint-Gilles et de Saint-Pierre, surtout entre octobre et mai.

QUAND PARTIR ?

	Climat	Floraison et végétation
Janvier		⚘
Février		⚘
Mars		
Avril		
Mai	☼	
Juin	☼	
Juillet	☼	
Août	☼	
Septembre	☼	⚘
Octobre	☼	⚘
Novembre	☼	⚘
Décembre		⚘

La flore

Riche de 600 espèces d'arbres et de 800 espèces de fleurs, dont bon nombre d'orchidées, la nature réunionnaise, surtout dans les « Hauts », offre les plus beaux éléments de la flore tropicale : vétiver, ylang-ylang, cardamome, flamboyant, bougainvillée, azalée. Toutes ces variétés se rencontrent sur le parcours de la « route des Épices ». En outre, plusieurs jardins et musées raviront le passionné de botanique : le jardin d'Éden à L'Hermitage-les-Bains, la Maison de la vanille à Saint-André ou le musée Stella Matutina, vers Saint-Leu, qui témoigne de l'histoire de la canne à sucre de l'île. ■

Les monastères de la région de la Bucovine font partie des principaux centres d'intérêt touristiques du pays.

QUE VOIR, QUE FAIRE EN ROUMANIE ?

Les villes et les monuments
- Monastères de la Bucovine, Bucarest, Iasi
- Transylvanie (légende de Dracula)

Les côtes
- Mer Noire (Neptun, Olimp), cures

Les paysages et les randonnées
- Carpates, Maramures, monts Apuseni, monts Bucegi (randonnées, ski)

La faune et la flore
- Réserve naturelle du delta du Danube (oiseaux, poissons, plantes)

Si la côte de la mer Noire demeure l'attrait principal d'un voyage en Roumanie, les monastères de la Bucovine, le delta du Danube et les atouts méconnus de Bucarest et Sibiu constituent d'importants compléments.

Roumanie

Les villes et les monuments

Les cinq monastères du XVIe siècle dispersés dans la **Bucovine**, dans le Nord (Voronet, Moldovita, Humor, Sucevita, Arbore), dominent le patrimoine architectural du pays.

L'image de **Bucarest** se résume trop souvent au gigantesque palais du Parlement. La construction de cette ex-maison du peuple, reflet de la mégalomanie de Nicolae Ceausescu, a entraîné la destruction de nombreux quartiers de la capitale.

LE CARNET DE VOYAGE

Les premiers contacts
Office de tourisme, 7, rue Gaillon, 75002 Paris, 01.40.20.99.33. www.guideroumanie.com www.aboutromania.com

Les formalités
Pour les ressortissants de l'UE, carte d'identité ou passeport suffisants ; pour les Canadiens, passeport.

La santé
Aucun problème.

Le voyage, le décalage
Durée moyenne du vol Paris-Bucarest (1862 km) : 2 heures 50. Vols à bas prix de Bruxelles et Paris pour Bucarest, ainsi que pour Constanţa (mer Noire). Lorsqu'il est midi en France, il est 13 h en Roumanie.

Le coût moyen d'un séjour
Une semaine dans une station balnéaire proche de Constanţa peut coûter, en moyenne saison, moins de 700 € (vol A/R et demi-pension). Bucarest commence à faire l'objet de séjours week-end, aux alentours de 450 €.

Les langues, la monnaie
Langue officielle : le roumain, qui est issu du latin. Langues étrangères : l'allemand surtout, mais aussi le français, souvent étudié. **Monnaie :** le leu ou lev (pluriel : lei), 1 € = 4,40 lei. Les cartes de crédit sont le plus souvent acceptées.

La population
22 276 000 habitants, parmi lesquels des minorités hongroise, allemande et serbe. **Capitale :** Bucarest.

Les religions
Sept habitants sur dix suivent le rite orthodoxe roumain. Minorités orthodoxe grecque et musulmane.

Les fêtes
Août : Journées médiévales de Sighisoara, Festival de danse « Hora de la Prislop » au col de Prislop ; **septembre :** « Sambra Oilor » (retour des troupeaux) à Bran et dans sa région.

Les achats
Nappes brodées, œufs peints, icônes, poteries, objets en bois sculpté.

Il faut vite quitter cette bâtisse pour découvrir le quartier ancien des négociants qui s'étend autour de la rue Lipscani, de la rue Stavropoleos avec la petite église du même nom (arcades, balustrades de style brancovan, du nom du gouverneur de Valachie), de la piata Universitatii, où eurent lieu les événements de 1989, et de la salle de concert de l'Athénée, aux délicats escaliers en marbre de Carrare. En outre, Bucarest possède de vastes parcs tels le parc Cismigiu ou le parc Herastrau qui abrite le « musée du Village ».

Non loin de la capitale, le palais de Mogosaia est l'exemple type du style brancovan (avec ses arcades, ses loggias et ses balustrades).

Les monuments de **Iasi** méritent le détour, principalement les églises des Trois-Hiérarques et Golia ainsi que, dans les environs, le monastère de Cetatuia.

Créé par l'écrivain anglais Bram Stoker à la faveur de l'histoire vraie de Vlad l'Empaleur, prince de Valachie et héros national cruel mais respecté, le personnage de Dracula fait aujourd'hui l'objet d'un circuit touristique en **Transylvanie**, où Stoker a situé l'action de son roman : ce circuit passe par Sighisoara, lieu de naissance de Vlad l'Empaleur, Sibiu, ville historique des Saxes, où le héros est censé avoir passé un an, enfin le château de Bran, réputé lui avoir servi de repaire. Cette version de l'histoire est très contestée dans le pays.

Les côtes

Les stations balnéaires les plus fréquentées de la **mer Noire** sont concentrées sur une cinquantaine de kilomètres de sable fin entre Constanţa et la frontière bulgare. Les noms parfois futuristes de cette riviera roumaine, tels **Neptun**, **Olimp** ou Saturn, contrastent avec la lourde architecture de l'époque communiste.

La mer, les aérosols du type sodium ou chlore, la qualité du sel et de la boue se conjuguent pour conférer à certaines stations (Eforie, Mangalia) une réputation internationale en matière de cures. En outre, les prix sont très avantageux.

Les paysages et les randonnées

Les randonnées estivales et le ski bénéficient de structures d'accueil correctes dans les **Carpates**. Le **massif de Maramures**, couvert d'épaisses forêts, est l'un des plus intéressants, alors que les **monts Apuseni** offrent de nombreux atouts naturels (grottes, chutes, avens, dolines). La région des **monts Bucegi** se distingue par ses murailles de grès, la richesse de sa faune et de sa flore, et les possibilités de ski qu'elle offre.

Les dizaines de stations de cures constituent un argument touristique pour le pays. Si la côte regroupe la plupart d'entre elles, les Carpates en possèdent également.

La faune et la flore

Le **Danube** termine sa longue course par un delta encore épargné par le tourisme de masse. Celui-ci accueille la plus grande réserve naturelle d'Europe, déclarée Réserve de la biosphère par l'Unesco : 300 espèces d'oiseaux (pélicans, spatules, ibis, tadornes), 60 espèces de poissons, 1 100 variétés de plantes. Les montagnes abritent quant à elles de nombreuses réserves naturelles. ■

QUAND PARTIR ?

	Mer Noire	Intérieur et delta du Danube
Janvier		
Février		
Mars		
Avril		☼
Mai		☼
Juin	☼	☼
Juillet	☼	
Août	☼	☼
Septembre	☼	☼
Octobre		☼
Novembre		
Décembre		

LES CONSEILS GEO

▶ Les plus

Une bonne complémentarité entre tourisme culturel et tourisme balnéaire.

Des rivages de la mer Noire meilleur marché que ceux de la Méditerranée et de larges possibilités de cures.

La popularité de la langue française.

▶ Les moins

Les (petits) excès de l'exploitation touristique du mythe de Dracula.

▶ Les précautions

Même si l'on doit être vigilant sur certains lieux touristiques ou dans les grandes villes, le pays est globalement sûr.

▶ Les tendances

La mer Noire et ses côtes plutôt bon marché continuent d'attirer les estivants d'Europe de l'Ouest.

La visite des villages de Transylvanie, dominés par leur *Kirchenburg*, église-forteresse qui témoigne de la présence des Saxons au Moyen Âge, gagne en audience.

Royaume-Uni

Si l'on se force à dépasser les faubourgs de Londres, on s'apercevra combien le Royaume-Uni mérite d'être mieux exploré. Le charme de la campagne anglaise, les chemins légendaires du roi Arthur et le raffinement des jardins, les châteaux et les lacs d'Écosse, le pays de Galles et l'Irlande du Nord : autant de lieux, proches et faciles d'accès, à découvrir.

Angleterre

Les villes et les monuments

À **Londres**, la relève de la garde à Buckingham Palace (tous les jours d'avril à fin juillet, tous les deux jours le reste de l'année) constitue un incontournable touristique. On peut visiter certaines salles du palais en août et en septembre, ainsi que la Picture Gallery (Rembrandt, Rubens) et la Queen's Gallery.

La ville, l'une des plus étendues du monde, dispose de suffisamment d'atouts pour occuper le visiteur :

– l'abbaye de Westminster, un édifice très cher au cœur des Anglais car tous leurs souverains y ont été couronnés ;

– le palais de Westminster, siège du Parlement, surmonté de l'emblématique horloge Big Ben ;

– en face de ce palais, le London Eye, grande roue panoramique avec ses 32 nacelles, devenue une véritable star des attractions londoniennes ;

– la cathédrale Saint-Paul, célèbre pour son dôme et son architecture baroque, qui domine les bureaux de la City ;

– la Tour de Londres, forteresse aussi connue pour son rôle passé de

QUE VOIR EN ANGLETERRE ?

Les villes et les monuments

- Londres, York, Bath, Bristol, Derby, Manchester, Liverpool, Cambridge, Stratford-upon-Avon, Oxford
- Cathédrale de Canterbury, château de Windsor, Stonehenge
- Tintagel, Glastonbury (légende du roi Arthur)

Les paysages

- Cotswolds, vallée de la Tamise, Cornouailles, Lake District, Peak District, mur d'Hadrien

Les côtes

- Brighton, plages du Kent et de Cornouailles

Juste de l'autre côté de la Manche, le Sussex offre la douceur de sa campagne et la majesté de ses châteaux – ici Arundel.

Le British Museum, l'un des plus grands et des plus riches musées du monde

prison que pour celui de gardienne des joyaux de la Couronne;
– le Tower Bridge, avec ses tours gothiques et son système à bascule, opérationnel jusqu'en 1976;
– le British Museum, l'un des plus grands musées du monde, gratuit par tradition, où l'on trouve de riches collections d'antiquités égyptiennes, grecques, romaines et d'Extrême-Orient;
– la British Library, aux millions de livres, manuscrits et partitions;
– la National Gallery, qui marie les artistes de la Renaissance (Michel-Ange, Vinci), les impressionnistes et les maîtres britanniques (Gainsborough, Turner);
– la Tate Britain (ex-Tate Gallery), avec des œuvres de Turner et des préraphaélites;
– la Tate Modern, qui a offert à Londres le grand musée d'art moderne qui lui manquait;
– le Victoria and Albert Museum, musée des arts décoratifs;
– le musée de cire Madame Tussauds, aussi populaire que le musée Grévin à Paris, mais à peine plus que le musée Sherlock Holmes, le musée Charles Dickens ou le Geffrye Museum;
– les pubs, les quartiers et places célèbres (Soho, Trafalgar Square, Piccadilly Circus);
– les parcs (Hyde Park, Kensington) et les jardins (jardins botaniques royaux de Kew Gardens).

Ce chapelet de lieux réputés, l'ambiance nocturne, quelques traditions (le shopping dans Oxford Street et Regent Street, les grands magasins tels Harrods ou Selfridges), les marchés de Covent Garden et de Camden Town, le carnaval de Notting Hill,

LE CARNET DE VOYAGE

Les premiers contacts
Visit Britain, Paris, uniquement sur le site www.visitbritain.com; www.visitlondon.com, www.visitscotland.com, www.visitwales.com, www.ireland.com (pour l'Irlande du Nord)

Les formalités
Pour les autres ressortissants de l'UE, carte nationale d'identité ou passeport.

La santé
Aucun problème.

Le voyage, le décalage
Durée moyenne du vol Paris-Londres/Heathrow (346 km) : 45 minutes; Paris-Glasgow (896 km) : 1 heure 45; Paris-Cardiff (457 km) : 1 heure 50. Bateau : de France, très nombreux départs quotidiens avec embarquement de la voiture possible pour Douvres, Newhaven, Poole, Portsmouth, Plymouth, Jersey; de Belgique, pour Hull (Écosse). Train : Eurostar, de Paris-Gare-du-Nord à Londres-Saint-Pancras (2 heures 17) via Eurotunnel; le Shuttle fait traverser les passagers et leur voiture en 35 minutes entre Calais/Coquelles et Folkestone. Lorsqu'il est midi en France, au Royaume-Uni il est 11 h.

Le coût moyen d'un séjour
Formule indépendante pour voyager au Royaume-Uni : bateau + passage de la voiture personnelle + logement. Londres : pléiade de formules «week-end» en train (Eurostar) ou avion (aux alentours de 300 € pour le vol A/R et 2 nuits d'hôtel). Randonnée accompagnée en Écosse : environ 1 200 € pour 8 jours.

Les langues, la monnaie
Langues : l'anglais est langue officielle depuis environ 600 ans; sont également parlés le gaélique (ouest de l'Écosse, îles Hébrides, en partie Irlande du Nord), le gallois (un cinquième de la population galloise), le manx dans l'île de Man et un français discret dans les îles Anglo-Normandes. **Monnaie :** la livre sterling (pound) est subdivisée en 100 pence. 1 € = 0,81 livre sterling. Les îles Anglo-Normandes, l'île de Man et l'Écosse frappent leur propre monnaie, de valeur équivalente à la livre sterling mais non acceptée dans les autres parties du Royaume-Uni.

La population
Les Anglais représentent la grande majorité des 63 453 000 habitants du Royaume-Uni. Suivent l'Écosse (5 200 000 hab.), le pays de Galles (2 950 000 hab.), l'Irlande du Nord (1 685 000 hab.). Londres, capitale : 8 millions d'habitants, (12 millions pour le Grand Londres).

Les religions
Le protestantisme est dominant. L'Église anglicane (57 %) est l'église officielle au côté de l'Église d'Écosse (presbytérienne). L'Église catholique romaine réunit 13 % de la population. En Irlande du Nord, on compte 54 % de protestants et 42 % de catholiques.

Les fêtes
Mai : Festival (musique et art) de Glastonbury; **juin :** «Tourist Trophy» sur l'île de Man; **en été :** «Fringe Festival», festival artistique, et «Military Tattoo», célèbre parade militaire, à Edimbourg; **dernier week-end d'août :** carnaval de Notting Hill (banlieue de Londres).

Les achats
Londres : grand classique chez Harrods, esprit baba cool dans Carnaby Street, tous styles dans Oxford Street, puces à Camden Town, Portobello et Covent Garden, soldes d'après Noël (Post-Christmas Sales). **Écosse :** vêtements en shetland ou tweed, whisky et bière *(ale)*.

À Londres, la célèbre horloge Big Ben et la grande roue du London Eye

le marché aux puces de Portobello, les soldes de fin d'année (Post-Christmas Sales) et un site privilégié sur la Tamise font de Londres une grande destination urbaine européenne.
En outre, la ville participe à toutes les mutations, les précède même souvent ou se plaît à bousculer les tendances. Ainsi tente-t-on aujourd'hui de promouvoir le tourisme dans des lieux moins courus comme l'East End, Canary Wharf et les Docklands. Le Design Museum, le musée du Vin, celui du Football et le Dôme du Millénaire, ouvert en 2000, sont également tendance.
Les autres villes anglaises souffrent de la comparaison :
– **York** est celle qui a le mieux conservé son patrimoine médiéval, avec sa cathédrale (Minster), modèle du style gothique, et ses rues étroites bordées de maisons à colombages ;
– **Bath**, ancienne station thermale romaine, présente une architecture néoclassique (Royal Crescent) qui témoigne de l'intérêt que l'aristocratie lui accorda au XVIIIe siècle ;
– **Bristol** est dynamisée par son université, son port aux deux navires de légende (le *SS Great Britain* et la réplique du *Matthew*), mais aussi par la délicatesse du style gothique perpendiculaire de l'église Saint Mary Redcliffe et par le Clifton Bridge, étonnant pont suspendu sur la vallée de l'Avon ;
– **Derby**, qui renferme une très vieille cathédrale (943), est la capitale de l'*ale,* la plus symbolique des bières ;
– **Liverpool**, malgré ses fameux entrepôts (Albert Dock), sa cathédrale en grès rouge, sa Walker Art Gallery (primitifs flamands, Rembrandt, préraphaélites), sa Tate Liverpool et son musée international de l'Esclavage,

QUAND PARTIR ?

	Climat	Beauté des jardins et des couleurs
Janvier		
Février		
Mars		
Avril		
Mai	☼	⚘
Juin	☼	⚘
Juillet	☼	
Août	☼	
Septembre	☼	⚘
Octobre		⚘
Novembre		
Décembre		

demeure principalement identifiée aux Beatles auxquels est consacré un musée (The Beatles Story) ;
– **Manchester** se défait de son image de ville ouvrière pour devenir la ville du Manchester United, club de football devenu objet de pèlerinage ;
– **Oxford** et **Cambridge** se distinguent par l'architecture et l'atmosphère de leurs collèges, ainsi que par la qualité de leurs musées (Ashmolean Museum à Oxford, Fitzwilliam Museum à Cambridge) ;
– **Stratford-upon-Avon** perpétue le souvenir de William Shakespeare (on y trouve sa maison natale, son tombeau dans Holy Trinity Church, et le Shakespeare Memorial).

Si les plus célèbres monuments se trouvent à Londres, d'autres ne leur cèdent en rien :
– le tout proche **château de Windsor**, résidence royale et plus grand château du pays, et sa chapelle Saint-Georges ;
– la délicate **cathédrale de Canterbury** (XIIe siècle) et ses vitraux ;
– la cathédrale romane de **Durham** et la cathédrale de style gothique primitif de **Wells** ;
– les châteaux de la région d'Harrogate (Castle Howard, Harewood House), au nord de Leeds ;
– dans le Weltshire, non loin de Southampton, les mégalithes de **Stonehenge**, qui datent de la fin du néolithique, et qui gardent le secret de leur origine.

À l'extrémité des Cornouailles, le petit port de Mousehole, tout en rues étroites

La légende qui gravite autour du roi Arthur mène du château de **Tintagel**, en Cornouailles, jusqu'à **Glastonbury**, où seraient le tombeau royal et le Graal, objet de la quête des chevaliers de la Table ronde. Autre site de renom : la lande du parc national des Yorkshire Dales, chère aux sœurs Brontë qui vécurent et écrivirent à Haworth.

Les paysages

La faible altitude du pays est compensée par le charme de sa campagne et le soin qu'apportent les Anglais aux jardins, principalement dans le Kent, le Surrey et le Sussex. Autres centres d'intérêt : les douces vallées de la région des **Cotswolds** et, dans leur prolongement, la **vallée de la Tamise**, de Windsor à Oxford, avec un arrêt obligé à Eton College ; les **Cornouailles**, au climat doux, pays de légendes (Lancelot, Merlin, la dame du Lac, Excalibur) ; les parcs nationaux du Yorkshire (North York Moors, Yorkshire Dales).

Au Centre, dans le parc national de **Peak District**, les landes, le grès et les gorges de la Dovedale forment autant de paysages attachants.

Dans le Nord, le **Lake District** est une région de moyenne montagne parsemée de 17 lacs, avec, notamment, le Cartmel Priory (la « cathédrale des lacs ») et Kirkstone Pass.

Aux confins de l'Angleterre et de l'Écosse subsiste une partie importante des 120 km du **mur d'Hadrien**, que celui-ci avait érigé pour protéger l'Empire romain des Barbares venus du Nord, et qui connaît aujourd'hui de pacifiques invasions touristiques depuis son inscription par l'Unesco sur la liste du patrimoine mondial.

Les côtes

La longue plage de **Brighton** et les autres rivages du **Kent** sont très

South Stack, sur l'île galloise d'Anglesey, en face de Dublin, et ses falaises abruptes battues par les flots

LES CONSEILS GEO

▶ Les plus
Une proximité qui favorise les formules week-end et le grand intérêt soulevé par Londres.
La diversité géographique et culturelle (jardins, châteaux, lochs) qui se maintient du nord de l'Écosse jusqu'au Kent.
L'amélioration de la situation politico-religieuse en Irlande du Nord.

▶ Les moins
Le coût de la vie touristique, très élevé à Londres.

▶ Les précautions
Ne pas se faire un monde de l'aptitude à conduire à gauche, qui s'acquiert assez rapidement.

▶ Les tendances
Londres, ville jeune et dépaysante, fait l'objet d'un intérêt qui ne se dément pas. Les sollicitations sont multiples, les soldes de fin d'année et le carnaval de Notting Hill étant des tendances incontournables. Néanmoins, il faut suivre l'évolution des quartiers et celle des formules de voyages, ces deux aspects étant liés et variant sans cesse au gré des modes.

appréciés pour leur raffinement. Les côtes du Yorkshire (Filey, Bridlington, Whitby), les stations balnéaires de l'île de Wight, les rivages des **Cornouailles**, qui permettent parfois la pratique du surf (Torquay), bénéficient également d'une forte fréquentation touristique. Les îles Scilly abritent des colonies de macareux et de phoques gris. On peut agrémenter le voyage par la visite des villages de pêcheurs et de leurs pubs – Old Leigh, par exemple – ou par celle des imposantes falaises blanches qui dominent la Manche autour de Beachy Head.

Pays de Galles

■ Les paysages

Le pays de Galles recèle de nombreux sites naturels agréables :
– le parc national de **Snowdonia** est propice à la randonnée et à l'escalade – du Snowdon (1 085 m) par exemple ; on y accède aussi par un train à vapeur vieux de plus d'un siècle, qui serpente entre les bruyères, les fougères et les pâturages à moutons ; le village de Portmeirion et les sites d'Anglesey et de Llyn constituent les autres atouts de la région ;

QUE VOIR AU PAYS DE GALLES ?

Les paysages
- Parcs nationaux (Snowdonia, Brecon Beacons)
- Côte sud, lac Vyrnwy

Les villes et les monuments
- Cardiff
- Châteaux (Caernarfon), Porthmadog

– la côte sud, entre Cardiff et Swansea, est très prisée des Anglais qui fréquentent en été ses tranquilles stations balnéaires dotées de longues plages comme The Mumbles, dans la péninsule de Gower ; la côte du Pembrokeshire, dans l'Ouest, offre des sites plaisants (Saint David's mais

En Irlande du Nord, la chaussée des Géants, dans le comté d'Antrim, fait défiler ses colonnes de basalte.

surtout Tenby) ; non loin de Tenby, les îles du Pembrokeshire, notamment celle de Skomer, abritent des colonies d'oiseaux de mer, mais aussi de phoques ;
– le parc national de **Brecon Beacons** ou les abords du **lac Vyrnwy** constituent d'autres buts d'excursions au cœur de la nature.

Les villes et les monuments

La ville de **Cardiff** a pris un coup de jeune avec la rénovation des docks de Cardiff Bay, devenu un quartier branché. Le Millenium Stadium, qui a remplacé le légendaire Arm's Park, est dans la même veine. Le château tout comme le National Museum and Gallery (impressionnistes) méritent le détour.
À la fin du XIIIe siècle, Édouard Ier fit ériger une vingtaine de châteaux destinés à asseoir le pouvoir des Anglais dans la région. Les châteaux de Beaumaris, Conwy, Harlech et surtout **Caernarfon** sont les mieux préservés.
Une curiosité dans le Gwynedd : **Porthmadog** est le site de la plus ancienne compagnie ferroviaire du monde, la Rheilffordd Ffestiniog Railway.

Irlande du Nord

Les paysages

Si l'Irlande du Nord a peu à offrir, la **chaussée des Géants**, sur la côte nord, dans le comté d'Antrim, est unique : des milliers de prismes de basalte entre lesquelles le vent joue. L'endroit est bordé de falaises qui en accentuent l'atmosphère insolite.

QUE VOIR EN IRLANDE DU NORD ?
Les paysages
Chaussée des Géants
Les villes
Belfast, Armagh, Derry

Au sud de Belfast, le parc national des monts Mourne (comté de Down) se prête à la randonnée et à la pêche.

Les villes

Belfast a peu d'atouts, mais son port a vu la construction du *Titanic*, honoré aujourd'hui par un musée et un festival au printemps.
Deux autres villes méritent un détour : **Armagh** (église édifiée par saint Patrick) et **Derry** (vieille ville fortifiée du XVIIe siècle). ■

Îles Anglo-Normandes

QUE VOIR, QUE FAIRE DANS LES ÎLES ANGLO-NORMANDES ?

Alderney (Aurigny)
- Falaises, baies, oiseaux marins

Guernesey
- Hauteville House (Victor Hugo), randonnées (falaises, criques)

Herm
- Randonnées (falaises), plages

Jersey
- Plages, sentiers de randonnées, fleurs, commerces

Sark (Sercq)
- Île de caractère, randonnées

Constitué de deux bailliages, cet archipel insolite situé entre la France et l'Angleterre protège sa spécificité à l'égard de l'une comme de l'autre. Sur moins de 200 km², il présente une grande variété d'agréments.

D'île en île

Alderney (Aurigny)

La plus méconnue et la plus britannique de toutes, à quelques encablures du cap de la Hague. Ses paysages l'ont fait qualifier d'« île sauvage » : les fous de Bassan et autres oiseaux marins peuplent les falaises de la côte sud, qui offrent un contraste avec les baies plates de la côte nord. Aurigny propose le seul chemin de fer des îles Anglo-Normandes.

Guernesey

La plus excentrée, connue pour avoir accueilli Victor Hugo pendant quinze ans après qu'il se fut opposé au coup d'État de Louis-Napoléon Bonaparte. L'écrivain y acheta Hauteville House (visite d'avril à septembre) où il a notamment écrit *Les Contemplations* et *Les Misérables*. Mais l'intérêt de Guernesey va au-delà du séjour de Hugo : dunes, criques, sentiers le long des falaises de la côte sud, orchidées sauvages, plages de sable dans le Nord.

Herm

Blottie entre Guernesey et Sark, à vingt minutes de Guernesey en bateau, Herm offre une promenade de trois petites heures qui permet d'en faire le tour. Comme à Guernesey, la côte sud est bordée de falaises et la côte nord de plages de sable.

Jersey

La plus grande de toutes, dominée par le château très bien conservé de Mont Orgueil, Jersey varie les plaisirs : plages, sentiers de randonnées, falaises, hymne aux fleurs (ferme de lavande, Eric Young Orchid Foundation). Les commerces de Saint-Hélier sont très fréquentés, comme ceux des autres îles, en raison de la faiblesse des taxes.

Sark (Sercq)

Cette île sans voitures, aux côtes très découpées, longtemps assujettie à un seigneur, est la plus originale des îles Anglo-Normandes. Elle mérite une journée de visite.

Le jardin de la résidence de la seigneurie, dans l'île de Sark, offre de belles floraisons.

L'Écosse possède de nombreux châteaux, souvent situés au bord d'un lac, comme ici celui d'Eilean Donan.

GROS PLAN SUR...

L'Écosse

Les paysages

L'Écosse offre ses paysages les plus typiques dans les **Highlands**. La lande écossaise n'est jamais aussi belle que lorsque la bruyère l'envahit en automne, répondant au vert des collines et au jaune vif des genêts.

En venant d'Angleterre, le visiteur découvre les **Borders** où il admire les châteaux, les manoirs et les panoramas (fleuve Tweed) évoqués dans les romans de Walter Scott.

Le voyage vers le Nord conduit aux fameux lacs écossais (lochs). Ceux-ci se comptent par centaines, mais si l'on doit n'en approcher qu'un, ce sera le **loch Ness**, où le légendaire monstre continue d'entretenir le tourisme. Aussi spectaculaires sont le **loch Morar** et les hautes buttes dénudées de la région du **loch Assynt**.

La plupart des lochs sont visibles par beau temps depuis le Ben Nevis, point culminant du royaume et facile à gravir en été, comme l'est le Ben Macdui, dans le parc des Cairngorms.

La route du Whisky permet de découvrir les plus vieilles distilleries du pays (fin du XVIIIe siècle), le long de la **vallée du Spey**.

Les côtes hérissées de falaises des Highlands supportent parfois les ruines d'un château. Dans Gruinard Bay, l'influence du Gulf Stream permet la pousse de myosotis, d'eucalyptus ou de palmiers. La plus belle grotte du Royaume-Uni, la grotte marine de **Fingal**, avec ses parois de basalte en forme d'orgues, se trouve ici.

Les îles

Les Hébrides

Dans le Nord-Ouest sont éparpillés quelque 500 îles ou îlots, pour la plupart inhabités. Pour sentir l'âme écossaise, privilégiez, dans les Hébrides extérieures, les îles de Lewis et de Harris.

Les Hébrides intérieures peuvent se parcourir en ferry. En partant du Sud, on découvrira l'île d'Arran et sa baie de Brodick flanquée d'un château, les pierres sculptées de l'île d'Islay, puis les falaises de l'île de Mull.

QUE VOIR EN ÉCOSSE ?

Les paysages
- Borders, lacs (lochs), vallée du Spey

Les îles
- Archipels des Hébrides, des Orcades, des Shetland

Les monuments
- Châteaux et manoirs

Les villes
- Édimbourg, Glasgow

La faune
- Macareux, cormorans, chouettes des neiges, aigles pêcheurs

La plus romantique des îles Hébrides, Iona, qu'ont évoquée dans leurs œuvres Jules Verne, Robert Louis Stevenson et Walter Scott, reçoit 330 jours de pluie par an, mais abrite de belles églises ainsi que la nécropole où sont enterrés 40 rois d'Écosse, dont Macbeth.

L'île de Skye présente de hautes falaises qui se terminent par l'« Old Man of Hoy », une aiguille de pierre de 137 m de haut, véritable phare naturel.

Les Orcades

Au large de la pointe nord de l'Écosse, les îles Orcades – les « Orkney » (67 îles dont 16 sont habitées) – séduisent les randonneurs que ne rebutent pas le vent, la pluie et le brouillard. La couleur des falaises de leurs côtes occidentales, peuplées d'une riche faune avicole, et leurs sites préhistoriques (Skara Brae, cercle de pierres de Brodgar) méritent le détour.

Les Shetland

En quittant les îles Orcades vers le nord, on atteint un archipel aux côtes très découpées d'une centaine d'îles, dont quatre sur cinq sont inhabitées. Les plus excentrées et les plus dépaysantes des îles Shetland sont Foula et Fair.

L'île d'Unst marque le point le plus septentrional du Royaume-Uni. La pointe Herma offre le spectacle de milliers d'oiseaux marins, tandis que la pointe de Sumburgh est un promontoire idéal pour l'observation des dauphins et des phoques, voire des orques et des baleines à bosse l'été. L'isthme de Mavis Grind est fréquenté par les loutres.

Imprégnées de culture viking, peu éloignées de la Norvège, les îles Shetland offrent en outre un patrimoine très ancien comme des tours en pierre datant du néolithique.

Les monuments

L'Écosse possède de nombreux châteaux et manoirs. Les plus réputés : Tantallon Castle, Hopeton House (région du Lothian) ; Floors Castle, Mellerstain House, Traquair House, Abbotsford House (Borders) ; Castle Campbell, Doune Castle (région du Centre) ; Glamis, où William Shakespeare a situé *Macbeth*, Dunnottar Castle (côte est) et enfin les châteaux de la vallée de la Dee.

Les villes

Glasgow garde l'empreinte du décorateur Charles Mackintosh qui, au début du XXe siècle, y a ouvert une école d'art dans Renfrew Street. Cette école, hélas endommagée par un incendie en 2014, ainsi que les musées, constituent les principales curiosités de la ville.

Édimbourg se partage en une ville moderne aux façades georgiennes et Old Town, la ville ancienne (citadelle, trésors royaux, Holyrood House), qui offre des points de vue sur l'estuaire du Forth. La zone portuaire de Leith, dans le nord de la ville, se mue en quartier branché. La ville, qui se visite en suivant le Royal Mile, possède un musée du Whisky.

La faune

Les archipels et les îles du Nord sont autant de terrains de découvertes pour l'ornithologue (cormorans, macareux, chouettes des neiges, aigles pêcheurs).

Bâti sur un rocher volcanique, le château d'Édimbourg domine la capitale écossaise.

Russie

Le « pays où il ne fait jamais nuit » possède, avec Moscou et Saint-Pétersbourg, deux joyaux de renommée mondiale, auxquels viennent s'ajouter les villes à l'architecture médiévale de l'Anneau d'or. Mais le potentiel touristique de la Russie s'élargit sans cesse : croisières sur la Volga, balades autour du lac Baïkal et, dernière tendance en date, dans la presqu'île du Kamtchatka, en attendant une mise en valeur plus importante de la Sibérie.

Les villes

Ville de culture (150 musées dont le musée Pouchkine et la galerie Tretiakov sont les points d'orgue) et d'art (40 théâtres ou salles de concert, dont le Bolchoï), **Moscou** offre également au visiteur l'ensemble du Kremlin et ses 30 hectares remplis de cathédrales, d'églises et de palais, dont certains sont presque millénaires.

Sur l'un des côtés du Kremlin s'étendent la place Rouge et ses monuments emblématiques (mausolée de Lénine, cathédrale Basile-le-Bienheureux aux bulbes splendides). Les palais (Ostankino, Kouskovo), les églises baroques (Kadachi et ses coupoles vertes) et le monastère Novodievitchi, au pied duquel reposent notamment Nicolas Gogol, Anton Tchekhov et Nikita Khrouchtchev, sont les autres hauts lieux de la ville qui efface rapidement son passé communiste, autant dans son architecture (réhabilitation ou rénovation des édifices religieux) que dans son économie (néocapitalisme générateur de nouvelles inégalités).

Saint-Pétersbourg (ex-Leningrad), surnommée « la Venise du Nord », est traversée par la Neva. Bâtie sur des dizaines d'îlots, elle est sillonnée de canaux. Cette situation permet la découverte en bateau des façades baroques des palais qui font la particularité et la célébrité de la ville. La beauté de son architecture résulte de la volonté du tsar Pierre le Grand, au début du XVIIIe siècle, d'en faire la vitrine de la puissante Russie. Il est un moment de l'année, en juin, où la ville devient encore plus belle, quand les jours s'allongent à un point tel que le crépuscule ressemble à l'aube ; les nuits sont alors dites

QUE VOIR, QUE FAIRE EN RUSSIE ?

Les villes
- Moscou, Saint-Pétersbourg

Les monuments
- Anneau d'or de la Grande Russie

Les paysages
- L'Ouest : la Volga (croisières Moscou-Saint-Pétersbourg), lacs (Ladoga et Onega), Carélie
- Le Sud : le Grand Caucase
- La Sibérie : lac Baïkal, fleuves (Léna, Ob), Kamtchatka, îles Kouriles

Les côtes
- Plages de la mer Noire (Sotchi), croisières

À Moscou, la cathédrale Basile-le-Bienheureux et ses bulbes sautent aux yeux du visiteur qui arrive sur la place Rouge.

À Moscou, la cathédrale de la Dormition, où les tsars étaient couronnés.

blanches et font l'objet d'un festival enchanteur qui donne lieu à de nombreux ballets et concerts.

Bordée de palais et de théâtres, la perspective Nevski est à Saint-Pétersbourg ce que les Champs-Élysées sont à Paris. La cathédrale Saints-Pierre-et-Paul (où reposent les Romanov, y compris, désormais, Nicolas II), la cathédrale Saint-Isaac, l'église de la Résurrection, l'Institut Smolnyi, le palais-musée de Saint-Nicolas-des-Marins, l'Amirauté et sa girouette d'or, la maison de Pouchkine, les icônes de la cathédrale Sainte-Sophie et le cimetière Piskarevo constituent les autres attraits de la ville, qui s'enorgueillit d'une grande aura culturelle. Avec 4,5 millions d'entrées par an, le musée de l'Ermitage, situé sur l'emplacement du palais d'Hiver, rassemble des œuvres de toutes les grandes époques de l'art mondial (Renoir, Van Gogh, Rembrandt, Raphaël, Pissaro, Matisse, Léonard de Vinci) et, surtout, les pièces du trésor des Scythes. C'est le plus grand musée d'art au monde après le Metropolitan Museum of Art de New York.

Autres lieux culturels de la ville : le théâtre Pouchkine, le Mariinsky

LE CARNET DE VOYAGE

Les premiers contacts
Service consulaire de l'ambassade, 40-50, bd Lannes, 75116 Paris, 01.45.04.05.01. www.russie.net

Les formalités
Passeport nécessaire, valable encore six mois après le retour, visa obligatoire, obtenu auprès du consulat. Théoriquement, l'obtention du visa à titre individuel est liée à un « répondant » local (agence, hôtel, particulier).

La santé
Aucun problème.

Le voyage, le décalage
Durée moyenne du vol direct Paris-Moscou (2 478 km) : 3 heures 40 ; Paris-Saint-Pétersbourg direct (2 143 km) : 2 heures 45. Lorsqu'il est midi en France, il est 14 h à Moscou et à Saint-Pétersbourg, 19 h à Irkoutsk et 21 h à Vladivostok.

Le coût moyen d'un séjour
Un week-end 3 jours/ 2 nuits à Moscou ou à Saint-Pétersbourg revient environ à 550 € (avion + hôtel). Compter 1 300 € pour une dizaine de jours de croisière sur la Volga et au minimum 2 800 € pour 12 jours d'escapade avec le Transsibérien.

Les langues, la monnaie
Le russe, parlé par les quatre cinquièmes de la population, cohabite avec une centaine d'autres langues ou dialectes. Langue étrangère : l'anglais, surtout dans les villes. **Monnaie :** le rouble. Les euros sont acceptés, de préférence en petites coupures. 1 € = 48 roubles, 1 $ = 36 roubles. Importation et exportation de roubles interdites. Cartes de crédit dans les hôtels et les restaurants. Peu de distributeurs de billets et difficultés pour changer les chèques de voyage.

La population
Sur les 142 471 000 habitants, les quatre cinquièmes sont des Russes. Le désir d'autonomie des peuples qui composent le cinquième restant est latent depuis la chute de l'URSS. **Capitale :** Moscou.

Les religions
Les chrétiens orthodoxes sont les plus nombreux. Importantes minorités juive, protestante et musulmane.

Les fêtes
7 janvier : Noël orthodoxe ; **7 février :** fête des « morses » ; **12 avril :** Journée des cosmonautes ; **solstice d'été :** « Nuits blanches » de Saint-Pétersbourg ; **décembre :** Festival de l'hiver russe à Moscou et Saint-Pétersbourg.

Les achats
Quatuor incontournable : caviar, chapka (bonnet de fourrure), matriochkas (les fameuses poupées gigognes) et vodka. Sans oublier la balalaïka, guitare à trois cordes.

Fantaisie de l'impératrice Élisabeth Ire à Pouchkine, le palais Catherine est d'inspiration à la fois baroque et néoclassique.

– nouveau nom du théâtre Kirov qui vit débuter Noureïev – et le Musée russe, riche de milliers d'icônes (Xe-XVIIIe siècle).

On trouve aussi à Saint-Pétersbourg de nombreux musées ou maisons consacrés à des personnalités telles que Fedor Dostoïevski, Maxime Gorki, Alexandre Pouchkine ou Léon Tolstoï.

Les monuments

Si les monuments les plus connus du pays se trouvent à Saint-Pétersbourg et à Moscou, ceux des villes de l'« **Anneau d'or** », construits le plus souvent au XIIe siècle, ne leur cèdent en rien : Souzdal (kremlin, cathédrale de la Nativité, monastères, églises en bois), Yaroslavl, Kostroma, Rostov, Vladimir et sa Porte d'or, Sergueiv Possad (ex-Zagorsk) et son monastère (laure de la Trinité-Saint-Serge).

C'est dans cette partie du pays, creuset de la Sainte Russie, que les tsars commencèrent à établir leur puissance. Celle-ci a également laissé son empreinte à Petrodvorets, près de Saint-Pétersbourg, où Pierre le Grand fit édifier un château inspiré de celui de Versailles.

La Russie abrite quelques autres monuments d'une importance reconnue : le kremlin de Kazan, la capitale des Tatars ; les icônes de la cathédrale Sainte-Sophie, la citadelle et les églises du Moyen Âge de Novgorod ; la citadelle, les églises et les couvents de Pskov ; l'opéra de Novossibirsk, – ville qui est aussi une étape importante du Transsibérien ; le vieux kremlin d'Astrakhan, ville qui fut une étape de la route de la Soie, aux abords du delta de la Volga ; les deux églises de l'ermitage de l'île de Kiji, sur le lac Onega.

QUAND PARTIR ?

	Ouest (Moscou)	Est (Sibérie)
Janvier		
Février		
Mars		
Avril		
Mai	☼	
Juin	☼	☼
Juillet	☼	☼
Août	☼	☼
Septembre	☼	☼
Octobre		
Novembre		
Décembre		

Les maisons flottantes donnent à la Volga, le plus long fleuve d'Europe, un charme tout particulier.

Les paysages

L'Ouest

Un moyen agréable de visiter Moscou et Saint-Pétersbourg consiste à relier les deux villes en effectuant une croisière de 2000 km sur la **Volga**. D'autres bateaux relient Kazan à Astrakhan – souvenir du périple entrepris par Alexandre Dumas. Le delta du fleuve, qui se jette dans la mer Caspienne, est un paradis pour les castors, les loutres et les otaries.

Au nord de Saint-Pétersbourg s'étendent les lacs **Ladoga** et **Onega**, bordés de maisons de bois. La **Carélie,** région de forêts peuplée de cerfs et de loups, est proche. Ces paysages viennent rappeler que la Russie connaît également un été indien *(bablietta)* tout aussi coloré que son équivalent américain, grâce notamment aux pins, bouleaux, ormes et peupliers.

Le Sud

Le **Grand Caucase** est un véritable mur de montagnes, comparable aux Pyrénées en bien des points, excepté celui de l'altitude, qui est ici plus élevée. Point culminant du massif, le mont Elbrouz (5633 m) est recouvert de glaciers. Les stations de sports d'hiver disséminées sur ses pentes sont équipées pour l'alpinisme et le ski. Sur le versant nord, les alentours des villes d'Ordjonikidzé et de Naltchik abritent de nombreuses forêts et chutes d'eau.

La Sibérie

Les horizons éblouissants que beaucoup pensaient découvrir à travers les vitres du **Transsibérien** sont plutôt plats. Aussi, les 9288 km du parcours – dont six jours de voyage de Moscou à Pékin, via la Mongolie – n'échappent pas toujours à la monotonie.

Au bout de plus de 80 heures de voyage surgit le **lac Baïkal**, au milieu de la toundra. Riche d'une flore et d'une faune spécifiques (dauphins et phoques d'eau douce sur les îles Ouchkany), et plus grand réservoir d'eau douce de la planète, long de 600 km et large de 50 km en moyenne, il est toujours attrayant, y compris au cœur de l'hiver, quand il permet de marcher sur une couche de glace épaisse d'un mètre ou d'entreprendre des randonnées de ski de fond dans ses alentours.

Quand la Sibérie sera devenue une destination plus touristique, le visiteur aura l'impression de rejouer l'épopée de Dersou Ouzala

Le monastère de la Trinité-Saint-Serge à Sergueiv Possad, sur l'Anneau d'or

LES CONSEILS GEO

▶ Les plus

Une des grandes destinations touristiques mondiales, d'une forte diversité culturelle et naturelle. L'ouverture de plus en plus nette du pays au voyageur individuel. La découverte possible de régions sibériennes longtemps ignorées.

▶ Les moins

Des infrastructures touristiques encore inégales ou insuffisantes, d'où, par exemple, le coût élevé de l'hébergement à Moscou. L'ombre du drame oublié de la Tchétchénie et l'absence du sud-ouest du pays dans tout projet.

▶ Les précautions

Les républiques autonomes qui bordent le Grand Caucase (Tchétchénie, Ingouchie, Daghestan, Ossétie du Nord) sont formellement déconseillées au voyageur.

▶ Les tendances

Malgré un paysage assez souvent monotone, le Transsibérien fait toujours autant rêver le voyageur occidental. Les plaisirs en sont, par ailleurs, variés avec un Moscou-Pékin, certes, mais aussi un Moscou-Oulan-Bator-Pékin. Les extrêmes reculent puisque les dernières destinations insolites, en ce qui concerne la Russie, sont le Kamtchatka et les îles Kouriles.

filmée par Akira Kurosawa. En attendant, il peut s'essayer à une croisière sur l'**Amour** ou la **Léna**, pour découvrir aussi bien les monuments que le paysage. Autre grand fleuve sibérien peu fréquenté, l'**Ob**, aux eaux claires et aux berges bordées de saules.

Les frontières touristiques de la Sibérie reculent sans cesse : ainsi peut-on aller aujourd'hui jusqu'à Krasnoïarsk et Norilsk, à l'embouchure du fleuve **Ienisseï**, qu'il est possible de descendre en bateau l'été.

Une autre partie de la Sibérie s'ouvre aux passionnés du volcanisme : la **presqu'île du Kamtchatka**. Les quelque 200 cratères qui s'étendent de la mer de Béring à la mer d'Okhotsk font de l'endroit l'un des hauts lieux du volcanisme actif mondial, avec, entre autres, les fontaines naturelles et brûlantes de la « vallée des geysers ». Autres sites prometteurs : l'archipel François-Joseph, au nord de la Nouvelle-Zemble, où quelques privilégiés ont déjà foulé le sol arctique ; l'île de Wrangel et l'habitat des Tchoutchkes, au nord-est du détroit de Béring.

L'avenir du tourisme en Russie pourrait toutefois appartenir aux **îles Kouriles**, entre la presqu'île du Kamtchatka et le Japon : volcans, déserts de lave, chutes, sources d'eau chaude, fjords, lacs de cratère, faune (colonies de phoques, 200 espèces d'oiseaux).

■ Les côtes

La **mer Noire** est le seul endroit du pays vraiment propice à la baignade. La station balnéaire la plus connue, **Sotchi**, est le rendez-vous des célébrités et des élites et a accueilli les jeux Olympiques de 2014. Elle est aussi le lieu de départ de croisières sur la mer Noire. ■

QUE VOIR, QUE FAIRE AU SÉNÉGAL ?

Les côtes
- Plages de la Petite Côte (Saly, Nianing, La Somone) et de la Casamance (Cap Skirring)
- Pêche au gros, pêche sportive, plongée
- Écotourisme

Les paysages et la faune
- Casamance, lac Rose
- Parc national du Djoudj (oiseaux), delta du Saloum (oiseaux, faune aquatique), parc de Niokolo-Koba

Les villes et les lieux de mémoire
- Île de Gorée
- Saint-Louis, Dakar, Touba

Sénégal

Le « pays de la Teranga » présente le double avantage d'une côte surnommée la « Californie africaine » et de régions qui, comme la Casamance ou le delta du Saloum, offrent des cadres séduisants. Sans oublier le patrimoine historique avec Saint-Louis et Gorée.

Les côtes

Il serait dommage de ne choisir le Sénégal que dans un but balnéaire mais le fait est là : la **Petite Côte**, au sud de Dakar, constitue l'épine dorsale du tourisme du pays, notamment **Saly**. Les adeptes d'un tourisme balnéaire moins stéréotypé lui préféreront Toubab Dialao, **La Somone**, **Nianing** ou Joal Fadiouth, cette dernière station balnéaire offrant un sol de coquillages et des airs de Gorée. **Cap Skirring**, situé sur la côte de la basse Casamance, port des pêcheurs Diolas, constitue l'autre haut lieu de la côte sénégalaise.

LE CARNET DE VOYAGE

Les premiers contacts
Consulat, 22, rue Hamelin, 75016 Paris, 01.44.05.38.48. www.au-senegal.com

Les formalités
Pour les ressortissants de l'UE, canadiens et suisses, passeport encore valable six mois après le retour. Visa obligatoire, obtenu auprès du consulat ou à l'arrivée.

La santé
Vaccination vivement recommandée contre la fièvre jaune. Prévention indispensable contre le paludisme.

Le voyage, le décalage
Durée moyenne du vol Paris-Dakar (4 206 km) : 5 heures ; Paris-Cap Skirring : 5 heures 30. Lorsqu'il est midi en France, au Sénégal il est 10 h en été et 11 h en hiver.

Le coût moyen d'un séjour
Les premiers tarifs pour une semaine balnéaire comprenant le vol A/R et la demi-pension se situent aux alentours de 1 100 € en haute saison.

Les langues, la monnaie
Langue officielle : le français, aux côtés de près de vingt langues, dont le wolof. **Monnaie :** le franc CFA. 1 € = 655,957 francs CFA.

La population
Les Wolofs (40 %), les Pulaars, les Sérères et les Diolas composent l'essentiel des 13 636 000 habitants. **Capitale :** Dakar.

Les religions
Les musulmans sunnites sont très largement majoritaires (91 %). Il existe des minorités catholique et animiste.

Les fêtes
Dates variables : « Tabaski » (fête du Mouton) ; **4 avril :** fête de l'Indépendance ; **mai :** Festival de jazz de Saint-Louis ; **octobre :** régates de Saint-Louis ; **Aïd el-Fitr :** fin du ramadan.

Les achats
Statuettes en bois, objets en cuir, colliers de coquillages, bijoux en argent, instruments de musique.

Le delta du Saloum vient rappeler qu'au Sénégal l'attrait des fleuves vaut bien celui de l'océan.

Les amateurs d'écotourisme et de nature seront séduits par le delta du fleuve Saloum, jolie mosaïque de bras de mer *(bolongs)* bordés d'une mangrove où les palétuviers laissent apparaître, au rythme des marées, leurs racines couvertes de coquillages et d'huîtres. Le kayak, les balades à marée basse, diverses formes de pêche et l'observation des oiseaux sont à la base d'un écotourisme en expansion, tel celui pratiqué dans le campement de l'aire marine protégée de Bamboung, non loin de Toubacouta.

Les paysages et la faune

La **Casamance** et le parc national de Basse-Casamance comptent parmi les plus beaux paysages du Sénégal : s'y mêlent mangrove, filaos, marigots, forêts, arbres des régions tropicales (baobabs, palétuviers, flamboyants, fromagers). L'estuaire et le cours du fleuve Casamance, le long duquel l'habitat et les traditions sont bien préservés, ajoutent à l'intérêt de l'endroit.

Près de Dakar, le **lac Rose** doit son nom et sa couleur aux minéraux qu'il contient. Non loin de La Somone s'étend la réserve de Bandia.

Au Sénégal, les oiseaux sont rois : pélicans, flamants et une infinité d'oiseaux migrateurs dans les parcs du **Djoudj** et de la langue de Barbarie ; pélicans, flamants, sternes, goélands, hérons goliaths, guibs du parc du **delta du Saloum**. La présence d'une faune terrestre (parc de **Niokolo-Koba**) confirme la richesse du Sénégal dans ce domaine.

Les villes et les lieux de mémoire

Au large de Dakar, **Gorée** a été un centre important du commerce des esclaves vers l'Amérique avant 1848. Classée, l'île aux vieilles maisons coloniales possède une Maison des esclaves et un Musée historique.

Trois villes méritent la visite :

– **Saint-Louis**, première implantation européenne en Afrique de l'Ouest, bâtie sur une île, est à voir pour son pont Faidherbe, son quartier des pêcheurs, son architecture coloniale et son musée de l'Aéropostale ;

– **Dakar** tire son intérêt de son site sur la presqu'île du Cap-Vert, de ses marchés et de son musée ethnographique ;

– **Touba** est dominée par son étonnante mosquée qui abrite le tombeau d'Ahmadou Bamba, fondateur de la confrérie des Mourides. ■

LES CONSEILS GEO

▶ Les plus

Un pays au tourisme varié, des plages agréables pendant une bonne partie de l'année et des tarifs balnéaires abordables. Le français comme langue de communication.

▶ Les moins

Quelques inconvénients climatiques entre avril et octobre dans le Sud.

▶ Les précautions

À propos de la sécurité en Casamance, les commentaires varient sans cesse de l'optimisme au pessimisme. Éviter les frontières avec le Mali et la Mauritanie. Consulter le site du ministère des Affaires étrangères.

▶ Les tendances

Saint-Louis, comptoir français qui renaît de ses cendres trois siècles et demi après la construction du premier fort, et le *Bou-el-Mogdad*, un ancien navire des Messageries du Sénégal qui revient sur le fleuve du même nom pour des croisières : le nord du Sénégal prend un double coup de jeune et le voyageur adhère. Enfin, le touriste prend goût aux vertus écotouristiques du delta du Saloum.

QUAND PARTIR ?

	Climat	Photos
Janvier	☼	
Février	☼	
Mars	☼	
Avril	☼	
Mai	☼	⋞
Juin		⋞
Juillet		⋞
Août		⋞
Septembre		⋞
Octobre	☼	⋞
Novembre	☼	
Décembre	☼	

QUE VOIR, QUE FAIRE AUX SEYCHELLES ?

Les côtes

- Mahé, Praslin, La Digue, Silhouette
- Plages, plongée, ski nautique, croisières, planche à voile, pêche au gros

Les paysages

- Parc national de la vallée de Mai à Praslin (palmiers et cocos de mer)
- Parc national du Morne seychellois à Mahé (randonnées)

La faune et la flore

- Tortues terrestres géantes, oiseaux, poissons tropicaux, flamboyants
- Lataniers, takamakas, vanilliers

Couleur turquoise de l'eau, sable aussi blanc que le ciel est bleu : difficile de faire mieux ! L'argument balnéaire reste le plus fort dans cet archipel de 115 îles étalées sur 1 200 km, mais l'intérieur des terres n'est pas en reste. Seul écueil, le coût élevé du séjour.

Seychelles

Les côtes

Les plages, disséminées sur 115 îles dont 30 seulement sont habitées, méritent le qualificatif de paradisiaques. Eau turquoise, sable blanc très fin, rangées de filaos en arrière-plan caractérisent les rivages des îles granitiques : **Mahé**, la plus grande, riche de 65 plages ; **Praslin** et ses anses, que beaucoup de visiteurs privilégient ; **La Digue** qui arbore des blocs de granit rose. Le tourisme est soumis à des normes écologiques strictes : pas plus d'un hôtel par île, en dehors des plus importantes ; aucun bâtiment ne doit dépasser les cocotiers.

LE CARNET DE VOYAGE

Les premiers contacts
Office de tourisme, 18, rue de Mogador, 75009 Paris, 01.44.53.93.20. www.seychelles.travel/fr

Les formalités
Pour les ressortissants de l'UE, canadiens et suisses, passeport suffisant, valable encore six mois après le retour. Billet de retour ou de continuation et preuve de fonds suffisants exigibles.

La santé
Aucune vaccination.

Le voyage, le décalage
Durée moyenne du vol Paris-Mahé (7 842 km) : 13 heures (escale). Lorsqu'il est midi en France, aux Seychelles il est 14 h en été et 15 h en hiver.

Le coût moyen d'un séjour
Les tarifs du voyage aux Seychelles sont élevés : difficile d'imaginer un séjour d'une semaine en demi-pension avec des prestations annexes (liaisons entre les îles, plongée) à moins de 2 500 €.

Les langues, la monnaie
Langue officielle : le créole ; le français et l'anglais sont utilisés. **Monnaie :** la roupie seychelloise, subdivisée en 100 cents. L'euro est bien accepté. 1 € = 16,10 roupies seychelloises, 1 $ = 12,20 roupies seychelloises. Les principales cartes de crédit sont acceptées.

La population
La quasi-totalité des 92 000 habitants, en majorité des Noirs ou des métis, vit dans l'île de Mahé où se situe la capitale, Victoria.

Les religions
Trois Seychellois sur quatre sont catholiques. Minorité anglicane.

Les fêtes
Février : Kavadi Thaipoosum (fête hindoue) ; **octobre :** Festival Kreol (musique, poésie, théâtre).

Les achats
Parmi les nombreux produits locaux, on pourra rapporter des objets en bois exotique, des bijoux d'écaille, des batiks, des paréos, des cocos de mer.

Les blocs de granit rose de La Digue sont des éléments balnéaires pour le moins étonnants.

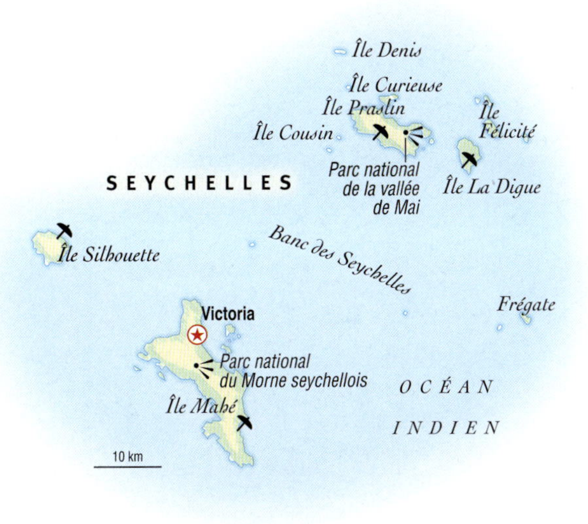

L'**île Silhouette** et sa forêt vierge favorisent un isolement reposant, tout comme les atolls ou les récifs coralliens de l'Ouest (îles Amirante, atoll d'Aldabra) et du Sud de l'archipel (groupe Farquhar), quasi inhabités et pour certains, comme Frégate, réservés à un tourisme de grand luxe.

Avantagées par autant d'escales possibles, les croisières locales en voilier ou en catamaran se développent, principalement à partir de Mahé ou encore de Praslin.

Les visiteurs les plus actifs pratiquent la plongée avec tuba ou bouteilles. Les sites de plongée sont nombreux et les fonds sous-marins rivalisent d'intérêt et de beauté. Le ski nautique, la planche à voile, la croisière en catamaran ou la pêche au gros (marlin, thon, barracuda, poisson-épée) sont également proposés.

Les paysages

Les côtes constituent le principal centre d'intérêt des Seychelles, mais elles ne sont pas seules à justifier un tourisme qui se développe de plus en plus en direction des îles du sud de l'archipel.

L'intérieur des terres, à la végétation luxuriante, est parfois comparable à celui de la Polynésie française. Les randonnées sont très agréables sur l'**île Praslin**, fière de son symbole national, la graine du coco de mer, qui s'apparente aux formes les plus suggestives du corps féminin au point d'être surnommée « coco-fesse ». Les cocos de mer poussent seulement à Praslin, dans le parc national de la **vallée de Mai**, riche de 7000 palmiers.

À Mahé, le parc national du **Morne seychellois**, à près de 1000 m d'altitude, offre l'occasion d'effectuer de vraies marches de montagne, qui permettent de découvrir des panoramas côtiers saisissants.

L'architecture des maisons créoles, nombreuses à Victoria, vaut le détour, en remarquant notamment les *varangues* (vérandas) traditionnelles. De même, le Festival Kreol, fin octobre, mérite d'être connu.

QUAND PARTIR ?

	Climat	Mer calme et moins fréquentée
Janvier		
Février		
Mars		
Avril	☼	☼
Mai	☼	☼
Juin	☼	
Juillet		
Août		
Septembre	☼	☼
Octobre	☼	
Novembre	☼	
Décembre		

LES CONSEILS GEO

Les plus

L'un des « paradis » insulaires des tropiques, qui bénéficie, de surcroît, d'une politique efficace de préservation des sites.

Une tentative louable de limiter la taille et la contenance des hôtels (interdiction de dépasser la cime des cocotiers).

L'avantage de pouvoir être compris en français çà et là.

Les moins

La forte empreinte du tourisme haut de gamme et donc le maintien de prix élevés malgré quelques efforts récents pour les atténuer.

Un océan relativement agité par les alizés et une baignade parfois dangereuse entre juin et septembre.

Les tendances

Les Seychelles comptent parmi les destinations favorites des organisateurs de voyages de noces. Tendance qui rejoint le raffinement des structures hôtelières et de remise en forme.

La faune et la flore

La tortue terrestre géante, qui vit à l'état sauvage dans l'atoll d'Aldabra (grand réservoir de faune, inscrit au patrimoine mondial de l'humanité) ou dans l'île Cousin, cohabite avec les oiseaux. Ceux-ci (perroquets noirs, sternes, frégates, pailles-en-queue) sont partout en nombre, mais plus encore qu'ailleurs dans les îles Bird, Cousin et Denis, où ils viennent nicher entre mai et novembre.

Des poissons tropicaux d'espèces très variées peuplent les barrières de corail qui entourent les îles. On les admire soit en plongée, soit depuis un bateau à fond de verre.

La flore est riche (plus de 80 espèces) et ses noms sont évocateurs : flamboyants, lataniers, takamakas, vanilliers. Afin de faciliter son exploration, les voyagistes ont mis au point des circuits de randonnées, notamment sur l'île Cousin. ■

Singapour, la « cité du Lion » créée au XIXe siècle par sir Thomas Stanford Raffles, mêle son atmosphère lisse à la frénésie des affaires. Ce mini-État, à l'architecture et aux communautés contrastées, est un bon point de départ pour des visites de la Malaisie ou de l'Indonésie.

Singapour

La ville et les monuments

Le « Manhattan de l'Asie » s'identifie au commerce que l'on y pratique. Forte de son statut de port franc, la ville écoule les produits technologiques modernes les plus divers, ainsi que du textile. Ce commerce se pratique principalement sur **Orchard Road**, mais il est possible de faire d'excellentes affaires à **Chinatown**. Quelle que soit la nature de l'achat, il convient de faire preuve, hormis dans les grands magasins, de discernement et d'aptitude au marchandage.
En dehors du commerce, ce mini-État riche et prospère se distingue par un cadre mêlant classicisme et extra-

LE CARNET DE VOYAGE

Les premiers contacts
Ambassade, 16, rue Murillo, 75008 Paris, 01.56.79.68.00. www.yoursingapore.com

Les formalités
Passeport suffisant, valable encore six mois après le retour. Billet de retour ou de continuation exigible.

La santé
Aucune vaccination n'est requise.

Le voyage, le décalage
Durée moyenne du vol Paris-Singapour direct (11 140 km) : 12 heures 40. Lorsqu'il est midi en France, à Singapour il est 18 h en été et 19 h en hiver.

Le coût moyen d'un séjour
La visite de Singapour est presque toujours proposée en complément du voyage dans un pays voisin. Quelques voyagistes organisent des escapades éclair (3 nuits) à des tarifs raisonnables hors saison (environ 850 € pour le vol A/R et l'hôtel).

Les langues, la monnaie
Langues officielles : l'anglais, le malais, le mandarin et le tamoul.
Monnaie : le dollar de Singapour, subdivisé en 100 cents. 1 € = 1,60 $ de Singapour, 1 $ = 1,20 $ de Singapour. Les principales cartes de crédit sont acceptées.

La population
Son chiffre est très élevé (5 567 000 habitants) par rapport à la superficie. Trois habitants sur quatre sont des Chinois. Minorités de Malais, d'Indiens et de Tamouls. La ville de Singapour proprement dite comprend environ 1 million d'habitants.

Les religions
Les religions sont diverses : bouddhistes (28 %), chrétiens (19 %), musulmans (16 %), taoïstes (13 %), hindouistes (5 %), sikhs.

Les fêtes
Janvier ou février : Nouvel An chinois ; **juin :** Festival des bateaux-dragons ; **octobre :** « Thimiti » (marche sur la braise) ; **octobre ou novembre :** « Deepavali ».

Les achats
L'artisanat et les textiles ont bien du mal à se frayer une place parmi l'électronique, la photo-vidéo, la hi-fi, l'informatique et la bureautique.

Quartiers, cuisines, communautés : à Singapour, les contrastes sont partout.

vagance, et dans lequel les diverses communautés règnent sur les quartiers qu'elles ont créés comme **Chinatown** (et son Chinatown Heritage Center) et **Little India**. La cité-État possède des traditions particulières, notamment culinaires, juxtaposant quatre grandes cuisines : chinoise, indienne, malaise et peranakan – un mélange sino-malais.

Celui qui souhaite échapper un temps au tourbillon du commerce se réfugiera dans les musées (Musée national, musée d'Histoire, musée des Civilisations asiatiques) ou, à quelques encablures, sur l'une des plages des îles de Sentosa et de Bintan – cette dernière appartient à l'Indonésie.

La cohabitation de quatre cultures nationales explique la richesse architecturale de Singapour. Le temple de Sri Mariammam (hindou) côtoie celui des Mille Lumières (bouddhiste) et la mosquée du Sultan. Quant à l'architecture occidentale, l'**hôtel Raffles**, monument national restauré en 1991, constitue l'un des joyaux de l'époque coloniale.

Les **jardins du baume du Tigre**, où figurent des personnages gravés dans le roc qui symbolisent les légendes chinoises, constituent une curiosité. Le baume du Tigre est un célèbre onguent originaire de Singapour. Difficile d'échapper aux spectaculaires opéras de rue *(wayangs)*, aux bars à karaoké et aux parcs d'attraction, tel l'Universal Studios Singapore, sur l'île toute proche de Sentosa.

La faune et la flore

On peut les observer dans le Jurong Bird Park, le Van Kleef Aquarium, le jardin japonais, le jardin botanique et le jardin zoologique, ouvert la nuit. Autre but de balade : la tropicale Bukit Timah Nature Reserve. ■

QUE VOIR À SINGAPOUR ?

La ville et les monuments

- Orchard Road, Chinatown : commerce et détaxes (bureautique, photo-vidéo, hi-fi, informatique)
- Chinatown, Little India
- Musées, temples, mosquées, hôtel Raffles, jardins du Baume du tigre

La faune et la flore

- Parcs animaliers (Bukit Timah)
- Jardins japonais, botanique, zoologique

QUAND PARTIR ?

	Climat	Shopping
Janvier	☼	
Février	☼	
Mars		
Avril		
Mai		
Juin		
Juillet	☼	grande braderie ⊙
Août	☼	
Septembre	☼	
Octobre		
Novembre	☼	
Décembre	☼	

LES CONSEILS GEO

▶ Les plus

Un microcosme porteur des contrastes de l'Asie.
Des achats de certaines catégories de produits assez nettement avantageux par rapport à l'Europe.

▶ Les moins

Un coût de la vie touristique relativement plus élevé que dans les pays voisins d'Asie du Sud-Est.

▶ Les précautions

Singapour a toujours été un endroit sûr pour le touriste, qui risque toutefois d'être surpris voire déçu par son atmosphère lisse et assez éloignée des images habituelles de l'Asie du Sud-Est.

Les Hautes Tatras ont été baptisées «les plus petites hautes montagnes du monde» : dix sommets de plus de 2500 m s'y côtoient.

Slovaquie

Avant sa séparation d'avec la République tchèque, la Slovaquie fondait déjà l'essentiel de son tourisme sur la moyenne montagne, qui attire les randonneurs dans les Hautes Tatras, mais également dans le Malá Fatra et les Beskides orientaux. La visite de Bratislava et de villes dotées de châteaux constitue un bon complément.

LE CARNET DE VOYAGE

Les premiers contacts
Ambassade, 125, rue du Ranelagh, 75016 Paris, 01.71.93.73.33. www.slovakia.travel

Les formalités
Pour les autres ressortissants de l'UE, passeport ou carte d'identité suffisant. Pour les Canadiens, passeport.

La santé
Aucun problème.

Le voyage, le décalage
Durée moyenne du vol Paris-Bratislava (1500 km, via Prague) : 2 heures 10. Pas de décalage horaire.

Le coût moyen d'un séjour
Bratislava commence à se faire une place dans les villes européennes que l'on visite au cours d'un week-end. Compter environ 400 € (4 jours/3 nuits, vol et chambre double). Le voyage d'une semaine basé sur la randonnée coûte environ 1100 €.

Les langues, la monnaie
Langue officielle : le slovaque. Langues étrangères : l'allemand ; peu d'échanges en anglais.
Monnaie : l'euro. Distributeurs de monnaie répandus dans les villes.

La population
5463000 habitants. Importantes minorités hongroise (11%) et rom (9%).
Capitale : Bratislava.

Les religions
Deux Slovaques sur trois sont des catholiques. Minorité de protestants.

Les fêtes
Mai : Festival musical, «la Lyre de Bratislava» ; **juin :** Festival pop-rock à Bratislava ; **juillet-août :** été culturel à Bratislava ; **1er septembre :** Jour de la Constitution de la République slovaque.

Les achats
Objets en céramique, broderies, vanneries.

QUE VOIR, QUE FAIRE EN SLOVAQUIE ?

Les paysages et les randonnées

- Hautes Tatras, Basses Tatras, « Paradis slovaque », Malá Fatra
- Beskides orientaux, Karst

Les villes

- Bratislava, Trnava, Levoca, Trencín, Spis, Bardejov, Banska Stiavnica

Les paysages et les randonnées

Les **Hautes Tatras**, qui délimitent la frontière avec la Pologne, sont l'endroit le plus élevé et le plus intéressant du pays. Le randonneur passera de vallées glaciaires en crêtes rocheuses, à la découverte d'une faune (aigles royaux, loups, ours, chamois, marmottes) et d'une flore variées. La Tatranská Magistrála, notamment, offre un itinéraire de grande randonnée d'environ 65 km.

Autres sites des Hautes Tatras : la vallée de Rohácе et ses quatre lacs, Zverovka et la vallée de Ziar. En hiver, les skieurs fréquentent des stations bien aménagées comme Stary Smokovec, Strbské Pleso ou dans les environs de Tatranská Lomnica.

Les **Basses Tatras** (Donovaly, Certovica, Tále) rejoignent leurs aînées sur le plan touristique grâce aux paysages du parc national Slovensky Raj, le **« Paradis slovaque »**. Entre les rivières Hornad et Hnilec se déploie un paysage de forêts, de cascades et de gorges, avec ses marmites de géant et ses grottes aux formations de glace permanentes (Dobsinska).

Deux autres massifs, le **Malá Fatra**, dans l'ouest du pays, et les **Beskides orientaux**, aux confins de la Pologne et de l'Ukraine, sont aussi, avec le **Karst** slovaque (forêts et dolines), des terrains de randonnées. Ces sites, qui comptent parmi les plus intéressants d'Europe centrale, confirment l'intérêt de ce pays pour un tourisme de moyenne montagne.

Les villes

Baignée par le Danube, **Bratislava** rayonne moins que Prague, quoique la vieille ville mérite une visite. Le château, ancienne résidence royale qui abrite aujourd'hui le Musée national, surplombe le fleuve.

La cathédrale Saint-Martin, le palais Mirbach (de style rococo), le palais du Primat et l'opéra sont les autres hauts lieux de cette capitale discrète, mais dynamique. La colline de Napoléon offre la plus belle vue qu'on puisse avoir sur la ville. Celle-ci est proche de Vienne (60 km) et sa visite pourra être couplée avec celle de la capitale autrichienne, en plus de Prague.

À très peu de distance, les ruines du château de Devin et le confluent entre le Danube et la Morava complètent un tableau encore trop peu connu des visiteurs.

Les églises gothiques (Saint-Nicolas) ou baroques (Saint-Jean-Baptiste), les maisons anciennes aux façades baroques et les restes de fortifications de **Trnava** méritent le détour, tout comme les maisons de style gothique et l'église Saint-Jacob (dotée d'un retable majeur) de **Levoca**, le château royal (XIIIe siècle) de **Trencín** et surtout celui de **Spis** (Spissky hrad), le plus imposant d'Europe centrale. Dans l'Est, de nombreux villages possèdent des églises en bois.

Dans un pays où châteaux et forteresses ne manquent pas, d'autres villes sont riches en monuments gothiques et Renaissance, telles **Bardejov** (cathédrale Saint-Égide et ses retables) et **Banska Stiavnica**. La Slovaquie possède aussi des stations thermales, telles que Piest'any. ■

LES CONSEILS GEO

▶ Les plus

Un pays agréable et assez diversifié sur le plan touristique. Une destination susceptible de convenir à ceux qui ressentent parfois une certaine lassitude sous leurs chaussures alpestres ou pyrénéennes.

Un tourisme mal connu, qui doit encore gagner sa place sur l'agenda du voyageur.

▶ Les précautions

La Slovaquie est un pays plutôt sûr.

▶ Les tendances

Le beau Danube, pas toujours bleu, sinue ici entre trois capitales très proches. Aussi les croisières qui ajoutent Bratislava à Vienne et Budapest ont-elles le vent en poupe.

QUAND PARTIR ?

	Climat	Sports d'hiver dans les Tatras
Janvier		❄
Février		❄
Mars		❄
Avril		
Mai	☼	
Juin	☼	
Juillet	☼	
Août	☼	
Septembre	☼	
Octobre		
Novembre		❄
Décembre		❄

QUE VOIR, QUE FAIRE EN SLOVÉNIE ?

Les paysages et les randonnées
- Stations des Alpes juliennes (randonnées et ski), chevaux lipizzans, ours bruns
- Bled, Postojna (grottes)
- Stations thermales

Les villes
- Ljubljana, Maribor

La côte
- Koper, Portoroz, Piran

Agréable à vivre comme peut l'être un pays situé sur les contreforts des Alpes, la Slovénie sort peu à peu de sa discrétion touristique. Outre une frange côtière courte, mais recherchée, elle propose au visiteur ses forêts et ses alpages, le site de Bled, les grottes de Postojna et les monuments de Ljubljana.

Slovénie

Les paysages et les randonnées

Couvertes de forêts, les **Alpes juliennes** offrent aux randonneurs, en été, la possibilité de gravir des sommets d'environ 2 000 m d'altitude. Un échantillon de leur nature calcaire est offert par le parc national du **Triglav** et les stations qui l'entourent, propices à la randonnée ou au ski : Bohinj et son lac, Kranjska Gora, Bovec et, surtout, **Bled**, blottie au bord d'un lac paisible et dans un site harmonieux prisé, en d'autres temps, des membres de l'aristocratie austro-hongroise.

La Slovénie possède de nombreux autres atouts que ces seuls sites alpestres : la présence de karst explique la formation des **grottes de Postojna**, les plus grandes d'Europe (20 km de long), et de celles de Skocjan, liées au cours du fleuve Rak ; le Rakov Skocjan, petit canyon fermé à ses deux extrémités, est aujourd'hui un parc national.

LE CARNET DE VOYAGE

Les premiers contacts
Ambassade, 28, rue Bois-le-Vent, 75016 Paris, 01.44.96.50.71. www.slovenia.info

Les formalités
Carte nationale d'identité ou passeport suffisent.

La santé
Aucun problème.

Le voyage, le décalage
Durée moyenne du vol Paris-Ljubljana (1200 km) : 1 heure 45. Pas de décalage horaire.

Le coût moyen d'un séjour
Un week-end à Ljubljana revient à 400 € environ, une semaine sur la côte (vol et hébergement) à 700 €, une semaine en randonnée dans le Triglav et vers les lacs alpins à 1 100 €, tout compris.

Les langues, la monnaie
Langue officielle : le slovène, proche du BCMS (ex-serbo-croate). Langue étrangère : l'allemand. **Monnaie :** l'euro.

La population
Le pays compte 2 009 000 habitants. **Capitale :** Ljubljana.

Les religions
La religion catholique est prédominante. Minorité de musulmans et d'orthodoxes.

Les fêtes
8 février : fête de la Culture slovène ; **février :** carnaval ; **juin-juillet :** Festival de Maribor ; Festival de musique à Ljubljana.

Les achats
Productions locales : dentelles d'Idrija, objets en bois, poteries noires, œufs de Pâques décorés.

Le port de pêche de Piran reflète bien l'idée d'un pays tranquille, aux atouts très divers et de plus en plus apprécié des touristes.

La Slovénie possède une vingtaine de **stations thermales** dont les installations sont adaptées aux tendances actuelles du bien-être (spa, wellness). Autres atouts : la découverte de l'élevage des chevaux **lipizzans** à Lipica et l'observation des **ours bruns** dans la région de Kocevje.

Les villes

Outre son architecture, d'inspiration baroque depuis la rénovation de la ville au XVIIe siècle, puis plus récemment influencée par le style Art nouveau, la capitale, **Ljubljana**, présente deux principaux centres d'intérêt : sa grand-place et son marché central. Sa plus belle vue se déploie du haut des murs de son château (XIIe siècle). Sa cathédrale, ses églises (de l'Annonciation, de Saint-Nicolas, des Chevaliers, des Franciscains) et de riches musées constituent d'autres atouts qui rendent sa visite d'autant plus intéressante.

Sa cathédrale de style roman puis baroque, son château du XVe siècle et les restes de ses fortifications font de **Maribor** la deuxième ville touristique de la Slovénie.

La côte

Sur la mince frange slovène de la côte Adriatique (40 km) se trouve **Koper**, à 30 km à peine de Trieste, que l'on connaît pour ses liens historiques avec Venise. En effet, la ville est riche de palais de style gothique vénitien et propose un musée du palais Tacco qui renferme de nombreuses peintures italiennes.

Portoroz est la plus importante et la plus fréquentée des stations balnéaires et thermales. Ses casinos, ses restaurants et ses grandes plages assoient sa réputation.

Très différent est le port de pêche aux allures médiévales de **Piran**, posé sur une presqu'île et classé monument historique. ■

LES CONSEILS GEO

▶ Les plus
Un pays agréable et diversifié, riche en atouts naturels (paysages alpestres, plages) et en valeur architecturale.

▶ Les moins
Une image touristique qui tarde à se dessiner par rapport au potentiel du pays.

▶ Les précautions
La Slovénie est un pays très avenant et sûr. En outre, pour le voyageur individuel en voiture, les infrastructures sont excellentes.

▶ Les tendances
Bled emporte les suffrages des amateurs de nature qui s'installent dans un camping près de son lac et partent en randonnée dans les bois tout proches.

QUAND PARTIR ?

	Climat	Sports d'hiver
Janvier		❄
Février		❄
Mars		
Avril		
Mai		
Juin	☼	
Juillet	☼	
Août	☼	
Septembre	☼	
Octobre		
Novembre		
Décembre		❄

Le fameux bouddha couché de Polonnaruwa offre au visiteur son énigmatique sourire.

QUE VOIR, QUE FAIRE AU SRI LANKA ?

Les monuments
- Anuradhapura, Polonnaruwa, Kandy, Dambulla, Medirigiriya, Aukana, Sigiriya

Les côtes
- Côtes sud-ouest et nord-est (plages, surf, plongée)

Les fêtes
- Fête du Perahera à Kandy
- Pèlerinage au pic d'Adam

La faune et la flore
- Parcs nationaux
- Jardins botaniques (Peradeniya), plantations de thé (Nuwara Eliya), jardins d'épices

Sri Lanka

Le conflit entre les séparatistes tamouls et le pouvoir central a pris fin et les Sri-Lankais veulent croire au début d'une ère de paix. Sur le plan touristique, l'île peut se prévaloir d'importants vestiges bouddhiques, de plages de sable immaculé, ainsi que d'une faune et d'une flore tropicales riches.

Les monuments

Le Sri Lanka possède des sites architecturaux de renom. La plupart sont consacrés au culte de Bouddha et font l'objet de pèlerinages annuels.

Outre l'arbre sacré Sri Maha Bodhi, né d'un rejeton du *Ficus religiosa* sous lequel Bouddha connut l'Illumination à Bodh-Gaya (Inde), **Anuradhapura**, l'ancienne capitale, renferme des monastères, des stupas (Jetavanarama, Thuparama, Ruvanvaliseya), et des vestiges de palais et de bassins. Autre ancienne capitale, **Polonnaruwa** est réputée pour son Gal Vihariya, le « Temple du rocher », qui abrite les sculptures rupestres d'un bouddha assis, d'un bouddha debout et d'un troisième couché, long de 15 mètres. Dambulla offre son « Temple d'or », ensemble de grottes riche de statues et de peintures murales bouddhiques. Autres lieux importants : **Medirigiriya** et ses 68 colonnes disposées en trois cercles concentriques ; **Aukana** et son bouddha géant.

Sigiriya est d'une facture différente. La forteresse du roi Kassapa Ier est ornée de peintures représentant 21 bustes de jeunes femmes, baptisées les « demoiselles » de Sigiriya.

Au centre de l'île, **Kandy** se distingue par ses temples, dont le Dalada Maligawa et ses murs roses, qui renfermeraient une dent de Siddharta Gautama, le bouddha illuminé.

Les côtes

Plus de 1 500 km de côtes parsemées de plages font du Sri Lanka une destination tropicale. Les sites balnéaires de la **côte sud-ouest** (Negombo, Kalutara, Bentota, Mount Lavinia), où se succèdent villages de pêcheurs et grandes plages, sont les plus fréquentés. Tandis que les plages du Sud (Galle, Hikkaduwa, Weligama) se sont reconstituées après le tsunami de 2004, les **rivages du Nord-Est** (Batticaloa, Trincomalee), jugés parmi les plus beaux avant le conflit, renaissent à un tourisme mesuré. Partout, la nature des vagues et des fonds marins permet le surf et la plongée.

Les fêtes

La **procession du Perahera**, à Kandy, lors de la pleine lune d'août, est la fête la plus spectaculaire de l'île (les pèlerins rendent hommage à la dent du Bouddha en transportant son reliquaire sur un éléphant sacré). Le **pèlerinage au pic d'Adam**, lors des pleines lunes de décembre à avril, rassemble chrétiens, musulmans, hindous et bouddhistes.

La faune et la flore

Les éléphants sont nombreux dans les **parcs nationaux**, dont les plus connus sont ceux de Gal Oya, Wilpattu et Yala. À Pinnawela, à une centaine de kilomètres de Colombo, les éléphanteaux qui n'ont pas résisté à la loi de la jungle sont regroupés dans un « orphelinat » prisé des touristes. Des trois jardins botaniques, **Peradeniya**, autour de Kandy, est le plus célèbre et le plus riche (forêts de bambous, 150 espèces d'orchidées). Dans le Sud, la réserve forestière de Sinharaja mérite aussi d'être visitée.

Non loin de la station climatique de **Nuwara Eliya** s'étendent des plantations de thé. La réputation et le savoir-faire des cueilleuses datent de la présence anglaise, tout comme les grands noms (Lipton, Dilmah) dont on visite aujourd'hui les installations. L'île possède aussi des « jardins d'épices » (cannelle, gingembre, vanille) implantés notamment entre Dambulla et Kandy. ■

LES CONSEILS GEO

▶ Les plus

Une alliance réussie entre intérêts balnéaire et culturel.
Un climat contrasté entre l'Est et l'Ouest, qui enrichit le calendrier des dates de séjour favorables.
Le retour de la paix.

▶ Les précautions

La location de voiture avec chauffeur est préférable (axes étroits, conduite à gauche).

▶ Les tendances

Les adeptes de l'ayurveda, le « veda de la vie », une science hindoue de la médecine, viennent de plus en plus nombreux au Sri Lanka vivre cette expérience très en vogue.

QUAND PARTIR ?

	Colombo et côte ouest	Côte est	Intérieur
Janvier	☼		
Février	☼		☼
Mars	☼	☼	☼
Avril		☼	
Mai		☼	
Juin		☼	
Juillet		☼	
Août		☼	
Septembre		☼	
Octobre			
Novembre	☼		
Décembre	☼		

LE CARNET DE VOYAGE

Les premiers contacts
Ambassade, 16, rue Spontini, 75016 Paris, 01.55.73.31.31. www.srilanka.travel

Les formalités
Ressortissants de l'UE, canadiens et suisses : passeport valable encore six mois après le retour, autorisation obligatoire avant le départ, obtenue en ligne (www.eta.gov.lk)

La santé
Prévention recommandée contre le paludisme, excepté pour les districts de Colombo, Kalutara et Nuwara Eliya.

Le voyage, le décalage
Durée moyenne du vol Paris-Colombo (8 477 km) : 11 heures. Lorsqu'il est midi en France, au Sri Lanka il est 15 h 30 en été et 16 h 30 en hiver.

Le coût moyen d'un séjour
Compter environ 2 000 € pour une dizaine de jours avec vol A/R, voiture de location avec chauffeur et demi-pension. Pour une semaine balnéaire, en basse saison, environ 1 200 € (vol A/R et demi-pension).

Les langues, la monnaie
Langues officielles : le cinghalais et le tamoul. Langue étrangère : l'anglais. **Monnaie :** la roupie du Sri Lanka. 1 € = 170 roupies du Sri Lanka, 1 $ = 130 roupies du Sri Lanka.

La population
21 325 000 habitants, dont 70 % de Cinghalais. Forte minorité tamoule (20 %) dans le nord de l'île. **Capitale :** Colombo (Kolamba).

Les religions
Les Cinghalais sont surtout bouddhistes et les Tamouls hindouistes. 7,5 % de musulmans et autant de chrétiens.

Les fêtes
Pleine lune de juin : « Poson Poya » (pèlerinage bouddhiste) à Anuradhapura ; **pleine lune d'août :** procession du « Perahera » à Kandy ; **pleines lunes de décembre à avril :** pèlerinage au pic d'Adam.

Les achats
Thé, pierres précieuses, textiles (saris), batik, objets en bois sculpté.

QUE VOIR, QUE FAIRE EN SUÈDE ?

La nature et les loisirs
- Parcs nationaux de Laponie, de Tyresta, de Gotska Sandön, île de Gotland
- Laponie (randonnées, soleil de minuit, aurores boréales, faune)
- Lacs (pêche), Göta Canal (croisière)

Les sports d'hiver
- Traîneau à chiens, motoneige, ski de fond

Les villes et les monuments
- Stockholm, Malmö, Uppsala, Göteborg, Sigtuna
- Scanie (manoirs, châteaux, églises médiévales), Kalmar

Suède

Le tourisme suédois exploite les larges horizons de forêts parsemées de lacs et les vertus d'un climat vivifiant. Le cadre se prête aux randonnées en tout genre, notamment en Laponie. Le soleil de minuit et les aurores boréales sont à ne pas manquer.

La nature et les loisirs

Les lacs, rivières et forêts des parcs nationaux d'Abisko, de Muddus, de Padjelanta, de Pieljekaise, de Sarek et de Stora Sjöfallet, tous situés en **Laponie**, constituent le cadre de nombreuses randonnées, les plus physiques, mais aussi les plus intéressantes du pays. Outre l'attrait unique du soleil de minuit et des aurores boréales, la visite de la région permet de découvrir les traditions du peuple sâme et de croiser rennes, castors, lynx – et moustiques, en été.

Le plateau de laves de Kinnekulle, non loin du lac Vänern, est certainement la plus jolie région de la Suède méridionale.

La croisière sur le **Göta Canal**, qui relie Stockholm à Göteborg, est une expérience passionnante. Non loin

LE CARNET DE VOYAGE

Les premiers contacts
Informations touristiques par téléphone (01.70.70.84.58) ou courriel (france@visit-sweden.com).
www.visit-sweden.com, www.stockholmtown.com

Les formalités
Autres ressortissants de l'UE : carte nationale d'identité ou passeport en cours de validité.
Canadiens : passeport.

La santé
Aucun problème.

Le voyage, le décalage
Durée moyenne du vol Paris-Stockholm (1549 km) : 2 heures 30.
Bateau avec voiture depuis Amsterdam (Pays-Bas) ou Frederikshavn (Danemark) pour Göteborg; depuis Rostock (Allemagne) pour Stockholm.
Pas de décalage horaire.

Le coût moyen d'un séjour
Les voyages à dominante sportive en Laponie sont de l'ordre de 1400 € pour 10 jours. Un week-end à Stockholm, souvent combiné avec Helsinki, coûte environ 450 €.

Les langues, la monnaie
Langue officielle : le suédois. Langue étrangère : l'anglais. **Monnaie :** la couronne suédoise. 1 € = 9,20 couronnes suédoises.

La population
9400000 habitants concentrés dans le Sud. On dénombre 10000 Sâmes (« Lapons ») et des immigrés des pays méditerranéens.
Capitale : Stockholm.

Les religions
La majorité de la population est de culte protestant (luthérien). L'Église est séparée de l'État depuis 1983. Minorités catholique, pentecôtiste, orthodoxe grecque, musulmane et juive.

Les fêtes
Mars : Vasaloppet ;
24-26 juin : « Midsommar » (fête de la Saint-Jean) ;
13 décembre : intronisation de sainte Lucie.

Les achats
Objets en verre, sabots en bois et petits chevaux en pin du centre du pays.

Les séjours dits «multiactivités» transforment aujourd'hui le tourisme sâme.

de Stockholm, le **parc national de Tyresta** abrite une véritable forêt primitive de pins peuplée de cerfs, d'élans et de nombreux oiseaux.
On se baigne sur la côte sud-ouest – la plus ensoleillée et la plus douce –, entre Halmstad et Strömstad.
Entre la Suède et la Lettonie, l'**île de Gotland** se distingue par ses vestiges préhistoriques et les insolites aiguilles de calcaire qui se dressent près de Faro. L'îlot voisin de **Gotska Sandön** est un parc national qui abrite des forêts de pins, des dunes et de nombreuses variétés de fleurs, dont des orchidées.

Les sports d'hiver

On fait beaucoup de ski en Suède, de fond comme alpin. La course de ski de fond la plus populaire est assurément la Vasaloppet, baptisée ainsi depuis que le futur roi de Suède, Gustave Ier Vasa, en effectua le même parcours (Sälen-Mora) en 1521.

Les villes et les monuments

Malmö (église Saint-Pierre, hôtel de ville, forteresse), **Uppsala** (université ancienne, cathédrale gothique, château, tumulus funéraires des rois païens) et **Göteborg** (musée des Beaux-Arts, parc Liseberg) ne manquent pas d'attraits.
Stockholm est une ville sur l'eau, bâtie sur 14 îles. Elle est bordée à l'est par les îles et les presqu'îles qui constituent le «jardin d'écueils» de Skärgard.
De la visite de la capitale suédoise, on retiendra les vieux quartiers (Gamla Stan avec ses rues pavées, ses façades de style flamand et le château royal, de style baroque), les musées (musée d'Art moderne, musée Vasa exposant l'épave du bateau du même nom, et surtout musée Skansen, en plein air, situé dans l'île de Djurgarden, et qui présente 160 constructions et des traditions de tout le pays) ainsi que les châteaux royaux de Drottningholm et de Gripsholm. Son marché de Noël dans le parc Skansen et à Stortorget, les trois premiers dimanches de décembre, est réputé, de même que, le 13 du même mois, la fête de sainte Lucie.

LES CONSEILS GEO

▶ Les plus
Un pays tout indiqué pour le tourisme de nature et des structures appropriées.
Un voyage de toutes les saisons.
La multiplication des vols à bas coût.

▶ Les moins
Un coût de la vie touristique assez élevé.

▶ Les précautions
Comme ses voisins scandinaves, la Suède est un pays très tranquille.
Aucun problème majeur à signaler.

▶ Les tendances
Les activités récemment développées, du type expéditions en traîneau à chiens ou en scooter des neiges, en Laponie, sont résolument dans l'air du temps.

Parmi les autres sites du pays figurent les pierres runiques retrouvées à plusieurs endroits entre Stockholm et Malmö, les vestiges d'églises du XIIe siècle et les très vieilles rues de **Sigtuna**, les manoirs, châteaux et églises médiévales du Sud (province de **Scanie**, château de **Kalmar**).
De petites villes, telles Arvidsjaur, Jokkmokk et Östersund, se distinguent par leurs maisons de bois, typiques de l'habitat sâme. ■

QUAND PARTIR ?

	Climat	Loisirs d'hiver	Soleil de minuit/aurores boréales
Janvier		❄	aurores boréales ▲
Février		❄	aurores boréales ▲
Mars		❄	
Avril		❄	
Mai			soleil de minuit ▲
Juin	floraison en Laponie ▲		soleil de minuit ▲
Juillet	☼		
Août	☼		
Septembre			
Octobre			
Novembre			aurores boréales ▲
Décembre		❄	aurores boréales ▲

Le château de Chillon, sur le lac Léman, est plutôt méconnu. La Suisse présente bien d'autres attraits que les Alpes.

La traversée de la Suisse, de Bâle à Lugano, offre le décor idéal d'un exceptionnel film documentaire qui fait défiler des sommets de plus en plus majestueux, des lacs de plus en plus étendus... et des tunnels de plus en plus longs. Si on s'est laissé conquérir, on reviendra en été pour des randonnées et en hiver sur les pistes de ski alpin ou de ski de fond.

Suisse

LE CARNET DE VOYAGE

Les premiers contacts
Suisse Tourisme, Paris, 00800. 100.200.30.www.myswitzerland.com

Les formalités
Ressortissants de l'UE : carte nationale d'identité ou passeport périmé depuis moins de cinq ans suffisant. Canadiens : passeport.

La santé
Aucun problème.

Le voyage, le décalage
Durée moyenne du vol Paris-Genève (402 km) : 1 heure; Paris-Zurich (481 km) : 1 heure 15. Route : Paris-Genève (540 km) par l'autoroute via Lyon et Chambéry; 508 km par le Jura et le col de la Faucille. Pas de décalage horaire.

Le coût moyen d'un séjour
Une semaine de randonnée en été coûte 600-700 €; pour Genève, forfait avion + 2 nuits pour environ 350 €; stations de ski plutôt chères.

Les langues, la monnaie
La Suisse possède quatre langues officielles : l'allemand, parlé par deux habitants sur trois, le français, l'italien et le romanche (parlé notamment dans les Grisons).
Monnaie : le franc suisse, subdivisé en 100 centimes. 1 € = 1,20 franc suisse.

La population
Sur une population de 8062000 habitants, répartie en 26 cantons, près d'un million sont des étrangers.
Capitale : Berne.

Les religions
Les catholiques (38%) sont plus nombreux que les protestants (27%).

Les fêtes
Février : carnaval de Bâle; **juillet :** Festival de jazz de Montreux; **début octobre :** fête des Vendanges à Lugano; **6 décembre :** «Course de l'escalade» à Genève.

Les achats
Tiercé gagnant : couteaux, montres et chocolats.

Les paysages, les randonnées et les sports d'hiver

Les randonnées sont le fondement du tourisme d'été, particulièrement dans l'**Engadine** (Grisons), le **Valais**, qui offre plusieurs sommets dépassant 4000 m, et le **Tessin**.

C'est toutefois l'**Oberland bernois** qui en offre la plus grande diversité. Les falaises qui bordent l'Aar, parfois hautes de 50 m, ne laissent que peu de place au lit du fleuve. Dans la région d'Interlaken, les chutes d'eau sont nombreuses : Giessbach, Reichenbach, Staubbach, Trummelbach. Sur le versant sud, les 24 km de long du Grand Glacier d'Aletsch satisfont aussi bien les varappeurs que les skieurs ou les promeneurs.

Les stations des Alpes permettent tous les sports d'hiver. **Zermatt**, entre le mont Rose, le Cervin et le

Weisshorn, **Davos** et **Saint-Moritz** dans les Grisons, **Gstaad** et **Crans-Montana** sont les plus fréquentées.
Le **Parc national suisse**, situé dans les Grisons, abrite une faune et une flore riches et variées.
Les rives des lacs constituent également des rendez-vous du tourisme suisse : lacs Léman, de Neuchâtel, de Constance, de Lugano, Majeur, des Quatre-Cantons.

Les villes et les monuments

Genève mérite le détour pour son site et son jet d'eau, mais aussi pour sa vieille ville (ancienne cathédrale, maisons médiévales, palais, hôtel de ville, église de la Madeleine), ses quartiers branchés (Carouge, Pâquis), son jardin botanique et plusieurs musées : le musée Ariana (faïences, porcelaines), le musée de l'Horlogerie et le musée Rousseau. Le 6 décembre, la « course de l'escalade » célèbre la victoire des Genevois sur les Savoyards il y a plus de quatre siècles.
Lausanne se distingue par sa cathédrale du XIIIe siècle et ses musées. Outre son festival musical, **Montreux,** situé sur la « Riviera vaudoise », tire sa réputation de la douceur de son climat. Sion possède une église fortifiée remarquable, Notre-Dame-de-Valère. Le carnaval de **Bâle** fait partie des meilleurs du genre en Europe. La ville est également riche en musées (Schaulager, Tinguely, Vitra Design Museum, fondation Beyeler).
Lugano offre, aux abords de son lac, la beauté de ses jardins et de ses villas (collection privée de la villa Favorita).
En Suisse orientale, trois cités médiévales s'imposent : Schaffhouse, qui a conservé les maisons de 12 corporations de métiers ; Stein am Rhein, dont certaines façades sont décorées de fresques ; Saint-Gall, connue pour les 2 000 manuscrits de sa bibliothèque abbatiale.
Zurich, sur le fleuve Limmat, se distingue par sa cathédrale romane (Grossmünster), l'ancien couvent de la Fraumünster (vitraux de Giacometti et de Chagall) et ses nombreux musées. ■

QUE VOIR, QUE FAIRE EN SUISSE ?

Les paysages, les randonnées et les sports d'hiver

- Engadine, Valais, Tessin, Oberland bernois (randonnées)
- Zermatt, Davos, Saint-Moritz, Gstaad, Crans-Montana (sports d'hiver)
- Parc national suisse, lacs

Les villes et les monuments

- Genève, Lausanne, Montreux, Lugano, Bâle, Zurich
- Cités médiévales

QUAND PARTIR ?

	Climat	Sports d'hiver
Janvier		❄
Février		❄
Mars		❄
Avril		❄
Mai	☼	
Juin	☼	
Juillet	☼	
Août	☼	
Septembre	☼	
Octobre		
Novembre		❄
Décembre		❄

LES CONSEILS GEO

▶ Les plus
Un terrain idéal pour l'amateur de sports d'hiver et le randonneur, dans des cadres montagneux parmi les plus beaux d'Europe. D'excellents réseaux routier et ferroviaire, et l'originalité des trains d'altitude.

▶ Les moins
Le coût élevé de la vie touristique.

▶ Les tendances
Neige est le maître mot. Les petits trains panoramiques, tels le Bernina, le Guillaume Tell et surtout le chemin de fer de la Jungfrau, ont le vent en poupe.

Les ruines de Palmyre, surplombées par un château arabe, sont inscrites au patrimoine mondial de l'humanité.

La Syrie connaît depuis début 2011 une guerre civile qui n'épargne pas l'important patrimoine de ce berceau de l'humanité, entre autres les vieux quartiers de Damas et d'Alep, Palmyre et le Krak de Chevaliers, tous issus de civilisations prestigieuses. Lattaquié est la version balnéaire du pays.

Syrie

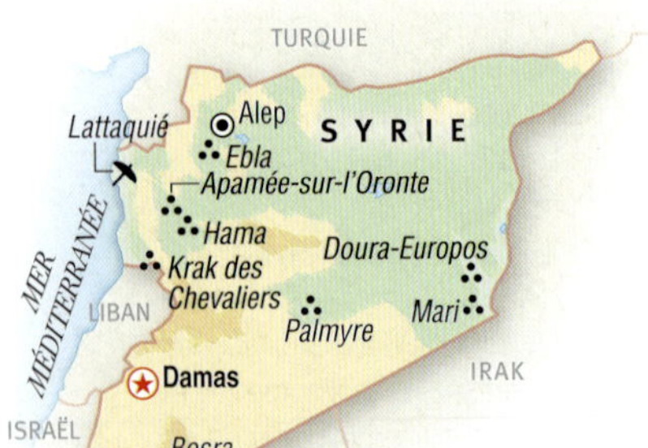

LE CARNET DE VOYAGE

Les premiers contacts
Services consulaires de l'ambassade, 20, rue Vaneau, 75007 Paris, 01.40.62.61.00. www.visit-syria.com

Les formalités
En temps normal, passeport valable encore six mois après le retour et sans tampon israélien, visa obligatoire. Permis nécessaire pour le plateau du Golan.

La santé
Prévention recommandée contre le paludisme (risque limité) entre mai et octobre inclus pour le nord-est du pays et quelques régions le long de la frontière Nord.

Le voyage, le décalage
Durée moyenne du vol Paris-Damas (3292 km) : 3heures 30. Lorsqu'il est midi en France, en Syrie il est 13h en été et 14h en hiver.

Le coût moyen d'un séjour
Un autotour d'une semaine (vol A/R + voiture avec chauffeur + hôtel à l'étape) coûte environ 1100 €.

Les langues, la monnaie
Langue officielle : l'arabe. L'araméen est encore parlé dans de très rares endroits. Langues étrangères : le français et l'anglais. **Monnaie :** la livre syrienne. 1 € = 90 livres syriennes, 1 $ = 200 livres syriennes. Distributeurs de billets dans les grandes villes, usage des cartes de crédit en hausse.

La population
Les Arabes représentent 90 % des 22518000 habitants. Les minorités sont nombreuses (Kurdes, Arméniens, Tcherkesses, juifs). **Capitale :** Damas.

Les religions
Les musulmans, surtout sunnites, sont majoritaires. Le pays compte 9 % de chrétiens.

Les fêtes
Février : Mouloud (naissance de Mahomet) ; **septembre :** fête du Coton à Alep ; **Aïd el-Fitr :** fin du ramadan.

Les achats
Les produits des souks : brocarts, broderies, narguilés, verre soufflé, cuivre, argent, savon d'Alep.

QUE VOIR EN SYRIE ?

Les vestiges

- Palmyre, Hama, Apamée-sur-l'Oronte, Saint-Siméon, Doura-Europos
- Tell Ras Shamra (royaume d'Ougarit, site du plus vieil alphabet du monde)
- Bosra, Mari, Ebla, krak des Chevaliers, tell Mozon

Les villes

- Damas, Alep

Les côtes

- Plages des environs de Lattaquié

Les vestiges

Très ancienne contrée du Moyen-Orient, la Syrie a hérité de cette situation une grande richesse archéologique que nous détaillons ci-dessous, sans préjuger des dommages que certains sites connaissent depuis mars 2011.

Palmyre (IIe et IIIe apr. J.-C.), cité de la reine Zénobie, propose un vaste ensemble de ruines (grand temple de Bêl), une agora, un théâtre romain et surtout une imposante architecture funéraire (tours à étages, caveaux, bustes, chambres).

Hama conserve des sculptures du temps d'un royaume néohittite établi au IXe siècle av. J.-C. Les champs de l'oasis qui l'entoure sont irrigués par des canaux alimentés par des norias, grandes roues en bois.

Apamée-sur-l'Oronte aligne ses ruines de part et d'autre de l'une des plus belles rues à portiques de l'Empire romain. Sur le site de **Doura-Europos** ont été retrouvés des éléments d'un sanctuaire, d'une synagogue (IIIe siècle) ainsi que d'une maison chrétienne avec baptistère.

Non loin d'Alep, les ruines prestigieuses de la basilique de **Saint-Siméon** le Stylite évoquent l'endroit où le moine passa 36 ans de sa vie à prêcher. Au nord de Lattaquié, le **tell Ras Shamra** est le berceau du **royaume d'Ougarit** (IIe millénaire av. J.-C.). C'est ici qu'ont été découvertes en 1929 des tablettes d'argile en cunéiforme, vestige du plus ancien alphabet du monde (3600 ans).

Bosra est riche de monuments de plusieurs époques (théâtre romain, cathédrale, mosquée omeyyade, fortifications, medersas). Les restes des palais royaux de **Mari** et d'**Ebla** méritent également la visite.

Les kraks furent édifiés bien plus tard par les croisés. Le **krak des Chevaliers,** situé à Qala'at al-Husn, est l'un des plus beaux du Moyen-Orient. Il a été fortement endommagé par des affrontements au printemps 2014.

Sur le site de **tell Mozon**, à 650 km au nord-ouest de Damas, des fouilles ont mis au jour les restes de l'ancienne capitale, Urkesh, notamment un temple érigé aux alentours du XXe siècle avant J.-C., par le peuple hourrite dont on n'avait jusque-là retrouvé aucun vestige.

Les villes

Sur le plan architectural, **Damas** s'enorgueillit du prestige de sa Grande Mosquée des Omeyyades, la première construction (VIIIe siècle) et l'une des pièces maîtresses de l'islam. La citadelle, les remparts, le tombeau de Saladin, le vieux quartier chrétien, le couvent de Soliman constituent les autres centres d'intérêt de la ville. Le Musée archéologique abrite des témoignages de ces diverses époques.

Certaines des anciennes maisons de bois ou de pisé de la capitale ont été transformées en hôtels après avoir subi une restauration qui préserve leur style architectural.

Alep avait fière allure avant la guerre civile, à l'image de sa vieille ville classée. Les Ottomans y avaient laissé de nombreux caravansérails et mosquées. Mais un incendie a détruit son vieux souk aux voûtes délicates, tandis que le minaret de la mosquée des Ommeyades (VIIIe siècle) n'a pas résisté.

Les côtes

La Syrie possède près de 200 km de côtes sur la Méditerranée. Le tourisme balnéaire, un peu en retrait comparé à l'attrait culturel du pays, connaissait sa plus forte fréquentation dans les environs de **Lattaquié**. ■

LES CONSEILS GEO

▶ **Les plus**

Un pays d'une très grande importance archéologique, avec des vestiges de civilisations parmi les plus anciennes du Moyen-Orient.
La langue française, encore pratiquée, souvenir du temps du protectorat.

▶ **Les moins**

Une guerre civile qui, au-delà d'un bilan humain dramatique, met à mal le patrimoine du pays et compromet son tourisme.

▶ **Les précautions**

Consulter le site du ministère des Affaires étrangères. Tout voyage à titre individuel doit être évité.

▶ **Les tendances**

Palmyre n'est pas très éloigné de Petra, d'où, en temps normal, le succès des séjours Syrie-Jordanie.

QUAND PARTIR ?

	Intérieur	Côtes
Janvier		
Février		
Mars		
Avril	☼	
Mai	☼	
Juin	☼	☼
Juillet		☼
Août		☼
Septembre	☼	☼
Octobre	☼	☼
Novembre		
Décembre		

Le cliché d'une destination pour hommes d'affaires s'estompe. La beauté de ses montagnes, la vivacité de ses traditions religieuses et la richesse du Musée national du palais à Taipei devraient suffire à lui faire rejoindre les autres destinations touristiques de l'Asie du Sud-Est.

Taïwan

Les paysages

La nature, dominée par le mont Yushan (3952 m), constitue l'attrait principal de l'île. Elle est mise en valeur par l'existence de six parcs nationaux dont celui de **Yangminshan**, avec ses forêts de bambous et ses sources d'eau chaude.
Le relief parfois élevé de la partie est offre ses plus beaux sites dans le Chungyang Shanmo.
Depuis Hua-lien, une route traverse les gorges de **Taroko** qui sont jalonnées de temples, au sein du parc national du même nom. Le site est connu des randonneurs, qui en parcourent les sentiers bordant la Liwu. Ceux-ci arpentent également le mont **Hohuan**, la chaîne **Dabajian** et le mont **Yushan**.
Puis le relief s'adoucit, la nature devient plus verdoyante et des lacs apparaissent, dont le lac du Soleil et de la Lune, dans les montagnes de Jade. Dans le centre, le site d'**Alishan**, que l'on atteint à bord d'un train touristique, doit être vu à la mi-mars, lors de la floraison des cerisiers.

Les villes et les monuments

Taipei est une capitale animée, notamment par ses marchés de nuit et ses maisons de thé. Le Mémorial Tchang Kaï-chek, rebaptisé Mémorial national de la démocratie, et surtout le Musée national du palais, qui comprend la plus vaste collection mondiale d'art chinois (calligraphies, céramiques, peintures, porcelaines, objets en jade et en bronze), méritent absolument la visite.
Le temple de Lung Shang et celui de Confucius sont les autres curiosités de la capitale. À proximité, Yingge accueille un festival mondial de la céramique en octobre. L'île est parsemée de petits temples et de

LES CONSEILS GEO

▶ Les plus

Une volonté affichée d'ouvrir la destination à une clientèle autre que celle des voyageurs d'affaires.

▶ Les moins

Un coût du voyage qui demeure élevé. Le peu d'empressement des voyagistes occidentaux à mettre en relief les atouts touristiques de l'île, pourtant nombreux et divers.

▶ Les tendances

Les traditions religieuses et festives sont marquées, tout en restant à l'écart du tourisme de masse : une occasion à saisir pour qui souhaite s'éloigner des grands classiques du Sud-Est asiatique.

Le skyline de Taïwan avec, à gauche, la tour Taipei 101, haute de 508 m.

centres de méditation. Au centre, Puli abrite l'imposant **monastère de Chung Tai Chan**, qui accueille plus de 1 500 adeptes.

Dans le sud de l'île, **Tainan** et ses dizaines de temples, le monastère de Fo Guang Shan à Kaohsiung et le temple de Confucius à Taichung sont à ne pas manquer.

Les côtes

Les **côtes** sont plutôt belles, surtout aux alentours de la pointe sud de l'île : le parc national de **Kenting** offre à la fois des forêts côtières, des récifs de corail et des plages, prémices des rivages tropicaux océaniens, dont les hautes vagues ravissent les surfeurs.

La côte est (**Hua Tung Coast**) est moins réputée, mais dauphins et baleines la fréquentent lors de leurs migrations. Sur l'**île de Lanyu** (Orchid Island), au large de Taitung, les aborigènes Tao – ou Yami – tentent de préserver leurs traditions.

L'archipel de **Penghu** est dominé par les plages de Jibet Island, Wangan et Cimei. Au large de la côte nord-est, l'île de **Matsu** est connue pour ses villages anciens, son atmosphère tranquille et les migrations d'oiseaux (saison des sternes entre juin et août). ■

QUE VOIR, QUE FAIRE À TAÏWAN ?

Les paysages

- Parcs nationaux (Yangminshan), sources d'eau chaude
- Randonnées : gorges (Taroko), montagnes (Hohuan, Dabajian, Yushan)
- Lacs (lac du Soleil et de la Lune), site d'Alishan (floraison des cerisiers)

Les villes et les monuments

- Taipei (Musée national du palais), Tainan
- Monastères (Chung Tai Chan à Puli)
- Temples (temple de Confucius à Taichung)

Les côtes

- Plages et parc national de la côte sud (Kenting)
- Migration des baleines et dauphins sur la côte est (Hua Tung)
- Île de Lanyu, archipel de Penghu, île de Matsu

LE CARNET DE VOYAGE

Les premiers contacts
Taiwan Tourist Bureau, par courriel (info@taiwantourisme.com) ou Bureau de représentation, 01.44.39.88.20. www.taiwantourisme.com

Les formalités
Pour les ressortissants de l'UE, canadiens et suisses : passeport suffisant (valable encore six mois après le retour) pour un séjour de 3 mois maximum. Billet de retour ou de continuation exigible.

La santé
Prévention recommandée contre le paludisme pendant la mousson d'été.

Le voyage, le décalage
Durée moyenne du vol Paris-Taipei A/R (vol direct) : environ 13 heures. Lorsqu'il est midi en France, à Taiwan il est 18 h en été et 19 h en hiver.

Le coût moyen d'un séjour
Le prix des circuits débute à 1 700 € pour 8 jours.

Les langues, la monnaie
Langue officielle : le mandarin, mais une autre forme de chinois, le minnan, est parlée par deux habitants sur trois. Langue étrangère : l'anglais. Monnaie : le dollar de Taïwan. 1 € = 39 $ de Taïwan, 1 $ = 30 $ de Taïwan. Emporter des euros ou des dollars US et une carte de crédit.

La population
23 360 000 habitants. Forte majorité de Chinois, arrivés à diverses époques. **Capitale :** Taipei.

Les religions
Religions traditionnelles et croyances populaires cohabitent. Les taoïstes (42 %) et les bouddhistes (32 %), aux rites proches, sont majoritaires. Minorités de chrétiens et de musulmans.

Les fêtes
Nouvel An chinois (dates variables). **Quinzième jour du premier mois lunaire :** festival de la Lanterne. **Avril :** Ching Ming, l'équivalent de la Toussaint. **Juillet :** Ghost Festival. **Quinzième jour du huitième mois lunaire :** Fête de la lune. **Septembre :** anniversaire de Confucius. **Fin août-début septembre :** Fête de la moisson à Hualien. **10 octobre :** Fête nationale.

Les achats
Articles en porcelaine ou en jade, bijoux, matériel informatique.

QUAND PARTIR ?

	Climat	Floraison
Janvier	☼	
Février	☼	
Mars	☼	❀
Avril		
Mai		
Juin		
Juillet		
Août		
Septembre		
Octobre	☼	
Novembre	☼	
Décembre	☼	

Tanzanie

La Tanzanie, qui abrite le Kilimandjaro, est le digne pendant du Kenya pour la découverte des animaux sauvages. La proximité des parcs nationaux de chacun des deux pays justifie leur visite couplée au cours d'un même voyage. Le voyageur pourra enchaîner un safari-photos dans la savane et un séjour sur le sable chaud d'une plage de l'océan Indien, par exemple à Zanzibar, île de toutes les senteurs.

La faune

Objets de tous les regards mais aussi de menaces à cause du braconnage, les animaux sauvages vivent dans le plus grand zoo naturel du monde, le **Serengeti**, dans le nord-ouest du pays : 14 763 km² d'une savane plate parsemée d'îlots de granit et peuplée de 35 espèces de grands mammifères (lions, girafes, impalas, éléphants, gnous). La migration de centaines de milliers de gnous du Serengeti vers le parc de Masaï-Mara, au Kenya voisin, est spectaculaire.

Le Serengeti se prolonge, au sud-est, par le site de l'ancien **volcan Ngorongoro**. Cette caldeira abrite une vingtaine de milliers d'animaux (lions, zèbres, antilopes, guépards) dont certains ont longtemps été victimes de la chasse, comme les éléphants (500 individus aujourd'hui, 2 500 il y a vingt ans) et les rhinocéros (500 individus aujourd'hui), dont le rarissime rhinocéros noir. Les lacs qui entourent le volcan abritent des flamants et des hippopotames.

À proximité, le **parc national du lac Manyara** se prête à l'observation des lions, des éléphants et des 400 espèces d'oiseaux. De l'autre côté du lac se trouve un autre parc réputé, celui de **Tarangire**.

QUE VOIR, QUE FAIRE EN TANZANIE ?

La faune
- Éléphants, flamants roses, girafes, gnous, hippopotames, lions, rhinocéros, zèbres
- Parc national du Serengeti, cratère du Ngorongoro, parcs nationaux du lac Manyara, de Tarangire, du Ruaha, de Mikumi, d'Udzungwa

Les paysages et les trekkings
- Ascension du Kilimandjaro
- Rift Valley, Ol Doinyo Lengai
- Lac Tanganyika, lac Malawi
- Route des épices à Zanzibar

Les vestiges
- Olduvai

QUAND PARTIR ?

	Climat	Observation de la faune	Ascension du Kilimandjaro
Janvier			🚶
Février			🚶
Mars			🚶
Avril			
Mai		🐾 Migration des gnous	
Juin	☼	🐾	
Juillet	☼	🐾	🚶
Août	☼	🐾	🚶
Septembre	☼	🐾	
Octobre	☼	🐾	🚶
Novembre			
Décembre			

Les passionnés de la faune africaine seront conquis par les parcs nationaux de Tanzanie où les éléphants, victimes du braconnage, sont menacés.

Le Kilimandjaro et ses célèbres neiges éternelles, menacées de fonte à moyen terme

LES CONSEILS GEO

▶ Les plus

Le dernier paradis de la faune sauvage : nulle part ailleurs qu'en Tanzanie et au Kenya, elle n'est aussi nombreuse et aussi variée. La bonne période entre juillet et octobre, qui satisfait le visiteur occidental.

▶ Les moins

La nécessité de prévoir son voyage longtemps à l'avance en raison de la forte fréquentation. Le coût élevé du voyage.

▶ Les précautions

Le voyage est fortement déconseillé dans les zones frontalières du Rwanda et du Burundi, ainsi qu'aux abords de la partie septentrionale du lac Tanganyika.

À l'est et au sud-est de Dar es-Salaam s'étendent le **parc national du Ruaha** (10000 éléphants) et la réserve du Selous, qui englobe les parcs de **Mikumi** et d'**Udzungwa**.

Les paysages et les trekkings

Le **Kilimandjaro**, point culminant de l'Afrique, pourrait avoir perdu ses célèbres neiges à l'horizon 2020. Son sommet est le but d'un trekking de cinq à dix jours selon la voie choisie : la voie Marangu, la plus courante, est moins ardue que la voie Machame. Les paysages sont majestueux, mais la solitude est rare sur les chemins du Kilimandjaro.

La célébrité du « Kili » masque les trois autres points d'intérêt du pays :

– la **Rift Valley** et l'**Ol Doinyo Lengai** (2878 m), volcan sacré des Masaïs au-dessus du lac Natron ;

– le **lac Tanganyika**, dont la Tanzanie possède deux tiers des rivages, et ses spectaculaires chutes Kalambo ;

– le **lac Malawi** (ex-Nyassa), qui offre ses plus beaux panoramas du côté tanzanien grâce à l'escarpement des monts Livingstone.

Les vestiges

Les restes d'un australopithèque vieux de près de deux millions d'années et d'autres restes, plus « récents », d'Homo habilis et d'Homo erectus, font de **Olduvai**, dans les gorges du même nom, un passage obligé pour les passionnés d'anthropologie. ■

LE CARNET DE VOYAGE

Les premiers contacts
Ambassade, 13, av. Raymond-Poincaré, 75116 Paris, 01.53.70.63.66. www.tanzaniatouristboard.com

Les formalités
Passeport valide encore six mois après le retour. Visa obligatoire, obtenu auprès du consulat. Possibilité d'obtenir le visa à certains postes frontières à l'arrivée. Se renseigner avant le départ. Billet de retour ou de continuation exigible.

La santé
Vaccination vivement recommandée contre la fièvre jaune en dehors des zones urbaines. Prévention indispensable contre le paludisme au-dessous de 1800 m. Une visite médicale préventive est conseillée à ceux qui ont l'intention de gravir le Kilimandjaro.

Le voyage, le décalage
Durée moyenne du vol Paris-Arusha (Kilimandjaro) : 11 heures 30 ; Paris-Dar es-Salaam (7187 km) : 10 heures. Lorsqu'il est midi en France, en Tanzanie il est 13 h en été et 14 h en hiver.

Le coût moyen d'un séjour
Compter environ 2500 € pour une dizaine de jours d'un safari-photo dans le Ngorongoro et le Serengeti (vol A/R, pension complète, déplacements).

Les langues, la monnaie
Langues officielles : l'anglais et le swahili, dont le dialecte principal est né à Zanzibar et sur la côte continentale. Nombreux autres dialectes.
Monnaie : le shilling tanzanien. 1 € = 2150 shillings tanzaniens, 1 $ = 1650 shillings tanzaniens.

La population
49639000 habitants, dont 95% sont des Bantous. Population principalement composée d'agriculteurs. Principales minorités : Masais, Sukumas, Chaggas.
Capitale : Dodoma.

Les religions
Les chrétiens (catholiques, protestants) et les musulmans sont majoritaires (respectivement 30% et 35%). Forte minorité animiste.

Les fêtes
12 janvier : anniversaire de la révolution ;
juillet : Festival de Mwaka Kogwa à Zanzibar ;
9 décembre : fête de l'Indépendance.

Les achats
L'artisanat masai domine, aux côtés du batik, des tapis, du café et des épices (de Zanzibar).

Zanzibar

Les côtes

C'est le long des **plages du Nord** (Nungwi) et **de l'Est** (Jambiani, Kiwengwa) que les côtes de Zanzibar revêtent l'aspect du paradis tropical, avec sable blanc très fin. Il n'en est pas de même des rivages de l'ouest et du sud de l'île.

QUE VOIR, QUE FAIRE À ZANZIBAR ?

Les côtes

- Plages du Nord et de l'Est, kitesurf, plongée

Les paysages et les trekkings

- Route des Épices, forêt de Jozani (colobes à dos rouge)

Les vestiges

- Stone Town

Les amateurs de **kitesurf** et de **plongée** trouveront là de quoi satisfaire leur passion. Des dauphins croisent parfois au large.

Les paysages et les trekkings

Depuis que le sultan d'Oman a eu l'idée de planter des girofliers à Zanzibar, il y a quelques siècles, l'île est devenue célèbre pour ses senteurs : la **route des Épices** offre la possibilité de visiter les plantations de clou de girofle, d'anis, de bergamote, de cannelle, de vanille ainsi que de très nombreux fruits tropicaux.

Dans la partie sud, une randonnée incontournable permet d'atteindre la vieille **forêt de Jozani** qui, outre ses essences d'arbres, abrite une variété de singes rare, les **colobes** à dos rouge.

Les vestiges

L'archéologie est un argument de voyage inattendu pour une région et un continent peu réputés pour cela. On le doit à la ville de Zanzibar, qui présente plusieurs centres d'intérêt : **Stone Town**, la « ville de pierre » construite en corail noir, mais dont certains quartiers anciens souffrent d'un début de décrépitude ; les hautes maisons aux portes sculptées ; le vieux fort arabe ; Beit el-Ajaib, la « maison des merveilles ».

Ces trésors architecturaux millénaires ont valu à Stone Town d'être inscrite au patrimoine mondial de l'humanité de l'Unesco. Ils procurent à Zanzibar un tourisme grandissant mais encore mesuré. Les traditions culinaires swahilies contribuent à en adoucir encore l'atmosphère.

Les rivages de Zanzibar offrent un repos haut de gamme aux amateurs de safari.

Thaïlande

Le « pays du sourire » demeure la destination touristique la plus recherchée et la moins chère d'Asie du Sud-Est. Hormis les rivages de l'océan Indien et de la mer de Chine, l'ancien Siam ne manque pas d'atouts : patrimoine bouddhique et khmer, nature douce et rizières, rencontre des minorités du Nord.

Les villes et les monuments

Sillonnée par ses typiques *tuk-tuk*, **Bangkok** offre l'image d'une capitale bruyante et encombrée. Cette impression est toutefois vite oubliée face à l'atmosphère que dispensent ses 350 temples (parmi lesquels le Vat Phra Keo, ou temple du Bouddha d'émeraude, le Vat Arun et sa porcelaine, le Vat Putthaisawan et le Vat Benchamabopit), le majestueux fleuve Chao Phraya qui la traverse, ses pittoresques canaux traditionnels *(khlongs)* et ses marchés flottants très animés, la succulente nourriture proposée sur ses étals et dans ses échoppes, et jusqu'à son futuriste métro aérien (Skytrain).

QUE VOIR, QUE FAIRE EN THAÏLANDE ?

Les villes et les monuments

- Bangkok, Nakhon Pathom
- Ayutthaya, Lopburi, Sukhothai (anciennes capitales du Siam)
- Phimai, Muang Tam, Surin (architecture khmère), Chiang Mai, Lampang
- Pont de la rivière Kwai

Les côtes

- Phuket, Krabi (côte ouest), Songkhla, Pattaya, Rayong, Koh Samui, Koh Phangan (côte est)
- Croisières, plongée (îles Similan)

Les paysages et les randonnées

- Montagnes du Nord (femmes-girafes), Triangle d'or (minorités)

Thonburi, le quartier ouest de Bangkok, renferme de nombreux temples bouddhiques, parmi lesquels se distingue le Vat Arun (XVIIIe siècle). Le marché flottant le plus réputé du pays, celui de Damnoen Saduak, et la descente du fleuve Chao Phraya, depuis Ayutthaya jusqu'à Bangkok, sont les centres d'intérêt des environs de la capitale.

Les *vats* de Bangkok ne doivent pas cacher les richesses architecturales de certains sites proches de la capitale. Ainsi, la découverte du stupa de **Nakhon Pathom** permet de comprendre pourquoi il est l'un des plus sacrés du pays pour un bouddhiste.

Un des mariages réussis de Bangkok est celui qui unit les toits rouges des *vats* et les eaux du fleuve Chao Phraya.

L'architecture de l'ancienne capitale du Siam qu'est **Ayutthaya** est également remarquable : on peut la rejoindre à partir de Bangkok en effectuant une croisière longue d'une centaine de kilomètres sur le fleuve Chao Phraya. Ayutthaya se distingue par ses nombreux temples hérissés de stupas et par les collections artistiques rassemblées au musée Chao Sam Phraya.

D'autres cités anciennes retiennent également l'intérêt : à **Lopburi**, le palais du roi Naraï témoigne de ce qu'a été le raffinement du royaume du Siam ; **Sukhothai** possède un parc historique renfermant un grand bouddha assis, fleuron de l'endroit, avec les ruines du temple Vat Mahathat (XIVe siècle) et ses stupas ; lors de la pleine lune de novembre, les propriétaires de barques chargent celles-ci de fleurs et d'encens, et paradent à travers la ville.

Les temples bien restaurés de **Phimai** (VIIIe siècle), **Muang Tam** et surtout **Surin** (Vat Prasat Phanom Rung) illustrent, à la lisière du Cambodge, les subtilités de l'architecture khmère – on y perçoit l'influence de celle des temples d'Angkor.

Malgré une importante fréquentation touristique, l'ambiance est paisible à **Chiang Mai**, la « rose du Nord », dont les marchés, les fêtes, l'artisanat (laque, soie, coton) et le temple sacré de Doi Suthep constituent les principaux atouts. Non loin de là, à **Lampang**, le monastère Lampang Luang est considéré comme l'un des plus intéressants et des plus beaux du pays.

Une visite particulière est celle du **pont de la rivière Kwai**, que les prisonniers alliés furent contraints de construire durant la Seconde Guerre

Koh Phi Phi, sur la côte ouest, reste avec Phuket un des grands sites du tourisme balnéaire international.

LE CARNET DE VOYAGE

Les premiers contacts
Office national du tourisme, 90, av. des Champs-Élysées, 75008 Paris, 01.53.53.47.00. www.tourismthaifr.com

Les formalités
Passeport suffisant, valable encore six mois après le retour.

La santé
Prévention recommandée contre le paludisme dans les zones rurales et dans les régions proches du Cambodge et du Myanmar. En revanche, aucun risque de ce genre à Bangkok et dans les principales stations touristiques.

Le voyage, le décalage
Durée moyenne du vol direct Paris-Bangkok (9435 km) : 11 heures. Il existe des vols Paris-Phuket via Singapour. Lorsqu'il est midi en France, en Thaïlande il est 17 h en été et 18 h en hiver.

Le coût moyen d'un séjour
Un séjour d'une dizaine de jours, comprenant Bangkok et une extension balnéaire à Phuket, coûte 1300 € pour le vol A/R et l'hébergement. Une randonnée parmi les ethnies du Nord coûte aux alentours de 1600 € pour 11 jours.

Les langues, la monnaie
Langue officielle : le thaï; le chinois et le malais sont minoritaires. Langue étrangère : l'anglais dans les villes et sur les lieux touristiques.
Monnaie : le baht.
1 € = 42 bahts,
1 $ = 32 bahts.

La population
67741000 habitants, répartis en de nombreuses ethnies.
Capitale : Bangkok.

Les religions
Le bouddhisme imprègne tant la vie du pays que chaque Thaïlandais passe, dit-on, au moins trois mois de sa vie dans l'habit monacal. Les 6% de la population non bouddhiste sont composés de musulmans et de chrétiens.

Les fêtes
Février : Nouvel An chinois; **février-mars :** fête des Fleurs de Chiang Mai; **novembre :** Ronde des éléphants à Surin; pleine lune de **novembre :** fête des Lumières à Bangkok, fleurs et encens dans les barques à Sukhothai; **5 décembre :** fête nationale.

Les achats
Bois sculptés, soie, bijoux, sacs, sculptures, tissages, vêtements en soie.

mondiale sous la menace des Japonais et au prix de milliers de vies humaines.

Les côtes

Phuket et son animation débridée, Koh Phi Phi et ses coraux, la baie de Phang Nga et ses célèbres pains de sucre, Koh Lanta, **Krabi** : autant de noms qui symbolisent le boom du tourisme balnéaire que connaissent les rivages du sud-ouest du pays. D'une grande beauté (baies, criques, eaux transparentes), ceux-ci sont aussi propices au farniente qu'à la plongée.

Au large, près des **îles Similan**, les plongeurs partis à la découverte des coraux de toutes sortes et des grottes sous-marines pourront rencontrer des requins-baleines, des requins-léopards, des barracudas et des mérous.

À Ayutthaya, un bouddha assis veille sur les temples de l'ancienne capitale du Siam.

LES CONSEILS GEO

▶ Les plus

Un pays capable d'offrir, sur un large registre, un tourisme aussi bien culturel que balnéaire.
Un coût de séjour de plus en plus attractif.

▶ Les moins

Un climat peu favorable en juillet et août, moment de la mousson, même si un ciel serein revient assez rapidement après les averses.
Une situation politique tendue dans le Sud musulman.

▶ Les précautions

Dans le Sud, le voyage dans les provinces de Narathiwat, Yala, Pattani et Songkhla est déconseillé.

▶ Les tendances

Bangkok multiplie les hôtels avec les spa les plus raffinés qui soient, tradition du genre oblige. Massages, cours de cuisine, méditation en présence d'un bonze, yoga, tai-chi, sont au goût du jour, très à la mode, et séduisent les Occidentaux en mal de méditation.

QUAND PARTIR ?

	Climat	Plages du Sud	Plongée
Janvier	☼	☼	côte ouest (décembre-avril) ⋖
Février	☼	☼	⋖
Mars	☼	☼	⋖
Avril			⋖
Mai			côte est (mai-août) ⋖
Juin			⋖
Juillet			⋖
Août			⋖
Septembre			
Octobre			
Novembre	☼		
Décembre	☼	☼	⋖

Les îles de la côte sud-est comme **Koh Samui** et sa voisine **Koh Phangan** sont relativement moins fréquentées que Phuket mais en constituent une belle solution de repli.
La bruyante **Pattaya**, la plage des habitants de Bangkok, et **Songkhla**, sur la mer de Chine méridionale, sont des classiques du tourisme balnéaire thaïlandais. **Rayong**, à l'est de Pattaya, est née plus récemment au tourisme international.

■ Les paysages et les randonnées

Dans le Nord, Chiang Raï regroupe plusieurs minorités ethniques qui, tels les Akhas, les Lahus ou les Lisus, vivent avec philosophie l'essor d'une vie touristique composée de randonnées à dos d'éléphant et de visites de villages nichés dans un décor de moyenne montagne (Mae Salong).
Aux confins du Laos et du Myanmar, la réputation équivoque du Triangle d'or, qui fut longtemps un lieu de production d'opium, et les rives du Mékong se conjuguent pour inviter le touriste à découvrir l'ambiance un rien mystérieuse de l'endroit.
Dans les montagnes du Nord-Ouest, à plusieurs heures de route de Chiang Maï, près de Mae Hong Son, vivent les **« femmes-girafes »**, d'origine birmane et ainsi appelées en raison des traditionnels anneaux de cuivre qui allongent démesurément leur cou et les ont fait entrer dans le cercle des « attractions » touristiques. ■

Tunisie

La « nouvelle » Tunisie s'apprête à retrouver sa place de grande destination balnéaire du Bassin méditerranéen grâce à sa proximité et à ses prix raisonnables. Elle accueille aussi de plus en plus les amateurs de méharée qui parcourent le Grand Erg oriental. Une population hospitalière, des régions nord méconnues et un riche patrimoine architectural complètent le tableau.

Les côtes

Nombreuses, bien équipées, offrant la possibilité de pratiquer la plupart des sports nautiques, les plages, réparties sur 1 300 km de côtes, volent la vedette aux autres atouts du pays. C'est sur elles que la Tunisie a fondé sa renommée touristique et auprès d'elles que la plupart des visiteurs séjournent. Plus on va vers le Sud, plus elles sont fréquentées. L'axe soleil / repos / bronzage / spa / thalassothérapie commence sur la côte du Jasmin, avec **Nabeul** et surtout **Hammamet**, qui n'a pas craint la démesure en ouvrant l'imposant complexe balnéaire de Yasmine Hammamet, sa quarantaine d'hôtels, sa médina nouveau style avec parc d'attractions (Carthageland) et sa marina, dévoués au culte conjugué du farniente, de la thalassothérapie et des sports nautiques.

La longue série des stations balnéaires se poursuit avec **Port El-Kantaoui**, **Sousse**, **Monastir**, **Zarzis** et se termine dans l'**île de Djerba** où, selon Homère, séjourna Ulysse.

Pour les plongeurs, les fonds marins de la **presqu'île de Tabarka**, au large de la côte de Corail, constituent un spot de prédilection car ledit corail, rouge de surcroît, n'y est pas rare. Les amateurs de golf trouveront également de quoi satisfaire leur passion à Tabarka.

QUE VOIR, QUE FAIRE EN TUNISIE ?

Les côtes
- Nabeul, Hammamet, Port El-Kantaoui, Sousse, Monastir, Zarzis, île de Djerba (plages)
- Tabarka (plongée)

Les paysages et l'habitat
- Oasis de Tozeur, oasis de montagne, Nefta, chott El-Djerid
- Route des ksour, villages berbères (Matmata, Chenini), massif de Kroumirie

Le désert
- Grand Erg oriental (méharées)

Les villes et les monuments
- Tunis, Kairouan, Sousse, Mahdia, Monastir
- Ruines de Carthage, vestiges romains (Bulla Regia, Dougga, El-Djem, Sbeïtla), synagogues (Ghriba)

Les paysages et l'habitat

Si la variété des paysages rend la Tunisie de l'intérieur agréable à parcourir, le Sud demeure la région la plus intéressante.

Le voyageur visitera avec intérêt **Tozeur** et son oasis, l'une des plus belles d'Afrique avec ses 1 000 hectares et ses 400 000 palmiers. Toutefois, l'équilibre écologique et humain de la ville est aujourd'hui menacé par le choix d'un tourisme à large échelle incluant l'implantation de plusieurs terrains de golf.

Quelques kilomètres plus au nord, on découvrira les oasis de montagne de Chebika, Midès et Tamerza. En se dirigeant vers le Sud, on empruntera

Sur le chemin de la mosquée Al-Zaytuna, le visiteur traverse la médina de Tunis, ses échoppes et ses petits restaurants.

Hammamet illustre l'image balnéaire de la Tunisie touristique. La ville possède aussi un port actif et une belle médina en bord de mer.

l'une des routes les plus insolites qui soient, celle qui traverse la vaste étendue de sel du **chott El-Djerid** : les mirages y sont garantis.
Vers l'Ouest, on rencontrera une autre oasis de renom à **Nefta**. Vers l'Est, on découvrira les habitations troglodytes de **Matmata** et la route des ksour, ces anciennes forteresses berbères qui disposent notamment de pittoresques greniers à blé *(ghorfas)* : Ksar Ouled Soltane, Ksar Ouled Jebbab, Ksar Haddada, Ksar Ghilane et surtout **Chenini**, véritable nid d'aigle, certainement le plus typique des villages berbères.

LE CARNET DE VOYAGE

Les premiers contacts
Office national du tourisme tunisien, 32, av. de l'Opéra, 75002 Paris, 01.47.42.72.67. www.bonjour-tunisie.com

Les formalités
Passeport en cours de validité. La carte d'identité peut parfois suffire dans le cas d'un voyage en groupe.

La santé
Aucune vaccination n'est requise ni recommandée.

Le voyage, le décalage
Durée moyenne du vol Paris-Djerba (1802 km) : 2 heures 40 ; Paris-Tozeur : 2 heures 45 ; Paris-Tunis (1477 km) : 2 heures 20. Nombreux départs possibles, y compris à bas coût, à partir des aéroports de province pour Tunis mais aussi pour Monastir, Sousse et Tozeur. Bateau : liaisons entre La Goulette (port de Tunis) et Marseille, Gênes, Naples ou la Sicile (Trapani). Lorsqu'il est midi en France, en Tunisie il est la même heure en hiver et 11 h en été.

Le coût moyen d'un séjour
Pour un séjour balnéaire, compter de 700 € la semaine en basse saison à 850 € en haute saison, hors excursions. Le prix d'une méharée dans le Grand Erg oriental débute à moins de 1 000 €.

Les langues, la monnaie
Langue officielle : l'arabe. Langue étrangère : le français est parlé quasi partout.
Monnaie : le dinar tunisien est subdivisé en millimes. 1 € = 2,30 dinars tunisiens. Les principales cartes de crédit sont acceptées.

La population
Les Tunisiens sont relativement peu nombreux (10 938 000 habitants), mais la population jeune est très importante.

Les religions
L'islam sunnite est prédominant. Présence de catholiques et de juifs.

Les fêtes
Mars : Festival des Ksour à Tataouine ; **juillet :** Festival de jazz de Tabarka, Festival de musique symphonique d'El-Djem ; **juillet-août :** Festival de Carthage ; **décembre :** Festival du Sahara à Douz.

Les achats
Poteries, tapis berbères, tapis de Kairouan, cuir et vannerie constituent les achats de base. Nabeul est connue pour ses poteries et ses céramiques.

Dougga et le temple de la Triade capitoline : l'Antiquité a laissé de nombreux vestiges.

Les atouts du Sud masquent ceux du Nord, dont quatre au moins devraient pourtant attirer l'attention : la table de Jugurtha, curieuse butte isolée ; les escarpements du djebel Zaghouan ; les falaises du cap Blanc, accessibles à partir de Bizerte via une route en corniche qui domine la Méditerranée d'une centaine de mètres ; et le **massif de Kroumirie**, non loin de Tabarka, qui se prête à de belles randonnées.

Le désert

Le Sahara s'annonce par le biais du **Grand Erg oriental**. La ville de Douz, où se déroule à la fin du mois de décembre un festival mettant en valeur les traditions des populations sahariennes, est le point de départ des méharées : une semaine d'aventure peu éprouvante, entre novembre et avril, au cours de laquelle on alterne la marche et la balade à dos de dromadaire tout en sympathisant avec les chameliers et en admirant les paysages sans cesse changeants.
L'itinéraire traditionnel qui va de Douz à Ksar Ghilane connaît de plus en plus de variantes, avec notamment celle qui prévoit de faire une étape à la source chaude d'Haouïdet.

Les villes et les monuments

Tunis, comme les villages alentour (Sidi Bou Saïd, La Marsa), est une capitale plaisante. Européenne sur l'avenue Bourguiba, la ville retrouve ses traditions arabes dans la grande et belle médina, surtout lorsque l'on atteint les alentours de la mosquée Al-Zaytuna, la plus réputée de la ville. On n'oubliera pas la visite du musée du Bardo, où sont présentées, de l'avis de beaucoup, les plus belles mosaïques du monde.

QUAND PARTIR ?

	Intérieur	Côtes	Désert
Janvier			Nuits froides ☼
Février			☼
Mars	☼		☼
Avril	☼		☼
Mai	☼	☼	
Juin		☼	
Juillet		☼	
Août		☼	
Septembre	☼	☼	
Octobre	☼	☼	
Novembre			☼
Décembre			☼

LES CONSEILS GEO

▶ Les plus
La compétitivité du tourisme balnéaire, le plus avantageux du Bassin méditerranéen.
Un pays qui donne aisément le change au farniente grâce à la densité de son patrimoine architectural et au Grand Erg oriental.
Le français comme langue de communication.

▶ Les moins
Le risque de dénaturation de certains sites, tels Hammamet et Tozeur.
Les questions d'attentats, latentes dans toute la région.

▶ Les précautions
La sécurité n'est pas un problème, hormis dans les zones frontalières.

▶ Les tendances
La popularité montante du désert fait son effet : aujourd'hui, il est de bon ton de compléter un séjour balnéaire à Hammamet ou à Djerba par une escapade à la lisière du désert, vers Ksar Ghilane ou Tozeur.

Sousse possède une intéressante médina, une Grande Mosquée et un couvent fortifié *(ribat)*. Les remparts et le ribat de **Monastir**, ancienne ville punique qui arbore une mosquée aux colonnes en marbre rose, valent aussi le détour, comme **Mahdia** (Grande Mosquée, cimetière marin).
Kairouan, quatrième ville sainte du monde musulman (Grande Mosquée de Sidi Uqba, mosquée du Barbier, mosquée des Trois-Portes), est également réputée pour la qualité de son artisanat (tapis) et son musée d'Art islamique.
De **Carthage** ne subsiste plus grand-chose, hormis l'évocation historique dont se chargent plusieurs musées. En revanche, l'amphithéâtre d'**El-Djem**, les vestiges de **Bulla Regia** (thermes, amphithéâtre, mosaïques), les temples de **Sbeïtla** et les imposantes ruines de **Dougga** rappellent l'époque romaine, alors que la synagogue de la Ghriba, à Djerba, est d'une architecture très ancienne. ■

Turquie

Elle est loin, la Turquie des adeptes de la route des Indes des années 1970, qui ne faisaient souvent que la traverser ! Elle a définitivement cédé la place à un autre pays qui s'appuie sur l'atout balnéaire de ses côtes ouest et sud, mais aussi sur Istanbul et des sites d'exception comme Pamukkale et la Cappadoce. En outre, les prix des séjours sont très attractifs.

QUE VOIR, QUE FAIRE EN TURQUIE ?

Les côtes
- Côte Turquoise, mer Égée, mer Noire

Les paysages et les randonnées
- Paysages de Cappadoce, Pamukkale
- Monts Nemrut Dagi et Ararat, monts Bolkars, Taurus, Kaçkar (randonnées)

Les villes, les vestiges et les monuments
- Istanbul, Edirne, Ankara
- Troie, Pergame, Bursa, Éphèse, Aphrodisias, Aspendos, Side (vestiges grecs et romains)
- Vallée de Göreme (églises troglodytiques)
- Antalya, Konya, Nemrut Dagi, Trabzon
- Monastère de Sumela, palais d'Isak Pasa

Les côtes

Le développement des infrastructures balnéaires au cours des trente dernières années a permis aux rivages turcs – quatre mers et plus de 8000 km de côtes – de devenir une destination comparable à celles des autres pays méditerranéens. Les prix et les modes de séjour sont similaires, avec une saison favorable qui dure jusqu'en novembre.

Si la côte de la **mer Égée** est la plus fréquentée (Kusadasi, Bodrum), la côte sud (« **côte Turquoise** » ou « riviera turque » autour d'Antalya) est souvent jugée comme la plus attirante grâce à ses criques d'un bleu profond et aux crêtes des monts Bolkars et Taurus en arrière-plan.

Les organisateurs de croisières apprécient ces côtes qui sont sillonnées par toutes sortes de bateaux, du caïque traditionnel au paquebot. La palme revient actuellement au cabotage en goélette, très à la mode sur la côte de la mer Égée (Bodrum, golfe de Gökova, Dalyan) et sur la côte sud. Le golf prend aussi son essor dans la région de Beke-Antalya.

Sur la mer Égée, la station balnéaire de Bodrum, l'une des plus fréquentées, possède une belle forteresse.

La côte de la **mer Noire** dispose aussi de plages, mais son climat s'avère moins favorable.

Les paysages et les randonnées

La Turquie revendique deux véritables merveilles naturelles : la Cappadoce et Pamukkale.

En **Cappadoce**, le tuf, une roche tendre issue des coulées de lave de deux anciens volcans, a engendré une succession de reliefs étranges (grottes, cheminées de fées). Des habitations troglodytiques ont ensuite été creusées dans le rocher. Des sites souterrains (Kaymakli, Ozkonak) tout comme les églises rupestres de la **vallée de Göreme**, ornées de riches peintures murales (Carikli, Elmati, Karanlik), en témoignent.

Le site de **Pamukkale** (le « château de coton ») doit sa réputation à ses vasques blanches nées de l'écoulement d'une eau chaude fortement calcaire qui s'est répandue ensuite le long des parois et s'est figée sous la forme de stalactites.

Dans le Centre, le massif de Munzur abrite le **mont Nemrut Dagi**, riche des saisissants vestiges (statues colossales de visages, bas-reliefs) du sanctuaire d'Antiochos Ier de Commagène (Ier siècle av. J.-C.).

Dans l'Est, le **mont Ararat**, sommet sacré et longtemps inaccessible, aurait été le théâtre, selon la Bible, de l'échouage de l'arche de Noé à la fin du Déluge. Il se gravit en trois jours, sans garantie de panorama au sommet car les nuages y sont tenaces.

Le tuf, roche tendre, vaut à la Cappadoce sa célébrité, ses cheminées de fées et ses habitations troglodytiques.

Dans le Sud, la chaîne des **monts Bolkars** et, dans son prolongement, celle des **chaînes du Taurus** offrent des possibilités de trekkings en été jusqu'à plus de 3700 m (mont Emler), avec la rencontre des semi-nomades qui y font paître leurs troupeaux de moutons. À l'opposé, le long de la bordure est de la mer Noire, les **montagnes du Kaçkar** sont peu connues mais tout aussi intéressantes (randonnées, ski à Palandöken).

Les villes, les vestiges et les monuments

Byzance d'abord, Constantinople ensuite sous l'Empire romain, **Istanbul** enfin sous les Ottomans : la réputation de la ville, où resplendit l'art islamique, ne s'est jamais démentie.

Elle la doit à son légendaire pont de Galata au-dessus de la Corne d'or, aux contrastes entre les deux rives du Bosphore, au fourmillement de son Grand Bazar, au prestige de la mosquée Süleymaniye, aux 20000 carreaux de faïence bleue de la mosquée Sultan-Ahmet (« la Mosquée bleue », XVIIe siècle), à l'église Sainte-Sophie (VIe siècle), transformée en mosquée (XVe siècle) puis en musée (1935), au palais de Topkapi, résidence des sultans devenue un grand musée d'art islamique, à ses autres grands musées (consacrés à la céramique, aux antiquités, aux mosaïques) et à ses palais,

LE CARNET DE VOYAGE

Les premiers contacts
Bureau de la culture et de l'information, 102, av. des Champs-Élysées, 75008 Paris, 01.45.62.78.68. www.goturkey.com, www.istanbulguide.net

Les formalités
Pour les Français et les Suisses, carte nationale d'identité ou (mieux) passeport; pour les Belges et les Canadiens, e-Visa, obtenu sur www.evisa.gov.tr

La santé
Aucun vaccin obligatoire. Prévention recommandée contre le paludisme de mai à octobre dans les régions de Çukurova et Amikova (au sud-est).

Le voyage, le décalage
Durée moyenne du vol Paris-Ankara (2584 km) : 4 heures 30; Paris-Istanbul (2243 km) : 3 heures 30; Paris-Antalya : 4 heures 30. Nombreux vols à bas prix pour Istanbul, Izmir et Antalya. Lorsqu'il est midi en France, en Turquie il est 13 h.

Le coût moyen d'un séjour
Environ 450 € pour un week-end hors saison à Istanbul (vol et hébergement). 650 € en haute saison (vol A/R, chambre double et demi-pension) pour un séjour balnéaire sur la mer Égée, un peu plus pour la Riviera turque. Environ 800 € pour une semaine en Cappadoce.

Les langues, la monnaie
Langue officielle : le turc, qui appartient au groupe ouralo-altaïque et pour lequel les caractères arabes ont été utilisés jusqu'en 1928; la langue kurde, parlée par un habitant sur cinq et longtemps réprimée, est désormais enseignée. Langue étrangère : l'anglais. **Monnaie :** la nouvelle lire turque (YTL). 1 € = 2,80 nouvelles lires turques. Cartes de crédit utilisables et distributeurs de billets dans les villes.

La population
81619000 habitants. Les descendants des tribus nomades turques du début du millénaire forment l'essentiel de la population. La proportion des Arméniens et des Grecs est modeste, mais une importante minorité kurde (17 %) vit dans le Sud-Est. **Capitale :** Ankara. L'agglomération d'Istanbul approche 13 millions d'habitants.

Les religions
98 % de la population est musulmane. Minorités catholique, juive et orthodoxe. La Turquie est un État laïque.

Les fêtes
Janvier : Festival de lutte de dromadaires à Selçuk, (région de Kusadasi) ; **juin-juillet :** Festival d'Izmir, Festival de Bursa ; **septembre :** Festival des vendanges à Urgüp ; **décembre :** Konya rend hommage à Mevlana.

Les achats
Tapis, bijoux d'or et d'argent, thé et loukoums sont des achats typiques. À acheter dans le Grand Bazar d'Istanbul, où le marchandage est une institution.

Toute la finesse de l'art ottoman s'exprime dans la Mosquée bleue d'Istanbul.

LES CONSEILS GEO

▶ Les plus

L'équivalent balnéaire des autres grandes destinations méditerranéennes.
Le rayonnement d'Istanbul.
Le coût très raisonnable des séjours.

▶ Les moins

Une certaine tension depuis quelques années en raison d'attentats ou de menaces d'attentats, y compris dans des villes ou sur des sites touristiques.

▶ Les précautions

Les trois départements de Siirt, Sirnak et Hakkari, le long de la frontière irakienne, et plus généralement le sud-est du pays sont à éviter.

▶ Les tendances

Elles sont au moins deux : l'une, esthétique et romantique, à bord d'un caïque ou d'une goélette le long de la côte Turquoise ; l'autre, mythique, en chaussures de marche sur les pentes du mont Ararat.

villas et maisons de bois (yalis) qui bordent le Bosphore. Un visage d'Istanbul est trop peu évoqué, celui des belles façades Art déco de la colline occidentalisée de Beyoglu.
Les plages et les senteurs de l'archipel voisin d'Adalar, alias « îles des Princes », permettent de se reposer des fatigues urbaines.
L'autre ville importante de la Turquie d'Europe, **Edirne**, possède une mosquée (Selimiye) du XVIe siècle. Due à l'architecte Sinan, celle-ci est aussi élégante que la mosquée Bleue d'Istanbul. Un caravansérail, un marché couvert et d'autres mosquées plus anciennes devraient valoir à Edirne une plus grande renommée.
La capitale **Ankara** souffre de la comparaison avec les villes précédentes, malgré sa citadelle, ses vieux quartiers (Ulus, Samanpazan), son musée des Civilisations anatoliennes et son mausolée d'Atatürk.
Les ruines retrouvées sur le site de **Troie** n'ont qu'un lointain rapport avec les récits légendaires. **Pergame** pour ses restes de culture grecque, **Bursa** pour son empreinte ottomane, **Éphèse** pour ses vestiges de la ville hellénistique et romaine, à défaut de traces suffisantes de l'une des Sept Merveilles du monde que fut le temple d'Artémis, et **Aphrodisias** (gréco-romaine) pour son théâtre et son stade, sont les autres sites antiques remarquables de la façade ouest du pays.
Le long de la côte sud, plusieurs sites méritent la visite : **Antalya**, pour la coexistence de monuments romains et islamiques ; **Aspendos**, pour son théâtre – le plus beau théâtre romain de style oriental ; **Side**, pour la diversité de ses ruines romaines ; et Myra, pour son théâtre, les vestiges de sa nécropole lycienne et le souvenir de saint Nicolas.
En remontant vers le centre, on découvre **Konya**, célèbre pour ses derviches tourneurs, des moines aux pratiques mystiques. L'ordre des derviches tourneurs a été fondé au XIIIe siècle par Mevlana, dont l'anniversaire est célébré chaque année en décembre.
Sur la côte de la mer Noire, **Trabzon** (Trébizonde) abrite plusieurs églises byzantines ou d'inspiration byzantine (Sainte-Sophie). Elle est entourée d'un rempart datant de l'Empire grec de Trébizonde (XIIe-XIVe siècles), dont subsiste une citadelle.
Au sud de la ville, le **monastère de Sumela**, fondé au IVe siècle, détruit puis reconstruit, ne peut être ignoré, pas plus que le **palais d'Isak Pasa**, ancien caravansérail sur la route de la Soie, non loin du mont Ararat, ou l'église arménienne de la Sainte-Croix, sur une île du lac de Van. ■

QUAND PARTIR ?

	Côtes	Istanbul et visites culturelles de l'intérieur
Janvier		
Février		
Mars		
Avril		◉
Mai	☼	◉
Juin	☼	◉
Juillet	☼	
Août	☼	
Septembre	☼	◉
Octobre	☼	◉
Novembre		
Décembre		

QUE VOIR, QUE FAIRE EN UKRAINE ?

Les villes

- Odessa, Kiev, Tchernihi, Lviv, Zaporijia

Les côtes

- Rivages de la mer Noire

Les paysages

- Grotte Optimiste
- Carpates ukrainiennes

Depuis l'annexion russe de la Crimée et la persistance de troubles dans l'est du pays, l'Ukraine a perdu son image. Le visiteur garde tout de même le loisir d'apprécier le charme d'Odessa, le patrimoine architectural des villes de Kiev, Tchernihiv et Lviv, ainsi que les randonnées dans les Carpates ukrainiennes.

Ukraine

Les villes

Odessa, qui conserve le monumental escalier vu dans le film *Le Cuirassé Potemkine*, tourné en 1925 par Serguei Eisenstein, est la ville la plus attachante du pays. Outre l'argument culturel (musée des Beaux-Arts et ses collections de peinture russe du début du XXe siècle), ses bâtisses néoclassiques, sa position sur la mer Noire (plages) et sa douce ambiance (cafés, hôtels anciens) lui confèrent une

LE CARNET DE VOYAGE

Les premiers contacts
Section consulaire, 21, avenue de Saxe, 75007 Paris, 01.43.06.07.37. www.ukraine-tourisme.com

Les formalités
Pour les ressortissants de l'UE, canadiens et suisses : passeport suffisant, encore valable six mois après le retour. Billet de retour ou de continuation exigible.

La santé
Aucun problème.

Le voyage, le décalage
Durée moyenne du vol Paris-Kiev (2 033 km) : 3 heures. Lorsqu'il est midi en France, en Ukraine il est 13 h.

Le coût moyen d'un séjour
1 200 € pour une semaine de randonnée. 500 € pour un week-end à Kiev (3 jours/ 2 nuits).

Les langues, la monnaie
Langue officielle : l'ukrainien, parlé par deux habitants sur trois. Il voisine avec le russe, le roumain, le tatar et le hongrois; les langues occidentales sont peu parlées. **Monnaie :** la hrivna. 1 € = 17 hrivnas, 1 $ = 13 hrivnas. Emporter des euros ou des dollars US et une carte de crédit (distributeurs de billets).

La population
45 700 000 habitants. Importante minorité de Russes à l'est. Autres minorités : Biélorusses, Moldaves. **Capitale :** Kiev.

Les religions
Église orthodoxe majoritaire. Église uniate (rite grec) minoritaire.

Les fêtes
1er avril : carnaval d'Odessa ; **mai :** Journées de Kiev ; **24 août :** Fête de l'indépendance.

Les achats
Icônes, poupées et matrioshkas, œufs peints, serviettes brodées.

La forteresse médiévale de Kamianets-Podilskyi, dans le sud-ouest du pays

LES CONSEILS GEO

▶ Les plus
Des atouts de poids, tels Odessa, de grandes villes chargées d'histoire et des randonnées inédites dans les Carpates ukrainiennes.

▶ Les moins
Un pays dans la tourmente et une image à redéfinir.

▶ Les tendances
Le duo urbain Odessa-Kiev sort de l'ombre et commence à faire l'objet de propositions de week-ends prolongés.

atmosphère quasi méditerranéenne. Ville de caractère dont l'artère principale et branchée, la rue Khreshchiatik, coupe la désormais célèbre place de l'Indépendance (Maidan), **Kiev** arbore de belles cathédrales : Saint-André, Saint-Vladimir et surtout la cathédrale byzantine Sainte-Sophie (XIe siècle) avec ses murs blancs, ses coupoles vertes, ses mosaïques et ses fresques, ainsi que l'ensemble religieux de la laure de Petchersk, dans les catacombes duquel furent enterrés les premiers chrétiens de Russie. On trouve aussi à Kiev un musée Tchernobyl, qui rappelle le drame de 1986 – les 30 km de zone interdite qui entourent l'ancienne centrale nucléaire pourraient être transformés en réserve naturelle.

Au nord-est de Kiev, **Tchernihiv** est aussi remarquable que celle-ci grâce à ses cathédrales – du Sauveur, de l'Assomption, de l'Annonciation (mosaïques) – et son ensemble baroque (maisons du XVIIe siècle).

Plusieurs édifices religieux entourent également la célèbre place Rynok de **Lviv** : église Saint-Nicolas, église de la Dormition, chapelle Boïmov, cathédrale arménienne.

Zaporijia est le berceau des Cosaques zaporogues, arrivés ici au XVe siècle. Un musée et différentes traditions vivaces sur l'île de Khortitsa alimentent leur histoire.

Les côtes

Depuis l'annexion de la Crimée par la Russie et le début des tensions dans l'est du pays, le potentiel balnéaire de l'Ukraine s'est réduit comme peau de chagrin. Il se limite désormais aux rivages qui entourent Odessa et à l'ensemble des côtes nord-ouest de la mer Noire.

QUAND PARTIR ?

	Nord	Crimée
Janvier		
Février		
Mars		
Avril		
Mai		☼
Juin	☼	☼
Juillet	☼	☼
Août	☼	☼
Septembre	☼	☼
Octobre		☼
Novembre		
Décembre		

Les paysages

Aux confins de la Roumanie, les **Carpates ukrainiennes**, que l'on peut aborder à partir de Lviv, constituent, pour le randonneur, l'un des derniers recoins où poser ses guêtres en étant certain – à ce jour – de rencontrer bien peu de ses pairs occidentaux.

Si l'ascension du mont Hoverla, le point culminant, est recherchée, les sentiers forestiers et la rencontre des villageois et des bergers (élevage de moutons) constituent des rendez-vous inédits. Les amateurs de la faune spécifique de l'Europe de l'Est et au-delà ne sont pas en reste, bien qu'ils aient peu de chances d'apercevoir le museau de l'un des hôtes de l'endroit (loups, ours bruns).

En quittant Lviv pour l'oblast de Ternopil, vers l'est, les passionnés de spéléologie entendront parler d'un labyrinthe de galeries couvertes de gypse, la **grotte Optimiste**, annoncée comme la plus longue d'Europe. En continuant vers l'est, l'horizon des champs de blé n'admet que le bassin du **Dniepr** comme exception. Le Dniepr, « le » fleuve de l'Ukraine, fait l'objet de croisières de Kiev à Odessa. ■

À défaut de l'escalader, le randonneur a tout loisir d'admirer le volcan de Lopevi, seul sur son île.

Vanuatu

Le Vanuatu, archipel de 83 îles, plus connu sous le nom de Nouvelles-Hébrides jusqu'en 1980, offre des plages immaculées, de superbes sites de plongée, des horizons de forêt vierge, de belles randonnées, telle celle qui mène au volcan Yasur, une boisson nationale (le kava) aux vertus multiples, et une population en partie francophone.

QUE VOIR, QUE FAIRE AU VANUATU ?

Les côtes

- Plages (Efaté), plongée (Espiritu Santo)

Les paysages

- Volcans (Yasur, Benbow, Maroum)
- Forêt vierge (parc national de Vatthé)

Les côtes

Quatre-vingt-trois îles réparties sur 1 500 km du nord au sud dans le Pacifique : difficile de qualifier les côtes du Vanuatu d'un autre terme que paradisiaque, avec force invitation au farniente sur des rivages où alternent sables blanc et noir. Les alentours de la capitale Port-Vila (Vila) sur l'île d'**Efaté** (Vaté), sont les plus équipés pour les activités balnéaires, et notamment l'îlot d'Hideway. Ici, planche à voile, catamaran et jet-ski sont de mise.

On aura toutefois intérêt à varier les plaisirs et donc à aller chercher son bonheur balnéaire ailleurs dans l'archipel. Les plongeurs choisiront l'île d'**Espiritu Santo**, alias Santo, la plus grande de l'archipel. Les Américains ayant utilisé l'endroit comme base militaire au cours de la Seconde Guerre mondiale, les plongeurs peuvent aujourd'hui investir l'épave du *President Coolidge*, un paquebot de luxe échoué en 1942 et devenu un véritable sanctuaire sous-marin. Autre plaisir du même genre : les épaves de la « Pointe d'un million de dollars ».

LES CONSEILS GEO

▶ Les plus

Un coin perdu du monde tropical, encore préservé du tourisme de masse. Quelques restes de langue française.

▶ Les moins

Un coût du voyage élevé, tant pour l'acheminement que pour les prestations sur place.
Un archipel soumis à une bonne dose de pluies, souvent inattendues.

▶ Les tendances

Partir d'Europe pour le seul Vanuatu est un vrai luxe… Coupler la destination avec l'Australie ou la Nouvelle-Calédonie est plus indiqué.

QUAND PARTIR ?

	Climat	Séjours volcans
Janvier		
Février		
Mars		
Avril		
Mai	☼	
Juin	☼	⋖
Juillet	☼	⋖
Août	☼	⋖
Septembre	☼	⋖
Octobre	☼	⋖
Novembre	pluies, forte humidité	
Décembre	pluies, forte humidité	

Enfants mélanésiens à la fenêtre de leur école, sur l'île de Tanna

Les paysages

Les habitants du Vanuatu vivent sur un volcan, au sens littéral du terme. L'activité volcanique est en effet intense dans l'archipel qui appartient à la ceinture de feu du Pacifique, particulièrement sur l'île de Tanna, où les bords du cratère du **Yasur**, plutôt abordables pour le randonneur moyen, constituent désormais l'un des rendez-vous majeurs des passionnés de volcanisme.

Plus difficile d'accès et demeurée hors du temps, l'île d'Ambrym est une sorte de grande caldeira avec deux volcans en activité, le **Benbow** et le **Maroum**. Aussi accessibles que le Yasur, ceux-ci sont réputés pour leurs lacs de lave.

Sur Santo, le parc national de **Vatthé** constitue le point de rencontre des écotouristes du monde entier : les oiseaux y abondent dans un univers de forêt vierge protégé. ■

LE CARNET DE VOYAGE

Les premiers contacts
Ambassade, av. de Tervueren, 380, B-1150 Bruxelles, +33.2.772.71.41. http://vanuatu.travel/

Les formalités
Pour les ressortissants de l'UE, canadiens et suisses : passeport suffisant, valable encore six mois après le retour. Billet de retour ou de continuation exigible.

La santé
Aucun problème.

Le voyage, le décalage
Quiconque part d'Europe doit s'attendre à une véritable odyssée aérienne : environ 30 heures. Vol via Nouméa (voir Nouvelle-Calédonie), l'Australie ou la Nouvelle-Zélande, puis vol pour Port-Vila. Luganville (sur Santo) est desservi en vol direct depuis l'est de l'Australie (Brisbane).
Lorsqu'il est midi en France, au Vanuatu il est 21 h en hiver et 22 h en été.

Le coût moyen d'un séjour
Le Vanuatu fait payer cher son éloignement, ses volcans et ses plages paradisiaques : difficile de trouver un « séjour Volcans », par exemple, à moins de 3 500 € pour 15 jours.

Les langues, la monnaie
Le bichlamar, proche de l'anglais, est la langue officielle. Il voisine avec plus de 100 dialectes locaux issus du mélanésien. L'endroit fut un condominium franco-britannique, si bien que le français – théoriquement parlé par quatre habitants sur dix – et l'anglais sont également langues officielles.
Monnaie : le vatu. Les dollars australiens ou US sont recommandés. 1 € = 123 vatus, 1 $ = 93 vatus.

La population
Les 267 000 Vanuatuans, principalement des Mélanésiens, ne sont indépendants que depuis 1980.
Capitale : Port-Vila, sur l'île d'Efaté.

Les religions
La majorité des habitants du Vanuatu sont presbytériens (28 %). Il existe toutefois d'importantes minorités d'anglicans (15 %) et de catholiques (13 %).

Les fêtes
15 février : parade de la « Tanna Army » sur l'île de Tanna.
Avril : cérémonie du Nagol (sur l'île de Pentecôte). Tout au long de l'année, danses traditionnelles *(nekoviars)*, danses en l'honneur de John Frum (île de Tanna) et, plus généralement, danses coutumières sur tout l'archipel.

Les achats
Objets en bois (sculptures d'animaux), vannerie, tambours.

Venezuela

Le Venezuela, la « Petite Venise », en souvenir des impressions qu'avaient laissées les cases sur pilotis aux premiers Européens, est désormais bien classé parmi les destinations touristiques, et ce n'est que justice. En effet, le pays peut aussi bien proposer le far-niente sur la côte ou dans les îles Caraïbes que l'exploration du Massif guyanais et de ses montagnes tabulaires. Le seul manque éventuellement à déplorer est celui de vestiges précolombiens.

QUE VOIR, QUE FAIRE AU VENEZUELA ?

Les côtes
- Île Margarita, archipels de Las Aves et de Los Roques, péninsule de Paria

Les paysages et les randonnées
- Massif guyanais (*tepuyes*, cataractes), pirogue sur l'Orénoque
- Los Llanos (faune), cordillère de Mérida

Les monuments
- Traces de la colonisation espagnole à Caracas, Barcelona, Ciudad Bolívar, Coro
- Art rupestre précolombien

Les côtes

Les généreux rivages caraïbes et la qualité des fonds coralliens sont les atouts qui ont fait entrer le Venezuela dans le concert du tourisme balnéaire mondial. Le séjour dans les îles est désormais privilégié, plus particulièrement dans l'**île Margarita**, dont la coexistence entre mer (75 plages) et montagne, à laquelle s'ajoute un coût raisonnable, s'avère séduisante.

Situé dans la mer des Antilles, l'**archipel de Los Roques**, au caractère tropical affirmé (coraux, poissons multicolores), constitue l'un des autres berceaux d'un tourisme balnéaire en expansion. La meilleure façon de le découvrir est d'y faire une croisière en voilier. Il offre bon nombre de plages encore peu fréquentées et des

L'île Margarita et ses 75 plages rattrapent peu à peu les grandes destinations balnéaires des Caraïbes.

possibilités de pêche au gros (marlin bleu, espadon).
Autre rendez-vous balnéaire insulaire : l'**archipel de Las Aves**, peuplé de colonies de flamants roses.
Sur la côte, la péninsule de Paraguaná et la région de Chichiriviche abritent des villages de pêcheurs bordés de plages de sable. La plage prolonge harmonieusement la forêt qui couvre la **péninsule de Paria**. Il est possible de se baigner dans les rivières qui la sillonnent. Mais attention aux caïmans qui peuplent ses marais !

Les paysages et les randonnées

Le **Massif guyanais**, ou Guyane vénézuélienne, parsemé de villages indiens et parcouru de nombreuses rivières, est devenu une destination très prisée depuis quelques années. C'est là, plus précisément dans la région de la Gran Sabana, que se dressent au milieu de la forêt tropicale les ***tepuyes***, étranges plateaux de grès à la fois craints et vénérés par les Indiens pémons. Les *tepuyes* sont aujourd'hui le but de balades. Celui dont l'ascension est la plus prisée est le mont Roraima, le *tepui* le plus haut de tous (près de 3000 m).
C'est également dans ces contrées que les conquistadores espagnols recherchaient l'Eldorado, la légendaire cité de l'Or qu'ils entendaient piller. À défaut d'offrir des montagnes d'or, la région permet la remontée des rivières en pirogue et la découverte des **cataractes** du río Carrao, appelées *saltos*. Le plus connu est le Salto del Angel (« saut de l'Ange »), considéré comme la plus haute chute d'eau du monde (970 m). Il est très difficile d'accès.
D'autres chutes et panoramas hissent le Massif guyanais et la région du mont Roraima au rang des plus beaux reliefs de la façade atlantique de l'Amérique du Sud.
À l'ouest de cette région coule l'**Orénoque**, sur lequel les Indiens waraos

L'Orénoque, sur lequel se déplacent les Indiens waraos, fait partie des grandes légendes fluviales de l'Amérique du Sud.

mènent leurs délicates pirogues, les *curiaras*. Le spectacle des rapides tout comme celui de la faune aquatique (crocodiles, dauphins d'eau douce) sont impressionnants. La région du haut Orénoque est la terre d'élection des Indiens yanomanis.

Non loin de là, la nature a forgé deux gouffres imposants, les gouffres Humboldt (-314 m) et Martel. Leur visite n'est pas autorisée, en raison de leur difficulté d'accès, mais aussi du mystère géologique qui continue de les entourer.

Situé non loin de la frontière colombienne, autour de Puerto Ayacucho, l'État d'Amazonas constitue un sanctuaire écologique voué à la protection de certaines espèces animales et végétales menacées. Plus au nord s'étendent **Los Llanos**, de grandes

LE CARNET DE VOYAGE

Les premiers contacts
Ambassade, 11, rue Copernic, 75116 Paris, 01.45.53.29.98. www.venezuelatuya.com/indexfra.htm

Les formalités
Passeport suffisant, encore valable six mois après le retour. Billet de retour ou de continuation exigible.

La santé
Vaccination vivement recommandée contre la fièvre jaune en dehors des zones urbaines. Prévention recommandée contre le paludisme dans certaines zones rurales ou de la jungle amazonienne.

Le voyage, le décalage
Durée moyenne du vol Paris-Caracas (7617 km) : 9 heures. Lorsqu'il est midi en France, au Venezuela il est 5h30 en été et 6h30 en hiver.

Le coût moyen d'un séjour
Une semaine sur l'île Margarita, *« all inclusive »*, se trouve aux alentours de 1100 € hors saison. Compter au moins 3000 € pour un séjour accompagné de 15 jours incluant le Massif guyanais, le delta de l'Orénoque et l'archipel de Los Roques.

Les langues, la monnaie
Langue officielle : l'espagnol. Langue étrangère : l'anglais.
Monnaie : le bolívar fuerte. 1 € = 8,30 bolívares fuertes, 1 $ = 6,30 bolívares fuertes. Change dans les banques, mais aussi dans les *casas de cambio*. Cartes de crédit parfois utilisables mais déconseillées.

La population
Concentrée dans les cordillères et sur la côte caraïbe, elle connaît une forte progression malgré un chiffre actuellement moyen (28868000 habitants). Un habitant sur six vit dans l'agglomération de la capitale Caracas. Sept Vénézuéliens sur dix sont des métis, deux sur dix sont des Blancs. Les Noirs et les Indiens composent le reste de la population.
Capitale : Caracas.

Les religions
Forte proportion de catholiques (92 %).

Les fêtes
Février : Fiesta del Sol à Mérida ; **23 juin :** fête de la Saint-Jean ; **24 juillet :** Anniversaire de Simón Bolívar.

Les achats
Deux spécialités qui peuvent se compléter : le hamac et le rhum. On pourra également se procurer des objets en bois et en cuir, des poteries et des couvertures très colorées.

Le «saut de l'Ange» (Salto del Angel), qui s'inscrit dans le décor insolite du Massif guyanais, porte bien son nom.

LES CONSEILS GEO

▶ Les plus
Le triple atout constitué par la côte caraïbe, le Massif guyanais et la forêt amazonienne.

▶ Les moins
L'absence de traces importantes des civilisations précolombiennes.

▶ Les précautions
Une réputation de pays à risque mais qu'il faut savoir nuancer, une fois prises les précautions d'usage. Les régions frontalières avec la Colombie doivent être évitées.

▶ Les tendances
Le Venezuela «aquatique» est sur une pente ascendante : non seulement l'île Margarita s'impose peu à peu comme une destination balnéaire recherchée, mais encore l'archipel de Los Roques attire les plongeurs.

QUAND PARTIR ?

	Climat	Végétation des tepuyes et du Massif guyanais
Janvier	☼	
Février	☼	
Mars	☼	
Avril	☼	
Mai		
Juin		
Juillet		
Août		
Septembre		⁖
Octobre		fin de la saison des pluies ⁖
Novembre		
Décembre	☼	

plaines couvertes de savanes et peuplées de zébus dont s'occupent les *llaneros,* comme on appelle les gauchos locaux. Ces contrées sauvages abritent une faune aux noms mythiques (anaconda, iguane) et plus de 300 espèces d'oiseaux que l'on tentera d'apercevoir au cours de passionnants safaris-photo.

La **cordillère de Mérida**, dont le point culminant, le pic Bolívar, atteint 5007 m, offre un paysage caractéristique, le « Páramo andin », steppe d'altitude que l'on rencontre au-dessus de 2500 m, émaillée de lacs. Une solution idéale pour avoir une idée de la beauté de cette cordillère consiste à emprunter le téléphérique de Mérida, à la fois le plus haut et le plus long du monde.

Les monuments

La présence espagnole a laissé des traces, sous la forme d'églises, de cathédrales et de vieux quartiers aujourd'hui préservés, tant à **Caracas** (Capitolio) qu'à **Barcelona** (musée de la Tradition), **Ciudad Bolívar** et **Coro** – qui fut la première capitale coloniale et qui en conserve de nombreux vestiges.

Les parcs Piedras Pintadas et Cerro Pintado, situés aux environs de Valencia, à l'ouest de Caracas, abritent des gravures et des dessins rupestres précolombiens. ■

Viêt Nam

Le Viêt Nam offre au visiteur des sites et des paysages parmi les plus séduisants de l'Asie du Sud-Est : baie d'Along, cité impériale de Huê, pagodes, paysages de forêts et de rizières, rencontre des populations montagnardes du Tonkin.

QUE VOIR AU VIÊT NAM ?

Les paysages

- Montagnes du Tonkin
- Fleuve Rouge, rivière Noire, col des Nuages, environs de Dalat, delta du Mékong
- Route mandarine

Les villes et les monuments

- Du nord au sud : Hanoi, Huê, Da Nang
- Hoi An, Hô Chi Minh-Ville

Les côtes

- Baie d'Along
- Vung Tau, Phan Tiet, Nha Trang, île de Phu Quoc (plages)
- Marchés flottants du Sud

Les paysages

Aux rizières vert tendre des plaines répond, dans le Nord, la « Haute Région » des **montagnes du Tonkin** aux nuances plus prononcées. Dans cette contrée où vivent les minorités mongs, nungs et daos, la randonnée connaît une popularité grandissante. En redescendant dans la vallée, on aborde les terres des peuples Yaos et Tàys qui sont de plus en plus – peut-être trop – courtisés par les voyagistes à la recherche d'insolite.

Du nord au sud, les sites intéressants se succèdent à intervalles rapprochés : les vallées du **fleuve Rouge** et de la **rivière Noire**, cette dernière agrémentée de gorges (canyon de Laï-Chau) ; la route n° 1 entre Da Nang et Huê (**col des Nuages**) ; les environs de **Dalat**.

Le **delta du Mékong** renferme des rizières et des jardins qui offrent l'opportunité de balades en sampan. Des croisières relient même désormais Hô Chi Minh-Ville à Phnom Penh, la capitale du Cambodge.

Un grand classique consiste à longer la mer de Chine méridionale via les 1 730 km de la « **Route mandarine** », à partir de Lang Son, au nord, ou de Ca Mau, au sud.

La baie d'Along, constituée de près de 3 000 îlots aux formes étonnantes, vaut le voyage à elle seule.

Les villes et les monuments

Hô Chi Minh-Ville (ex-Saigon), capitale de l'ex-Cochinchine et autrefois qualifiée de « perle de l'Extrême-Orient », où le colonisateur français a tracé de larges avenues bordées de villas, est la ville la plus jeune et la plus dynamique du pays. Une vive animation caractérise l'activité de ses quais, de son bazar (Bên Thanh) et surtout du quartier chinois de Cholon, où le ballet des deux-roues contribue à entretenir l'impression de ruche. La mutation politique et économique aidant, l'atmosphère urbaine se rapproche de plus en plus de ce qu'elle était à l'époque où la ville était l'un des joyaux de l'Indochine. Passage culturel obligé à Hô Chi Minh-Ville : le musée d'Histoire (statues cham et de l'époque qui a précédé l'édification d'Angkor) et le temple Thien Hau.

Le site de **Hanoi**, qui s'étend autour d'un lac (Petit Lac) et à proximité du delta du fleuve Rouge, est aussi réputé que ses pagodes (pagode au Pilier unique), son habitat (maisons anciennes tout en longueur du Vieux Quartier) et ses monuments : temple de la Littérature du XIe siècle, dédié à Confucius et qui présente les stèles de 82 savants entourant la statue du philosophe ; mausolée de Hô Chi Minh ; ancien palais du gouverneur Doumer ; Musée ethnographique.

Huê, partagée entre vieille ville et ville coloniale, est agréable à découvrir en bateau sur la rivière des

Un vieux quartier de Hanoi, la grande ville du nord où Confucius (temple de la Littérature) et Hô Chi Minh (mausolée) ont une place à part.

LE CARNET DE VOYAGE

Les premiers contacts
Ambassade, 61, rue de Miromesnil, 75016 Paris, 01.44.14.64.00.
www.vietnamtourism.com
www.cap-vietnam.com

Les formalités
Passeport en cours de validité, valable encore six mois après la date du retour. Visa obligatoire et payant, à demander à l'ambassade. Billet d'avion ou attestation de voyage exigible.

La santé
Aucun vaccin n'est obligatoire. Prévention recommandée contre le paludisme, excepté dans les villes, le delta du fleuve Rouge et la plaine côtière située au nord de Nha Trang. Les risques les plus importants sont dans le Sud (provinces de Ca Mau et Bac Lieu) et sur les hauts plateaux, au-dessous de 1 500 m.

Le voyage, le décalage
Durée moyenne du vol Paris-Hanoi : 11 heures 30 ; Paris-Hô Chi Minh-Ville (10 177 km) : 12 heures. Possibilité de combiner un aller pour Hanoi et un retour de Hô Chi Minh-Ville, et vice versa. Possibilité, également, d'arriver à Hô Chi Minh-Ville et de repartir de Siem Reap ou Phnom Penh (Cambodge). Lorsqu'il est midi en France, au Viêt Nam il est 17 h en été et 18 h en hiver.

Le coût moyen d'un séjour
Un voyage accompagné d'une douzaine de jours revient à environ 1 800 €. Un voyage-randonnée de deux semaines coûte 2 500 €, comme un combiné Angkor-Viêt Nam de même durée avec chauffeur-guide.

Les langues, la monnaie
Langue officielle : le vietnamien. Langues étrangères : anglais, français, russe, toutes trois peu répandues.
Monnaie : le dông.
1 € = 27 400 dôngs
1 $ =20 900 dôngs.
Distributeurs de monnaie répandus.

La population
Le pays est très peuplé (93 422 000 habitants). L'ethnie vietnamienne, très largement majoritaire, en côtoie 53 autres.
Capitale : Hanoi.

Les religions
Le bouddhisme est majoritaire, aux côtés du confucianisme, du taoïsme et du christianisme.

Les fêtes
Fin janvier-début février : fête du Têt, Nouvel An lunaire ; **30 avril :** anniversaire de la libération du Sud ; **2 septembre :** fête de l'Indépendance.

Les achats
Produits locaux : des laques, des objets en nacre et en bois précieux, des peintures sur soie, des chapeaux vietnamiens.

Parfums. Elle se distingue par des monuments de premier ordre : la cité impériale ; la pagode de la Dame céleste ; les tombeaux royaux des Nguyen ; le parc de l'empereur Tu Duc. **Da Nang** dispose de deux atouts : la fameuse collection de son musée de sculptures cham et les grottes-pagodes des « montagnes de marbre », creusées dans du marbre blanc.
Au sud de Da Nang, le vieux port de **Hoi An**, autrefois lieu d'embarquement des cargaisons d'épices et de soie, offre de remarquables temples et pagodes, ainsi qu'un vieux pont couvert.
Dans la région de Qui Nhon, les tours cham, fruits de la civilisation

La pagode des Parfums, non loin de Hanoi, est un lieu de pèlerinage réputé.

LES CONSEILS GEO

▶ Les plus

Un pays d'une grande beauté, dont la fréquentation touristique reste l'une des plus fortes de l'Asie du Sud-Est.
Quelques traces de langue française pour une meilleure communication.

▶ Les moins

Un climat défavorable entre juin et septembre.
Des rivages de plus en plus soumis aux exigences du tourisme de masse.

▶ Les précautions

Ne pas arborer des signes extérieurs de richesse sur les lieux touristiques et dans les grandes villes.

▶ Les tendances

Pour le meilleur ou pour le pire, le Viêt Nam a décidé de s'engager délibérément dans une mise en valeur de ses milliers de kilomètres de côtes avec des projets de complexes hôteliers d'envergure.

QUAND PARTIR ?

	Nord	Centre	Sud
Janvier			☼
Février		☼	☼
Mars		☼	☼
Avril	☼	☼	☼
Mai	☼	☼	
Juin		☼	
Juillet			
Août			
Septembre			
Octobre			
Novembre	☼		
Décembre	☼		☼

malayo-polynésienne, offrent aux visiteurs leurs contours délicats.

Les côtes

La **baie d'Along**, un labyrinthe de 2600 îlots rocheux aux formes insolites, souvent percés de grottes et disséminés sur 1550 km², est l'un des attraits majeurs du voyage. On peut y effectuer des minicroisières à bord d'une jonque, l'embarcation traditionnelle du pays.
Les 3000 km de côtes dont dispose le pays et qui, pour la plupart, n'ont jamais connu d'activité touristique, autorisent bien des perspectives de développement, à l'image de China Beach, implantée en leur milieu. Non loin de Hô Chi Minh-Ville, la station de **Vung Tau** (ex-cap Saint-Jacques), plus au nord celles de **Phan Tiet** et de **Nha Trang** (bancs de coraux) sont les villégiatures les plus en pointe. Dernière-née du tourisme balnéaire, l'île montagneuse de **Phu Quoc** et ses plages de sable blanc, tout au sud, sont promises à des investissements plutôt haut de gamme.
Dans le Sud, aux environs de Hô Chi Minh-Ville, les canaux et le port de Can Tho débordent d'activité, tandis que d'autres villes (Cai Rang, Phong Fien, Phung Hiep) accueillent des marchés flottants.
Les croisières le long des côtes de la mer de Chine méridionale connaissent un boom touristique depuis quelques années. Elles prévoient des escales culturelles dans un certain nombre de villes côtières. ■

Le gouvernorat de la capitale Sana'a donne à qui arrive au Yémen une première idée des merveilles de façades ouvragées.

Les hauts plateaux autour de la capitale Sana'a, là où se marient les paysages et surtout le raffinement des constructions en pierre, en brique ou en pisé de la plupart des villages, ont fait la réputation du Yémen qui offre un autre joyau, l'île de Socotra. Malheureusement, le pays qui, en temps normal, est une grande destination de voyages au Moyen-Orient, est en proie à de graves remous de tous ordres depuis plusieurs années.

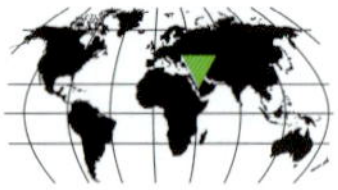

Yémen

LE CARNET DE VOYAGE

Les premiers contacts
Ambassade, 25, rue Georges-Bizet, 75116 Paris, 01.53.23.87.87. www.yementourism.com

Les formalités
Passeport (sans aucune mention israélienne) valable encore six mois après le retour, visa obligatoire et payant.

La santé
Prévention recommandée contre le paludisme sur les côtes ouest et sud, et dans tous les cas au-dessous de 2000 m.

Le voyage, le décalage
Durée moyenne du vol Paris-Sana'a (5295 km) : 7 heures 30; Paris-Aden (5585 km) : 9 heures.
Lorsqu'il est midi en France, au Yémen il est 13 h en été et 14 h en hiver.

Le coût moyen d'un séjour
1800 € pour un voyage accompagné de 12 jours sur les hauts plateaux, 2500 € tout compris pour un voyage-randonnée de 15 jours incluant Socotra.

Les langues, la monnaie
Langue officielle : l'arabe.
Langue étrangère : l'anglais.
Monnaie : le rial yéménite. Aucun problème pour le change en euros. 1 € = 282 rials yéménites, 1 $ = 215 rials yéménites. Cartes bancaires non utilisables.

La population
26053000 Yéménites.
Capitale : Sana'a.

Les religions
L'islam sunnite est légèrement majoritaire et prédominant dans l'ex-Yémen du Sud. Dans l'Ouest, la tendance est inversée : les chiites, majoritaires, se répartissent entre zaydites et chaféites.

Les fêtes
22 mai : fête de l'Unification; **Aïd el-Fitr :** fin du ramadan.

Les achats
Bijoux d'argent et de corail, poignards traditionnels, vannerie, tapis, lampes à huile, encens.

QUE VOIR AU YÉMEN ?

Les paysages et l'habitat

- Hauts plateaux (djebel Haraz), villages fortifiés
- Désert du Ramlat al- Sab'atayn
- Vallée de l'Hadramaout
- Île de Socotra

Les villes

- Sana'a, Aden

Les côtes

- Al-Mukallah (océan Indien), Hodeida, Mokha (mer Rouge)

LES CONSEILS GEO

▶ Les plus

Une architecture unique.
Un voyage diversifié : intérêt culturel, désert, océan.

▶ Les moins

Une situation difficile, entre des enlèvements contre rançon toujours possibles et la menace récurrente d'attentats.
Une période juin-septembre gênée par les pluies sur les hauts plateaux du Nord-Ouest.

▶ Les précautions

Tout voyage à titre individuel ou sans guide doit actuellement être évité, y compris pour la capitale Sana'a et l'île de Socotra. Consulter le site du ministère des Affaires étrangères.

Les paysages et l'habitat

Rarement les deux notions de paysage et d'habitat se seront conjuguées de manière aussi harmonieuse et durable. C'est au milieu du triangle formé par Hodeida, Baraqich et Ta'izz que s'élèvent, à plus de 3000 m, des **hauts plateaux** dont les routes pittoresques, comme celle qui relie Sana'a à Ta'izz, sont bordées de villages fortifiés. Les sommets et les vallées du **djebel Haraz** sont somptueux.

Les villages de montagne, au cœur d'une région qui fut aussi un lieu important du commerce des plantes aromatiques, tirent leur beauté et leur réputation de l'architecture de leurs maisons en pierre, en brique ou en pisé.

Dans le Nord, parmi les principaux exemples de ce genre d'habitat, souvent haut perchés, accessibles après le passage de gorges ou de cols et ouverts sur des paysages grandioses, figurent Zabid (premier centre intellectuel du monde arabe), Manakha, Djibla, Amran, Sirwah, Kawkaban, Mahweet, Baraqich (ancienne capitale du royaume de Mai'n, dont les murailles s'élèvent à 15 m au-dessus du sol désertique), Ma'rib (ancienne capitale du royaume de Saba, qui possède un temple du IVe siècle av. J.-C. et un ancien barrage de près de 600 m de long) et Chabwa.

Les randonneurs seront séduits, entre Ma'rib et Chabwa, par le **Ramlat al-Sab'atayn**, qui constitue la pointe sud de l'immense désert saoudien, le Rub al-Khali.

Dans l'ex-Yémen du Sud, la **vallée de l'Hadramaout** et ses *wadis* (oueds souvent asséchés) surprennent par leurs paysages riants et verdoyants, et leurs villages accrochés aux versants. Chibam (et ses maisons-tours de six étages, vieilles de cinq siècles, qui dominent la vallée et lui ont valu le nom de « Manhattan du désert »), Say'un (maisons en pisé et à balustrades) et Tarim, fort de ses 23 palais et de ses mosquées, sont les villes les plus typiques de la région.

L'ancien itinéraire caravanier de l'encens suit le tracé de la vallée du Wadi Hadramaout, la plus belle des vallées avec celle du Wadi Do'an.

L'île montagneuse et à la végétation surprenante de **Socotra**, au large de la corne de l'Afrique, est en passe de devenir un paradis pour les randonneurs.

Les villes

Le bazar et la vieille ville arabe sont les deux attraits de **Sana'a**, capitale fortifiée, perchée à 2 350 m. Sa Grande Mosquée du XIIe siècle complète le plus vieil ensemble architectural du Moyen-Orient.

La beauté du site d'**Aden** est la principale raison de visite de cette ville cosmopolite, point de passage de l'ancienne route des Indes.

Les côtes

Les rivages de l'océan Indien et le port de pêche d'**Al-Mukallah** bénéficient d'un agréable arrière-plan de paysages volcaniques.

Sur la mer Rouge, le port d'**Hodeida** vit au rythme des allées et venues des boutres, tout comme **Mokha**, port d'où partaient les cargaisons de café. ■

QUAND PARTIR ?

	Sana'a et hauts plateaux	Hadramaout et partie est	Côtes et Socotra
Janvier		☼	☼
Février		☼	☼
Mars	☼	☼	
Avril	☼		
Mai	☼	☼	
Juin			
Juillet			
Août			
Septembre	☼		
Octobre	☼	☼	
Novembre	☼	☼	
Décembre		☼	☼

QUE VOIR, QUE FAIRE AU ZIMBABWE ?

Les paysages

- Chutes Victoria, lac Kariba (canoë, pêche)
- Rhodes Matopos National Park
- Balancing Rocks, grottes de Sinoia

La faune

- Matusadona National Park, Hwange National Park
- Éléphants, crocodiles, oiseaux

Les monuments

- Vestiges du Grand Zimbabwe et de Khami

David Livingstone a été le premier Blanc à découvrir les chutes du Zambèze. Aujourd'hui, l'explorateur est relayé par des voyageurs venus contempler ce panorama exceptionnel, mais aussi une riche faune et des sites archéologiques insolites.

Zimbabwe

LE CARNET DE VOYAGE

Les premiers contacts
Services culturels de l'ambassade, 12, rue Lord-Byron, 75008 Paris, 01.56.88.16.00. www.zimbabwetourism.net

Les formalités
Pour les ressortissants de l'UE, canadiens et suisses : passeport valable encore six mois après le retour. Visa obligatoire, qui peut être obtenu à l'arrivée. Se faire toujours confirmer cette possibilité par l'ambassade.

La santé
Prévention recommandée contre le paludisme toute l'année dans la vallée du Zambèze et de novembre à fin juillet au-dessous de 1 200 m. Risque faible à Bulawayo et à Harare.

Le voyage, le décalage
Durée moyenne du vol Paris-Harare (7 934 km, escale) : 12 heures. Lorsqu'il est midi en France, au Zimbabwe il est la même heure en été et 13 h en hiver.

Le coût moyen d'un séjour
Les chutes Victoria et les parcs nationaux constituent les principaux centres d'intérêt d'un voyage accompagné, souvent complété par le Botswana et la Namibie. Compter au moins 3 000 € pour trois semaines en dehors des fêtes et congés scolaires.

Les langues, la monnaie
Langue officielle : l'anglais. Le shona est la langue locale la plus pratiquée. **Monnaie :** le dollar du Zimbabwe n'a plus cours, l'hyperinflation ayant entraîné la « dollarisation » (US) de l'économie. 1 € = 1,31 $.

La population
13 772 000 habitants, en majorité des Shonas. Minorités de Blancs, d'Indiens et de métis. **Capitale :** Harare (ex-Salisbury).

Les religions
Protestants majoritaires. On compte 40 % d'animistes.

Les fêtes
18 avril : Independence Day; **fin mai :** Africa Days; House of Stone Music Festival (dates variables), important festival à Harare.

Les achats
Parmi les productions artisanales, les textiles, les objets en bois sculpté et, surtout, les masques.

Le Zimbabwe partage avec la Zambie le privilège du spectacle intense des chutes Victoria, telles que les découvrit David Livingstone en son temps.

Les paysages

Le Zambèze plonge soudainement dans un abîme de 108 m – pour la plus importante de ses cinq chutes. Bruit et fureur de l'eau dégagent une brume intense, celle-ci se parant des couleurs de l'arc-en-ciel et conférant à « Mosi-oa-Tunya » – la « fumée qui tonne, qui gronde » – un intérêt équivalent à celui des chutes du Niagara, voire d'Iguaçu.

Inscrites au patrimoine mondial de l'humanité, ces **chutes Victoria** furent baptisées ainsi par David Livingstone en hommage à la souveraine britannique de l'époque.

Le tiers de leur étendue de 1700 m appartient au Zimbabwe, les deux autres tiers à la Zambie.

Non loin des chutes, le **lac Kariba**, né d'un barrage sur le Zambèze, se trouve dans un joli site. Baignade, mini-croisières en canoë et pêche y sont possibles.

Autres grandes curiosités du pays :

– les blocs de pierre géants du **Rhodes Matopos National Park**, où est inhumé Cecil Rhodes, et qui renferment de nombreuses peintures rupestres bochimans ;

– près de Harare, les **Balancing Rocks** d'Epworth, d'imposants rochers qui semblent en continuelle recherche d'équilibre ;

– les **grottes de Sinoia**, dont le fond est occupé par les couleurs changeantes du lac Dormant.

La faune

Aux alentours du lac Kariba, où la faune vient s'abreuver, les éléphants côtoient les hérons et les crocodiles du **Matusadona National Park**.

Le plus grand des parcs du Zimbabwe, le **Hwange National Park**, abrite de nombreux éléphants, les troupeaux pouvant regrouper 100 individus. On y rencontre aussi plus de 100 espèces d'animaux terrestres et environ 400 espèces d'oiseaux.

Dans ces deux parcs comme ailleurs dans les parcs animaliers d'Afrique, c'est à la fin de la saison sèche que les animaux sont le plus facilement observables, lorsqu'ils se rassemblent autour des points d'eau.

Les monuments

Près du lac Kyle, les vestiges du vaste ensemble de monuments en pierre du **Grand Zimbabwe**, l'une des capitales de l'ancien royaume bantou du Monomotapa (palais, remparts de 10 m de haut et tour de granit), méritent d'autant plus la visite que l'Afrique noire possède peu de témoignages architecturaux de ce genre.

LES CONSEILS GEO

▶ Les plus

La diversité des pôles touristiques : chutes et paysages, mais aussi faune nombreuse et vestiges archéologiques.
Un climat favorable au moment adéquat pour le voyageur occidental.

▶ Les moins

Un pays où les pénuries et les tensions sociales sont récurrentes, ce qui exige du voyageur une certaine vigilance.

▶ Les tendances

Les chutes Victoria comptent parmi les plus spectaculaires du monde, aussi est-il de bon ton de les avoir visitées depuis le sol et survolées en hélicoptère, en dépit du coût élevé de ce genre de prestation.

Cette acropole du Grand Zimbabwe, qui n'a été découverte que dans les années 1870, est également connue pour présenter des statues de pierre bien particulières telles que des oiseaux figurant des personnages et taillés à même la roche.

Près de Bulawayo, les ruines de **Khami** sont de moindre importance mais constituent le témoignage, toutefois peu lisible, de l'époque où la ville était capitale de la dynastie Torwa, entre le XVe et le XVIIe siècle. ■

QUAND PARTIR ?

	Climat	Chutes Victoria
Janvier		
Février		hautes eaux (bruit, embruns)
Mars		hautes eaux (bruit, embruns)
Avril	☼	hautes eaux (bruit, embruns)
Mai	☼	hautes eaux (bruit, embruns)
Juin	☼	hautes eaux (bruit, embruns)
Juillet	☼	
Août	☼	basses eaux (baignade, raft)
Septembre	☼	basses eaux (baignade, raft)
Octobre	☼	basses eaux (baignade, raft)
Novembre		basses eaux (baignade, raft)
Décembre		basses eaux (baignade, raft)

Index

A

B

C

D

E

F

G

L

M

N

O

P

Q

R

S

T

CRÉDITS PHOTOGRAPHIQUES

AGE 418

ASK IMAGES
Frédéric Mouchet : 221; Stanislas Fautre : 284

CORBIS
Kazuyoshi Nomachi : 56; Martin Harvey : 70; Theo Allofs : 71, 90; José Fuste Raga : 73, 74, 94, 135, 162, 343, 382; Staffan Widstrand : 91; Bob Krist : 96, 171; First Light : 101; Geray Sweeney : 104; Mike McQueen : 121; Danny Lehman : 132; Robert Harding World Imagery : 136; Ric Ergenbright : 154; Rudy Sulgan : 159; David Muench : 164; Philip Gould : 168; Jean-Pierre Lescourret : 174; William Maning : 176; David C. Poole : 178; Jorma Jaemsen/Zefa : 180; Sergio Pitamitz : 187, 260; Wolfgang Kaehler : 198, 222; Christophe Boisvieux : 210; Free Agents Limited : 217; Charles & Josette Lenars : 220; Richard Cummins : 227; Brigitte Bott/Robert Harding World Imagery : 229; Christian Kober/Robert Harding World Imagery : 248; Peter Adams : 254; DLILLC : 255; Hugh Sitton/Zefa : 264; Dallas and John Heaton/Free Agents Limited : 268; Keren Su : 298; Gavin Hellier/Robert Harding World Imagery : 306; Michele Falzone/JAI : 314, 330; J Darell Gulin : 327; Richard Bickel : 344; Stefano Torrione/Grand Tour : 358; John Hicks : 372, 376, 378; Gideon Mendel : 391; Guenter Rossenbach/Zefa : 397; Viviane Moos : 416

FOTOLIA
berzina : 13; Romolo Tavani : 14; crazymedia : 15; Bred & Co : 16; Jean-Paul Comparin : 17; Anton Gvozdikov : 20

GETTY IMAGES
Bruno Morandi : 12, 66, 223, 294, 384, 402, 403; Uwe Roder : 19; John Waters : 24 g.; Jake Norton : 24 d.; Daryl Balfour : 25, 390; Jetta Productions : 25; Elliott Neep : 26; Art Wolfe : 27; Ian Cumming : 54; Siegfried Layda : 59, 60; Stewart Cohen : 62; James P. Blair : 64; Howie Garber : 69; Martin Barraud : 72; Richard Cummins : 77; Hideo Kurihara : 78; Peter Adams : 82, 317; Keren Su : 84, 116, 122; Gerald Hinde : 86; Ary Diesendruck : 92; Will & Deni McIntyre : 93; Sylvain Grandadam : 99, 145, 219, 272, 337; Daryl Benson : 103; Alan Marsh : 105; Steve Bly : 106; Darwin Wiggett : 107; Yves Marcoux : 109; Aaron McCoy : 110; James Strachan : 115; Paul Chesley : 117, 169; Nigel Hicks : 118; Yann Layma : 120; Luciano Lepre : 124; John Miller : 126; Jerry Driendl : 130; Angelo Cavalli : 137; Upperhall Ltd : 141; Michael McQueen : 142; Stephen Studd : 143; Amanda Hall : 146; Shaun Egan : 151, 152, 161; Robert Everts : 153; Vega : 156; Walter Bibikow : 160; Andy Caulfield : 165; Cosmo Condina : 166; Mitchell Funk : 170; Christopher Veer : 172; Glen Allison : 173; James Randklev : 175; Latitudestock : 183; John Elk III : 185, 276; Johner : 188, 380; Ellen Rooney : 189; Frans Lemmens : 194, 304, 323, 324; Wayne Walton : 196; Hiroshi Higuchi : 200; Martin Gray : 205; Grant Faint : 209, 355; Anthony Cassidy : 213, 332; Mark Lewis : 218; John Miles : 224; IIC/Axiom : 228; Oliver Benn : 236; Gary Yeowell : 237; Photolibrary.com : 235; Joe Cornish : 238; Gavin Hellier : 239, 275; Buena Vista Images : 240; Slow Images : 241; Andrea Pistolesi : 242; Joe Lasky : 244; Chad Ehlers : 249; Renee Lynn : 253; John William Banagan : 256; Jane Sweeney : 258; Tim Davis : 266; Raphael Van Butsele : 277, 348; Karan Kapoor, 278; Nicholas DeVore : 279; Bill Hatcher : 289; Carolyn Brown : 293; Chad Henning : 300; Hugh Sitton : 302; Thierry Dosogne : 325; Alejandro Balaguer : 328; Ron Whitby : 334; Joao Paulo : 338; Simeone Huber : 339, 394; Neil Emmerson : 346; Glenn Beanland : 356; Ben Hall : 357; David Sutherland : 363; Benelux Press : 365; Bloomberg via Getty Images : 386; Chris John : 389; Chris Cheadle : 395; Travel Ink : 399; Tom Pfeiffer/VolcanoDiscovery : 406; Peter Hendrie : 407; Kevin Schafer : 411; Margaret Gowan : 414; Martin Puddy : 415

HACHETTE PHOTOS
Emmanuel Valentin/Hoa Qui : 53; Emile Luider/Rapho : 61, 308; Sylvain Grandadam/Hoa Qui : 108; Mattes R./Explorer/Hoa-Qui : 167; Jean-Pierre Lescourret/Hoa Qui : 243; Ariel Fuchs/Hoa-Qui : 280; Christian Vaisse/Hoa Qui : 286; Miguel Angel Munoz/Hoa Qui : 354; P. Narayan/Hoa Qui : 364; Wojtek Buss/Hoa Qui : 367

HEMIS.FR
Yann Doelan : 22; Christian Heeb : 29, 310, 312; Marc Dozier : 80; Pawel Wysocki : 138, 410; Luis Orteo : 144; Bertrand Gardel : 148, 262, 291, 296, 366; José Nicolas : 155; John Frumm : 163, 250; Emilio Suetone : 177; René Mattes : 184; Philippe Roy : 190; Michel Gotin : 203; Stefano Torrion : 204; Paule Seux : 206, 207, 214, 396; Franck Guiziou : 211, 212, 393, 401; Bertrand Rieger : 270, 320; Hervé Hugues : 282; Patrick Frilet : 292; Christian Guy : 350; Stéphane Frances : 368; Jean-Baptiste Rabouan : 409; Romain Cintract : 413; Jon Arnold : 404

PHOTONONSTOP
Bill Boch/Tips : 23; Andy Williams/Loop Images : 28; Günter Gräfenhain/Sime : 89; Simeone : 110, 340, 341; Bruce Coleman Inc : 119; Sime : 157, 232, 290, 342, 359, 374; Giovanni Simeone/Sime : 192, 319, 353, 360; David Ball : 208; Jacques Kerebel : 230; Sato Hitoschi /Sime : 247; Valdin : 265; Anne Montfort : 267; Reinhard Schmid/Sime : 318, 321; Johanna Huber/Sime : 370; Spila Riccardo/Sime : 361

REA
Martin Sasse/Laif : 128

Couverture
Visuel principal : Getty/Buena Vista Images
Vignettes de gauche à droite : Fotolia/Alexander Demyanenko; Fotolia/mandritoiu; Fotolia/siamphoto.

4e de couverture
De haut en bas et de gauche à droite : Fotolia/Ariane Citron; Fotolia/aiisha; Fotolia/Julie Favreau; Fotolia/Dahu; Fotolia/imagemakera1; Fotolia/shekure.

PEFC certifié
Ce produit est issu de forêts gérées durablement et de sources contrôlées
PEFC/14-38-00157
www.pefc.es

Éditions Prisma
Directeur : Pierre-Olivier Bonfillon
Directrice éditoriale : Françoise Kerlo
Responsable d'édition : Valérie Langrognet
Chargée d'édition : Caroline Rondeau
Chefs de fabrication : Jérôme Brotons, Anne-Katrin Fischer
Cartographie : Aurélie Boissière
Mise à jour : Céladon Éditions

ISBN : 978-2-8104-1432-1
Dépôt légal : mars 2015
Impression : Cayfosa-Impresia Ibérica (Espagne)